Natur und Landschaft im Landkreis Hildesheim

Hildesheimer und Kalenberger Börde

Mitteilungen der Paul-Feindt-Stiftung

Hildesheim 2005

Den Druck des Buches unterstützten:

Bibliografische Information Der Deutschen Bibliothek
Die Deutsche Bibliothek verzeichnet diese Publikation in der Deutschen Nationalbibliografie;
detaillierte bibliografische Daten sind im Internet über http://dnb.ddb.de abrufbar.

Natur und Landschaft im Landkreis Hildesheim
Hildesheimer und Kalenberger Börde
Mitteilungen der Paul-Feindt-Stiftung
Band 5

Bereits erschienen:
Band 1: Heinrich Hofmeister, Die Ackerunkrautgesellschaften im Bereich der Sackmulde bei Alfeld, Hildesheim 1995
Band 2: Heinrich Hofmeister, Ulrike Prüß, Peter Sprick & Ulrich Weber, Der Steinberg bei Wesseln, Hildesheim 2001
Band 3: Werner Müller, Flora von Hildesheim, Hildesheim 2001
Band 4: Heinrich Hofmeister, Naturraum Innerstetal 2003

Herausgeber: Paul-Feindt-Stiftung, Hildesheim

Schriftleitung: Dr. Heinrich Hofmeister

Umschlag: Bördelandschaft mit typischen Strukturmerkmalen bei Hoheneggelsen von Eckhard Garve
und Bördelandschaft mit Bruchgraben nördlich von Ahstedt von Fritz Vogel

Vorsatz: Blick von Klein Himstedt auf die Hildesheimer Börde
und Blick von der Finie auf die Kalenberger Börde, beide Bilder von Fritz Vogel

Satz und Layout: Helmut Flohr

Druck: Gerstenberg Druck & Direktwerbung GmbH, Hildesheim

ISSN 0948-2296
ISBN 3-8067-8547-3

Copyright © 2005 by Verlag Gebrüder Gerstenberg, Hildesheim
Printed in Germany
Alle Rechte vorbehalten

Inhalt

Vorwort — 5

Das Untersuchungsgebiet — 7
    Landschaft und Klima — 9
    Böden der Bördelandschaften — 17
    Hydrologie der Bördelandschaften — 19
    Entwicklung der Kulturlandschaft — 22
    Farne und Blütenpflanzen der Bördelandschaften — 27
    Landwirtschaft heute — 31
    Jagd und Hege — 36
    Entwicklung von Verkehr und Industrie — 39
    Behördlicher Natur- und Landschaftsschutz — 45
    Das Wetter im Raum Hildesheim in den Jahren 2003 und 2004 — 50

Charakteristische Lebensräume und ausgewählte Landschaftsbereiche — 53

Die Börde als Agrarlandschaft — 55
    Ackerbegleitflora unter intensiven Bewirtschaftungsbedingungen — 55
    Forschungsprojekt „Artenreiche Flur" im Raum Betheln — 60
    Bodenlebende Kleinsäuger der Börde — 64
    Der Feldhase – Charakterart der offenen Agrarlandschaft — 68
    Der Feldhamster in den Bördelandschaften — 70
    Brutvögel der offenen Agrarlandschaft — 72
    Bedeutung der Börde für rastende und überwinternde Vögel — 78
    Weihen in der Börde — 87
    Das Rebhuhn – Leitart der Feldflur — 91
    Die Feldlerche – Charaktervogel der Agrarlandschaft — 93
    Die Grauammer – vom „Hundertmetervogel" zur Rarität — 95

Wegränder als lineare Strukturen in der Börde — 99
    Vegetation der Wegränder — 99
    Heuschrecken der Wegränder — 107
    Tagfalter der Wegränder im Raum Emmerke — 111
    Webspinnen der Wegränder bei Gronau/Leine — 114
    Landschnecken entlang den Wegrändern und Gewässersäumen — 118

Dörfer der Bördelandschaften — 121
    So war es einst im Borsumer Kaspel — 121
    Machtsum - typische Strukturen eines Bördedorfes — 127
    Flora und Vegetation der Bördedörfer — 132
    Die Mauerraute in der Hildesheimer Börde — 138
    Flechten in den Dörfern der Börde — 141
    Brutvögel des Dorfes Adlum — 143
    Das Große Mausohr in Rössing — 146

Wälder der Hildesheimer Börde — 147
    Eichen-Hainbuchenwälder in der Umgebung von Harsum — 147
    Vögel im Borsumer Holz — 153
    Käfer im Borsumer Holz und an seinen Waldrändern — 155
    Nachtfalter (Großschmetterlinge) der Wälder zwischen Förste und Borsum — 159
    Tagfalter der Wälder und Waldrändern — 163
    Bodenbewohnende Spinnen und Weberknechte im Borsumer Holz — 167
    Landschneckenfauna in Waldresten und Feldgehölzen — 170

Der Bruchgraben ... 173
    Typisches Fließgewässer der Hildesheimer Börde ... 173
    Gewässerunterhaltung – gestern und heute ... 174
    Flora und Vegetation des Bruchgrabens und seiner Nebengewässer ... 178
    Kleinlebewesen im Bruchgraben ... 185
    50 Jahre Vogelbeobachtungen am Bruchgraben ... 190
    Fische des Bruchgrabens – gestern, heute und morgen ... 195
    Libellen am Bruchgraben ... 201
    Wassermollusken im Einzugsgebiet des Bruchgrabens ... 205
    Fließgewässerrenaturierung aus landesweiter Sicht – Ziele und Maßnahmen ... 207

Nettlinger Rücken ... 211
    Naturräumliche Besonderheiten ... 211
    Nettlingen – ein Dorf mit reicher Vergangenheit ... 212
    Kreideindustrie am Söhlder Berg ... 214
    Beobachtungen zur Pflanzen- und Tierwelt ... 217

Naturschutzgebiet „Entenfang" ... 223
    Der Entenfang einst und heute ... 223
    Der Entenfang – ehemals ein floristisches Paradies ... 226
    Vögel im Entenfang ... 232
    Lurche im Entenfang ... 234
    Käfer im Naturschutzgebiet „Entenfang" ... 237
    Heuschrecken im Entenfang ... 241
    Die Wanzenfauna des Naturschutzgebietes „Entenfang" ... 243
    Bodenbewohnende Spinnen und Weberknechte im Naturschutzgebiet „Entenfang" ... 246

Maßnahmen der Paul-Feindt-Stiftung zum Schutz wertvoller Lebensräume ... 249
    25 Jahre Naturschutz in der Börde ... 250

Übersicht über die erfassten Pflanzen- und Tierarten ... 255
    Erläuterungen zu den Artenlisten ... 255
    Farn- und Samenpflanzen (*Pteridophypta und Spermatophyta*) ... 256
    Flechten (*Lichenes*) ... 261
    Flora ausgewählter Dörfer der Hildesheimer und Kalenberger Börde ... 261
    Phyto- und Zooplankton des Bruchgrabens ... 266
    Säugetiere (*Mammalia*) ... 268
    Vögel (*Aves*) ... 269
    Brutvögel in Adlum ... 271
    Fische (*Pisces*) ... 271
    Lurche (*Amphibia*) ... 271
    Käfer (*Coleoptera*) ... 272
    Nachtfalter (*Bombyces, Noctuidae, Geometridae*) ... 277
    Tagfalter (*Rhopalocera, Grypocera, Zygaenidae*) ... 278
    Heuschrecken (*Saltatoria*) ... 278
    Wanzen (*Heteroptera*) ... 279
    Libellen (*Odonata*) ... 280
    Webspinnen und Weberknechte (*Araneae und Opiliones*) ... 280
    Schnecken und Muscheln (*Gastropoda und Bivalvia*) ... 281

Literatur ... 283

Autorenverzeichnis ... 288

Abbildungsverzeichnis ... 288

Vorwort

Die Vielfältigkeit der Landschaften mit ihrer reichen natur- und kulturräumlichen Gliederung kennzeichnet das Hildesheimer Land und belegt seine Attraktivität mit hohem Erlebnis- und Erholungswert. Diese Bedeutung wurde bislang wenig wahrgenommen und politisch kaum beachtet. Das zunehmende Interesse von Einwohnern und Besuchern unseres Landkreises macht aber deutlich, dass hier ein bislang selten gewürdigtes Kapital schlummert. Die vorliegende Gebietsmonographie über die Hildesheimer und Kalenberger Börde soll dazu beitragen, die Schönheit und Vielfalt unserer Heimat der interessierten Öffentlichkeit und der Politik zu erschließen.

Die Landschaft in Mitteleuropa hat eine lange Geschichte. Bereits beim Übergang von der Alt- in die Jungsteinzeit begann der Mensch, Eingriffe in die Landschaft vorzunehmen und damit den ursprünglichen Naturraum zu verändern und in eine Kulturlandschaft umzuformen. Vor 2000 Jahren dienten unsere Wälder Rindern, Pferden, Ziegen, Schafen und Schweinen als Weide; die Folge war eine nachhaltige Auflichtung der Waldgebiete. Im Laufe der Jahrhunderte wurde die bäuerliche Landnutzung immer vielfältiger. Es entstand ein kleinräumiges Mosaik von Äckern, Wiesen und Weiden, Hecken, Gehölzen und einzelnen Bäumen sowie Gärten und Parkanlagen, Heiden, Magerrasen, Steinmauern, Wegrändern und Siedlungen, die bis heute den besonderen Reiz unserer Heimat ausmachen.

Auf Grund ihrer hochwertigen Böden und der günstigen klimatischen Lage unterliegen unsere Bördelandschaften seit Beginn der menschlichen Besiedlung fortschreitender Nutzung und Überformung. So bildete sich hier eine unverwechselbare, weitgehend vom Ackerbau geprägte offene Kulturlandschaft heraus. Die Bauernbefreiung zu Beginn des 19. Jahrhunderts, die Auflösung der Allmenden und die nachfolgende Verkoppelung förderten diesen Entwicklungsprozess hin zu einer reinen Ackerlandschaft.

Doch schneller als je zuvor führten die massiven agrarstrukturellen Eingriffe nach dem Zweiten Weltkrieg zu dem heutigen Bild der nahezu ausgeräumt erscheinenden Agrarlandschaft. Nur noch Rudimente dokumentieren die untergegangene Vielfalt an ehemals artenreichen Lebensräumen. Und es zeichnet sich bereits sichtbar ab, dass die aktuellen Agrarbeschlüsse der EU den Wandel von der bäuerlichen Kultur- zur Agrarindustrielandschaft noch beschleunigen werden. Damit drohen die letzten verbliebenen Rückzugsgebiete für Pflanzen und Tiere zu verschwinden.

Die Paul-Feindt-Stiftung ist seit ihrer Gründung darum bemüht, in diesen Prozess einzugreifen. Wertvolle Biotope wurden durch Kauf und Anpachtung für Naturschutzzwecke sicher gestellt und die erforderlichen Entwicklungsmaßnahmen eingeleitet. Das Wiedererscheinen verschwunden geglaubter Tier- und Pflanzenarten belegt den Erfolg dieser Bemühungen.

Mit der vorliegenden Publikation erfüllt sich ein langgehegter Wunsch des Vorstandes der Paul-Feindt-Stiftung. Seit Jahren bestand die Absicht, den bisher eher vernachlässigten Naturraum der Bördelandschaften mit seinen prägenden Landschaftselementen und seiner charakteristischen Flora und Fauna unter verschiedenen Aspekten ausführlich und verständlich zu beschreiben.

Dass wir diesen Band nunmehr der Öffentlichkeit übergeben können, ist das besondere Verdienst unseres Freundes Dr. Heinrich Hofmeister, der sich wieder bereit erklärt hat, die Schriftleitung zu übernehmen und mit viel Geschick und Geduld die Beobachtungen und Untersuchungen im Gelände unterstützt und das Abfassen der vielseitigen Beiträge koordiniert hat.

Unser Dank gilt auch allen, die am Zustandekommen dieses Gemeinschaftswerkes mitgewirkt haben. Wir danken den mehr als 50 ehrenamtlichen und begeisterungsfähigen Textautoren für die hervorragende Zusammenarbeit sowie einer noch größeren Anzahl von Bildautoren für ihre instruktiven und ästhetischen Farbfotos. Zum Gelingen des Buches haben daneben Frau Waltraud Hofmeister mit der sorgfältigen Vorbereitung der Texte und Tabellen für den Druck sowie Herr Bernd Galland und Herr Dr. Werner Müller mit der zeitaufwendigen und gründlichen Korrektur der Manuskripte und Druckfahnen erheblich beigetragen. Dankbar sind wir schließlich dem Verlag Gebrüder Gerstenberg, namentlich den Herren Sven Abromeit und Helmut Flohr für die engagierte Beratung und die anspruchsvolle Ausstattung des Bandes.

Wir wünschen uns, dass die „Hildesheimer und Kalenberger Börde" als nunmehr 5. Band unserer Schriftenreihe „Natur und Landschaft im Landkreis Hildesheim" dazu beiträgt, Wissen und Kenntnisse über unsere Region zu verbreiten und damit dem Einsatz für die Erhaltung und Pflege der heimatlichen Kulturlandschaft neue Freunde und Förderer zuzuführen.

Vorstand der Paul-Feindt-Stiftung
Manfred Bögershausen, Bernd Galland, Heinz Ritter

Das Untersuchungsgebiet

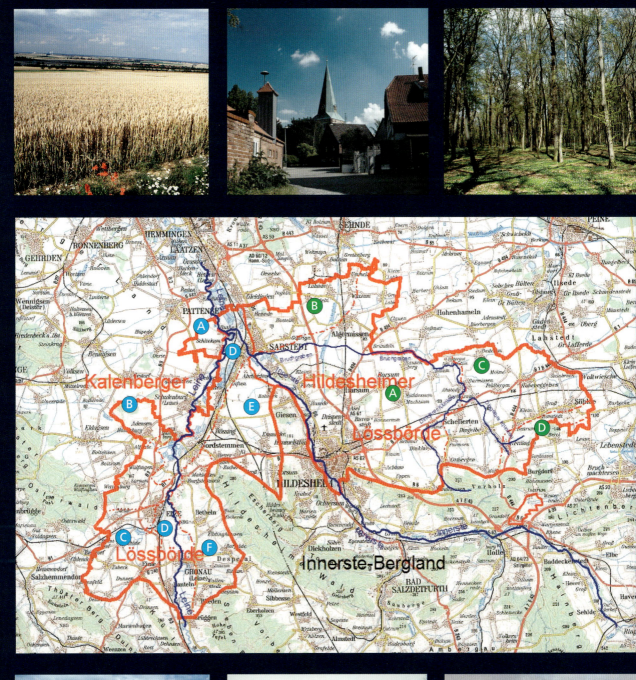

Landschaft und Klima

VON JÜRGEN SELCK

Wahrnehmung der Bördelandschaft

Autoreisenden, die von Norddeutschland oder gar aus den skandinavischen Ländern auf der Autobahn A7 die Geest- und Heidelandschaften des mittleren Niedersachsens hinter sich gebracht haben, tut sich eine neue Welt auf, wenn sie südlich von Hannover einen sanften Höhenrücken überwunden haben und plötzlich den unverstellten Blick auf die Hügelkette des südniedersächsischen Berglandes gewinnen. Ein ähnlicher Eindruck ergibt sich für Reisende von Braunschweig nach Hildesheim kurz hinter Hoheneggelsen. Vor dem scharf akzentuierten Gebirgsrand erstreckt sich eine weite, aber doch überschaubare Ebene im Vorder- und Mittelgrund. Oftmals lässt die Szenerie noch den herben Ernst norddeutscher Landschaften spüren, besonders im Spätherbst, wenn die düsteren Böden der frisch abgeernteten Zuckerrübenfelder die Melancholie, die vom scheinbar ewig grauen Himmel drückt, noch verstärken. Wer aber schon einmal zur richtigen Jahreszeit, bei günstigerer Witterung, als flüchtiger Durchreisender die Pracht der wogenden Kornfelder und die saftstrotzenden Zuckerrübenschläge in der lichtdurchfluteten weiten Ebene gesehen hat, wird das Urteil der Alteingesessenen bestätigen, dass dies ein gesegneter Landstrich ist. Eine Landschaft, in der die stattlichen Kirchenbauten die reich gefüllten Getreidesilos noch überragen und vom althergebrachten Wohlstand der Bauern künden.

Wer sich einmal die Mühe macht, von einem etwas erhöhten Standpunkt aus die Bördelandschaft genauer zu betrachten, wird einige weitere Auffälligkeiten bemerken: dies ist eine sehr offene Landschaft mit weitem Blick, der auch den Mittelgrund des Bildes voll erschließt. Die Waldlosigkeit dieser seit der Jungsteinzeit gerodeten und besiedelten Ackerbaulandschaft provozierte erst in unserer ökologisch sensiblen Epoche die Rede von der „öden Kultursteppe". Diese verhüllt dafür aber auch nicht den Blick auf die zahlreichen Dörfer, die im Abstand von ungefähr zwei bis drei Kilometern das Landschaftsbild mit ihren rötlichen Farbtönen beleben. Die Auffälligkeit dieser oft großen Haufendörfer und ihre geringe „Deckung" in der Landschaft erwiesen sich in den zahlreichen kriegerischen Auseinandersetzungen, die diese reiche und wichtige Landschaft mit ihrer hohen

Typisches Gehöft in einem Bördedorf

Verkehrsbedeutung im Laufe der Jahrhunderte heimgesucht haben, natürlich alles andere als vorteilhaft. Die rötlichen Farbtöne der Dörfer, die im übrigen an den Dorfrändern von violett-grauen Nuancen abgelöst werden, weisen auf das seit dem 19. Jahrhundert vorherrschende Baumaterial, den Ziegelstein hin und damit auch auf den wasserhaltenden tonigen Untergrund der Börde, der die fruchtbaren Löss-Schichten in knapp zwei Meter Tiefe ablöst. Die Erscheinungsform der typischen Bauernhäuser in der Börde verrät uns einiges über die natürlichen Bedingungen, aber auch über die wirtschaftlichen Verhältnisse. Dem Betrachter fällt auf, dass die Gehöfte im Allgemeinen nicht besonders urwüchsig „niederdeutsch" aussehen. Wer ein Kenner traditioneller bäuerlicher Hausformen ist und die prächtigen Häuser im Oldenburger Münsterland oder manche gediegen wirkenden Heidehöfe dagegenhält, wird dieser Beurteilung mit Vorsicht zustimmen. Der geringe Anteil an traditioneller Fachwerkbauweise liegt einmal an dem Mangel des Baumaterials Holz - ein Hinweis auf die traditionelle Waldarmut der Börde. Viel bedeutsamer ist aber, dass wir an diesen Häusern im Kern der alten Bauerndörfer ablesen können, wie stark auch hier der Einfluss der modernen Entwicklung des Industriezeitalters gewirkt hat. Dies ist ein reicher Landstrich, in dem die Bauern in der Regel finanzkräftig genug waren, ihre Wohnumgebung und betriebliche Ausstattung dem neuesten Trend anzupassen. Die oben schon erwähnte Zweigliederung der Dörfer aus der Vogelperspektive in einen rötlich gefärbten Kern und eine violett-graue Außenzone weist noch deutlicher auf die Tatsache hin, dass die Hildesheimer Börde einerseits eine Bauernlandschaft ist, in der uralte Traditionen fortleben, die aber auf der anderen Seite stärker als viele vergleichbare Landschaften Deutschlands in den Ausstrahlungsbereich und die Sogwirkung benachbarter Großstädte und industrieller Ballungsräume geraten ist. In fast allen diesen Dörfern besteht die überwiegende Mehrheit der Bevölkerung aus Pendlern in die nahe gelegenen städtischen Ballungsgebiete.

Abgrenzung und Gliederung der Bördelandschaften im Landkreis Hildesheim

1. Landschaftskundlicher Überblick und Abgrenzung (Vergleiche Übersichtskarten der Landschaftseinheiten)

Die Karte der naturräumlichen Gliederung Deutschlands 1:200000 ordnet die Lössbörden zwischen die niederdeutschen Naturräume (Marschen, Geest, Jungmoränen, Urstromtäler) und die südlich anschließenden Naturräume der Mittelgebirgsschwelle und der eigentlichen Mittelgebirge als „Bergvorland" ein (SEEDORF&MEYER 1922).

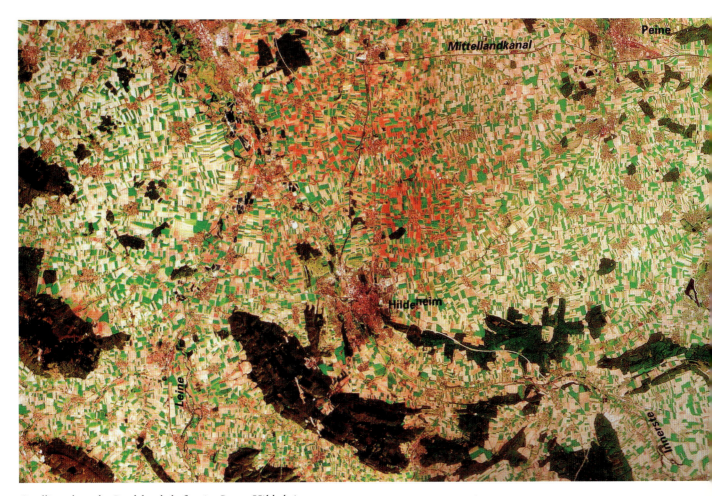

Satellitenphoto der Bördelandschaften im Raum Hildesheim

Das Satellitenphoto unseres Untersuchungsgebietes zeigt einerseits die Grenzlage zum südlich anschließenden Bergland, das durch den hohen Waldanteil eindrucksvoll hervortritt, andererseits aber auch die gegenseitige Durchdringung dieser Landschaften. Frühere geographische Arbeiten haben die Börden eindeutig der Norddeutschen Tiefebene zugerechnet. Die heutige Einordnung als „Bergvorland" berücksichtigt stärker die engen Wechselwirkungen zwischen den Börden und den südlich anschließenden Berg- und Hügellandschaften. Unser Untersuchungsgebiet erstreckt sich über eine Fläche von ca. 463 Quadratkilometern. Bei einer maximalen Nord-Süd-Erstreckung von 43,7 Kilometern liegt der nördlichste Punkt bei Gretenberg unweit von Sehnde auf 52° 17′ 52″ n.Br. Der südlichste Punkt ist bei Brüggen im Leinetal unter 52° 02′ 30″ nördlicher Breite erreicht. Die Ausdehnung in west-östlicher Richtung beträgt 32,5 Kilometer. Der westlichste Punkt des Untersuchungsgebietes liegt bei Ahrenfeld am Fuße des Kansteins auf 09° 39′ 09″ ö.L., während nahe Söhlde der östlichste Punkt mit 10° 15′ 54″ östlicher Länge erreicht wird. Die südliche Abgrenzung der Bördenzone im Landkreis Hildesheim bereitet kaum Schwierigkeiten. Sie verläuft entlang des Überganges von der Ebene zum Bergfuß auf maximal 140m Höhe über N.N. und zieht sich vom Osten entlang des Vorholzes bei Wöhle über Ottbergen, schwenkt dann zum Nordrand des Galgenberges. Das zentrale Hildesheimer Stadtgebiet („Im Potte") bildet eine Ausbuchtung der Bördelandschaft. Westlich von Hildesheim ist der Grenzverlauf wesentlich unruhiger. Zwei markante Ausbuchtungen entlang des Muschelkalkhöhenrückens der Giesener Berge und der Buntsandsteinaufwölbung des Hildesheimer Waldes führen hier zu einer stärkeren Verzahnung von Börde und Hügelland. In diesem Bereich finden wir deshalb Tieflandsbuchten, von denen die kleinere bei Sorsum und Emmerke als „Güldener Winkel" bekannt ist, während im Westen das Gebiet südwestlich vom Leineengpass bei Elze die Gronauer Tieflandsbucht bildet. Dieser westliche Teil der Bördelandschaften im Landkreis Hildesheim gehört bereits zur sogenannten Kalenberger Börde (nach der alten Territorialbezeichnung Kalenberger Land; Festung Alt-Calenberg bei Schulenburg). Der Schwerpunkt dieser Landschaft liegt im Südwesten von Hannover, im Vorfeld des Deisters. Die Unterschiede zwischen Hildesheimer- und Kalenberger Börde scheinen im Übrigen sogar die Zugvögel wahrzunehmen. Immer wieder wird berichtet, dass Kranichzüge im Raum Hildesheim zunächst innehalten, wie unschlüssig ihre Kreise ziehen, zumindest aber eine markante Richtungsänderung vornehmen, um dann im Bereich der Kalenberger Börde den Anschluss an den Leinegraben zu gewinnen, der ihnen den weiteren Weg nach Süden weist. Die Kalenberger Börde zeichnet sich

Das ehemals fürstbischöfliche Stiftsdorf Dinklar

im Vergleich zum östlich benachbarten Bereich nicht nur wegen der schon erwähnten stärkeren Verzahnung mit dem Bergland durch größere landschaftliche Vielfalt aus, sondern vor allem durch die landschaftsprägende Wirkung der Leine. Ihre Überschwemmungsaue, durchschnittlich zwei Kilometer breit (also erheblich breiter als die Innerste-Aue), bildet einen derartigen landschaftlichen Sonderfall, dass sie in diesem Band bewusst ausgeklammert wird. Die Kalenberger Börde wird eingerahmt von Hügellandschaften, so bei Barfelde oder Eldagsen, deren welliges, unruhiges Relief eine Abgrenzung vom anschließenden Innerste- oder Kalenberger Bergland erschwert. Als Indiz für die Zugehörigkeit zu den Bördelandschaften wird in diesem Fall nicht die geringe Reliefenergie, sondern die geringe absolute Höhe und vor allem die Mächtigkeit der Lössbedeckung herangezogen.

Letztgenanntes Kriterium dient auch zur Abgrenzung der Bördenzone im Norden. Allerdings greift das Hildesheimer Kreisgebiet in keinem Fall (auch nicht beim nördlichsten Punkt des Landkreises bei Gretenberg) über die Lössgrenze hinaus. Diese wird erst ca. 10 km weiter nördlich bei Lehrte erreicht.

Die den alteingesessenen Hildesheimern einfach als „Börde" bekannte Landschaft wird von Landeskundlern als Braunschweig-Hildesheimer-Lössbörde bezeichnet. Damit deutet sich an, dass hier ein großer, überwiegend einheitlicher Naturraum vorliegt, der allerdings in der historischen Entwicklung und in anthropogeographischer Sicht eine unterschiedliche Prägung erfahren hat. Der westliche Teil, die eigentliche Hildesheimer Börde, gehörte jahrhundertelang zum Fürstbistum Hildesheim und ist bis heute stärker konservativ agrarsozial geprägt als die östlich anschließenden welfischen Gebiete, die schon frühzeitiger und stärker industrielle Impulse erhielten.

Die Hildesheimer Börde (der Kernraum des Untersuchungsgebietes dieses Buches) ist eine leichtwellige Ebene, die im zentralen und westlichen Teil ca. 65-70m über N.N. liegt (im Bereich der Niederung des Bruchgrabens). Diese Ebene wird durch einzelne langgestreckte Höhenrücken gegliedert, deren Entstehung auf die saxonische Bruchtektonik mit anschließender Aufwölbung von Zechsteinsalzen zurückgeführt wird. Diese Höhenrücken haben eine wichtige siedlungs- und verkehrsgeographische Bedeutung. Wie man auf der Übersichtskarte erkennen kann, verlaufen wichtige Verkehrsleitlinien, insbesondere der uralte Hellweg (heute Bundesstraße 1) und die Straßenverbindung von Hildesheim nach Peine entlang dieser überschwemmungs- und versumpfungsfreien Höhenrücken. Auch die Ortslagen der meist großen bevölkerungsreichen Haufendörfer der Börde nehmen deutlich Rücksicht auf die Oberflächenformen. Wie schon EVERS (1964) erkannte, liegen die meisten und typischen Bördedörfer als bevölkerungsreiche Haufendörfer in einer Randlage zwischen einem Höhenrücken und einer Senke. Dabei verbanden die Siedler vorgeschichtlicher Epochen mehrere Lagevorteile: zum einen trockene, hochwasserfreie Wohnverhältnisse, zum anderen leichte Zugänglichkeit zu frischem Brunnenwasser in einer ansonsten relativ wasserarmen Landschaft und nicht zuletzt eine zentrale Hoflage zwischen den Getreideäckern auf den Höhenrücken und dem Grünland entlang der Bachläufe in den Senken. Sehr klar zu erkennen sind diese Lagebeziehungen entlang des so genannten Nettlinger Rückens, wo eine ganze Dörfer-Reihe von Nettlingen über Bettrum und Groß- und Klein-Himstedt bis Söhlde diese Lagegunst aufweist.

2. Die Teillandschaften

a) Kalenberger Börde

Der westlich der Leine gelegene Bereich der Kalenberger Börde wird als **Hannoversche Börde** bezeichnet. Der Landkreis Hildesheim hat nur peripher Anteil an folgenden Landschaftseinheiten (zusammen 191 Quadratkilometer):

Zwischen den Ausläufern des Deisters im Südwesten und der Leine liegt die **Pattenser Ebene (A)**. Diese fast tischebene Ackerbaulandschaft entstand über der eiszeitlichen Niederterrasse der Leine. Die hochwertigen Schwarzerde- und Parabraunerde-Böden werden intensiv ackerbaulich genutzt. Westlich des Schulenburger Berges (mit dem bekannten Schloss Marienburg) greift ein kleiner Zipfel des Kreisgebietes auf die **Eldagser Lößhügel (B)** über, die von der Haller und einigen Nebenbächen zur Leine entwässert werden. Nordwestlich von Elze bei Wittenburg und Wülfingen wirkt sich der „Marienburger Sattel", eine tektonische Schwächezone und Fortsetzung des Leinetalsattels, landschaftsprägend aus. An den Flanken dieser Salzaufwölbung treten harte Gesteine des Erdmittelalters, wie z.B. Muschelkalk im Bereich der Finie und Buntsandstein im Bereich des Adenser Berges, an die Oberfläche. Dieser Landschaftsteil trägt die Bezeichnung **„Marienburger Höhen"**. Im Südwesten von Elze erreicht die Kalenberger Börde ihren weitesten Ausläufer in das südniedersächsische Berg- und Hügelland. Diese Landschaft bildet einen Teil der sogenannten Gronauer Bucht. Im Vorfeld markanter Höhenzüge, wie Thüster Berg, Osterwald und Külf gelegen, ist die **Esbecker Börde (C)** selbst nur wenig hügelig und im zentralen bis östlichen Teil (im Bereich der Saale) sogar fast eben.

Die Überschwemmungs-Auen der Leine, die den mittleren Abschnitt der Kalenberger Börde im Landkreis bilden und insgesamt als Leine-Talung bezeichnet werden, ziehen sich von Brüggen über Gronau, Elze, Nordstemmen bis Sarstedt. Das Leinetal fällt auf dieser Strecke von 80 auf 59 Meter ü.N.N.. Nördlich von Sarstedt wird damit auch der tiefste Punkt des Untersuchungsgebietes erreicht. Während die Auenlandschaften bei Gronau und Sarstedt eine beachtliche Breite erreichen, wird das Tal zwischen Elze und Burgstemmen an den Ausläufern des Hildesheimer Waldes eingeengt, so dass hier eine Grenzziehung in die südliche **Gronauer Talung** und die nördlich anschließende **Sarstedter Talung** nahe liegt. Typisch für die **Leine-Talung (D)** ist der markante Anstieg von der Überschwemmungs-Aue auf das nur wenige Meter höher gelegene, aber hochwassersichere Niveau der Niederterrassen, wie es z.B. westlich von Gronau sehr deutlich sichtbar ist. Die Leine selbst mäandriert innerhalb der Aue in charakteristischen Schleifen, die sich auch in historischer Zeit noch häufig verlagerten und heute teilweise begradigt sind.

Östlich der Leine reicht die Kalenberger Börde bis zum Bergfuß der Giesener Berge und des Hildesheimer Waldes. Einen markanten Punkt an der Ostgrenze dieser Landschaft bildet der Himmelsthürer Sattel, an dem der alte Hellweg (heute B 1) die Wasserscheide zwischen Innerste und Leine überschreitet. Das **Hildesheimer Wald-Vorland** gliedert sich in zwei Teilbereiche. Nordöstlich der Hildesheimer Wald-Achse liegen die **Rössinger Lösshügel (E)**, eine meist flache, von mächtigen Lössablagerungen bedeckte Ackerbaulandschaft zwischen Sorsum, Emmerke und Rössing, der schon erwähnte „Güldene Winkel". Der Rössingbach hat im zentralen Teil der Landschaft ein derart geringes Gefälle, dass es hier zu ausgedehnten Flachmoorablagerungen gekommen ist.

Im Südwesten des Hildesheimer Waldes, bei Betheln und Barfelde, liegen die **Barfelder Lösshügel (F)**, die eine erheblich unruhigere Reliefgestaltung aufweisen und durch zahlreiche Bäche zerschnitten sind, die die Außenflanken des Hildesheimer Waldes entwässern und zur Despe oder direkt zur Leine fließen.

Blick vom Höhenrücken der Finie in die Kalenberger Börde

b) Hildesheimer Börde

Der gesamte Nordosten des Kreisgebietes wird von der schon oben allgemein charakterisierten **Braunschweig-Hildesheimer Lössbörde** eingenommen (insgesamt 272 Quadratkilometer). Aufgrund von Merkmalen der Oberflächengestalt und der Entwässerung haben die Landeskundler diesen recht einheitlichen Naturraum noch einmal in fünf Untereinheiten aufgeteilt.

Die zentrale Landschaft unseres Untersuchungsgebietes ist die **Hildesheimer Börde (A)**, die alle Merkmale der Lössbörden in besonders deutlicher Weise in sich vereinigt. Das Luftbild von Hönnersum und Machtsum zeigt die typische Form der Haufendörfer und die in ziemlich regelmäßige Blöcke aufgeteilte Flur, in der Anfang Mai das zarte Grün der Getreidefelder einen harmonischen Kontrast zu den noch freien Flächen der Zuckerrübenfelder bildet. Auf dem Satellitenphoto hebt sich nordöstlich von Hildesheim das Gebiet rund um Borsum durch besonders frische rötliche und grünliche Farbtöne von der Umgebung ab. Der „Borsumer Kaspel" gilt als die fruchtbarste Ackerbaulandschaft zumindest in Westdeutschland. Die frischen Farben auf dem Satellitenphoto lassen sich als Ausdruck der guten Wasserversorgung in einem dürregeplagten Sommer interpretieren: frischgrün die Zuckerrüben, rötliche Töne für Getreideschläge. Das Gebiet steigt allmählich von 63m ü.N.N. bei Sarstedt auf ca. 140m am Fuß des Berglandes im Südosten an. Es wird durch den Bruchgraben entwässert.

Eine markante Trias-Aufwölbung im Bereich des Sehnder-Salzsattels grenzt die Hildesheimer Börde deutlich nach Norden ab. Östlich des bekannten Kipphutes bei Sarstedt werden in den **Gödringer Bergen (B)** 111m ü.N.N. erreicht, das bedeutet nahezu 50 Meter Anstieg vom südlich entlangfließenden Bruchgraben. In diesem Bereich werden die mesozoischen Festgesteine nur von einem relativ dünnen Löss-Schleier verhüllt.

Ohne deutliche Grenze schließt sich im Osten die **Ilseder Börde (C)** an, deren Schwerpunkt bereits im Landkreis Peine liegt. Die großen Bördedörfer Schellerten, Dingelbe und Hoheneggelsen werden zu dieser Landschaftseinheit gezählt. Im Unterschied zur Hildesheimer Börde ist diese Landschaft höher gelegen und weist ein stärker bewegtes Relief auf. Weite Flächen liegen über 100m ü.N.N (Messeberg bei Feldbergen sogar 116 m). Der Blick vom Ortsrand bei Klein-Himstedt über die Senke des Krummbaches hinüber nach Hoheneggelsen zeigt an einem spätsommerlichen Schönwettertag in idealtypischer Weise den Landschaftscharakter der Börde.

Der **Nettlinger Rücken (D)**, eine langgestreckte Anhöhe zwischen Nettlingen und Söhlde, die bei Berel außerhalb des Kreisgebietes mit 148m kulminiert, hebt sich von den anderen Bördelandschaften durch die Besonderheit ab, dass hier am Rande der Lebenstedter Kreidemulde die Festgesteine der Oberkreide an die Oberfläche treten. Diese sind nur durch einen verhältnismäßig dünnen Löss-Schleier verdeckt und werden bei Söhlde in den bekannten großen Kalksteinbrüchen abgebaut. Ganz im Osten des Untersuchungsgebietes erreicht der Landkreis Hildesheim nur peripher die **Lebenstedter Börde** in zwei kleinen isolierten Geländeflecken südlich von Söhlde und bei Luttrum. Hier

Blick von Klein Himstedt auf die Hildesheimer Börde

Luftbild von Hönnersum im Frühjahr

herrscht ein flachwelliges Relief vor. Die Lössbedeckung erreicht eine große Mächtigkeit. Eine landschaftliche Besonderheit in diesem Bereich ist das Luttrumer Moor in der Nähe der Talwasserscheide, die zwischen dem Innerstetal bei Grasdorf und dem Tal der Flote (im Einzugsgebiet der Fuhse) vermittelt.

Die Börden im Landkreis Hildesheim als Teil der europäischen Börden- und Lösszone

Die Abgrenzungen der von uns betrachteten Bördelandschaften nach Süden und Norden sind, wie wir gesehen haben, naturgeographisch relativ klar begründet. Die östlichen und westlichen Grenzziehungen sind dagegen viel willkürlicher und oft territorialgeschichtlich bedingt. Die Kalenberger- und Braunschweig-Hildesheimer Lössbörde stellen nur einen kleinen Ausschnitt aus dem weitgespannten europäischen Lössverbreitungsgürtel dar. Die Karte der europäischen Lössverbreitung zeigt einen nahezu lückenlosen Saum vom mittleren Belgien über die Kölner Bucht bis hin zum Südrand des Münsterlandes (Soester Börde). Bei Paderborn endet dieser erste geschlossene Börde-Streifen. In einem markanten Sprung setzt er circa 60 km nordwestlich bei Osnabrück erneut an und läuft zunächst als sehr schmales Band von nur wenigen Kilometern Breite am Nordrand des Wiehen- und Wesergebirges entlang. Dort erreicht die mitteleuropäische Lösszone im Raum Stadthagen den nördlichsten Punkt ihrer Verbreitungsgrenze. Ab der nun östlich folgenden Kalenberger Börde verbreitert sich der Lössgürtel über die Hildesheimer-Braunschweiger Börde bis zur Magdeburger Börde. Hier im Nordosten des Harzes beträgt die Breite des fruchtbaren Mittelgebirgsvorlandes fast 60 km. Noch größere Dimensionen erreicht die östlich anschließende Leipziger Tieflandsbucht. Gegen das östliche Sachsen verschmälert sich der Bördenbereich zusehends. Bei Dresden gibt es eine markante Lücke, wo Heidelandschaften direkt auf das Elbsandsteingebirge stoßen. Aber die Bördenlandschaften sind hier keineswegs zu Ende, sondern setzen sich weiter nach Osten fort über die schlesischen Gebirgsvorländer bis hin nach Galizien im südpolnischen Karpatenvorland. Dort wo der Karpatenbogen nach Südosten umbiegt, etwa im Bereich von Lemberg (Lvir) in der heutigen Westukraine, findet der nahtlose Übergang der mitteleuropäischen Bördenzone in den osteuropäischen Steppengürtel statt, eine Tatsache von großer bio- und kulturgeographischer Tragweite. So waren die natürlichen Wanderwege für zahlreiche Pflanzen- und Tierarten der osteuropäischen- und mittelasiatischen Steppenregionen in Richtung Mitteleuropa vorgezeichnet.

Die Bördelandschaft - ein klimatischer Gunstraum

Schon die jungsteinzeitlichen Bauern, die von Südosteuropa aus allmählich die neolithische Revolution bis ins mitteleuropäische Waldland verbreiteten, hatten bei ihren Wanderungen ein präzises Gespür für günstige und weniger günstige Neulandstandorte entwickelt.

Bei der Auswahl und Bevorzugung der Börden als agrarischen Gunst- und Siedlungsraum bewogen die jungsteinzeitlichen Siedler vor allem drei Motive:
1. die überragende Fruchtbarkeit der Böden
2. die leichte Erschließbarkeit (sprich: Rodung)
3. die klimatische Gunst.

Das Gebiet der heutigen Hildesheimer Börde hob sich bereits während der Hochphase der letzten Eiszeit als klimatisch begünstigte Kältesteppe gegenüber den Frostschuttwüsten des nördlich angrenzenden Gletschervorfeldes und der südlich anschließenden Berg- und Hügelländer ab.

Seit der Eiszeit haben sich in Mitteleuropa die Jahresdurchschnittstemperaturen vermutlich um 10° Celsius erhöht. Die relative Klimagunst der Börden ist indes wohl unverändert geblieben. Die positiven Wirkungen eines milden, freundlichen Klimas lassen sich am besten an jenen Bewohnern einer Landschaft studieren, die festgewurzelt Wind und Wetter trotzen müssen. Aus der Erhebung phänologischer Daten, die der Deutsche Wetterdienst jahrzehntelang gesammelt, ausgewertet und in Kartenform veröffentlicht hat, geht hervor, dass die Vegetationsperiode im Bereich der Hildesheimer Börde deutlich länger anhält als in allen Nachbarlandschaften. Während zwischen Hildesheim und Hoheneggelsen im zentralen Bördebereich, besonders im sogenannten Borsumer Kaspel, die Apfelblüte im langjährigen Mittel bereits vor dem 5. Mai eintritt (EVERS 1964), erfolgt der mit diesem phänologischen Ereignis definierte Frühlingseinzug in den weniger begünstigten Tallagen des Hügellandes etwa fünf Tage später. Hier kann sich der Einfluss von nächtlichen „Kaltluftseen" mikroklimatisch stärker auswirken als in der offenen Bördelandschaft. Im Bergland, in dem pro 100 Höhenmetern mit einer Abnahme der Durchschnittstemperaturen um 0,4° bis 0,6° Celsius zu rechnen ist, verzögert sich der Frühlingseinzug in den oberen Bereichen bis zum 15. Mai.

Zur klimageographischen Beurteilung der Hildesheimer Börde ist jedoch anzumerken, dass das Netz langjährig tätiger meteorologischer Stationen sehr weitmaschig ist. Für den Bördebereich sind die Wetterstationen Hildesheim, Sarstedt, Peine-Stederdorf, Vechelde, Dingelbe und Borsum beachtenswert. Ein besonderes Augenmerk verdient die Wetterstation von Borsum, die seit Jahren von DENNIS MÖLLER, Schüler am Gymnasium Josephinum in Hildesheim, betreut wird (www.borsum-wetter.de). Interessant sind die von ihm veröffentlichten Niederschlagsdaten. Für die Jahre 1961 bis 1990 betrugen demnach die durchschnittlichen Jahresniederschlagssummen in Borsum 672 mm (=Liter pro Quadratmeter), während für den gleichen Zeitraum in Hildesheim (Wetterstation nahe der Waldquelle) 698 mm gemessen wurden. Dieser Zahlenvergleich bestätigt die Aussagen der Niederschlagskarte in der Kreisbeschreibung von Hildesheim (EVERS 1964). In dieser Karte, die auf meteorologischen Messreihen zwischen 1891 und 1930 basiert, wird die Hildesheimer Börde als eine ausgesprochene Trockenzone inmitten niederschlagsreicherer Gebiete dargestellt. Jedoch werden in der Karte für die zentralen Bereiche zwischen Sarstedt und Algermissen Werte von weniger als 600 mm Jahresniederschlag angegeben. Diese niedrigen Werte stehen in auffälligem Kontrast zu den Niederschlagswerten im südlich anschließenden Berg- und Hügelland, wo in den Beckenlagen immerhin noch über 700 mm erreicht werden, während die Höhenzüge je nach Höhe und Exposition Werte von 750 bis 900 mm erreichen.

Die Deutung der Hildesheimer Börde als einer „Trockeninsel" erscheint aus klimageographischer Sicht nahe liegend. Durch den Sperr-Riegel der Höhenzüge des Leine- und Innersteberglandes wird die Wirkung der regenbringenden West- bis Südwestwinde deutlich abgeschwächt, so dass wir von einem Lee-Effekt sprechen können, ähnlich wie im trockenen Ostharz. Der aufmerksame Wetterbeobachter wird auch häufig bemerken, dass bei Gewitterlagen die aufquellenden Haufenwolken über dem südwestlichen Gebirgsrand hängen bleiben und die Börde noch Sonnenschein genießt, wenn es im Hildesheimer Wald längst regnet. Durch diesen Lee-Effekt werden aber nicht nur die Niederschlagssummen vermindert, sondern auch der mildernde, ausgleichende Einfluss ozeanischer Luftmassen auf die Temperaturen. „Das Klima der Börde zeigt abgeschwächten ozeanischen bzw. subkontinental getönten Einfluss. Die höheren Jahresmitteltemperaturen kommen vor allem wegen wärmerer Sommer zustande. Die den Tälern des Berglandes der Höhenlage nach entsprechenden Lößplatten sind niederschlagsärmer, wohl aber in der regenbringenden Winden stärker geöffneten Kalenberger Börde (teilweise > 700 mm) etwas höher als in der Hildesheimer Börde" (MEYER-HILBERT 2001).

Quellwolken über dem SW-Rand der Hildesheimer Börde

Schwarzerde am Borsumer Paß mit ihrer charakteristischen schwarzen Farbe

Böden der Bördelandschaften

von Wilfried Kroll

Die Bördelandschaften, die sich am Nordrand der Mittelgebirge entlangziehen und auch einen weiten Teil des Landkreises Hildesheim einnehmen, gehören zu den fruchtbarsten Ackerbaugebieten Deutschlands. Kennzeichnendes Merkmal dieser Landschaft ist die bis zu zwei Metern mächtige Lössdecke, die das Land überzieht und ihr einen unverwechselbaren Charakter verleiht. Die Bezeichnung „Börde" leitet sich von dem niederdeutschen „bören" ab und bedeutet so viel wie „tragen" bzw. „ertragreich sein".

Löss ist ein meist kalkhaltiges, gelblich gefärbtes Lockersediment und besteht aus feinen Bodenteilchen (vor allem Schluff mit einem Korngrößendurchmesser von 0,002 bis 0,06 mm), die aus den Grundmoränen und Sanderflächen im Vorfeld der großen nordischen Inlandeismassen während der letzten Eiszeit ausgeweht und infolge ihres geringen Teilchengewichtes über viele Kilometer nach Süden verfrachtet wurden. Dass diese Staubmassen im Bereich der Bördezone zu meterdicken Schichten abgelagert wurden, ist vor allem auf die Wind abbremsende Wirkung der Gebirge und die hier schon vorhandene Pflanzendecke zurückzuführen.

Unter dem Einfluss eines kontinentalen Klimas (trockene Sommer, geringe Niederschlagsmengen), den Auswirkungen einer grasreichen Vegetation und der wühlenden und vermischenden Tätigkeit von Steppentieren kam es in der Nacheiszeit auf dem kalkhaltigen, lockeren Ausgangsmaterial zur Ausbildung von Schwarzerden. Das war ein Bodenbildungsprozess, der im heutigen Klima in Niedersachsen nicht mehr stattfindet. Die Schwarzerden der Hildesheimer Börde sind deshalb sogenannte Reliktböden, die auf staunassen Standorten erhalten sind und eine bemerkenswerte Besonderheit darstellen. Dieser Sachverhalt mag wesentlich dazu beigetragen haben, dass die Schwarzerde von der Deutschen Bodenkundlichen Gesellschaft und dem Bundesverband Boden zum „Boden des Jahres 2005" erklärt wurde. Die Stau-

Parabraunerde bei Feldbergen mit ihrer fahlbraunen Färbung

Ap: gepflügter humoser Oberboden

Ah: humoser Oberboden

Sw: Stauwasserleiter mit Eisenfleckung

Sd: Staukörper, dicht gelagert und wasserundurchlässig

Pseudogley-Schwarzerde bei Asel in der Gemeinde Harsum

nässe der Böden wird bedingt durch die mächtigen, unter dem Löss lagernden Tonschichten. Da diese Schichten fast kein Gefälle besitzen, ist die laterale Abflussgeschwindigkeit sehr gering. Als Folge entstehen dunkelbraune bis schwarze Huminstoffe, die durch die Tätigkeit von Bodenorganismen, insbesondere von Regenwürmern, zur Bildung sogenannter Ton-Humus-Komplexe führen, die verantwortlich sind für die gute Krümelstruktur der Böden.

Schwarzerden sind auf unbestellten Ackerflächen schon von Weitem an der schwarzen Bodenfärbung zu erkennen. Unter einem mächtigen humosen Oberboden (Ah-Horizont) folgt das gelblich gefärbte Ausgangsmaterial (C-Horizont). Zum genaueren Kennenlernen dieses Bodentyps ist das Schwarzerdeprofil am Rand der ehemaligen Tongrube Asel in der Gemeinde Harsum hervorragend geeignet, das bereits im Jahr 1990 als geschütztes Naturdenkmal ausgewiesen wurde. Bei dem Profil handelt es sich, genau genommen, um eine Pseudogley-Schwarzerde (Erklärungen vgl. Abbildung) mit dem kennzeichnenden humosen Oberboden (Ap und Ah) sowie dem gelblich gefärbten Ausgangsmaterial (Sw und Sd). Als Folge der wasserundurchlässigen und der wasserstauenden Tonschicht kam es im Ausgangsmaterial zu Pseudovergleyungserscheinungen, die an der rostroten Eisenfleckung deutlich zu erkennen sind. Die Pseudogley-Schwarzerde ist der charakteristische Boden der Hildesheimer Börde.

Bei fehlendem Stau- oder Grundwassereinfluss, z.B. an Hängen von Geländeschwellen oder in Bereichen mit höheren Niederschlägen, unterliegen Schwarzerden einer Degradation, d.h. einer Kalk-, Ton- und Humus-Auswaschung, und es entstehen Parabraunerden bzw. verschiedene Übergangsformen zwischen Schwarzerden und Parabraunerden. In den Niederungen findet man Gley-Schwarzerden mit erhöhtem Humusgehalt, die bei starker Vernässung in Niedermoorböden übergehen.

Schwarzerden stellen die wertvollsten Böden Deutschlands dar und erreichen Spitzenwerte bis zu 100 Bodenpunkten und an einigen Stellen sogar darüber (vgl. S. 31).

Die hohe Qualität beruht auf der leichten Bearbeitbarkeit, den günstigen physikalischen Bodeneigenschaften (Wasserkapazität, Durchlüftung, Erwärmbarkeit) und dem hohen Bindevermögen für Pflanzennährstoffe. Anspruchsvolle Feldfrüchte erbringen extrem hohe Erträge (vgl. S. 55).

In Gebieten, wie z.B. der Kalenberger Börde, in denen es keine stauenden Schichten im Untergrund gibt und die Niederschläge durch Kiese oder Sande aus eiszeitlichen Ablagerungen versickern können, entwickelten sich auf den Lössablagerungen keine Schwarzerden, sondern stattdessen Parabraunerden, wobei offen bleiben muss, ob die Böden dort das Schwarzerdestadium, wenn auch verkürzt, durchlaufen haben. Die Vorsilbe „Para" deutet an, dass sich die aus dem Löss entwickelten Parabraunerden hinsichtlich ihrer Entstehung und Eigenschaften von den echten Braunerden deutlich unterscheiden.

Parabraunerden besitzen eine fahlbraune Färbung. Für ihre Entstehung sind Tonverlagerungsvorgänge (Lessivierung) verantwortlich. Dabei kommt es zur Ausbildung eines helleren, tonarmen Auswaschungshorizontes (Al – Horizont) und eines dunkleren, tonreichen und stark verdichteten Anreicherungshorizontes (Bt – Horizont). Parabraunerden erreichen nicht die Leistungsfähigkeit von Schwarzerden, stellen aber mit Bodenpunkten zwischen 70 und 90 wertvolle Ackerstandorte dar.

Eine Sonderstellung nimmt der Nettlinger Rücken ein (vgl. 211), der sich als niedrige Geländeschwelle aus dem umgebenden Börderaum erhebt. Dabei handelt es sich um eine Aufwölbung der unter dem Löss lagernden Kreidekalke, die nur von einem dünnen Lössschleier bedeckt werden. Im Gegensatz zu den übrigen Lösslandschaften herrschen hier flachgründige Kalkverwitterungsböden vor, die durch eine kalkholde Flora ausgezeichnet sind (vgl. S. 217 f.f.). Als Bodentyp findet man hier Rendzinen mit einem schwarzen bis schwarzbraun gefärbten A – Horizont und einem hellen C – Horizont.

Ah: humoser Oberboden, tonverarmt, sehr gut durchwurzelt

Al: tonverarmter Oberboden, gut durchwurzelt

Bt: Unterboden mit Tonanreicherung, stark verdichtet

Cv: Lehme der Mittelterrasse

Cv: Sande und Kiese der Mittelterrasse

Parabraunerde bei Banteln

HYDROLOGIE DER BÖRDE – LANDSCHAFTEN

VON HARTWIG BERGER

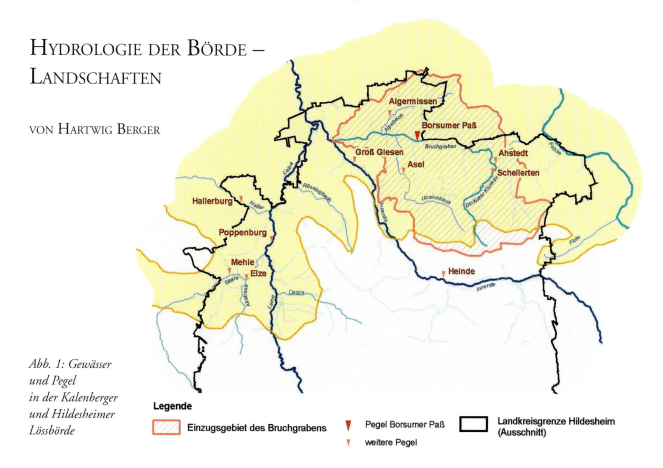

Abb. 1: Gewässer und Pegel in der Kalenberger und Hildesheimer Lössbörde

Die Kalenberger und die Braunschweig-Hildesheimer Börde bilden den Übergang zwischen dem südniedersächsischen Berg- und Hügelland und den sich nach Norden anschließenden Landschaftsformen des Tieflandes. Durch zahlreiche Gräben, Bäche und Flüsse wird diese zumeist leicht wellige bis hügelige Landschaft über Leine und Fuhse entwässert (vgl. Abb. 1). Zu nennen sind hier vor allem die Leine mit den Nebengewässern Despe, Saale, Haller und Rössingbach sowie die Innerste mit dem Bruchgraben. Leine und Fuhse münden in die Aller. Alle genannten Gewässer gehören zum Stromgebiet der Weser.

Aufgrund ihres geringen Gefälles und ihrer relativ niedrigen Strömungsgeschwindigkeiten ähneln diese Gewässer in ihrem charakteristischen Erscheinungsbild mehr den Bächen des Tieflandes als denen des Berg- und Hügellandes. Sie gehören daher dem Typ der „Löss-lehmgeprägten Tieflandbäche" an. Die etwas größeren Unterläufe von Haller, Saale und Bruchgraben sowie die Innerste unterhalb Hildesheims und die Leine unterhalb Gronaus werden den „Sandlehmgeprägten Tieflandflüssen" zugeordnet (DAHL & HULLEN 1989, FLUSSGEBIETSGEMEINSCHAFT WESER 2005).

Die Einzugsgebiete der die Bördelandschaft durchziehenden Gewässer reichen bis in das Berg- und Hügelland hinein. Der Flächenanteil ihrer zur Börde gehörenden Gebiete am Gesamteinzugsgebiet schwankt zwischen 13 % bei der Despe und 93 % beim Bruchgraben (vgl. Tab. 1). Leine und Innerste durchfließen die Börde nur auf kurzer Strecke; lediglich 19 bzw. 21 % ihres Einzugsgebietes gehören der Börde an, der überwiegende Teil entwässert das Berg- und Hügelland sowie Teile des Harzes. Ihr Abflussverhalten wird daher nicht durch die Börde geprägt, sondern durch verschiedene dem Bergland zugeordnete Landschaften. Der Anteil der Bördelandschaften am Einzugsgebiet von Despe, Saale, Haller und Rössingbach ist gering bis mittelgroß, und die hydrologischen Eigenschaften sowie das Abflussverhalten dieser Bäche und Flüsse werden ebenfalls mehr oder weniger stark durch das Berg- und Hügelland geprägt.

Nur einige wenige Gewässer können hydrologisch als reine Bördegewässer angesehen werden, so der Oberlauf der Fuhse sowie die meisten Gewässer im Gebiet des Bruchgra-

Gewässername	Größe des Einzugsgebietes [km²]	Anteil der Börde am Einzugsgebiet [km²]	Anteil der Börde am Einzugsgebiet [%]
Despe	38	5	13
Leine	6518	1227	19
Innerste	1265	262	21
Saale	202	73	36
Fuhse	921	443	48
Haller	124	83	67
Rössingbach	45	34	76
Bruchgraben	241	223	93

Tab. 1: Größe der Einzugsgebiete der wichtigsten Gewässer in der Hildesheimer und Kalenberger Börde

bens. Dieser ist mit 93 % Anteil Bördenfläche ein ausgesprochenes Bördengewässer.

Um das Abflussverhalten der Fließgewässer dokumentieren und überwachen zu können, werden seit 1952 - 1974 auch im Bereich der Börden des Landkreises Hildesheim Pegel betrieben. Erst seit diesen Jahren liegen Messdaten zur hydrologischen Beurteilung der Gewässer dieses Gebietes vor. Fundierte Aussagen über die hydrologischen Verhältnisse vor 1952 sind kaum möglich, da nur spärliche Berichte über ursprüngliche Abflussverhältnisse in der zur Verfügung stehenden Literatur vorliegen. So waren zum Beispiel nach KELLER (1901) im unteren Teil des Bruchgrabens Bereiche mit hohen Abflüssen aus quelligen Gebieten anzutreffen, die den Abfluss des Bruchgrabens merklich beeinflussten. Nach SÖDING (1955) befand sich oberhalb Garmissens eine „nie versiegende Quelle", Qualster genannt. KAUNE (1974) spricht vom Bruchgraben und den Klunkauen, die früher „bedeutend mehr Wasser" geführt haben. Darüber hinaus wird berichtet, dass in den vergangenen Jahrhunderten im Leinegebiet und damit auch in der Börde vielfach Perioden oder einzelne Jahre mit extremem Niedrigwasser auftraten, dass aufgrund der Trockenheit viele Gewässer versiegten und die Wassermühlen ihren Betrieb einstellen mussten. Es deutet aber vieles darauf hin, dass heute die Abflüsse vor allem bei Trockenwetter um einen nicht quantifizierbaren Betrag niedriger liegen als vor den großflächigen Dränungen bzw. vor dem Ausbau der Gewässer. Inwieweit heute bei Trockenheit versiegende Gewässer auch früher austrockneten, ist nirgends dokumentiert.

An den Pegelmessstellen wird der Wasserstand kontinuierlich registriert und der zugehörige Abfluss ermittelt. Die derzeit noch betriebenen Pegel liegen ausschließlich an den größeren Gewässern des Gebietes: an Leine, Innerste, Saale, Haller und Bruchgraben. Für jeden der Pegel werden mittlere tägliche Wasserstände und Abflüsse sowie die minimalen und maximalen Extremwerte bestimmt, die dann statistisch für Monate, Jahre und Jahresreihen ausgewertet werden.

Saisonale Auswertungen des mittleren monatlichen Abflussverhaltens ergaben, dass der Jahresabflussgang aller Gewässer in den Börden im wesentlichen durch ein spätwinterliches Abflussmaximum in den Monaten Februar und März charakterisiert wird. Dieses Abflussmaximum kann durch Schneeschmelze, aber auch durch winterliche Regenereignisse hervorgerufen sein. Das Abflussminimum liegt generell in den Sommer- und Herbstmonaten, wobei von einer vergleichsweise geringen Austrocknung des Untergrundes im Einzugsgebiet auszugehen ist.

Unterschiede zwischen den einzelnen Gewässern sind dagegen bei den absoluten Werten des Niedrig-, Mittel- und Hochwasserabflusses festzustellen. Der auf die Größe des Einzugsgebietes bezogene mittlere Abfluss, die sogenannte Mittelwasserabflussspende, ist abhängig vom Anteil des Berglandes am Einzugsgebiet und damit von der Höhe des mittleren Jahresniederschlages. Beim Bruchgraben (Pegel Borsumer Pass) liegt dieser Wert bei 4,5 l/sec km², an der Leine (Pegel Poppenburg) dagegen bei 11 l/sec km². Auch die Niedrig- und die Hochwasserabflussspenden der einzelnen Gewässer weichen stark voneinander ab. So liegt die Abflussspende beim Niedrigwasser in der Leine um das 10-fache, bei der Haller und der Saale um das 4 bis 5-fache höher als beim Bruchgraben. Selbst die Hochwasserabflussspende in den etwa gleich großen Gewässern Saale und Haller erreicht 2- bis 3-fache höhere Werte als im Bruchgraben. Das zeigt, dass das Bördegewässer Bruchgraben hydrologisch gesehen weitgehend einem Flachlandgewässer ähnelt, die übrigen Gewässer jedoch eher das Berg- und Hügelland repräsentieren.

Landesweite Auswertungen sämtlicher vorliegender niedersächsischer Pegeldaten führten zur Festlegung von hydrologisch ähnlichen Regionen mit gebietstypischem Abflussverhalten (ELSHOLZ & BERGER 1998, 2003). Für

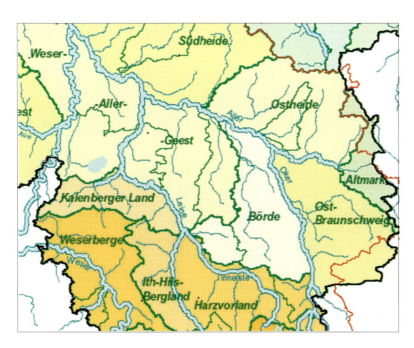

Abb. 2: Hydrologische Landschaften nach Elsholz & Berger 2003

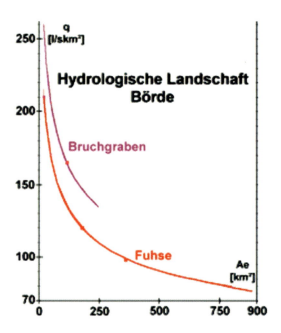

Abb. 3: Hochwasserbemessungswerte für die „Hydrologische Landschaft Börde" nach Elsholz & Berger 2003

das Gebiet der Kalenberger und der Hildesheimer Lössbörde wurden in sich vergleichsweise homogene hydrologische Landschaften festgelegt: die „Börde", das „Ith – Hils - Bergland" sowie das „Harzvorland". Zur „Hydrologischen Landschaft Börde" gehören hiernach nur die Gewässer des Bruchgrabengebietes und die der Fuhse. Haller und Saale liegen in der „Hydrologischen Landschaft Ith-Hils-Bergland". Despe und Rössingbach sind dem „Harzvorland" zugeordnet (vgl. Abb. 2). Leine und Innerste durchfließen mehrere hydrologische Landschaften. Sie werden daher als „landschaftsübergreifende Gewässer" bezeichnet.

Aus der Abbildung 3 ist die starke Abnahme der Hochwasserabflussspenden der beiden charakteristischen Bördegewässer Bruchgraben und Fuhse bei zunehmender Einzugsgebietsgröße zu erkennen. So liegt bei einer Größe des Einzugsgebietes von 200 km² die Abflussspende für ein sogenanntes 100-jährliches Ereignis im Bruchgraben bei 142 l/s km², bei 25 km² Einzugsgebietsgröße dagegen bei 250 l/sec km². Daraus wird ersichtlich, dass selbst in relativ homogenen Landschaften wie der Börde deutliche Unterschiede zwischen verschiedenen Gewässern auftreten können. So ist die Fuhse generell durch ca. 20 % niedrigere Hochwasserspenden gekennzeichnet.

In Trockenperioden können in den einzelnen Einzugsgebieten selbst auf engstem Raum starke Unterschiede festgestellt werden. So haben Ortsbegehungen während des Spätsommers 1992 im Bruchgrabengebiet gezeigt, dass viele kleinere Gewässer trockengefallen waren und nur noch im Bruchgraben, den beiden Klunkauen, dem Alpebach und dem Unsinnbach Wasser floss. Aber selbst im Unsinnbach muss von längeren ausgetrockneten Gewässerstrecken ausgegangen werden, die nur durch Abwasser führende Bereiche unterbrochen sind. Von wenigen Ausnahmen im unteren Bereich des Bruchgrabengebietes abgesehen, trocknen fast alle Zuflüsse zu den erwähnten Gewässern aus. Bei der Einschätzung der angetroffenen Niedrigwassersituation ist jedoch zu berücksichtigen, dass zum Messzeitpunkt keine außergewöhnlich niedrigen Abflüsse gemessen wurden, so dass offensichtlich bei extremer Trockenheit noch weitere Gewässer trocken fallen können.

Das langfristige Abflussgeschehen der Gewässer muss ebenfalls als gewässerspezifisch angesehen werden, wobei sogar zwischen Niedrig-, Mittel- und Hochwasser unterschieden werden muss. In den reinen Bördegewässern Bruchgraben und Fuhse nehmen die Abflüsse seit Beobachtungsbeginn generell ab (vgl. Abb. 4), in der Haller ist eine allgemeine Zunahme der Abflüsse festzustellen. In Leine, Innerste und Saale ist für den Niedrig- und Mittelwasserbereich von einer tendenziellen Abnahme der Abflüsse auszugehen, nur im Hochwasserbereich nimmt der Abfluss zu.

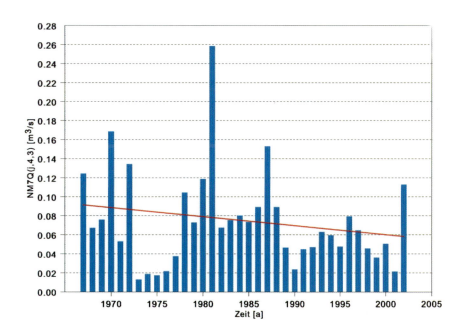

Abb. 4: Trend der Niedrigwasserabflüsse am Pegel Borsumer Pass/Bruchgraben

Entwicklung der Kulturlandschaft

von Hansjörg Küster

Einleitung

Jedes Lebewesen verändert seinen Standort: Pflanzen entziehen dem Boden Mineralstoffe, die nach ihrem Absterben in der Regel nicht an der gleichen Stelle wieder deponiert werden. Im Zusammenhang mit der Aufnahme von Mineralstoffen und der Zersetzung organischer Substanz versauern und verwittern die Böden. Tiere, die Pflanzen fressen, verlagern die Mineralstoffe an weitere Orte. Die heute sichtbare Landschaft entwickelte sich, geprägt durch diese Veränderungen, in sehr langer Zeit. Die Landschaft ist aber kein Endstadium, sondern in weiterer Entwicklung begriffen: Die Organismen verändern die Standorte stets weiter.

Auf die Entwicklung von Standorten und Landschaft hat in den letzten Jahrtausenden der Mensch besonders viel Einfluss genommen. Das Resultat kulturellen Einflusses ist die Kulturlandschaft (KÜSTER 2004). Diese Begriffsdefinition ist nur scheinbar eindeutig. Denn wenn von Kulturlandschaft gesprochen wird, fragt man sich, wo die Naturlandschaft liegt. Und man bedenkt erst in zweiter Linie, dass auch in einer Kulturlandschaft natürliche Prozesse ablaufen, z.B. Wachstum, Bodenentwicklung, Nahrungsketten, Sukzession, Erosion. Weil Kultur- und Naturlandschaft kaum gegeneinander abgegrenzt werden können, sollte man vielmehr allein von „Landschaft" sprechen, die man als eine Momentaufnahme auffassen kann; sie entsteht im Kopf des Betrachters bei der Reflexion über seine Umwelt. Natur (und auch Kultur) können dagegen als Prozesse verstanden werden, die auf das Erscheinungsbild der Landschaft, die im Moment wahrgenommen wird, stets Einfluss genommen haben und auch weiterhin nehmen.

Jäger der Eiszeit

Die Landschaftsentwicklung des Eiszeitalters im Hildesheimer Raum hat FELDMANN (1999) auf anschaulichen, schematischen Blockbildern dargestellt. In der vorletzten Eiszeit, der Saale-Eiszeit, drangen Gletscher aus Nordeuropa weit in das Hügelland bei Hildesheim vor. Das Gebiet der heutigen Börde war komplett von Eis bedeckt. In der Eem-Warmzeit, zwischen vorletzter und letzter Eiszeit, breiteten sich üppige Laubwälder im Gebiet aus. In der letzten, der Weichsel-Eiszeit blieb die Gletscherfront im östlichen Schleswig-Holstein und in Mecklenburg stehen. Es herrschte eine Vegetation mit Elementen der Tundra und der Steppe vor. Das Klima war nicht nur zu kalt für ein Vorkommen von Bäumen, sondern auch zu trocken. Viel Wasser war in den großen Gletschern gebunden.

Lange Zeit während des Jahres herrschte Frost; nur in einigen Monaten gab es Tauwetter. In den Flüssen flossen im Sommer erhebliche Wassermengen ab, die große Massen an Kies, Sand und Ton bewegten. Wo die Strömung nachließ, blieben diese Partikel liegen. Im Winter fielen die Flussbetten weithin trocken. Dann konnte der Wind sandiges und toniges Material aufnehmen und transportieren. Aus dem Sand wurden Dünen, am Rand der Flusstäler gelegen. Der feine Ton wurde weiter getragen und am Rand der Mittelgebirge deponiert: der Löss der Börde.

In dieser Zeit, als sukzessive immer weiterer Schotter in den breiten Tälern von Leine und Innerste abgelagert wurde, lebten Jäger im Gebiet der heutigen Börde. Sie erbeuteten unter anderem Rentier und Mammut, die auf den offenen Flächen grasten und an die Flüsse zur Tränke gingen. Überreste von Eiszeitjägern und Tieren fanden sich bei Sarstedt, in den Auswurfhügeln der dortigen Kiesgruben. Eine anthropologische Analyse ergab, dass die dort gefundenen Knochen zu Neandertalern gehörten. Dies ist ein sehr bedeutendes Resultat, denn es handelt sich bei den Menschen, die in der letzten Eiszeit bei Sarstedt gelebt haben, um die nördlichsten Neandertaler, die derzeit bekannt sind. Leider war es bisher nicht möglich, genauere Ausgrabungen in den Kieslagerstätten durchzuführen. Daher machen eine genaue Datierung und die kulturgeschichtliche Einordnung der Funde Schwierigkeiten (CZARNETZKI et al. 2002).

In den ersten Jahrtausenden der Nacheiszeit, als es wärmer geworden war und sich erneut Wälder in der Hildesheimer Umgebung breit machten, lebten die Menschen weiterhin vor allem von der Jagd, aber auch vom Sammeln pflanzlicher Produkte, unter anderem von Haselnüssen. Spuren von Menschen, die in der mittleren Steinzeit (zwischen etwa 8000 und 5000 vor Chr.) lebten, fanden sich im gesamten Kreisgebiet (EVERS 1964).

Die Börde wird zum Kerngebiet der bäuerlichen Besiedlung

In der Zeit um 5000 vor Chr. änderte sich die Lebensweise der Menschen in der Umgebung von Hildesheim von Grund auf. Sie lebten nicht mehr hauptsächlich von der Jagd und dem Sammeln von Pflanzenteilen, sondern von Ackerbau und Viehhaltung. Die angebauten Pflanzen und die gehaltenen Tiere stammten vor allem aus dem Nahen Osten, die Bauern waren aber wohl Einheimische, die Verfahren der Landwirtschaft übernahmen. Denn wer eine bäuerliche Siedlung gründete, brauchte gute Geländekenntnisse; die Methoden des Ackerbaus ließen sich eher erlernen als der optimale Umgang mit den speziellen Bedingungen eines Standortes. Für den Ackerbau mit dem damals allein verfügbaren Gerät aus Stein und Knochen brauchte man einen steinfreien Boden. Die Menschen und Tiere benötigten Wasser in ihrer Nähe; Siedlungen konnten aber nicht direkt am Wasser entstehen, weil dort Überflutungsgefahr bestand. Eine Siedlung konnte ausschließlich im dichten Wald angelegt werden, denn zum Bau von Holzhäusern waren erhebliche Mengen an gerade gewachsenen Baumstämmen erforderlich. Ältere Vorstellungen, die ersten Bauern hätten ihre Siedlungen auf Lichtungen gegründet, werden durch Ergebnisse der Archäologen widerlegt: Zum Bau von Häusern wurden große Mengen an Holz verwendet, die man am besten an Ort und Stelle der Siedlung gewann und nicht über große Distanzen transportierte.

Spuren von Siedlungen früher Bauernkulturen wurden vielerorts in der Börde gefunden, aber nur ganz selten außerhalb des Lössgebietes (EVERS 1964, FANSA 1988). Es zeigt sich ganz klar: Nur steinfreie Böden konnten bearbeitet werden. Dass gerade die Lössböden auch noch besonders fruchtbar waren, wusste man wohl noch nicht: Denn auf diese Erfahrung konnten die ersten Ackerbauern noch nicht zurückblicken. Ihre Siedlungen lagen typischerweise in einer sogenannten Ökotopengrenzlage (KÜSTER 1999) am Übergang von lössbedeckten Flächen zu den Talniederungen: Von dort aus waren sowohl die steinfreien Felder als auch Trinkwasser optimal zu erreichen. Das Vieh, das man in der Nähe des Wassers weiden ließ, konnte von oben her beaufsichtigt werden.

Eine solche Lage besaß die jungsteinzeitliche Siedlung in der Hildesheimer Lössbörde, die am besten untersucht wurde. Sie lag südwestlich von Rössing, unmittelbar westlich der Bahnstrecke von Hannover nach Nordstemmen, am Rand der Leineniederung und am Rand der Lössfläche (FANSA 1988). Bei intensiven Ausgrabungen fanden sich Spuren von etwa vierzig Häusern. Sie entstanden nicht alle zur gleichen Zeit, sondern nacheinander; einige Hausgrundrisse, die aus den Funden von Gruben erschlossen werden können, überschneiden sich. Die Häuser der Siedlung waren alle etwa von Nord nach Süd ausgerichtet und etwa 20 bis 40 Meter lang. Man kann daraus vielleicht auf die Wuchshöhe der Baumstämme schließen, die zum Bau der Häuser gefällt wurden. Verbaut wurden Eichenstämme, die wegen ihres natürlichen Gehaltes an Gerbstoffen besonders widerstandsfähig sind. Für Dachbalken und Pfetten verwendete man ausschließlich gerade gewachsene Stämme; daraus ist zu folgern, dass der gerodete Eichenwald dicht war und daher wenig verzweigte, gerade Stämme aufwies.

Die Bauern, die in Rössing vor rund 7000 Jahren lebten, bauten eine recht große Vielfalt an Kulturpflanzen an (WILLERDING 1988): die Getreidearten Gerste, Einkorn und Emmer (beide sind mit unserem heutigen Weizen verwandt), die Hülsenfrüchte Erbse und Linse sowie Lein und Schlafmohn. Aus Lein und Schlafmohn lassen sich Öl bzw. Fett gewinnen. Lein konnte auch zur Textilherstellung verwendet werden, Schlafmohn mag als Gewürz gedient haben oder auch zur Gewinnung von Opiaten; allerdings ist der Gehalt an berauschender Substanz bei hierzulande angebautem Mohn gering. Das wichtigste Haustier war das Rind, gefolgt von Schaf, Ziege und Schwein (POHLMEYER 1988).

Bei einer Nutzung dieser Pflanzen- und Tierarten konnte eine regelmäßigere Ernährung gewährleistet werden als bei einem alleinigen Vertrauen auf das Glück des Jägers und Sammlers. Die Bevölkerungsdichte nahm als Folge der Einführung von Ackerbau zu (DEEVEY 1960). Es war eine ausgewogene Ernährung möglich, über die Kohlenhydrate, Eiweiße, Fette sowie weitere essentielle Substanzen bereitgestellt wurden. Baute man mehrere Kulturpflanzen an, war man vor Missernten besser geschützt. Die verschiedenen Getreidearten wurden zu unterschiedlichen Zeiten geerntet. Wenn die Erntebedingungen bei der Einbringung der einen Getreideart nicht optimal waren, konnte man immer noch hoffen, dass man eine andere Art unter besseren Gegebenheiten ernten konnte.

Nur eine der genannten Pflanzen stammt nicht aus dem Nahen Osten: Schlafmohn kommt aus dem westlichen Mittelmeergebiet (BAKELS 1982). Über den Fund von Schlafmohn in Rössing lässt sich belegen, dass die Wirtschaft der ersten Ackerbauern im Hildesheimer Gebiet nicht nur aus dem Nahen Osten, sondern auch aus dem Mittelmeergebiet beeinflusst war.

Frühe Siedlungen bestanden nicht auf Dauer, sondern wurden von Zeit zu Zeit verlagert. Bei der Fruchtbarkeit der Böden der Börde kann kaum daran gedacht werden, dass die Siedlungen wegen nachlassender Erträge verlassen wurden. Vielmehr könnte das Fehlen von Bauholz die Bauern gezwungen haben, ihre Siedlungen aufzugeben, wenn Häuser abgebrannt oder baufällig geworden waren. Man zog dann ein Stück weiter in den Wald und rodete ein anderes Stück Land, um eine neue Siedlung zu errichten. Auf der Fläche einer wüst gefallenen Siedlung schloss sich der Wald erneut: Gebüsch, Birken und Pappeln kamen zuerst auf, dann auch andere, langsamer wachsende Waldbäume, erneut Eichen und nun auch vermehrt Buchen. Rotbuchen breiteten sich wohl deswegen vielerorts aus, weil sie sich im Verlauf von

Neubildungen des Waldes besser durchsetzen konnten als in bereits geschlossenen Eichenwäldern; dies lässt sich aus Pollendiagrammen entnehmen (KÜSTER 2003).

In den folgenden Jahrtausenden änderte sich die Wirtschafts- und Lebensweise der Menschen in der Börde nicht wesentlich: Siedlungen wurden gegründet (stets in Ökotopengrenzlage!) und verlagert. Wald wurde gerodet und schloss sich wieder, wenn Siedlungen aufgegeben wurden. Mit der Zeit kamen neue Werkstoffe auf, mit denen die Bauern auch steinigere Böden außerhalb der Börde bearbeiten konnten.

Die Gründung der Dörfer

Von Grund auf änderte sich das Landschaftsbild der Börde erst wieder im Mittelalter. Damals setzte die schriftliche Überlieferung ein; damit verbunden wurden auch zahlreiche Ortschaften erstmals urkundlich erwähnt. Erste urkundliche Erwähnung und Gründung von Ortschaften sind zwei verschiedene Vorgänge. In den Urkunden wurden Namen von Orten und deren Besitzverhältnisse festgelegt. Die urkundlich genannten Dörfer wurden in der Regel nicht mehr verlagert. Sie blieben fortan an Ort und Stelle bestehen. Man kennt allerdings auch Siedlungen, die im Lauf des Mittelalters wüst fielen, also aufgegeben wurden. Entgegen älteren Ansichten sind Wüstungsprozesse in der Regel nicht mit kriegerischen Ereignissen oder Seuchen in Verbindung zu bringen (EVERS 1964, KÜSTER 1999). Vielmehr wurden kleinere Siedlungen zu größeren zusammengelegt, was möglicherweise mit dem Begriff „Dorf" umschrieben wird: Das Wort ist mit „treffen" verwandt. Es „trafen" sich also möglicherweise Gruppen, die zuvor getrennt voneinander gesiedelt hatten, an einem Siedlungsort. Besonders klar zu erkennen ist dieser Vorgang in der Umgebung der wachsenden Städte (EVERS 1964), aber er fand auch im Umfeld von ländlichen Siedlungen statt. Dörfliche Siedlungen des Mittelalters glichen in einer Hinsicht den prähistorischen Vorgängern: Auch für sie ist eine Ökotopengrenzlage zwischen den trockenen Lössflächen und der Niederung typisch. Näher am Wasser lagen dagegen die Städte (z.B. Hildesheim, Gronau), in denen das Wasser zum Betrieb großer Mühlen genutzt wurde.

Weil die Siedlungen nicht mehr verlagert wurden, wenn bestimmte Voraussetzungen für ihren weiteren Bestand fehlten, mussten Mangelsituationen auf neue Weise kompensiert werden. Man musste versuchen, Holz und Korn durch Handel zu erwerben, wenn es daran mangelte. Man hoffte, dass in einem solchen Fall andernorts Überschüsse erzielt worden waren, die abgegeben werden konnten. Die christliche Kirche, die sich ebenfalls im Mittelalter ausbreitete, trug erheblich dazu bei, Siedelstrukturen zu stabilisieren: Sie forderte dazu auf, in Zeiten des Mangels sein Brot mit den Bedürftigen zu teilen.

In ländlichen Siedlungen mussten Überschüsse aber nicht nur deswegen erwirtschaftet werden, damit sie an andere ländliche Siedlungen in Zeiten des Mangels abgegeben werden konnten. Vor allem mussten die Bewohner von Städten, Burgen und Klöstern, die sich nicht oder nicht primär mit der Produktion landwirtschaftlicher Güter befassten, versorgt werden. Daher wurde die Bewirtschaftung der Nutzflächen intensiviert. Die gesamte Flur der Dörfer wurde in Felder eingeteilt, die aus zahlreichen dicht beieinander liegenden Ackerstreifen bestanden. Auf Flurplänen (vgl. Abb.) lassen sich die Anbaubedingungen erkennen, die vom Mittelalter bis zur Zeit der Verkoppelung bestanden: Die Äcker waren schmal und langgestreckt; man pflügte sie in langen Bahnen und vermied so das häufige Wenden der Pfluggespanne. Die Ackerstreifen in jedem Feld gehörten unterschiedlichen Bauern; jeder Bauer im Dorf hatte Besitz in jedem Feld. Mit Dünger musste man haushalten. Jeder Bauer war bestrebt,

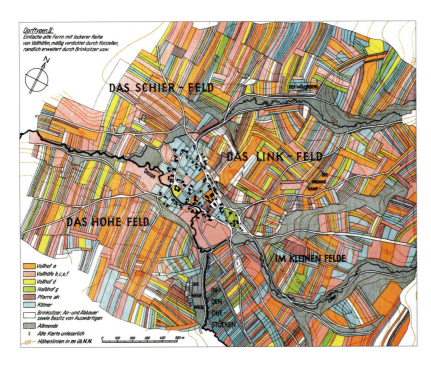

Die Gemarkung von Barfelde um 1840 (nach der Verkoppelungskarte von 1848 aus MITTELHÄUSER / BARNER 1957)

Dünger auf seinem Ackerstreifen zu halten. Daher pflügte er stets zur Mitte des Ackerbeetes hin. Allmählich erhöhte sich die Mitte der Äcker, so dass eine Wölbung entstand. Man nennt die Äcker, die sich in der Folge herausbildeten, daher Wölbäcker.

Zwischen den Äckern gab es keine Wege. Wenn auf einem Acker geerntet wurde, musste der Erntewagen auf dem bereits abgeernteten Acker des Nachbarn stehen. Die Äcker ließen sich nur dann ohne Zwischenwege nutzen, wenn ein Flurzwang bestand, also auf nebeneinander liegenden Äckern die gleiche Kulturpflanze angebaut wurde. Um eine Ermüdung der Böden zu verhindern, führte man außerdem einen Fruchtwechsel durch. Alle drei oder vier Jahre blieb jedes Feld unbebaut als Brache liegen. Dann ließ man das Vieh auf den Flächen weiden; dies geschah vor allem zur Düngung der Äcker.

Außerhalb der Kernfluren mit den Äckern lagen die von der Allgemeinheit genutzten Viehweiden und Wälder; deutliche Grenzen zwischen Weide und Wald bestanden nicht. Hirten hatten auf das Vieh aufzupassen. Im Wald kamen im Lauf der Zeit immer weniger Bäume hoch, weil junge Triebe von den Weidetieren abgebissen wurden. Die Wälder wurden aber auch zur Gewinnung von Brennholz immer intensiver genutzt. Benötigte man Bauholz zur Errichtung eines neuen Bauernhauses, konnte man auf gerade gewachsene Stämme nicht mehr zurückgreifen. Die immer wieder nach Nutzung sekundär ausschlagenden Gehölze wuchsen gebogen aus den Baumstümpfen nach oben. In den Fassaden vieler Fachwerkhäuser lassen sich die gebogenen Stämme aus niederwaldartig genutzten Gehölzen erkennen. Die Unregelmäßigkeiten des Holzes wurden durch geschicktes Füllen der Gefache mit Geflecht und Lehm, später mit Ziegeln, ausgeglichen.

Bäume, die eine häufige und intensive Nutzung nicht vertragen, verschwanden; Gehölze mit gutem Ausschlagsvermögen wurden dagegen häufiger. Nun erst wurde die Hainbuche zu einem wichtigen Waldbaum. Sie ist ohne den Einfluss des Menschen in den Wäldern der Börde allenfalls sehr selten vorgekommen; nur durch die intensive Nutzung der Wälder wurde sie hierzulande zu einem wichtigen Waldbaum.

Verkoppelung, Gemeinheitsteilung und Flurbereinigung

Die Nutzung der mittelalterlichen Gewannfluren und die darauf erwirtschafteten Abgaben ermöglichten den wirtschaftlichen und kulturellen Aufschwung des Mittelalters und der frühen Neuzeit, vor allem das Wachstum der Städte. Aber damit verbunden war eine immer weitergehende Übernutzung und Verwüstung des Landes. Problematisch war vor allem, dass Holz immer noch die einzige Energiequelle war. Die Waldnutzer drangen mehr und mehr auf die Durchsetzung eines Nachhaltigkeitsprinzips. Doch konnten erst dann Wälder neu aufgebaut, das heißt vor allem, aufgeforstet werden, als dies im Rahmen einer gesamten Umstellung der Landnutzung möglich wurde. Wenn die Beweidung der Wälder verboten wurde, mussten andere Viehweiden zur Verfügung stehen. Man schuf sie, indem man kleinere Acker- und Grünlandflächen miteinander verband; die Verbindung von kleinen Flächen nannte man Verkoppelung. Viehkoppeln wurden mit Hecken umgeben, nicht mit Zäunen. Auf diese Weise konnte erstens das Holz für die Umzäunungen gespart werden, zweitens der Hirte: Niemand musste mehr auf das Vieh aufpassen, wenn es auf einer eingehegten Fläche weidete. Erwachsene Hirten gingen als Arbeitskräfte in die aufkommenden Industriebetriebe, jugendliche Hirten konnten die Schule besuchen: Ohne Verkoppelung wäre die allgemeine Schulpflicht im 19. Jahrhundert nicht durchzusetzen gewesen. Das Holz der Hecken, von denen die Koppeln umgeben waren, konnte von der Landbevölkerung als Brennholz genutzt werden. Man richtete nicht nur Viehkoppeln, sondern auch Ackerkoppeln ein; Ackernutzung hatte in der Börde eine größere Bedeutung als die Viehhaltung. Wo im früher beweideten Allmendland kein Wald aufwachsen sollte, kam es zur Gemeinheits- oder Markenteilung. Ehemals gemeinschaftlich genutztes Land wurde unter den Nutzungsberechtigten verteilt; daraus wurden koppelähnliche Blockfluren.

Mit der Verkoppelung einher ging die Schaffung eines besseren Straßennetzes. In der Hildesheimer Börde entstand es im Wesentlichen erst seit dem Beginn des 19. Jahrhunderts (GEBAUER 1943). Bestehende Straßen wurden chaussiert, also befestigt. Beiderseits der Straßen wurden Gräben gezogen, die das Wasser ableiteten. Die Gräben und die an den Straßenrändern gepflanzten Alleebäume verhinderten ferner das seitliche Ausbiegen der Gespanne, wenn die Fahrspuren der Straße durchweicht waren. Die Breite der Straßen ließ sich auf diese Weise strikt begrenzen; wegen der vielen nebeneinander liegenden Fahrspuren hatte die Straßenbreite zuvor oft mehr als 100 Meter betragen. Auf den günstigen Lössböden wählte man bei der Anlage von Alleen meist Obstbäume oder Linden. Linden konnten geschneitelt werden; auf diese Weise ließ sich Laubheu gewinnen. Noch wichtiger waren sie als Bienenweide. Bienen besuchen Linden in einer Jahreszeit, in der nicht mehr viele andere Blüten offen stehen. Gibt es viele Linden in einem Gebiet, wird mehr Honig und Wachs produziert. Honig war als Süßstoff wichtig, Wachs zur Herstellung von Kerzen. Lindenalleen prägen das Bild der Börde bis heute. In den Niederungen, vor allem im Leinetal, pflanzte man Alleebäume, die besonders viel Wasser aufsaugen. Als besonders günstig dafür hatten sich lombardische Pappeln erwiesen (GEBAUER 1943). Pappeln sind bis heute verbreitete Alleebäume der Niederungen im Hildesheimer Umland, etwa bei Gronau.

Auf den großen Feldblöcken konnten neue Kulturpflanzen angebaut werden: Kartoffeln und Zuckerrüben. Ohne den Anbau von Kartoffeln wäre eine ausreichende Versorgung der schnell wachsenden Bevölkerung zur Zeit der Industrialisierung nicht möglich gewesen. Wo man Kartoffeln anbaute, wurde das Land nicht mehr brach liegen gelassen. Einem etwaigen Mineralstoffmangel begegnete man mit Mineraldünger: Die Erträge stiegen erheblich.

Alleen bei Gronau: eine Lindenallee an der Terrassenkante, eine Pappelallee führt in die Leineniederung

Der Vertrieb von Düngemitteln wäre nicht möglich gewesen, wenn nicht zuvor die Bauern befreit worden wären (in Hannover zu Anfang des 19. Jahrhunderts; SCHNEIDER/SEEDORF 1989). Die sich ausbreitenden Agrargenossenschaften übernahmen den Vertrieb der Düngemittel, die per Eisenbahn angeliefert wurden, und den Versand der Agrarprodukte, der ebenfalls per Bahn erfolgte. Bei den Agrargenossenschaften konnten die Bauern Kredite erhalten (KÜSTER 1999).

Insgesamt entwickelte sich durch die im 19. Jahrhundert einsetzenden Agrarreformen eine Agrarlandschaft, in der die Erträge rasch erheblich anstiegen. Ohne dies wäre die enorme Entwicklung in Verbindung mit der Industrialisierung nicht möglich gewesen. Lange Zeit bestand Interesse daran, die Produktion noch immer weiter anzukurbeln, um zunächst das Land Hannover, dann Deutschland, schließlich die Länder der Europäischen Union autark zu machen. Doch entwickelten sich daraus am Ende die Überproduktion und Agrarpreise, die vielen Betrieben einen weiteren Bestand zu vernünftigen Bedingungen erschweren. Immer weniger Menschen sind in der Landwirtschaft beschäftigt; immer weniger Menschen haben Verständnis für die Tätigkeit von Landwirten. Ein Verständnis der Gesellschaft insgesamt für die Landwirtschaft ist aber erforderlich, um in Zukunft eine Lösung der Agrarprobleme zu ermöglichen und zugleich eine Wahrung der Identität von Landschaften anzustreben, die sich im Lauf von Jahrtausenden herausgebildet haben.

Die landschaftliche Identität der Börde

Zur landschaftlichen Identität der Börde zählen beispielsweise die großen Getreide- und Zuckerrübenfelder, die großen Dörfer, die Nähe von ländlicher Siedlung und Industrie. Auch die langen Lindenalleen müssen unbedingt erwähnt werden, die sanften Wellen des Landes, die kleinen Hügel, die aus der Lössbörde hervorragen, die weiten Täler mit Grünland und Kiesteichen. Wenn über die Identität dieser Landschaft nachgedacht wird, muss dabei beachtet werden, dass die meisten dort lebenden Menschen nicht unmittelbar in der Landwirtschaft arbeiten. Sie stellen Ansprüche an die Landschaft in ihrer Umgebung, die genauso wie die Nutzungsinteressen der Landwirte ernst genommen werden müssen.

Über die landschaftliche Identität der Börde sollte mehr nachgedacht werden – vor allem an runden Tischen, an denen alle Gruppen der Gesellschaft vertreten sind, um gemeinsam eine gute Zukunft für das Land zu finden.

Blick von der Autobahnraststätte Hildesheim in die Börde. Intensiver Getreideanbau, Lindenalleen, große Dörfer und Industrieanlagen prägen die Identität der Hildesheimer Börde

Farne und Blütenpflanzen der Bördelandschaften

von Eckhard Garve

Einführung

Bördelandschaften gelten in Bezug auf die Artenvielfalt von Pflanzenarten (Biodiversität) allgemein als artenarm. Diese Vorstellung ist geprägt vom Bild einer ausgeräumten, gleichförmigen Landschaft mit bis zum Horizont reichenden Getreide- oder Rübenäckern. In Wahrheit sieht die Börde in ihrer Gesamtheit aber anders aus: Ein Mosaik verschiedener Lebensräume, angefangen von Waldinseln, Teichen und kleinen Halbtrockenrasen bis hin zu Steinbrüchen, Salzstellen und Tongruben durchzieht die Börde. Dazwischen liegen zahlreiche Ortschaften und einzelne Städte. Vernetzt werden diese Strukturen durch Wege, Straßen, Gräben und Fließgewässer.

Aus dieser Aufstellung wird schnell deutlich, dass aus dem Reich der Pflanzen in den Hildesheimer Lössbörden keineswegs nur „Unkräuter", d. h. Ackerwildkräuter und Ruderalpflanzen vorkommen. Im Gegenteil: Zahlreiche Spezialisten unter den Höheren Pflanzen finden hier Lebensraum, wie z. B. Wasser-, Mauer- und Salzpflanzen. Ihre Anzahl ist in einer Region umso höher, je mehr verschiedene Strukturelemente vorhanden sind. Außerdem weist die Börde in Bezug auf die Artenvielfalt von Pflanzen günstige Klima- und Bodenfaktoren auf, nämlich basenreiche Böden und hohe Sommertemperaturen. Der Begriff „artenarme Börde" ist daher relativ, er trifft nur auf bestimmte Bereiche, nicht aber auf die Börde insgesamt zu.

Typisch für die Börde ist der krasse Gegensatz von intensiv genutzten Flächen zu unmittelbar angrenzenden Bereichen, die einen hohen Naturschutzwert aufweisen. Dazu gehören Naturschutzgebiete, wie das NSG „Wehmholz" bei Heisede oder beliebte Exkursionsgebiete für Naturfreunde und Botaniker wie die Finie bei Wittenburg.

Aufgrund der ausgeprägten Verinselung und Fragmentierung der einzelnen Lebensräume leben manche gefährdete Pflanzenarten in der Börde am Existenzminimum. Das heißt, die Populationsgröße dieser Arten ist bereits so klein, dass bei einem weiteren Rückgang mit dem völligen Erlöschen gerechnet werden muss. Daher ist es eine besonders große Herausforderung für den Naturschutz, diese Arten zu erkennen und Möglichkeiten zu finden, deren Vorkommen zu erhalten und zu entwickeln. Ein wichtiger Baustein dazu ist die Erhebung von Grundlagendaten.

Über das 1982 gestartete Niedersächsische Pflanzenarten-Erfassungsprogramm, das von der Fachbehörde für Naturschutz im NLWKN (Niedersächsischer Landesbetrieb für Wasserwirtschaft, Küsten- und Naturschutz) organisiert wird, sind inzwischen rund 19.000 Fundmeldungen zur Flora der Hildesheimer Lössbörden gesammelt worden. Diese Daten werden im Folgenden ausgewertet und interpretiert.

Die Schwarzfrüchtige Zaunrübe klettert mit ihren Ranken häufig in Maschendrahtzäunen empor und präsentiert im September schwarze Beeren

Erhoben wurden die Daten von 80 Melderinnen und Meldern, darunter zahlreichen Personen, die der Botanischen Arbeitsgemeinschaft des OVH angehören.

Ergebnisse

In dem Zeitraum zwischen 1982 und 2003 wurden genau 1.002 verschiedene Arten der Farn- und Blütenpflanzen, die gemeinsam als Gefäßpflanzen bezeichnet werden, in den Lössbörden des Landkreises Hildesheim gefunden. Dabei liegt der Anteil der Farne mit 12 Arten bei nur gut 1 %. Einer der bekanntesten Farne in der Börde und gleichzeitig der häufigste Mauerfarn ist die Mauerraute (*Asplenium ruta-muraria*), über die auf S. 138 berichtet wird. Die tatsächlich vorkommende Anzahl der Blütenpflanzen dürfte noch um mehr als 100 Arten höher liegen. Das liegt sowohl an der sehr artenreichen Gattung Löwenzahn (*Taraxacum*), von der die allermeisten Arten in Niedersachsen noch gar nicht bekannt und für die Wissenschaft beschrieben sind, als auch an der Gruppe der Gold-Hahnenfüße (*Ranunculus auricomus* agg.), die für das Gebiet systematisch noch nicht bearbeitet ist. Eine Liste aller nachgewiesenen Pflanzenarten findet sich im Anhang auf S. 256.

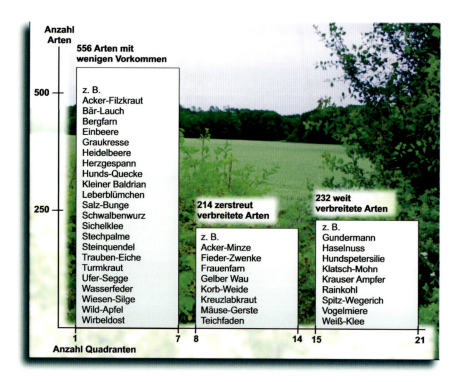

Verteilung der in den Hildesheimer Lössbörden nachgewiesenen Pflanzenarten (n = 1.002) in drei Häufigkeitsgruppen (Erläuterung s. Text)

Für floristische Kartierungen wird ein Gebiet in Rasterfelder aufgeteilt, die in Niedersachsen identisch sind mit den Vierteln der Topographischen Karte 1 : 25.000 (Messtischblatt). Die Lössbörden im Landkreis Hildesheim haben Anteile an 21 verschiedenen Messtischblatt-Vierteln, so genannten Quadranten. Um Aussagen darüber machen zu können, welche Arten in der Börde weit verbreitet und damit meist häufig sind und welche nur wenige Vorkommen haben, also selten sind, wurde für jede der 1.002 Arten ermittelt, aus wie vielen Quadranten sie nachgewiesen ist. Danach wurden die 21 Quadranten zu drei Häufigkeitsgruppen zusammengefasst (1-7 Quadranten, 8-14 und 15-21) und die Arten entsprechend ihrer Quadranten-Nachweise darauf verteilt.

Dabei zeigt sich, dass 232 Arten, also nur knapp ein Viertel aller Arten, eine weite Verbreitung in der Börde des Landkreises Hildesheim aufweisen. Etwas weniger, nämlich 214 Arten (21 %) wurden in 8 – 14 Quadranten gefunden. Diese Arten können als mittelhäufig oder zerstreut verbreitet bezeichnet werden. Auffällig ist, dass mehr als die Hälfte aller Pflanzenarten (556 Arten, entsprechend 55 %) nur eine geringe Verbreitung in der Börde haben. Ihre derzeit bekannten Vorkommen liegen in nur ein bis sieben Quadranten. Aus dieser Gruppe sind 205 Arten sogar nur aus einem Quadranten nachgewiesen, meist auch nur mit einem einzigen Vorkommen. Diese Arten sind also in der Börde des Landkreises Hildesheim ganz besonders selten und können unter Umständen in diesem Raum schnell aussterben. Dazu gehören z. B. der Schlangen-Lauch (*Allium scorodoprasum*) bei Ahrbergen, die Hirsen-Segge (*Carex panicea*) bei Hasede oder das Kleine Mädesüß (*Filipendula vulgaris*) bei Sarstedt. Die Zahlen belegen eindrucksvoll, dass die Flora der Hildesheimer Lössbörden keineswegs uniform, sondern ausgesprochen vielfältig ist und auch viele Seltenheiten aufweist.

Wichtiger als die absoluten Artenzahlen sind für den Naturschutz die Zahlen der Rote-Liste-Arten und deren Häufigkeit. Zur Auswertung dieser Daten aus dem Pflanzenarten-Erfassungsprogramm wurde die neue 5. Fassung der niedersächsischen Roten Liste Farn- und Blütenpflanzen mit Bearbeitungsstand 1.3.2004 zu Grunde gelegt. Danach konnten in den Hildesheimer Lössbörden im Zeitraum von

Das Kleine Mädesüß ist aus den Hildesheimer Lössbörden nur von einem Wuchsort südlich Sarstedt bekannt

Tab. 1: Ausgestorbene Farn- und Blütenpflanzen in den Hildesheimer Lössbörden (Auswahl)

Wissenschaftl. Name	Deutscher Name	Früheres Vorkommen
Chenopodium urbicum	Straßen-Gänsefuß	Ruthe
Cyperus fuscus	Braunes Zypergras	Entenfang Sarstedt
Dactylorhiza incarnata	Fleischfarbenes Knabenkr.	Entenfang Sarstedt
Kickxia spuria	Eiblättriges Tännelkraut	Hotteln
Orobanche elatior	Große Sommerwurz	Hassel bei Bledeln
Platanthera bifolia	Weiße Waldhyazinthe	Sarstedt
Prunella grandiflora	Großblütige Braunelle	Heisede
Sagina nodosa	Knotiges Mastkraut	Klein Förste
Spiranthes spiralis	Herbst-Drehwurz	Hasede
Trollius europaeus	Trollblume	Algermissen

Tab 2: Übersicht über die zehn am häufigsten nachgewiesenen Rote-Liste-Arten der Börde mit Anzahl der Vorkommen (Minutenfelder)

Wissenschaftl. Name	Deutscher Name	Anzahl Minutenfelder
Coronopus squamatus	Niederliegender Krähenfuß	91
Pulicaria dysenterica	Großes Flohkraut	73
Gagea villosa	Acker-Gelbstern	23
Silene noctiflora	Acker-Lichtnelke	20
Thalictrum flavum	Gelbe Wiesenraute	19
Bryonia alba	Schwarzfrüchtige Zaunrübe	18
Chenopodium hybridum	Unechter Gänsefuß	16
Sanguisorba officinalis	Großer Wiesenknopf	15
Cynoglossum officinale	Echte Hundszunge	15
Caltha palustris	Sumpfdotterblume	15

1982 – 2003 insgesamt 132 Rote-Liste-Arten gefunden werden. Hinzu kommen rund 60 weitere Arten, von denen frühere Vorkommen bekannt wurden, die aber zwischenzeitlich erloschen sind. Einige dieser ausgestorbenen Arten der Börde sind in Tab. 1 mit Angabe ihres früheren Vorkommens zusammengestellt. Ein ganz besonders wertvolles Gebiet für seltene Pflanzenarten war schon damals der Entenfang südlich Sarstedt mit seinen angrenzenden Grünlandflächen. Ein Teil der seltenen und hochgradig gefährdeten Arten hat sich dort bis heute gehalten (s. S. xx).

Die 132 gefährdeten Arten verteilen sich wie folgt auf die einzelnen Gefährdungskategorien:

RL 1 – Vom Aussterben bedroht: 1 Art
　　Einjähriger Ziest, *Stachys annua*
RL 2 – Stark gefährdet: 24 Arten
　　z. B. Salz-Hasenohr, *Bupleurum tenuissimum*
RL 3 – Gefährdet: 105 Arten
　　z. B. Schwanenblume, *Butomus umbellatus*
RL R – Extrem selten: 1 Art
　　Sand-Straußgras, *Agrostis vinealis*
RL G – Gefährdung anzunehmen: 1 Art
　　Salzwiesen-Breit-Wegerich, *Plantago major* ssp. *winteri*

Zur Betrachtung der Häufigkeit von Rote-Liste-Arten kann auf ein noch feineres Datenraster als die Messtischblatt-Viertel (Quadrant) zurückgegriffen werden: die Minutenfelder. Ein Quadrant besteht aus 15 Minutenfeldern, die Lössbörden im Landkreis Hildesheim aus insgesamt 204. Die zehn am häufigsten in der Börde nachgewiesenen Rote-Liste-Arten sind mit Anzahl der Minutenfelder in Tab. 2 zusammengestellt.

Es fällt auf, dass sich zwei Arten im Punkt Häufigkeit deutlich von den anderen Arten abheben: Der Niederliegende Krähenfuß (*Coronopus squamatus*) mit Nachweisen aus fast jedem zweiten Börde-Minutenfeld (91 Minutenfelder) und das Große Flohkraut (*Pulicaria dysenterica*) mit Vorkommen in 73 Minutenfeldern. Aufgrund ihrer Häufigkeit scheinen diese beiden Arten auf den ersten Blick überhaupt nicht gefährdet zu sein, doch muss dazu sowohl die Bestandssituation in ganz Niedersachsen als auch die Entwicklung im Zeitraum der letzten 20 Jahre herangezogen werden.

Sowohl der Krähenfuß (vgl. S. 104) als auch das Flohkraut sind typische „Börde-Arten", die ihren landesweiten Verbreitungsschwerpunkt im Naturraum Börde haben. Innerhalb dieses Naturraums sind beide gerade im Landkreis Hildesheim besonders weit verbreitet, in anderen Naturräumen hingegen deutlich im Rückgang begriffen. Dieses wird mit Hilfe der Verbreitungskarte des Großen Flohkrauts (*Pulicaria dysenterica*) aus Niedersachsen deutlich. Hier sind die Fundpunkte in den Quadranten seit 1982 den älteren Nachweisen (vor 1981) durch farblich hinterlegte Messtischblätter gegenübergestellt. Markierte Messtischblätter ohne aktuelle Punkte zeigen, dass ältere Nachweise nicht wieder bestätigt wurden. Der dadurch sichtbare Rückgang ist auf dieser Karte vor allem für den äußersten Süden Niedersachsens auffällig, außerdem für die Region um Bremen und für das Elbetal im weiteren Sinne.

Die noch reichhaltigen Vorkommen beider Arten in der Hildesheimer Börde zeigen die Verantwortlichkeit dieser Region für den Erhalt. Dabei ist das Große Flohkraut auch hier in den vergangenen 20 Jahren deutlich zurückgegangen, eine Tatsache, die auf der Rasterkarte noch gar nicht erkennbar wird. Hinzu kommt, dass die früher besiedelten Lebensräume des Flohkrauts, Flachmoorwiesen oder Feuchtweiden, heute in den Börde kaum noch vorhanden sind. Ausgewichen ist das Flohkraut auf Sekundärstandorte wie Gräben, Kanalufer, Wegränder oder feuchte Brachflächen. Aber diese Strukturen sind im Rahmen von Pflege- und Umgestaltungsmaßnahmen Veränderungen unterworfen, die sich wieder direkt auf die Flohkraut-Bestände auswirken. Dieses Beispiel macht deutlich, dass selbst eine scheinbar stabile Bestandssituation im Kerngebiet der Verbreitung aufmerksam

Das Große Flohkraut, mit seinem aus mehreren dottergelben Blütenköpfchen bestehenden Blütenstand, ist eine typische Rote-Liste-Art der Börde

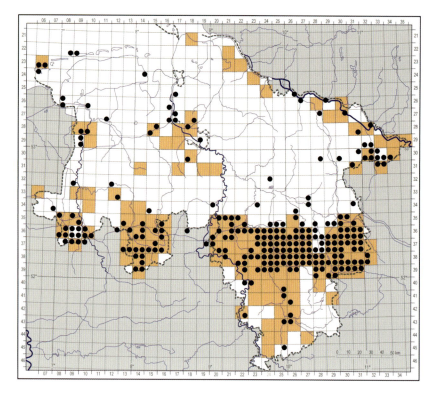

Verbreitungskarte des Großen Flohkrauts in Niedersachsen und Bremen: Nachweise aus den Jahren 1982-2003 (schwarzer Punkt) sind Vorkommen vor 1981 (braunes Feld) gegenübergestellt

beobachtet werden muss, um gegebenenfalls auftretende Rückgangstendenzen rechtzeitig zu erkennen.

Zwei weitere Arten, die allerdings weitaus seltener sind, haben ebenfalls ihre Hauptvorkommen innerhalb Niedersachsens in den Hildesheimer Börden: Der Kleine Gelbstern (*Gagea minima*) und die Breitblättrige Glockenblume (*Campanula latifolia*).

Gagea minima zählt zu den Liliengewächsen, wird aber nur wenige Zentimeter hoch und gehört zu den Frühlings-Geophyten. Das bedeutet, dass dieser Gelbstern mit seinen Zwiebeln den Winter überdauert und zeitig im Jahr blüht, meist um Mitte April, bevor die Bäume, unter denen er wächst, ihn durch die Laubentfaltung zu sehr beschatten. Aus Niedersachsen sind derzeit nur noch fünf Gebiete bekannt, in denen der Kleine Gelbstern zu finden ist, die zahlenmäßig größten davon liegen in der Börde zwischen Ahrbergen und Hildesheim-Himmelsthür.

Die Breitblättrige Glockenblume ist ebenfalls eine Waldpflanze, blüht allerdings erst im Hochsommer (Juli). Sie bevorzugt als Lebensraum naturnahe Eichen-Hainbuchenwälder auf frischen bis feuchten Lössböden mit altem Baumbestand, wie sie z. B. zwischen Borsum und Drispenstedt vorhanden sind (vgl. S. 150). Dort befinden sich die aus landesweiter Sicht größten Bestände von *Campanula latifolia*, die außerdem in Niedersachsen nur in wenigen Waldgebieten der Börde zwischen Hannover und Helmstedt sowie am Harzrand vorkommt.

Fazit

Die Börden als schmaler Gürtel zwischen dem nordniedersächsischen Tiefland und dem südniedersächsischen Hügel- und Bergland weisen floristisch gesehen keineswegs eine Übergangsstellung zwischen diesen beiden Bereichen auf. Sie sind in ihrer Gesamtheit relativ artenreich und beherbergen aufgrund vielfältiger Strukturen eine große Anzahl seltener oder sogar landesweit gefährdeter Arten. Darunter sind einige Arten, vor allem der Niederliegende Krähenfuß und das Große Flohkraut, aber auch die Dorfpflanze Echtes Eisenkraut (*Verbena officinalis*), die als „typische Bördearten" bezeichnet werden können. Sie haben innerhalb von Niedersachsen ihren eindeutigen Verbreitungsschwerpunkt in den Bördelandschaften zwischen Stadthagen und Helmstedt und sind gerade in den Hildesheimer Lössbörden noch recht häufig anzutreffen.

Nicht sehr blühfreudig ist der Kleine Gelbstern, der – wenn er im April zur Blüte kommt – an seinen zugespitzten und nach außen gekrümmten Blütenblättern zu erkennen ist

Agrarlandschaft mit Wintergetreideanbau und Energiegewinnung durch Wind

Landwirtschaft heute

von Hans-Jürgen Thiemann

Einleitung

Die Landwirtschaft hatte in früheren Zeiten vor allem zwei Aufgaben zu erfüllen: Sie musste die gesamte Bevölkerung mit Nahrungsmitteln versorgen sowie für die Menschen in den Dörfern Arbeitsmöglichkeiten schaffen und deren Einkommen sichern. Durch das starke Bevölkerungswachstum im 18. Jahrhundert konnten diese Aufgaben immer weniger erfüllt werden. Außerdem stand das bäuerliche Leben auch in der Hildesheimer Börde ganz im Zeichen der Grundherrschaft. Adel, kirchliche Organisationen und reiche Bürger vergaben die vererbbaren Nutzungsrechte ihrer Ländereien gegen die Entrichtung bestimmter Abgaben und regelmäßiger Arbeitsleistungen. Im Zuge des von Napoleon definierten Grundprinzips konnten sich die Bauern durch Entschädigungszahlungen freikaufen. Die Landeskreditanstalt wurde gegründet und unterstützte ab 1842 die Bauern bei Ablösungsfragen und der Finanzierung von Betriebsverbesserungen, wie z.B. den notwendigen Flurbereinigungen.

Die Ausrichtung der landwirtschaftlichen Betriebe und das Bild der Landwirtschaft wird durch die fruchtbaren Lössböden geprägt (vgl. S. 17). Anspruchsvolle Feldfrüchte wie Zuckerrüben und Weizen finden in der Börde die besten Anbaubedingungen.

Die Bewertung der Böden erfolgt auf Grund der Bodenart sowie der Entstehung und der Zustandsstufen der jeweiligen Böden. Der deutsche Spitzen- und Richtbetrieb der Bodenbewertung mit 100 Bodenpunkten befindet sich in Machtsum im Zentrum der Hildesheimer Börde. Durch einen Gutachterausschuß werden Bodenproben entnommen und die Bodenzahlen geschätzt. Diese fließen in die Besteuerung und Beitragsberechnung der Landwirte ein. Die Daten dienen außerdem Beleihungszwecken im Kreditwesen sowie als Kauf- und Pachtmaßstab. Sie sind Grundlage bei Flurbereinigungen und Maßnahmen der Bodennutzungsplanung.

Die Landwirte sind sich der Qualitäten ihrer Böden bewusst und setzen alles daran, diesen Produktionsfaktor zu erhalten und durch geeignete Maßnahmen die hohe Bodenfruchtbarkeit zu fördern. Das Denken in Generationen spielt dabei eine wichtige Rolle. Die fortlaufenden Veränderungen werden durch Beratungsorganisationen und Landwirtschaftsschulen begleitet. Schon 1858 wurde eine theoretische Ackerbauschule, die „Michelsenschule", in Hildesheim gegründet. Diese Schule ist in ihrer Art und Vielschichtigkeit wohl einmalig in Deutschland. Neben der Allgemeinbildung werden den Schülern hier wichtige Grundlagen für das Wirtschaften als landwirtschaftliche Unternehmer im weltweiten Wettbewerb vermittelt.

Ackerbau als prägender Betriebszweig der Börde

Wie auf allen guten Ackerbaustandorten hat die Viehwirtschaft auch in der Hildesheimer Börde in der Vergangenheit mehr und mehr an Bedeutung verloren. Schweinezucht, Schweinemast, Milchviehhaltung, Rindermast, Geflügelhaltung und Schafhaltung sind für einzelne Betriebe wichtige Standbeine, haben insgesamt gesehen jedoch nur eine untergeordnete Bedeutung. Der Landwirt, der mit Viehhaltung Geld verdienen will, muss entweder eine von wenigen Verbrauchern gefragte „Nische" besetzen, z.B. sogenannte „Ökoprodukte" erzeugen und selbst vermarkten oder aber entsprechend dem vorherrschenden Verbraucherwunsch und Anliegen des Staates möglichst preiswert, d.h. „industriemäßig" produzieren. Die Errichtung der dazu erforderlichen großen Viehställe fällt den Landwirten bei sinkenden Erlösen schwer, nicht zuletzt wegen der vielen Auflagen und des hohen Kapitalbedarfs. Das „know how" über moderne Stallanlagen darf ebenfalls nicht unterschätzt werden, und Wirtschaftsjahre, in denen die Kosten höher als die Erlöse sind, müssen auch hier einkalkuliert werden. Sicherlich hat auch die Abwanderung von Arbeitsplätzen in die Industrie mit dazu beigetragen, dass die meisten Landwirte die Viehhaltung aufgegeben haben. Vielfach sind heute nur noch die Betriebsleiter, eventuell mit Unterstützung von Familienangehörigen, allein auf den immer weniger werdenden landwirtschaftlichen Betrieben tätig.

Im Ackerbau wurde über Jahrzehnte hinweg eine dreijährige Fruchtfolge: Zuckerrüben – Weizen – Gerste, bzw. Zuckerrüben – Weizen – Weizen praktiziert. Andere Feldfrüchte wie Roggen, Hafer, Leguminosen und Speisekartoffeln führten nur ein Schattendasein. Allenfalls die Industriekartoffel erlangte regional eine gewisse Bedeutung. Zur Zeit produziert eine Kartoffelerzeugergemeinschaft Pommes-Kartoffeln im Vertragsanbau, die dann in Schellerten zwischengelagert werden.

Die „Leitfrucht" der Fruchtfolge ist die Zuckerrübe. Durch Kürzungen der Lieferquoten sowie höhere Erträge pro Hektar ist der Anteil an der Betriebsfläche von ca. 33% auf 25% zurückgegangen. Die einzig verbliebene Zuckerfabrik im Landkreis steht in Nordstemmen und gehört zur Zuckerverbund Nord AG.

Die Züchtung von leistungsfähigen Sorten, die Entwicklung von Pflanzenschutzmitteln und der Einsatz modernster Maschinen haben den Arbeitsaufwand in den letzten 50 Jahren im Zuckerrübenanbau auf einen Bruchteil gesenkt. Selbst ohne Rinderhaltung (Blätter als Winterfutter) waren früher 500 Arbeitsstunden je Hektar Rüben und Jahr die Regel. Heute werden bei voller Nutzung der verfügbaren Technik ca. 20 Stunden je Hektar benötigt. Andernfalls könnten die Arbeitskosten den Rübenanbau schnell unwirtschaftlich machen. Unter diesem Aspekt ist auch die rasante Entwicklung von ein- bis zweireihigen Rodern zum Sechsreiher-Selbstfahrer zu sehen. Die Rübenerträge sind durch Züchtung und standortgemäße Weiterentwicklung von Bodenbearbeitungsverfahren ständig gestiegen. Eine Zuckerausbeute von 10 t/ha Zucker sind bei normalen Witterungsverhältnissen heute die Regel. Die konservierende Bodenbearbeitung mit Einsaat der Zuckerrüben in eine Mulchschicht aus Ernteresten der Vorfrucht bietet im Vergleich zum Pflug ökologische Vorteile zur Verbesserung von Bodenstruktur, Artenvielfalt sowie zur Stabilisierung des Humusgehaltes. Weiterhin wird der Boden wirksam vor Erosion geschützt. Die große wirtschaftliche Bedeutung, welche die Rübe für die Landwirtschaft in dieser Region bisher besessen hat, bringt die Deckungsbeitragsrechnung zum Ausdruck. Der Deckungsbeitrag ist der Anteil, den jede Frucht oder Vieheinheit zur Deckung der Festkosten eines Betriebes beiträgt. Er ist bei der Rübe mehr als doppelt so hoch wie beim Weizen. Bei vielen Betrieben der Hildesheimer Börde liegt der Umsatz aus Zuckerrüben bei 50% der betrieblichen Erlöse. Im Wirtschaftsjahr 2001/2002 betrug das Betriebseinkommen aus Zuckerrüben 1743,- €/ha, bei Weizen 460,- €/ha, bei Gerste 216,- €/ha (Beratergemeinschaft Hildesheimer Land e.V.). Jahrzehntelang war die Zuckermarktordnung ein etabliertes, agrarpolitisches Fundament.

Der Zuckerrübe folgt hinsichtlich der Bedeutung und Standortansprüche dem Weizen, der vom Anbauumfang her gesehen mit ca. 55% der Ackerfläche in der Börde ganz weit vorn vor allen anderen Feldfrüchten steht. In der Regel werden Winterweizensorten ausgesät. Die Bestellung erfolgt im Herbst unter günstigen Wetterbedingungen von Oktober bis Mitte November. Bei optimaler Bestandesführung können 9 – 10 t/ha Weizen geerntet werden. Die Vermarktung erfolgt nach der Ernte bzw. im Zeitraum bis zum darauffolgenden Frühjahr. Dabei haben sich viele Landwirte zu Erzeugergemeinschaften zusammen geschlossen, um am Markt für Qualitätsgetreide eine bessere Position zu erlangen.

Die Wintergerste erreicht derzeit einen Anbauumfang von ca. 8% der Ackerfläche. Aussaat und Ernte erfolgen jeweils vor dem Winterweizen, so dass Arbeitsspitzen gebrochen werden können. Der Anbau von Zwischenfrüchten als Maßnahme zur Bodenverbesserung ist somit schon Ende Juli möglich. Die Zwischenfrüchte wie Ölrettich, Senf, Phacelia oder diverse Mischungen für Rehe, Hasen, Fasanen und Rebhühner werden bisher auch auf den Stilllegungsflächen angebaut. Etwa 8% der Ackerflächen wurden auf diese Weise bis zur Agrarreform 2003 als Brache bewirtschaftet. Damit verbunden erhalten die Landwirte einen Ausgleich für die ständig gefallenen Getreidepreise.

Aktueller Strukturwandel

Der Fall der Getreidepreise auf Weltmarktpreisniveau bereitet der Landwirtschaft große Probleme. Kostendeckende Getreidepreise sind nicht in Sicht. Die Produktionskosten pro ha sind in unserem Industriestaat in jeder Hinsicht

Zuckerfabrik Clauen mit Zuckerrübenfeldern

Der Zwischenfruchtanbau mit Phacelia belebt das Landschaftsbild

zu hoch. Ein Faktor ist dabei die Betriebsgröße. Vor dem Hintergrund des europäischen Wettbewerbs und der zunehmenden Globalisierung sind die Betriebe in der Börde trotz des Strukturwandels in aller Regel zu klein. Die durchschnittliche Betriebsgröße beträgt heute ca. 65 ha (1950 – 16 ha). Dabei ist der Pachtflächenanteil hoch (weit über 50%). Unabhängig davon, ob Ackerbau oder Viehwirtschaft betrieben wird, kann hier nicht von industrieller Landwirtschaft die Rede sein. In zahlreichen Gemarkungen sind außerdem immer noch viel zu kleine und unwirtschaftliche Ackerschläge von durchschnittlich 2,5 ha Größe vorhanden. Kostensenkungseffekte in der Bewirtschaftung durch Flächentausch werden von den mit ihrer Scholle verwachsenen Landwirten nur teilweise genutzt. Die Reform der EU-Zuckermarktordnung wird den Strukturwandel in der Börde sprunghaft beschleunigen. Europa wird vom Zuckerexporteur zum Netto-Importeur. Der Fall der Rübenerlöse und Rübenquoten ohne Außenschutz und Mindestpreise gegenüber billig produziertem Rohrzucker steht bevor. Auch die Nordzucker AG wird sich mit dem Rohrzuckerhandel befassen müssen. Im Hildesheimer Raum werden aber weiterhin Zuckerrüben wachsen! Da die Einkommensverluste jedoch nur zum geringen Teil aufgefangen werden können, werden viele Betriebe mittelfristig aus der Produktion ausscheiden. Die Wachstumsschwelle der Betriebe liegt derzeit bei 75 ha Größe. Familienbetriebe schließen sich vermehrt zu Agrargesellschaften zusammen, wobei Arbeitskräfte (bisherige Betriebsleiter) ausscheiden. Durch Kooperationen und Bewirtschaftungsverträge werden die Schlaggrößen weiter steigen, um den hohen Stand der Produktionstechnik im globalen Wettbewerb zu nutzen.

Auch kann der ökologische Anbau in der Börde nur eine Alternative sein, sofern eine wirtschaftliche Vermarktung der Produkte erfolgt. Der Verkauf ab Hof unterliegt vielen Auflagen und ist sehr arbeitsintensiv. Der Markt für diese notwendigerweise teuren Produkte ist außerdem begrenzt. Die Insolvenz des Expohofes bei Hannover bestätigt die kritische Einschätzung ideologisch geprägter Agrarpolitik. Darüber hinaus kann die Produktion aller Lebensmittel seit dem 1.1.2005 hinsichtlich chemischer Pflanzenschutzmittel und gentechnisch verändertem Saatgut zurückverfolgt werden.

Im Rahmen der EU-Agrarreform soll durch eine Ausgleichszahlung dem Erhalt der Kulturlandschaft mit ihren Landschaftselementen Rechnung getragen werden. An die Auszahlung einer Flächenprämie sind umfangreiche Auflagen, Dokumentationspflichten und einhergehende Kontrollen gebunden (Cross Compliance). Viele der Richtlinien und Verordnungen sind seit langem Selbstverständlichkeit, anderes erscheint bürokratisch überzogen und praxisfremd.

Im Interesse eines jeden Betriebsleiters erfolgt die Düngung nach den Ergebnissen von Bodenuntersuchungen sowie das Dokumentieren der Saatgutherkunft und von Produktionsabläufen wie standortgerechter Bodenbearbeitung und des Pflanzenschutzes. Jede Möglichkeit der Kostenersparnis muss genutzt werden. Wildkräuter und -gräser kann der Landwirt bis zu einer artspezifischen Schadschwel-

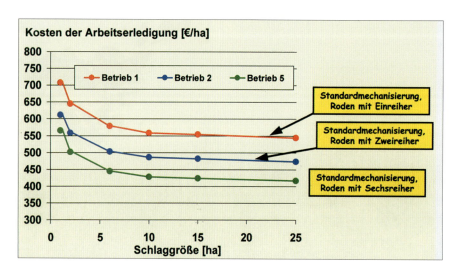

Rodekosten im Zuckerrübenanbau

le tolerieren und gegebenenfalls schon im Keimblattstadium vernichten. Er kennt seine verschiedenen Äcker und setzt Herbizide und Fungizide, eventuell auch Insektizide, gezielt ein. Jedes Anbaujahr verläuft auf Grund unterschiedlicher Schadorganismen dabei naturgemäß anders. Unabhängige Beratungsorganisationen stehen dem Landwirt bei seinen Entscheidungen zur Seite. Mit hohem Sachverstand eingesetzte Pflanzenschutzmittel sollen rasch wirken und sich dann schnell abbauen. Schädliche Auswirkungen auf Mensch und Natur werden durch strenge Zulassungskriterien und Geräte-TÜV vermieden. In Zukunft könnte die Gentechnik viele teure chemische Mittel ersetzen. Der extensive Anbau von Feldfrüchten lohnt sich nicht für die Bördebetriebe und geht zu Lasten der geforderten Qualitäten. So benötigt z.B. Backweizen je nach Vorfrucht 160 bis 200 kg/ha mineralischen Stickstoff (N), um die Backkriterien zu erfüllen.

Das hohe natürliche Stickstoffpotenzial der Böden (bis zu 12000 kg/ha N) wird witterungsabhängig nur zu einem sehr geringen Anteil jährlich mineralisiert und damit pflanzenverfügbar. Auch Phosphor, Kali, Magnesium, Schwefel und Spurennährsalze werden nach Entzug ersetzt. Die Humusbildung wird durch die alljährliche Rückführung unterschiedlicher organischer Masse gefördert. Zur Bodenfruchtbarkeit trägt auch die regelmäßige Kalkung bei und dient dem Luft-, Wasser- und Wärmehaushalt. Regenwürmer und viele andere Humusbildner profitieren von standortgerechten Bewirtschaftungsmaßnahmen. Etwa 10 t/ha lebende Organismen im Boden erzeugen 10 bis 14 t/ha organische Masse im Jahr. Die zunehmend pfluglose Bodenbearbeitung fördert die Bodenfruchtbarkeit der humusreichen Bördeböden. Neben der Verminderung von Erosionsgefahren wird die Tragfähigkeit des Bodens für Maschinen erhöht. Auf den Böden mit ihrem hohen Wasserspeicherungsvermögen ist das sehr wichtig. Die optimalen Maschineneinsatzzeiten eines Ackers sind oftmals nur auf wenige Tage oder gar Stunden begrenzt. Das fast überall angelegte Drainage- und Grabensystem trägt bei regelmäßiger Pflege entscheidend zum effektiven und bodenschonenden Maschineneinsatz bei. Ein gut ausgebautes Wegenetz in der Feldflur ist heute unabdingbar.

Neue Aufgabenfelder

Der Preisverfall der landwirtschaftlichen Produkte und die Bindung der Ausgleichszahlungen an die Höhe der Produktion hat dazu geführt, dass selbst bei Sättigung der Märkte weiter produziert werden musste, auch wenn die Arbeitskosten und Kapitalkosten nicht mehr erwirtschaftet werden konnten. Durch die Agrarreform 2003 erhält der Landwirt neue unternehmerische Freiheiten. Er kann das Produkt erzeugen, für welches er die besten Marktchancen sieht und die höchsten Erlöse erzielen kann. Da der Weizenbau für die Nahrungsmittel- bzw. Futterproduktion dabei jedoch für die zu klein strukturierten Betriebe nicht mehr kostendeckend möglich ist, sind Alternativen gefragt. Der Preisanstieg fossiler Energieträger, der derzeitige „Atomausstieg" sowie die Novellierung des Erneuerbare-Energiegesetzes von 2004 (Kyoto Protokoll) bieten der Landwirtschaft neue Chancen. Die Leistungsfähigkeit der Natur soll nachhaltig genutzt werden. Dabei ist die Nahrungsmittelproduktion nicht mehr der alleinige Wesensinhalt landwirtschaftlicher Aktivitäten. Der Anbau von nachwachsenden Rohstoffen wird für den Landwirt zunehmend interessant. Auch Still-

Sechsreihiger Rübenroder bei der Ernte

legungsflächen können hierbei genutzt werden. Rein rechnerisch gesehen, bietet sich an erster Stelle das Verbrennen von Weizenkörnern an. Bei gleichem Heizwert ist Getreide deutlich billiger als andere Energieträger. Ethische Bedenken treten hier bei Erzeugern und Verbrauchern zurück.

Die Erzeugung von Strom in Biogasanlagen wird zunehmend gefördert. Der Betrieb ist besonders wirtschaftlich, wenn auch die Überschusswärme genutzt werden kann. Zur Methangaserzeugung kommt als Energiepflanze vor allem der Mais in Betracht. Für eine 500 KW-Anlage werden etwa 200 ha Maisfläche benötigt. Allein die hohen Investitionskosten von mehr als 1,5 Millionen € erfordern Betriebszusammenschlüsse. Die sehr komplex ablaufenden Prozesse in einer Biogasanlage sind mit der Fütterung einer Hochleistungskuh zu vergleichen. Der Landwirt muss 365 Tage im Jahr die Mikroorganismen mit gutem „Futter" versorgen. Das Fachwissen um den Bau und Betrieb einer Biogasanlage ist hoch. Rohfasern und Nährstoffe der Energiepflanzen bleiben erhalten und werden dem Acker zurückgegeben.

Eine weitere Möglichkeit, die finanziellen Folgen der Zuckermarktreform zumindest etwas geringer zu halten, bietet der Rapsanbau. Raps wird nicht nur vermehrt in der Nahrungsmittelindustrie, sondern auch zunehmend als Biodiesel benötigt, direkt oder in Zumischung. Der Raps kann dort Leitfrucht einer Fruchtfolge werden, wo die Zuckerrübe auf Grund bevorstehender Quotenkürzungen verdrängt wird. Der Fruchtfolgewert des Rapses ist dem der Zuckerrübe durchaus gleichzusetzen. Die Pfahlwurzel trägt zur Gareförderung entscheidend bei. Die Stickstoffbilanz des Rapses ist sehr günstig. Einer mineralischen Düngung von 180-200 kg/ha steht eine Ernteabfuhr (Samen) von 130 kg/ha N gegenüber. An Stroh und Schoten verbleiben 40 kg/ha sowie 100 kg/ha an abgeworfenen Blättern und Blüten. Der Raps ist also auf die Bodenmineralisation angewiesen. Bei der Saatbettbereitung im August ist ein ausreichendes Keimwasserangebot sicherzustellen. Das ist wie bei der Zuckerrübensaat eine wichtige Aufgabe des Landwirts. Die neuen Hybridzüchtungen haben ein hohes Ertragspotenzial (4,5 t/ha) und einen Fettsäureanteil nach Maß. Der Rapspreis muss jedoch u.a. mit dem Sojabohnenpreis konkurrieren. Weltweit wurden im Jahr 2004 schon 56% der Sojabohnenanbaufläche mit genverändertem Saatgut bestellt. Als Kreuzblütler darf der Raps nicht in einer engen Fruchtfolge mit Zuckerrüben stehen, da Pflanzenkrankheiten (z.B. durch Nematoden) übertragen werden können.

Für die Zukunft sind in größeren Betrieben mehrere Fruchtfolgen, wie z.B. Zuckerrüben – Weizen – Mais – Weizen - Gerste, Zuckerrüben - Weizen-Erbsen/Hafer - Weizen und Raps – Weizen - Weizen mit Buchweizen als Zwischenfrucht zu erwarten. Bei der Fruchtfolgeplanung erhält das Krankheitsmanagement zunehmende Bedeutung.

Bei dem bisher dominierenden Winterweizenanbau sind trotz laufender Züchtungsfortschritte verschiedene Pilzkrankheiten (z.B. durch Septoria und Fusarien) nur schwer zu bekämpfen. Das Gleiche gilt für im Herbst keimende Gräser (z.B. durch Acker-Fuchsschwanz). So könnte der

Zur Rübenvorreinigung und Verladung fährt der Schlepper nicht auf den Acker

Sommerweizen in einigen scharf kalkulierten Fruchtfolgen wieder zur Aussaat kommen, und auch der Pflugeinsatz hätte in Teilen der Fruchtfolge weiter seine Berechtigung.

Die Äcker in der Hildesheimer Börde werden in Zukunft sowohl der Nahrungsmittelproduktion als auch der Produktion von nachwachsenden Rohstoffen dienen. Das Landschaftsbild der Börde wird im Hinblick auf die Fruchtarten somit vielfältiger. Aus Sicht des Naturschutzes ist es sicherlich zu bedauern, dass für den Landwirt kaum Anreiz besteht, auf guten Böden Teilflächen aus der Produktion zu nehmen. Artenvielfalt und Artenschutz haben, wie auch bei einem möglichen Maisanbau in Monokultur, das Nachsehen. Rationalisierung und Wachstum sind jedoch für jeden zukunftsorientierten Landwirt das Gebot der Stunde. Es wird oft übersehen, dass viele Landwirte angesichts des agrarpolitischen Umfeldes, bis zur Betriebsaufgabe im Rentenalter, unter Verbrauch ihres Eigentums weiter wirtschaften.

Der Landwirt fühlt sich aber mit dem Betrieb und der Natur eng verbunden. Von Wetterextremen abgesehen, gestaltet sich seine Tätigkeit gerade in der Abhängigkeit vom Witterungsverlauf sehr reizvoll.

Mit dem Mähdrescher können in kurzer Zeit große Flächen abgeerntet werden

Ein „Sprung" Rehwild – vertrautes Bild der Börde

Jagd und Hege

von Günter Kohrs

Eine Rückschau auf frühere Formen des Jagdwesens ruft in Erinnerung, dass Jagdordnungen in allen deutschen Reichsländern in der Verfassung von 1871 verankert waren. Das Jagdrecht ist seither mit dem Bodenrecht verbunden. Die Grundbesitzer einer Dorfgemeinde legten schon Jahre zuvor ihre Flächen zu einem gemeinschaftlichen Jagdbezirk zusammen, gründeten eine Jagdgenossenschaft und verpachteten die Jagd in aller Regel an einen oder mehrere Interessenten aus ihren Gemeinden. In den Dörfern der Hildesheimer Börde traten in erster Linie Bauern als Jagdpächter auf. Das ist in den landwirtschaftlich geprägten Räumen bis heute so geblieben. Hege und Jagd werden wie Saat und Ernte als nachhaltige Nutzung des ländlichen Eigentums verstanden.

Obwohl sich die Lebensbedingungen für Wildtiere in der Kulturlandschaft der Börde stark verändert haben, ist noch immer ein beachtlicher Artenreichtum vorhanden. Dazu haben Jäger mit der Wahrnehmung ihrer Hegepflichten in hohem Maße beigetragen. Organisiert sind sie in Hegeringen als Untergliederung der Jägerschaft Hildesheim in der Landesjägerschaft Niedersachsen e.V. Die Zentren liegen in Sorsum, Giesen, Harsum, Sarstedt, Algermissen, Hoheneggelsen und Dingelbe mit etwa sechzig Revieren auf ca. 28.000 ha. Als Mitglieder eines anerkannten Naturschutzverbandes tragen auch Jäger Verantwortung für Natur- und Artenschutz. Dabei gehört die Regulierung der Schalenwild-

Fuchs – Hauptfeind des Hasen

Hase – Leittierart der Börde

bestände (Reh- und Schwarzwild) zu ihren wichtigsten Aufgaben.

In der Börde leben Familien, in denen das Waidwerk eine lange Tradition hat. Alte Aufzeichnungen und Streckenlisten geben Aufschluss über vorkommende und erlegte Wildarten. Rehe, Hasen, Rebhühner und Fasanen waren die tragenden Säulen jagdlicher Nutzung. Wen wundert es heute, dass es vor hundert Jahren bei kleinparzellierter Landwirtschaft und geringem Anteil an Beutegreifern reichlich Niederwild gab? So weist z.B. der „Jagdbericht 1901/1902" aus dem Revier Harsum folgende Strecke aus: 19 Rehe, 160 Hasen, 98 Rebhühner, 104 Fasanen und nur 1 Fuchs! So sah das früher in den meisten Börderevieren aus, wovon die Jäger heute nur träumen können. Lediglich in wenigen Bereichen hat sich noch ein guter Hasenbesatz gehalten – wie auf den großen Ackerstücken der „Ilse", einer weiträumigen, baumlosen Feldflur zwischen Bettrum, Dinklar, Wendhausen und Achtum. Auch die schweren Böden mit hoher Wertpunktzahl in Machtsum und Einum behagen Meister Lampe sehr. Auf den jährlichen Treibjagden werden hier noch immer beachtliche Hasenstrecken erzielt. Dort, wo die Besätze geringer oder gar rückläufig sind, wird auf Hasenjagden verzichtet. Für den Niedergang einiger Nutzwildarten – allen voran Fasan und Rebhuhn – sind viele Faktoren verantwortlich. Intensivere Landwirtschaft mit größeren Schlägen und weniger Grenzlinien, Mangel an Altgrasstreifen (Saumbiotope), rasante maschinelle Bodenbearbeitung, ungünstige Witterungsverhältnisse mit extremer Nässe und Kälte während der Aufzuchtzeit, fehlende Eiweißnahrung (Insekten) im Frühjahr, eine Vielzahl von Prädatoren (Fuchs, Steinmarder, Greif- und Rabenvögel) sowie ein dichtes Straßennetz mit hohem Verkehrsaufkommen fordern nahezu täglich Tribute. Zu Beginn der achtziger Jahre belebten Fasanen fast jedes Hildesheimer Feldrevier, konnten sich aber ebenso wie die einheimischen Rebhühner von den übermäßigen Verlusten des besonders frostigen Winters 1982/83 nicht mehr erholen. Die Balzlaute der bunten Fasanengockel und der Rebhähne sind in den Gemarkungen der Börde selten geworden oder sogar verstummt. Auch der Schlag der Wachtel, das Rufen von Kiebitzen oder der jubilierende Gesang der Feldlerche sind nicht mehr so häufig zu hören. Die Leitarten der Feldflur zählen eher zu den Verlierern unserer heimatlichen Gefilde, auch bei langjähriger Verschonung mit der Jagd.

Gewinner hingegen sind die Generalisten Fuchs, Rabenkrähe und Elster, denen die Jäger zwar eifrig nachstellen, ohne jedoch deren Populationen spürbar zu beeinträchtigen. Noch vor zwanzig Jahren wurden Füchse durch die Tollwut stark dezimiert. In Zusammenarbeit mit dem Veterinäramt haben Jäger über längere Zeit Impfköder ausgelegt. Heute ist unser Land tollwutfrei. Als Folge ergab sich eine Übervermehrung der Rotröcke, von denen nun eine neue Gefahr für den Menschen als Zwischenwirt ausgeht: der Fuchsbandwurm!

In einigen Revieren (Giesen, Sarstedt, Hoheneggelsen) lebten vor einigen Jahren noch zahlreiche Wildkaninchen.

Stockente – Erpel mit drei „Frauen" am Bruchgraben

Leider haben die immer wieder aufflackernde Nagerpest (Myxomatose) und neuerdings die Chinaseuche (RHD = Rabbit-Hare-Desease) fast alle Besätze dahingerafft. Die Jagd auf Stockenten ist hauptsächlich in den Revieren am Bruchgraben, an den Kiesteichen bei Sarstedt und an der Fuhse von Bedeutung. Seit Beginn der 90er Jahre haben Graugänse die Giftener Seenplatte als neuen Lebensraum erobert. Ihre Anzahl wächst von Jahr zu Jahr – mehr als 2.000 Vögel wurden schon gezählt. Zur Eindämmung weiterer übermäßiger Vermehrung sowie zur Abwehr von immensen Schäden an Kulturpflanzen müssen Jäger, Landwirte, Ornithologen, Jagd- und Naturschutzbehörden im Rahmen eines „Wildmanagements" zusammenarbeiten. Mit jagdlichen Mitteln ist den „schlauen" Gänsen aber nur schwer beizukommen. Im Winter und im Frühjahr treten Ringeltauben in der Börde zuweilen in Massen auf und richten vornehmlich auf Gemüse- und Rapsfeldern erheblichen Schaden an. Auch hier ist der Einsatz von Jägern gefragt.

Ein Grauganspaar mit 12 Gösseln

Zu den Kulturfolgern zählt das anpassungsfähige Rehwild. Diese kleinste unserer Schalenwildarten kommt flächendeckend auch in der Börde vor und ist in den vegetationsarmen Jahreszeiten auf den Flurstücken in kleinen oder größeren Sprüngen zu beobachten. Der Bestand hält sich bei angemessener Bejagung schon lange auf hohem Niveau, weil die Jäger unter Beachtung bewährter Abschussrichtlinien stärker in die Jugendklasse eingreifen. Damit werden die herben Verluste im Straßenverkehr (im Landkreis durchschnittlich 20 % der Gesamtstrecke) wenigstens etwas reduziert, was inzwischen statistisch nachgewiesen werden konnte. Die Rehwildstrecke aller Bördereviere betrug im Mittel der letzten zehn Jahre 500 Stück. Rehe kompensieren die Sterblichkeit durch höhere Nachwuchszahlen. Die Ricken setzen im Mai dann zwei oder drei Kitze statt nur eines. Die Brunftzeit verläuft von Mitte Juli bis Mitte August – bei Eiruhe bis Dezember. Rehböcke tragen ein Gehörn, das jedes Jahr im Spätherbst abgeworfen und danach sogleich neu gebildet wird. Zeitig im Frühjahr beanspruchen sie ein eigenes Territorium, das sie durch Fegen und Plätzen an Büschen und Stauden auffällig markieren. Andere Böcke werden hier nicht geduldet. Das Gehörn eines erlegten Bockes gilt dem Jäger als sichtbares Zeichen zur Erinnerung an ein besonderes Jagderlebnis. Erkennbar sollen auch die Ehrung des Tieres sowie angemessenes Jagdverhalten sein. Außerdem werden „Trophäen" bei Jahresversammlungen der Hegeringe bzw. bei größeren Hegegemeinschaften ausgestellt, wo sie aber nur einen Anteil der gesamten Rehwildstrecke – zu der auch das weibliche Wild zählt – veranschaulichen.

Wildschweine waren in der Hildesheimer Börde früher zumeist unbekannt. Allerdings gibt es hier nach wie vor einen alten Fernwechsel vom Escherberg zum Hämelerwald. Heute stecken die Sauen – wie sie unter Jägern genannt werden – in allen Winkeln und Ecken. Bedingt durch großes Angebot an Nahrung und Deckung in Mais-, Weizen-, Raps- und Senfschlägen ist ihr Bestand stark angewachsen. Deshalb drängen die Schwarzkittel nicht selten in die Felder und sind sogar schon in Ortschaften (Ottbergen) aufgetaucht. In den Revieren Giesen, Gr. Förste, Gödringen, Ruthe, Hoheneggelsen und Söhlde kamen Sauen zur Strecke.

Sorge bereitet den Jägern der enorme Landverbrauch in den Kommunen. Durch Ausweisungen von immer mehr Flächennutzungs- und Bebauungsplänen für großflächige Gewerbe- und Wohngebiete, für Windkraftanlagen sowie durch Bau von Umgehungsstraßen gehen wertvolle Freiräume für Menschen und frei lebende Tiere unwiederbringlich verloren. Trotz dieser für die Natur nachteiligen Entwicklung lassen sich viele Revierinhaber mit ihren Mitjägern nicht entmutigen. Im Rahmen des Hegebuschprogramms der Landesjägerschaft, aber auch mit eigenen Mitteln und hohem Einsatz arbeiten sie an biotopgestaltenden Maßnahmen. Dazu gehört auch die Pflege von Kopfweiden. Hegebüsche mit einer Vielfalt von Pflanzen und Kleintieren sind in den meisten Gemarkungen der Hildesheimer Börde entstanden. Die Anpflanzungen auf mehr als 20 Hektar kommen der gesamten heimischen Fauna und Flora zugute – außerdem gliedern und verbessern sie das Landschaftsbild. Von 1978 bis 1999 wendeten Jäger allein für das Pflanzmaterial 125.000.- DM auf und leisteten auch damit einen wichtigen Beitrag zum praktischen Naturschutz.

Hegebuschanlage mit Tümpel – angelegt von Giftener Jägern

Entwicklung von Verkehr und Industrie

von Gerhard Schütte

Verkehrswege

Durch die strategisch bevorzugte Lage an der alten Heer- und Handelsstraße ist die wirtschaftliche Entwicklung der Hildesheimer Börde von alters her stark begünstigt. Die Bundesstraße 1 führte als Reichsstraße 1 von Aachen bis hin nach Königsberg, und auch die Bundesstraße 6, der so genannte Messeschnellweg im Teilstück zwischen Hildesheim und Hannover, lenkte den Verkehr hierher und sorgte für eine Aufwärtsentwicklung.

Dazu kamen die Eisenbahnlinien, deren älteste von Hildesheim nach Lehrte über Harsum, Algermissen und Sehnde bereits 1846 eröffnet wurde. Der erste Zug fuhr damals noch mit einer Höchstgeschwindigkeit von 45 Stundenkilometern am Tag und 30 Stundenkilometern bei Dunkelheit. Danach folgten die Streckeneröffnungen von Hildesheim nach Nordstemmen (1853) und Braunschweig (1888). Als letzte und „reine Bördestrecke" wurde 1896 die Linie von Hildesheim über Bavenstedt, Hönnersum, Machtsum, Hüddessum, Rautenberg, Clauen und Hohenhameln nach Hämelerwald in Betrieb genommen. Die im Volksmund als „Peiner Blitz- und Bogenbahn" bekannte Strecke verlor infolge der zunehmenden Motorisierung aber bald nach dem zweiten Weltkrieg ihre Bedeutung und wurde nach der letzten Fahrt am 26. September 1964 eingestellt und anschließend abgebaut.

Schon zur Kaiserzeit und danach waren diese Eisenbahnstrecken ebenfalls für den Güterverkehr von großer Wichtigkeit. In Algermissen ist auf dem Bahnhofsgelände auch Kali verladen worden. Die Gänsetransportzüge rollten hier aus Polen und Russland auf einem eigenen „Gänsebahnhof" an. In Harsum wurde der bekannte „Harzer Käse" verladen. 43 Käsereien und zahlreiche Molkereien sorgten hier von der zweiten Hälfte des 19. Jahrhunderts bis zum Mauerbau in Berlin (1961) für einen wohlhabenden Wirtschaftszweig. Nebenbei entstand für die insgesamt über 70 Käsereien im Umfeld von Harsum und Borsum eine Fassreifen-Fabrikation der Gebrüder Rohlmann, die sich zur bedeutendsten und größten in Deutschland mit Filialen in Kulm (Westpreußen) und Schulitz (Posen) entwickelte.

Ein weiterer Zugewinn war die Eröffnung des Zweigkanals 1928, der Hildesheim samt der Regionen Harsum und Algermissen an der Bolzumer Schleuse auf dem Schifffahrtsweg an den Mittellandkanal anschloss. Am Hildesheimer Hafen siedelten sich bald zahlreiche Firmen an, die auch die wirtschaftliche Entwicklung in den Ortschaften der Hildesheimer Börde beeinflussten. Zu den ersten Umschlaggütern zählten Zucker, Kohle, Erz und Kalisalz.

Die ersten Dampfer mit Schleppkähnen lockten Ende der 1920er Jahre Schaulustige auf die Brücken bei Algermissen

Zur gleichen Zeit legte der Kalischacht Siegfried-Giesen bei Harsum eine Anlegestelle einschließlich eines Wendebeckens an, an der Kalisalze verladen wurden. Außerdem baute der Landhandel Gebrüder WEITERER 1934 in Algermissen eine Hafenanlage mit Umschlagbetrieb und einem Kraftfutterwerk. Zwei Jahre später entstand dort der Betonsilo mit einem Fassungsvermögen von 4 000 Tonnen. Zwischenzeitliche Zahlen belegen die Bedeutung dieses Familienunternehmens, das schon 1827 mit dem Handel landwirtschaftlicher Produkte im Dorf begonnen hatte und 1911 den ersten Stahlsilo in Niedersachsen erhielt. Zum Beispiel lag 1985 die Annahmekapazität von Getreide bei 400 Tonnen pro Stunde, die Verladekapazität am Tag wasserseitig bei 1 200 Tonnen, die Schweinemischfutterproduktion bei 60 000 Tonnen im Jahr. Für die Landwirte in der Region

Der erste Stahlsilo des Landhandels Weiterer entstand am Algermissener Bahnhofsplatz bereits im Jahr 1911

besaß der Landhandel WEITERER zusätzlich noch Außenstellen in Clauen, Hüddessum, Schellerten, Sehnde, Rethen und Barnten.

Im Jahr 1983 begann KALI & SALZ Bad Salzdetfurth damit, den Umschlag der im Raum Bad Salzdetfurth geförderten Kalisalze von Hildesheim zur Verladestelle nach Harsum zu verlagern. Damit fiel das seit Jahren wichtigste Umschlaggut des Hildesheimer Hafens mehr und mehr aus. 1981 wurden hier rund 400 000 Tonnen verladen, 1984 waren es nur noch 55 000 Tonnen. Der Gesamtumschlag ging auf 800 000 Tonnen (Schiff und Bahn) zurück, obwohl Getreideumschlag, Schrott und Düngemittel zulegten.

Der Bau des Zweigkanals zwischen Hildesheim und Bolzum brachte einen historischen Holzbrunnen aus der Zeit um Christi Geburt wieder an das Tageslicht. Dieser Brunnen ist heute im Algermissener Heimatmuseum ausgestellt und zählt dort zu den Juwelen unter den Exponaten.

Ziegeleien

Geeignete Rohstoffvorkommen (Tone und Lehme) und günstige Absatzmöglichkeiten waren für die Ziegelindustrie im Nordkreis ausschlaggebend. Ziegel- und Steinherstellung schafften in dieser Region Arbeit für rund 1000 Beschäftigte. Mit dem Ringofen konnten Mitte des vorletzten Jahrhunderts Ziegelsteine preiswerter hergestellt werden. Die Gründerjahre der älteren Ziegeleien liegen zwischen 1857 am Borsumer Pass, 1862 in Asel, 1873 in Gleidingen, 1890 in Algermissen und Sarstedt, 1895 in Farmsen und 1898 in Hoheneggelsen. Das Steinzeugwerk Muhle in Ummeln bei Algermissen begann 1872 mit der Herstellung von Kanalisationsröhren, Krippenschalen und Trögen. Die Blütezeit der Ziegeleien reicht bis in die Gründerjahre zurück und ist eng mit dem Neubau von Fabriken, Bahnhöfen, Miethäusern und Bauernhöfen verbunden. Noch heute belegen in den Bördedörfern die um die Wende vom 19. zum 20. Jahrhundert aus roten Klinkersteinen errichteten Hofanlagen mit Wohnhaus, Scheune und Stall die hohe Bedeutung der Tonindustrie für die Region (vgl. S 10).

Vor 100 Jahren setzte die Ziegelei Algermissen Dachziegel, Wellenziegel, Fallziegel, Biberschwänze, Mönchnonnen, Gauben-, First- und Mauersteine nicht nur in Deutschland, sondern auch im Ausland ab. Damals kosteten 1000 Mauersteine 14 Mark. Eigene Gespanne (6 schwere Kaltblüter-Pferde) brachten die angeforderten Steine an die Baustellen oder zum Verladen zum Güterbahnhof. Mehr als eine Million an Mauersteinen brachten z.B. die hoch bepackten Ziegeleiwagen 1911 nach Lühnde zum Bau der Schachtanlage Carlshall.

Die Harsumer Tonwerke SAENGER & CO. lieferten unter dem Motto: „Wer streng auf gute Arbeit hält, erobert sich im Flug die Welt", Verblend- und Radialsteine unter anderem für den Bau des Berliner Eispalastes, des Hallenschwimmbades in Hamburg-Altona, der Holstenbrauerei und Gasanstalt in Hamburg, für das Rheinisch-Westfälische E-Werk in Essen, für das Empfangsgebäude des Hauptbahnhofs in Hildesheim, Zuckerfabrik und Krankenhaus in Harsum sowie für die Glasfabrik Helder in Holland.

Einige der damals im Gründungsfieber errichteten Ziegeleien schlossen bereits wegen der Wirtschaftskrise in den 1920er Jahren und Anfang der 30er Jahre, andere dagegen erst in den 60er und 70er Jahren. Eine dominierende Stellung nimmt die Fabrik in Algermissen mit der Produktion von Dachziegeln ein. Heute ist dieses Werk mit zeitgemäßen technischen Einrichtungen weiterhin in Expansion begriffen.

Am nördlichen Ortsrand von Algermissen liegt die Ziegelei. Vor 50 Jahren rauchten hier noch vier Schornsteine

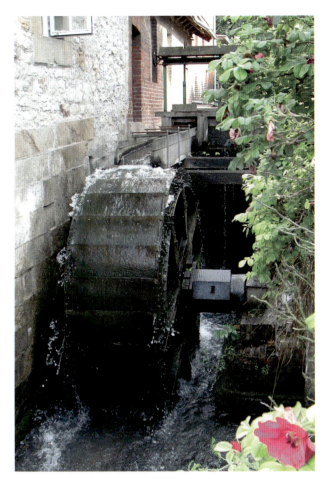

Die Obermühle in Nettlingen ist als denkmalsgeschützte Wassermühle noch funktionsfähig und kann besichtigt werden

Mühlen

Wind- und Wassermühlen gehören zu den landschaftsprägenden Bauwerken rund um Hildesheim.

Das frühere Alleinrecht der Grundherren zur Errichtung von Mühlen trat in der Gegend stark in Erscheinung. Ein großer Teil der Mühlen gehörte dem Fürstbischof sowie den Klöstern und Stiften in der Diözese Hildesheim. Im Hildesheimer Urkundenbuch sind ab 1022 rund 30 Mühlen erwähnt, die im Altkreis lagen. Außer dem Fürstbischof waren die Klöster und Stifte als Betreiber eingetragen. Durch die Säkularisation kam ein großer Teil dieser Mühlen in landesherrlichen Besitz. In einigen alten Mühlen sind die Wappen und Namen der gutsherrlichen Bauherren noch erkenntlich.

Als der Elektromotor und die Umstrukturierungen in der Land- und Wasserwirtschaft Wind und Wasser als Energielieferanten vor allem in der Zeit nach dem Zweiten Weltkrieg verdrängten, begann das Mühlensterben. Der Kreis Hildesheim nimmt eine Sonderstellung ein, weil diese Region exakt auf der Wind- und Wassermühlengrenze liegt. Eine erhebliche Zahl von Windmühlen besaß der nördliche Teil des Altkreises Hildesheim. Im südlichen dagegen gab es entsprechend dem bergigen Landschaftscharakter und dem größeren Wasserreichtum eine Vielzahl an Wassermühlen.

Bei den Windmühlen im Altkreis Hildesheim handelt es sich um 21 Mahlmühlen und eine Kreidemühle. Elf dieser Windmühlen sind Bockwindmühlen, zehn Holländermühlen, und eine wurde als Paltrockmühle in Asel errichtet.

Auffallend gepflegt wirkt die am Ortseingang von Söhlde stehende Patentmühle, die in den 80er Jahren restauriert wurde und seitdem auch als Standesamt gern von Brautpaaren genutzt wird. Hier scheint man zurückversetzt zu sein in längst vergangene Zeiten, als in diesem „Kreidedorf" noch 14 Mühlen knarrten und das wertvolle Gut aus dem nahe gelegenen Kreide-Abbau verarbeiteten (vgl. S. 214).

Längst sind die klassischen Bockwindmühlen aus dem Landschaftsbild der Hildesheimer Börde verschwunden. Vom Hogesberg, der höchsten Erhebung im Borsumer Kaspel, konnte man zur Kaiserzeit 14 Windmühlen zählen. Heute sind von diesem Standort aus bei klarer Sicht bereits über 140 Windkrafträder auszumachen. Naturschützer, Landschaftspfleger, Verbände und vor allem viele der Bürger aus der betroffenen Region stehen diesen Einrichtungen oft skeptisch gegenüber.

Kalischächte in der Börde

Zwischen 1896 und 1913 entstanden auf dem Gebiet des heutigen Landkreises Hildesheim insgesamt 18 Kalischächte, sechs davon in der Börde. Entsprechend den geologischen Voraussetzungen lagen diese im Leinetal bzw. der westlichen Hildesheimer Börde.

Schachtname	Standort	Teufbeginn
Carlshall	Lühnde	1905
Schieferkaute	Gödringen	1901
Glückauf	Sarstedt	1905
Fürstenhall	Ahrbergen	1908
Rössing-Barnten	Barnten	1906
Siegfried-Giesen	Giesen	1912

Die Bockwindmühle von Machtsum wird wie die Wassermühle in Nettlingen von einem Mühlenverein betreut

Der Kali-Schacht Siegfried-Giesen steckte bis 1987 mit 1600 Arbeitsplätzen voller Leben. Heute bestimmt nur noch die Abraumhalde als Überbleibsel das Landschaftsbild

Herbstliche Betriebsamkeit in der Zuckerfabrik Harsum (1872 – 2002)

Kilometerweit strahlt bei schönem Wetter die Giesener Abraumhalde als letztes Überbleibsel vergangener Kali-Zeiten in die Hildesheimer Börde-Landschaft, mit 163 Metern über dem Meeresspiegel einer der höchsten Erhebungen im Nordkreis. Der Bergbau prägte das Dorf einschließlich des Umlandes. Dann stellte das Kaliwerk „Siegfried Giesen" 1987 die Förderung ein und wird seitdem als Reservewerk befahrbar gehalten. Giesen verlor nicht nur 1600 Arbeitsplätze, die das Unternehmen zu Spitzenzeiten einmal hatte. Die Region verlor damit auch ein Stück ihrer Seele. Insgesamt wurden im Landkreis Hildesheim im Laufe von 100 Jahren 150 Millionen Tonnen Kalirohsalze und Steinsalz von rund 8.000 Beschäftigten gefördert, der größte Teil allerdings in den letzten vier Jahrzehnten bei abnehmender Belegschaft. Bis 1987 bestanden noch 1.500 Arbeitsplätze. Heute gibt es hier keinen Kalibergbau mehr. Nach drei Generationen kam das endgültige „Aus". Die Bergmannsvereine sind es, die ihre große Tradition mit Aktivitäten hoch halten und an die Zeit der Kalibergwerke erinnern.

Erdölförderung

In Mölme floss zwischen 1934 und 1959 Erdöl. Die alte Erdölpumpe gegenüber der kleinen Dorfkapelle, eine Filia von Sankt Martin in Hoheneggelsen, erinnert daran. Im 50. Jubiläumsjahr der ersten Ölfunde hat die Betriebsgesellschaft Elwerath-Brigitta damit ein Industriedenkmal zur Erinnerung an die Funde des schwarzen Goldes der kleinen Ortschaft 1984 gestiftet.

Im November 1934 stieß die Tiefbohrung „Wachtel 5" in 152 Meter Tiefe auf eine 8 Meter mächtige Rhätsandsteinschicht. Das war dann auch die erste Öl führende Schicht, die im Mölmer Salzstock gefunden wurde. Die Presse berichtete euphorisch von der Entdeckung eines neuen Erdölgebietes. Von den 70 Bohrungen in dieser Zeit waren schließlich 32 fündig. In den Kriegsjahren sind dann bis zu einer Tiefe von 3300 Metern weitere Bohrungen durchgeführt worden. Die Temperaturen erreichten rund 100 Grad Celsius bei einem Gebirgsdruck von 700 bar. Das war damals auch die tiefste Bohrung im Deutschen Reich.

Die letzten fündigen Bohrungen wurden 1938 auf einem Feld bei Mölme und später bei Adenstedt (Landkreis Peine) und in Feldbergen registriert. Die Erdölförderungen in Mölme endeten 1953. Ende der 50er Jahre wurde das gesamte Betriebsgelände in Mölme aufgegeben.

Auszug aus einem Zeitungsartikel vom 21. Dezember 1943:

Die Gewerkschaft Elwerath bereitete ihrer Arbeiterschaft eine Weihnachtsfreude. Als besondere Festgabe erhielt jeder Arbeiter eine Gratifikation in Höhe eines Wochenlohnes, außerdem für Ehefrau und Kind je 10 RM. Die fündige Bohrung ergibt etwa 30 Tonnen täglich. Elwerath hatte für diese Aufschlussarbeiten weit über 1 Million RM ausgegeben. Ein neues Ölfeld ist für die deutsche Volkswirtschaft entdeckt worden. Das Reichsbohrprogramm hatte für die Erschließung neuer Erdöllagerstätten 5 Millionen RM zur Verfügung gestellt.

Zuckerfabriken

Die Eiszeit hat den fruchtbaren Lehm-Löss-Boden in der Hildesheimer Börde zurückgelassen. Für Tausende von Landwirten war dieser „beste Boden Deutschlands" einmal die Existenzgrundlage (vgl. S. 31).

Mit dem ersten Kampagnebeginn der Zuckerfabrik Nordstemmen begann am 28. November 1865 die „Zuckerzeit" in der Börde. In Gronau, zehn Kilometer südlich von Nordstemmen, rauchte 1869 der zweite Zuckerfabrikschornstein. 1872 folgten die Gründungen und der Bau von Zuckerfabriken in Elze, Algermissen, Dingelbe und Harsum. 1885 zählte die Region immerhin 13 Rohzuckerfabriken. Während dieser Zeit lebten rund 50 % der Bevölkerung von Ackerbau und Viehzucht. Schließlich brachte die Zuckerrübe auch Arbeit und zusätzliches Einkommen in die Dörfer. Wanderarbeiter vor allem aus dem Ober- und Untereichsfeld, Thüringen und Polen fanden Beschäftigung. Danach entstanden weitere Fabriken 1873 in Groß-Düngen und Schellerten, 1874 in Sarstedt, 1883 in Dinklar und 1884 in Hasede. Zuckerraffinerien gab es von 1874 an in Elze (Kandisfabrik) und 1882 in Hildesheim.

Sollte in Brüssel die Zuckermarktverordnung fallen und den EU-Raum damit für billigen Rohrzucker aus Übersee öffnen, müssen nicht nur die letzten Höfe in der Hildesheimer Börde nach Generationen um ihre Existenz bangen. Auch um die beiden noch übrig gebliebenen Zuckerfabriken an den Standorten Nordstemmen und Clauen wäre es dann wohl schlecht bestellt. In der Jubiläumsausgabe zur 300-Jahr-Feier der Hildesheimer Allgemeinen Zeitung war zu lesen: „Mit enormen Investitionen hat die Nordzucker AG beide Standorte zu Vorzeigebetrieben ausgebaut, die nicht nur Qualitätsprodukte liefern, sondern auch Ressourcen schonend arbeiten. All dieses könnte in Gefahr geraten, wenn Billigzucker, der unter oftmals fragwürdigen Produktionsbedingungen und ohne Rücksicht auf den Erhalt der letzten noch intakten Regenwälder entstanden ist, den europäischen Markt in die Knie zwingen sollte."

Ein Paradebeispiel in Sachen Zuckeranbau lieferte Harsum. Nicht einmal das „Reichsmusterstück" in der Magdeburger Börde hat mehr offizielle Bodenpunkte zu bieten als manche Ackerflächen zwischen Harsum und Machtsum. Kein Wunder, dass die Landwirtschaft auch das Wappen der Gemeinde Harsum prägt. Die Relikte einer so bedeutenden Rübenära verschwanden vor drei Jahren durch den Abriss der Zuckerfabrik. Die war bis dahin die kleinste in Europa. Kenner behaupteten sogar: „Es sei aber auch die wohl gesündeste aller gewesen". Inzwischen stehen dort Wohnhäuser.

Auswirkungen von Verkehrs- und Industrieanlagen auf Natur und Landschaft

Die Tongruben der ehemaligen Ziegeleien, die Abraumhalden in der Nähe der Kalischächte und die Klärteiche der Zuckerfabriken, aber auch die Kreidegruben bei Söhlde (vgl. S. 220), die aus rein wirtschaftlichen Gründen angelegt wurden und heute nicht mehr genutzt werden, stellen eine Bereicherung des Landschaftsbildes dar (vgl. S. 249). Zudem erfüllen sie als Sekundärbiotope eine wichtige Funktion für den Lebensraum und Artenschutz. In der intensiv genutzten und uniformierten Agrarlandschaft tragen sie erheblich zur Vergrößerung der Landschaftsstrukturen und Artenvielfalt bei und dienen nicht nur vielen wildwachsenden Pflanzen und freilebenden Tieren als Lebensraum, sondern auch als Rückzugsgebiet für Arten, deren Lebensbedingungen heute in weiten Teilen der Hildesheimer und Kalenberger Börde nicht mehr erfüllt sind.

Auch die Ränder und Böschungen von Straßen, Bahnlinien und dem Seitenkanal, die grundsätzlich Fremdkörper in der Landschaft darstellen und erhebliche Beeinträchtigungen des Naturhaushaltes zur Folge haben können, weisen in vielen Streckenabschnitten eine vielseitig zusammengesetzte Pflanzen- und Tierwelt auf, die aus Arten von Magerrasen, Wiesen und Weiden, Ruderalflächen, Äckern, Hecken und Waldrändern besteht. Gleichzeitig verbinden Verkehrswege isoliert liegende Lebensräume netzartig in der Landschaft und stellen wichtige Wanderwege für Pflanzen und Tiere dar. Damit dienen sie auch der Ausbreitung neuer Arten.

Das Ende der Zuckerfabrik Harsum

Typische Bördelandschaft bei Adensen

Behördlicher Natur- und Landschaftsschutz

von Ulrich Weber

Die flachwellige offene Landschaft der Hildesheimer Börde ist geprägt von intensiver landwirtschaftlicher Nutzung. Ausgedehnte Ackerflächen, Dörfer, Alleen und – seit wenigen Jahren – Windräder bestimmen das Bild. Dennoch weist diese alte Kulturlandschaft noch bemerkenswerte natur- und kulturräumliche Besonderheiten auf, die es zu erhalten und zu entwickeln gilt. Dieser Beitrag will nach einer Bestandsaufnahme die Handlungsmöglichkeiten für den Naturschutz skizzieren.

Gesetzliche Grundlage

Die Naturschutzgesetze des Bundes und des Landes Niedersachsen enthalten die Ziele und Aufgaben von Naturschutz und Landschaftspflege sowie das Instrumentarium zur Umsetzung. Dazu zählen auch Bestimmungen zum Schutz bestimmter Arten und ihrer Lebensräume sowie Regelungen zum allgemeinen Biotopschutz, wie z.B. Fristenregelungen für Gehölzarbeiten oder die Pflege von Röhrichten. In der intensiv landwirtschaftlich genutzten Börde erlangt die in den Naturschutzgesetzen ebenfalls enthaltene Landwirtschaftsklausel ein besonderes Gewicht. Die hier getroffenen Freistellungen für praktizierte landwirtschaftliche Nutzungen folgen der Vermutung, dass solche Tätigkeiten in der Kulturlandschaft dem Naturschutz unbedingt dienlich und zuträglich sind.

Nach der jeweiligen ökologischen Bedeutung, Ausprägung und Schutzbedürftigkeit können Landschaftselemente als Schutzgebiete ausgewiesen werden. Die Verordnungsermächtigung liegt bei der Naturschutzbehörde, jedoch können auch die Gemeinden durch eine Satzung bestimmte Landschaftsteile schützen. Zu den Landschaftsschutzgebieten im Bereich der Börde gehören neben den Waldgebieten (vgl. S. 147) auch das Sehlder Bruch, ehemalige Flachsrotten, verschiedene Abbaugewässer sowie die Fließgewässer Saale, Rössingbach und Bruchgraben mit ihren Zuflüssen. Ein Großteil dieser Gebiete wurde mit der Sammelverordnung aus dem Jahre 1968 ausgewiesen, die noch auf dem Reichsnaturschutzgesetz von 1935 beruht. Sie enthält weitgehende Freistellungsklauseln für die Landwirtschaft, den öffentlichen Straßenbau sowie die Flurbereinigung und ist gegenüber einigen Hauptursachen für Lebensraumverlust und Landschaftsverbrauch somit fast wirkungslos.

Strengere Schutzbestimmungen gelten in Naturschutzgebieten. Als solche sind neben den in den Überschwemmungsgebieten von Leine und Innerste liegenden Auenwäldern und Teichgebieten das Wehmholz bei Sarstedt, die Wätzumer Tonkuhle und der Entenfang (vgl. S. 223) ausgewiesen. Gesetzlich geschützte Biotope sind einige naturnahe Abschnitte von Fließgewässern, ehemalige Tongruben und Absetzteiche, die als Laichgewässer für Amphibien von Bedeutung sind, sowie sekundäre Magerrasen im Umfeld der Bodenabbauten am Söhlder und Nettlinger Kreiderücken. In den Siedlungsbereichen sind es vorwiegend Einzelbäume, die als Naturdenkmale ausgewiesen sind. Europäische Schutzgebiete im Zuge des Aufbaus eines Schutzgebietssystems Natura 2000 gibt es in der Hildesheimer und Kalenberger Börde nicht. Insgesamt beträgt der nach Naturschutzrecht geschützte Flächenanteil in der Hildesheimer Bördelandschaft außerhalb der Flußauen etwa 2 %.

Die Eingriffsregelung der Naturschutzgesetze verpflichtet alle Verursacher zur Vermeidung und Verminderung sowie zum Ausgleich bei erheblichen Beeinträchtigungen in Natur und Landschaft. Sie zielt primär darauf ab, dass Vorhaben

Landschaftsschutzgebiet „Hassel" bei Bledeln

so landschaftsverträglich wie möglich durchgeführt werden. Bei Eingriffen sind deshalb regelmäßig Kompensationsmaßnahmen zum Ausgleich unvermeidbarer Beeinträchtigungen zu leisten. Im Bereich der intensiv bewirtschafteten Ackerlandschaft sind diese allerdings schwierig umzusetzen, denn die Anpflanzung von Sträuchern oder Bäumen in der ausgeräumten Feldflur wird von den Flächenbesitzern oft als Behinderung der Feldarbeit angesehen und abgelehnt. Einvernehmlich lassen sich Naturschutzmaßnahmen deshalb nur dann regeln, wenn die dafür benötigten Grundstücke von der politischen Gemeinde oder anderen Behörden erworben und bereitgestellt werden. Viele Gemeinden haben jedoch aufgrund wachsender Haushaltsdefizite ihr Eigentum und ihre Unterhaltungslasten an Wegen und Gewässern an Realverbände oder Wasser- und Bodenverbände übertragen. Dadurch wird die Durchführung von Naturschutzmaßnahmen nicht unerheblich erschwert.

Naturschutz in der Börde – eine besondere Herausforderung

Gerade in der Börderegion besitzen viele Landwirte in der Dorfgemeinschaft und in politischen Gruppierungen einen gewichtigen Einfluss, der sich auf tradierte dörfliche Sozialstrukturen gründet. Grundeigentum und Besitz verpflichten zur Verantwortung, die auch im sozialen und im berufsständischen Interesse wahrgenommen wird. In seinem Selbstverständnis verkörpert der praktizierende Landwirt somit in seiner Person die Landschaft, was ja im ursprünglichen Wortsinne der „Landschaft" als „Landbevölkerung" durchaus zutrifft. Die daraus resultierende Schlussfolgerung, dass damit das eigene Handeln zwangsläufig immer auch praktizierten Natur- und Landschaftsschutz darstellt, trifft in heutiger Zeit jedoch nicht mehr zu.

Natürlich widmen sich Landwirte auch den Belangen des Naturschutzes, der Landschafts- und Heimatpflege, so zum Beispiel im Engagement für die Jagd. Die Anlage von Hegebüschen, Feldhecken und Säumen verbessert den Lebensraum nicht nur für die jagdbaren Leitarten der Börde wie Feldhase, Fasan und Rebhuhn, sondern kann darüber hinaus positiv auf die übrige Lebensgemeinschaft wie auch auf das Landschaftsbild wirken. Die durch die Landwirtschaftsklausel abgesicherte intensive Landbewirtschaftung hat jedoch erheblich zur Dezimierung der Lebensräume sowie der Vielfalt der Pflanzen- und Tierwelt beigetragen. Ursächlich ist hier der Zwang zur fortschreitenden Ratio-

Naturdenkmal „Grafeneiche" bei Asel

Ausgedehnte Ackerschläge nach der Ernte

nalisierung in der landwirtschaftlichen Praxis. So haben sich mittlerweile Anbaumethoden etabliert, die auf nahezu wildkrautfreien und standortoptimierten Ackerschlägen durchgeführt werden. Die ehemals arten- und blütenreichen Säume sind vielfach mit Mineralstoffen und Pflanzenschutzmitteln belastet. Viele dieser Flächen unterliegen einer intensiven Pflege, um die Ausbreitung unerwünschter Diasporen zu unterdrücken. Schleichend kam es zu einschneidenden Verlusten von Lebensraum und Nahrungsangebot. Vielfalt und Bestandszahlen wildlebender Pflanzen und Tiere sind in der Agrarlandschaft so erheblich zurückgegangen, dass heute sogar anpassungsfähige Arten wie Feldhamster, Grauammer und Feldlerche als bedroht oder gefährdet eingestuft werden müssen.

Vertreter des Naturschutzes haben heute wenig Verständnis dafür, dass in der Börde derzeit mehrere Flurbereinigungsverfahren mit dem vorrangigen Ziel durchgeführt werden, die Rahmenbedingungen für die Landwirtschaft weiter zu optimieren. Das Bestreben, Flächen zu noch größeren, einheitlich zu bewirtschaftenden Schlägen zusammenzuführen, wird zwangsläufig eine weitere Uniformierung der Landschaft bewirken und die zunehmende Reduzierung wertvoller Landschaftsstrukturen zur Folge haben.

In solchen Situationen können Verstöße gegen die erlaubte Praxis der Feldbestellung nicht akzeptiert werden; so z.B. die Verwendung nicht zugelassener Pflanzenschutzmittel oder regelwidriger Pestizideinsatz an Wegrainen und Gewässerrandstreifen. Allein die Überwachung der hierfür einschlägigen gesetzlichen Bestimmungen gestaltet sich bereits so schwierig und aufwändig, dass schließlich nur auf Verantwortungsbewusstsein und Rechtstreue der Landwirte gesetzt werden kann. Das Eingreifen bei Fehlverhalten beschränkt sich deshalb auf die wenigen Ausnahmefälle, in denen Verstöße und Verursacher offenbar kenntlich sind.

Abgepflügter Randstreifen am Bruchgraben

Erhaltenswerte Dorfstrukturen: das Pfarrhaus in Lühnde mit alter Rotbuche und Blütenteppich von Blaustern

Das Beispiel des leider immer noch vorkommenden Überpflügens von Wegeparzellen, Gewässerufern oder anderen Säumen verweist auf ein weiteres Problem, nämlich die schwierige Durchsetzung allgemeiner Naturschutzziele unter Berufung auf die Sozialpflichtigkeit des Eigentums. Die Rechts- und Fachaufsicht agiert unter der Berücksichtigung der grundgesetzlichen Eigentumsgarantie hier sehr zurückhaltend, so auch gegenüber Realgemeinden sowie Boden- und Wasserverbänden, auch wenn diese im Sinne des Naturschutzgesetzes als Behörden anzusprechen sind. Im konkreten Einzelfall verspricht deshalb nur die Berufung auf bestehende Rezesse, Flurbereinigungsbeschlüsse oder andere Rechtsakte erfolgreiche Ergebnisse.

Die EU-Förderung der landwirtschaftlichen Produktion und Betriebe sowie des ländlichen Raumes lässt aufgrund der hervorragenden Nutzungseignung der Böden die Belange von Naturschutz und Landschaftspflege in der Bördelandschaft weitgehend unberücksichtigt. Deshalb hat die praktizierte EU-Flächenstillegung hier bislang keinen nennenswerten positiven Effekt für die heimische Lebewelt bewirkt. Im Gegenteil, der hierzulande gerade einsetzende subventionierte Anbau nachwachsender Rohstoffe lässt sogar weitere Einschränkungen für die Lebensräume und Habitate der landschaftstypischen Arten erwarten. Kein auch nur nennenswerter Anteil der für die Sanierung des landwirtschaftlichen Wegenetzes oder den Ausbau regenerativer Energiequellen (Stichwort Windkraftanlagen) aufgewendeten öffentlichen Fördergelder wird in gleichermaßen sinnvolle wie dringliche Naturschutzmaßnahmen investiert.

Hinsichtlich der Heimatpflege wirkt sich dieses im übertragenen Sinne ebenso gravierend aus. In durchaus wohlmeinender Absicht entstanden in der Vergangenheit „besenreine" und „verhübschte" Dorfbilder sowie allerorten Neubaugebiete. Wir müssen heute häufig feststellen, dass die „modernen" Dörfer nicht die erforderliche Ausstattung für eine positiv erlebare Heimat besitzen. Die dorfnahen, ehemals vielschichtig strukturierten Übergänge zur Landschaft, die Obstgärten und Viehweiden sind vielfach verschwunden und damit auch für Landschaftserleben, Kinderspiel und Erholung verloren.

Instrumente und Möglichkeiten des Naturschutzes

Natur- und Landschaftsschutz bedürfen insbesondere auch in der Börde einer sorgfältigen, vorausschauenden und vernetzenden Planung. Leitbilder und daraus abgeleitete Entwicklungsziele müssen aus den landschaftlichen Traditionen, einem Leit- und Zielartenkonzept und aus Aspekten praktikabler Maßnahmengestaltung entwickelt werden. Darauf basierend können schließlich konkrete Vorhaben und Maßnahmen für die naturschutzfachliche Pflege und Entwicklung, die Umsetzung von Kompensationsmaßnahmen und das Management von Kompensationsflächenpools erarbeitet, abgestimmt und auch fachlich kompetent vertreten werden. Nur eine fundierte Naturschutzplanung hat auch in Trägerverfahren anderer Behörden, wie z.B. der Flurbereinigung oder der Bauleitplanung gute Chancen, wenigstens in Teilen umgesetzt zu werden.

Der Landschaftsrahmenplan für den Landkreis Hildesheim skizziert für die Börde folgende Grundzüge: Die Börde ist seit langer Zeit eine Agrarlandschaft mit einem geringen Anteil naturnaher Lebensräume. Das vorhandene Gewässersystem stellt das Rückgrat des Biotopverbundes in der Bördelandschaft dar. Die hier vorhandenen, teilweise staunassen Auen- und Schwemmböden bieten in der Regel gute naturräumliche Potentiale für die Zurückgewinnung naturnaher Lebensräume. Offene Wiesen- oder Weidelandschaften mit gewässerbegleitenden Gehölzsäumen sind bevorzugt zu etablieren, wobei getrost von der Zielart „Weißstorch" ausgegangen werden kann. Auch ergänzende langrasige Struk-

Obstwiesen prägen häufig den Übergang vom Dorf in die freie Landschaft

turen können als Rast- und Nahrungsflächen für durchziehende Kraniche oder als Bruthabitat für Braunkehlchen oder Wiesenweihe durchaus sinnvoll sein. Am Wege- und Gewässernetz angegliederte Saumbiotope und diesen vorgelagerte extensiv genutzte Ackerstreifen bilden eine kleinräumige Vernetzung in die Fläche hinein und sind Brut- und Nahrungshabitate für Schafstelze, Rebhuhn, Feldlerche, Feldhamster und Feldhasen.

Die kulturlandschaftliche Tradition verweist im Zuge der Leitbildentwicklung auf weitere typische und erhaltenswerte Strukturen wie die vielerorts noch vorhandenen Aleen, deren Beschaffenheit noch heute die Klassifizierung des Straßennetzes widerspiegelt. Wertvolle Lebensräume haben sich vielfach in den aufgegebenen Flachs-Rotten gebildet, die mehr oder weniger nahe der Dörfer an den natürlichen Vorflutern gelegen sind. Typische Landschaftselemente sind außerdem die noch aus alter Nutzung erhaltenen und gepflegten Kopfweiden in den Niederungen mit ihrer vielfältigen Lebensgemeinschaft, u.a. Weidenbock-Käfer und Steinkauz.

Die Gemeinden sind aufgefordert, im Rahmen ihrer Bauleitplanung und insbesondere der Landschaftsplanung naturschutzkonforme Konzepte zur Entwicklung und Pflege der Dorflagen und der dorfnahen Bereiche aufzustellen. Die Bördedörfer sind von einer vergleichsweise großen Artenvielfalt geprägt. Zahlenmäßig überwiegen hier die Kulturfolger, es lassen sich aber auch bördetypische Arten benennen, deren Bestände aktuell mehr oder weniger stark gefährdet sind. Hierbei handelt es sich in aller Regel um Tiere und Pflanzen, die an landwirtschaftliche Nutzungsformen angepasst sind, wie z.B. Schwarzes Bilsenkraut, Mauerraute, Guter Heinrich, Schwalbenschwanz, Breitflügelfledermaus, Schleiereule, Mauersegler, Mehl- und Rauchschwalbe sowie Steinkauz. Besonders der starke Rückgang der Viehhaltung in den Bördedörfern hat zu einschneidenden Veränderungen bei wildlebenden Pflanzen und Tieren geführt. Aber auch der Verlust innerörtlicher und ortsrandnaher Bauerngärten sowie der öffentlichen Grünflächen und Friedhöfe muss an dieser Stelle genannt werden. Die im Zuge von Neubaugebieten entstandenen Grünstrukturen können keinesfalls gleichwertigen Ersatz für die entstandenen Defizite darstellen.

Die öffentlichen Planungsträger sollen die Prioritäten ihrer Maßnahmen zukünftig auf die Anpflanzung heimischer Bäume in den Siedlungsgebieten sowie die Anlage und Pflege extensiv genutzter Streuobstbestände im Ortsrandbereich richten. Anknüpfungspunkte für praktizierten Biotopschutz im Dorf können z.B. im Zuge des Wettbewerbs „Unser Dorf soll schöner werden" oder in Projekten im Rahmen der „Agenda 21" gefunden werden. Querbeziehungen ergeben sich zur Heimatpflege, zum Fremdenverkehr sowie zur regionalen (Selbst-) Vermarktung landwirtschaftlicher Erzeugnisse. Insbesondere die fachkompetente und situationsbezogene Beratung sowie die Initiative zur Umsetzung vor Ort durch Umweltbeauftragte der Gemeinden oder durch ehrenamtliches Engagement in der Dorfgemeinschaft ist hier gefordert.

Im Rahmen der allgemeinen Förderprogramme für den ländlichen Raum und der Dorferneuerung wäre es möglich, die Gewährung von Zuwendungen z.B. für eine neue Dacheindeckung oder Fassadengestaltung davon abhängig zu machen, dass dabei auch die dorftypischen Lebensräume und Habitate von Mauerseglern, Schwalben, Fledermäusen und Schleiereulen geschützt oder wieder neu geschaffen werden. Darüber hinausgehend wäre eine stärkere Nutzung verschiedenartiger Möglichkeiten zum Schutz und zur Entwicklung von Brut- und Nahrungshabitaten der dorftypischen Fauna sowie für Standorte der Dorfflora wünschenswert. Diese Belange sollten von der Naturschutzbehörde wie von den Naturschutzverbänden in den Beteiligungsverfahren eingefordert werden.

Das Wetter im Raum Hildesheim in den Jahren 2003 und 2004

von Herbert Durant

Die faunistischen Beobachtungen und Untersuchungen in den Jahren 2003 und 2004 haben gezeigt, wie stark das Vorkommen bestimmter Tierarten durch Witterungsbedingungen beeinflusst wird. Das gilt im besonderen Maße für Käfer, Schmetterlinge, Heuschrecken und Spinnen, die in der außergewöhnlich warmen und trockenen Vegetationsperiode des Jahres 2003 optimale Lebensbedingungen vorfanden und in einer großen Arten- und Individuenzahl nachgewiesen werden konnten. Als Beispiel mag das Auftreten des Windenschwärmers (*Agrius convolvuli*) dienen (mdl. Mitteilung TÄNZER).

Das Wetter im Jahr 2003

Der **Januar** war außergewöhnlich nass; in Hildesheim fielen 85 mm Niederschlag (122 % des langjährigen Mittels). Dadurch bedingt und durch die Schneeschmelze in den Bergen stiegen die Grundwasserstände im Vergleich zum Vormonat um 20 Zentimeter.

Der **Februar** war relativ kalt und begann mit Minusgraden und Schnee. Die Temperaturen schwankten tagsüber zwischen –3,2 und +4,7 Grad und sanken in der Nacht bis auf –10,6 Grad. Zum Ende des Monats wurde es frühlingshaft warm. Das Thermometer stieg bis auf +10 Grad, aber in den Nächten gab es noch Frost bis –3,8 Grad. Am 23. und 24. wurden die ersten Kranichzüge gemeldet.

Bis zum Ende der dritten Woche im **März** herrschte frühlingshaftes Wetter mit Temperaturen am Tag zwischen +4,1 und +12,0 Grad und in den Nächten zwischen –4,5 und +9,0 Grad. Vom 24. an stiegen die Temperaturen bis auf +18,0 Grad, die Nächte blieben frostfrei. Zum selben Zeitpunkt wurden noch Kranichzüge beobachtet. Die monatliche Niederschlagsmenge von 22,7 l/m² fiel bis zum 12., danach blieb es bis zum Ende des Monats trocken.

Der **April** brachte typisches Aprilwetter, es war mal sonnig und warm und mal kalt mit Regen-, Graupel- und Schneeschauern. Zur Monatsmitte trieb die Sonne die Tagestemperaturen bis auf 22,0 Grad. Die ersten Blüten der Wildkirschen öffneten sich am 15. des Monats. Nach dem 20. standen alle Kirschbäume in Blüte.

Der **Mai** war ein Monat, bei dem warme und kühle Perioden wechselten. Mehrfach wurden Temperaturen bis zu + 30,1 Grad gemessen. Es fielen nur geringe Niederschläge.

Der **Juni** war laut Wetteraufzeichnung der wärmste Monat seit 1901. An vier Tagen stieg die Temperatur auf über +30,0 Grad, und nur an drei Tagen lag die Tagestemperatur unter +20,0 Grad. Heftige Unwetter am 8. und 24. waren mit großen Temperaturstürzen verbunden und brachten in kurzer Zeit die volle Niederschlagsmenge des insgesamt zu trockenen Monats.

Im **Juli** war es überwiegend sonnig. Die Temperaturen stiegen auf +33,5 Grad. Wärmegewitter bildeten sich, aber

Monatliche Niederschlagsmenge (l/m²) von Januar bis Dezember 2003 im Vergleich mit dem langjährigen Mittel

	monatlich	langjähriges Mittel
Januar	85,7	52,7
Februar	16,6	36,0
März	22,7	49,6
April	34,3	51,0
Mai	28,7	62,0
Juni	39,7	72,0
Juli	22,8	62,0
August	42,0	62,0
September	72,2	54,0
Oktober	76,4	43,4
November	28,7	51,0
Dezember	51,0	58,9
Gesamt	520,8	654,6

Mittlere Temperaturen (°C) von Januar bis Dezember 2003 im Vergleich mit dem langjährigen Mittel

	Max	Min	Mittel	Langjähriges
Januar	3,2	-1,1	1,2	0,4
Februar	2,1	-3,4	-0,8	1,1
März	10,2	2,1	6,4	4,1
April	13,3	3,6	8,4	7,8
Mai	19,0	9,2	14,6	12,4
Juni	23,0	11,9	18,5	15,6
Juli	24,5	13,7	19,8	17,1
August	26,9	14,1	20,5	17,0
September	19,8	9,6	15,2	14,2
Oktober	10,0	2,9	6,7	10,0
November	9,8	5,3	7,8	5,0
Dezember	5,6	0,8	3,4	1,7
Jahresmittel	13,9	5,7	10,1	8,9

die Niederschlagsmengen waren gering. Die anhaltende Dürre gefährdete die Ernte, mit der früher begonnen wurde als in normalen Jahren. Durch die extreme Wärme sank der Sauerstoffgehalt in vielen Gewässern. Es kam zu starkem Algenwachstum und zur Gefährdung zahlreicher Fischarten.

Auch in der ersten **August**hälfte setzte sich das heiße Sommerwetter fort. Die Tagestemperaturen bewegten sich dreizehn Tage lang ohne Niederschlag auf einem Rekordhoch von +29,7 bis +36,5 Grad. Die nächtliche Abkühlung war gering. Die gesamte Niederschlagmenge von 42 l/m² fiel an sechs Tagen. Eine Besonderheit dieses heißen Sommers war das Auftreten von Faltern und Schmetterlingen aus Süd- und Südosteuropa.

Der **September** war mit 72,2 l/m² sehr regenreich. Zwischen dem 4. und 7. sowie dem 13. und 23. gab es noch sommerliche Temperaturen, die sich zwischen +20,0 und +28,0 Grad bewegten. Am 23. erfolgte ein Kälteeinbruch. Die Temperatur sank von +28,0 auf +15,1 Grad. Dabei entwickelten sich regional kleine Tornados oder Windhosen, die in Niedersachsen Schäden in Millionenhöhe anrichteten.

Das Wetter im **Oktober** war wechselhaft. Die erste Hälfte des Monats war nass (66 l/m² Niederschlag) und kühl. Am 14. zogen die ersten Kraniche bei aufkommendem Hochdruckwetter über Hildesheim. Zwischen dem 15. und 24. wurde es fast winterlich. In der Nacht schwankten die Temperaturen zwischen +3,7 uns –5,5 Grad.

Im **November** setzte sich die Trockenperiode fort. Es fiel nur sehr wenig Niederschlag. Der Monat war relativ warm, nur in drei Nächten gab es leichten Frost.

Auch der **Dezember** zeichnete sich durch milde Witterung aus. Die Temperaturen bewegten sich zwischen + 0,5 und + 11,7 Grad, leichten Frost gab es nur in fünf Nächten.

Das Wetter im Jahr 2004

Es war das viertwärmste Jahr seit 1861 und liegt direkt hinter dem Hitzejahr 2003.

Der **Januar** war relativ kühl und begann mit Minusgraden und geringem Schneefall. Die Temperaturen schwankten zwischen -0,3 und +10,0 Grad und sanken in den Nächten bis auf –5,2 Grad. In Hildesheim fielen 117,0 mm Niederschlag, davon 27,5 mm als Schnee. Zwischen dem 7. und 16. gab es eine frostfreie Periode, in der Haselnuss und Erle blühten.

Der **Februar** begann ungewöhnlich frühlingshaft mit Sturmböen bis Windstärke 6. Am 4. wurde mit +12,0 Grad die wärmste Februarnacht seit 1958 gemessen. Am 8. kehrte der Winter mit Sturm und Schneeschauern zurück. Die Temperaturen schwankten tagsüber zwischen +8,0 und +2,0 Grad und sanken in der Nacht bis auf –5,9 Grad. Am 27. wurden bei winterlichen Verhältnissen über Hildesheim die ersten Kranichzüge gesichtet.

Im **März** setzte sich das winterliche Wetter fort. Mehrere Tage lang lag in Hildesheim eine geschlossene Schneedecke. Am 13. kam endlich der Frühling mit Temperaturen, die bis auf +20,0 Grad stiegen. Zu diesem Zeitpunkt wurde starker Kranichzug gemeldet, der auch in der Nacht stattfand. Der Monat wies starke Temperaturdifferenzen auf (tagsüber zwischen +0,5 und +21,0 Grad, in der Nacht zwischen + 11,0 und –5,4 Grad).

**Monatliche Niederschlagsmenge (l/m²)
von Januar bis Dezember 2004
im Vergleich mit dem langjährigen Mittel**

	monatlich	langjähriges Mittel
Januar	117,0	52,7
Februar	63,9	37,7
März	36,9	49,6
April	28,1	51,0
Mai	130,3	62,0
Juni	57,9	72,0
Juli	141,0	62,0
August	64,4	62,0
September	55,9	54,0
Oktober	14,6	43,4
November	75,8	51,0
Dezember	29,7	58,9
Gesamt	**815,5**	**656,3**

**Mittlere Temperaturen (°C)
von Januar bis Dezember 2004
im Vergleich mit dem langjährigen Mittel**

	Max	Min	Mittel	langjähriges
Januar	3,6	-0,6	1,5	0,4
Februar	6,5	1,7	4,1	1,0
März	9,1	1,6	5,4	4,1
April	14,7	5,2	10,0	7,8
Mai	16,0	7,9	12,0	12,0
Juni	19,2	10,5	19,8	15,6
Juli	22,0	12,5	17,2	17,1
August	24,6	14,5	19,5	17,3
September	19,7	10,6	15,1	14,0
Oktober	14,7	7,1	10,9	9,9
November	7,6	3,0	5,3	5,0
Dezember	4,1	0,1	2,1	1,7
Jahresmittel	**13,5**	**6,2**	**10,2**	**8,8**

Der **April** zeichnete sich ebenfalls durch starke Temperaturschwankungen aus (Tagsüber zwischen +8,5 und +21,5 Grad). Nur an sechs Tagen im Monat gab es Niederschläge.

Der **Mai** war kühl und nass. Nur an sieben Tagen stieg das Thermometer über +20,0 Grad. Die Niederschlagsmenge betrug 130,2 42 l/m² fiel und lag somit um 68 Liter über dem Monatsmittel. Der Regen fiel in der ersten Maiwoche innerhalb von vier Tagen. Der Rest des Monats blieb relativ trocken.

Im **Juni** setzte sich das kühle Wetter fort. Erst in den letzten vier Tagen stieg das Thermometer auf über +20,0 Grad, und es wurde endlich Sommer. Die vielen Tiefdruckgebiete erzeugten Temperaturgegensätze, durch die häufig Gewitter entstanden.

Der **Juli** war nicht sommerlich. Es gab mehrfach heftige Gewitter mit Sturmböen und sintflutartigen Regenfällen (141 l/m²), die zum Teil erhebliche Überschwemmungen verursachten. Die höchste Niederschlagmenge fiel am 20. mit 40,4 l.

Der **August** brachte „richtiges" Sommerwetter. Die Temperaturen bewegten sich 23 Tage lang zwischen +20,5 uns +30,0 Grad. Ab dem 22. bis zum Ende des Monats wurde es kühler, fast herbstlich. In dieser Zeit gab es den meisten Niederschlag (35 l/m²).

Der **September** war bis zum 18. noch fast sommerlich und trocken. Ein starkes Hochdruckgebiet ließ die Tagestemperaturen bis auf +26,8 Grad steigen. Ab dem 19. wurde es regnerisch, stürmisch und kühler. Es wurde herbstlich.

Im **Oktober** betrugen die Temperaturen an manchen Tagen +22,2 Grad, in den Nächten +16,1 Grad. Am 11. wurde der erste Nachtfrost mit –1,0 Grad gemessen. Die Regenmenge betrug 14,6 mm und war gegenüber dem langjährigen Mittel von 43,4 mm extrem niedrig. Am 31. wurden die ersten Kranich- und Gänsezüge beobachtet.

Der **November** war relativ mild. Einen Vorgeschmack auf den kommenden Winter bekamen wir in der Zeit vom 19. bis 21. In diesen Tagen gab es die erste Schneedecke in Hildesheim. Der kälteste Tag war am 24. mit –2,6 Grad. Am 7. wurden große Kranich- und Gänsezüge gemeldet.

Der **Dezember** begann mit wenig über dem Gefrierpunkt liegenden Temperaturen. Nach einer Periode mit Hochdruckwetterlage wurde es in der Monatsmitte wechselhaft mit Regen- und Schneeschauern, milden Temperaturen und frostigen Nächten bis zu –4,8 Grad. Eine Besonderheit in diesem Monat war die Beobachtung großer Schwärme von Seidenschwänzen.

Die Wetterbeobachtungen aus den Jahren 2003 und 2004 im Vergleich

Die Wetterbeobachtungen der Jahre 2003 und 2004 haben gezeigt, wie unterschiedlich der Wetterverlauf sein kann. In beiden Jahren lagen die Temperaturen um 2,0 Grad höher als im langjährigen Mittel. Die Niederschlagsmengen waren dagegen sehr unterschiedlich. Im Jahr 2003 fielen insgesamt 520 mm, im Jahr 2004 aber 815,5 mm (langjähriges Mittel 656,3 mm). Auch die Temperaturverteilung war unterschiedlich. Im Jahr 2003 lag die heißeste Periode in der Zeit von Mai bis September, dagegen verteilte sich der Wärmeüberschuss gleichmäßig 2004 über das gesamte Jahr und ließ den Sommer auch durch die häufigen Niederschläge kühl erscheinen.

Veränderungen des Klimas

Nach CHRISTIAN PFISTER (2003), einem Umwelthistoriker aus Bern, war der Sommer 2003 der Höhepunkt einer spektakulären Erwärmung, die in den 1990er Jahren einsetzte. Für PFISTER ist dieses Phänomen ein Beweis für den sogenannten Treibhauseffekt. Aus diesem Klimafaktor ergibt sich ein Auftreten bestimmter Tier- bzw. Pflanzenarten.

Änderungen von Klimafaktoren wirken sich auf die Verbreitung wechselwarmer Tiere aus, zu denen alle Wirbellosen wie Insekten und Spinnen gehören, aber auch auf warmblütige Tiere, wie z.B. Vögel. Die Umweltfaktoren Temperatur und Luftfeuchtigkeit sind für diese Tiere von großer Wichtigkeit. Verschiebungen der geographischen Verbreitung von Arten als Folge der Klimaerwärmung lassen sich in den letzten Jahren am Beispiel der Zebraspinne (*Argiope bruennichii*), die ihren Verbreitungsschwerpunkt in den Mittelmeerländern besitzt, und der Sackspinne (*Chiracanthium punctiorium*), die ursprünglich in Deutschland nur in der klimatisch begünstigten Umgebung des Kaiserstuhls vorkam und jetzt vermehrt in unserem Klimabereich angetroffen wird (schr. Mitt. ROTHE), aufzeigen.

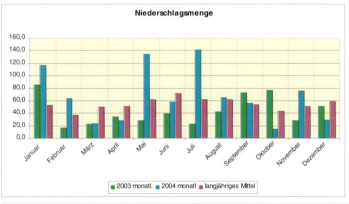

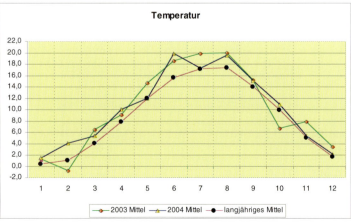

Charakteristische Lebensräume und ausgewählte Landschaftsbereiche

Die Börde als Agrarlandschaft

ACKERBEGLEITFLORA UNTER INTENSIVEN BEWIRTSCHAFTUNGSBEDINGUNGEN

VON HEINRICH HOFMEISTER

Ackerbau in der Bördelandschaft

Die Bördelandschaft stellt einen Naturraum dar, der sich auf Grund seiner günstigen Bodeneigenschaften und intensiven Nutzung von den anderen Gebieten unseres Landkreises durch Einförmigkeit und Artenarmut unterscheidet. Der Charakter dieser Landschaft wird durch ausgedehnte Ackerflächen geprägt, auf denen Zuckerrüben sowie Weizen und Gerste angebaut werden. Wälder und Gebüsche sind auf kleine Restflächen zurückgedrängt oder fehlen völlig. Auch der Anteil des Grünlandes, der schon immer sehr gering war, ist seit Mitte des 19. Jahrhunderts noch weiter zurückgegangen.

Die Qualität der Schwarzerden und Parabraunerden (vgl. S. 17) beruht auf der leichten Bearbeitbarkeit, den günstigen physikalischen Bodeneigenschaften (Wasserkapazität, Durchlüftung, Erwärmbarkeit) und dem hohen Bindevermögen für Pflanzennährstoffe. Lößgebiete mit ihren fruchtbaren Böden waren schon im Neolithikum bevorzugte Siedlungsplätze der ersten Ackerbau betreibenden Menschen (vgl. S. 22) und haben ihre große Bedeutung für den Ackerbau auch heute nicht eingebüßt (vgl. S. 31).

Die im 19. Jahrhundert einsetzende Intensivierung und die zunehmende Rationalisierung der Landwirtschaft wurden nach dem zweiten Weltkrieg erheblich beschleunigt und verstärkt. Die Vollmechanisierung unter Einsatz moderner Maschinen, die Schaffung großer zusammenhängender Ackerflächen, die Beschränkung auf nur wenige Kulturarten sowie der verstärkte Einsatz von Dünger und Pflanzenschutzmitteln sind auffallende Kennzeichen der heute praktizierten technisierten Großflächenbewirtschaftung, die auf maximale Ernteerträge ausgerichtet ist. Während diese beim Winterweizen zu Beginn der 50er Jahre noch unter 300 dz/ha lagen, können heute unter günstigen Bedingungen bis zu 1000 dz/ha geerntet werden.

Die Bewirtschaftungsformen der modernen Landbautechnik führten zu tiefgreifenden Veränderungen in der Agrarlandschaft. Die Strukturvielfalt ist weitgehend verlorengegangen. Dadurch sind die Lebensmöglichkeiten vieler Pflanzen und Tiere eingeengt, und in der Zusammensetzung der Ackerbiozönosen kam es zu auffälligen Verschiebungen. Während zahlreiche Pflanzenarten heute bereits in ihrem Bestand gefährdet sind, werden andere durch die praktizierte Bewirtschaftung gefördert und gelangen zu einer massenhaften Ausbreitung, die wiederum gezielte Bekämpfungsmaßnahmen zur Folge haben. Der Wandel der Ackerbegleitflora zeigt sich nicht nur in der Verarmung und Verschiebung des Artengefüges, sondern auch in der stark verringerten Ausbildungsvielfalt der Pflanzengesellschaften und im Verlust farbenfroher Sommeraspekte in der Bördelandschaft.

Weizenacker in der Hildesheimer Börde

Erfassung der Ackerunkrautgesellschaften

Bei der Beschreibung der Ackerunkrautgesellschaften werden neben floristischen und pflanzensoziologischen Erfassungen aus den Jahren 2003 und 2004 auch ca. 480 Vegetationsaufnahmen berücksichtigt, die vom Verfasser im Rahmen eines größeren Forschungsprojektes im Bereich der Braunschweig-Hildesheimer Lössbörde im Jahr 1994 durchgeführt wurden (HOFMEISTER 1995) und die ihre aktuelle Gültigkeit nicht verloren haben.

Da in den dichten und mit Herbiziden behandelten Getreidebeständen im Feldinneren kaum Unkräuter vorkommen, mussten die Bestandsaufnahmen in der Regel an den äußersten Rändern oder in den Ecken der Felder durchgeführt werden, die dem Einfluss von Pflanzenschutzmitteln und Mineraldünger weniger stark ausgesetzt sind und Wildkräutern genügend Licht bieten. Nach der Geländearbeit wurden die Vegetationsaufnahmen zu Gesellschaftstabellen zusammengestellt. Dabei konnten aber die Aufnahmen nicht berücksichtigt werden, die einen fragmentarischen Charakter aufweisen. Als Beispiel für eine derartige Fragmentgesellschaft mag die Vegetationsaufnahme eines Weizenfeldes bei Adlum dienen (vgl. Tab. 1), für die der geringe Deckungsgrad der Ackerwildkräuter, die niedrige Artenzahl und das

Tab. 1: Beispiel einer Vegetationsaufnahme

Vegetationsaufnahme *Nr.: 132*
Pflanzengesellschaft: *Ackerfuchsschwanz-Fragmentgesellschaft*
Funddatum: *11.06.1994*
Fundort: *Adlum, ca. 300m östlich, an der Straße nach Ahstedt*
Höhenlage: *73m ü. NN*
Hanglage u. Neigung: *eben*
Geologie und Boden: *Schwarzerde*
Kulturart: *Winter-Weizen*
Größe d. Probefläche: *50 qm*
Deckung der Kulturart: *100 %*
Deckung der Unkräuter: *10 %*
Sonstige Angaben: *Eckstück mit geringer Herbizideinwirkung, Feldinneres ohne Unkräuter, Fragmentgesellschaft*

Artenliste:
Diagnostisch wichtige Arten:
2 Acker-Fuchsschwanz
1 Persischer Ehrenpreis

Begleiter:
1 Gewöhnliches Rispengras
+ Ausdauerndes Weidelgras
+ Acker-Kratzdistel
+ Acker-Vogelknöterich
+ Einjähriges Rispengras
+ Kletten-Labkraut

Rübenacker in der Hildesheimer Börde

starke Zurücktreten diagnostisch wichtiger Charakterarten bezeichnend sind.

Als problemloser erwies sich die Anfertigung von Vegetationsaufnahmen in Zuckerrübenkulturen. Hier konnte auch im Bestandesinnern eine artenreiche Begleitflora registriert werden, wenn die letzten Unkrautbekämpfungsmaßnahmen eine längere Zeit zurücklagen.

Kamillen-Gesellschaft (*Aphano – Matricarietum chamomillae*)

Die Vegetationsaufnahmen der Winterfruchtkulturen lassen sich weitgehend der Kamillen – Gesellschaft zuordnen, die sich damit als die charakteristische Winterfrucht-Gesellschaft der Bördelandschaften erweist. Von den untersuchten Pflanzenbeständen stammen ca. 55 % aus Weizen-, ca. 35 % aus Gerste- und der Rest aus Raps-, Hafer- und Roggenkulturen. Diese Angaben zeigen, dass unter den Winterfrüchten Weizen die vorherrschende Kulturart darstellt und auch Gerste häufig angebaut wird, während andere Feldfrüchte keine nennenswerte Rolle spielen.

Das Bild der Kamillen-Gesellschaft wird durch die angebauten Getreidearten mitbestimmt, die sich durch ihren kräftigen Wuchs und eine extreme Bestandsdichte auszeichnen. Dabei treten Unkräuter, die selbst an den Ackerrändern selten mehr als 5 – 20 % der Fläche bedecken, nur wenig in Erscheinung. Am auffälligsten sind die weißen Blütenkörbchen der Echten Kamille (*Matricaria recutita*) und die roten Tupfer des Klatsch-Mohns (*Papaver rhoeas*), die aus dem Getreide hervorleuchten und einen farbigen Kontrast zur eintönigen Farbe der angebauten Feldfrucht und zu den anderen wildwachsenden Arten bilden.

Weizenfeld mit Klatsch-Mohn

Echte Kamille – Charakterart der Wintergetreidebestände in der Hildesheimer und Kalenberger Börde

Die häufigsten Ackerwildkräuter in den Wintergetreidebeständen der Bördelandschaften im Landkreis Hildesheim sind in Tabelle 2 zusammengestellt. Dabei handelt es sich um Pflanzenarten, die eine intensive Bewirtschaftung ertragen und in der heutigen Landwirtschaft als Problemunkräuter gelten (HOFMEISTER & GARVE 2005).

Floristisch wird die Kamillen-Gesellschaft am besten durch Echte Kamille (*Matricaria recutita*) und Efeu-Ehrenpreis (*Veronica hederifolia*) gekennzeichnet. Gewöhnlicher Ackerfrauenmantel (*Aphanes arvensis*), Gewöhnlicher Windhalm (*Apera spica-venti*), verschiedene Wicken-Arten (*Vicia* div. spec.) und Kornblume (*Centaurea cyanus*) als diagnostisch wichtige Vertreter der Kamillen-Gesellschaft sind im Untersuchungsgebiet so selten, dass sie zur Kennzeichnung nicht in Betracht kommen. Das unterstreicht den fragmentarischen Charakter dieser Pflanzengesellschaft im Untersuchungsgebiet. Regelmäßig anzutreffen sind Acker-Flügelknöterich (*Fallopia convolvulus*), Gewöhnliches Hirtentäschel (*Capsella bursa-pastoris*), Acker-Vergissmeinnicht (*Myosotis arvensis*), Acker-Stiefmütterchen (*Viola arvensis*) und Vogelmiere (*Stellaria media*). Einen bedeutenden Anteil an der Zusammensetzung dieser Gesellschaft haben außerdem Arten, die nährstoff- und basenreiche Standortbedingungen anzeigen, wie z.B. Acker-Fuchsschwanz (*Alopecurus myosuroides*), Acker-Hellerkraut (*Thlaspi arvense*), Persischer Ehrenpreis (*Veronica persica*) und Sonnenwend-Wolfsmilch (*Euphorbia helioscopia*). Die häufigsten Begleiter sind Acker-Vogelknöterich (*Polygonum aviculare* agg.), Kriechende

Tab. 2: Übersicht über die häufigsten Ackerwildkräuter in den Winterfruchtbeständen der Bördelandschaften im Landkreis Hildesheim (angeordnet nach Häufigkeit)

Acker-Vogelknöterich	(*Polygonum aviculare*)
Acker-Fuchsschwanz	(*Alopecurus myosuroides*)
Gewöhnliches Rispengras	(*Poa trivialis*)
Kriechende Quecke	(*Elymus repens*)
Acker-Hellerkraut	(*Thlaspi arvense*)
Echte Kamille	(*Matricaria recutita*)
Acker-Flügelknöterich	(*Fallopia convolvulus*)
Strahlenlose Kamille	(*Matricaria discoidea*)
Gewöhnliches Hirtentäschel	(*Capsella bursa-pastoris*)
Acker-Kratzdistel	(*Cirsium arvense*)
Kletten-Labkraut	(*Galium aparine*)
Persischer Ehrenpreis	(*Veronica persica*)
Acker-Vergissmeinnicht	(*Myosotis arvensis*)
Acker-Stiefmütterchen	(*Viola arvensis*)
Vogelmiere	(*Stellaria media*)

Quecke (*Elymus repens*), Kletten-Labkraut (*Galium aparine*), Acker-Kratzdistel (*Cirsium arvense*), Strahlenlose Kamille (*Matricaria discoidea*) und Gemeines Rispengras (*Poa trivialis*). Hinsichtlich der Wasserführung der Böden lassen sich nur gelegentlich Unterschiede im Gesellschaftsgefüge feststellen. Ein verstärktes Vorkommen von Feuchtezeigern wie Vielsamiger Wegerich (*Plantago major* ssp. *intermedia*), Kröten-Binse (*Juncus bufonius*) und Sumpf-Ruhrkraut (*Gnaphalium uliginosum*) kann man vereinzelt auf Ackerflächen in den Senken der Lössbörde registrieren.

Die Kamillen-Gesellschaft gehört zu den Ackerunkraut-Gesellschaften, die in ihrer Existenz nicht bedroht, durch die Intensivierungsmaßnahmen der modernen Landwirtschaft aber von einer starken Verarmung und Vereinheitlichung ihres Artengefüges betroffen sind. Die Vielfalt der Ausbildungsformen, die früher unterschiedliche Nährstoffversorgung und Wasserführung des Bodens angezeigt haben, und die Physiognomie der Gesellschaft mit ihrem farbenfrohen Sommeraspekt sind weitgehend verschwunden.

Bingelkraut-Gesellschaft (*Mercurialietum annuae*)

Die Bingelkraut-Gesellschaft ist die charakteristische Hackfruchtunkrautgesellschaft der Zuckerrübenbestände in der Börde und mit der Kamillen-Gesellschaft durch den Fruchtwechsel eng verbunden. Das Gesellschaftsbild wird durch den üppigen Wuchs der Kulturart und der Ackerwildkräuter geprägt, die eine hervorragende Nährstoffversorgung anzeigen und auch im Innern der Felder einen großen Teil des Bodens bedecken. Das trifft auch für die namengebende Kennart, das Einjährige Bingelkraut (*Mercurialis annua*), zu, das auf Grund seiner schnellen Regenerationsfähigkeit und hoher Samenproduktion riesige Populationen ausbilden kann. Daneben gehören Sonnenwend-Wolfsmilch (*Euphorbia helioscopia*) sowie Persischer Ehrenpreis (*Veronica persica*), Acker-Hellerkraut (*Thlaspi arvense*), Raue Gänsedistel (*Sonchus asper*), Acker-Fuchsschwanz (*Alopecurus myosuroides*), Acker-Hundspetersilie (*Aethusa cynapium*) und Acker-Senf (*Sinapis arvensis*) zu den auffallendsten Arten. Die enge Beziehung zur Kamillen-Gesellschaft kommt dadurch zum Ausdruck, dass die Echte Kamille (*Matricaria recutita*) auch in den meisten Beständen der Bingelkraut-Gesellschaft zu finden ist und hier gelegentlich große Flächen bedeckt. Neben den Gemeinsamkeiten dieser beiden Gesellschaften bestehen aber auch deutliche Unterschiede, die sich vor allem in der Stetigkeit, der Artmächtigkeit und der Vitalität der einzelnen Arten äußern. Das Einjährige Bingelkraut (*Mercurialis annua*), das auf Grund seines Keimungsoptimums bei 20° C eine charakteristische Kennart der Sommerfruchtkulturen darstellt, kommt auch im Wintergetreide vor, erreicht hier aber nur eine geringe Stetigkeit und ist lediglich mit einzelnen Individuen vertreten, die eine ausgesprochen schwache Wuchsleistung zeigen. Wildkräuter mit ähnlichem ökologischen Verhalten sind Weißer Gänsefuß (*Chenopodium album*), Schwarzer Nachtschatten (*Solanum nigrum*), Kleine Brennnessel (*Urtica urens*) und Weg-Rauke (*Sisymbrium officinale*).

Die Bingelkraut-Gesellschaft gilt als eine Leitgesellschaft der Lössgebiete mit ihren Schwarzerden und Parabraunerden und bevorzugt biologisch aktive, gut mit Stickstoff versorgte, basenreiche Böden, die über eine hohe Wasserkapazität verfügen und sich leicht erwärmen. Dominierende Pflanzenarten wie das Einjährige Bingelkraut (*Mercurialis annua*) sind gegenüber den Einwirkungen der modernen Landwirtschaft weitgehend resistent und können sich auf Kosten zurückgedrängter Sippen noch weiter ausbreiten. Tabelle 3 gibt eine Übersicht über die Ackerwildkräuter, die in der Bingelkraut-Gesellschaft vorherrschen.

Einjähriges Bingelkraut – Charakterart der Rübenäcker in der Hildesheimer und Kalenberger Börde

Tab. 3: Übersicht über die häufigsten Ackerwildkräuter in den Zuckerrübenbeständen der Bördelandschaften im Landkreis Hildesheim (angeordnet nach Häufigkeit)

Einjähriges Bingelkraut	(*Mercurialis annua*)
Weißer Gänsefuß	(*Chenopodium album*)
Acker-Vogelknöterich	(*Polygonum aviculare*)
Kriechende Quecke	(*Elymus repens*)
Acker-Flügelknöterich	(*Fallopia convolvulus*)
Echte Kamille	(*Matricaria recutita*)
Acker-Kratzdistel	(*Cirsium arvense*)
Kletten-Labkraut	(*Galium aparine*)
Persischer Ehrenpreis	(*Veronica persica*)
Acker-Hellerkraut	(*Thlaspi arvense*)
Gewöhnliches Hirtentäschel	(*Capsella bursa-pastoris*)
Strahlenlose Kamille	(*Matricaria discoidea*)
Geruchlose Kamille	(*Tripleurospermum perforatum*)
Weg-Rauke	(*Sisymbrium officinale*)
Purpurrote Taubnessel	(*Lamium purpureum*)

Vorkommen von gefährdeten Ackerwildkräutern

Auf den untersuchten Ackerflächen der Hildesheimer und Kalenberger Börde konnten 12 Vertreter der Roten Liste der Farn- und Blütenpflanzen in Niedersachsen und Bremen (GARVE 2004) nachgewiesen werden. Am häufigsten ist davon der Niederliegende Krähenfuß (*Coronopus squamatus*), der in etwa einem Viertel aller untersuchten Pflanzenbestände angetroffen wurde und sich gegenüber den intensiven Bewirtschaftungsmaßnahmen als resistent erwiesen hat. Spießblättriger Tännelkraut (*Kickxia elatine*), Acker-Lichtnelke (*Silene noctiflora*), Feld-Rittersporn (*Consolida regalis*), Gezähnter Feldsalat (*Valerianella dentata*), Ackerröte (*Sherardia arvensis*), Vaillants Erdrauch (*Fumaria vaillantii*), Acker-Ziest (*Stachys arvensis*), Kornblume (*Centaurea cyanus*), Mäuseschwänzchen (*Myosurus minimus*), Schwarzes Bilsenkraut (*Hyoscyamus niger*) und Unechter Gänsefuß (*Chenopodium hybridum*) wurden dagegen nur äußerst selten oder ein einziges Mal gefunden. Es ist zu vermuten, dass diese Arten früher in der Börde häufiger vorkamen, heute aber auf vereinzelte Wuchsorte zurückgedrängt sind. Untermauert wird diese Annahme durch Herbarbelege der Kornblume (*Centaurea cyanus*), des Feld-Rittersporns (*Consolida regalis*), der Kornrade (*Agrostemma githago*) und des Acker-Steinsamens (*Lithospermum arvense*), die HEINRICH HENKE in den Jahren von 1913 – 1918 in der Umgebung von Algermissen und des Borsumer Passes gesammelt hat (Die Belege befinden sich im Besitz von HEINZ RITTER).

Zum Schutz seltener und gefährdeter Ackerwildkräuter sollten in bestimmten Bereichen der Bördelandschaft, wie z.B. auf dem Nettlinger Rücken (vgl. S. 219), Ackerrandstreifen angelegt werden, auf denen auf den Einsatz von Herbiziden verzichtet werden müsste. Für den Ertragsausfall könnten die Landwirte nach den Vorgaben des Amtes für Agrarstruktur angemessen entschädigt werden. Andere Möglichkeiten, in der intensiv genutzten Agrarlandschaft die Artenvielfalt der Ackerbiozönosen mit buntblühenden Wildkräutern und einem reichen Tierleben zu fördern, werden im Beitrag über das Forschungsprojekt „Artenreiche Flur" im Raum Betheln beschrieben.

Das Schwarze Bilsenkraut – eine gefährdete Art der Bördelandschaft

Das Mäuseschwänzchen ist nur äußerst selten auf staunassen Böden zu finden

Forschungsprojekt „Artenreiche Flur" im Raum Betheln

von Rita Lüder

Das Projekt „Artenreiche Flur" der Landesjägerschaft Niedersachsen (LJN) hatte sich zum Ziel gesetzt, ein Konzept zur Erhaltung der standorttypischen Flora in der intensiv genutzten Agrarlandschaft zu entwickeln. Dadurch wurde eine Möglichkeit aufgezeigt, die für diesen Naturraum entsprechende Artenvielfalt zu fördern und den Schutz bedrohter Pflanzen und Tiere zu gewährleisten (WEILE 1998). Das Projektgebiet umfasste zwischen der Leine im Westen und dem Hildesheimer Wald im Osten eine Fläche von 1300 ha, von denen ca. ¾ auf eine weitgehend ausgeräumte Agrarlandschaft entfielen (siehe Karte).

Durch die Anlage von Hecken, Hegebüschen und das Pflanzen von Einzelsträuchern wurde die Landschaftsstruktur verbessert. Der Maßnahmenschwerpunkt lag jedoch in der schonenden Bewirtschaftung von ganzen Ackerflächen, Teilflächen und Randstreifen in Getreidefeldern sowie in der Beeinflussung von Flächenstillegungsmaßnahmen. Dadurch sollte die Individuenzahl und Artenvielfalt von Pflanzen und Tieren erhöht und die Stabilität des Agrarökosystems gewährleistet werden. Die Durchführung dieser Maßnahmen wurde in enger Zusammenarbeit mit den betroffenen landwirtschaftlichen Betrieben, Grundeigentümern und Jagdpächtern durchgeführt. Die Ertragseinbußen wurden ausgeglichen und die Mehraufwendungen den Landwirten entsprechend bezahlt. Bei der Entwicklung der Maßnahmen stand im Vordergrund, dass diese für konventionell wirtschaftende Betriebe ohne erheblichen Mehraufwand machbar sind und von den beteiligten Landwirten selbst durchgeführt werden können. Anhand dieses Projektes wurde ein konkretes Modell für eine möglichst effektive und kostengünstige Biotopverbesserung entwickelt.

Da bei derartigen Vorhaben die Reproduzierbarkeit der Maßnahmen eine besondere Rolle spielt, wurden alle Auswirkungen wissenschaftlich untersucht, dokumentiert und ausgewertet. Neben den botanischen Begleitforschungen (LÜDER 2001) wurde die Arthropodenfauna untersucht (VOIGT 1998, HAMPE 1998, KLINKERT 1998) und von WEILE ein Monitoring der Säugetiere durchgeführt.

Beschreibung der Extensivierungsmaßnahmen

Die Extensivierungsmaßnahmen wurden ausschließlich im Getreide durchgeführt. Bei der im Gebiet gängigen Fruchtfolge von zwei Jahren Getreide- und einem Jahr Zuckerrübenanbau wurde die Extensivierung in dem Jahr ausgesetzt, in dem Zuckerrüben angepflanzt wurden. In den Jahren des Getreideanbaus fand die Extensivierung auf stets denselben Flächen statt, so dass eine Entwicklung über mehrere Jahre beobachtet werden konnte. Auf den extensiv bewirtschafteten Flächen wurde das Getreide im doppelten Reihenabstand ausgesät. Im ersten Jahr (1996) fand eine um 50 % verminderte Stickstoff-Düngung und kein Einsatz von Herbiziden und Insektiziden statt. Aus den Ergebnissen der Ertragsverluste und Entwicklungen der Segetalflora wurde die Stickstoffgabe in den Folgejahren von 50 % auf bis zu 85 % (1998) und 90 % (1999) der Normalmenge erhöht. Außerdem fand eine Ährengabe (Düngung zur Zeit des Ährenschiebens) in voller Höhe statt.

Neben dieser Extensivierungsmaßnahme wurden den Landwirten gegen Ausgleichszahlungen die Stilllegung von Wirtschaftsland bei gleichzeitiger dünner Aussaat von Wildkräutermischungen oder Selbstbegrünung angeboten. Dadurch sollten während des Winters sowie in der Zeit der Ernte und Bodenbearbeitung Rückzugsmöglichkeiten für Wildtiere geschaffen werden. Durch die Anlage von Wanderbrachen entstehen in unmittelbarer Nachbarschaft verschiedene Sukzessionsstadien mit unterschiedlichen Strukturen, in denen sich z.B. die Jungtiere von Feldhase, Rebhuhn und viele Insekten je nach Witterung und Bedürfnissen nach Nahrung und Deckung aufhalten. Das Stehenlassen von Stoppelbrachen nach der Ernte soll den „Ernteschock" für die tierischen Bewohner der Getreidefelder mildern und

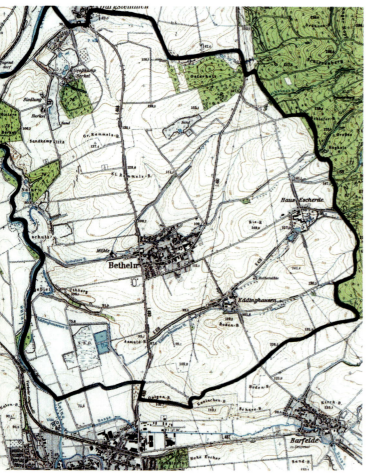

Das Projektgebiet
Topographische Karte 1:50.000 – Blatt L3924
Vervielfältigung mit Erlaubnis des Herausgebers: LGN – Landesvermessung und Geobasisinformation Niedersachsen – D9478

Ackerlandschaft im Raum Betheln

spätblühenden Ackerwildkräutern einen günstigen Lebensraum bieten (WEILE 1996).

Botanische Untersuchungen

Durch Vegetationsaufnahmen auf den extensiv bewirtschafteten Flächen und den Referenzflächen im konventionell bewirtschafteten Bereich der Äcker konnten Unterschiede in der Zusammensetzung und dem Deckungsgrad der Segetalflora untersucht werden. Da in den Getreideschlägen im Laufe ihrer Bewirtschaftungsweise durch einen unterschiedlichen Samenvorrat im Boden ganz verschiedene Voraussetzungen für das Aufwachsen von Ackerwildkräutern vorliegen, fand gleichzeitig eine Untersuchung der Samenbank statt. Um das floristische Potential der angrenzenden Bereiche und die Einwanderungsmöglichkeiten von Pflanzen in die Ackerstandorte abzuwägen, wurden die benachbarten Vegetationseinheiten anhand von Artenlisten und Vegetationsaufnahmen dargestellt. Zusätzlich fand eine Dokumentation der Rahmenbedingungen wie Bodenparameter und Wetterdaten statt.

Auswirkungen der Extensivierungsmaßnahmen auf die Segetalflora

Da alle untersuchten Flächen im Projektgebiet schon über einen langen Zeitraum landwirtschaftlich genutzt und regelmäßig mit Düngemitteln und Herbiziden behandelt wurden, waren lediglich Fragmente der Kamillen-Gesellschaft ausgebildet.

Gewächshaus zur Untersuchung des Samenpotentials im Boden

Extensiv genutzte Ackerparzelle mit Echter Kamille

Bereits in der für populationsdynamische Vorgänge relativ kurzen Zeitspanne von 1997 bis 1999 konnte eine signifikante Zunahme sowohl hinsichtlich der Individuen- als auch der Artenzahl der Ackerwildkräuter nachgewiesen werden. Die durchschnittliche Artenzahl betrug auf den extensivierten Probeflächen 13,3 und auf den konventionell bewirtschafteten 7,5, wobei der überwiegende Anteil des Artenspektrums aus herbizidunempfindlichen, nitrophilen oder indifferenten Segetalarten wie Acker-Stiefmütterchen (*Viola arvensis*), Kletten-Labkraut (*Galium aparine*), Purpurrote Taubnessel (*Lamium purpureum*), Efeublättriger Ehrenpreis (*Veronica hederifolia*), Vogelmiere (*Stellaria media*), Acker-Kratzdistel (*Cirsium arvense*), Acker-Flügelknöterich (*Fallopia convolvulus*), Stängelumfassende Taubnessel (*Lamium amplexicaule*), Vogel-Knöterich (*Polygonum aviculare*), Acker-Hellerkraut (*Thlaspi arvense*), Klatsch-Mohn (*Papaver rhoeas*) und Echte Kamille (*Matricaria recutita*) gebildet wurde. Der Deckungsgrad der Ackerwildkräuter erfuhr durch die Extensivierungsmaßnahmen ebenfalls eine deutliche Steigerung von durchschnittlich 1 % auf 5 % Deckung. Obwohl noch keine seltenen oder geschützten Arten in die extensivierten Probeflächen einwanderten, stellten die durchgeführten Maßnahmen einen wertvollen Beitrag für die Diversität der Agrarlandschaft dar, da auch diese Arten eine wichtige Rolle im Gleichgewicht des Ackerlebensraumes spielen. Derartige populationsdynamische Abläufe erfordern in der Regel relativ lange Zeiträume, bis eine deutliche Veränderung der Situation zu beobachten ist. Daher ist es erstaunlich, dass schon im ersten Jahr der Extensivierungsmaßnahmen eine signifikante Steigerung der Arten- und Individuenzahl belegt werden konnte.

Das Samenpotential im Boden stellte den ausschlaggebenden Faktor für die populationsbiologischen Aspekte in den Folgejahren dar. Die aufgezeigten Unterschiede im Samenpotential waren wesentlich von der zurückliegenden Wirtschaftsweise abhängig und eine der Ursachen für die unterschiedlich hohen Ertragsverluste. Anhand der Gegenüberstellung der Daten aus der Samenbankanalyse und der Vegetationsaufnahmen wurde deutlich, dass bis zu einem Samenpotential von ca. 900 Samen/m² auch ohne Herbizidanwendung im ersten Jahr mit keiner starken Folgeverunkrautung zu rechnen ist. Ab ca. 900 Samen/m² konnte die Population der Ackerwildkräuter stärker vom erhöhten

Intensiv genutzte Ackerfläche, die nahezu frei von Ackerwildkräutern ist

Lichtangebot und der verringerten Herbizid-Applikation profitieren, so dass schon im zweiten Jahr ein rascher Zuwachs festzustellen war. Verallgemeinert kann davon ausgegangen werden, dass in einem Bereich um ca. 900 Samen/m² im ersten Jahr der Extensivierung eine mäßige Verunkrautung stattfindet. Diese liegt in Bezug auf die Ausbringung von Herbiziden nach dem Schadschwellenprinzip überwiegend im tolerierbaren Bereich. Ab ca. 900 Samen/m² können bereits im ersten Jahr der Extensivierung aus ökonomischer Sicht kaum tolerierbare Verunkrautungen auftreten.

Diese Ergebnisse zeigen, dass es für die Landwirte von großer Bedeutung sein kann, das im Boden vorhandene Samenpotential zu ermitteln. Bei einer dezimierten Samenbank, wie sie im Projektgebiet häufig anzutreffen war, kann oft problemlos auf die Ausbringung von Herbiziden verzichtet werden, was eine Einsparung von Betriebsmitteln und für die Umwelt gleichzeitig eine Entlastung bedeutet. Die Problematik der Ermittlung des Samenpotentials liegt jedoch in der aufwendigen Kultivierungs- oder Auswaschungsmethode und in der Ungenauigkeit der Vorhersage der zu erwartenden Verunkrautung.

Auswirkungen auf den Ertrag

Die Ertragsverluste spielen neben dem sozialen Druck eine zentrale Rolle für die Akzeptanz derartiger Projekte durch die Landwirte. Insgesamt wurde das Projekt „Artenreiche Flur" von den betroffenen Landwirten sehr positiv bewertet. Die Ertragsverluste betrugen im Projektgebiet 1997 durchschnittlich fast 20 %, was für eine großräumige Nachahmung politisch kaum durchsetzbare Ausgleichszahlungen zur Folge haben dürfte, auch wenn der verminderte Aufwand an Betriebsmitteln (Saatgut, Düngemittel, Herbizideinsatz etc.) mit in die Berechnung einherginge. Durch eine differenziertere Ausbringung der Herbizid- und Düngermenge (Ährengabe) konnten die Ertragsverluste 1998 und 1999 auf ca. 11 % verringert werden. Ertragsverluste in dieser Höhe erscheinen tolerierbar. Hierbei sollte nicht unberücksichtigt bleiben, dass der Naturschutz ein Anliegen der Allgemeinheit und eine offene Diskussion darüber unumgänglich ist. Wieviel der Gesellschaft die Erhaltung von Naturgütern wert ist und in welchem politischen Rahmen diese Ziele umgesetzt werden können, wird nicht zuletzt von der Aufklärung in der Bevölkerung abhängen.

Farbenfrohe Ackerflur mit Echter Kamille und Klatschmohn

Die Feldmaus ist die häufigste Wühlmaus der Bördelandschaft

Bodenlebende Kleinsäuger der Börde

von Carsten Weile

Einleitung

Kleinsäuger besiedeln in unterschiedlicher Artenzusammensetzung fast alle Lebensräume der Hildesheimer und Kalenberger Bördelandschaft. Sie sind die bei weitem häufigsten Säugetiere und dienen vielen Beutegreifern als wichtigste Nahrungsquelle. In diesem Kapitel kann aus Platzgründen nur eine Auswahl der vorkommenden Arten vorgestellt werden. Konzentrieren möchte ich mich dabei auf die bodenlebenden Kleinsäugerarten, die für verschiedene Biotoptypen der Bördelandschaft besonders charakteristisch sind. Maulwurf (*Talpa europaea*), Siebenschläfer (*Glis glis*), Mauswiesel (*Mustela nivalis*), Hermelin (*Mustela erminea*), Wanderratte (*Rattus norvegicus*) und Bisam (*Ondatra zibethica*) bleiben dabei unberücksichtigt. Der Feldhamster (*Cricetus cricetus*) wird auf S. 70 ausführlich vorgestellt.

Wie überall in Mitteleuropa gibt es auch in der Hildesheimer und Kalenberger Börde typische Kleinsäugergesellschaften, die an bestimmte Lebensräume gebunden sind. Die jeweils häufigsten Arten werden als Haupt-, die selteneren als Begleitarten bezeichnet. Da sich Arten gleicher Größe und Lebensweise gegenseitig weitgehend ausschließen, besteht eine Kleinsäugergesellschaft überwiegend aus Vertretern, die eine unterschiedliche Gestalt und eine andersartige Lebensweise aufweisen. Arten mit ähnlichen Baumerkmalen und entsprechender Lebensweise werden zu bestimmten **Lebensformtypen** zusammengefasst:

Der **Spitzmaustyp** (*Insectivora*) besitzt eine rüsselartige Nase und spitze Zähne und zeichnet sich durch räuberische Lebensweise und hohe Stoffwechselrate aus.

Der **Wühlmaustyp** (*Arvicolidae*) besitzt einen drehrunden Körper, einen stumpfen Kopf und kurzen Schwanz. Bezeichnend sind seine unterirdische Lebens- und vorwiegend vegetarische Ernährungsweise.

Der **Echtmaustyp** (*Muridae*) hat einen langen Schwanz, große Ohren und Augen und ernährt sich sowohl von pflanzlicher als auch von tierischer Nahrung. Die Fortbewegung erfolgt laufend und springend.

Felder und Feldränder

Ackerflächen nehmen mit ca. 90% den größten Teil der Flächen der Hildesheimer und Kalenberger Bördelandschaft ein. Dieser Lebensraum ist durch die Bewirtschaftungsmaßnahmen im Laufe des Jahres großen Veränderungen ausgesetzt. Dadurch sind die Kleinsäuger dieser Flächen immer wieder gezwungen, in andere Felder oder angrenzende Biotope zu wechseln. Rückzugsräume wie Feld- und Wegränder, Gräben, Hecken, Büsche, Feldgehölze und auch Siedlungen erfüllen für die Zusammensetzung der Kleinsäugergesellschaften auf Äckern daher eine besonders wichtige Funktion.

Der Spitzmaustyp ist in der offenen Feldflur durch Feldspitzmaus (*Crocidura leucodon*), Zwergspitzmaus (*Sorex minutus*) und Waldspitzmaus (*Sorex araneus*) vertreten. Die Feldspitzmaus kommt in allen Kulturarten der Börde, zu allen Phasen der Bewirtschaftung, aber auch auf unbestellten Böden vor. Sie bevorzugt schütteren Bewuchs ohne nennenswerte Deckung durch Sträucher und Bäume. Als Rückzugsgebiete bei der Bodenbearbeitung nutzt die Feldspitzmaus unbefestigte Feldwege, Gräben und breite Feldränder.

Selbst schmale Feldränder werden, sofern sie nicht mehr als einmal im Jahr gemäht werden, ganzjährig von der Zwergspitzmaus besiedelt. Sind Staudensäume mit guter Deckung vorhanden, so wird sie durch die Waldspitzmaus ergänzt. Diese beiden Spitzmausarten kommen regelmäßig als Hauptarten nebeneinander vor. Ermöglicht wird dies durch die unterschiedliche Größe und Ernährung. Beide führen als Insektenfresser eine bevorzugt räuberische Lebensweise; die deutlich größere Waldspitzmaus hält sich jedoch mehr unterirdisch auf und ernährt sich zum großen Teil von Regenwürmern. Die Zwergspitzmaus lebt dagegen überwiegend oberirdisch und erbeutet bevorzugt Insekten und Spinnentiere. Zu geringeren Anteilen fressen beide Arten auch Samen, die Waldspitzmaus auch grüne Pflanzenteile.

Den Wühlmaustyp repräsentieren in der Feldflur im Wesentlichen Feldmaus (*Microtus arvalis*), Erdmaus (*Microtus agrestis*) und Schermaus (*Arvicola terrestris*). Die häufigste Wühlmaus der Börde ist die Feldmaus. Sie nutzt in erster Linie Wintergetreidefelder, auf denen sie sowohl von Wurzeln als auch von grünen Pflanzenteilen lebt. In manchen Jahren kann dies zu erheblichen wirtschaftlichen Schäden führen. Regelrechte Massenvermehrungen, wie sie in kontinentaleren Klimazonen alle paar Jahre vorkommen, hat es im Hildesheimer Raum aber seit Jahrzehnten nicht mehr gegeben. Die Feldmaus besiedelt außerdem alle grasreichen Bereiche in der Feldflur, aus denen sie nicht von der stärkeren Erdmaus, die höhere und dichtere Vegetationsbereiche an Grabenkanten bevorzugt, verdrängt wird. Sie lebt hier oft in flachen Laufgängen direkt an der Erdoberfläche. Diese Habitate, insbesondere Gräben und Feldränder, dienen der Feldmaus auch als Rückzugsraum während der Bodenbearbeitung und zu vegetationsarmen Zeiten auf den Feldern. Vor allem in Gräben kommt auch die Schermaus regelmäßig vor.

Der Echtmaustyp bildet in der Kleinsäugergesellschaft der offenen Feldflur keine so stabilen Populationen wie in den meisten übrigen Biotopen der Bördelandschaften. Waldmaus (*Apodemus sylvaticus*), Brandmaus (*Apodemus agrarius*), Gelbhalsmaus (*Apodemus flavicollis*), sehr selten auch Zwergmaus (*Micromys minutus*) können hier als Hauptarten auftreten. Die Waldmaus überwintert vor allem in Randstrukturen wie Gräben, Staudensäumen, Feldrändern oder kleinen Gebüschen und besiedelt im Frühjahr zunächst die Getreide- und später auch die Zuckerrüben- und Kartoffelfelder. Ein Wechsel zwischen ihnen und deckungsreichen, Randbereichen ist für diese Art auch deshalb notwendig, weil die trächtigen Weibchen zu Beginn der Fortpflanzungszeit bevorzugt in Gebiete mit sehr wenig Artgenossen einwandern.

Feldmausbau in einem Weizenfeld

Die Brandmaus benötigt während der Fortpflanzungszeit einen hohen Anteil tierischer Nahrung. Auch sie wechselt gewöhnlich im Frühjahr auf die Felder. Sie ist besonders in Rapsfeldern stark vertreten und im Herbst oft in den nach Getreide angebauten Zwischenfrüchten zu finden. Bei milder Witterung kann die Brandmaus dort auch erfolgreich überwintern. Bei der Wahl geeigneter Randbereiche zur Überwinterung scheint sie im Vergleich zur Waldmaus, feuchtere Hochstaudengesellschaften, Gräben und auch Gewässerränder zu bevorzugen. Für die Brandmaus liegt Hil-

Die Waldmaus besiedelt im Frühjähr die Getreidefelder und später auch die Zuckerrübenkulturen

Die Rötelmaus bevorzugt Feldgehölze und Hecken

desheim an der Verbreitungsgrenze. Den Osten des Landkreises hat sie erst in den 1980er Jahren besiedelt.

In Waldrandnähe und im Bereich von Feldgehölzen, Hegebüschen, breiteren Hecken und manchmal in Siedlungen tritt mitunter auch die Gelbhalsmaus als Hauptart auf, die allerdings auf Ackerflächen nur selten dichte Populationen ausbildet. Nach einer Buchen- und Eichenmast in Wäldern kann es aber gelegentlich zu derart starker Vermehrung kommen, dass im Folgejahr Gelbhalsmäuse auch die Agrarlandschaft flächendeckend bis mehrere Kilometer vom Wald entfernt besiedeln und Wald- sowie Brandmaus fast vollständig verdrängen.

Die Zwergmaus, die kleinste einheimische Echtmaus, spielt in den Getreidefeldern heutzutage zumeist nur noch im Randbereich zu ungemähten Säumen eine Rolle und tritt nur sehr selten als Hauptart auf.

Die Gelbhalsmaus ist ein ausgezeichneter Kletterer

Grünland

Grünland besitzt vom Flächenanteil her in der Hildesheimer und Kalenberger Lössbörde eine untergeordnete Bedeutung. Mit seiner dichten Vegetationsdecke bietet es in erster Linie den Wühlmäusen gute Lebensbedingungen. Zum Grünland werden auch die jährlich gemähten Dauerbrachen gezählt, auf denen in der Regel Grasbestände dominieren.

An Insektenfressern sind Waldspitzmaus und Zwergspitzmaus vertreten. Sie sind umso zahlreicher, je extensiver das Grünland bewirtschaftet wird. Beide Arten erbeuten bei hohen Feld- oder Erdmauspopulationen bevorzugt deren Jungtiere.

Unter den Wühlmäusen dominiert auf Flächen, die regelmäßig gemäht oder beweidet werden, die Feldmaus. In Altgrasbeständen wird sie gewöhnlich durch die größere Erdmaus verdrängt. Solches Grünland ist besonders auf extensiv beweideten Standweiden, Dauerbrachen oder selten gemähten Wiesen zu finden. Diese Flächen werden oft auch von der wesentlich größeren Schermaus besiedelt, die auf solchen Standorten in der Hildesheimer und Kalenberger Börde häufig in ihrer helleren Farbvariante vertreten ist. Sie legt hier ausgedehnte ober- und unterirdische Gangsysteme mit maulwurfsbauähnlichen Haufen an.

Auf intensiv bewirtschaftetem Grünland ist meistens keine Art vom Echtmaustyp vertreten, da die Deckung zu gering und der Raumwiderstand zu hoch ist. Lockere Bestände und naturnähere Extensivflächen werden gelegentlich von der Brandmaus, der Waldmaus und saisonal auch von der Gelbhalsmaus besiedelt. Die Zwergmaus kommt in der gesamten Bördelandschaft in Bereichen mit hohem Graswuchs vor, tritt jedoch nur in Ausnahmefällen in ungemähten Wiesen oder Brachen vorübergehend in größerer Anzahl auf. Sie baut aus Gräsern ein oberirdisch in der Vegetation hängendes Nest, in dem auch die Jungen geboren werden.

Feldgehölze und Hecken

Gehölze unterschiedlichster Art und Größe sind als kleine oder größere Hecken, Hegebüsche und auch mehrere Hektar große Feldgehölze in die Bördelandschaft eingestreut. Sie sind als Rückzugs- und Überwinterungsstandorte besonders für die Echtmäuse von Bedeutung. Ab ca. 0,3 ha Größe enthalten sie zusätzlich zu den Migranten aus den Äckern bereits die typische Kleinsäugergesellschaft des Waldes.

Die Insektenfresser sind in Gehölzstrukturen und deckungsreichen Säumen durch die Waldspitzmaus und Zwergspitzmaus vertreten. Die charakteristische Wühlmaus der Hecken und Feldgehölze ist die Rötelmaus (*Clethrionomys glareolus*). Im Unterschied zu den übrigen Wühlmäusen besitzt diese ein sehr weites Nahrungsspektrum. Sie kann über grüne Pflanzenteile, Wurzeln, Rinde, Beeren, Baumsamen und Insekten bis hin zu Jungvögeln im Nest nahezu alles verwerten. Als einzige einheimische Wühlmaus klettert die Rötelmaus auch auf Bäume und Sträucher. Die Weibchen besetzen während der etwa von März bis Oktober dauernden Fortpflanzungsperiode Territorien, die sie heftig gegeneinander verteidigen. Bei hoher Populationsdichte findet man mitunter bereits im April kaum noch ein Tier ohne Verstümmelungen an Schwanz, Ohren oder Füßen.

Von den Echtmäusen ist es die Gelbhalsmaus, die in den Gehölzen die Rolle der Hauptart einnimmt. Sie ist ein ausgezeichneter Kletterer und baut ihre Nester sowohl unterirdisch als auch hoch oben in Hohlräumen von Bäumen und in Nistkästen.

Häuser und Gärten

Wie der Name richtig andeutet, ist die Hausspitzmaus (*Crocidura russula*), die hier den Spitzmaustyp vertritt, an die Nähe des Menschen und seine schützenden Gebäude gebunden. Sie bevorzugt Stallungen, Gemüse- und Ziergärten sowie Hecken, Felder und Feldränder in Siedlungsnähe. Im Winterhalbjahr ist sie auf energetisch günstige Standorte wie Komposthaufen und Gebäude angewiesen, im Sommer kann sie in Siedlungsnähe auch in der offenen Feldflur beobachtet werden.

Gärten werden regelmäßig von der Feldmaus besiedelt. Je nach dem, was die angrenzenden Biotope hergeben, wird sie durch die Erdmaus oder die Schermaus als Hauptart der Wühler ersetzt. Letztere, erkennbar an ihren Erdhaufen, kann vor allem in Obst- und Gemüsegärten erhebliche Schäden verursachen. Für alle drei Arten spielen Gärten in der strukturarmen Bördelandschaft eine bedeutende Rolle als vorübergehende Rückzugsgebiete.

Die Echtmäuse werden in Gebäuden durch die Hausmaus (*Mus musculus*), die in Mitteleuropa nur im Bereich menschlicher Siedlungen erfolgreich überwintern kann, vertreten. In Gärten kommen außer ihr regelmäßig Wald- und Brandmaus vor, wobei letztere besonders im Herbst häufig Mist- und Komposthaufen besiedelt.

In größeren, gehölzreichen Gärten und in älteren „Neubaugebieten" mit vielen Bäumen und Sträuchern ist zusätzlich zu den jahreszeitlich bedingten Migranten bereits die Kleinsäugergesellschaft des Waldes zu finden. Rötelmaus und Gelbhalsmaus sind hier im Winter regelmäßig in Gartenhäusern, letztere auch auf Dachböden anzutreffen.

Gewässerränder

Gewässerränder sind nicht nur als vorübergehende Rückzugshabitate für viele Feldbewohner, sondern auch als Lebensräume für zwei Insektenfresserarten, die die übrigen Biotope der Bördelandschaft nicht nutzen, von Bedeutung. Uferbereiche eutropher Gewässer, insbesondere Sumpf- und Schilfzonen, bieten der Sumpfspitzmaus (*Neomys anomalus*) geeignete Lebensbedingungen, wie z.B. die teilweise verlandeten Mühlenteiche der Rothemühle zwischen Betheln und Haus Escherde und verschiedene ehemalige Zuckerfabriksteiche. In unmittelbarer Gewässernähe wird diese Art meist durch die größere, wesentlich häufigere und stärker an das

Die Hausspitzmaus ist an die Nähe des Menschen und seiner schützenden Gebäude gebunden

Wasser angepasste Wasserspitzmaus (*Neomys fodiens*) verdrängt, die an fast allen Bachufern der Bördelandschaft zu finden ist. Ihre Beute suchen beide Arten am und im Wasser.

Vom Wühlmaustyp findet man an den Rändern langsam fließender Gewässer häufig die bis 20 cm große Schermaus, die vor allem am und im Wasser stehende vegetative Pflanzenteile frisst. Diese Art lebt entweder als „Wasserratte" am Gewässer oder in ausgedehnten unter- und oberirdischen Gangsystemen anderer Biotope. Die als Wasserratten lebenden Schermäuse sind meist dunkler gefärbt und etwas schlanker. In sumpfigem Gelände bauen sie gelegentlich große oberirdische Nester aus Pflanzenteilen oder sogar Schwimmnester. Die dunklere Variante der Schermaus bewohnt die norddeutsche Tiefebene, die hellere die Mittelgebirge. In der Hildesheimer und Kalenberger Lössbörde überschneiden sich teilweise die Lebensräume dieser beiden Formen, die hier oft in unmittelbarer Nachbarschaft miteinander leben und sich auch vermischen können. Als weitere Wühlmaus gesellt sich bei dichter, verfilzter Vegetation die wesentlich kleinere Erdmaus hinzu. Uferbereiche unter Bäumen und Sträuchern, die keine dichten Pflanzenbestände am Boden aufweisen, werden von der Rötelmaus genutzt, die in der Nähe von Gehölzen auch in Schilfbestände vordringt, falls diese nicht zu feucht sind.

Von den Echtmäusen, die keine besondere Affinität zu Gewässern besitzen, ist in der Regel die Art vertreten, deren Bedürfnissen die Vegetationsstruktur am Gewässerrand am meisten entgegenkommt. Eutrophe, stark krautige Ufer besiedelt oft die schlanke Brandmaus, die besser durch dichte Vegetation schlüpfen kann als Wald- und Gelbhalsmaus.

Der Feldhase – Charakterart der offenen Agrarlandschaft

von Carsten Weile

Einleitung

Der Feldhase (*Lepus europaeus*) ist wie der Feldhamster und die Feldlerche eine typische Art der offenen Agrarlandschaft. Sein Vorkommen ist von der Bewirtschaftung abhängig. Diese schafft Bedingungen, die denen in Steppengebieten ähneln, aus denen der Feldhase mit dem Ackerbau nach Mitteleuropa eingewandert ist. Im Landkreis Hildesheim findet der Feldhase in der Hildesheimer und Kalenberger Lössbörde besonders geeignete Lebensbedingungen. Bis in die 60er und 70er Jahre des vergangenen Jahrhunderts hinein war er hier mit Zahlen von (rückgeschlossen aus Jagdstrecken) oft über 50 Exemplaren pro 100 ha außerordentlich häufig und konnte bei großen Treibjagden im Herbst und Winter zahlreich erlegt werden. In den harten Wintern 1978 und 1979 brach die Hasenpopulation jedoch zusammen und stabilisierte sich anschließend auf wesentlich niedrigerem Niveau. Bei oft nur ca. 6-10 Hasen pro 100 ha sind die Populationen jedoch sehr stabil und in der Lage, Verluste durch Bejagung oder auch bei Seuchenzügen, wie z. B. durch EBHS (European Brown Hare Syndrom), schnell wieder auszugleichen. Nur in wenigen, strukturell optimalen Gemarkungen im Ostkreis, wie zum Beispiel in Ahstedt, erreichten die Hasen nach 1980 wieder nahezu ihren alten Stand. Seit der Jahrtausendwende stiegen die Feldhasenzahlen in der Bördelandschaft dank mehrerer klimatisch sehr günstiger Jahre wieder etwas an.

Ernährung und Lebensraumnutzung

Der Feldhase frisst eine Vielzahl unterschiedlicher Pflanzen, bevorzugt allerdings junge, frische und stickstoffreiche Triebe und Blätter. Dazu sucht er innerhalb seines Lebensraumes beispielsweise Getreidefelder mit jungem Weizen oder Grünlandflächen auf, die nach einer Mahd schnell wieder aufwachsen und reichlich gedüngt worden sind. Wenn bei Schnee im Winter frische Nahrung nicht in ausreichendem Maße zur Verfügung steht, werden auch Rinde, Knospen und dünne Zweige von Sträuchern und kleinen Bäumen gefressen. Ruhezeiten verbringt der Hase meist gut versteckt in einer selbst ausgescharrten Mulde, der Sasse. Bei der Wahl der Sasse bevorzugen Hasen warme, trockene und windgeschützte Plätze. Diese sollten möglichst inmitten von Feldern, die gleichzeitig Nahrung bieten, oder wenigstens in unmittelbarer Nähe der besten Fressplätze liegen. In der Nähe von Wald oder in der Nachbarschaft geeigneter Feldgehölze pendeln Hasen besonders im Herbst und Winter oft zwischen ihrer geschützten Sasse, die gewöhnlich einige Meter im Wald liegt, und den Äsungsgründen auf Getreidefeldern hin und her.

Aktivitäten im Jahresverlauf und Fortpflanzung

Vom Beginn der Rammelzeit, die im Januar oder bei günstiger Witterung schon Ende Dezember beginnt, bis zum Selbständigwerden der letzten Jungtiere im September können Feldhasen rund um die Uhr beobachtet werden. Aktivitäts- und Ruhephasen wechseln über den ganzen Tag verteilt ab. Außerhalb der Fortpflanzungszeit sind die Hasen nachtaktiv. Bis zum März oder Anfang April findet die „Hasenhochzeit", das Paarungstreiben oft mehrerer Tiere statt. Den Sommer über leben die erwachsenen Hasen paarweise zusammen. Sie sind weitgehend standorttreu.

In dieser Zeit setzt die Häsin nach einer Tragzeit von 42 Tagen drei bis viermal zwei bis drei (selten 4 oder 5) Junge. Der erste Satz wird oft schon im Februar geboren. Geburt und Aufzucht der Jungen finden zumeist auf Getreidefeldern entfernt von Bäumen und Hecken statt, da hier die Junghasen am wenigsten durch Greifvögel und andere Fressfeinde gefährdet sind. Sie werden mit Fell und offenen Augen geboren – und sind auf dem teilweise offenen Bo-

Feldhase

den eines Getreidefeldes oder einer Brache ausgezeichnet getarnt. Um Fressfeinde nicht auf die Junghasen aufmerksam zu machen, sucht die Häsin ihre in der Regel im Gelände verteilten Jungen nur ein bis zweimal nachts zum Säugen auf. Diese sind bereits nach vier Wochen selbständig, werden jedoch gewöhnlich erst im nächsten Jahr geschlechtsreif. Das Höchstalter liegt bei etwa 5 – 7 (max. 12) Jahren. Männliche Hasen beteiligen sich nicht an der Aufzucht der Jungen.

Feinde und Klimaeinfluss

Gesunde, erwachsene Feldhasen haben in unserer Agrarlandschaft kaum noch Fressfeinde zu fürchten. Allenfalls der in den letzten Jahren wieder häufigere Uhu kommt in der Nähe von geeigneten Ansitzen als Beutegreifer in Frage. Der Straßenverkehr stellt dagegen für Hasen eine große Gefahr dar. Tiere, die zu Beginn des Frühjahres Reviere in weniger als 200 m von einer stark befahrenen Straße besetzen, haben keine große Aussicht, Ostern noch zu erleben. Die Witterung ist für adulte Hasen im Hildesheimer Raum meist unproblematisch. Nur harte Winter mit sehr hohen Schneelagen oder angetautem und anschließend über einen längeren Zeitraum gefrorenem Schnee können erwachsene Vertreter verhungern lassen.

Völlig anders ist die Situation der Junghasen. Rabenvögel, die auf den Feldern nach Würmern, Spinnen und Insekten suchen, Greifvögel, deren Hauptbeute zwar Kleinsäuger sind, der Fuchs, der auf Feldern in erster Linie nach Wirbellosen und Mäusen jagt, und auch Dachs, Iltis, Steinmarder, Mauswiesel, Hermelin und Hauskatze können einen Junghasen in den ersten Lebenswochen leicht erbeuten. Als zusätzliche Beutegreifer sind in den letzten Jahrzehnten noch Waschbär und Enok (Marderhund) dazu gekommen. Alle diese Arten gehen zwar nicht auf „Hasenjagd", sondern stoßen zumeist eher zufällig auf Junghasen, was aber trotzdem eine sehr reale Bedrohung darstellt. Viele Fressfeinde waren bis in die 1970ger Jahre hinein stark dezimiert. Durch Naturschutzmaßnahmen und veränderte Bejagung haben sich Greif- und Rabenvogelbestände seither normalisiert. Die Fuchspopulation hat sich durch die Tollwutimmunisierung in den letzten Jahrzehnten vervielfacht.

Am günstigsten ist die Situation heute für die bereits im Februar geborenen Junghasen. Zu dieser Zeit sind an der Bodenoberfläche noch keine wirbellosen Tiere aktiv, und der Besuch der Getreidefelder lohnt sich für die meisten Beutegreifer nicht. Bleibt es lange genug kalt und trocken, so kann dieser erste Satz, der schon im März selbständig wird, seinen Fressfeinden auf den offenen Getreidefeldern leicht entgehen. Junghasen können bei trockenem Wetter auch Frost gut ertragen. Längere Regenperioden oder starker Schneefall mit anschließendem alles durchweichenden Tauwetter bedeuten jedoch das Ende durch Unterkühlung oder Krankheiten.

Der zweite Satz Junghasen ist einer deutlich höheren Räuberdichte ausgesetzt. Zudem verschlechtern sich die Klimabedingungen durch das Schossen des Getreides im April plötzlich extrem. Intensiv genutzte Getreidefelder

Junghase

mit engem Reihenabstand trocknen von April bis Juni in Bodennähe kaum einmal vollständig ab. Dadurch sind sie als feuchtkalte Standorte für Junghasen ein wenig geeigneter Lebensraum. Bis in die 1970er Jahre hinein waren die Getreidefelder, bei größerem Reihenabstand und geringerer Dichte, deutlich trockener und wärmer. Die heute ab Mitte April verbleibenden klimatisch geeigneten Flächen sind, da die Zuckerrübenfelder jetzt weder Nahrung noch Deckung bieten, oft nur mehr Fahrspuren, Weg- und Feldränder. Hier konzentrieren sich jedoch auch die Beutegreifer. Auch Dauerbrachen werden wegen ihrer Mäusepopulationen bevorzugt von fast allen Beutegreifern kontrolliert. Für die beiden letzten möglichen Sätze steht einer Häsin also tatsächlich nur ein sehr geringer Anteil der vorhandenen Fläche der Agrarlandschaft zur Verfügung.

Problematisch für Junghasen sind auch die immer schneller verlaufende Getreideernte und anschließende Bodenbearbeitung zur Neubestellung mit einer Zwischenfrucht. Sind dazu noch die Feldränder in den letzten Wochen vor der Ernte gemäht worden, so fehlt plötzlich jegliche Deckung im gesamten Lebensraum. Beutegreifer, Parasiten und Krankheiten, besonders Kokzidiose finden unter den gestressten Junghasen jetzt leichte Opfer.

Die im Vergleich zu den 1960er und 1970er Jahren derzeit im Landkreis Hildesheim wesentlich geringeren Hasenpopulationen sind also wahrscheinlich als Anpassung an den verringerten Sommerlebensraum zu deuten. Da die Zahl der Beutegreifer deutlich zu- und die Fläche der zur Fortpflanzung geeigneten Habitate deutlich abgenommen hat, ist eine erfolgreiche Junghasenaufzucht nur noch auf vergleichsweise wenigen, optimal geeigneten Flächen möglich. Im Projekt „Artenreiche Flur" (vgl. S. 60) konnte in der Gemarkung Betheln gezeigt werden, dass bei Verbesserung des Lebensraums die Hasenzahlen innerhalb weniger Jahre wieder deutlich ansteigen können.

Nahansicht eines jungen Feldhamsters

Der Feldhamster in den Bördelandschaften

von Bärbel Pott-Dörfer

Der Landkreis Hildesheim ist einer der wenigen Landkreise in Niedersachsen, die über Vorkommen des Feldhamsters (*Cricetus cricetus*) verfügen. Er gehört zur Ordnung der Nagetiere und ist mit der Hausmaus, der Rötelmaus und dem skandinavischen Lemming verwandt. Feldhamster kommen nur dort vor, wo sie tiefe, frostfreie und gut belüftete Baue graben können, ohne dass diese zusammenfallen. Gegenden mit reinen Sandböden schließen daher ihr Vorkommen auf Dauer aus. Besonders geeignet sind dagegen tiefgründige, lehmige Lössböden, wie sie der Landkreis Hildesheim oder der Großraum Braunschweig bieten. Der Feldhamster kann die Größe eines kleinen Kaninchens und ein Gewicht bis über 400 g (im Winter) erreichen. Neben der typischen braun-weiß-schwarzen Färbung kommen auch nahezu völlig schwarze Tiere und Weißlinge vor.

Ursprünglich stammt der Feldhamster aus den Steppengebieten Südosteuropas und Zentralasiens. Da er sich überwiegend von Pflanzenteilen und Samen ernährt (auch Insekten, Würmer und kleine Wirbeltiere werden gefressen), sind seine ursprünglichen Lebensräume in Niedersachsen landwirtschaftlich genutzte Naturräume oder Naturraumbereiche auf Lössboden, die sich durch getreide- und kräuterreiche Ackerflächen und Säume auszeichnen. Bevorzugt werden Pflanzenbestände ohne großen Raumwiderstand, - „oben dicht und unten licht" – wie Getreide- und Luzernefelder (HUGO & HELLING 1998).

Der Feldhamster war bei uns über Jahrhunderte ein perfekter Kulturfolger, bis sich etwa im letzten Drittel des 20. Jahrhunderts die Bewirtschaftungsmethoden radikal zu seinen Ungunsten veränderten.

Dem „Hamstern" hat er übrigens seinen Namen zu verdanken. Durch stark dehnbare „Backentaschen" ist er in der Lage darin große Mengen an Nahrung zu transportieren. Feldhamster halten von etwa Oktober bis März in ihren selbst gegrabenen Bauen Winterschlaf, der aber immer wieder von kurzen Pausen unterbrochen wird. Dann nehmen die Tiere Nahrung aus ihrer Vorratskammer auf und geben Kot ab. Während die Sommerbaue nur 30 bis 60 Zentimeter tief sind, können Winterbaue eine Tiefe bis zu zwei Metern und darüber erreichen.

Bis etwa Anfang der 1980er Jahre stellte das Vorkommen des Feldhamsters die Landwirtschaft immer wieder vor große Probleme. Nicht nur durch die Aufnahme großer Nahrungsmengen im Frühjahr und Sommer, sondern besonders durch das Eintragen von Samen (vor allem Getreide) Wurzeln und Knollen als Wintervorrat in ihre Baue trugen Feldhamster zu erheblichen Ernteverlusten bei. Ihr Vorrat beträgt in der Regel 2 bis 3 kg Getreide pro Tier. Größere Mengen, etwa bis zu 34 kg Erbsen in einem Bau (URANIA TIERREICH 1992: 204) gehören zu den Ausnahmen.

Im Rahmen der ordnungsgemäßen Landwirtschaft wurde der Hamster legal intensiv bekämpft. Hierfür wurden nicht nur Fallen eingesetzt, sondern auch das Ausgraben und Erschlagen der Tiere sowie das Einleiten von Traktorabgasen oder Wasser in die Baue gehörten zur gängigen Praxis. In der ehemaligen DDR, insbesondere in den Bördegebieten Sachsen-Anhalts, wurden 1967 ca. 1,7 Millionen Feldhamsterfelle aufgekauft (STUBBE et al. 1997). In geringerem Umfang fand das auch bei uns statt. Bis Anfang der 70er Jahre ging die Anzahl der Felle als Zeichen eines Bestandseinbruches auf 500 000 Stück zurück und verringerte sich dann bis zur Bedeutungslosigkeit.

Etwa zu Beginn der 1980er Jahre brachen die Feldhamsterbestände auch in der Hildesheimer und Kalenberger Börde, wie z.B. in den Bereichen um Schliekum, Eime, Harsum, Ahstedt und Hoheneggelsen dauerhaft zusammen (POTT-DÖRFER & HECKENROTH 1994). Nur in kleinen, regionalen Gebieten fand der Feldhamster noch paradiesische Nahrungsverhältnisse und gute Deckung vor. Noch 1983 wurde z.B. in der Nähe der westlichen Landkreisgrenze von der damals zuständigen Bezirksregierung Hannover eine Ausnahmegenehmigung zum umfassenden Fang bzw. zur Tötung von Feldhamstern erteilt, da ein landwirtschaftlicher Betrieb in seinen Erbsenschlägen massive Schäden durch Feldhamsterfraß verzeichnete.

Obwohl der Feldhamster in der Lage ist, auf ein „gutes Hamsterjahr" mit „explosionsartiger" Vermehrung und der Bildung sehr hoher Dichten (Gradation) zu reagieren, konnte in den Folgejahren nur ein weiterer Rückgang bis zum vermeintlichen Erlöschen von Teilpopulationen verzeichnet werden. Erst um 1995 wurden wieder einzelne Hamsterbaue an Orten auch im Landkreis Hildesheim verzeichnet, die jahrelang verwaist schienen. Feldhamster können durchaus auf ihrer Nahrungssuche Strecken von 500 Metern Entfer-

Feldhamster im Stoppelfeld. Obwohl Feldhamster in der Regel dämmerungsaktiv sind, kann man sie auch tagsüber beobachten

nung von ihrem Bau und mehr zurücklegen (NIETHAMMER & KRAPP 1982).

Der alarmierende Rückgang des Feldhamsters in weiten Teilen des niedersächsischen, des bundesdeutschen und sogar des mitteleuropäischen Areals rückte ihn wieder ins Interesse des Artenschutzes. Seine Gefährdung (in den Roten Listen Deutschlands und Niedersachsens ist er jeweils als „stark gefährdet" eingestuft (HECKENROTH 1993) würdigen auch Bundesrecht und internationales Recht: Durch nationales Recht, das Bundesnaturschutzgesetz in Verbindung mit der Bundesartenschutzverordnung (besonders geschützte und streng geschützte Art nach § 10) und auch durch EU-Recht („FFH-Richtlinie", Anhang IV, Berner Konvention, Anhänge II und IV) ist der Feldhamster geschützt.

Da der Landkreis Hildesheim ehemals über eines der größten und stabilsten Hamstervorkommen in Niedersachsen verfügte, bot er den Schauplatz für eine Projektarbeit der Universität Hannover über den Feldhamster, die 1999 bis 2000 in der Gemeinde Harsum als Vorschlag für den dortigen Landschaftsplan erarbeitet wurde (DÖRRER et al. 2000).

Da die letzten nachgewiesenen Vorkommen im Untersuchungsgebiet stark fragmentiert und damit stark gefährdet sind, stellte sich die Frage nach einer sinnvollen Vernetzung in Form eines Biotopverbundes. Große Flächen des Gemeindegebietes stellen prinzipiell sehr gute Hamsterlebensräume dar, die mit geeigneten Mitteln auch vernetzbar sind, z.B. durch Förderung einer feldhamsterfreundlichen Landwirtschaft. Deren wichtigste Faktoren sind u.a. eine verzögerte Ernte und verzögerter Stoppelumbruch, so dass der Hamster genügend Körnernahrung und auch Zeit findet, den Wintervorrat einzutragen und gleichzeitig noch über Deckung verfügt. Geeignete Stützpfeiler einer Vernetzung wären die Vermeidung und Verhinderung von Barrieren sowie die Schaffung geeigneter Landschaftsstrukturen wie breiterer Feldsäume. Entsprechende Maßnahmen könnten den Lebensraum des Hamsters nicht nur hier, sondern in seinem gesamten mitteleuropäischen Lebensraum erheblich verbessern. Die rechtliche Situation des Feldhamsters stellt die Grundlage dar, diese Erfordernisse auch zu verwirklichen.

Ein starker Rückgang des Feldhamsters kann erhebliche Auswirkungen auf andere Tierarten haben. So zeigen Untersuchungen im nördlichen Harzvorland in Sachsen-Anhalt, dass nach dem Abnehmen der Hamsterpopulation, das besonders durch veränderte Bewirtschaftung nach der Wende bedingt war, auch der Bestand des Rotmilans, des Hauptprädators in diesem Gebiet, drastisch zurückging (NICOLAI & MAMMEN 2000). Der Rotmilan ist ebenfalls eine „FFH-Art", für deren globales Überleben wir hier in Mitteleuropa die Verantwortung tragen.

Auf den hochwertigen und ertragreichen Böden des Landkreises ist es keinem Getreide- oder Rübenbauern zuzumuten, Heerscharen von Feldhamstern beherbergen zu müssen. Es reicht aus, dem Feldhamster Nischen einzuräumen, die ihm ein Überleben auf Dauer in dieser Landschaft ermöglichen. Nicht nur der ökologische Wert des Feldhamsters ist ein Grund für seinen Schutz und seinen Erhalt: Er ist eines der buntesten und schönsten Säugetiere Europas und auch seit Jahrtausenden eine Leit- und Charakterart der heimischen Fauna offener Landschaften. Es wäre einfach traurig, wenn der Hamster aus unserer Heimat gänzlich verschwinden würde.

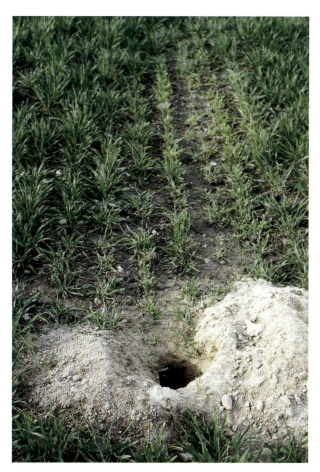

Fallröhre eines Feldhamsters, die bei Bedrohung eine schnelle Flucht ermöglicht

BRUTVÖGEL DER OFFENEN AGRARLANDSCHAFT

VON PETER SÜDBECK

Einleitung

Fährt man bei schönem Wetter im Mai morgens mit dem Fahrrad auf den Feldwegen und Straßen durch die Hildesheimer Börde, so ist man wohl pausenlos vom melodischen Tirilieren der Feldlerche begleitet. Ohne Unterbrechung hört man die Triller minutenlang, weit oben am Himmel kreist der Vogel, die schnellen Flügelschläge sind für das menschliche Auge dann gar nicht mehr zu sehen. Auf einmal fällt der Vogel fallschirmartig herunter und landet inmitten der weiten Weizen- oder Rübenfelder der Börde. Feldlerchen sind die charakteristischen Tiere dieser Landschaft, ihr Gesang kennzeichnet als Klangbild diesen Lebensraum, eine Börde ohne Lerchen ist für uns unvorstellbar.

Aber die Feldlerche ist hier natürlich nicht die einzige Vogelart. Dieses Kapitel soll erläutern, welche Vogelarten die Hildesheimer Börde besiedeln, warum sie das tun und was zu tun ist, damit diese als Vogellebensraum erhalten bleibt.

Die Fachleute im Ornithologischen Verein zu Hildesheim e.V. (OVH) haben im Jahr 1997 in einer Gemeinschaftsaktion versucht, die typische Vogelwelt dieser Landschaft zu erforschen. Die dort erarbeiteten Ergebnisse können hier erstmals vorgestellt werden, wofür ich mich bei allen Beteiligten recht herzlich bedanken möchte.

Charakteristika der Börde als Vogellebensraum

Bevor die Vogelgemeinschaft der Hildesheimer Börde vorgestellt wird, soll der Frage nachgegangen werden, durch welche Eigenschaften die Börde als Vogellebensraum besonders charakterisiert wird und mit welchen Anpassungen die Vogelarten diesen Lebensraum nutzen.

Das heutige Bild der Börde ist von einer weithin offenen, aufgrund der hohen Bodenwertzahlen sehr fruchtbaren Ackerlandschaft geprägt. Die Felder sind in der Regel sehr groß und Randstrukturen dadurch nur in geringem Umfang ausgebildet. Die einzelnen Felder grenzen oft direkt aneinander. Die Fruchtfolge ist auf wenige Nutzpflanzen beschränkt, worunter Winterweizen, Wintergerste und Zuckerrüben die größten Flächenanteile einnehmen. Die eingestreuten Dörfer drängen sich eng zusammen, und Gehölze finden sich vor allem entlang den Straßen und einigen Gewässern.

Heute ist die Börde somit ein strukturarmer Lebensraum, der weithin gleichförmig, fast monoton wirkt. Strukturarmut ist oft mit Artenarmut gleichzusetzen, weil viele Arten immer dann auf engem Raum zusammenleben, wenn dieser reich gegliedert ist und sich die Arten „aus dem Weg" gehen können. Die Börde ist daher auch ein vogelartenarmer Lebensraum. FLADE (1994) verglich insgesamt 42 verschiedene Vogelgemeinschaften in Nordwestdeutschland: In keinem dieser Typen (verschiedene Wälder, Siedlungsräume, Feuchtgebiete, Grünland usw.) war die Artenzahl so gering wie bei den offenen Feldern – dem typischen Bördelebensraum.

Auch die absolute Zahl der Vogelpaare ist in der offenen Ackerlandschaft nicht hoch, doch gilt das auch für andere Landschaftstypen im Offenland (Moore oder Feuchtgrünland). Man kann somit sagen, angesichts der sehr geringen Artenzahl ist die Anzahl der Vogelpaare insgesamt nicht so gering, die vorkommenden Arten sind häufiger – in der Sprache der Ökologen dominanter –, womit wir wieder bei der Feldlerche wären.

Vögel haben oft sehr vielfältige Ansprüche an ihren Lebensraum, sie brauchen ausreichend Nahrung, einen sicheren Nestplatz, müssen vor Feinden geschützt leben und einen geeigneten Partner finden.

Diese Ansprüche können nicht alle Vogelarten in der Börde verwirklichen. Bördevögel sind daher – mangels Alternativen - Bodenbrüter, ihr Nest wird – meistens angelehnt an Gräser oder Kräuter - direkt am Boden angelegt (Beispiele Rebhuhn (*Perdix perdix*), Feldlerche (*Alauda arvensis*) oder Grauammer (*Emberiza calandra*)). Bördevögel leben von pflanzlicher Nahrung, v. a. Samen oder Knospen und wechseln zur Jungenaufzucht auf Insektennahrung, die eiweißreicher ist und durch die das Wachstum beschleunigt wird. Diese Art der Nahrungssuche und Brutplatzwahl am Boden ist eine gute Methode zur Feindvermeidung, die Vögel sind in der Vegetation verborgen und können von darüber hinweg fliegenden Greifvögeln nicht oder nicht so leicht entdeckt werden. Doch zur Partnersuche und Revierabgrenzung reicht dieses Verhalten im Verborgenen nicht aus, um erfolgreich zu sein. Hierzu bedarf es optischer oder akustischer Signale, die auf Entfernung wirken, denn die Börde ist durch großflächige Offenheit und Weitläufigkeit gekennzeichnet. Daher singen Bördevögel in der Luft. Die kreisend tirilierende Feldlerche fliegt hoch, damit sie ihr Lied mit Weitenwirkung vortragen kann, Rivalen dadurch abhält und potenzielle Paarpartner anlockt. Andere Arten wie die Grauammer singen von erhöhter Warte aus wie in der Spitze des Straßenbaums oder heute auch auf elektrischen Leitungen, die für die Grauammer eine willkommene Ergänzung im Habitat darstellen. Mehrere Arten – wie Wachtel oder Rebhuhn – sind nacht- oder dämmerungsaktiv, sie rufen dann, wenn die Umgebung leiser geworden ist. All dies sind Anpassungen im Kommunikationsverhalten an das Offenland. Die wenigen Bördevogelarten sind somit an die Struktur und Eigenschaften des umgebenden Lebensraumes gut angepasst und kommen mit den wenigen „Nischen" und Möglichkeiten gut zurecht.

Aus dieser Beschreibung folgt aber auch direkt, dass jede Erweiterung des Strukturangebotes in der Börde zu einer Erhöhung der Artenvielfalt – Biodiversität – führt: je mehr Grünland in der Börde umso mehr Vogelarten, je mehr breite, bunte Feldraine und Brachen ausgebildet sind umso mehr Vogelarten, je vielfältiger die Fruchtfolge, je kleiner die Felder und je mehr Baumreihen, Hecken und Alleen umso mehr Vogelarten und -paare. Und schließlich je größer die Stoppelfläche im Herbst umso mehr Vogelarten können den Winter hier überleben und gut in das neue Frühjahr starten.

Vogelgemeinschaften früher und heute

Die Vogelgemeinschaft der Börde ist aber auch von Natur aus relativ artenarm. Angesichts der drastischen Veränderungen in der Landwirtschaft in den letzten Jahrzehnten stellt sich die Frage, ob wir heute überhaupt noch dieselbe Vogelgemeinschaft vor uns haben wie vor 100 oder 200 Jahren, oder sehen wir heute nur noch einen kleinen Ausschnitt vergangener Pracht?

Die Hildesheimer Börde ist seit sehr langer Zeit intensiv landwirtschaftlich genutzt, wobei „intensiv" auf die jeweilige Zeit bezogen ist. Das bedeutet, Verluste an Artenvielfalt könnten bereits zu einer Zeit geschehen sein, als die ornithologische Erforschung und Dokumentation noch ganz am Anfang stand. Und in der Tat ist es heute nicht leicht, eine ehemalige Börde-Vogelgemeinschaft genau zu charakterisieren, da dazu Aufzeichnungen und Berichte fehlen.

Eine typische Art offener Ackerlandschaften, die seit langer Zeit im Hildesheimer Raum fehlt, ist die Großtrappe (*Otis tarda*). Heute ist sie in Deutschland auf kleine grünlanddominierte Luchgebiete in Brandenburg beschränkt, hat aber im 18. Jahrhundert – aller Wahrscheinlichkeit nach – im Hildesheimer Raum gebrütet, aber die Quellen sind ungenau und in ihrer Qualität nicht mit denen heutiger Zeit vergleichbar. Die Großtrappe ist einer der schwersten flugfähigen Vögel der Welt, eine imposante Gestalt, die in Gruppen lebt. Die Vögel, die nicht gut fliegen können und für die somit eine Flugbalz gänzlich ausscheidet, aber auch keine akustischen Signale (Gesang, Rufe, Geräusche) von sich geben, haben eine weithin wirkende, optische Balz entwickelt – auch dies eine Anpassung an den offenen Lebensraum. Als Großvogel mit hohen Ansprüchen an die Nahrungsmenge (v.a. pflanzlich, zur Brutzeit aber v.a. Insekten) hat er bei der heutigen landwirtschaftlichen Nutzung mit schnellen Nutzungswechseln und schmaler Fruchtfolge bei gleichzeitiger Uniformität der Felder und geringem Anteil an Wildkräutern und Insekten keine Chance.

Auch die Wachtel (*Coturnix coturnix*) muss früher viel häufiger gewesen sein, während sie heute nur noch unbeständig im Gebiet vorkommt. So wurde während der großflächigen Untersuchung 1997 überhaupt keine Wachtel mehr festgestellt.

Deutlicher sind die Veränderungen – im wesentlichen Verluste – der Vogel-Vielfalt bei Arten, die verstärkt auf alte, höhlenreiche Einzelbäume angewiesen sind, wie sie sehr viel häufiger und ganz typisch an Feldrändern, am Rand der Dörfer oder an Wegen und Straßen standen. Diese Arten sind zudem meistens reine Insektenfresser und benötigen

Wachteln sind nachtaktive Hühnervögel in offenen Ackerlandschaften, die man selten zu Gesicht bekommt

Männchen der Großtrappe in Balzhaltung – vor Jahrhunderten auch in der Hildesheimer Börde zu sehen

Wiedehopfe gab es früher auch am Rand der Bördedörfer. – Fehlende Höhlenbäume und Mangel an Großinsekten lassen ein Vorkommen heute wohl nicht mehr zu

Die Schafstelze war früher vor allem im Feuchtgrünland zu Hause („Viehstelze"). – Heute hat sie die offenen Ackerflächen erobert

Großinsekten als Nahrung. Wiedehopf (*Upupa epops*) und Rotkopfwürger (*Lanius senator*) sind Beispiele für solche Arten, die hier heute gänzlich verschwunden sind – aber mittlerweile fast überall in Niedersachsen fehlen. Auch Wendehals (*Jynx torquilla*) und Steinkauz (*Athene noctua*) sind an dieser Stelle zu nennen.

Aber – außer bei diesen Arten – lässt sich insgesamt nicht eindeutig belegen, dass die Vogelgemeinschaft der offenen Agrarlandschaft in der Vogelartenzusammensetzung wesentlich anders geprägt war als heute – über die quantitativen Verhältnisse wissen wir indes nur sehr wenig, doch war der Vogelreichtum in früherer Zeit nach alten Beschreibungen ungleich höher als heute, der Feldlerchenchor war sicher um einiges lauter und intensiver, das Rebhuhn schlug allenthalben an, und die Grauammer war ein „communer" Vogel, der bis auf ganz wenige Restbestände verloren gegangen ist. Das bedeutet: Nicht die Artenzahl an sich hat sich so stark verändert, sondern die Vogelzahlen. Die Börde ist ärmer an Paaren und Individuen geworden, weniger an Arten.

Kartierergebnisse 1997

Im Jahr 1997 hat der Ornithologische Verein zu Hildesheim e. V. eine systematische Untersuchung der Vogelgemeinschaft der Börde um Hildesheim durchgeführt. Dafür wurden insgesamt 24 jeweils 100 ha große Probeflächen intensiv avifaunistisch nach wissenschaftlicher Erfassungsmethode untersucht. Eine Kartierung in diesem Umfang hat es für diesen Raum bislang nicht gegeben. Die Probeflächen wurden auf den gesamten Raum der Hildesheimer Börde gelegt, wobei immer ausschließlich die offene Agrarlandschaft ausgewählt wurde und Wälder aller Art sowie Siedlungen konsequent ausgespart blieben. Folglich lag der Ackeranteil mit nur einer Ausnahme bei über 90% der Flächen, wobei der Anteil an Hackfrüchten und Getreide stark variierte. Grünland war nur in einer einzigen Fläche mit einem Anteil von mehr als 10% enthalten, in mehr als der Hälfte der Flächen fehlte Grünland vollständig. Feldgehölze oder Gebüsche nahmen nicht mehr als 2 % der Flächen ein, sehr unterschiedlich waren dagegen die Flächenanteile von Wegen und Straßen sowie von Gräben bzw. Fließgewässern.

Zwischen 3 und 26 Brutvogelarten wurden auf den einzelnen 100-ha-Flächen festgestellt, im Mittel knapp 11 Arten je Probefläche. Dieser Wert liegt höher als größere Vergleichszahlen aus ganz Nordwestdeutschland, welche FLADE (1994) ausgewertet hat. Er fand etwa acht Arten je 100 ha.

Die starke Variation zwischen den einzelnen Flächen bezüglich der Artenzahl deutet schon darauf hin, dass die Hildesheimer Börde kein einheitlicher Vogellebensraum ist. Eine Vielzahl weiterer Faktoren wirkt sich auf die Arten- und Individuenzahl aus: Struktur- und Kulturenvielfalt, Schlaggröße, Angebot an einzelnen Bäumen, Hecken, Struktur der Wegeseiten- oder Gewässerränder, Vorhandensein von Gebäuden, elektrischen Leitungen, Jagdkanzeln etc. Bereits

Der Wiesenpieper ist neben der Feldlerche ein Bördevogel, der seinen Gesang im Singflug vorträgt

Goldammer-Männchen

ein einzelnes Haus kann Nistplatz für Bachstelze (*Motacilla alba*), Hausrotschwanz (*Phoenicurus phoenicurus*), Star (*Sturnus vulgaris*) oder Haussperling (*Passer domesticus*) sein, die sonst in der offenen Agrarlandschaft keine Nistmöglichkeit finden. Kommt ein Hausgarten hinzu, kann sich die Artenzahl je nach Anlage und Ausprägung des Gartens leicht um 5-10 Arten erhöhen: Blau- und Kohlmeise (*Parus caeruleus, Parus major*), Buchfink (*Fringilla coelebs*), Amsel (*Turdus merula*) bis hin zu Buntspecht (*Dendrocopos major*) oder Wacholderdrossel (*Turdus pilaris*). Das heißt, die reine Artenzahl sagt wenig über die Qualität der Acker-Börde als Vogellebensraum aus.

Die dominante Brutvogelart der Untersuchungsflächen war ganz eindeutig die Feldlerche (*Alauda arvensis*). Sie kam als einzige Art in allen Flächen vor und war bei einer Ausnahme in allen Flächen die häufigste Brutvogelart. Die Hildesheimer Börde ist Feldlerchenland, hier siedelt sie mit durchschnittlich 15 Brutpaaren auf 100 ha. Sie hat hier auch heute noch sehr hohe Bestände, wenngleich die Art früher noch sehr viel häufiger war. Im überregionalen Vergleich sind die Werte zur Siedlungsdichte nämlich sehr niedrig und deuten auf einen erheblichen Bestandsverlust in den letzten Jahrzehnten hin (vgl. FLADE 1994). Aber angesichts eines in ganz Niedersachsen dramatischen Bestandsrückgangs von mehr als 50% in den letzten 25 Jahren und einer notwendig gewordenen Einstufung dieser Vogelart in die Rote Liste der gefährdeten Brutvogelarten Niedersachsens ist die Feldlerche nicht nur der Charaktervogel der Hildesheimer Börde, sondern auch Teil eines überregional bedeutenden Bestandsschwerpunktes im Land. Rechnet man die hier gefundene Feldlerchendichte auf die gesamte niedersächsische Bördefläche hoch, so errechnet sich ein Bestand von ca. 35.000 Feldlerchen. Das sind fast 20% des niedersächsischen Bestandes auf einer Fläche, die gerade einmal 7% umfasst. Auch dies untermauert die aktuell hohe Bedeutung der Feldlerche im Naturraum Börde. Gerade aus den Grünlandregionen Nord- und Nordwestniedersachsens sind viele gravierende Rückgänge beschrieben worden (vgl. SÜDBECK & WENDT 2002).

Neben der Feldlerche gehören auch der Wiesenpieper (*Anthus pratensis*) und die Schafstelze (*Motacilla flava*) zu den Arten, die die weiten Ackerflächen besiedeln können, während Goldammer (*Emberiza citrinella*) und Dorngrasmücke (*Sylvia communis*) immer Gehölze als Singwarte benötigen und somit an Randstrukturen gebunden sind.

Nicht gut sieht es aus mit zwei weiteren Charakterarten der offenen Ackerlandschaft: Rebhuhn und Wachtel. Während das Rebhuhn (vgl. S. 91) neben strukturreichen Äckern auch reichhaltige Ränder benötigt, wo es Samen und Insekten für die Jungenaufzucht gibt, lebt die Wachtel inmitten großer Felder. Sie wurde 1997 überhaupt nicht nachgewiesen. Hieran wird ein Mangel aktueller Ackernutzung in der Börde erkennbar: Wachteln bevorzugen Sommergetreide, das heute so gut wie fehlt, weil es nicht die Erträge bringen

Singvogel mit weitem Radius: Feldsperlinge brüten häufig in Häusern und Höhlenbäumen. – Die Nahrung wird vom offenen Feld geholt

Rotmilane fliegen zur Nahrungssuche mehrere Kilometer durch die offene Landschaft. Das Nest findet sich meist in den Wäldern der Mittelgebirge. Pappelreihen und Gehölze in der Börde werden erst seit kurzer Zeit regelmäßig besiedelt

kann wie Wintergetreide. In Vergleichsstudien aus der Börde Sachsen-Anhalts ist eine eindeutige Präferenz für Sommergetreide, aber auch für Feldfutterpflanzen wie Luzerne nachgewiesen worden (GEORGE 1996). Diese sind im Habitatangebot der Hildesheimer Börde heute Mangelware, was das Fehlen der Wachtel erklären kann.

Auch die Grauammer (*Emberiza calandra*) (vgl. S. 95) wurde auf den Probeflächen nur noch in einem einzigen Paar als Brutvogel angetroffen. Dieser ehemalige „Allerweltsvogel" steht hier somit unmittelbar vor dem Aussterben, womit ein Charakteristikum die Börde verlässt! Ihr klirrender Gesang – von einem Busch, Baum oder auch einer elektrischen Leitung vorgetragen – ist ein genauso typisches Klangbild der Ackerlandschaft wie das Lied der Feldlerche, nur heute fast verstummt!

Interessanterweise konnten 1997 aber noch bedeutende Bestände des Feldsperlings (*Passer montanus*) erfasst werden. Dies überrascht etwas, da die Art ebenfalls überregional erheblich abgenommen hat. Der Feldsperling nistet in Höhlen oder in Gebäuden und bringt das Futter oft aus größerer Entfernung zu den Jungen.

Zu den Vogelarten der offenen Bördelandschaft gehören auch solche, die an Grabenrändern, Böschungen oder Brachstreifen ohne Gehölze leben: Sumpfrohrsänger (*Acrocephalus palustris*) und Rohrammer (*Emberiza schoeniclus*) sind solche Arten, die mit zunehmendem Anteil dieser Strukturen in der Landschaft profitieren.

Bemerkenswerterweise wurde in den Probeflächen kein einziges Elsternpaar (*Pica pica*) festgestellt. Sie hat mit der strukturellen Verarmung der Börde und dem Fehlen kurzrasiger Flächen, die sie als eine auf dem Boden nach Nahrung suchende Vogelart benötigt, die offene Ackerlandschaft verlassen und siedelt nun konzentriert im Bereich von Siedlungen. Auch hieran manifestiert sich eine deutliche Veränderung der Vogelgemeinschaft der Landschaft. Dagegen siedelt die Rabenkrähe (*Corvus corone*) mit insgesamt zehn Paaren, davon allein fünf, in einer Probefläche. Sie profitiert neuerdings auch von den Strommasten, die als hoch aufragende Strukturen in der Landschaft einen idealen Nistplatz bereitstellen.

Schließlich ist die Börde ein wichtiger Greifvogel-Lebensraum. Hierbei ist zwischen zwei verschiedenen Typen von Greifvögeln zu unterscheiden: einerseits solchen Arten, die in den weiten Ackerflächen auf dem Boden nisten, allen voran Rohrweihe (*Circus aeruginosus*) und Wiesenweihe (*Circus pygargus*), die im gaukelnden Suchflug über die Felder, Gräben und Säume streichen und dort nach Nahrung suchen (vgl. S. 87). Diese besteht zum größten Teil aus Kleinsäugern, aber auch die Vögel nehmen erhebliche Anteile im Nahrungsspektrum ein.

Keine Vogelart weist andererseits in so anschaulicher Weise auf die Vernetzung der offenen Agrarlandschaft mit den eingestreuten Waldinseln oder den Übergängen ins Hügelland hin wie der Rotmilan (*Milvus milvus*). Bis zu 15 Kilometer vom Nistplatz entfernt erstreckt sich sein Nahrungsraum, ganz regelmäßig wird ein Raum bis fünf Kilometer um das Nest aufgesucht. Obwohl der Rotmilan innerhalb der offenen Bördelandschaft nur dann brütet, wenn dort hohe Baumreihen oder Feldgehölze vorhanden sind, gehört er doch zu den ganz regelmäßig verbreiteten Arten dieser Landschaft. Mehr noch, der Rotmilan findet hier in den weithin offenen Agrarräumen Sachsen-Anhalts, Brandenburgs, Mecklenburg-Vorpommerns, Thüringens, Hessens und Niedersachsens sein Weltverbreitungszentrum. Etwa 60% des Weltbestandes brüten in Deutschland, der größte Teil davon hier. Auch der Rotmilan ist ein Suchjäger, der im Gleit- oder Segelflug meist in geringer Höhe über die Landschaft fliegt und Beute erspäht. Diese wird dann blitzschnell am Boden aufgenommen und geschlagen. Das Verbreitungsgebiet des Rotmilans gleicht in auffallender Weise dem des Hamsters (vgl. S. 70). Und Hamster sind auch ein sehr begehrtes Beutetier, bringen sie doch pro Stück weit mehr Masse als eine Feldmaus oder eine junge Feldlerche. Durch den Rückgang der Hamster und durch die Intensivierung des Ackernutzung ist der Bestand des Rotmilans derzeit stark rückläufig. Die einheitlichen Ackerflächen haben von Mai bis in den Juli hinein, d. h. der Nest- und Aufzuchtsperiode des Rotmilans, eine Vegetationshöhe, die es dem Suchjäger nicht erlaubt, auf dem Boden Nahrungstiere zu sehen. Mit fortgeschrittenem Frühjahr braucht der Rotmilan somit kurzrasige Vegetation für seine Jagdweise: Die restlichen Grünland- und Brachflächen sowie Raine besitzen deshalb eine enorme Bedeutung. Früher war der Anbau von Feldfutter, das im Verlauf des Frühjahres proportionsweise geschnitten wurde, weit verbreitet, wodurch immer ein bestimmter Anteil für den Milan zugänglich war. Der Rückgang des Rotmilans lässt sich damit erklären und Ansätze zu seinem Schutz können daraus abgeleitet werden.

Prioritätensetzung – Schutzbedürftigkeit – niedersächsische Perspektive

Die Bedeutung der Hildesheimer Börde für die niedersächsische Vogelwelt ergibt sich direkt aus den Häufigkeitsverhältnissen, die oben beschrieben wurden. Vergleicht man die Bestandsverhältnisse mit den niedersächsischen Gesamtbeständen, erhält man einen Eindruck davon, welche Arten hier besonders häufig vorkommen und – aus Landessicht – Priorität besitzen: Es sind dies die charakteristischen Arten der offenen Ackerlandschaft, die nicht durch Hecken oder Baumreihen gekammert ist: Feldlerche, Wiesenpieper und Schafstelze.

Hinzukommen die seltenen Arten, die nur noch an wenigen Stellen vorkommen, allen voran die Grauammer: Mehr als 90% des Landesbestandes ging in den letzten Jahrzehnten in Niedersachsen verloren. Auch wenn der Bestand im Hildesheimer Raum ebenso drastisch gesunken ist, sind immerhin noch Reviere besetzt, die es unbedingt zu erhalten gilt. Hier einen kleinen Populationskern zu halten und weiter zu entwickeln ist – gemeinsam mit den umliegenden Landkreisen Hannover und Peine - eine wichtige Vogelschutzaufgabe der Zukunft. Die Schutzziele widersprechen nicht denen für die oben genannten Arten der gänzlich offenen Börde. Obwohl die Grauammer ihr Lied von erhöhter Warte aus vorträgt und somit Einzelbäume oder Leitungen benötigt, so besiedelt sie bei uns auch keine vertikal strukturierte Landschaft. Ihr reichen in der Regel einzelne Bäume (2-3 je Revier; vgl. GRÜTZMANN et al. 2001). Dies mindert die Besiedlung durch die anderen Arten nicht.

Schließlich ist die Bedeutung der Börde als Nahrungshabitat für den Rotmilan zu betonen: Hier hat Deutschland die Hauptverantwortung für dessen Erhalt auf dieser Welt, und die Hildesheimer Börde gehört mit zu diesem Raum.

Daraus ergibt sich die Forderung des Vogelschutzes nach Erhalt und ökologischer Verbesserung der weithin offenen Bördelandschaft, die vor allem durch Einzelbäume, kleine Baumgruppen und Hecken strukturiert, aber nicht kleinräumig gekammert ist. Dies würde vor allem Wald- und Gebüschvögel fördern, was hier nicht prioritär sein kann. Die Förderung dieser Arten sollte dagegen in den eingesprengten Feldgehölzen sowie an und in den Dörfern erfolgen.

Vogelschutz in der Börde

Was bedeutet das für die notwendigen Maßnahmen des Vogelschutzes?

Eine Umkehrung des derzeitig negativen Bestandstrends bei wichtigen Vogelarten der Börde (Feldlerche, Grauammer, Rotmilan) ist nur möglich, wenn Änderungen im Ackerbau umgesetzt werden. Wichtige Parameter sind:

- Erhöhung der horizontalen Strukturvielfalt durch Brachestreifen, breite wildkraut- und staudenreiche Säume und Wegränder mit Insekten- und Samenangebot
- Schaffung eines Nutzungsmosaiks mit unterschiedlich hohen Kulturen und möglichst kleinflächigen Nutzungseinheiten
- Vermehrter Anbau von Sommergetreide
- Längeres Belassen von Stoppelfeldern als Nahrungs- und Ruheraum im Spätsommer, Herbst und Winter
- Verringerter Einsatz von Herbiziden und Insektiziden
- Schaffung von ungedüngten Magerstreifen und verringerte Aussaatstärken
- Belassen und Anpflanzung von Einzelbäumen und Baumgruppen in der freien Landschaft, an Straßen, Wegen und Gräben als Singwarte und/oder Neststandorte
- Erhöhung des Grünlandanteils

Die neue EU-Agrarpolitik wird daher immense Auswirkungen auf die Vogelwelt der Hildesheimer Börde haben. Inwieweit durch die eingeführte Flächenprämie der Druck zurückgeht, so viel wie möglich zu produzieren, wird die Lebensbedingungen der Vögel in diesem Intensivwirtschaftraum entscheidend prägen. Die Maßnahmen des Naturschutzes werden da in absehbarer Zeit nur randlichen Charakter haben können. Es wird aber darauf ankommen, diese Möglichkeiten so effizient wie möglich zu nutzen, da hier nach wie vor charakteristische Vogelarten erhalten geblieben sind.

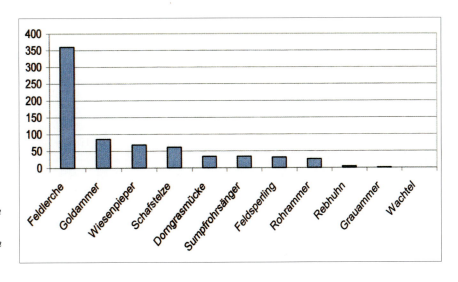

Häufigkeit typischer Brutvögel der offenen Bördelandschaft im Raum Hildesheim 1997. Untersucht wurden 24 jeweils 100 ha große Probeflächen durch Mitglieder des Ornithologischen Vereins zu Hildesheim e. V.

Bedeutung der Börde für rastende und überwinternde Vögel

von Frank Rieken

Einleitung

Die ausgeräumte Bördelandschaft scheint für Vögel wenig attraktiv zu sein. Der uneingeweihte Beobachter würde hier gerade einmal die Feldlerche oder die Goldammer erwarten. Mehrere Beiträge dieses Buches zeigen aber, dass die Börde vielen Vögeln hervorragende Bruthabitate bietet (vgl. S. 72, 87, 91, 93, 95). Weiterhin lässt eine Herbst- oder Winterwanderung durch die Börde erkennen, dass viele Vogelarten diese scheinbar karge Landschaft nutzen, um auf dem Weg in die oder aus den Überwinterungsgebieten im Süden Europas oder Afrikas Rast einzulegen oder sogar in der Börde zu überwintern. In diesem Kapitel wird dargestellt, welche interessanten ornithologischen Begegnungen in der kalten Jahreszeit möglich sind.

Projekt zur Vogelbestandserfassung in der Börde

Grundlage für diese Ausarbeitung ist ein groß angelegtes Projekt der Paul-Feindt-Stiftung mit Förderung durch den Landkreis Hildesheim. Dabei wurde in zwölf Untersuchungsgebieten mit insgesamt ca. 16.000 ha an 17 Zählterminen zwischen August 2003 und April 2004 nach einer standardisierten Methode von 53 ehrenamtlichen Helfern, zumeist Mitgliedern des OVH, kartiert. Alle Vögel wurden mit Fernglas oder Spektiv aus dem Auto heraus entlang festgelegter Zählstrecken und von speziellen Beobachtungspunkten aus erfasst und notiert.

Nr.	Zählgebiet	ha
1	Schliekum - Hopfenberg - Ruthe	716,63
2	Giften - Barnten - Emmerke	1.362,37
3	Gödringen - Klein Förste	1.556,90
4	Ummeln - Algermissen	969,66
5	Borsum - Rautenberg - Ahstedt	3.240,06
6	Hoheneggelsen - Steinbrück	1.826,28
7	Einum - Achtum - Wendhausen	1.363,24
8	Dinklar - Dingelbe - Wöhle	1.695,17
9	Bettrum - Klein Himstedt	856,47
10	Sehlde - Eime	967,86
11	Dötzum - Heinum - Eitzum	677,73
12	Werder - Bönnien	723,37

Die Flächen 1, 2, 10 und 11 liegen in der Kalenberger, die Flächen 3 bis 9 in der Hildesheimer Börde. Alle Flächen mit Ausnahme des Gebietes Schliekum – Hopfenberg – Ruthe (1) umfassen weiträumige, relativ strukturarme Ackerlandschaften mit geringem Gehölz- und Grünlandanteil. Das Zählgebiet 1 weist neben Äckern auch einige Kiesabbaugewässer auf. Die Gebiete 1 bis 9 liegen nördlich der Mittelgebirgsschwelle und decken damit den überwiegenden Teil der landwirtschaftlich genutzten Flächen der Börden im Landkreis Hildesheim ab. Dagegen liegen die Zählgebiete Sehlde – Eime (10) und Dötzum – Heinum – Eitzum (11) im südlichen Ausläufer der Kalenberger Börde und die Fläche Werder – Bönnien (12) im Ambergau.

Ein wesentliches Ziel dieses Projektes war es festzustellen, ob neben den bekannten Gebieten weitere Bereiche der Hildesheimer Börde für Rastvögel von Bedeutung sind. Weiterhin sollten genauere Informationen über die Anzahl der Rastvögel und den zeitlichen Ablauf des Zuggeschehens ermittelt werden. Von Gewässern und Feuchtgebieten ist die hohe Bedeutung für den Vogelzug seit langem bekannt. Hier konzentrieren sich zur Zugzeit die Vögel und damit auch die Ornithologen. Für den von Naturbeobachtern eher vernachlässigten Lebensraum des ausgedehnten Ackerlandes galt es, mit dieser Untersuchung Wissenslücken zu schließen.

Aus naturschutzfachlicher Sicht war die gesetzliche Verpflichtung der Gebietskörperschaften zum Schutz von Rastvogellebensräumen Auslöser für diese Bestandserfassung. Landkreis und politische Gemeinden haben bei Planungs- und Genehmigungsverfahren die Belange der Rastvögel zu berücksichtigen. Dies ist allerdings nur dann möglich, wenn die entsprechenden Informationen vorliegen.

Verlässliche Aussagen und Bewertungen sind auf Grund einer einzelnen Kartierung zwar noch nicht möglich; doch erlauben die erhobenen Daten zusammen mit dem aus früheren Jahren vorliegenden umfangreichen Beobachtungsmaterial Rückschlüsse auf die Nutzung der Börde durch Zugvögel. Auf Grund der einheitlich angewendeten Erfassungsmethode bietet die Erhebung 2003/04 eine wertvolle Grundlage für wünschenswerte Folgeuntersuchungen.

Ergebnisse der Vogelerfassung

Zugvögel in der Börde

Beim Vogelzug lassen sich verschiedene Strategien unterscheiden. Es gibt Tag- und Nachtzieher sowie Zugvögel, die sich am Sonnenstand oder an den Sternen orientieren, wobei Küsten, große Flüsse oder Gebirgsketten die Leitlinien des Vogelzuges bilden. Die Hildesheimer Börde ist als Übergangslandschaft zwischen der norddeutschen Tiefebene und dem mitteldeutschen Hügelland für die Zugbeobachtung besonders interessant. Sie stellt für viele Arten, vor allem für Wasservögel, die häufig von Ost nach West ziehen, mit der Mittelgebirgsschwelle die südlichste Grenze ihres Zugweges dar. Weiterhin sind Wetterbedingungen (Wind, Temperatur, Tief- bzw. Hochdruckgebiete) von großer Wichtigkeit. Vom Verlauf des Winters ist die Artenvielfalt, die Menge der ziehenden oder rastenden Vögel und ihre Aufenthaltsdauer abhängig. Eine abschließende Bewertung der Hildesheimer Börde für Zug- und Rastvögel kann somit nur durch eine Untersuchung über etliche Jahre erfolgen. Die Daten aus diesem Projekt lassen aber bereits deutliche Tendenzen erkennen. Sie bestätigen die vielfältigen Beobachtungen der vergangenen Jahrzehnte, aus denen die hohe Bedeutung der Börde für Zugvögel bereits ablesbar ist.

Ergebnisse aus den verschiedenen Beobachtungsgebieten

Die vorliegende Kartierung kann keinen Anspruch auf Vollständigkeit erheben, da zum einen nicht die gesamte Hildesheimer und Kalenberger Börde, sondern nur wesentliche Teilbereiche erfasst wurden; des weiteren ist es nicht möglich, alle Vögel in einer angemessenen Zeit vollständig nachzuweisen. Vor allem bei kleineren Singvögeln ist dies äußerst aufwendig, da diese oft nur schwer zu entdecken sind, so dass bei diesen Arten lediglich ihre Anwesenheit in der Börde, nicht jedoch ihre tatsächliche Anzahl dokumentiert wurde. Bei größeren Arten (ab Kiebitz) hat man festgestellt, dass bei der hier angewendeten Bearbeitungsmethode eine Fehlerquote von höchstens 10% auftritt. Damit sind die Zählergebnisse dieser Arten als zuverlässig und vergleichbar anzusehen.

Das folgende Diagramm stellt für die zwölf Zählgebiete die Summen aller erfassten Vogelindividuen (Säulen) und die Gesamtzahl aller beobachteten Arten (Punktlinie) dar. Insgesamt wurden an den 17 Zähltagen 133 Vogelarten und über 165.000 Vogelindividuen ermittelt.

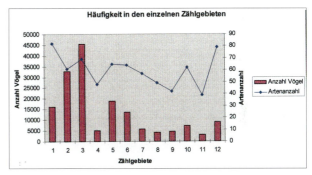

Gesamtartenzahl der Vögel im Jahresverlauf. Die roten Balken zeigen die Individuenzahl, die blaue Linie gibt die Artenzahl wieder

Es fällt auf, dass sich die Zählgebiete in Bezug auf die Arten- und die Individuenzahl deutlich voneinander unterscheiden. Die Gebiete Schliekum – Hopfenberg – Ruthe (1) und Werder – Bönnien (12) gehören zwar zu den flächenmäßig kleinsten, weisen aber die höchsten Artenzahlen auf. Diese ist jedoch nicht zugleich mit einer hohen Individuenzahl verbunden. In dieser Hinsicht fallen die Flächen Giften – Barnten – Emmerke (2) und Gödringen – Klein Förste (3) mit sehr hohen Werten heraus. Das Gebiet Borsum – Rautenberg - Ahstedt (5) ist zwar größer als die Gebiete Giften – Barnten – Emmerke (2) und Gödringen – Klein Förste (3) zusammen, wird aber in viel geringerem Maße als Rastplatz angenommen. Das Gebiet Einum – Achtum – Wendhausen (7), ebenso groß wie die Fläche Giften – Barnten – Emmerke (2), zeigt dagegen ausgesprochen niedrige Werte. Aus den 1960er Jahren liegen Beobachtungen von Kiebitzschwärmen mit mehr als 10.000 Individuen vor.

So wirft schon eine flüchtige Betrachtung des Diagramms, erst recht ein Vergleich mit früheren Beobachtungen, viele offene Fragen auf:
– Welche Faktoren veranlassen die Zugvögel, bestimmte Plätze in der Börde zur Rast aufzusuchen und andere zu meiden?

Raubwürger im Winter

– Welche Bedeutung kommt bestimmten Biotopstrukturen zu?
– Welche Rolle spielt die Entfernung zu Ortschaften, Verkehrswegen, Hochspannungsleitungen, Windenergieanlagen?
– Gibt es eine Tradition bei der Besetzung der Rastplätze?
– Aus welchem Grund werden früher genutzte Plätze aufgegeben?

Diese und viele weitere Fragen lassen sich auf Grund der Ergebnisse einer einzigen Zählperiode nicht ohne weiteres beantworten. Deshalb muss an dieser Stelle darauf verzichtet werden, die stark voneinander abweichenden Ergebnisse der zwölf Untersuchungsgebiete detailliert zu analysieren; einige Schlussfolgerungen sind aber bereits jetzt – mit der gebotenen Vorsicht – möglich.

Maßgeblich für die höchsten Artenzahlen im Gebiet Schliekum – Hopfenberg – Ruthe (1) dürften die Kiesseen und im Gebiet Werder – Bönnien (12) die Nette sein. Die Gebiete Giften – Barnten – Emmerke (2) und Gödringen – Klein Förste (3) mit den höchsten Individuenzahlen sind seit langem als überregional bedeutsame Rastplätze für Kiebitze und Goldregenpfeifer, aber auch viele andere Arten bekannt. Es sind dies die beiden größten, nicht durch Siedlungen unterbrochenen Flächen; sie weisen zudem infolge des Entenfangs und des angestauten Bruchgrabens den höchsten Grundwasserstand auf, ein Umstand, der gerade den beiden genannten Arten die Nahrungssuche im weichen Boden erleichtert. Die Gebiete 4 bis 9 weisen keine auffälligen Strukturmerkmale auf; die unterschiedlichen Zählergebnisse dieser Flächen dürften sich erst auf Grund mehrjähriger Bestandserfassungen erklären lassen. Die Gebiete 10 bis 12 liegen bereits südlich der Mittelgebirgsschwelle, so dass hier abweichende Ergebnisse zu erwarten waren. In der Sehlder Masch (10) ist zudem der Grünlandanteil höher als in allen anderen Zählgebieten.

Eine besondere Rolle hinsichtlich der Bewertung von Vogelrastplätzen kommt dem Kiebitz und dem Goldregenpfeifer zu. Mehrere Kriterien lassen sie als Leitarten besonders geeignet erscheinen, sie treten regelmäßig in größerer Zahl in der Börde auf und verweilen hier für längere Zeit. Sie sind nicht an Feuchtgebiete gebunden, sondern nutzen zur Zugzeit insbesondere frisch bestellte Äcker. Damit liefert ihre Anwesenheit einen wichtigen Hinweis auf die ökologische Situation des aufgesuchten Rastplatzes. Außerdem sind beide Arten durch die europäische Vogelschutzrichtlinie geschützt, und es gibt quantitative Kriterien zur Bewertung ihrer Rastgebiete.

Es wurde bereits mehrfach darauf hingewiesen, dass eine einmalige Rastvogelkartierung noch keine sicheren Aussagen über den Wert von Rastvogellebensräumen erlaubt. Für eine zutreffende Einschätzung sind mehrjährige Erfassungen unerlässlich. Trotzdem soll hier die erste vorläufige und sehr vorsichtige Bewertung des Gutachtens „Rastvogelkartierung in der Hildesheimer Börde 2003/2004" von G. SEIBERT und M. SCHRAMEYER (Landschaftsarchitekturbüro GEORG VON LUCKWALD/ Helpensen, 2005) kurz wiedergegeben werden, wobei im folgenden nur der Kiebitz berücksichtigt wird.

In den Zählgebieten Giften – Barnten – Emmerke (2) und Gödringen – Klein Förste (3) wurden die Schwellenwerte für die Einstufung als „national bedeutsam" (> 5.000 Individuen) mehrfach überschritten. Da für beide Gebiete aus früheren Jahren z.T. wesentlich höhere Zahlen vorliegen, kann an ihrer Bewertung als bedeutsame Rastgebiete kein Zweifel bestehen.

Für die Gebiete Dötzum – Heinum – Eitzum (11) und Werder – Bönnien (12) sind auf Grund ihrer topographischen Lage keine größeren Ansammlungen von Rastvögeln zu erwarten; als Rastgebiete dürften sie wenig geeignet sein.

Die Ergebnisse aus den anderen Zählgebieten erlauben noch keine Einschätzung der Wertigkeit. Hier wurden in Einzelfällen die Schwellenwerte für regionale (> 350) bzw. landesweite (> 690), einmal sogar nationale (> 5.000) Bedeutung überschritten, andererseits im Gebiet Einum – Achtum – Wendhausen (7) deutlich unterschritten, obwohl hier aus früheren Jahren hohe Zahlen bekannt sind. Damit sind für die Gebiete 1 und 4 bis 10 weitere Untersuchungen erforderlich, um eine abschließende Bewertung als Rastvogellebensraum vornehmen zu können.

Rastende und überwinternde Vogelarten in der Bördelandschaft

Die Kartierung brachte mit 133 Arten eine überraschende Vielfalt an den Tag, wie man sie in der ausgeräumten Ackerlandschaft wohl kaum erwartet hätte. Auch wenn bei einigen Zählgebieten angrenzende Kiesteiche miterfasst wurden, kann bei dieser Anzahl sicherlich nicht von Artenarmut gesprochen werden. Bei den Gesamtzahlen der einzelnen Arten lässt sich feststellen, dass im Herbst die meisten Vögel durchziehen. Der Frühjahrszug ist nicht so stark ausgeprägt. Bei den Artenzahlen ist Ende Januar der Tiefpunkt erreicht, im April sind die afrikanischen Überwinterer zurück, so dass dann die meisten höchsten Artenzahlen nachgewiesen werden können.

Kraniche und Reiher

Kraniche orientieren sich während des Zuges unter anderem an Landmarken. Vor allem bei trübem Wetter ziehen die Tiere, von Nordosten kommend, am Nordrand der Mittelgebirgsschwelle entlang und schwenken dann am nordöstlichen Ende des Hildesheimer Waldes wieder nach Südwesten ein. Ziehende Kraniche gehören somit zu den

Silberreiher auf Nahrungssuche in der Börde

Charaktervögeln der Hildesheimer Vogelwelt. Im Oktober/November während des Wegzuges und im Februar/März während des Heimzuges sind immer wieder Keile von Kranichen am Himmel zu sehen und ihre Rufe auch während der Nacht zu hören. Die Kraniche lassen sich jedoch nur bei ungünstigen Wetterlagen (Wind, Nebel) in der Börde nieder. Die „Vögel des Glücks", wie sie auch im Volksmund genannt werden, sind dann hervorragend aus der Ferne mit Spektiv oder Fernglas zu beobachten.

Graureiher sind dagegen regelmäßig in der Börde zu sehen. Entgegen ihrem Ruf als „Fisch"reiher fressen sie häufig auch Insekten und Mäuse. Letztere sind in der Börde in guten Jahren sehr häufig und locken neben Greifvögeln auch Reiher an. Beringungen haben gezeigt, dass auch Graureiher ein ausgeprägtes Zugverhalten aufweisen, so dass es sich bei

Rastende Kraniche

Graugänsetrupp im Winter

den Vögeln im Winter mit Sicherheit nicht nur um Vertreter aus den kleinen heimischen Kolonien handelt.

Auch einen südosteuropäischen Neubürger zieht es seit wenigen Jahren in den Landkreis Hildesheim und somit wie den Graureiher zur Nahrungssuche in die Bördengebiete: den **Silberreiher**. So konnten im April 2004 bei Gödringen 13 Individuen dieser weißen Vögel festgestellt werden. Einen Brutnachweis gibt es in Norddeutschland bislang noch nicht – dieser wird aber aufgrund der immer häufigeren Feststellungen sicherlich nicht lange auf sich warten lassen.

Schwäne und Gänse

Entenvögel sind an Wasserflächen gebunden. Wahre Paradiese stellen vor allem die Kiesteiche zwischen Sarstedt und Koldingen sowie die Gronauer Masch dar. Gänse und Schwäne finden sich hier zur Nahrungssuche, desgleichen aber auch auf den Feldern der Börde ein. So konnten bei Ruthe (Sarstedt) im November/Dezember 2003 bis zu 2.000 **Saat-** und **Blässgänse** festgestellt werden. Im gleichen Zeitraum wurden im angrenzenden Hannoveraner Raum bei Pattensen mehrere Tausend Wildgänse nachgewiesen. Auch bei Borsum und Gödringen hielten sich kleinere Trupps von Gänsen zur Nahrungsaufnahme auf.

Die **Nilgans** als Neubürger unserer Fauna hat sich deutschlandweit stark ausgebreitet und ist bei Ruthe ganzjährig einzeln oder in Paaren, im Winter sogar in größeren Trupps mit über 30 Vögeln, zu beobachten. Diese afrikanische Art ist aus Parks heraus verwildert. So wurde z.B. in Pattensen ein im Schlosspark Herten (Ruhrgebiet) beringter Vogel gefunden.

Singschwäne wurden bei dieser Kartierung nicht registriert. Aus vergangenen Jahren sind jedoch Überwinterungen auf Rapsfeldern im Bereich der Zuckerfabrik Nordstemmen bekannt. Bei den **Höckerschwänen** wird es sich sicherlich um heimische Brutvögel handeln, wobei auch ein Zuzug aus östlicheren und nördlicheren Gebieten nicht auszuschließen ist. Auf einem Rapsfeld bei Ruthe wurden im April 2004 59 Individuen festgestellt.

Greifvögel

Die Börde bietet Greifvögeln eine hervorragende Lebensbasis. Während der Brutzeit finden sie vor allem in guten Mäusejahren reichlich Nahrung auf den weiten Flächen und die Baumbrüter unter ihnen geeignete Brutplätze in den angrenzenden Wäldern. Somit sind neben den weit verbreiteten Arten wie **Mäusebussard** und **Turmfalke** vor allem **Baumfalke, Rotmilan, Rohrweihe** und seit 2003 auch die seltene **Wiesenweihe** und der **Wanderfalke** als Brutvögel im Landkreis Hildesheim zu finden.

Im Winter dient die Börde vielen Arten als Durchzugs- und Überwinterungsgebiet. Dort finden Greifvögel auf den übersichtlichen Feldern einen reich gedeckten Tisch. Während Milane, Rohr- und Wiesenweihen sowie Baumfalken in den Süden ziehen, kommen Arten aus nördlicheren Breiten, **Raufußbussard, Merlin** und **Kornweihe**, hinzu (vgl. S. 87). Andere Arten wie Turm- und Wanderfalken nehmen durch Zuzug noch weiter zu. Vor allem die Anzahl der Mäusebussarde steigt stark an.

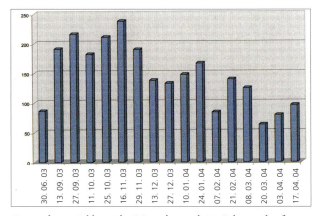

Bestandsentwicklung des Mäusebussards im Jahresverlauf

Wenn man Glück hat, kann man einen markierten Vogel – wie diesen Mäusebussard aus Sachsen-Anhalt – entdecken und dadurch zur wissenschaftlichen Erforschung des Zugweges beitragen

Während der Kartierung wurden im östlichen Landkreis sogar zwei Mäusebussarde mit einer Flügelmarke beobachtet. Es handelte sich dabei um Vögel aus Sachsen-Anhalt. Damit wird belegt, dass ein Zuzug aus östlichen Gebieten stattfindet. Mit etwas Glück kann man auch besonders seltene Greifvögel entdecken. So konnte bei Borsum im Herbst 2003 ein **Seeadler** beobachtet werden, 2004 ein weiterer, der mit einem Satellitensender ausgestattet war. Ebenfalls im Herbst 2004 hielt sich ein **Rotfußfalke** in der Börde auf.

Trappen und Hühnervögel

Aus heutiger Sicht mag es fast als unglaublich erscheinen, dass bis in die frühen 80er Jahre des letzten Jahrhunderts selten, aber regelmäßig **Großtrappen** in der Hildesheimer Börde beobachtet wurden (vgl. S. 73). Heute sind sie sehr selten geworden und brüten nur noch in der Brandenburger Havelniederung.

Auch die Hühnervögel, die früher als Charaktervögel der Börde galten, sind kaum noch zu entdecken. Fehlende Hecken sowie eine intensive Landwirtschaft haben die Lebensbedingungen von **Wachtel** und **Rebhuhn** (vgl. S. 91) massiv beeinträchtigt. So konnte nur unregelmäßig eine Rebhuhnkette festgestellt werden. Dabei dürfte es sich um Tiere der heimischen Brutpopulation handeln, da Rebhühner Standvögel und Teilzieher sind. Einzig der Fasan ist regelmäßig zu beobachten. Dieser durch Jäger eingebürgerte Vogel zeigt kaum Scheu und ist im gesamten Landkreis zu finden.

Goldregenpfeifer, Kiebitze und Stare

Die naturschutzfachliche Fortschreibung des Landschaftsrahmenplans stützt sich wesentlich auf das Rastvorkommen von **Kiebitzen** und **Goldregenpfeifern**, da diese regelmäßig und in beträchtlicher Anzahl auftreten. Kiebitze erscheinen meistens in großen Trupps, die aus mehreren Tausend Vögeln bestehen können; sehr oft sind sie mit Goldregenpfeifern und **Staren** vergesellschaftet.

Abhängig von der Witterung können zwei Zugspitzen unterschieden werden: der Herbstzug, der seinen Höhepunkt Anfang Oktober erreicht, und der Frühjahrszug im Februar/März, der gewöhnlich beim Kiebitz und Star deutlich geringer und beim Goldregenpfeifer stärker ausfällt als der Herbstzug. Dabei sind die Zahlen aus dem Jahr der Kartierung im Gegensatz zu Beobachtungen aus den Vorjahren als relativ gering einzuschätzen. So rasteten im Frühjahr 2003 mehr als 5.000 Goldregenpfeifer auf dem Frühjahreszug gleichzeitig in der Hildesheimer Börde, im Frühjahr 2004 dagegen nur maximal 121 Individuen.

Kiebitze und Stare kommen häufig zusammen in großen Schwärmen vor

Auch die beiden wichtigsten Rastplätze in der Börde wiesen 2004 auffallend geringe Zahlen auf. Im Gebiet 2 in der Kalenberger Börde (Giften – Barnten – Emmerke) hielten sich an den festgelegten Zähltagen höchstens 7.600 Kiebitze und 6.350 Stare auf. Die Rastbiotope in der Hildesheimer Börde nördlich von Klein-Förste (Gebiet 3) wurden von maximal 7.950 Kiebitzen und 6.200 Staren aufgesucht. Diese vergleichsweise niedrigen Zahlen zeigen mit aller Deutlichkeit, dass die wenigen Zähltermine einer einzelnen Zählperiode ein falsches Bild vermitteln können; denn zwischen den Terminen wurden vergleichbar hohe Werte wie im langjährigen Mittel erreicht, die an beiden Plätzen in den allermeisten Jahren bei weit über 5.000 bis max. 14.000 (Gebiet 2) bzw. 12.500 (Gebiet 3) Kiebitzen liegen und in Ausnahmejahren z.B. im Bereich Giften - Barnten - Emmerke 40.000 Individuen umfassen. Damit erfüllen diese Rastplätze fraglos die Kriterien eines EU-Vogelschutzgebietes. Die höchste Tagessumme aller Probeflächen im Kartierungszeitraum erbrachte ca. 19.700 Kiebitze. Das ist ein Wert, der weit hinter der bisher von Hildesheimer Ornithologen ermittelten Höchstzahl von ca. 140.000 gleichzeitig in der Börde rastenden Kiebitzen zurückbleibt.

Mit etwas Glück, Ausdauer und Geduld gelingt es auch, Seltenheiten in diesen großen Trupps zu entdecken. So liegt Norddeutschland auf dem Zugweg des seltenen **Mornellregenpfeifers**. Auch der **Steppenkiebitz** aus der kasachischen Steppe ist in früheren Jahren schon gesichtet worden.

Möwen

Beim Stichwort „Möwen" denkt man zumeist an die Küste, doch findet man im Winterhalbjahr auch sehr viele Möwen im mitteleuropäischen Binnenland. Die großen Kiesteiche im Nordwesten des Landkreises Hildesheim bieten Schlafmöglichkeiten für einen Teil der Tausende von Möwen, die an der Mülldeponie Hannover-Altwarmbüchen tagsüber nach Futter suchen. Viele von ihnen stellen sich regelmäßig auch in der Börde ein, um einem pflügenden Traktor zu folgen und Nahrung aus der frischen Krume zu suchen. Dabei ist die **Lachmöwe**, die bei Ruthe auch brütet, die häufigste Art. Bis zu 800 Individuen wurden im Zählwinter erfasst. Daneben wurden bis zu 400 **Sturmmöwen**, die nur selten im Binnenland brüten, beobachtet, außerdem etwa 300 **Silbermöwen**, die im Sommer fast nur an der Küste vorkommen.

Tauben

Aus den Städten sind uns vor allem die **Straßentauben**, die ursprünglich von der Felsentaube abstammen, die **Ringeltauben** und die etwas kleineren **Türkentauben** vertraut. Weiterhin gibt es in unseren Breiten noch **Hohl-** und **Turteltauben**. Tauben gehören eher zu den Teilziehern, die in großen Trupps umherstreifen und nach Nahrung suchen. Wenn der Winter härter wird, ziehen sie weiter in Richtung Südwesten. Straßentauben beteiligen sich daran nicht, da sie in den Siedlungen auch im Winter genügend Nahrung finden. Türkentauben verlassen ebenfalls nur selten die schützenden Städte und sind an den Menschen gebunden. Dennoch konnten im Dezember bei Einum 42 Türkentauben in der Börde festgestellt werden. Ringeltauben hingegen sind Stadt-, Dorf- und Waldvögel und sammeln sich in großen Schwärmen, die Tausende von Individuen umfassen können. Sie suchen dann auf Äckern nach Nahrung und verbringen die Nächte in Schlafgemeinschaften in Gehölzen. Als Höchstzahl wurden im Erfassungszeitraum 973 Ringeltauben gezählt. Einen Trupp Hohltauben zu entdecken, ist schon wesentlich schwieriger. Dennoch konnte während der Kartierung bei Klein Förste den ganzen Winter hindurch ein Trupp mit ca. 20 Vögeln festgestellt werden.

Singvögel

Die angewandte Kartiermethode erlaubt keine sicheren quantitativen Angaben. Bei der Erfassung in der Börde wurden alle beobachteten Arten mitgezählt, so dass zumindest einige Aspekte, inwieweit Singvögel die Börde als Rastgebiet nutzen, kurz angesprochen werden können.

Lerchen, Wiesenpieper und **Stelzen** gehören zu den Charaktervögeln der Börde (vgl. S. 93), die als Brutvögel regelmäßig anzutreffen sind. Aber auch zur Zugzeit kann man sich ihrer erfreuen. Sie sammeln sich zu Trupps mit manchmal einigen hundert Vögeln und ziehen durch die Landschaft. Dies kann man besonders im September beobachten, wenn neben den ansässigen Vögeln bereits die ersten ost- und nordeuropäischen Arten hinzukommen. Einzelne Individuen versuchen bisweilen, in der Börde zu überwintern, insbesondere Feldlerche und Wiesenpieper, Schaf- und Bachstelze dagegen eher selten.

Im Winter findet man in den Dörfern der Börde sowie in der Stadt Hildesheim regelmäßig Schwärme von Drosseln, die sich an beerentragenden Sträuchern gütlich tun. Als Wintergäste nutzen vor allem **Wacholder-** und **Rotdrosseln** die Börde, wenn sich genügend Nahrung bietet. Sie sind dann nicht nur in Sträuchern, sondern auch auf den Feldern zu entdecken. Im Zählwinter wurden max. 700 Wacholder- und 100 Rotdrosseln nachgewiesen, in anderen Jahren liegen die Zahlen oft um ein Vielfaches darüber.

Sieht man einen schwarz-weißen Vogel exponiert auf einem Strauch oder kleinen Baum sitzen, so handelt es sich

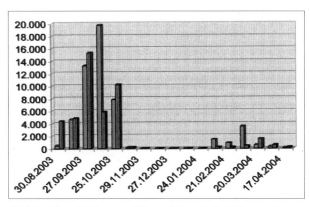

Kiebitze (rote Balken) und Stare (blaue Balken) lassen einen ähnlichen Zugverlauf erkennen

nicht immer um eine Elster, sondern im Winter auch schon einmal um einen **Raubwürger**. Seit der letzten Brut in den 1970er Jahren im Landkreis Hildesheim erscheint er nur noch als Wintergast bei uns. In der Hildesheimer Börde konnten während des Kartierungswinters an drei verschiedenen Plätzen Raubwürger festgestellt werden.

Gold- und Grauammern gehören als Körnerfresser zu den Kulturfolgern. Dabei bleiben sie auch im Winter in den Brutgebieten. Größere Trupps von Goldammern sind vor allem nach der Ernte zu beobachten, wenn sie auf der Ackerkrume nach Resten suchen. Da jedoch durch die Intensivierung der Landwirtschaft diesen Vögeln nicht mehr so viel Nahrung zur Verfügung steht, sind ihre Bestände stark zurückgegangen. Die Grauammer (vgl. S. 95) hat es noch härter getroffen. Sie brütet nur noch sehr unregelmäßig und in geringer Zahl in der Hildesheimer Börde, so dass die drei Sichtungen während der Kartierung (mit insgesamt 16 Vögeln) als Glücksfälle zu werten sind.

„Highlights" der winterlichen Vogelbeobachtung stellen die Entdeckungen der nordischen Gäste dar, die nur in der kalten Jahreszeit bei uns erscheinen. **Bergfinken** können zur Zugzeit bisweilen in riesigen Schwärmen, vor allem in Wäldern, auftreten. Der **Seidenschwanz** bevorzugt beerentragende Sträucher oder Bäume mit Misteln in Siedlungsbereichen. Auf den offenen Feldern fühlen sich **Berghänflinge, Ohrenlerchen** und **Schneeammern** sehr wohl. Diese Arten überwintern hauptsächlich an den Küsten und ernähren sich dort von Samen in den Salzwiesen oder aus dem Treibsel. Dennoch gibt es immer wieder einige Individuen, die sich auch ins Binnenland verirren und in der kargen Börde den Winter verbringen – jedoch nur, solange es Schnee und Eis zulassen. Im Zählwinter 2003/04 konnte lediglich eine Schneeammer festgestellt werden.

Zu den Singvögeln gehört auch die Familie der **Krähenvögel**, die im Landkreis Hildesheim mit sieben Arten vertreten ist. Die offenen landwirtschaftlichen Flächen der Börde werden zur Zugzeit von Dohle, Saat- und Rabenkrähe zur Rast und Nahrungssuche genutzt. Vor allem im Herbst ziehen große Schwärme von **Saatkrähen**, vergesellschaftet mit **Dohlen**, über unser Gebiet hinweg in weiter westlich gelegene Winterquartiere. An den Zählterminen lagen die Zahlen dieser beiden Arten ausgesprochen niedrig. Lediglich eine Dohle und 78 Saatkrähen wurden festgestellt. Die Zählung der **Rabenkrähen** während der Kartierung ergab, dass sich auf den Probeflächen von 16.000 ha konstant 500 bis 700 Rabenkrähen aufhielten, eine Zahl, die sicherlich keine Verfolgung rechtfertigt.

Schlussbetrachtung

Die standardmäßige Kartierung bietet die Möglichkeit, die Bedeutung der Börde in einer Form zu dokumentieren, die nachhaltig zum Schutz wichtiger Vogelrastgebiete genutzt werden kann. Dazu ist das vorgestellte Projekt ein erster Schritt. Die Ergebnisse der Zählperiode 2003/2004 lassen bereits heute wesentliche Teilbereiche der Hildesheimer und Kalenberger Börde als wichtige Lebensräume für rastende Vögel erkennen. Es ist zu erwarten, dass mit planmäßigen Folgeuntersuchungen weitere Rastplätze von regionaler oder landesweiter Bedeutung ermittelt werden.

In zahlreichen internationalen und nationalen Abkommen, Gesetzen und Verordnungen ist der Schutz wandernder Vogelarten festgelegt. So verlangt z.B. schon die europäische Vogelschutzrichtlinie aus dem Jahre 1979 von den Vertragspartnern Schutzmaßnahmen für die Rastplätze von Zugvögeln.

Der Seidenschwanz – ein farbenfroher Wintergast. Masseneinflüge finden vor allem in harten Wintern statt wie 2004/2005

In welcher Weise lässt sich diese Forderung in der Börde erfüllen? Die Ausweisung von Naturschutzgebieten herkömmlicher Art kommt dafür wohl kaum in Betracht. Denkbar wäre die Einrichtung von Landschaftsschutzgebieten, die den Schutzzweck – das bedeutet hier die Sicherung der Rastplätze – eigens definieren. Von entscheidender Bedeutung ist die Erhaltung des derzeitigen Landschaftscharakters und der ackerbaulichen Nutzung. Nur unter diesen Bedingungen suchen Zugvögel hier ihre Rastplätze auf. Daher wäre es wünschenswert, wenn die Rastvogellebensräume im Regionalen Raumordnungsprogramm und im Landschaftsrahmenplan des Landkreises Hildesheim als „Gebiete mit besonderer Bedeutung für den Tier- und Pflanzenartenschutz" gesichert würden. Eine Einschränkung der landwirtschaftlichen Nutzung wäre damit im allgemeinen nicht verbunden, wohl aber würden konkurrierende Nutzungen weitgehend ausgeschlossen. Daran hätten sich Flächennutzungs- und Bebauungspläne zu orientieren. Für Bau- und Gewerbegebiete, Bodenabbau, Verkehrswege, privilegierte Bauten im Außenbereich, z.B. die Errichtung von Ställen oder Biogasanlagen, Freizeiteinrichtungen und Energieanlagen müssten Flächen außerhalb bedeutsamer Vogelrastlebensräume ausgewiesen werden, da Eingriffe in die Rastplätze nicht an Ort und Stelle ausgeglichen werden können. Dies gilt in besonderem Maße für Windenergieanlagen, die nicht nur das Landschaftsbild nachhaltig verändern, sondern auch von vielen Zugvogelarten gemieden werden. Es gibt mittlerweile zahlreiche Untersuchungen, die die hohe Empfindlichkeit, z.B. auch von Kiebitz und Goldregenpfeifer, gegenüber Windenergieanlagen nachweisen. Ein Abstand von mindestens 500 Metern zu allen bedeutsamen Vogellebensräumen (BREUER & SÜDBECK 2002) wäre auch für die Hildesheimer und Kalenberger Börde zu fordern. Die hier vorgestellte Kartierung dient dem Landkreis Hildesheim (hier bereits über 100 Windkraftanlagen – Stand: 2004) damit auch als Grundlage für Entscheidungen, wo zukünftig noch Windkraftanlagen gebaut werden können.

Windenergieanlagen und Strommasten – wie hier bei Schliekum – stellen für durchziehende Vögel ein Hindernis dar

Weihen in der Börde

VON DAGMAR STIEFEL UND BERNHARD MÖLLER

Weihen sind schlanke Greifvögel mit langen, schwach gewinkelten Flügeln und langem Schwanz; ihr Flug ist meist niedrig und gaukelnd, die Flügel werden hierbei v-förmig nach oben gehalten. Sie sind Boden- und Schilfbrüter. Alle Weihenarten sind geschlechtsdimorph, d. h. die Weibchen weisen eine andere Gefiederfärbung als die Männchen auf, so dass man die Geschlechter früher sogar für unterschiedliche Arten hielt.

Von den vier in Europa heimischen Weihenarten Rohr-, Wiesen-, Korn- und Steppenweihe zählen die ersten drei zu den Bewohnern der Hildesheimer Börde; während Rohrweihe und Wiesenweihe hier als Brutvögel anzutreffen sind, kommt die Kornweihe nur als Wintergast vor.

Rohrweihenweibchen

Rohrweihenmännchen

Rohrweihe (*Circus aeruginosus*): Sie ist die häufigste Weihenart in der Bördelandschaft. Ursprünglich lagen die niedersächsischen Verbreitungsschwerpunkte dieser schilfbrütenden Art in den Flussmarschen. BRINKMANN (1933) führt eine Reihe von Belegen aus dem norddeutschen Flachland, nicht jedoch aus der Börde oder dem südniedersächsischen Bergland an. Mittlerweile gelten auch die Börden im südöstlichen Niedersachsen aus Landessicht als Verbreitungszentren. Waren Rohrweihen früher überwiegend Schilfbrüter, nahm der Anteil der Vögel, die ihre Nester in Getreidefeldern errichten, seit den 1970er Jahren kontinuierlich zu. Wintergerste wird jedoch bereits im Frühsommer oft vor dem Ausfliegen der Jungen gemäht, so dass ehrenamtliche Naturschützer in Absprache mit den Landwirten die Nester in Gerste kurz vor der Mahd in (später zu mähende) Weizenfelder umsetzen und den Jungen damit das Flüggewerden ermöglichen. Bei dieser Gelegenheit werden die jungen Rohrweihen auch beringt, um später einmal Aussagen über Alter, Brutplatztreue und Wanderbewegungen machen zu können. Bislang wurden im Bördebereich 108 junge Rohrweihen mit Aluminiumringen der Vogelwarte Helgoland gekennzeichnet; derzeit liegen zwei Wiederfunde vor (je 1 Mahd- und 1 Verkehrsopfer).

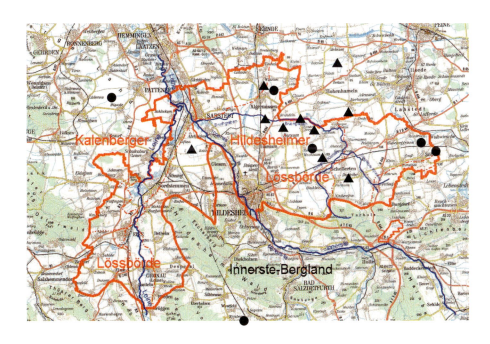

Vorkommen von Rohr- und Wiesenweihe in der Hildesheimer Börde.
Die Karte zeigt die Schwerpunkträume des Vorkommens beider Weihenarten im Gebiet. Schwarze Dreiecke stehen für Brutplätze der Rohrweihe, schwarze Kreise für die der Wiesenweihe

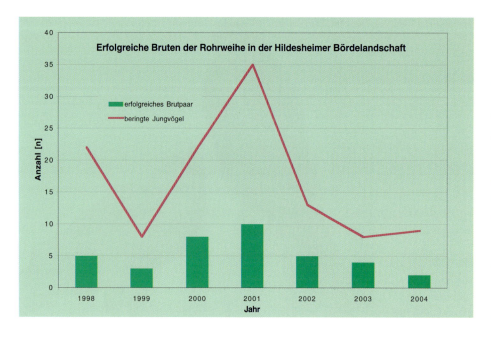

Erfolgreiche Bruten der Rohrweihe in der Hildesheimer Bördelandschaft.
Der Bruterfolg der Rohrweihen hängt neben der Lage des Brutplatzes (Gefahr durch Ausmähen bei Getreidebruten wahrscheinlicher als im Schilf) ganz wesentlich vom Nahrungsangebot ab, in „guten" Mäusejahren ist der Bruterfolg höher als in „schlechten". Da die Jungvögel erst kurz vor dem Flüggewerden beringt werden, gibt die Zahl der beringten Jungvögel auch einen groben Hinweis auf den Bruterfolg

Rohrweihen siedeln in der Hildesheimer Börde überwiegend im südöstlichen Teil, dieser ist flacher und großräumiger und wird von den Vögeln aufgrund der besseren Übersichtlichkeit bevorzugt. Niedersachsenweit ist von annähernd 1.000 Brutpaaren auszugehen, in der Hildesheimer Börde dürften es maximal 40 sein.

Wiesenweihe (*Circus pygargus*): Unsere kleinste Weihenart kommt in Niedersachsen hauptsächlich in der naturräumlichen Region Watten und Marschen sowie den Geestgebieten vor; in der Börde finden sich dagegen nur vereinzelt Brutpaare. In den 1930er Jahren brütete die Wiesenweihe hier aber noch mehr oder weniger regelmäßig (BRINKMANN 1933). Eine erfolgreiche Brut ist für 1935 in einem Roggenfeld am Bruchgraben bei Algermissen dokumentiert. Einem Aufsatz des Lehrers FRANZ ERNST aus Borsum (SÖDING 1955) ist zu entnehmen: „Alljährlich zu Anfang Mai treffen im Algermissener Bruchgrabengebiet die Wiesenweihen aus ihren Winterquartieren ein. Fast in jedem Jahr wird ihre Brut vernichtet; ihre noch nicht flugfähigen Jungen werden zur Erntezeit in den Kornfeldern ausgemäht und in den meisten Fällen von den Dorfjungen mit Speck und Schinken zu Tode gefüttert. Trotzdem kehren sie in jedem Jahre in ihr altes Brutgebiet zurück." Heute noch häufiger als damals brüten die niedersächsischen Wiesenweihen fast ausschließlich in Getreide wie Winterweizen, Gerste, Roggen sowie in Raps- und zunehmend auch in Luzernefeldern. Bruten in natürlichen Habitaten (Moore, Heiden, Röhrichte, feuchte Wiesen Name!) stellen heute Ausnahmen dar.

Aus den letzten Jahren wurden aus den niedersächsischen Bördelandschaften folgende Brutplätze bekannt: 2001 bei Pattensen in der Region Hannover (ROTZOLL & JUNG 2002), 2004 und 2005 bei Groß-Twülpstedt im Landkreis Helmstedt (DORGE 2004) sowie 2003 bei Algermissen, 2004 und 2005 bei Söhlde und 2005 bei Hüddessum und Adenstedt bei Alfeld im Landkreis Hildesheim. Der niedersächsische Bestand wurde für 2002 mit 30 Brutpaaren angegeben (STIEFEL 2002), er steigerte sich im Jahr 2003 auf 54 Paare, aktuell beträgt er etwa 80 Brutpaare; im Bereich der Hildesheimer Börde sind vermutlich noch nicht alle Brutvorkommen bekannt. Die Paul-Feindt-Stiftung fördert Weihen in der Börde durch Kauf und Pflege von Wiesen- und Ackerflächen nachhaltig im Sinne einer Biotopvernetzung. Dies und das landesweite Schutzprogramm der Staatlichen Vogelschutzwarte haben dazu beigetragen, dass nicht nur die Zahl der Wiesenweihenschützer, sondern auch die Zahl der ausgeflogenen Jungen, also der Bruterfolg größer geworden ist.

Fliegende Wiesenweihen (links Weibchen, rechts Männchen, unten Jungvogel)

Wiesenweihenweibchen mit Jungen

Sie bilden dann Schlafgemeinschaften, die ihre Schlafplätze morgens vor Sonnenaufgang zur Nahrungssuche in alle Richtungen verlassen und abends überwiegend unmittelbar vor Sonnenuntergang wieder aufsuchen.

An den Schlafplätzen aufgefundene Gewölle bestanden in der Börde ausschließlich aus Kleinsäugerresten. Hinweise auf Vögel als Nahrung gab es nicht, wobei zu berücksichtigen ist, dass Greifvögel ihre Nahrung weitaus effektiver verdauen als beispielsweise Eulen, so dass die Art der Beutetiere in Greifvogel-Gewöllen oft nur schwer nachweisbar ist (MÖLLER 1995). Anlässlich einer Feldmausgradation kann der Anteil von Vögeln im Beutespektrum der Kornweihe mit 2,5 % äußerst gering sein (GLUTZ VON BLOTZHEIM et al. 1971).

Die Schlafplätze befinden sich bei Ankunft der Kornweihen – also etwa Ende September bis Anfang Oktober - zunächst teilweise in Rübenfeldern und nach dem Abernten vor allem in Grünbracheschlägen mit Ölrettich. In der Hildesheimer Börde gibt es jährlich bis

Um Informationen über Zugstrecken, Alter, Brutplatztreue usw. zu erhalten, werden Wiesenweihen nestjung beringt. Die Tiere tragen neben dem Vogelwarten-Kennring einen grünen oder roten Plastikring mit weißer Schrift am Fuß, der mit einem Fernglas ablesbar ist.

Kornweihe (*Circus cyaneus*): Die Brutvorkommen der Kornweihe beschränken sich in Niedersachsen im Wesentlichen auf die westlichen Ostfriesischen Inseln. Einige wenige Binnenlandbruten gab es in den vergangenen Jahren in Gebieten der Ostfriesisch-Oldenburgischen Geest. Zur Überwinterung nutzen Kornweihen Gebiete in ganz Niedersachsen, diese Art ist im Gegensatz zu den übrigen Weihenarten kein Langstrecken-, sondern ein sog. Teilzieher.

Um 1900 war die Kornweihe noch vereinzelt Brutvogel in der Börde, wenngleich wesentlich seltener als die Wiesenweihe (BRINKMANN 1933). Als Anfang des 20. Jahrhunderts die ausgedehnten Rapsfelder dem Zuckerrübenanbau wichen, verlor auch die Kornweihe ihre Brutplätze. Ab Mitte des 20. Jahrhunderts waren keine Bruten mehr feststellbar. Kornweihen sind in der Börde jedoch regelmäßig als Wintergäste bzw. Durchzügler anzutreffen. Auftreten und Verweildauer hängen dabei in erster Linie vom Vorhandensein und der Erreichbarkeit der Nahrung ab. In Gradationsjahren der Feldmaus (*Microtus arvalis*) kann daher mit verstärktem Auftreten von Kornweihen gerechnet werden.

Kornweihenweibchen

Kornweihenmännchen

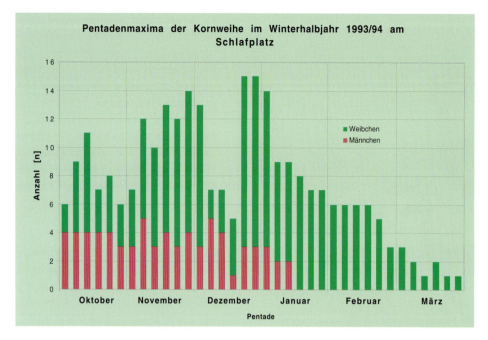

Pentadenmaxima (= Fünftageshöchstwerte) der Kornweihe im Winterhalbjahr 1993/1994 am Schlafplatz in der Hildesheimer Börde. Männchen und Weibchen kommen zwar zur gleichen Zeit, nämlich im Oktober, in der Börde an, die Männchen verlassen das Gebiet aber bereits Mitte Januar, die Weibchen erst vier bis acht Wochen später

zu drei dieser Schlafgemeinschaften mit insgesamt bis zu 20 Kornweihen. Erst anhaltender Frost zwingt die Vögel zum Weiterzug nach Süden. Ende März haben schließlich alle Kornweihen die Schlafplätze in der Börde verlassen (MÖLLER 1995).

In Gradationsjahren der Feldmaus kommt es stets auch zu einem Einflug von Sumpfohreulen (*Asio flammeus*) in die Börde: So wurden z. B. 1993 bei Haimar-Rethmar 30 Individuen, im Jahr 2000 bei Borsum/Rautenberg neun und 2004 bei Bettmar-Dinklar 14 Überwinterer festgestellt. Die Schlafplätze der Sumpfohreule befinden sich in der offenen Feldflur, in ungemähten Gräben oder lückigen Grünbracheflächen. Eine Vergesellschaftung mit Kornweihen konnte bislang nicht festgestellt werden.

Warum ein Nest im Kornfeld gefährlich sein kann

Das Nest im Kornfeld anzulegen ist für Weihen riskant, da die noch nicht flüggen Jungvögel Gefahr laufen, durch den Mähdrescher umzukommen. Aber warum suchen sich Weihen derartige Flächen als Brutplätze? Wenn sie im Frühjahr aus Afrika zurückkehren, ist ihr Suchschema relativ starr: übersichtlich, großräumig und niedrigwüchsig soll es sein. Früher entsprachen dem Schilf- und Röhrichtbereiche, Feuchtwiesen, Niedermoore oder freie Hochmoorflächen. Diese boten auch genügend Schutz vor am Boden aktiven Prädatoren wie Fuchs (*Vulpes vulpes*), Mardern (*Mustelidae*), aber auch Wildschweinen (*Sus scrofa*). Doch Schilf und Röhricht sind in der Börde kaum noch zu finden. Entwässerung (durch den Bruchgraben) und die damit einhergehende Intensivierung der Landwirtschaft brachte zwar den Bördebauern Wohlstand, führte aber zu einer massiven Veränderung des Landschaftsbildes und zum Verlust der Brut- und Nahrungshabitate der Weihen. Parallel dazu brachte die Verfolgung von Greifvögeln durch Jagd und Vergiftung (aktiv durch Kö-

der und passiv durch Pestizideinsatz in der Landwirtschaft) manche Art an den Rand der Ausrottung. Die intensive Landwirtschaft hat aber auch etwas Gutes für die Weihen; denn bei Ihrer Ankunft im Frühjahr ist die Getreidesaat auf den gut gedüngten Feldern schon so weit hoch gewachsen, dass sie einem Nest (ähnlich wie neu treibendes Röhricht) Deckung bietet. Und entlang der Entwässerungsgräben oder Stilllegungsflächen lässt sich in gaukelndem Flug nach Feldmäusen, Stieglitzen (*Carduelis carduelis*) oder Feldlerchen (*Alauda arvensis*) als Nahrung suchen. Ein Mähdrescher ist da noch lange nicht in Sicht. Der Landwirt will den seltenen Greifvögeln nicht schaden; er weiß in den meisten Fällen gar nichts von der Brut in seinem Getreideacker. Hier ist Kooperation gefragt. Nicht nur in Niedersachsen beobachten daher ehrenamtliche Naturschützer die Bereiche, in denen sie Wiesenweihen vermuten. Nachdem sie aus der Ferne – meist von einem Weg aus – Zeuge einer Beuteübergabe in der Luft vom Männchen an das brütende Weibchen wurden, können sie den betroffenen Landwirt ansprechen und informieren. Mit seiner Zustimmung kann das Nest vorsichtig aufgesucht und anhand von Körpermaßen der Jungvögel deren Alter bestimmt werden. Damit ist eine Vorhersage möglich, wann die Tiere flügge sein werden. Liegt dieser Termin vor dem geplanten Mahdtermin, ist Entwarnung angesagt. Muss der Landwirt jedoch vor dem Flüggewerden der Jungvögel mähen, sollte er eine Fläche um das Nest herum aussparen. Dieser kleine Bereich wird dann mit einem Elektro-Schafzaun vor möglichen Bodenräubern (Hunde, Füchse, Marder, aber auch Wildschweine) geschützt und erst nach dem Ausfliegen der Jungvögel gemäht. Durch die Kooperation zwischen Naturschutz und Landwirtschaft kann der Bruterfolg dieser Vögel gesichert werden. Denn was wäre unsere Börde ohne die charaktervollen Weihen?

Unser Dank geht an MICHAEL PAPENBERG/Barsinghausen, der die Zeichnungen angefertigt hat.

In der Börde leben sie noch – werden aber trotz 30-jähriger Vollschonung immer seltener – die Rebhühner

Das Rebhuhn - Leitart in der Feldflur -

von Günter Kohrs

Mit dem Ackerbau und der Entstehung der Kulturlandschaft ist das Rebhuhn (*Perdix perdix*) aus den Steppen Osteuropas und Vorderasiens eingewandert. In der Hildesheimer Börde gehört es seit langer Zeit - wie der Feldhase - zu den Leitarten der Feldflur. Bis zum Herbst 1978 zählte der scheue Hühnervogel hier zum bedeutenden Jagdwild. Die Hühnerjagd, die nur im Zusammenwirken mit gut arbeitenden Vorstehhunden möglich ist, ergab in den siebziger Jahren im Mittel 430 Stück. Im Jahr 1977 kamen - unterschiedlich verteilt auf die Börderreviere - sogar noch 622 Rebhühner zur Strecke. Der folgende harte Schneewinter 1978/79 ließ die Besätze aber so dramatisch schrumpfen, dass eine Bejagung im Hildesheimer Raum ebenso wie im gesamten südlichen Niedersachsen nicht mehr geboten erschien. Der damals amtierende Kreisjägermeister verfügte deshalb eine Vollschonung.

Das Rebhuhn ist aus der Börde nicht verschwunden, aber seine Anzahl hat erschreckend abgenommen. Viele Menschen haben den braun gezeichneten Vogel mit dem Brustfleck noch nie gesehen. Als ehemaliger Kulturfolger ist er in arger Bedrängnis. Einst mit dem Bauern gekommen, stellt sich die Frage: Wird er auch mit den Bauern gehen? Die Antwort kann und darf nur heißen: Nein! Wohlgemerkt – auf beide „species" bezogen!

Sicher hat es nicht nur an den klimatischen Verhältnissen gelegen, dass sich die Hühnerbesätze nicht erholen konnten. Modernisierung und Intensivierung der Landwirtschaft sowie das Fehlen von Saumbiotopen und Altgrasstreifen als Deckung und Nahrungsquelle haben die Lebensbedingungen drastisch verschlechtert. Zur Dezimierung der Rebhuhn-Populationen haben aber auch einige Beutegreifer beigetragen. Das Rebhuhn benötigt kleinstrukturierte, naturnahe Flächen, Hecken, Triften, Staudenfluren, Wiesen und ungemähte Feldraine. Nahrung und Deckung müssen im Wechsel der Jahreszeiten ausreichend vorhanden sein. Bei Flurbereinigungen früherer Jahre wurden diese Bedürfnisse kaum oder gar nicht berücksichtigt. Heute gibt es dafür schon bessere Perspektiven. Bei anstehenden Flurneuordnungen z.B. in Machtsum, Ummeln und Algermissen besteht Hoffnung, dass die Chancen für ein Überleben der Rebhühner wieder steigen; denn hier sind unfangreiche Ausgleichsmaßnahmen vorgesehen.

Das Institut für Wildforschung (IWFo) an der Stiftung der Tierärztlichen Hochschule Hannover und die Landes-

Rebhuhn auf einem Brachacker

Rebhahn in Balzstellung

jägerschaft Niedersachsen (LJN) haben bereits 1991 eine Wildtiererfassung (WTE) ins Leben gerufen. An diesem jährlich durchgeführten Monitoring-Programm ist die Jägerschaft Hildesheim mit hoher Akzeptanz auch der Börde-Revierinhaber beteiligt. Ein Schwerpunkt der WTE liegt in der Überprüfung der von den Jägern eingeschätzten Rebhuhnbesätze durch das Forschungsinstitut. Stichproben haben die Zuverlässigkeit der Angaben bestätigt. Im Frühjahr 2003 konnten in der Hildesheimer Börde 175 Brutpaare gezählt werden – das sind etwa 0,6 Paare auf 100 Hektar im Erfassungsgebiet. Die Verteilung ist dabei sehr unterschiedlich. So meldeten die Hegeringe Sorsum 3, Giesen 17, Harsum 12, Sarstedt 39, Algermissen 23, Hoheneggelsen (59 !) und Dingelbe 21 Brutpaare aus den Revieren. Die meisten Rebhühner kommen derzeit mit drei Paaren pro hundert Hektar in der Gemarkung von Söhlde vor. Verglichen mit dem Zählergebnis der Vorjahre, blieben die Besätze zwar stabil, jedoch konnte eine Zunahme an keiner Stelle festgestellt werden. Die Vollschonung seit 1980 gilt auch weiterhin.

Schon lange bemühen sich die Jäger um Hegemaßnahmen wie beispielsweise um Anlage von Hegebüschen, Wildäckern, Hecken und Futterschütten im Winter. Allerdings haben sich solche Einrichtungen in der sonst kahlen Landschaft auch als magische Anziehungspunkte für das „Raubwild" erwiesen. Hohe Hecken mit überständigen Bäumen meidet das Rebhuhn ebenso wie nasse Böden, Wald und Waldränder am „Vorholz" bei Nettlingen. Es benötigt trockene Stellen zum Hudern und bevorzugt Grenzlinien als Aufenthaltsorte in der offenen Flur- z.B. Feld- und Wiesenraine.

Rebhühner leben in Einehe und mit ihren Küken im Familienverband – der Kette. Die Henne brütet („erster Mai – erstes Ei") etwa 10 bis 20 Eier allein, während der Hahn in der Nähe Wache hält. Herrscht beim Schlüpftermin Anfang Juni eine Schlechtwetterperiode, geht der gesamte kälteempfindliche Nachwuchs schlagartig zugrunde. Zwar folgt dann zumeist ein Nachgelege, jedoch mit weit weniger Eiern. Außerdem sind kleine Ketten nur selten überlebensfähig. Rebhuhnküken können schon nach zwei Wochen allen Bodenfeinden davonfliegen. Sie sind in dieser Zeit aber ausschließlich auf Insektennahrung angewiesen, die sie in den intensiv genutzten Äckern kaum finden. Deshalb sind die ungenutzten Saumstrukturen und Wegränder für das Überleben der Art zwingend notwendig. Die älteren Tiere fressen vor allem Blätter, Blüten und Samen von Wildkräutern sowie Getreidekörner, Blattspitzen der Wintersaaten und Gräser.

Zur Rettung der Rebhuhnbesätze bietet die Landesjägerschaft Fördermaßnahmen an, die die Biotopkapazität in den Brutgebieten erhöht, landesweit insbesondere das „Feldrain-Altgrasstreifen-Progamm". Landwirte und Jäger sollten es gemeinsam nutzen.

Die Feldlerche – Charaktervogel der Agrarlandschaft

von Manfred Bögershausen

Feldlerche am Ackerrain

Die Hildesheimer Börde gilt für viele Mitbürger als eine eintönige und weitgehend maschinengerecht gestaltete Landschaft, die sich nördlich und östlich von Hildesheim ausbreitet. Bekannt durch den hervorragenden Ackerboden und den Anbau von Zuckerrüben wird sie oft auch als „Rübensteppe" bezeichnet. Diese intensiv genutzte Ackerbaulandschaft gilt als ausgesprochen artenarmer Lebensraum. Und in der Tat beherbergt sie, verglichen mit weniger intensiv genutzten Gebieten, nur eine verhältnismäßig geringe Arten- und Individuenzahl. Trotzdem sehen viele Bewohner die Börde als ein gewachsenes kulturelles Kleinod unserer Heimat an. Der aufmerksame Naturbeobachter kann überraschende Feststellungen treffen, denn eine ganze Reihe von Vogelarten findet gerade in dieser offenen Landschaft geeignete Lebensbedingungen, wie z.B. Grau- und Goldammer, Schafstelze, Wiesenpieper und Kiebitz. Eindeutig dominierender Charaktervogel unserer Bördelandschaft ist aber die Feldlerche (*Alauda arvensis*); keine andere Vogelart des Ackerlandes erreicht eine ähnlich hohe Bestandsdichte.

Wie schön ist es im zeitigen Frühjahr, manchmal schon ab Mitte Februar, den Gesang der Lerche zu hören. Wir haben das Glück, dass sie bei uns noch in der gesamten Bördelandschaft vorkommt. Es gibt wohl kaum einen naturinteressierten Bürger, der nicht ihr „Jubilieren" in luftiger Höhe genießt. Der Betrachter stellt mit Bewunderung fest, wie sie vom Boden aufsteigt, dabei anfängt zu singen, sich weiter in die Höhe schraubt, bis man sie kaum noch sehen kann, langsam über dem Revier kreist, und dann in fallschirmähnlichem Sinkflug den Boden wieder erreicht. Solche Flüge sind für unsere Feldlerche charakteristisch. Das Fehlen von hohen exponierten Singwarten wird dadurch ausgeglichen. Beim ersten Morgengrauen, wenn unsere Bördelandschaft noch in tiefer Dämmerung liegt, schwebt die Feldlerche bereits hoch am Himmel, aus dem herab uns ihr Lied entgegen schallt. Auch direkt vom Boden, von Zaunpfählen oder Strohballen wird der Gesang vorgetragen. Hildesheimer Ornithologen stellten während eines Zeitraumes von 25 Jahren den 19.02. als mittleren Sangesbeginn fest.

Die ursprüngliche Heimat und der natürliche Lebensraum der Feldlerche sind die trockenen grasreichen Steppen Südosteuropas und Südwestasiens. Mit der Ausbreitung des Ackerbaus fand sie auch in Mittel- und Westeuropa zusagende Bedingungen (GLUTZ von BLOTZHEIM & BAUER 1985). Als ausgesprochener Kulturfolger ist die Feldlerche bei uns an landwirtschaftlich genutzte Flächen, Grün- oder Ackerland, gebunden. Dieser Lebensraum entstand durch die langanhaltende, kontinuierliche landwirtschaftliche Nutzung. Der agrarstrukturelle und gesellschaftliche Wandel nicht nur bei uns, sondern in ganz Mitteleuropa führte in den letzten Jahrzehnten zu einschneidenden Veränderungen dieser gewachsenen Kulturlandschaft. Die Industrialisierung und Technisierung der Landwirtschaft mit immer moderneren Bearbeitungsmethoden hatte auch erhebliche Auswirkungen auf die Feldlerchenpopulationen, wie es die ab Ende der 1970er Jahre europaweit ermittelten Bestandsrückgänge deutlich zeigen.

Bei uns war die Feldlerche früher gerade auf den schweren Böden um Hildesheim am zahlreichsten (BRINKMANN 1933). Auch im Stadtgebiet Hildesheim zählte sie auf vielen geeigneten Flächen zu den häufigsten Sängern (BRINKMANN 1927). Durch Siedlungsdichteuntersuchungen seit den 1980er Jahren in unserem Raum wurde die auffällige negative Entwicklung der Feldlerchenpopulation belegt. Für die Zeit zwischen 1968 und 1982 errechnet sich eine durchschnittliche Abundanz von 5,0 Brutpaaren auf 10 Hektar. Diese ging in den folgenden 10 Jahren auf 2,8 Brutpaare pro 10 Hektar zurück, d.h. auf einen Wert, der nur noch 56 % der ursprünglichen Siedlungsdichte entspricht. Derzeit dürfte sich ihr Bestand auf einem – im Vergleich zu den 1970er Jahren – geringeren Niveau stabilisiert haben (R. SCHOPPE, brfl.).

Als echter Zugvogel, der schon im Februar aus dem Süden zurückkehrt, besetzt die Feldlerche etwa ab Mitte März ihre Brutreviere. Im April beginnt das Weibchen mit dem Bau des Nestes, das oft neben einer Erdscholle oder an einer Grasböschung direkt am Boden angelegt wird. Naturbelassene Restbiotope, Graswege oder Pufferzonen zu Ackerflächen mit möglichst kurzgrasiger Vegetation sind wichtige Voraussetzungen dafür. Im Bördebereich mit großen Rübenschlägen versucht die Feldlerche sich anzupassen. Hier brütet der Vogel mangels anderer Biotope sogar in Rübenfeldern. Auf Grund der besonderen Bewirtschaftung dieser Flächen besteht eine erhöhte Gefährdung für die Nester und für den Nachwuchs. Etwa 35 Tage dauert es von der Eiablage, bis sich die Jungvögel fliegend in Sicherheit bringen können. Zweitbruten werden ebenfalls getätigt.

Für den Frühjahrs- sowie den Herbstzug von Januar bis April bzw. Oktober bis November bildet unsere Bördelandschaft für die Feldlerche ein wichtiges Durchzugs- und Rastgebiet. Auf der Reise von oder nach Frankreich, Spanien, Italien, Marokko und Algerien wird hier ein Halt eingelegt. Obwohl die Vögel durch ihr unauffälliges Federkleid gut getarnt sind, kann der aufmerksame Beobachter auf Kohl-, Raps- oder Wintergetreidefeldern, wo die Nahrung leicht erreichbar ist, oft größere Trupps oder Schwärme feststellen. Auffällig wird der Zug der Lerchen vor allem dann, wenn durch einen Kälteeinbruch oder starken Schneefall eindrucksvolle Fluchtbewegungen entstehen. Pausenlos fliehen Tausende von Feldlerchen kurzfristig in Gebiete, in denen günstigere Bedingungen herrschen.

Kleine Trupps der Feldlerche harren vor allem in milden Wintern bei uns aus. Sie geraten bei anhaltenden Schneefällen aber leicht in Not; denn die moderne Landwirtschaft kennt keine „unsauberen" Felder mehr. Die in früheren Jahrzehnten in der Feldmark vorhandenen Kaffhaufen (Druschabfälle) sind fast vollständig verschwunden.

Der Bestandsrückgang unserer Feldlerche in den letzten Jahrzehnten bei uns und in ganz Mitteleuropa ist auffällig. Dieses Warnsignal sollte ernst genommen werden. Der ständige Lebensraumverlust z. B. durch Ausweisung von Baugebieten am Rande der Städte und Dörfer trägt ebenfalls dazu bei. Hier könnten z.B. gezielte Ausgleichsmaßnahmen durch Umwandlung intensiv genutzter Ackerflächen in kostengünstig zu pflegende Brachen ein wenig Abhilfe schaffen. Sollte es uns nicht gelingen, unsere Börde als gewachsene Kulturlandschaft zu erhalten, wird in absehbarer Zeit auch unsere Feldlerche nur noch auf Schutzflächen in kleinen Beständen anzutreffen sein. Das „Tirilieren" der Lerche ist schon geringer geworden. Es wäre schade, wenn es ganz verstummt, denn damit würde ein Jahrhunderte altes Kulturerbe im Landkreis Hildesheim verloren gehen.

Feldlerche mit Jungen

Grauammer in einer Apfelbaumchaussee der Hildesheimer Börde

Die Grauammer - vom „Hundertmetervogel" zur Rarität

von Rolf Schoppe

Zu den auffälligen Vogelarten der Börde gehört die Grauammer (*Emberiza calandra*) sicher nicht. Ihr Gefieder ist schlicht und schmucklos, ihr „rasselnder" Gesang, der gern von einer erhöhten Warte vorgetragen wird, wirkt noch einfacher als die Strophe der Goldammer. Und trotzdem zählte sie über lange Zeit zu den Charaktervögeln der Bördelandschaft. Das gilt allerdings heute in vielen Bereichen nicht mehr, und das war auch nicht immer so. Erst Mitte des 19. Jahrhunderts hat die Grauammer - wohl aus den Steppen Asiens kommend - auch Niedersachsen erreicht (BRINKMANN 1933). Wann sich die ersten Vögel in der Hildesheimer Börde angesiedelt haben, ist unbekannt. In Mecklenburg tauchte die Grauammer bereits 1850 auf, in Westfalen erfolgte die Besiedlung zwischen 1850 und 1870, etwa seit 1866 ist sie im Eichsfeld häufig (BRINKMANN 1933, HEGELBACH 1997). Wahrscheinlich erfolgte in dieser Zeit auch die Ansiedlung in der Hildesheimer Börde. Zur Situation im Leinetal bei Gronau schreibt MEJER (1883): „Der Grauammer ist ein häufiger und ständiger Brutvogel, welcher im Gebiet regelmäßig verteilt ist und nur nicht im Wald sich aufhält". Dementsprechend ist davon auszugehen, dass bereits Anfang der 1880er Jahre die Art auch in den Bördelandschaften verbreitet und häufig gewesen ist.

Bestandsentwicklung im 20. Jahrhundert

Anfang des 20. Jahrhunderts zählte die Grauammer zu den häufigen und zunehmenden Vogelarten in den Ackergebieten zwischen Hildesheim und Hannover (BRINKMANN 1919a, 1919c, 1933), obwohl es ihr nie gelungen ist, ganz Niedersachsen zu besiedeln, und es in einigen Gebieten bereits in der ersten Hälfte des 20. Jahrhunderts zu erheblichen Bestandseinbußen oder sogar zum fast völligen Verschwinden gekommen war (HEGELBACH 1997).

Bis etwa Ende der 1960er Jahre war die Grauammer im gesamten südlichen Niedersachsen in allen für sie geeigneten Lebensräumen als sehr häufiger Brutvogel zu finden (BÖGERSHAUSEN 1988/89). Das galt im besonderen Maße für die offenen, ebenen Flächen der Lössbörde, die gewisse Ähnlichkeiten mit ihrer ehemaligen Heimat in den Steppengebieten Asiens aufweisen. Etwa ab 1970 setzte zunächst ein langsamer und wenig auffälliger, später jedoch ein drastischer Rückgang der Bestände ein (BÖGERSHAUSEN 1988/89, BRAUN & OLDEKOP 1999). Fast überall waren Ausdünnungen der Brutpopulationen und Arealschwund festzustellen. Aus dem „Hundertmetervogel" wurde eine zunehmend seltener werdende Art, die sich in der Börde aus einer flächenhaften Besiedlung auf einige wenige Siedlungsinseln zurückzog und die mittlerweile landesweit auf der „Roten Liste, Stand 2002" in die höchste Gefährdungskategorie „Bestand vom Erlöschen bedroht" eingestuft wird, während sie 1995 „nur" als „stark gefährdet" galt und etwa 20 Jahre zuvor in der entsprechenden Auflistung noch nicht einmal erwähnt wurde (BERNDT, FRANZEN & RINGLEBEN 1974, HECKENROTH 1995, SÜDBECK & WENDT 2002). Zweifellos steht es um ihr Vorkommen in der Börde als einem ihrer Gunsträume weit besser als in vielen anderen naturräumlichen Regionen Niedersachsens. Kartierungen in den Jahren 1976-1980 sowie 1981-1985 ergaben noch eine vollständige Besetzung der untersuchten TK 25-Raster (HECKENROTH 1985, HECKENROTH & LASKE 1997). Dennoch hat die Ammer auch in der Börde zahlenmäßig dramatisch abgenommen. Zudem weist das Verbreitungsbild auffällige Lücken auf. Aus den Feldfluren um Nordstemmen, Barnten, Emmerke, Sarstedt und Giesen scheint sie sich als Brutvogel vollständig zurückgezogen zu haben, im Raum zwischen Algermissen und Oesselse, wo die Grauammer in den 1950er und 1960er Jahren regelmäßig vorkam, fehlte sie 1985 vollkommen (SCHOPPE 1986). Auch später fanden sich keine Hinweise auf ein dortiges Brutvorkommen. Wie dramatisch die Rückgänge sich innerhalb der vergangenen Jahre wirklich gestalten, zeigen die Siedlungsdichte-Untersuchungen von OELKE und seinen Mitarbeitern aus dem Bereich der Peiner Lössbörde besonders deutlich: 1961 befand sich die Grauammer sowohl im Grünland als auch im Ackerland unter den jeweils dominanten Vogelarten. Natürlich trat sie weit seltener auf als die Feldlerche, aber häufiger als Goldammer, Wiesenpieper, Schafstelze, Sumpfrohrsänger und Feldsperling. Insgesamt konnte OELKE auf seiner Untersuchungsfläche 108 Brutpaare ermitteln. 1991 waren davon noch 18 geblieben, was nur etwa 17 % der ursprünglichen Population ausmacht. Man kann es auch anders ausdrücken: Innerhalb von 30 Jahren ist der Bestand um 83 % zurückgegangen (OELKE 1963, OELKE, KUKLIK & NIELITZ 1992). Zu ähnlichen Ergebnissen kommt OELKE (1985) auf der Probefläche „Agrarlandschaft Peine-Groß Ilsede". Während er hier 1961 24 Revierpaare feststellen konnte, war 1985 nur noch ein einziger Randbewohner nachzuweisen. Noch negativer verlief die Populationsentwicklung im Braunschweiger Raum. Für ihn untersuchten BRAUN & OLDEKOP (1999) die Beobachtungshäufigkeiten der Grauammer jeweils in einer Dekade. Legt man den Zehnjahreszeitraum zwischen 1951 und 1960 zugrunde, so gingen die Bestände bereits zwischen 1961 und 1970 um 54 % zurück. In der folgenden Dekade schrumpfte die Population auf 25 % ihrer ursprünglichen Größe, und wies zwischen 1981 und 1990 nur noch einen Stand von etwa 5 % auf. 1994 glückte die letzte Beobachtung. Eine Art, die früher regelmäßig im Braunschweiger Umland anzutreffen war, ist hier heute verschwunden.

Während sich die Grauammer aus vielen Teilen der Börde zurückgezogen hat, haben sich offenbar - zumindest inselartig - noch an einigen Stellen weitgehend stabile und überraschend individuenreiche Restbestände gehalten. So stellte BRÄUNING (1993) südlich von Pattensen auf einer Fläche von 48 km² mit allein 32 besetzten Revieren mehr Ammern fest, als er vermutet hatte. Etwa 15 km weiter östlich gibt es einen weiteren Verbreitungsschwerpunkt. Die Landstraßen, die sich zwischen Mehrum im Norden, Algermissen im Westen, Ottbergen im Süden und Hoheneggelsen im Osten befinden, waren 1985 nahezu vollständig von Grauammern besiedelt. Der Bestand auf dieser Fläche dürfte sich auf etwa 80 territoriale Männchen beziffert haben (SCHOPPE 1986). Zu großen Teilen deckungsgleich ist dieses Gebiet mit dem Raum, den BRAUN 1990 untersuchte. Sie stellte auf den landwirtschaftlich intensiv genutzten Flächen zwischen Hohenhameln, Schellerten, Hoheneggelsen und Groß Solschen 79 Grauammerreviere fest. Eine besonders hohe Populationsdichte besaß die Art südlich und östlich von Adlum. Auch 1999 war sie im beschriebenen Gebiet nicht selten (BRAUN & OLDEKOP 1999). OELKE und KUKLIK beobachteten die Grauammer 1991 vor allem südlich der Linie Soßmar - Bierbergen sowie um Hohenhameln und Mehrum - Equord (OELKE, KUKLIK & NIELITZ 1992). Daraus ergibt sich ein relativ großes Restareal, das jedoch nicht gleichmäßig besiedelt ist. Siedlungsschwerpunkte liegen im größeren Umkreis um Hohenhameln und Adlum. Das entspricht auch weitgehend den Beobachtungen, die

Grauammer – heute eine Rarität in der Bördelandschaft

Wegränder und Gehölze sind wichtige Strukturen im Grauammerrevier

seit 1982 in den avifaunistischen Jahresberichten des Ornithologischen Vereins dokumentiert wurden.

Siedlungsdichte

Ausdünnung und inselartige Konzentration kommen auch in den Ergebnissen von Siedlungsdichte-Untersuchungen zum Ausdruck, die in den vergangenen 40 Jahren in der Börde durchgeführt wurden. Grundsätzlich ist zu erkennen, dass die Siedlungsdichten in der Vergangenheit deutlich höher lagen als gegenwärtig. Daneben lassen sich aber auch heute noch punktuell erstaunlich hohe Dichten feststellen. 1961 ermittelt OELKE im Ackerland der Peiner Börde eine Abundanz von 1,94 Brutpaaren/100 ha (OELKE 1963), 1991 konnten hier nur noch 0,7 Brutpaare/100 ha nachgewiesen werden (OELKE, KUKLIK & NIELITZ 1992). Ungewöhnlich hohe Siedlungsdichten fand BRAUN 1990 noch in der Umgebung von Adlum sowie zwischen Hohenhameln, Stedum und Bierbergen mit einem Dichtewert von 4,0 Paaren/100 ha (BRAUN & OLDEKOP 1999). Dagegen zählte DIERK (1999) im Raum um Hohenhameln 1999 nur 0,32 Brutpaar/100 ha.

Bezieht man die Revierdichte der Grauammer auf die Länge eines Straßenabschnittes, der von einem singenden Männchen besetzt wird, so ergeben sich nach einer Untersuchung im Sommer 1985 in einem 350 km² großem Untersuchungsgebiet, das im Westen etwa bis Oesselse, im Norden bis Haimar, im Osten bis Hoheneggelsen und im Süden bis Wendhausen reicht, Zonen unterschiedlicher Dichten. Zum Westen hin scheint die Besiedlung ungleichmäßiger und aufgelockerter zu werden, an einigen Landstraßen fehlte die Grauammer vollkommen. Dagegen erreichte der Vogel in einem Kernraum, dessen Zentrum Oedelum bildet, durchschnittliche Siedlungsdichten von 0,7 km pro Männchen; die maximale Dichte liegt bei 0,37 km pro Männchen. In der daran angrenzenden randlichen Zone liegt sie mit 1,09 km pro Männchen deutlich niedriger (SCHOPPE 1986). Im Raum Hohenhameln - Adlum entspricht die von BRAUN bei 38 Grauammerrevieren 1990 ermittelte Reviergröße sogar durchschnittlich 286 m Straßenlänge (BRAUN & OLDEKOP 1999).

Mögliche Ursachen der Bestandsentwicklung

Die Ursachen für den dramatischen Rückgang der Grauammer dürften vielfältig sein, und nicht alle bisher zusammengetragenen Erklärungsversuche überzeugen. HEGELBACH

(1997) sieht in der Intensivierung der landwirtschaftlichen Nutzung und der Eintönigkeit der Agrarlandschaft infolge von Flurbereinigung, maschinengerechter Gestaltung der Landschaft und Vergrößerung der Schläge die Hauptursachen. Zudem führt er die Umwandlung von Heuwiesen in Weide- und Ackerland, den Rückgang des Anbaus von Klee, Luzerne und Gerste, die Aufgabe traditioneller Anbaumethoden, die Zunahme des Maisanbaus, die Verkleinerung der Brachflächen und den exzessiven Kunstdüngereinsatz als weitere Ursachen an. Hinzu kommen außerdem der frühere Schnittbeginn und die kürzeren Schnittintervalle sowie der direkte Lebensraumverlust durch die Ausweitung von Siedlungs- und Waldflächen, der Rückgang des Nahrungsangebotes durch Insektizideinsatz und die Eliminierung der Ackerwildkräuter. BRAUN und OLDEKOP (1999) sehen vor allem in der Beeinträchtigung und Zerstörung der wichtigsten Lebensräume durch Überdüngung oder den Einsatz von Bioziden die wesentlichen Ursachen. Auch das zunehmende Verschwinden von sogenannten „Vertikalstrukturen" – Bäumen und Sträuchern - in der Landschaft, dürfte sich negativ auf die Populationsentwicklung der Grauammer auswirken (GRÜTZMANN, MORITZ, SÜDBECK & WENDT 2002). Diesen Vertikalstrukturen kommt im Grauammerrevier eine besondere Rolle zu. Die bei weitem überwiegende Anzahl der Reviere in der Börde befindet sich entlang den Landstraßen oder Feldwegen, die von Chausseebäumen gesäumt sind. Straßenzüge, die keine begleitende Baumbepflanzung aufweisen, werden in der Regel auch von der Grauammer nicht besiedelt. Dagegen spielt die Art der Bepflanzung offenbar keine große Rolle: Grauammerreviere gibt es sowohl entlang von Linden- oder Pappelalleen als auch an Landstraßen mit reiner Obstbaumbepflanzung. Auch das Alter der Bäume erscheint dabei von untergeordneter Bedeutung. Entscheidend ist, dass sich im Revier der Grauammer eine bzw. mehrere Singwarten befinden. Neben Chausseebäumen können es aber auch ebenso gut Überlandleitungen sein, ein vereinzelt in der Landschaft stehender Busch, ein Weidezaun oder ein Pfahl (SCHOPPE 1986). Unter Umständen genügt den Vögeln auch eine Staude mitten in einem Feld, von wo sie ihre Strophen vortragen, wie BRÄUNING (1993) in der Umgebung von Pattensen feststellte. Allerdings scheint es eine Beziehung zwischen der Höhe der Singwarte und ihrer Attraktivität zu geben: Je höher, desto eher wird sie angenommen.

So überzeugend die Erklärungsansätze für den Bestandsrückgang in ihrer Summe vielleicht auch sein mögen, so erklären sie nicht alle offenen Fragen, zumal nicht alle angeführten Gefährdungsursachen auf die Erklärung der Rückgänge in den Bördelandschaften übertragbar sind. Warum kommt die Grauammer auf einigen wenigen Verbreitungsinseln innerhalb der Börde offenbar immer noch in relativ großer Anzahl vor, obwohl hier ebenso intensiv gewirtschaftet wird wie in der Nachbarschaft, in der die Grauammer fast völlig verschwunden ist? Auch die Erklärungsversuche die in Folge der Flurbereinigung entstandenen großen, monostrukturierten Schläge als Ursache zu sehen, müssen kritisch hinterfragt werden. Große Schläge gab es im landwirtschaftlichen Gunstgebiet Börde bereits in den 1950er und 1960er Jahren, ohne dass sie negative Auswirkungen auf den Grauammerbestand gehabt hätten. Auch die Umwandlung von Heuwiesen in Ackerland kann die Veränderung in der Börde nicht erklären, zumal in einem Gebiet höchster Bodenbonität die Grünlandwirtschaft traditionell von jeher kaum ein größere Rolle gespielt hat. Ebenso lässt sich das weitgehende Verschwinden der Grauammer nicht durch die Abnahme von Vertikalstrukturen aus der Landschaft erklären. Viel hat sich in dieser Hinsicht während der vergangenen 30 Jahre nicht geändert. Auch heute durchziehen zahlreiche Landstraßen mit beidseitiger Baumbepflanzung die Börde, ohne dass an vielen von ihnen auch nur eine einzige Grauammer siedelt. Vollkommen ungeeignet im Zeitalter der globalen Erwärmung sind klimatische Argumente, wie sie PEITZMEIER (1956) zur Erklärung lokaler Populationsschwankungen in Westfalen herangezogen hat. Als Gefährdungsursachen für den rapiden Bestandsrückgang sind Hinweise über den Einsatz von Herbiziden und Pestiziden am überzeugendsten. Chemische Pflanzenschutzmittel beeinflussen die Nahrungsgrundlage der Grauammer. Sie verringern die Vielfalt der Ackerwildkräuter und die Anzahl bodenlebender Arthropoden, die den Jungvögeln ausschließlich als Nahrung dienen, erheblich. Gerade in den Ackerrandstreifen wirkt sich das Einbringen chemischer Mittel besonders negativ aus. Wegrändern bzw. den Gräben zwischen Straße und Ackerfläche kommt im Grauammerrevier eine besondere Bedeutung zu. Hier wird häufig das Nest gebaut; zudem stellen diese Strukturen einen wichtigen Teil des Nahrungsreviers dar. Ausschlaggebend für den Bruterfolg sind geeignete Deckung und ausreichend Nahrung. Beides ist in unbeeinflussten Feldrainen bzw. an Grabenrändern gegeben. Der größere Teil des Nahrungsreviers findet sich allerdings auf den angrenzenden Feldflächen, sowohl in Getreide- wie auch Zuckerrübenäckern. Dieser Teil des Reviers ist in jedem Fall einer intensiven Ausbringung von Kunstdünger und Chemikalien, Insekten-, Pilz- und Unkrautvernichtungsmitteln, ausgesetzt. So ist hier in jedem Fall von einem extrem verarmten pflanzlichen und tierischen Nahrungsangebot auszugehen, was wiederum den hohen Stellenwert der Acker- und Wegränder in besonderer Weise deutlich macht.

Schutz der Grauammerbestände bedeutet die Erhaltung bzw. Wiederherstellung eines artgemäßen Lebensraums. Dabei spielen die Vertikalstrukturen eine wichtige Rolle. Anpflanzungen von Bäumen und Büschen in der eintönigen Feldflur dürften sich positiv auswirken. Wichtiger wäre aber ein deutlich reduzierter Chemieeinsatz auf den Ackerflächen sowie der Erhalt und die Schaffung unbeeinflusster Feldsäume mit einer artenreichen Flora und Arthropodenfauna. Auch die Ausweitung der Brachflächen, die aufgrund ihrer reichen Kleinlebewelt einen interessanten Nahrungsraum darstellen (GRÜTZMANN, MORITZ, SÜDBECK & WENDT 2002), dürfte der Grauammer wertvolle Mosaike in ihrem Lebensraum bereitstellen, die ihr langfristiges Überleben in der Börde absichern könnten.

Wegränder als lineare Strukturen in der Börde

VEGETATION DER WEGRÄNDER

VON HANNELORE GENUIT-LEIPOLD

Einleitung

Im folgenden Kapitel soll von den Rainen, also den Weg-, und Straßenrändern in der Hildesheimer Börde die Rede sein. Nun wird der unbefangene Leser vielleicht der Meinung sein, dass eine botanische Untersuchung dieser Strukturen keine großen Unterschiede aufzeigen wird und dass Wege in der Börde für den naturinteressierten Spaziergänger im Landkreis Hildesheim wenig attraktiv sind. Wer geht denn schon in der Börde spazieren, um hier nach Pflanzen Ausschau zu halten, wenn er den Hildesheimer Wald oder die Innerste vor der Haustür hat? Und wenn es doch jemand tut, ist es nicht völlig egal, ob er sich in der Emmerker, Harsumer, Wendhäuser oder Steinbrücker Feldmark aufhält? Wird er nicht überall dieselben (mehr oder weniger langweiligen) Pflanzen sehen?

Grundsätzlich ist diese Einschätzung nicht ganz falsch. Die Raine in der Börde sind auf den ersten Blick tatsächlich ziemlich eintönig. Man sieht überall zunächst sehr viele grüne Gräser und relativ wenige bunte Blumen. So kann man Kilometer um Kilometer durch die Börde radeln, ohne große Veränderungen an den Wegrändern zu entdecken. Aber man ist dabei durchaus nicht allein, sondern trifft auch andere Menschen, die ihre Freizeit hier verbringen: mit Kindern, mit Hunden, mit Fahrrädern, walkend oder joggend. Und wenn man mit diesen Menschen ins Gespräch kommt, erzählen einem vor allem die Älteren, dass die Wegränder früher viel bunter waren, dass man in kürzester Zeit dicke Blumensträuße pflücken konnte und dass heute alles nicht mehr so schön und vielfältig sei wie früher.

Kleinflächig gibt es aber auch heute in dieser intensiv genutzten Agrarlandschaft noch Unterschiede und – erstaunlicherweise – doch noch das eine oder andere botanische Kleinod.

Ziel dieses Kapitels ist es, die heute vorherrschenden Pflanzengesellschaften an den Rainen zu beschreiben und auf lokale Besonderheiten unserer Hildesheimer Börde hinzuweisen. Um ein möglichst umfassendes Bild der gegenwärtigen Situation bieten zu können, bin ich während der gesamten Vegetationsperiode 2004 mit meinem Fahrrad ungefähr 800 km an Weg- und Straßenrändern in der Börde entlang gefahren, habe alle Pflanzen, die ich dabei gefunden habe, notiert und typische Gesellschaften untersucht.

Besonders interessante Wegränder habe ich dabei mehrfach im Jahr aufgesucht. Auch in vielen Jahren davor war die Börde für mich schon ein Fahrrad-Exkursionsgebiet. Dennoch habe ich nicht alle Wegränder zu den verschiedenen Jahreszeiten anschauen können; die Untersuchung erhebt daher keinen Anspruch auf Vollständigkeit.

Beschreibung der typischen Pflanzengesellschaften

Welche Pflanzengesellschaften finden wir denn nun an den Weg- und Straßenrändern, entlang der Eisenbahnen und der Gräben? Die vielen Gräser deuten sicher darauf hin, dass wir es hauptsächlich mit schmalen, lang gestreckten, „linearen" Wiesen oder Rasen zu tun haben. An offenen Stellen wie neu angelegten Radwegen, Erdaufschüttungen, ausgeräumten Gräben etc. kommen Ackerunkraut-Gesellschaften vor, und an nicht gemähten und längere Zeit unbeeinflussten Stellen finden wir auch Ruderalgesellschaften.

Glatthaferwiesen

Die Wiesengesellschaften entlang der Wege und Straßen in der Hildesheimer Börde gehören zum größten Teil zu den Glatthaferwiesen.

In Mitteleuropa sind Glatthaferwiesen sehr häufige Wiesengesellschaften. In der traditionellen Landwirtschaft wurden sie in der Regel zweimal im Jahr gemäht und zum Teil mit Stallmist gedüngt. Es waren häufig bunte Wiesen mit vielen Blumen. Auf Grund der intensiven Düngung in der modernen Landwirtschaft sind artenreiche Glatthaferwiesen in den letzten Jahrzehnten überall selten geworden. In der Bördelandschaft im Landkreis Hildesheim gibt es kaum noch Wiesen, da der Boden hier so gut ist, dass fast nur Ackerbau betrieben wird. Landwirtschaftliche Betriebe mit Tierhaltung und Wiesenwirtschaft gibt es fast nicht mehr, und wo es sie noch gibt, haben sie manchmal ihre Tierhaltung in andere Teile Niedersachsens ausgelagert und dort Wiesen und Weiden gepachtet, um den Bördeboden für den Anbau von Weizen und Zuckerrüben zu nutzen.

Die Glatthaferwiesen entlang der Weg- und Straßenränder zeigen uns aber heute noch, wie die Wiesen in der Hildesheimer Börde früher großflächig ausgesehen haben könnten. Im Gegensatz zur traditionellen Wiesennutzung wird das Mähgut hier heute meist nicht mehr abgefahren und genutzt, sondern die Ränder werden ein- oder zweimal im Jahr geschlegelt, das heißt, das Mähgut wird zerkleinert und bleibt an Ort und Stelle liegen. So werden dem Boden keine Nährstoffe entzogen.

Das vorherrschende Gras in diesen Beständen ist fast immer der Glatthafer (*Arrhenatherum elatius*), die Namen gebende Art der Pflanzengesellschaft und die in allen Teilen Mitteleuropas bestimmende Charakterart. Der Glatthafer wurde im 18. Jahrhundert in Südfrankreich als Nutzgras gezüchtet und kam von dort als „Französisches Raigras" nach

Wegränder der Börde im Wiesen-Kerbel-Aspekt

Mitteleuropa, wo er sich dann sehr rasch ausbreitete. Er wird bis über 1,5 m hoch und gedeiht besonders gut in Gebieten mit subozeanischem Klima, auf frischen und nährstoffreichen Böden. Weitere Charakterarten der Glatthaferwiesen sind Wiesen-Pippau (*Crepis biennis*), Wiesen-Labkraut (*Galium album*) und der in der Hildesheimer Börde allerdings sehr seltene Wiesen-Storchschnabel (*Geranium pratense*).

Das Aussehen der Wegrandwiesen im Hildesheimer Raum wechselt im Laufe der Jahreszeiten sehr stark. Im Frühjahr, wenn die Gräser noch niedrig sind, können Gänseblümchen (*Bellis perennis*), Scharfer Hahnenfuß (*Ranunculus acris*) und vor allem Löwenzahn (*Taraxacum officinale*) den Aspekt bestimmen. Stellenweise dominiert der Wiesen-Kerbel (*Anthriscus sylvestris*), der weiße Doldenblütler, der als erster im Jahr blüht. Später zeigt sich in der Wiese eine deutliche Schichtung. Die Oberschicht wird gebildet von hohen Gräsern wie Gewöhnliches Knäuelgras (*Dactylis glomerata*), Wiesen-Fuchsschwanz (*Alopecurus pratensis*), Wiesen-Lieschgras (*Phleum pratense*), Wiesen-Schwingel (*Festuca pratensis*) und natürlich Glatthafer, sowie hoch wachsenden Kräutern wie Wiesen-Pippau, Wiesen-Bocksbart (*Tragopogon pratensis*) oder Schafgarbe (*Achillea millefolium*) und weiteren Arten wie Wiesen-Labkraut, Wiesen-Platterbse (*Lathyrus pratensis*) und Vogel-Wicke (*Vicia cracca*). Darunter findet man eine Unterschicht niedrigerer Gräser wie Wiesen-Rispengras (*Poa pratensis*), Rot-Schwingel (*Festuca rubra*), Weiche Trespe (*Bromus hordeaceus*) oder Wolliges Honiggras (*Holcus lanatus*) und niedrigere Kräuter wie Gewöhnlicher Hornklee (*Lotus corniculatus*), Gewöhnliches Hornkraut (*Cerastium holosteoides*) oder, in der Börde recht selten, Gras-Sternmiere (*Stellaria graminea*). Der Wiesen-Kerbel wird nun von anderen Doldenblütlern abgelöst, von der Großen Bibernelle (*Pimpinella major*) etwa, dem Wiesen-Bärenklau (*Heracleum sphondylium*) und dem gelb blühenden Pastinak (*Pastinaca sativa*). Diese Arten kommen, genau wie der Wiesen-Pippau und die Schafgarbe, oft erst nach der ersten Mahd zur Blüte. Nach dem Schnitt können auch niedrigere Arten wie Gewöhnlicher Hornklee oder Rot-Klee wieder vom bis auf den Boden fallenden Licht profitieren und auffällig werden. Die letzte Doldenblütlerart, die immer erst nach der Mahd den Aspekt bestimmt, ist die Wilde Möhre (*Daucus carota*). An etwas wärmeren und trockeneren Stellen kommen gemeinsam mit der Möhre Nickende Distel (*Carduus nutans*) und Eisenkraut (*Verbena officinalis*) vor.

Wo der Boden ein wenig magerer ist, finden wir in den Glatthaferwiesen weitere bunt blühende Arten. Zwischen Wendhausen und Bettmar etwa, bei Hotteln, zwischen Adlum und Oedelum, zwischen Söhlde und Steinbrück oder in dem südlichen Zipfel der Börde, der bis nach Gronau und Banteln hinunterreicht, finden wir in den Glatthaferbeständen auch Kleine Bibernelle (*Pimpinella saxifraga*), Acker-Witwenblume (*Knautia arvensis*), Wiesen-Flockenblume (*Centaurea jacea*) und Knollen-Platterbse (*Lathyrus tuberosus*).

Schöne, das heißt bunte und artenreiche, Wegrandwiesen sind in der Börde selten. Selbst Wiesen-Labkraut, Schar-

Wiesen-Storchschnabel bei Gronau

fer Hahnenfuß, Wiesen-Bocksbart oder Wiesen-Platterbse sind längst nicht überall zu finden. Eine große Seltenheit ist der Wiesen-Storchschnabel. An einem Wegrand westlich von Nettlingen hat er eine kleine, aber seit Jahren stabile Population, ein größerer Bestand wächst am Straßenrand bei Adensen. Etwas außerhalb des Landkreises Hildesheim, südwestlich von Soßmar, wachsen einige Pflanzen an einem Waldrand, und ein recht großer Bestand westlich von Gronau ist wohl nicht natürlich, sondern, nach Auskunft zweier älterer Gronauer Bürgerinnen, vor etwa 30 Jahren nach dem Verlegen von Leitungen hier angesät worden. Zusammen mit dem Wiesen-Storchschnabel wurden auch Arten wie Bunte Kronwicke (*Securigera varia*) und Karthäuser-Nelke (*Dianthus carthusianorum*) angesät, die sich ebenfalls bis heute gehalten haben. Der Storchschnabelbestand habe sich

Ruderalisierte Gletthaferwiese mit Wiesen-Bärenklon und Großer Brennessel

mehr vor. Allenfalls sieht man hier und da noch ein einzelnes Exemplar von Wiesen-Labkraut, Vogel-Wicke oder Wiesen-Bärenklau. Diese recht artenarme Pflanzengesellschaft der ruderalisierten Glatthaferwiesen ist die häufigste Wiesengesellschaft in der Hildesheimer Börde.

Im Gelände sind die Übergänge zwischen den verschiedenen Typen von Glatthaferwiesen oft fließend. Es ist meist nicht so, dass man an einem Wegrand nur die typische, recht artenreiche Glatthaferwiese vorfindet und an einem anderen nur die ruderalisierte. Oft umfasst eine schöne Wiese nur wenige Quadratmeter und wird dann von einem eintönigen Bestand abgelöst. Artenreichtum oder Artenarmut wird sicher sehr stark dadurch bestimmt, wie viel Dünger oder Herbizide der jeweilige Wegrandabschnitt abbekommt.

in den letzten Jahren ständig vergrößert, erzählten mir die beiden Damen. Ein Wuchsort des Wiesen-Storchschnabels an der Kanalbrücke zwischen Algermissen und Hotteln ist beim Neubau der Brücke vor kurzem vermutlich vernichtet worden.

Ruderalisierte Glatthaferwiesen

An sehr vielen Wegrändern wachsen nicht die gerade beschriebenen typischen oder eher mageren Glatthaferwiesen, sondern Wiesen mit so genannten „Störzeigern", die vor allem dann auftreten, wenn die Düngung der Äcker in starkem Maße auch die Wegränder erreicht und wenn weniger oft gemäht oder geschlegelt wird. Beifuß (*Artemisia vulgaris*), Große Brennnessel (*Urtica dioica*) oder Kletten-Labkraut (*Galium aparine*) sind typische Störzeiger. Oft sind auch Acker-Kratzdistel (*Cirsium arvense*), Filzige Klette (*Arctium tomentosum*), Acker-Schachtelhalm (*Equisetum arvense*) oder Knoblauchsrauke (*Alliaria petiolata*) zu finden. Die meisten der oben genannten bunt blühenden Arten kommen in diesen Beständen nicht

Halbtrockenrasen

Nur an wenigen Wegrändern in der Börde ist das dominierende Gras nicht der Glatthafer, sondern eher der Goldhafer (*Trisetum flavescens*). Das ist vor allem auf dem Nett-

Beweideter Wegrand mit Dorniger Hanhechel bei Wendhausen

linger Kreiderücken der Fall, aber auch in der Feldmark bei Wendhausen und am Südwestrand des Hildesheimer Waldes bei Eddinghausen und Gronau. Im Untergrund haben wir hier eigentlich nicht den typischen nährstoffreichen Bördeboden, sondern entweder in Oberflächennähe Kalkgestein und daher weniger Nährstoffe, oder es gibt eine regelmäßige Beweidung und damit Nährstoffentzug durch Schafe. An diesen Stellen finden wir die bunten und artenreichen Halbtrockenrasen. Charakteristische Arten dieser Pflanzengesellschaft in der Hildesheimer Börde sind neben dem Goldhafer Gräser wie Fieder-Zwenke (*Brachypodium pinnatum*), Aufrechte Trespe (*Bromus erectus*) – nur auf dem Nettlinger Kreiderücken –, Wiesenhafer (*Helictotrichon pratense*) – nur bei Wendhausen – oder Zittergras (*Briza media*) – ebenfalls nur bei Wendhausen – und bunt blühende Kräuter wie Stengellose Kratzdistel (*Cirsium acaule*), Skabiosen-Flockenblume (*Centaurea scabiosa*), Echtes Labkraut (*Galium verum*), Dornige Hauhechel (*Ononis spinosa*), Knolliger Hahnenfuß (*Ranunculus bulbosus*) und viele andere mehr.

Bei Wendhausen gibt es einen besonders schönen Wegrand. Hier zieht noch regelmäßig eine Schafherde vorüber und sorgt dafür, dass der Rasen kurz gehalten wird und dass ihm immer wieder Nährstoffe entzogen werden. An diesem Wegrand gibt es noch wenige Exemplare des Fransen-Enzians (*Gentianella ciliata*), der aber in den letzten drei bis vier Jahren sehr selten geworden ist. Im Jahr 2004 kam nur noch eine Pflanze zur Blüte. Charakteristisch für solche beweideten Wegränder ist das recht seltene Kammgras (*Cynosurus cristatus*), das hier zwischen Wendhausen, Dinklar und Bettmar in Massenbeständen vorkommt. Da es sehr hart ist, wird es von den Schafen nicht gefressen und bleibt, nachdem die Schafherde vorüber gezogen ist, gemeinsam mit dem ebenfalls sehr harten Ausdauernden Weidelgras (*Lolium perenne*) stehen. Auch dornige und stachelige Pflanzen wie Dornige Hauhechel und Stengellose Kratzdistel haben bei Beweidung einen Vorteil gegenüber anderen Arten.

Exkurs über die Schäferei in der Börde

Schafe werden in der Börde seit Jahrhunderten gehalten. Für den Ort Dinklar gehen die ältesten schriftlichen Überlieferungen beispielsweise auf das Jahr 1539 zurück. In diesem Jahr gab es allein in Dinklar 22 Schafbesitzer mit insgesamt fast 300 Schafen. In anderen Orten in der Börde wird das ähnlich gewesen sein. Die Schafe weideten gemeinsam mit anderem Weidevieh auf Triften und Gemeindeangern. Wir dürfen wohl davon ausgehen, dass die Vegetation hier, auf den eher extensiv beweideten Triften noch mehr als auf den intensiver beweideten Angern, dem Bewuchs der wenigen heute noch bestehenden Triften ähnelte. Von diesen artenreichen Triften sind tatsächlich nur die im Dreieck Dinklar – Wendhausen – Bettmar übrig geblieben. Auf der Karte „Ansichten des Ilsenangers zwischen Bettmar und Wendhausen" des Staatsarchivs Hannover von 1663 sieht es tatsächlich so aus, als sei der oben erwähnte heute noch existierende besonders schöne Weg bei Wendhausen bereits damals eine Trift gewesen. Dass es diese Triften heute noch gibt, ist dem letzten noch aktiven Schäfer in der Börde im Landkreis Hildesheim, Herrn FRANZ ASELMEYER aus Dinklar, zu

Schäfer Aselmeyer mit seiner Schafherde auf dem Triftweg bei Wendhausen

verdanken. *Mit ihren 180 Mutterschafen kann seine Herde keine Familie mehr ernähren, sondern sie ist für den Rentner ein reines Hobby. Wenn Herr ASELMEYER eines Tages seine Herde aufgibt, wird dieses Kapitel der Landwirtschaft in der Hildesheimer Börde und der damit verbundenen ganz besonderen Wegrandvegetation wohl auch Geschichte sein (HEIMATVEREIN DINKLAR o. J.).*

Ein Wegrand südlich von Sarstedt muss in diesem Zusammenhang ebenfalls besonders erwähnt werden. Neben oben bereits genannten Arten haben das seltene Kleine Mädesüß (*Filipendula vulgaris*), ebenfalls eine Art der mageren, nährstoffarmen Böden, und das Doldige Habichtskraut (*Hieracium umbellatum*) hier ihren einzigen mir bekannten Wuchsort in der Börde im Landkreis Hildesheim. Im Frühjahr blüht hier der Wiesen-Gelbstern (*Gagea pratensis*), der in den Börde-Dörfern zwar gar nicht selten ist, außerhalb der Dörfer aber auch nur an dieser Stelle gefunden wurde.

Nur wenige Quadratmeter dieses Wegrandes sind von der artenreichen Halbtrockenrasen-Vegetation bewachsen. Die starke Düngung der benachbarten Äcker hat zu einer Ruderalisierung der angrenzenden Bereiche und zu einem Massenauftreten von Brennnesseln geführt. Die Prognose für den artenreichen Bewuchs dieses Wegrandes ist eher schlecht. Zurzeit wird er noch vom Ehepaar ASCHEMANN aus Groß Förste in Privatinitiative regelmäßig gemäht, es ist aber sehr fraglich, wie lange diese Pflege noch gesichert ist. Vermutlich wird sich das Kleine Mädesüß auch hier nicht mehr lange halten können. Dasselbe gilt für weitere sehr seltene Pflanzen, die nördlich dieser Stelle am Wegrand wachsen. Das sind einmal an einem kleinen Graben wenige Exemplare der Großen Bibernelle (*Pimpinella major*) und der im Hildesheimer Raum sehr seltenen Wiesen-Silge (*Silaum silaus*) und, noch ein wenig weiter nördlich, die Distel-Sommerwurz (*Orobanche reticulata*). Nach Auskunft des Ehepaars ASCHEMANN, das sich bisher ebenfalls um die Pflege des Wuchsortes der Sommerwurz gekümmert hat, kam im letzten Jahr nur noch eine Pflanze zur Blüte.

Trittrasen

Neben den hochwüchsigen Wiesen sind es die niedrigen Rasen, die das Bild der Wegränder in der Börde prägen.

Niederliegender Krähenfuß mit Acker-Vögelknöterich und Breit-Wegerich

Auf nicht geteerten, sondern unbefestigten oder lediglich geschotterten Wegen, die regelmäßig befahren werden, entstehen so genannte Trittrasen, gebildet aus Pflanzen, die diese starke Belastung ertragen. Solche Rasen gibt es in unserer Kulturlandschaft praktisch überall: auf Gehwegen und Parkplätzen in Dörfern und Städten, überall dort, wo ein wenig Platz für Pflanzen ist, wo aber regelmäßig Menschen und Tiere gehen oder Fahrzeuge fahren. Kleine Zwischenräume zwischen Pflastersteinen reichen den Trittrasenpflanzen schon aus.

Außer auf den unbefestigten Wegen, wo diese Pflanzengesellschaft großflächig vorkommt, finden wir sie auch an fast jedem Weg- und Straßenrand auf einer Breite von 20 bis 30 Zentimetern neben dem Asphalt. Auch dieser Streifen wird regelmäßig von den Fahrzeugen befahren.

Die Pflanzen, die dieser Belastung am besten standhalten und deshalb als Charakterarten der Trittrasen gelten, sind Acker-Vogelknöterich (*Polygonum aviculare*), Einjähriges Rispengras (*Poa annua*) und Strahlenlose Kamille (*Matricaria discoidea*). Auch in der Börde sehr häufige Begleiter dieser Charakterarten sind Weidelgras (*Lolium perenne*), Breit-Wegerich (*Plantago major*), Hirtentäschelkraut (*Capsella bursa-pastoris*), Löwenzahn (*Taraxacum officinale*), Weiß-Klee (*Trifolium repens*) und Kriechender Hahnenfuß (*Ranunculus repens*). An etwas feuchteren Stellen kommen Gänse-Fingerkraut (*Potentilla anserina*), Kriechendes Fingerkraut (*Potentilla reptans*) und bisweilen Wilde Sumpfkresse (*Rorippa sylvestris*) hinzu.

Sehr typisch für die Hildesheimer Börde ist eine Ausbildungsform dieser Gesellschaft mit Niederliegendem Krähenfuß (*Coronopus squamatus*). Diese Pflanzenart steht in Niedersachsen auf der Roten Liste der gefährdeten Arten, ist in der Börde aber recht weit verbreitet, wenn auch nicht unbedingt häufig. Ich habe Wuchsorte des Krähenfußes in fast allen Bereichen des Untersuchungsgebietes gefunden, den westlichsten bei Adensen, den östlichsten bei Steinbrück. Mein Eindruck ist aber, dass die Art im Osten häufiger vorkommt als im Westen. Der Krähenfuß ist, was den Belag des Weges angeht, wenig wählerisch. Er wächst auf völlig unbefestigten Wegen genau so wie auf Wegen, die mit verschiedenstem Material befestigt sind.

An wenigen Wegrändern in der Börde, besonders häufig an der B1 westlich von Hildesheim, kommt zwischen Glatthaferwiese und befahrenem Weg gemeinsam mit den charakteristischen Trittrasenarten auch die Wegwarte (*Cichorium intybus*) vor. Mit ihren hübschen hellblauen Blüten, die nur am Vormittag geöffnet sind, gibt sie diesen Wegrändern im Sommer eine besondere Note.

Schließlich soll noch ein Aspekt der Trittrasen genannt werden, der an fast allen Straßen in der Börde vor allem im Juni und Juli zu beobachten ist. Dann blüht der Salzschwaden (*Puccinellia distans*) und zeigt an, dass die Straßen im Winter kräftig mit Salz gestreut worden sind. Dieses niedrige Gras wächst in der „Kampfzone" direkt neben dem Asphalt, wo es auch auf Grund des Salzgehaltes des Bodens wenig Konkurrenten hat.

Graben mit Acker-Wildkräutern bei Ottbergen

Ackerunkrautgesellschaften

Überall dort, wo der Boden der Wegränder künstlich offen gehalten wurde, kommen auch die für die Bördeäcker typischen einjährigen Unkrautgesellschaften vor. Wenn die Bedingungen sich im folgenden Jahr verändert haben und die offenen Stellen von Gras bewachsen sind, verschwinden sie wieder und treten an anderer Stelle neu auf. Dauerhafte Ortsangaben sind für diese Pflanzengesellschaften also nicht zu machen.

Wie bei den Wiesengesellschaften, die an den Weg- und Straßenrändern bunter sind als auf den wenigen in der Börde noch existierenden meist stark gedüngten Wiesen, kann man auch bei den Unkrautgesellschaften feststellen, dass sie an den Rainen sehr viel artenreicher sind als auf den gespritzten Äckern. Es gibt immer wieder sehr schöne Wegränder mit der Kamillen-Gesellschaft, in der Klatsch-Mohn (*Papaver rhoeas*) besonders auffällig ist, oder Wegränder, die im Frühling oder Frühsommer neu gestaltet wurden und auf denen die typischen Unkräuter der Rübenäcker wie Gänsefußarten, Einjähriges Bingelkraut (*Mercurialis annua*) oder Amaranth (*Amaranthus spec.*) wachsen. Wenn an diesen Wegrändern frischer Boden aufgetragen wurde, kann es hier zu Massenvorkommen von Schwarzem Bilsenkraut (*Hyoscyamus niger*) oder Stechapfel (*Datura stramonium*) kommen. Im Jahr 2004 war das beispielsweise an einem Wegrand südöstlich von Hüddessum der Fall.

Vegetation der Gräben

In diesem Kapitel über die Raine sollen noch kurz die nicht dauerhaft Wasser führenden Gräben erwähnt werden. Sie dienen der Entwässerung der Felder und werden von den Landwirten mehr oder weniger von der Vegetation befreit und wie die Wegränder gemäht. Pflanzen, die hier überleben wollen, müssen also in der Lage sein, diese Störungen zu ertragen.

Kurz nach der Räumung sind in diesen Gräben, wie oben erwähnt, häufig einjährige Ackerwildkräuter zu finden. Zwei seltene Arten, die wie diese den offenen Boden zum Keimen nutzen konnten, fand ich in solchen Gräben bei Dinklar und südwestlich von Bettmar das Kleine Tausendgüldenkraut (*Centaurium pulchellum*) und das Spießblättrige Tännelkraut (*Kickxia elatine*). Andere Arten, wie Gräser oder Brennnessel, haben die Fähigkeit, über die Wurzeln neu auszutreiben. Das Große Flohkraut (*Pulicaria dysenterica*) hat Überwinterungsknospen unter der Erdoberfläche und verträgt das Abschürfen des Oberbodens ebenfalls recht gut. Diese Art steht in Niedersachsen auch auf der Roten Liste, ist aber in der Hildesheimer Börde weit verbreitet und keineswegs selten, im Gegenteil: Man kann mit Fug und Recht behaupten, dass das Große Flohkraut eine typische Bördepflanze ist. Als eine lichtbedürftige Art der eher stickstoffreichen und feuchten Böden fühlt sich diese Pflanze an Grabenrändern der Börde besonders wohl.

An einem besonders schönen und artenreichen Graben zwischen Farmsen und Ottbergen lässt sich beispielhaft das mögliche Arteninventar aufzeigen. Neben dem gelben Flohkraut blühten hier rot das Rauhaarige Weidenröschen (*Epilobium hirsutum*) und das Kleinblütige Weidenröschen (*Epilobium parviflorum*), lila die Acker-Kratzdistel (*Cirsium arvense*), weiß der Gewöhnliche Baldrian (*Valeriana officinalis*) und die Gewöhnliche Zaunwinde (*Calystegia sepium*), blau der Wasser-Ehrenpreis (*Veronica anagallis-aquatica*), un-

Kletten-Beifuß-Flur bei Söhlde

auffällig bräunlich die Geflügelte Braunwurz (*Scrophularia umbrosa*) und gelb das Tüpfel-Johanniskraut (*Hypericum perforatum*). Als besonders typische Arten dieser Gräben kamen das Rohr-Glanzgras (*Phalaris arundinacea*) und die allgegenwärtige Brennnessel hinzu.

Auch in diesem Zusammenhang muss aber erwähnt werden, dass die meisten Gräben in der Hildesheimer Börde, genau wie die Wegränder, sehr stark eutrophiert und ausgesprochen artenarm sind.

Ruderalgesellschaften

An Bahngleisen, Lagerplätzen, Feldscheunen, kurz: überall dort, wo nicht regelmäßig gemäht wird, werden die Wiesengesellschaften durch höher wüchsige Ruderalgesellschaften ersetzt. Besonders häufig finden wir in unserer Region die Kletten-Beifuß-Flur, deren Erscheinungsbild in erster Linie von Filziger Klette (*Arctium tomentosum*), seltener auch von Großer Klette (*Arctium lappa*) und Kleiner Klette (*Arctium minus*) geprägt wird. Regelmäßig findet man in diesen Beständen Arten wie Gewöhnlicher Beifuß (*Artemisia vulgaris*), Kletten-Labkraut (*Galium aparine*), Krause Distel (*Carduus crispus*), Acker-Kratzdistel und Brennnessel. Stellenweise kommen auch Wilde Malve (*Malva sylvestris*) und Gefleckter Schierling (*Conium maculatum*) hinzu. Vor allem an feuchten Stellen im westlichen Teil der Börde im Landkreis Hildesheim wird der Aspekt der Ruderalbereiche häufig vom Knolligen Kälberkropf (*Chaerophyllum bulbosum*) bestimmt. An den Rändern der Dörfer wächst oft in großen Beständen der Meerrettich (*Armoracia rusticana*), der früher in vielen Gärten angebaut wurde.

Die Aufschüttung am Rand der ehemaligen Klärteiche der Zuckerfabrik Dinklar, südlich von Kemme, hat ebenfalls eine besondere Ruderalgesellschaft zu bieten, die Eselsdistel-Flur. Hier wächst ein großer Bestand unserer größten Distelart, der Eselsdistel (*Onopordum acanthium*), gemeinsam mit der zweiten Charakterart dieser Pflanzengesellschaft, der Schwarznessel (*Ballota nigra*).

Zusammenfassung

Trotz der oben beschriebenen, zum Teil noch recht bunten Wiesen-, Rasen- und Ruderalgesellschaften muss das Fazit der Bestandsaufnahme der Vegetation der Raine in der Hildesheimer Börde im Jahr 2004 eher negativ ausfallen. Es wurden im Ganzen 362 Pflanzenarten gefunden, und diese Zahl mag vielleicht auf den ersten Blick beeindrucken. Berücksichtigen wir aber die Größe der untersuchten Fläche, so ist die Zahl eher gering. Hinzu kommt, dass die aus der Sicht des Naturschutzes wertvollen Arten fast alle selten oder sehr selten und stark gefährdet sind.

Die Menschen, die die zunehmende Verarmung unserer Landschaft beklagen, haben in der Börde vermutlich die oft von der Brennnessel sehr stark dominierten Wegränder vor Augen. Man kann ihnen in ihrer Klage nur zustimmen. Die intensive Landwirtschaft hat tatsächlich zu einem dramatischen Rückgang der Arten geführt. Etwas breitere Raine und etwas weniger Düngung und Herbizideinsatz in den Randbereichen der Äcker könnten sicher innerhalb weniger Jahre wieder zu einer größeren Artenvielfalt führen. Dass alte Wege mancherorts ganz dem Pflug zum Opfer fallen und damit jegliche Wegrandvegetation vernichtet wird, ist in der Börde auch heute noch zu beobachten.

Es bleibt zu hoffen, dass unser Umgang mit Landschaft und Boden in Zukunft nicht noch mehr von Profitdenken bestimmt wird als jetzt schon. Nur wenn wir etwas schonender mit der Natur umgehen, werden alle Pflanzen der Raine in der Hildesheimer Börde eine Überlebenschance haben.

Heuschrecken der Wegränder

von Günter Grein

Für Laien sind die Larven der Heuschrecken oder auch Springschrecken mit den noch kleinen Flügeln oft nur schwer von den erwachsenen Tieren zu unterscheiden, bei denen auch flugunfähige Arten mit verkürzten Flügelanlagen vorkommen. Bei den meisten Heuschreckenarten äußern die Männchen Gesänge und locken so die Weibchen an. An diesen Lautäußerungen – wir sprechen hier auch von Stridulation – kann man die rufenden Arten erkennen.

Von den Langfühlerschrecken (*Ensifera*) mit mehr als körperlangen, dünnen Fühlern lassen sich die Kurzfühlerschrecken (*Caelifera*) mit verhältnismäßig dicken Fühlern, die nie die Länge des Körpers erreichen, unterscheiden. Zu den letzteren zählen auch die Grashüpfer. Die Weibchen der Langfühlerschrecken tragen deutlich sichtbare Legeröhren, während die weiblichen Kurzfühlerschrecken kurze und unauffällige Legescheiden besitzen.

Zum Kennenlernen der heimischen Heuschrecken ist das reich bebilderte Buch von BELLMANN (1985) geeignet. Von demselben Autor erschien eine CD mit den Stimmen der rufenden Arten (BELLMANN 2004). Einen Überblick über die Verbreitung der Springschrecken in Niedersachsen gibt GREIN 2000.

Wir wollen hier die Heuschreckenfauna gut ausgebildeter Wegränder der Bördelandschaft im Landkreis Hildesheim betrachten. Wegränder sind meistens mehrere Meter breit, schließen häufig Böschungen von Gräben mit ein und weisen unterschiedliche Vegetationsstrukturen auf. Dabei gibt es sowohl kurzrasige als auch hochwüchsige Bereiche, die noch von Hochstauden wie Wiesen-Kerbel, Bärenklau oder Großer Brennessel überragt werden. Auf Grund der mittleren Bodenfeuchte fehlen sowohl Feuchtigkeit liebende Arten, wie sie in der Innersteniederung vorkommen (GREIN 2003: 172), als auch auf Trockenheit und Wärme der Halbtrockenrasen angewiesene Heuschrecken (GREIN 1993). Ab und zu stehen Sträucher und Bäume am sonst grasigen Wegrand. Gehölze stellen einen eigenen Lebensraum dar und können das Spektrum der Heuschreckenarten noch erweitern. Der Wegrain grenzt in der Börde gewöhnlich an einen Acker, so dass der hier betrachtete Heuschrecken-Lebensraum sich zwischen Weg oder Straße und der landwirtschaftlichen Nutzfläche erstreckt; manchmal grenzen auch nicht genutzte Bereiche direkt an die Wegränder an.

Auf allen durch Schnitt genutzten Flächen sind die dort lebenden Populationen der Heuschrecken und auch andere Kleintiere heute gefährdet. Die Tiere, die nicht vor dem Mähgerät fliehen können, werden durch die beweglichen Geräteteile getötet. Sehr gering dagegen ist die Verlustrate bei Benutzung von Balkenmähern, deren Verwendung sich günstig auf das Fortbestehen und die Häufigkeit von Heuschrecken auswirkt.

Wegrand mit Graben und Gehölzen nördlich von Adensen

Zwitscher-Heupferd, das sich auf einem Brennesselblatt sonnt

Männchen von Roesels Beißschrecke in einem dichtwüchsigen Grasbestand

Männchen des flugfähigen Nachtigall-Grashüpfers

An Wegrändern der Bördelandschaft wurden im Landkreis Hildesheim elf Heuschreckenarten gefunden. Diese vergleichsweise hohe Anzahl zeigt die große Bedeutung der Wegraine als Lebensraum für diese Insekten. Gleichzeitig sind die Wegränder wichtige Wanderkorridore, die diese Tiere zur Ausbreitung nutzen können. Diese Wanderwege sind insbesondere für die nicht flugfähigen Arten, hier vor allem die Punktierte Zartschrecke und die Gewöhnliche Strauchschrecke, wichtig. Von den elf Arten kommen fünf an jedem gut ausgebildeten Wegrand vor: Zwitscher-Heupferd, Roesels Beißschrecke, Nachtigall-Grashüpfer, Weißrandiger Grashüpfer und Gemeiner Grashüpfer. An Wegrainen nördlich von Adensen wurde mit acht verschiedenen Heuschreckenarten die höchste Anzahl festgestellt. An den übrigen Wegrändern konnten fast gleichmäßig verteilt fünf bis sieben Arten registriert werden (vgl. Tab. 278).

Zu den großen heimischen Heuschrecken zählt mit ca. 35 mm Körperlänge das grüne **Zwitscher-Heupferd** (*Tettigonia cantans*). Sein laut schwirrender Gesang, der oft vom Nachmittag bis in die Nacht andauert, ist vielen Menschen bekannt. Das Heupferd bevorzugt hochwüchsige Vegetation, vor allem Hochstauden, die die Männchen fluchtbereit kopfüber sitzend als Singwarte nutzen. Im Spätsommer und Herbst klettern sie auch - soweit vorhanden - in Büsche und Bäume und entgehen dadurch den nachts kühlen bodennahen Luftschichten. Diese zu den Langfühlerschrecken zählenden Heupferde gehören zum Arteninventar der breiten, reich strukturierten Wegraine der Börde. Nicht selten gehen sie von dort in angrenzende Äcker.

Die ca. 15 mm große **Roesels Beißschrecke** (*Metrioptera roeselii*) besiedelt dichte Grasbestände und kommt an jedem breiten Wegrand in der Bördelandschaft vor. Wir finden sie vorzugsweise in Vegetationsbeständen mit einer Wuchshöhe ab etwa 20 cm. Die Männchen lassen ein feines, hohes, oft lang anhaltendes, gleichmäßiges Sirren ertönen.

Der etwas wärmeliebende **Nachtigall-Grashüpfer** (*Chorthippus biguttulus*) ist am leichtesten an seinem laut schmetternden oder ratternden Gesang zu erkennen, der zur typischen Geräuschkulisse einer

Sommerwiese gehört. Dabei bilden etwa vier Verse eine Strophe. Der weit verbreitete Nachtigall-Grashüpfer tritt an trockenen Wegrändern manchmal in großer Anzahl auf.

Das Weibchen des **Weißrandigen Grashüpfers** (*Chorthippus albomarginatus*) trägt einen weißlichen Längsstreifen am Unterrand des Flügels. Den Gesang kann man als meist dreimaliges weiches „rrrrsch" oder „psrrrr" von einer halben Sekunde Dauer umschreiben. Dieser Grashüpfer besiedelt nasse bis mäßig trockene Grasvegetation, wobei er kurzrasige Bereiche bevorzugt. An den Börde-Wegrändern tritt er regelmäßig auf.

Der **Gemeine Grashüpfer** (*Chorthippus parallelus*) ist bei uns weit verbreitet und oft häufig, so auch an vielen Wegrändern. Er bewohnt trockene bis feuchte Grasbestände und meidet nur extrem trockene Bereiche und ganz nasse Gebiete. Wir beobachten ihn auf gut ausgebildeten Wegrändern manchmal recht zahlreich. Der Gesang besteht aus schnell gereihten, kratzenden Tönen, etwa „sräsräsräsräsrä", und ist von gut einer Sekunde Dauer.

Die zu den Langfühlerschrecken zählende **Punktierte Zartschrecke** (*Leptophyes punctatissima*) bewohnt Gebüsche, geht auch in benachbarte Bäume, ihre Larven leben in den Säumen dieser Gehölze. An Wegrändern in der Börde wurde sie nur in solchen Strukturen nachgewiesen. Sie kommt sonst auch in Gärten und Parks der Ortschaften vor. Die Art ist nachts, aber oft schon ab Mittag aktiv, ihre Rufe liegen im Ultraschallbereich. Die Tiere ernähren sich vegetarisch. Die Punktierte Zartschrecke wurde am Mühlenberg westlich Lühnde und südlich Achtum an der Zufahrt zum Brockenblick gefunden.

In Bäumen und Sträuchern lebt die zarte, an den hellgrünen, langen Flügeln und sehr langen Fühlern kenntliche, 12-15 mm große **Gemeine Eichenschrecke** (*Meonema thalassinum*). Diese weit verbreitete Langfühlerschrecke ist überwiegend nachtaktiv und kommt bei Dunkelheit gelegentlich durch geöffnete Fenster in Häuser. Sie ernährt sich räuberisch von kleinen Insekten wie

Der Weißrandige Grashüpfer bevorzugt niedrige und offene Rasen. Das hier abgebildete Weibchen ist am hellen Flügelrand zu erkennen

Männchen des weit verbreiteten Gemeinen Grashüpfers

Punktierte Zartschrecke mit Stummelflügeln, mit denen die Ultraschalllaute erzeugt werden

Männchen der Gewöhnlichen Strauchschrecke in einem dichten Pflanzenbestand

Der Wiesen-Grashüpfer reagiert empfindlich auf Düngung und gilt als stark gefährdet

Raupen und Blattläusen. Die Männchen besitzen keine Stridulationsorgane. Sie erzeugen leise Trommelserien, indem sie mit einem Hinterbein auf eine Resonanzunterlage, z.B. ein Blatt, trommeln. Die Weibchen legen nachts - vornehmlich bei feuchter Witterung- die Eier mit der nur leicht gebogenen Legeröhre in die Rindenritzen der Gehölze. Die nicht immer leicht nachweisbare Eichenschrecke wurde an einem Wegrand auf Hasel nördlich von Adensen gefunden.

Die **Langflüglige Schwertschrecke** (*Conocephalus fuscus*) ist ein Neubürger des Hildesheimer Raumes. Sie wanderte in den letzten warmen Sommern von Osten her ein, was möglicherweise durch Ostwinde unterstützt wurde. Die Männchen tragen ihren Gesang, ein hohes Sirren, tagsüber von einer erhöhten Singwarte aus vor. Die Art ernährt sich sowohl von Pflanzen als auch von Kleininsekten. Die Langflüglige Schwertschrecke besiedelt höherwüchsige Strukturen, so auch ungemähte Wegränder. Dabei ist sie nicht an eine bestimmte Feuchte gebunden. Sie wurde auch zweimal aus einem Weizenacker singend angetroffen. Die in günstigen Witterungsperioden von Osten her eingewanderten Tiere wurden an Wegrainen z.B. westlich Wendhausen, nordöstlich Söhlde, südöstlich Oedelum, nordwestlich Algermissen und nördlich Adenstedt nachgewiesen.

Dichtwüchsige Vegetation wie Waldränder, Hecken und Hochstauden bevorzugt die braun gefärbte, um 15 mm große **Gewöhnliche Strauchschrecke** (*Pholidoptera griseoaptera*). Unter günstigen Lebensbedingungen hört man die Reihen kurzer Rufe in großer Zahl. Sie werden etwa ab Mittag bis in die Nacht vorgetragen. In der Hildesheim-Braunschweiger Lössbörde ist diese Langfühlerschrecke nur in Niederungen zu finden, wie z.B. an einem Wegrand in der Bruchgraben-Niederung südlich von Ahstedt und nordöstlich von Heisede, während sie an den Wegrainen in der Kalenberger Lössbörde weit verbreitet ist, so nördlich von Adensen und nordöstlich von Esbeck. Sie wurde aber auch an Wegen im Übergangsbereich zum Innerstebergland westlich Wendhausen und südwestlich Achtum nicht selten angetroffen.

Der zu den Kurzfühlerschrecken zählende **Feld-Grashüpfer** (*Chorthippus apricarius*) ist an dem typischen Gesang zu erkennen, der sich in Geschwindigkeit und Lautstärke steigert. Er erinnert an eine Dampflokomotive „kchichi – kchichi – kchichi.....". In den Niederlanden erhielt der Feld-Grashüpfer daher den Namen „Locomotiefje". Die Art lebt besonders an trockenen, grasigen Wegrändern und ruderal beeinflussten Grasbeständen und wurde erstmalig an zwei benachbarten Wegrändern nordöstlich von Heisede nahe der nördlichen Kreisgrenze für den Landkreis Hildesheim nachgewiesen. Der Verbreitungsschwerpunkt liegt in wärmeren Gegenden, wie z.B. in Ostdeutschland (GREIN 2005).

Der in der Roten Liste für die Region Hügel- und Bergland als stark gefährdet aufgeführte **Wiesen-Grashüpfer** (*Chorthippus dorsatus*) ist offenbar empfindlich gegen die in der intensiven Landwirtschaft praktizierte starke Düngung. Der Gesang besteht aus zwei ineinander übergehenden Teilen, aus kratzenden und zum Schluss schwirrenden Lauten, etwa „rärärärä-rädsch" und dauert gut eine Sekunde. Die Art kommt auf feuchten bis trockenen Böden vor. An den Wegrainen der Börde wurde sie noch gelegentlich in geringer Individuenzahl gefunden, so nördlich Adensen, nordwestlich Algermissen und südöstlich Oedelum.

Tagfalter der Wegränder im Raum Emmerke

von Jürgen Tharsen

Die Hildesheimer Börde stellt sich als Kulturlandschaft recht eintönig dar: eine weitgehend ausgeräumte Fläche mit wenigen Strukturen, die das Landschaftsbild auflockern. Derartige Lebensräume sind nicht gerade ein „El Dorado" für Insekten. Nur recht wenige an die Kulturen angepasste Arten können sich hier entwickeln; und wenn sie dieses tun, dann gleich in Überzahl, so dass sie häufig Kalamitäten erzeugen und zu Kulturschädlingen werden.

Versprengte Feldgehölzinseln, einige Bäume und Büsche an den Wirtschaftswegen mit der dazugehörigen Wildkrautflora sind die wenigen Refugien, die Faltern geeigneten Lebensraum bieten. Insbesondere die Wege mit den angrenzenden Gräben, die das Land durchziehen, sind von herausragender Bedeutung. Als lineare Landschaftsstrukturen sind sie einerseits Vernetzungselemente verschiedener extensiver Lebensräume, zum anderen stellt die hier vorhandene relative Vielfalt an Blütenpflanzen für viele Arten ein Nahrungshabitat und für andere auch ein Bruthabitat dar. Hecken und Hochstauden-Wildkrautfluren bieten Windschutz und ein differenziertes Kleinklima.

Ein großer Teil der Falter, denen man häufig und mit hoher Abundanz begegnet, sind Wanderfalter - saisonale Zuwanderer aus dem Süden oder Arten, die innerhalb ihres Verbreitungsgebietes vagabundieren (Binnenwanderer). Hierzu gehören fast alle Weißlingsarten und Vertreter aus der Gruppe der „Brennesselfalter". Diese Wanderfalter gehören zu den „Ubiquisten" (BLAB & KUDRNA 1982), d.h. zu Arten, die ein breites ökologisches Spektrum besitzen. Als „Allerweltsarten" sind sie recht unspezifisch in Bezug auf ihre Ansprüche an den Lebensraum und weisen keine enge

Wegränder bei Emmerke – Lebensraum für Tagfalter

Habitatbindung auf. Sie lassen sich somit nicht als Indikatoren für die Qualität bestimmter Lebensräume verwenden.

Derartige Falterarten nutzen die linearen Landschaftsstrukturen als Wanderwege. Die Möglichkeit zur Migration und damit zur Veränderung und Erweiterung des Lebensraumes ist für das Evolutionsgeschehen von großer Wichtigkeit, da durch die Einwanderung fremder Individuen in isolierte Populationen der Genaustausch gefördert wird.

Zu den wandernden Arten gehören die Weißlinge (*Pieridae*), die schon recht früh im Jahr fliegen. An den Wegrändern im Raum Emmerke wurden die drei häufigsten Weißlingsarten gefunden:

Für den **Großen Kohlweißling** (*Pieris brassicae*), dessen Raupe gesellig lebt und vorwiegend an Kohlpflanzen und anderen Kreuzblütlern vorkommt, ist der Gehalt der Nah-

Männchen des Großen Kohlweißlings auf Wiesen-Flockenblume

Kleiner Kohlweißling auf Luzerne

rungspflanzen an Senfölglycosiden entscheidend. Der Große Kohlweißling produziert mehrere Generationen im Jahr.

Der **Kleine Kohlweißling** (*Pieris rapae*) bevorzugt ähnliche „Wirtspflanzen"; man findet ihn häufig im Bereich sonniger Wildkrautfluren und im Herbst auf Luzerne und Klee.

Der **Heckenweißling** (*Pieris napi*) bildet ebenfalls pro Jahr mehrere Generationen aus; die Raupen entwickeln sich an Kreuzblütlern, häufig an feuchteren Stellen von Waldrändern oder Lichtungen, manchmal vergesellschaftet mit Raupen des Aurorafalters. Der Rapsweißling scheint früher eine Seltenheit gewesen zu sein, ist heute aber die häufigste der drei Weißlingsarten.

Sie alle drei sind Wanderfalter und vagabundieren innerhalb ihres Verbreitungsgebietes, was zu starken Bestandsschwankungen führen kann. Dem **Zitronenfalter** (*Gonepteryx rhamni*) als einzigem Imaginalüberwinterer dieser Gruppe kann man ebenfalls sehr früh im Jahr begegnen. An schönen Frühlingstagen ab Ende April kommt der **Aurorafalter** (*Antocharis cardamines*) dazu. Seine Raupen leben an luftfeuchten Stellen, wie z.B. an Waldrändern und Waldwegen. Am Giesener Wald und Osterberg ist er recht häufig und wandert entlang den Hecken, Büschen und Wegrändern, so dass er bisweilen sogar in den Gärten der Bördedörfer zu beobachten ist. Es wird nur eine Generation im Frühjahr produziert, die Raupen leben an verschiedenen Kreuzblütlerarten, vornehmlich an Schaumkraut-Sippen.

Zu den Wanderfaltern gehören auch die Vertreter aus der Familie der Edelfalter (*Nymphaliden*), die auf nitrophile Hochstaudenbereiche angewiesen sind. Raupenfutterpflanze ist die Große Brennnessel, die in den Gräben und an den Feldrändern häufig vorkommt. Die Ansprüche an die Standortverhältnisse sind jedoch von Art zu Art verschieden. Einige sind in Bezug auf ihre Raupenentwicklung obligate Brennnesselbewohner, andere nutzen diese Pflanze fakultativ. Hier sind besonders die brennnessel- und distelreichen Saumstrukturen an den Gräben hervorzuheben. Typische Brennnesselfalter sind der **Kleine Fuchs** (*Aglais urticae*) und das **Tagpfauenauge** (*Inachis io*). Der Kleine Fuchs bevorzugt trockene und besonnte Brennnesselbestände, an denen die Eier abgelegt werden. Dieses geschieht zweimal im Jahr; die im Herbst ausgeschlüpften Falter verkriechen sich und überwintern. Die Raupen des Tagpfauenauges leben dagegen an Pflanzen, die ebenfalls besonnt, aber nicht ganz so trocken stehen wie die Raupenfutterpflanzen des Kleinen Fuchses. Die Falter der einzigen Generation überwintern und sind im folgenden Frühjahr ebenfalls schon an den ersten warmen Tagen zu sehen.

Die Brennnessel dient auch dem **Admiral** (*Vanessa atalanta*) als obligate Futterpflanze (EBERT & RENNWAND 1991). Der nahverwandte **Distelfalter** (*Vanessa cardui*) nutzt sie ebenfalls, allerdings fakultativ neben einer großen Anzahl weiterer Pflanzen. Beide Falterarten sind in Norddeutschland saisonale Zuwanderer aus dem Mittelmeerraum, erzeugen hier eine zweite Generation und überwintern bei uns nur ausnahmsweise. Im Herbst sieht man sie häufig in den Gärten an reifem Obst saugen. Der Großteil der Falter wandert danach in den Mittelmeerraum zurück, der Rest übersteht den Winter bei nicht zu strengen Witterungsverhältnissen bei uns als Imago. Die Larven entwickeln sich vorwiegend an Disteln und Brennnesseln. Der sehr schnelle und gewandte Flieger ist stärker als der Admiral darauf angewiesen, im Winter in den Süden zurückzukehren, und überlebt eine Überwinterung bei uns nur in Ausnahmefällen.

Relativ ortstreu dagegen sind die meisten Augenfalter (*Satyridae*). Der **Kleine Heufalter** (*Coenonympha pamphilus*) beispielsweise bewohnt trockenere und wärmere Grasflächen in der offenen Buschlandschaft, wie sie auf dem Truppenübungsplatz vorhanden sind, kommt aber auch an Wirtschaftswegrändern der im Osten angrenzenden intensiv bewirtschafteten Felder vor. Das Vorkommen dieser Graslandarten hängt entscheidend von der Nährstoffarmut der Lebensräume ab. Die Wege und Feldränder unterhalb des Osterbergs auf Emmerker Seite scheinen demnach auch Bereiche aufzuweisen, die etwas anspruchsvolleren Arten genügen.

Neben dem Stickstoffgehalt sind die Pflanzenartenzahl und die Zahl der Blüten von Bedeutung für die Arten- und Individuenhäufigkeit der Familie der Augenfalter (WEIDNER 1991/92). Die Anzahl der vorkommenden Arten hängt weiterhin von der Vegetationsstruktur ab (SETTELE & GEISSLER 1989). In stickstoffärmeren Bereichen der Wegränder haben auch konkurrenzschwache Pflanzenarten die Möglichkeit, Fuß zu fassen, und sorgen hier für eine höhere Artenvielfalt. Diese wiederum stellt die Voraussetzung für einen größeren Insektenreichtum dar.

Bei Spaziergängen an heißen Sommertagen in der Feldmark lässt sich mit ein wenig Glück auch der **Schachbrettfalter** (*Melanargia galathea*) beobachten, der ebenfalls zu den Augenfaltern gehört. Der Schachbrettfalter kommt hauptsächlich in trockenen Magerrasen, gelegentlich auch auf frischeren Standorten vor. Im August und September begegnet man ihm in der Regel an den Giesener Bergen in großer Individuenzahl. Die nachtaktiven Raupen sind auf ungedüngte Nahrungspflanzen angewiesen. Das Schachbrett

Der Schachbrettfalter ist an Wegrändern der Bördelandschaft nur selten zu entdecken

Das Ochsenauge ist ein Vertreter der Augenfalter   *Der Gemeine Bläuling wandert entlang den Wegrändern bis in die Gärten der Bördedörfer*

wird von WEIDNER (1991/92) als „standorttreu mit mittlerem Aktionsraum" angesehen. Bei seinen Untersuchungen auf gemähten und ungemähten Wiesenflächen konnte er nachweisen, dass der Aktionsradius ca. 300 Meter beträgt. Man kann also davon ausgehen, dass die Falter von den Magerrasen in den Giesener Bergen in die Feldmark wandern, wo sie sich vereinzelt entlang den Feldwegen bewegen. Die Raupen waren bis ca. 1850 für Norddeutschland nicht nachgewiesen, und aus den beiden ersten Jahrzehnten des vorigen Jahrhunderts gab es nur vereinzelte Meldungen über diese Art. Erst seit etwa 1924 fliegt das Schachbrett regelmäßig in Niedersachsen (WARNECKE 1950) und breitet sich immer mehr nach Nord-Westen aus. Der gegenwärtige Verbreitungsschwerpunkt liegt östlich der Verbindungslinie Hamburg - Hannover. In Westniedersachsen fehlt der Falter weitgehend.

Zu den Augenfaltern mit weniger engen ökologischen Grenzen gehören das **Ochsenauge** (*Maniola jurtina*) und der **Schornsteinfeger** (*Aphantopus hyperanthus*). Die Raupen beider Arten leben im Gras und sind ebenfalls nachtaktiv. Das Ochsenauge bevorzugt stärker als der Schornsteinfeger, der eher verbuschte Lebensräume und Waldränder bewohnt, Offenlandbereiche. WEIDNER 1991/92 wies nach, dass das Ochsenauge in unterschiedlichen Grünlandausprägungen, allerdings verstärkt in extensiver bewirtschafteten, auftritt und als euryoper Begleiter in Grünlandgesellschaften als Indikator für höhere Biotopqualität herangezogen werden kann. In der Feldmark von Emmerke waren beide Arten vergesellschaftet an Grabenrändern im Gras zu finden, wo sie vor dem Wind geschützt waren. Vielerorts macht sich das Fehlen von Hecken und Sträuchern an Wegrändern durch eine hohe Windexposition bemerkbar, insbesondere auf völlig freigeräumten Kuppen wie am Ortseingang der Ortschaft Giesen an der Straße zum Schacht ‚Siegfried', die keinerlei auflockernde Strukturen und nur sehr schmale Weg- und Feldränder bietet. Hier konnte nur selten ein Falter beobachtet werden.

Aber auch die Familie der Bläulinge (*Lycaenidae*), eigentlich sehr empfindlich reagierende und auf magere Lebensräume angewiesene Vertreter ihrer „Zunft", schicken einen Abgesandten aus ihrem eigentlichen „Domizil", den mageren, trocken-warmen Lebensräumen der Giesener Berge ins „feindliche" Umland. Entlang den Wegen wandert der Hauhechel-Bläuling oder auch **Gemeine Bläuling** (*Polyommatus icarus*) im Hochsommer regelmäßig bis in die Gärten der umliegenden Dörfer. In der Regel ist der Hauhechel-Bläuling auf Grasland mit nicht zu starker Nährstoffversorgung bzw. auf magerem Grasland häufig und wird von WEIDNER (1991/92) als Charakterart intakter Glatthaferwiesen bezeichnet. Er besitzt allerdings ein recht weites ökologisches Spektrum, so dass die Art auch in anderen Grünlandlebensräumen regelmäßig nachgewiesen wird (STEFFNY et al. 1984). Mancherorts ist die Art aufgrund der Düngung allerdings schon selten geworden (WEIDEMANN 1986). Die Larven sind nachtaktiv und fressen an Leguminosen wie Steinklee und Hornklee. Der Falter nutzt nach Untersuchungen von STEFFNY et al. (1984) fast ausschließlich blau-rot-violette Körbchen- und Köpfchenblumen (Witwen-, Flockenblumen u.a.).

Mit ein wenig Glück lässt sich auch der **Schwalbenschwanz** (*Papilio machaon*) beobachten, der im Jahr 1999 auch in den Gärten von Bördedörfern beobachtet werden konnte und große Entfernungen entlang von Hecken und Wegrändern zurücklegt.

Es hat sich gezeigt, dass die Schmetterlingsfauna der Bördelandschaft sich ausschließlich aus Allerweltsarten zusammensetzt. Arten, die ihre gesamte Entwicklung in diesen Lebensräumen vollziehen, können keine großen Ansprüche an besonders exklusive Lebensraumbedingungen stellen. Dennoch findet man durchaus auch Arten, die aus benachbarten Refugien kommen und lineare Strukturen der Feldmark zu Wanderbewegungen nutzen. Hecken, Wege und Gräben besitzen eine wichtige Funktion für den Genaustausch und die Migration von Arten, stellen sie doch die einzige Verbindung benachbarter extensiver Insellebensräume dar. Der Erhalt bzw. die Erweiterung derartiger Strukturen und das Schaffen einer möglichst kleinräumigen Kammerung der Landschaft wären ein Ziel, welches nicht nur der Falterfauna zugute käme. Es würde auch das Landschaftsbild verändern und den Erholungswert der Börde erhöhen.

Webspinnen der Wegränder bei Gronau/Leine

von Oskar Rohte

Die landwirtschaftlich genutzten Gebiete unseres Landes, wie auch die der Hildesheimer Börde, werden von einem System von Wildkrautstreifen an Wegrändern durchzogen, die die Ackerflächen gegenüber Wegen abgrenzen (vgl. S. 99). Gegenstand meiner Untersuchungen war die Erfassung der Spinnenfauna an den Rändern der Wege, die ein Feld mit der Größe von ca. 11,25 ha. südlich von Gronau/Leine im Anschluss an die Siedlung „Saure Maate" in Richtung Süden begrenzen. Die Ränder haben eine Breite von durchschnittlich 2,0 m und eine Gesamtlänge von 1.35 m. Trotz gewisser Unterschiede in der Zusammensetzung der ruderalisierten Glatthaferwiesen in den vier untersuchten Streifen sind diese nicht so gravierend, als dass man diese Biotope für unsere Zwecke nicht als Einheit betrachten könnte. (Für die Bestimmung der Pflanzenarten danke ich Frau GENUIT–LEIPOLD, Wendhausen.)

Die Äcker, an denen die Randstreifen lagen, wurden 2003 für den Kartoffel- und 2004 für den Winterweizenanbau genutzt. Dabei wurden Herbizide und Insektizide verwendet.

Die Fänge der Spinnen und die Artenbestimmungen erfolgten im Zeitraum von August 2003 bis Oktober 2004. Während der Zeit vom 25. September 2003 bis 3. März 2004 wurden keine Spinnen gefangen. Nachbestimmungen schwieriger Arten erfolgten durch ALEXANDER SÜHRIG. Die Fänge wurden mit der Hand, mit Keschern, mit Saugrohren und mit Hilfe von ca. 3 cm hoch mit Äthylenglykol gefüllten Gläsern als Bodenfallen vorgenommen. Bedauerlicherweise wurde in den an einem dicht besiedelten Wohngebiet liegenden Wegrändern mehrere Bodenfallen von spielenden Kindern oder auch durch streunende Hunden zerstört, so dass diese Form der Probengewinnung abgebrochen werden musste. Eine Besonderheit des untersuchten Beobachtungszeitraumes bestand darin, dass im Sommer 2003 extrem hohe Temperaturen und relativ geringe Niederschläge auftraten (vgl. S. 52).

Insgesamt wurden 38 verschiedene Arten aus 11 Familien der Webspinnen (*Araneae*) gefunden. Bestimmt wurden nur geschlechtsreife Tiere (vgl. Tabellen im Anhang). Da eine umfangreiche Beschreibung aller im Rahmen dieser Darstellung gefundenen Arten nicht möglich ist, beschränke ich mich auf die Beschreibung der Eigenschaften der gefundenen Familien und gebe zu einigen mir interessant erscheinenden Arten weitere Hinweise.

Kugelspinnen - Haubennetzspinnen (*Theridiidae*)

Kugelspinnen sind nach den Baldachinspinnen die artenreichste Familie in Mitteleuropa. Im Untersuchungsge-

Weibchen von Pardosa amentata, einer Wolfspinne, die ihre Beute im Sprunge erbeutet. Nat. Größe: 5,5–8 mm. Diese Art lässt sich von ihren Verwandten mit Sicherheit nur durch die mikroskopische Untersuchung der Geschlechtsorgane unterscheiden

biet fand ich allerdings nur vier Arten. Kennzeichnend für die Familie ist, wie schon der Name andeutet, bei vielen Arten der kugelförmige, hochgewölbte Hinterleib. Ein typischer Vertreter ist *Theridion impressum*. Diese Spinne baut einen napfartigen Schlupfwinkel, der ähnlich wie ein Vogelnest genutzt wird, und legt dort ihre Eier hinein. Wenn sie schlüpfen, werden Jungtiere mit vorverdautem Nahrungsbrei der Mutter regelrecht gefüttert. In späteren Phasen ihrer Entwicklung saugen sie auch die von dieser gefangenen Beutetiere aus.

Zwerg- und Baldachinspinnen (*Linyphiidae*)

Etwa die Hälfte aller in Deutschland vorkommenden Spinnen gehört zu dieser Familie. Entsprechend groß sind die Unterschiede in Aussehen und Verhalten. Die Baldachinspinnen bauen baldachinartige, d.h. horizontal hängenden Teppichen ähnelnde Netze, an deren Unterseite sie hängen. Oberhalb dieser Gespinstdecke finden sich mehr oder weniger senkrecht verlaufende Fäden, die die Aufgabe haben, fliegende Insekten zum Absturz zu bringen. Die Beute wird durch die Spinnen, die unter der Gespinstdecke sitzen, durch das Gespinst hindurch erfasst und gelähmt. Eine häu-

Weibchen von Linyphia triangularis, einer Baldachinspinne, die auffällige Raumnetze baut. Nat. Größe: 5–7 mm. Typisch sind das dunkle, seitlich gezackte Längsband auf dem Hinter- und der dunkle, gegabelte Mittelstreifen auf dem Vorderkörper

Weibchen von Metellina segmentata, der Herbstspinne, die schöne Radnetze mit offener Nabe baut. Nat. Größe: 4–9 mm

fige Vertreterin der Linyphiiden im Beobachtungsgebiet war *Linyphia triangularis* (s. Abb.). Die erwachsenen Tiere waren besonders im Herbst zu beobachten.

Streckerspinnen (*Tetragnathidae*)

Die Familie der Streckerspinnen zerfällt in drei recht unterschiedliche Unterfamilien. Zur ersten Unterfamilie gehören die eigentlichen Streckerspinnen (*Tetragnatha*), die Radnetze bauen, einen langgestreckten, schmalen Hinterleib besitzen und, daher haben sie ihren Namen, in Ruhehaltung ihre beiden vorderen Beine nach vorne und die beiden hinteren nach hinten strecken. Die Körperlänge der von mir im Juni gefundenen Weibchen der graugefärbten Art Tetragnatha montana betrug 7 mm. Ein Männchen von T. pinicula maß 4,5 mm. Diese Art ist durch bräunliche und weiße Längsstreifen auf dem schlanken Hinterleib charakterisiert. Zur zweiten Unterfamilie, den Dickkieferspinnen (*Pachygnatha*), gehören Spinnen, die in ihrer Form meist rundlich sind, als erwachsene Tiere keine Netze bauen, sondern frei umherlaufen, mit der vorigen Gattung aber darin übereinstimmen, dass sie ausgesprochen große Kieferklauen haben. Schon im März tauchten die ersten ca. 5 mm großen Männchen von *Pachygnatha clercki* am Südrand des Untersuchungsgebietes auf. Eine weitere Unterfamilie der Familie der Streckerspinnen sind die sogenannten Herbstspinnen (*Metidae*). Die Tiere tragen ihren Namen nach der Zeit ihres hauptsächlichen Auftretens, dem Herbst. Auch in meinem Beobachtungsgebiet waren sie erst ab Ende Juli, aber dann bis in den Oktober hinein mit steigender Häufigkeit zu beobachten. Herbstspinnen bauen Netze, die sich ähnlich wie bei den Streckerspinnen durch eine offene Nabe auszeichnen und damit von den Netzen der ihnen verwandten Kreuzspinnen unterscheiden. Ich fand im Beobachtungsgebiet Vertreter von *Metellina segmentata* (s. Abb.). Bei diesen Spinnen findet sich auf dem Vorderteil eine typische Y-förmige Zeichnung, an der man die Art sofort erkennen kann. Interessant ist auch ihr Paarungsverhalten. Die erwachsenen Männchen versammeln sich am Rande der Netze der Weibchen und warten darauf, dass sich ein Insekt in diesem fängt. Wenn dieses geschieht, stürzen sich die Männchen sofort auf die Beute. Das schnellste von ihnen wickelt diese mit Spinnenfäden ein. Nimmt das Weibchen diese als Brautgeschenk an, beginnt sie mit dem Aussaugen derselben. Diese Ablenkung nutzt das Männchen und begattet das Weibchen.

Radnetzspinnen (*Araneidae*)

Wie der Name sagt, ist das charakteristische Merkmal der Radnetzspinnen ihr radförmig gestaltetes Fangnetz. Dieses besteht aus Rahmenfaden, Nabe, Radien sowie der Fangspirale und wird bei den etwa 50 in Deutschland vorkommenden Arten nur wenig modifiziert. Radnetzspinnen gehören zu den schönsten Spinnen in Europa. Insbesondere die in den letzten Jahren aus dem Süden zugewanderte Wespenspinne (*Argyope bruennichii*) besticht durch Pracht und Größe; die Weibchen erreichen bis zu 17 mm Körperlänge. Der Hinterleib ist gelbschwarz auf weißem Untergrund gebändert. Die Spinne gehört damit zu den farblich auffälligsten Vertretern ihrer Gruppe. Ich fand diese Art in dem heißen Sommer 2003 an den westlichen und nördlichen Randstreifen. Im Jahre 2004 tauchte sie nicht mehr auf. Aber auch die anderen von mir gefundenen Arten, wie z. B. die Gartenkreuzspinne (*Araneus diadamatus*), die Vierfleckkreuzspinne (*Araneus quadratus*), die marmorierte Kreuzspinne (*Araneus marmoreus*) und die Schilfradnetzspinne (*Larinioides cornutus*) gehören mit ihren Zeichnungen zu den „grafischen Schönheiten" unserer Natur. Sie traten vor allem im Herbst, in den Monaten September/Oktober auf.

Wolfspinnen (*Lycosidae*)

Wolfspinnen sind charakterisiert durch zwei große Augen in der mittleren ihrer drei Augenreihen, die den Tieren das gute Sehvermögen erlauben, mit dem sie ihre Beute orten und danach anfallen können. Die Augen stellen für die Bestimmung ein wichtiges Merkmal dar. Im Herbst fallen die Weibchen durch ein weiteres Charakteristikum auf; sie tragen ihren Eikokon mit den Spinnwarzen am Hinterleib und transportieren anschließend die daraus ausgeschlüpften Jungen auf dem Hinterkörper herum. Die an den Wegrändern der Börde gefundene Art *Trochosa terricola* (s. Abb.) ist durch zwei längliche Streifen in dem hellen Mittelband des Vorderkörpers charakterisiert. *Pardosa amentata* ist eine Spinne, die die Feuchtigkeit liebt.

Jagdspinnen (*Pisauridae*)

Jagdspinnen tragen auf dem Vorderkörper eine weiße Mittelbinde und haben einen lang gestreckten, meist bräunlichen Hinterleib. Die Körperlänge der von mir gefundenen Weibchen der Art *Pisaura mirabilis* (s. Abb.) betrug bis zu 16 mm. Jagdspinnen ähneln in der Lebensweise und der Leis-

Weibchen von Trochosa terricola, einer Wolfspinne, die ihren Unterschlupf mit Spinnseide auskleidet. Nat. Größe: 7–14 mm. Die Grundfarbe ist rötlich – braun. Typisch ist das Muster des Vorderkörpers

Ein Nest mit Jungtieren von Pisaura mirabilis

tungsfähigkeit der Augen den Wolfspinnen. Wie diese bauen sie keine Netze, sondern vagabundieren auf der Suche nach Beute frei umher. Ähnlich wie auch bei den Wolfspinnen wird der kugelförmige Eikokon, hier allerdings zwischen den Kieferklauen, herumgetragen. Kurz vor dem Schlüpfen der Jungen wird er in den Blättern einer Pflanze aufgehängt. Das Weibchen hält sich in der Nähe der Jungen auf, bis diese sich selbständig machen. Die Tiere sind sehr flink, und es ist sehr schwierig, sie mit dem Kescher zu fangen.

Sackspinnen (*Clubionidae*)

Sackspinnen verfügen über einen schlanken und meist braun gefärbten Hinterleib und verbergen sich tagsüber in Gespinstsäcken unter Steinen, Borke oder in der Vegetation. Nachts verlassen sie ihre Behausungen, um auf Jagd zu gehen. Sie ähneln den nachfolgend beschriebenen Plattbauchspinnen in Form und Verhalten, unterscheiden sich aber von diesen u.a. durch die Form und Anordnung der Spinnwarzen. Diese sind konisch verjüngt und legen sich in Ruhelage zur Kegelform aneinander. Ich fand in dem Untersuchungsgebiet die Art *Clubiona reclusa*.

Weibchen von Pisaura mirabilis, einer Jagd- oder Raubspinne, die Brutpflege betreibt. Nat. Größe: 12–15 mm. Die Männchen versuchen, die Weibchen durch die Gabe eines Brautgeschenkes in Form von eingesponnenen Insekten zu gewinnen

Rindensackspinnen (*Corinnidae*)

Die zoologische Stellung der Vertreter dieser Familie war lange umstritten. Die im Untersuchungsgebiet gefundene Art *Phrurulithus festivus* ist eine nur 2 – 4 mm große, fast schwarze Spinne, die sich durch zwei weiße Punkte mit einer Wellenlinie auf dem Hinterleib auszeichnet.

Plattbauchspinnen (*Gnaphosidae*)

Die Plattbauchspinnen ähneln den Sackspinnen, lassen sich aber von diesen u. a. dadurch unterscheiden, dass sie Spinnwarzen besitzen, die zylindrisch geformt sind und sich in Ruhelage parallel zueinander befinden oder gespreizt sind. Die Plattbauchspinnen bauen keine Fangnetze, sondern jagen von ihren Gespinstsäcken ausgehend in der Nacht auf dem Boden. Die Männchen bauen ihre Gespinsthöhlen in der Nähe noch nicht geschlechtsreifer Weibchen, mit denen sie sich nach deren Reifehäutung paaren. Die dickwandigen Eikokons werden von den Weibchen zum Schutz in Schlupfwinkeln verborgen. Im Untersuchungsgebiet fanden sich drei Arten.

Laufspinnen (*Philodromidae*)

Auch die Laufspinnen gehören zu den frei jagenden Spinnen, die ihre Beute in raschem Lauf erfassen. Bei ihnen fällt die deutlich seitliche Stellung der Beine auf. Das vordere Beinpaar ist aber, im Gegensatz zu den nachstehend beschriebenen Krabbenspinnen, nicht deutlich vergrößert, und die hinteren Beinpaare sind nicht deutlich verkürzt. Ich fand ab Ende Juni bis in den Juli hinein Männchen und Weibchen der Gattung *Philodromus*. Die Tiere haben eine Körperlänge von 4 – 6 mm und sind bräunlich gefärbt. Die Weibchen besitzen ein dunkles, pfeilförmiges Mal auf dem Hinterleib, hinter dem sich eine dunklere Winkelzeichnung befindet. Die Eier werden in einer Blattachsel abgelegt, mit einer Schicht von Spinnenseide bedeckt und von dem Weibchen bewacht.

Krabbenspinnen (*Thomisidae*)

Die Familienbezeichnung Krabbenspinnen deutet an, dass diese Tiere eine Ähnlichkeit in Aussehen und Bewegungsverhalten mit den Krabben haben. Krabbenspinnen sind Lauerjäger, die warten, bis sich ihre Beute ausreichend genähert hat und ergreifen sie dann blitzartig mit ihren Vorderbeinen. In meinem Untersuchungsgebiet fand sich vor allem *Xysticus ulmi*.

Zusammenfassung

Im Zeitraum zwischen August 2003 und Oktober 2004 wurde die Spinnenfauna von Wegrändern eines Gebietes südlich von Gronau/Leine untersucht. Die Fülle der dabei gefundenen interessanten Lebensäußerungen dieser faszinierenden Tiergruppe erlaubt leider keine umfassende Darstellung. Trotzdem könnten die Befunde Anregungen für weitere Untersuchungen geben. Es wäre schön, wenn die Arbeit dazu beitragen würde, die Scheu mancher Menschen vor dieser Tiergruppe zu verringern.

Landschnecken entlang den Wegrändern und Gewässersäumen

von Karsten Lill

Intensive Landwirtschaft auf großen, flurbereinigten Flächen führt dazu, dass die Bördelandschaften ihre naturkundlichen Besonderheiten erst auf den zweiten Blick offenbaren. Die Ränder der großen Ackerflächen nehmen zwar nur ca. 4 % der gesamten Nutzfläche ein, bergen dafür jedoch eine ganz erstaunliche Artenvielfalt, die im Vergleich zum Acker sprunghaft ansteigt. Der Blick auf topographische Karten zeigt, dass für die Börde vor allem eines charakteristisch ist: Die Ränder und Säume der Wirtschaftswege, Entwässerungsgräben und Bäche durchziehen die Landschaft als kilometerlanges Netz linienartiger Strukturen und erschließen die Landschaft so für die intensive agrarische Nutzung. Aus diesem Blickwinkel wird deutlich, dass „Biotopvernetzung" eben nicht nur im europäischen Maßstab ein Thema ist: Die zunächst kaum attraktiven schmalen Säume haben große Bedeutung für das Bewahren biologischer Diversität.

Wegränder sind meist Grasfluren mit einzeln stehenden Obstbäumen und Sträuchern; abschnittsweise finden sich auch Hecken und Gebüsche, in denen Holunder, Weißdorn, Hagebutte oder Schlehe dominieren. Entlang der Bäche bestehen die Säume neben grasigen Böschungen mit stellenweise steilen Erosionskanten sowohl aus Staudenfluren als auch aus Abschnitten mit altem Baumbestand von Erlen, Weiden, Holunder. Raine entlang von Wirtschaftswegen, Gräben und Äckern sind lediglich extensiv für die Landwirtschaft nutzbar; Gewässersäume fallen aus verschiedenen Gründen vollständig aus der Nutzung. Deshalb sind diese Strukturen in der Regel so schmal gehalten, wie technisch und ggf. wasserbaulich irgend möglich. Deshalb genießen die Flächen und die dort vorkommende Flora und Fauna aber auch einen vergleichsweise weitgehenden Schutz vor Störung oder gar Verlust. In der Folge bieten Staudendickicht, Wurzelgeflecht, Bodenstreu, Totholz, Steine, und stellenweise auch zusammengebrochene alte Bäume einen nischenreichen Lebensraum auf frischem, grundwassernahem Boden.

Schnecken der Wegränder

In den Grasfluren und Gebüschen der Wegränder und Ackerraine wurden insgesamt 28 Landschneckenarten beobachtet. In Anbetracht des eher öden Erscheinungsbildes dieses Lebensraumes ist das wirklich eine überraschende Vielfalt. Die ökologischen Ansprüche der vorkommenden Schnecken sind erwartungsgemäß recht homogen und spiegeln die Bedingungen in einer offenen, weitgehend gehölzfreien Landschaft mit meist mittelfeuchten Böden wider: Knapp 68 % der Arten sind als mesophil einzustufen; 29 %

Die Genetzte Ackerschnecke lebt in individuenreichen Populationen am Rand der Feldwege und Äcker und kann von dort aus in manchen Jahren zum Schadtier an Nutzpflanzen werden

als Offenland liebend. Gut 50 % der Schneckenarten sind zudem als kulturfolgend (anthropochor) bekannt.

Besonders typische und häufige Landschnecken der grasigen Wegränder und Ackerraine sind die Gemeine Glattschnecke (*Cochlicopa lubrica*), Gemeine Windelschnecke (*Vertigo pygmaea*), Gerippte Grasschnecke (*Vallonia costata*), Kleine Bernsteinschnecke (*Succinella oblonga*), Kugelige Glasschnecke (*Vitrina pellucida*), Genetzte Ackerschnecke (*Deroceras reticulatum*), Gemeine Gartenwegschnecke (*Arion distinctus*), Spanische Wegschnecke (*A. lusitanicus*) und Hain-Bänderschnecke (*Cepaea nemoralis*).

Die Kugelige Glasschnecke ist allerdings eher winteraktiv und als junges und heranwachsendes Tier kaum lebend auffindbar; erst ab November und Dezember sind dann erwachsene Tiere leicht zu finden, weil sie auch an eiskalten Tagen bis hin zu leichtem Frost sehr aktiv sind. Die Hain-

Die Kleine Bernsteinschnecke lebt sehr unauffällig zwischen Graswurzeln in der lückig-lockeren obersten Bodenschicht. Man findet sie regelmäßig sowohl in grasigen Rändern und Rainen dörflicher und städtischer Siedlungsräume, aber auch in xerothermen Magerrasen

Die Spanische Wegschnecke ist der Inbegriff der schädlichen Nacktschnecke. Die orangebraunen bis schmutzigbraunen Tiere können in feuchtwarmen Jahreszeiten tatsächlich erhebliche Fraßschäden an Nutzpflanzen anrichten. Von wesentlich größerer ökologischer Relevanz ist allerdings die Tatsache, dass diese Tiere über einen völlig anderen Biorhythmus im Jahreslauf, über ein anderes Verhalten und ein breiteres ökologisches Anspruchsprofil verfügen, als die verwandte einheimische Rote Wegschnecke, die deshalb seit vielen Jahren spürbar verdrängt wird

Die ursprüngliche Verbreitung der Kartäuserschnecke ist wie auch die der Hellen Heideschnecke südwesteuropäisch bis mediterran. In wärmebegünstigten offenen Standorten unseres Gebietes findet auch diese Art geeignete Sekundärlebensräume, die meist im direkten Einflussbereich landwirtschaftlicher und industrieller Nutzflächen liegen

Bänderschnecke mit ihrer schwarz umrandeten Mündung tritt in manchen Jahren besonders im April-Mai geradezu massenhaft in den grasigen Straßen- und Wegrändern der Hildesheimer Börde auf, wo sie zu Tausenden an den Stämmen der Straßenbäume aufsteigt.

Die genannten Tiere kann man leicht finden, wenn man bei passender Witterung regen- oder nebelfeuchte Gegenstände umdreht, die an den Wegrändern nicht selten herumliegen: Bretter, Äste, Steine, Papier/Pappe. Die ideale Jahreszeit des „Schneckenjägers" sind die Monate April bis Juni, ggf. auch regenreiche Wochen im Juli und August sowie warme Herbstwochen bis in den Oktober. Zu diesem Thema lohnt es, die auch heute noch unübertroffene „Anleitung zum Sammeln der Mollusken" von GEYER (1909) zu lesen.

Im Zusammenhang mit dem für die Wegränder und Raine erwähnten sehr hohen Anteil kulturfolgender Schneckenarten ist eine interessante Besonderheit für diesen stark vom Menschen beeinflussten Lebensraum zu erwähnen: Hier taucht immer wieder, lokal oder saisonal gehäuft, eine Reihe von Arten auf, deren ursprüngliche Heimat vor allem in Süd- und Westeuropa liegt. Diese Tiere werden wegen ihrer mittlerweile bekannten Verschleppungstoleranz leicht mit Fahrzeugen, Saatgut, Baumaterial oder Pflanzgefäßen transportiert und finden an den offenen, grasigen Rainen ökologisch passende Sekundärlebensräume. Weil sich diese wie lineare, offene Strukturen durch die Landschaft ziehen, können sich sogar die bauchfüßigen Schnecken in verhältnismäßig kurzen Zeiträumen über weite Entfernungen verbreiten.

Arten aus dieser Gruppe sind z. B. die Große Glanzschnecke (*Oxychilus draparnaudi*), Mittelmeer-Ackerschnecke (*Deroceras panormitanum*), Hammerschnegel (*D. stu-ranyi*), Spanische Wegschnecke (*Arion lusitanicus*), Helle Heideschnecke (*Candidula gigaxii*) und Kartäuserschnecke (*Monacha cartusiana*). Einen Abriss der Entwicklung von ersten Zufallsfunden in den 1980er Jahren bis zur landesweiten Verbreitung dieser und anderer Arten gibt LILL (2001). Der klimatisch begünstigte südostniedersächsische Raum im Dreieck Hannover, Hildesheim, Braunschweig/Salzgitter am Übergang des niedersächsischen Berglandes zum nordwestdeutschen Flachland – das sind eben die Bördelandschaften (!) – erweist sich dabei nicht nur als besonders intensiv untersucht, sondern auch als ein Hauptverbreitungsgebiet der genannten Arten. Diese sind mittlerweile zur einheimischen Fauna zu rechnen.

Auf diesem Bild machen sich mehrere Jungtiere der Großen Glanzschnecke über ein Schneckengelege her. Die auffallend stahlblauen Tiere leben räuberisch, fressen oft ihre eigenen Gelege und andere Schnecken

Schnecken der Gewässersäume

Entlang der Staudenfluren und Baum-/Gebüschreihen der Gewässersäume wurden insgesamt 38 Landschneckenarten beobachtet. Das Spektrum der ökologischen Ansprüche der vorkommenden Schnecken ist viel breiter als bei dem oben besprochenen Lebensraum der Wegränder. Die Artenvielfalt spiegelt zunächst einen Lebensraum wider, der sich aus z. T. offenen, gehölzfreien Böschungen und feuchten bis mittelfeuchten Böden und Gewässerrändern zusammensetzt: Knapp 70 % der Arten sind als mesophil bzw. Offenland oder feuchte Wiesen, Auen und Ufer liebend einzustufen. Der anthropochore Anteil am Artenspektrum geht hier auf etwa 15 % zurück. Annähernd 30 % der beobachteten Schnecken sind aber ausschließlich (oder fakultativ) als Waldarten anzusprechen, so daß für die untersuchten Gewässersäume entlang der Bördebäche noch ein interessanter Aspekt zu schildern ist:

Die beiden Bäche Dinklarer und Dingelber Klunkau, die sich südlich Ahstedt, westlich Garbolzum zum Bruchgraben vereinigen, entspringen in einem Waldgebiet („Vorholz") am Nordrand des Berglandes. Die ufersäumende Vegetation in Verbindung mit der hydraulischen Dynamik in den Bachbetten ermöglicht es etlichen Waldarten, aus dem Vorholz und seiner nördlichen Randlagen, dem Gewässerlauf folgend, entlang der Saumbiotope in intensiv agrarisch geprägte Landschaftsteile vorzudringen und dort auf engstem Raum kleine Populationen quasi als Vorposten zu etablieren.

Besonders typische und häufige Arten der offenen oder staudenreichen Gewässersäume sind, in unmittelbarster Wassernähe, die Bauchige Zwerghornschnecke (*Carychium minimum*), Sumpf-Windelschnecke (*Vertigo antivertigo*), Schlanke Bernsteinschnecke (*Oxyloma elegans*), Glänzende Dolchschnecke (*Zonitoides nitidus*) und der Wasserschnegel (*Deroceras laeve*). Für die stark verkrauteten Staudenfluren sind neben den schon oben für die Wegränder und Raine genannten Schnecken besonders typisch: Glatte Grasschnecke (*Vallonia pulchella*), Gemeine Bernsteinschnecke (*Succinea putris*), Punktschnecke (*Punctum pygmaeum*), Keller-Glanzschnecke (*Oxychilus cellarius*), Tigerschnegel (*Limax maximus*), Gelbstreifige Wegschnecke (*Arion fasciatus*), Strauchschnecke (*Fruticicola fruticum*) und die Gemeine Haarschnecke (*Trichia hispida*). Strauchschnecke und Gemeine Bernsteinschnecke sind wegen ihrer Größe, wegen der kugeligen Gehäuseform der erstgenannten und wegen der leuchtenden, bernsteingelben Farbe der zweitgenannten besonders auffällig. Beide kriechen oft an hochwüchsigen Stauden hinauf, um an Stängeln und Blättern pilzige Beläge zu fressen.

Als ausgesprochene Waldarten sind in dichter bewachsenen Abschnitten der Gewässersäume folgende Arten bemerkenswert, weil sie ihre angestammten Habitate im Vorholz über eine Entfernung von etwa 6 km verlassen haben und auf diese Weise für die Biodiversität in der scheinbar so langweiligen Hildesheimer Börde ein schönes Beispiel geben: Bezahnte Glattschnecke (*Azeca goodalli*), Kleine Glanzschnecke

Die Strauchschnecke ist in frischen Staudenfluren der Gewässersäume häufig. Das kugelige, grauweiße bis bräunlichviolette Gehäuse der Tiere ist durchscheinend. Deshalb trägt die Pigmentierung und feine Äderung des Weichkörpers zum äußeren Erscheinungsbild dieser auffälligen Art bei

(*Aegopinella pura*), Weitgenabelte Kristallschnecke (*Vitrea contracta*), Schwarzer Schnegel (*Limax cinereoniger*), Rote Wegschnecke (*Arion rufus*), Braune Wegschnecke (*A. subfuscus*) und Inkarnatschnecke (*Monachoides incarnatus*). Die Bezahnte Glattschnecke, die wegen ihrer Mündungsarmatur und ihres starken Gehäuseglanzes zu den schönsten einheimischen Gehäuseschnecken gehört, gilt in Niedersachsen nach derzeitiger Einschätzung als vom Aussterben bedroht (JUNGBLUTH & VOGT 1990). Dieser sehr konservativen Einstufung stehen jahrelange Untersuchungen aus dem Leine-/Innerste- und dem Alfelder Bergland gegenüber, wonach A. goodalli hier, insbesondere auch im Landkreis Hildesheim, noch häufig vorkommt und an geeigneten Standorten (frisch, licht, viel Totholz) recht große Populationen bildet.

Die Bezahnte Glattschnecke fällt durch den starken Glanz ihres gelbbraunen Gehäuses und durch die Zähnchen in der Mündung auf. Zusammen mit einigen anderen Arten des bewaldeten Berglandes bildet sie entlang der dichter bewachsenen Uferabschnitte der Klunkau-Bäche kleine „Vorposten" in der Börde

Dörfer der Bördelandschaften

So war es einst im Borsumer Kaspel

von Raimund Schrader

Ursprünge

Das Gebiet des Borsumer Kaspels gehört zu den Landstrichen im Raum Hildesheim, die auf Grund ihrer fruchtbaren Böden schon sehr früh besiedelt wurden, um hier Ackerbau und Viehzucht zu betreiben (s.S. xx). Die ersten urkundlichen Erwähnungen der Dörfer aus dieser Region stammen aus der Zeit der Sachsenkriege und der danach erfolgten Klöster- und Bistumsgründungen (ca. 800 n. Chr.) und stehen in einem engen Zusammenhang mit Land- und Besitzübertragungen. Die Gründung von Dörfern dürfte aber nach Auffassung verschiedener Historiker bereits im ersten Jahrhundert nach Christi Geburt erfolgt sein.

Eine wesentliche Rolle bei der Erforschung der Dörfer spielen die Namen. Die Dorfnamen-Forschung hat ergeben, dass die Endungen „sum" oder „essen" ursprünglich „heim" bedeuteten und zusammen mit einem Eigennamen den Dorfnamen bildeten. Ganz deutlich ist das bei den Erwähnungen von Borsum zu erkennen. In der ältesten Urkunde des Dorfes, die aus der Zeit um 800 n. Chr. aus dem Kloster Fulda stammt, wird der Ort noch mit *Borsheim* bezeichnet, in späteren Urkunden taucht der Name *Borshem* auf, der sich danach über Borsem zum heutigen Namen *Borsum* wandelte.

Archidiakonate

Nach der Eroberung unseres Gebietes durch Kaiser Karl den Großen und der Gründung des Bistums Hildesheim im Jahre 815 wurden zur Christianisierung im ganzen Gebiet *Archidiakonate* gebildet. Dazu wurden in den Mittelpunktsorten kleine Gotteshäuser gebaut, in denen regelmäßig Gottesdienste und christliche Unterweisungen stattfanden und die Sakramente gespendet wurden. So wurde auch Borsum Sitz eines Archidiakons. Das genaue Gründungsjahr ist nicht mehr bekannt, aber in der Lebensbeschreibung des HEILIGEN BERNWARD (um 1020) findet man, dass diese Gründungen bereits abgeschlossen waren.

Zum Archidiakonat Borsum gehörten Ahstedt, Adlum, Rautenberg, Hüddessum, Machtsum und das ehemalige Dorf Eddessem sowie Hönnersum und Borsum. Der alte Flurname „Borsumer Kirchweg" in Ahstedt deutet noch heute auf diese Verbindung mit Borsum hin.

Auszug aus dem Übergabeverzeichnis des Klosters Fulda (ca. 800 n. Chr.) mit der ersten Erwähnung von Borsum. Der maßgebliche Textausschnitt (Latein in karolingischen Minuskeln) lautet übersetzt: „Ebenfalls übergibt Brun von Sachsen dem Hl. Bonifatius seinen Besitz im Dorfe Borsheim mit Hörigen und Zubehör"
Staatsarchiv Marburg

Man bezeichnete sie als Borsumer Kirchspiel oder in der alten Ausdrucksweise als Borsumer Kaspel. Erst am Ende des 19. Jahrhunderts änderte sich das durch die Selbstständigkeit der einzelnen Dorfpfarreien.

Abhängigkeiten

Im Karolingischen Kaiserreiche gehörte das Land mit allen Gütern und Ländereien dem Kaiser, der große Teile seines Besitzes als Schenkung oder Lehen seinen Fürsten, Vasallen sowie der Kirche und den Klöstern überließ. So erhielt der Hildesheimer Bischof bei der Bistumsgründung umfangreiche Ländereien, die zur Sicherung seiner Existenz nötig waren. Ein Teil dieses Besitzes wurde vom Bischof auf das Domkapitel übertragen, das mit dem Bischof in klösterlicher Gemeinschaft zusammenlebte und vielfältige Dienste im Bistum übernommen hatte. Der größte Teil dieses Landbesitzes lag im Bereich des Archidiakonates Borsum. So wurde das Domkapitel mit seinem Dompropst an der Spitze zum Grundherrn und zum Großeigentümer des Landes im Borsumer Kaspel.

Die damalige Staatsauffassung war von der Vorstellung eines Gottesreiches geprägt. Danach herrschte der dreieinige Gott über die Erde. Hier hatten seine Stellvertreter, der Papst in Kirche und Glaubensdingen und der Kaiser in seiner weltlichen Herrschaft, den Willen Gottes durchzusetzen. Die Bischöfe, Priester und Ordensleute waren nur die verlängerten Arme des Papstes und die Fürsten und Edelleute die des Kaisers. Während die Priester für das Seelenheil der Gläubigen verantwortlich waren, kam den Fürsten die mate-

Durch das Rittergeschlecht der RAUTENBERGER bildete sich um 1100 ein zweiter kirchlicher Schwerpunkt in Rautenberg, der durch das Patronat der Kirche KOSMAS und DAMIAN ziemlich genau zu datieren ist. Es wird angenommen, dass sich die östlichen Dörfer des Archidiakonates nun wegen der Nähe nach Rautenberg hin orientierten.

Die restlichen Dörfer des Archidiakonates jedoch blieben Jahrhunderte lang als kirchliche Einheit zusammen.

Das Marienbild zwischen Borsum und Machtsum (im Hintergrund), das mitten in der fruchtbaren Ackerlandschaft des „Borsumer Kaspels" steht

rielle Sicherheit aller in ihrem Bereich wohnenden Menschen zu. Ganz unten in dieser Bevölkerungsstruktur standen die Bauern, die durch ein umfangreiches Abgaben- und Dienstesystem diese Wohltaten und Absicherungen zu bezahlen hatten. Nach heutigen Berechnungen hatten sie dafür über die Hälfte ihrer Einkünfte aufzuwenden. Dieses System der Abhängigkeit und der Unfreiheit ist mit einigen Änderungen bis ins 18. Jahrhundert wirksam geblieben.

Dienstadel

Die größeren Höfe in unseren Dörfern gehörten mit ihren umfangreichen Ländereien dem Hildesheimer Domkapitel. Sie wurden von Pächtern bewirtschaftet, die durch den Grundherrn im 12. Jahrhundert zu adeligen Vasallen aufsteigen konnten. Der Grund dafür ist wohl darin zu suchen, dass zu dieser Zeit nur Adelige durch eine Ausbildung als Knappen die damalige Waffentechnik mit Schild und Schwert erlernen durften. So hatte der Dompropst im Kriegsfall eine Reihe wehrfähiger Vasallen zur Verfügung, wenn der Bischof seine Hilfe bei Fehden benötigte. Das verstärkte sich noch, als der Hildesheimer Bischof im 13. Jahrhundert selbstständiger Landesfürst wurde.

Diese Vasallen werden als *Ministerialen* bezeichnet, die in vielen alten Urkunden Erwähnung finden. Mit ihrem Namen und der Dorfbezeichnung unterschrieben sie als Zeugen oder als Verhandlungspartner die Urkunden bei Veränderungen von Grund und Status. Namen, wie WILLEM VON MACHTESSEM oder HENRICH VON BORSEM findet man häufig in solchen Schriftstücken.

200 Jahre später veränderten sich Kriegs- und Fehdeverhalten durch aufkommende neue Waffen wie panzerbrechende Pfeile von Bogen und Armbrust sowie die ersten Feuerwaffen wie Hakenbüchsen und Kanonen. Auch die Verpflichtung von Söldnertruppen setzte nun ein. Damit endete die Zeit der Ministerialen.

Für die Ministerial-Höfe wurde um 1450 ein neues Pachtrecht eingeführt, das *Meierrecht*. Mit einer *Vermeierung* war nicht nur die Pachtung von Hof und Land, sondern auch ein Erbrecht für die Nachkommen verbunden. Es wurde sogar ein Sondergericht für diese Pachtform eingeführt, das *Meierding*.

Bäuerliche Existenzsicherung

Im Gegensatz zur heutigen Ausrichtung der landwirtschaftlichen Betriebe, möglichst hohe Gewinne zu erzielen, war in früherer Zeit die Sicherung der eigenen Existenz das oberste Gebot für jeden Hof. Man versuchte, sich durch den Anbau einer breiten Palette von Früchten und eine umfangreiche Viehhaltung gegen Notsituationen zu schützen. Wenn z.B. eine Seuche die Kühe dahinraffte, waren noch die Schweine, Ziegen, Gänse oder Hühner da. Die unverhältnismäßig große Anzahl von Zwetschenbäumen, so zeigen alte Inventaraufstellungen, diente ebenfalls dieser Absicherung; denn aus den Zwetschen ließ sich durch Kochen ohne Zu-

Vor 70 Jahren gehörte es noch zu den vertrauten Bildern in der Getreideernte: Mähen mit der Sense und zu Garben binden (oben), Aufrichten der Garben zu Stiegen (Mitte) und Abfahren mit Pferden zum Dreschen oder Einlagern in die Scheune (unten)

satz ein dauerhaftes Mus herstellen, das nicht zu Unrecht als „Zwetschenbutter" bezeichnet wurde.

Beim Ackerbau gab es noch keine Düngung mit Mineralsalzen. Dafür dienten die Abfälle aus der Viehhaltung wie Mist und Exkremente. Das reichte aber keinesfalls aus, um dem Boden die Stoffe wiederzugeben, die durch die Kulturarten entzogen wurden. Deshalb hatte man bereits im Mittelalter die *Dreifelderwirtschaft* eingeführt, die durch die Fruchtfolge Wintergetreide, Sommergetreide und Brache gekennzeichnet war, wobei die Brache der Erholung der Ackerflächen diente.

Die Dreifelderwirtschaft wurde im 16. Jahrhundert durch die *Vierfelderwirtschaft* abgelöst, bei der ein *Bohnenfeld* zwischen Winterung und Sommerung eingeschoben wurde. Entsprechend waren die Ackerflächen des Dorfes in vier Teile geteilt. Die Reihenfolge der Bewirtschaftung wurde von der Gemeinde durch den *Flurzwang* geregelt. In alten Flurkarten (vgl. S. 24) fällt auf, dass die Ackerflächen sehr schmal und lang waren. Das hatte verschiedene Gründe. Zum einen wollte man beim Beackern so wenig wenden wie möglich, zum anderen entstanden durch das Pflügen von außen nach innen Vertiefungen zum Nachbaracker, die als Wassersammler dienten. Nach einigen Jahren hatten sich die Flurstücke in der Mitte erhöht und fielen nach außen ab. Auch das war eine Sicherheitsstrategie, weil man so feuchte und weniger feuchte Flächen bekam, was bei entsprechender Witterung vorteilhaft war.

Die Viehhaltung war von der Größe der gemeinschaftlichen Weide- und Angerflächen abhängig, die zu den *Gemeinheiten* gehörte. Aber auch das Versorgen der Tiere im Winter setzte dem Viehbestand Grenzen. So hatte jeder Viehbesitzer das Recht, sein Vieh durch die Dorfhirten auf die gemeinschaftlichen Anger- und Weideflächen treiben zu lassen. Dabei gab es eine bestimmte Rangfolge, an erster Stelle standen immer die Rinder, danach kamen Kälber, Pferde und Fohlen, Schweine und Gänse. Die Schafe wurden gesondert durch die Dorfschäferei gehütet.

Die Anzahl der Schafe war für jeden Hof genau festgelegt. In Borsum z.B. durfte der Schäfermeister nur 300 eigene Schafe besitzen, außerdem musste er auf Grund der Weiderechte der Stadt Hildesheim und des Amtes Steuerwald auch deren Schafe mitziehen lassen. Den gesamten Winter über war der Schäfer mit seinen Schafen draußen. Dann musste er den Landbesitzern ihre Äcker düngen. Wenn 1200 Schafe sich 24 Stunden lang auf einem Morgen Land aufgehalten hatten, galt der Acker als gedüngt. Dazu war ein täglicher *Hürdenschlag* nötig, den jeder Bauer selbst vornehmen mußte. Diese Weide- und Düngerechte sowie auch die Nutzung der Teiche gehörten zu den Gemeinheiten, an denen jeder Hofbesitzer des Dorfes seinen Anteil besaß.

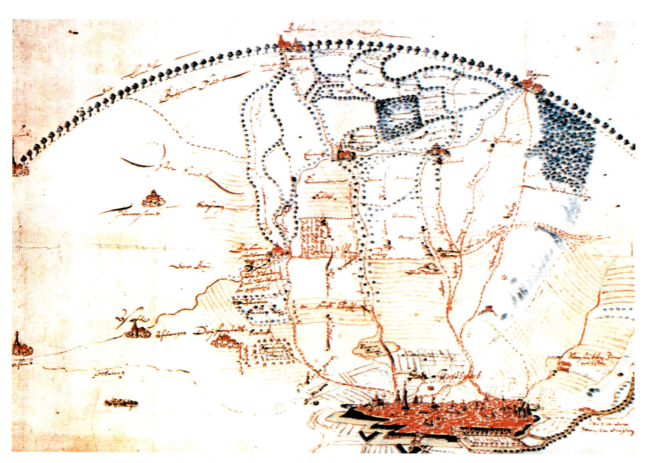

Eine Zeichnung der Hildesheimer Landwehr aus dem 17. Jahrhundert (Stadtarchiv Hildesheim). Unten ist die Stadt Hildesheim dargestellt und oben die Landwehr, die sich in einem Bogen von der Innerste (rechts) über die Dörfer Uppen, Bettmar (oben) bis Borsum (links) erstreckt. Sie zerschneidet das Gebiet des Borsumer Kaspels

Ähnlich war es auch mit dem Anteil an den Waldflächen, die zum Dorf gehörten. Jeder Hofbesitzer hatte hier Gesamtanteile, die man *Echter* nannte. Diese setzten sich aus sechs gleich großen Teilen zusammen. Nur aus einem Teil durfte jährlich Holz entnommen werden, nämlich das Strauchholz für das Herdfeuer und das Stammholz für den Hausbau. Diesen äußerst komplizierten Besitzverhältnissen ist es zu verdanken, dass der Borsumer Wald bis heute erhalten geblieben ist.

Unruhige Zeiten

Mit dem Erreichen des Fürstenstatus für den Hildesheimer Bischof (1235) kam es in der Folge zu kriegerischen Auseinandersetzungen mit den Nachbarfürsten und den eigenen Stiftsrittern. Überfälle und Plünderungen der Dörfer des Gegners waren die Folge. Einen wirksamen Schutz dagegen gab es kaum.

Als 1417 die Stadt Hildesheim daran ging, schon weit außerhalb der Stadt einen Schutzwall, die *Landwehr*, zu errichten, ordnete auch der Dompropst für seine Dörfer eine ähnliche Befestigung an. Es entstanden danach Wallanlagen um jeden Ort, die man *Knick* nannte. Der Name stammt von der besonders dichten Heckenbefestigung auf den Wällen, die durch das Knicken der Büsche entstand. Nur an wenigen Stellen gab es Durchlässe, die mit Schlagbäumen abgesichert wurden. Sicherlich war mit dieser Anordnung eine große Arbeitsbelastung der kleinen Dörfer verbunden, die mit dazu führte, dass man kleinere Orte wie z.B. Eddessem bei Machtsum verließ und sich in größeren ansiedelte. Die Hildesheimer Landwehr erstreckte sich von Itzum an der Innerste bis zum Bruchgraben, mitten durch den Borsumer Kaspel.

Die letzte große Fehde des Hildesheimer Bischofs, die sogenannte Stiftsfehde (1519), war zunächst erfolgreich, wurde dann aber durch politische Ränke zu einem Fiasko. Bis auf wenige Dörfer um Hildesheim und Peine verlor der Bischof sein gesamtes Bistumsgebiet an die Braunschweiger Welfen. Dazu kam noch die Reformation, die in allen verlorenen Dörfern Fuß fasste. Als mit den bayerischen WITTELSBACHERN auf dem Hildesheimer Bischofsthron sich eine Wende abzeichnete, war der Wiedererwerb dieser Dörfer nur mit der Tolerierung des neuen Glaubens möglich.

In dieser Zeit waren die Dörfer des Dompropstes zu einer letzten Bastion des katholischen Glaubens geworden. Deshalb wurde innerhalb des Amtes Steuerwald das Amt der Dompropstei eingerichtet. Als Amtssitz fungierte das Haus des Dompropstes in der Hildesheimer Neustadt.

In den Dörfern wurden zur Amtsausübung Vögte eingesetzt, in unserem Bereich zunächst in Adlum, Borsum und Machtsum, dann aber gab es nur noch den Großvogt in Borsum.

Das Bruchgebiet

Am Nordrand des Borsumer Kaspels befindet sich das Gebiet des Bruchgrabens, das in früheren Zeiten ein großes Feuchtwiesen-Gelände gewesen ist. In der Chronik des Dorfes Hohenhameln wird anhand von geologischen Bodenuntersuchungen beschrieben, dass sich auf dem Gebiet des Dorfes Soßmar ein großer See befunden haben soll, der durch die Zuläufe der beiden Klunkau - Bäche gespeist wurde. Der Name „Soßmar" soll aus dem Wort *Südmeer* entstanden sein. Dieses Gebiet wird auch in alten Urkunden nur als „Dat Brook" bezeichnet, durch das dann ein „Graven dür dat Brook" geführt hat.

Das stärkt meine Vermutung, dass der Bruchgraben eine künstlich angelegte Entwässerung des Gebietes von Soßmar darstellt, die durch ein ehemals unpassierbares Sumpfgebiet gegraben wurde. Das geringe Gefälle des Bruchgrabens zur Innerste hin erforderte in früheren Zeiten bis heute große Anstrengungen zur Sauberhaltung. War es damals eine Gemeinschaftsaufgabe der angrenzenden Dörfer, so widmet sich heute ein Verband dieser Angelegenheit (vgl. S. 174). Lange Zeit bot der Borsumer Pass die einzige Möglichkeit, dieses Sumpfgebiet zu überqueren. Erst in jüngerer Zeit wurde eine zweite Brücke nördlich von Rautenberg gebaut.

Für die angrenzenden Dörfer war der Bruchgraben sehr wichtig. Nicht nur die Tränken für das Vieh oder die Rotten für den Flachs wurden von ihm mit Wasser versorgt, sondern auch das breite Überflutungsgebiet war im Sommer bevorzugte Viehweide und Heugewinnungsfläche für das Winterfutter.

Veränderungen seit dem 18. Jahrhundert

In den letzten Jahrzehnten des 19. Jahrhunderts zeichneten sich gravierende Veränderungen in der Landwirtschaft ab. So wurde mit dem Kunstdünger ein intensiverer Ackerbau möglich. Durch Neuzüchtungen von Weizensorten kam es nun auch bei uns zum Anbau dieser Körnerfrucht. Vorher war der Getreideanbau auf Roggen für Brot und Gerste für Grütze beschränkt. Hafer diente hauptsächlich als Pferdefutter. Die Kartoffel war ebenfalls eine neue Kulturart, die das Überleben im Winter erleichterte. Diese neuen Anbau-Möglichkeiten wurden aber durch den strengen Flurzwang fast unmöglich gemacht.

Grundlegende Veränderungen in dieser starren Agrar-, Abgaben- und Dienst- Struktur erfolgten erst nach der Wende zum 19. Jahrhundert. Sie wurden mit der *Säkularisation* (1803) und der Eroberung durch Napoleon (1806) eingeleitet. Die Ablösung der *Zehntpflicht* (1813) war ein wichtiger Schritt auf dem Weg zu einer freien Bauernschaft. Die damit verbundenen Beseitigungen der Dorfknicke und der Landwehr brachten neue Anbauflächen und Baugrundstücke in den Dörfern. Die Abschaffung der Mehrfelderwirtschaft war aber erst mit neuen gesetzlichen Regeln möglich, die in den 40er Jahren des 19. Jahrhunderts geschaffen wurden. Sofort haben unsere Bauern die neuen Möglichkeiten genutzt und nach 1850 mit der *Verkoppelung* der Ackerflächen begonnen.

Mit dem Ende der Brache kam es gleich zu einer Vermehrung der Anbauflächen um 25%. Außerdem wurden die

Arbeiter im Rübenfeld (Gemälde von MAX LIEBERMANN 1876)

Felder zu großen Flurstücken zusammengelegt, und jeder Bauer konnte nun auf den eigenen Flächen anbauen, was er wollte. Mit der Verkoppelung wurden auch die Gemeinheiten beseitigt: nämlich die gemeinsame Nutzung der Anger und Weiden und der gemeinsame Viehtrieb. Die Dorfschäferei, die Hirtenhäuser und das Spielhaus (Zentralgebäude des Kirchspiels) waren nun überflüssig und wurden verkauft oder abgebrochen. Die Zehntscheune war schon 1813 beseitigt worden und das Grundstück bebaut.

Nun galt es, die gemeinschaftlichen Weide- und Angerflächen in Besitzanteile für alle Bauern zu überführen. Dazu ermittelte man den Viehbestand der letzten zehn Jahre, um so auf die Durchschnittszahl für jeden einzelnen Landwirt zu kommen. Als Maßeinheit legte man die Fläche fest, die eine Kuh jährlich zum Leben benötigte.

Nach dieser Kuhweide als Maßeinheit wurden die Wiesengebiete in das Eigentum der Bauern überführt. Künftig sollte jeder Bauer sein Vieh selbst auf seine eigenen Weideflächen treiben. Das unterblieb aber in den Folgejahren, weil das Vieh im Stall viel besser gehalten und gezielter gefüttert werden konnte. So ließ sich die gewonnene Milch und der Mist besser verwerten. Auch war es möglich, durch neue Entwässerungsmethoden die Wiesenflächen in Ackerland umzuwandeln.

Mit dem Anbau der Zuckerrübe und der intensiveren Viehhaltung in den Ställen wurden nun neue Verarbeitungsmöglichkeiten mit Zuckerfabriken und Molkereien geschaffen. So entstanden allmählich Ackerstrukturen, die fast nur noch dem Anbau von Weizen und Zuckerrüben dienten.

Der Landwirtschaft aber bescherten diese neuen Möglichkeiten am Ende des 19. Jahrhunderts nie gekannte Höhepunkte in ihrer bäuerlichen Existenz.

Nach der Jahrhundertwende griffen strengere gesetzliche Vorschriften wie Höfe-Ordnung und Erbhof-Gesetz in die freie Entfaltung der Bauernschaft ein. Die zunehmende Mechanisierung und die Anpassung an die Weltmarktpreise durch die Globalisierung in jüngster Zeit führten dann zu einem großen Höfesterben, das noch nicht abgeschlossen ist. Wie nachhaltig sich dadurch unsere Dörfer verändern, kann man bereits erkennen.

Die Entwicklung unserer Feldfluren zur „Zuckerrüben-Steppe" begann durch die Verkoppelung und die Aufteilung der Gemeinheiten in der Mitte des 19. Jahrhunderts. Sie hat unser Umfeld nicht schöner gemacht. Deshalb soll ein Gedicht am Ende dieser Ausführungen stehen, das der bekannte Natur- und Heimatdichter HERMANN LÖNS über die Agrar-Reform verfasst hat:

Der Mann mit der Meßkette

Es geht ein Mann durch das bunte Land;
Die Meßkette hält er in der Hand.
Steht vor sich hin und sieht sich um;
„Hier ist ja alles schief und krumm!"
Er mißt wohl hin und mißt wohl her;
„Hier geht ja alles kreuz und quer!"
Er blickt zum Bach im Tale hin;
„Das Buschwerk dort hat keinen Sinn!"
Zum Teiche zeigt er mit der Hand;
„Das gibt ein Stück Kartoffelland!"
Der Weg macht seinen Augen Pein;
„Der muß fortan schnurgerade sein!"
Die Hecke dünket ihm ein Graus;
„Die roden wir natürlich aus!"
Der Wildbirnbaum ist ihm zu krumm;
„Den hauen wir als ersten um!"
Die Pappel scheint ihm ohne Zweck;
„Die muß dort selbstverständlich weg!"
Und also wird mit vieler Kunst
Die Feldmark regelrecht verhunzt.

Harmonischer Ortsrand im Nordosten Machtsums

Machtsum – typische Strukturen eines Bördedorfes

von Ralf Nosko

Ein alter, gewachsener Ort wie Machtsum lässt sich siedlungshistorisch nur im Kontext des zugehörigen Landschaftsraumes verstehen. Seine Entstehung ist deutlich an topographische und hydrologische Gegebenheiten geknüpft, die noch heute erkennbar sind. Vor allem fortschreitende technische Entwicklungen ließen Nutzungsänderungen und -intensivierungen zu und haben damit das Orts- und Landschaftsbild immer wieder verändert.

Heutiger Zustand von Natur und Landschaft

Die Gemarkung Machtsum stellt sich heute als besonders stark ausgeräumter Teil der Kulturlandschaft der Hildesheimer Börde dar. Vor allem die intensive Nutzung der außerordentlich fruchtbaren Böden hat dazu geführt, dass kaum noch Raum für „unproduktive" Gehölze oder Ruderalfluren geblieben ist. Dies wird besonders deutlich, wenn man in Randbereichen beobachtet, wie dicht z.B. an Gräben gewirtschaftet wird.

Ökologisch bedeutsame Strukturen finden sich heute nur noch in wenigen, meist unwirtschaftlichen Bereichen, z.B. als Feldhecken oder Einzelgehölze an einigen Gräben oder Wegen, in größerem Umfang lediglich im Bereich der Machtsumer und Hüddessumer Rotten. Auch die Dominanz des früher offenbar allgegenwärtigen Wassers ist vorbei. Teiche und Tümpel wurden verfüllt, Bäche begradigt oder verrohrt, Sümpfe bzw. Nasswiesen durch Gräben entwässert. Mit der fortschreitenden Technisierung und Industrialisierung der Landwirtschaft wurden auch zunehmend Lebensräume zerstört. Ein Rückgang von Tier- und Pflanzenarten war die Folge, lediglich einige Offenlandarten wie z.B. Feldhase, Hamster und verschiedene Vogelarten konnten überleben. Gerade unter diesen Aspekten stellt der Siedlungsbereich mit grünen Ortsrändern, innerörtlichen Grünstrukturen und sehr heterogenen Bauernhöfen als Sekundärbiotopen ein wichtiges Refugium für verdrängte Arten dar. Alte Bäume und Baumgruppen (wie z.B. in der Lindenallee), Streuobstwiesen, strukturreiche Gärten (v.a. Bauerngärten), alte (Ziegel-) Mauern, Seitenräume für Spontanvegetation und die alten Gehöfte mit ihrer historischen, teilweise offenen Bausubstanz haben eine hohe Bedeutung für Tier- und Pflanzenarten, die in der freien Landschaft heute keine Rückzugsräume mehr finden. So kommen hier noch z.T. seltene Spezies wie z.B. Schleiereulen und verschiedene Fledermausarten vor. Insofern haben Machtsum und die benachbarten Ortschaften eine hohe Bedeutung als inselhafte Rückzugsgebiete für viele Tier- und Pflanzenarten. Die Vernetzung dieser „Inseln" durch lineare Biotopstrukturen wie Baumreihen, Feldgehölze oder offene Fließgewässer kann grundsätzlich als eine Empfehlung für die zukünftige Entwicklung der Landschaft gegeben werden.

Geschichte und Siedlungsentwicklung

Innerhalb der Gemarkung von Machtsum befinden sich mehrere Fundstellen von Flint- und Felsgesteinartefakten (z.B. Beile, Schaber, Klingen, Mahlsteinfragmente) aus dem Neolithikum (Jungsteinzeit; ca. 4000 - 2000 v. Chr.), die auf

Traditioneller Bauerngarten

Historische Ortsstruktur

Die Ansiedlung lag - wie sich anhand historischer Karten rekonstruieren lässt - eingebettet in einen „grünen Korridor", der sich im Zusammenhang mit dem Fließgewässer in der Talsenke befand. Diese Grünzone wurde im Westen und Osten der Ortslage durch langgestreckte Angerflächen gebildet und im Westen durch das Stillgewässer des „Sültenpaul", im Osten durch den Dorfbach mit Wasser als Viehtränke versorgt. Innerhalb der Ortslage wurde die Grünzone durch Gärten, Wiesen, und Weiden fortgesetzt. Der Ortsrand wurde durch einen Weg gebildet, der das Dorf mandelförmig begrenzte. Jenseits des Weges schlossen die Ackerflächen an.

Die übergeordnete Wegeverbindung stellte in Nord-Süd-Richtung der Weg nach Borsum und nach Dinklar, Bettmar und Kemme dar, der das Dorf in östlicher Randlage streifte. Die Wege nach Westen (Hönnersum) und Osten (Wüstung Eddessum) waren gegenüber der Nord-Süd-Beziehung nur schwach ausgebaut. Gründe hierfür lagen in der starken Orientierung Machtsums auf die größere Ortschaft Borsum im Nordwesten. Machtsum war der katholischen Kirche, dem Archidiakonat in Borsum zugeordnet („Borsumer Kaspel", vgl. S. 121), das wiederum dem Amt Steuerwald unterstand und dem Dompropst in Hildesheim zehntpflichtig war. Die Verbindung nach Borsum war auch Prozessionsweg, wie die Figur der „Maria-Immaculata" auf halbem Wege zwischen den Ortschaften dokumentiert.

Die südlichen Ortschaften lagen demgegenüber im stärker evangelisch geprägten Bereich des Hildesheimer Raumes. Außerdem führten die Wege nach Norden wie nach Süden zu weiterführenden Verkehrs- und Handelswegen. In Borsum traf man auf die Straße Hildesheim - Peine, westlich von Kemme auf die Straße Hildesheim - Braunschweig.

Historische Ortsentwicklung

Die eigentliche Ortslage wurde von der heutigen „Nikolausstraße" erschlossen, die in der zweiten Kurve nahe des Baches an den Weg nach Borsum anknüpfte. Verdichtete Gebäudegruppen bildeten die inneren Ortskerne. Die Ortsentwicklung könnte sich in folgender Weise vollzogen haben:
– Erschließung des Ortes über einen Zugang von Osten (Querung des Bachlaufes, möglicherweise Schutzfunktion für die östliche Ortslage).
– Begrenzung der Ortslage möglicherweise durch Schutzwall oder Einfriedung, im Verlauf des mandelförmigen Weges um das Dorf. (Eine solche Einfriedung diente einerseits dem Schutz vor Plünderungen. Andererseits wurden so Weideflächen für das Vieh und Pferde von den Ackerflächen abgetrennt, und die Ackerflächen vor Verbiß geschützt. Die Tiere wurden nahe der eigentlichen Wohnstätte gehalten, in frühen Zeiten auch ohne Stall.)

In Machtsum sind mehrere in Abfolge entstandene Siedlungskerne anzunehmen. Der kompakteste Siedlungskern befand sich in tiefster Lage und wurde von einer Vielzahl von ineinandergeschobenen Gehöften gebildet, die sich um

eine frühe Siedlungstätigkeit und ackerbauliche Nutzung in diesem Bereich schließen lassen (ca. 7 vermutete Siedlungsstellen). Diese liegen jedoch vornehmlich im östlichen Bereich der Gemarkung, auf dem Gelände der Wüstung Eddessum, einer Ortschaft, die sich östlich von Machtsum am sogenannten „Mühlenbeek" befunden hat.

Das Dorf Machtsum entwickelte sich siedlungsgeschichtlich im Rahmen der topographischen Gegebenheiten:

In einer Geländemulde, die in West-Ost-Richtung verläuft, sammelte sich Wasser zu einem Bachlauf. Dieser stellte die Grundversorgung des Dorfes mit Wasser für Mensch und Tier sicher. Das Gewässer führte zum heutigen „Neuen Graben" (früher „Mühlgraben" oder „Mühlenbeek"), der in ungefährer Nord-Süd-Richtung zum Bruchgraben nach Norden entwässert. Die historischen Ortskerne entstanden außergewöhnlich tief gelegen im feuchten Bereich dieser Geländemulde. Die weitere Erschließung des Dorfes erfolgte hangparallel in den höher gelegenen Bereichen. Machtsum ist in seinen grundsätzlichen Entwicklungslinien west-ost-orientiert. Durch das ab- und ansteigende Gelände ergab sich eine stufenweise Abfolge unterschiedlicher Nutzungsbereiche. So liegt die Gewässerlinie mit Grünbereichen am tiefsten und die Bebauung höher innerhalb der Geländemulde.

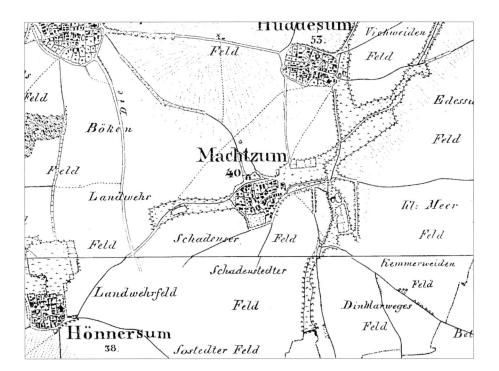

Machtsum, Gaußsche Landesaufnahme von 1827-1840 1:25.000 – Blatt GL5 Vervielfältigt mit Erlaubnis des Herausgebers: LGN – Landesvermessung und Geobasisinformation Niedersachsen – D9478

einen rundlichen Platz gruppierten, an dem auch ein Teich lag (heutige Lage: Kreuzung Molkereistraße / Nikolausstraße). Diese Gebäudegruppe bildet ein für den Hildesheimer Raum typisches „Sackdorf". Die Stirnseiten der Gebäude und ihre Einfahrten waren auf den Platzraum ausgerichtet, der ausreichend groß war, so dass Gespanne auf ihm wenden konnten.

Ein zweiter Siedlungskern liegt etwas erhöht an der Nikolausstraße. Auch hier verteilten sich Gehöfte, lockerer angeordnet, um einen Platz mit weiter östlich davon liegendem Teich. Die Kapelle, die sich hier bis Ende des 19. Jahrhunderts befand, wurde im 14. Jh. auf dem Platz errichtet, wie die Grundstücksaufteilung noch heute zeigt. Möglicherweise wurde der früher westlich liegende große Meierhof, der bis zur Verkoppelung der einzige „Vollspänner" (= Großbauer) im Dorf war, mit der Einrichtung des zweiten Siedlungskernes zeitgleich angelegt. Zur Zeit der Christianisierung durch Karl den Großen (8. - 9. Jh.) wurden häufig in bestehenden Ortschaften große Meierhöfe auf den besten Böden eingerichtet, deren Betreiber dafür sorgen mussten, dass die für die neue Staats- und Kirchenorganisation zu leistende Zehntpflicht auch von den nunmehr abhängigen Bauern erfüllt wurde.

Ein dritter Siedlungskern befindet sich nahe des Dorfeinganges und der Furt über den Bachlauf.

Der letzte, vierte Siedlungsschritt erfolgte durch die Gründung der „Neustadt" im Südosten der Ortslage. Hier sollen sich die Einwohner des Dorfes Eddessum vermutlich im 15. Jahrhundert angesiedelt haben. Die Gebäude gruppieren sich um einen langgestreckten, rechteckigen Platz. Die regelmäßige Anlage lässt eine neuzeitliche Gründung vermuten.

Die Gebäude an der Lindenallee scheinen eine spätere, allmähliche Ansiedlung am früheren Ortsrand darzustellen.

Heutige Ortsstruktur

Ein Vergleich historischer und gegenwärtiger Karten zeigt, dass durch die Verkoppelung (=Flurbereinigung) des 19. Jhs. ein rechtwinkliges, rationales Gitterwerk den Landschaftsraum neu aufteilte, ohne das Geländeprofil zu berücksichtigen. Die ausgedehnten Angerflächen wurden nach ihrer Drainierung ebenfalls unter den Pflug genommen. Die Ackerflächen rückten im Westen und Osten direkt an die Ortslage.

Der Weg nach Borsum wurde in seinem alten Verlauf aufgehoben. Nur das Muttergottesbild, das an alter Stelle steht, ist immer noch an der alten Wegeführung ausgerichtet. Borsum erreicht man jetzt über Hüddessum. Als Verbindung nach Westen wurde die Kreisstraße nach Hönnersum ausgebaut. Die geraden Streckenführungen richten sich nach der neuen Flächenaufteilung. Die Molkereistraße und „Am Beeke" wurden gradlinig neu angelegt.

Auch der Brand von 1857 hat stark zur Veränderung des Dorfbildes beigetragen. Innerhalb der Ortslage wurden die Gehöfte mit größerem Abstand zueinander wieder aufgebaut. Obwohl die alten Grundstücksgrenzen zumeist erhalten blieben, sind die Zuordnungen der Gebäude fast ausnahmslos nicht beibehalten worden. Eine Überlagerung der alten und neuen Karte zeigt nur Einzelgebäude, die den ganz offensichtlich verheerenden Brand überstanden haben könnten. An die Stelle der früheren Fachwerkgehöfte traten überwiegend, gerade bei den Wohngebäuden, Ziegelbauten. Viele Gehöfte sind jetzt nicht mehr mit ihren Stirnseiten auf einen gemeinsamen Platz, sondern auf eine private Hoffläche orientiert. Der rechtwinklige Platzraum an der „Neustadt" besteht nicht mehr, sondern nur noch ein kleiner Stichweg, an dem zwei Höfe liegen. Weitere große Höfe siedelten sich an den neuen Straßen (Bettmarer Str. und Kreisstraße) an.

Wechselspiel von Ziegelmauer und Grün in der Lindenallee

Eine weitere Veränderung war die Auflösung des großen Vollspännerhofes zum Zeitpunkt der Verkoppelung. Dieses Anwesen war erbenlos geblieben. Nach dem Verkauf des Geländes wurde mit dem Erlös in Harsum die „Hartmannsche Stiftung" für Alte und Kranke eingerichtet. Die Hofstelle wurde aufgelöst, und an ihrem Standort entstand die heutige „Kesselei": Auf schmalen Grundstücken errichtete man dazu eine Gruppe von kleinmaßstäblichen Fachwerkhäusern mit bescheidenen Nebengebäuden, die giebelständig an der Nikolausstraße liegen.

Der Neubau der Kirche (1896), des Pfarrhauses und der Schule (1889) verschob dann den Schwerpunkt des dörflichen Lebens aus der früheren Ortsmitte in eine Randlage. Die Lindenallee gewann in diesem Zusammenhang weiter an Bedeutung. Das Alter des Lindenbestands läßt vermuten, dass die Allee durchgehend bepflanzt wurde.

Ortsbildprägende historische Strukturen

Wenn sich auch die Gebäudesubstanz seitdem noch einmal durch Um- und Anbauten des 20. Jahrhunderts gewandelt hat, sind viele wesentliche Strukturelemente seit der Ortsgründung weiterhin ablesbar und ortsbildprägend. Dazu gehören vor allem:
- Verlauf und räumliche Schwerpunkte der Nikolausstraße
- Die eine Geländestufe höher liegende Lindenallee mit Bebauung
- Siedlung „Neustadt"
- Jahrhunderte alte Grundstückszuschnitte sind erhalten geblieben, die die Ortslage weiterhin gliedern
- Ausgedehnte Grünzonen mit Gärten und Wiesen innerhalb der Ortslage zwischen Gehöftgruppen
- Ausrichtung der Grünbereiche an der ursprünglichen Gewässerlinie
- Die Gewässerlinie im tiefsten Bereich der Tallage
- Der Bereich der „Masch" / „Rotten" als Relikt der ehemaligen Angerflächen im Osten
- Der nordöstliche Ortsrand
- Ausrichtung des Dorfes auf die Landwirtschaft: Die Gehöfte bilden die prägende Bausubstanz

Innerörtliche Grünstruktur

Innerhalb des Ortes stellen die Gärten größere, zusammenhängende Grünflächen dar, die mit ihrem Baumbestand, den bewachsenen Mauern, Hecken oder durchlässigen Zäunen auch in den öffentlichen Raum hineinwirken. Besonders wertvoll ist der Bereich des „alten" Dorfes mit seinen großzügigen Gehöften, ausgedehnten Freiflächen und oft sehr großen Einzelbäumen. Vor allem in diesem Bereich findet sich eine erhebliche Strukturvielfalt, die durch die flächige Großzügigkeit, das Alter der Anlagen und die verschiedenen landwirtschaftlichen Nutzungen bedingt ist; hier tritt das „Dorftypische" am deutlichsten zutage. Bei der Betrachtung privater Grünstrukturen kann man verschiedene Bereiche des Dorfes nach Entstehungszeit, Flächengröße und Nutzung zusammenfassen:
- Gehöfte und ihnen zugeordnete ortsinterne Freiflächen
- Grundstücke mit älterer Bebauung (Jahrhundertwende bis Vorkriegszeit)
- Grundstücke mit jüngerer Bebauung (Nachkriegszeit bis etwa 1970)
- Neubauten (Bebauung nach 1970)

Dorftypisch sind in Bezug auf Grünstrukturen vor allem:
- Verwendung heimischer, standortangepasster oder traditionell verwendeter Zier- oder Nutzpflanzen
  (auch nicht heimische, z. B. Sommerflieder, Bauernjasmin, Buchsbaum, Flieder, Stockrose)
- weitgehender Verzicht auf Nadelgehölze (Ausnahme: Eibe, Lebensbaum)
- ein hoher Anteil Nutzgartenfläche mit kleinflächig-intensiver Bewirtschaftung und der Bevorzugung von Gemüse, Obst, Stauden und Sommerblumen
- wenig Repräsentativgrün
- Raum für Spontanvegetation und damit das Auftreten selten gewordener Ruderalpflanzen

Streuobstwiese

- Verwendung ortstypischer Baumaterialien auch für Mauern, Wegebeläge oder Zäune
- Anbau alter Nutz- und Heilpflanzen (z.B. Beinwell, Schafgarbe, Kerbel, Bärlauch, Brunnenkresse, Rainfarn)
- besondere Kultivierungsformen von alten Nutzpflanzen (z. B. Kopfweiden und -pappeln, Buchsbaumhecken, Schneiteleschen und -hainbuchen)

Leitbilder für die künftige Entwicklung der Ortschaft

Für die Ortschaft Machtsum als landwirtschaftlich geprägten Ort in charakteristischer, dörflicher Ausprägung wurde im Jahre 2000 die Aufnahme in das Dorferneuerungsprogramm beantragt. Der Dorferneuerungsplan wurde im Jahr 2002 erstellt. Für die Ortsstruktur wurden Zielvorstellungen formuliert, wesentliche Elemente benannt und dargestellt und in Verbindung damit Maßnahmen vorgeschlagen, die zum Erhalt, zur Ergänzung und Weiterentwicklung dieser Ortsstruktur für notwendig gehalten werden. Hierdurch wurde ein übergeordnetes, planerisches Grundgerüst geschaffen, in das sich schließlich die Einzelbereiche der Teilbereichsmaßnahmen einfügen. Die Ausführungen der Dorferneuerungsplanung betreffen im Wesentlichen:
- Die Einbindung des Ortes in den Landschaftsraum (Ausprägung harmonischer Ortsränder)
- Die Schaffung und Erhaltung von Zonen und Bereichen, die den Ort im Inneren gliedern (z. B. Gewässer, Wiesen, Gärten)
- Neugestaltung und Aufwertung von wichtigen Straßen, Wegen und Plätzen sowie Ausbau von Fußwegeverbindungen
- Konzeptionelle Überlegungen zu möglichen Ortserweiterungen

Der Bericht zur Dorferneuerungsplanung wurde durch das Planungsbüro SRL Weber in Hannover erarbeitet. Er bildet die Grundlage dieses Textes.

Grünstrukturen im „Hogesfeld"

Flora und Vegetation der Bördedörfer

von Werner Müller

Einleitung

Mit dem Begriff Dorf verbinden wir die Vorstellung einer ländlichen Siedlung, deren Bewohner über Jahrhunderte hinweg von Ackerbau und Viehzucht lebten. Eingegrenzte Gehöfte, unbefestigte Wege, oft ein mit Linden bestandener Dorfplatz, Dorfweiher sowie Kirche und ummauerter Friedhof waren über lange Zeit hinweg die bestimmenden Elemente dieses Lebensraumes, wie sie sich noch auf alten Gemälden dokumentiert finden. Zum Dorfbild gehörten Pflanzen, die sich den vorliegenden Bedingungen anpassten und eigene Gesellschaften bildeten. Wie kam es hierzu?

Als seit dem frühen Neolithikum im 5. Jahrtausend v. Chr. die ersten Siedler, die der Kultur der Bandkeramiker zugezählt werden, die Wälder auf den fruchtbaren Hildesheimer Lössböden rodeten, begann eine Entwicklung, die gerade im Mittelalter zwischen 1100 und 1350 zu intensiver Bebauung und Bewirtschaftung führte, so dass heute die mehr als 80 Dörfer der Hildesheimer und Kalenberger Börde sich als dichtes Netz von Siedlungen mit meist nur zwei bis drei Kilometer Abstand in einer intensiv genutzten Agrarlandschaft darstellen. Hier konnten sich ehemalige Waldpflanzen, vor allem Vertreter der Säume und Lichtungen, halten. Von den angrenzenden Äckern und Grünflächen drangen zahlreiche Arten ein, und nicht zuletzt verwilderten aus Bauerngärten und Friedhöfen viele Sippen, darunter nicht wenige Heilpflanzen, die insgesamt ein charakteristisches und schützenswertes Pflanzenkleid ausbildeten.

Seit dem 19. Jahrhundert führten dann die Industrialisierung, wie z.B. Bau von Fabriken und Kläranlagen zur Zuckergewinnung, befestigte Asphaltstraßen und Eisenbahnlinien, aber auch die wachsende Stadtflucht vieler Menschen zu erheblichen Eingriffen in die alte Dorfstruktur, die nun einen nicht unerheblichen Rückgang oder gar das Aussterben wildlebender Dorfpflanzen zur Folge hatten. So empfiehlt es sich, die noch verbliebenen Elemente der alten Flora und ihrer Gesellschaften einer vergleichenden Untersuchung zu unterziehen, zumal systematische Erhebungen aus früherer Zeit fehlen.

St.-Stephanus-Kirche in Dinklar mit Kirchhof und altem Bauernhaus

Zur Methode

Aus der Siedlungszahl der Hildesheimer und Kalenberger Börde wurden insgesamt 14 Dörfer ausgewählt, die in ihrer Größe vergleichbar sind, trotz moderner geschlossener Siedlungen noch dörflichen Charakter mit historischer landwirtschaftlicher Bausubstanz zeigen und sich möglichst gleichmäßig über die gesamte Fläche verteilen. Dies sind für die Hildesheimer Börde: Ahstedt/Garmissen, Bettmar, Dinklar, Groß Himstedt, Klein Förste, Lühnde, Machtsum und Nettlingen und für die Kalenberger Börde: Adensen, Banteln, Barfelde, Esbeck, Rössing und Sorsum bei Hildesheim. Hier wurden über einen Zeitraum von zwei Jahren (2003 – 2004) sämtliche wildwachsenden Pflanzen (Phanerogamen) notiert, wobei wir nicht nur den Dorfkern selbst, sondern alle Lebensräume berücksichtigten, die dem Ort unmittelbar funktional zugeordnet waren, selbst dann, wenn sie außerhalb lagen wie der Friedhof in Banteln, der Sportplatz von Machtsum, der Bahnhof Bettmar oder die Klärteiche von Dinklar. An den Untersuchungen beteiligte sich die Botanische Arbeitsgruppe des Ornithologischen Vereins zu Hildesheim e.V. unter Leitung von HEINRICH HOFMEISTER. Einige Mitglieder übernahmen zudem einzelne Dörfer, die sie 3-4mal zu unterschiedlichen Vegetationszeiten aufsuchten (s. Tabelle 1).

Flora der Dörfer – einige Zahlen

Die Ergebnisse unserer Kartierarbeit führten zu der stattlichen Anzahl von insgesamt 664 nachgewiesenen Sippen (s. Tabelle S. 256, die damit höher liegt als die älterer Untersuchungen (BRANDES & GRIESE 1991: 68). Hierfür bieten sich unterschiedliche Erklärungen an: Einerseits beschränkten wir uns nicht allein auf den Artenbestand des traditionellen Dorfkerns, sondern es wurden sämtliche Sippen, auch die der peripheren Ortsteile wie moderner Wohnsiedlungen oder Deponien industrieller Produkte berücksichtigt. Andererseits liegt die Börde im Übergangsbereich vom Hügel- zum Flachland, in dem die Flora, verglichen mit der norddeutschen Tiefebene, sich artenreicher darstellt (BRANDES & GRIESE 1991: 70). Schließlich bedeutet auch die Nähe zu städtischen Siedlungsformen (Hildesheim, Gronau, Sarstedt) einen zusätzlichen Schub für neue Arten.

Die höchste Anzahl an Sippen wurde für Banteln nachgewiesen: insgesamt 377, während Groß Himstedt mit 254 Arten das geringste Floreninventar besaß. Der Vergleich beider Dörfer lässt einen markanten Unterschied deutlich werden: Himstedt am Ostrande der Hildesheimer Börde weist einen betont einheitlichen, strukturarmen Charakter auf. Banteln dagegen besteht aus einer Vielzahl unterschiedlicher Lebensräume: ehemaliges Schloss mit Parkanlage, Allee und Wirtschaftshof, Altarm der Leine, historische Friedhofsmauer mit besonders reicher Vegetation, Bahnhof, Betonwerk usw.

Tabelle 1 nennt die Anzahl der Sippen in den einzelnen Ortschaften und den Namen ihrer Kartierer. Der Durchschnitt liegt bei 321 Arten, wobei die Dörfer der Kalenberger Börde mit einem Mittelwert von 335 Sippen ein wenig höher als die der Hildesheimer Börde mit 311 Sippen liegen.

Feldbergkapelle auf dem Friedhof in Banteln

Hornfrüchtiger Sauerklee

Haarästige Hirse

Schöllkraut

Tab. 1: Liste der Dörfer, Anzahl der nachgewiesenen Arten und Namen ihrer Kartierer

Nr.	Ortsname	Artenzahl	Kartierer/ Kartiererin
1	Adensen	334	Ingrid u. Karl-Heinz Lieberum (Springe)
2	Ahstedt/ Garm.	324	Heinrich Hofmeister (Hildesheim)
3	Banteln	377	Hermann Doebel (Alfeld), Heinrich Hofmeister
4	Barfelde	340	Werner Müller (Barienrode)
5	Bettmar	329	Werner Müller
6	Dinklar	347	Werner Müller
7	Esbeck	302	Ingrid u. Karl-Heinz Lieberum
8	Groß Himstedt	254	Hannelore Genuit-Leipold (Wendhausen)
9	Klein Förste	273	Ingrid Aschemann (Klein-Förste)
10	Lühnde	352	Guido Madsack (Sehnde), Heinrich Hofmeister
11	Machtsum	304	Werner Müller
12	Nettlingen	308	Hannelore Genuit-Leipold
13	Rössing	340	Heinrich Hofmeister
14	Sorsum	315	Heinrich Hofmeister

Gesellschaften und ihre Stetigkeiten

Die genannten Frequenzen liefern noch keine Aussage über die Häufigkeit der einzelnen Vertreter in den verschiedenen Dörfern. Wurde eine Sippe nur insgesamt einmal entdeckt, oder lässt sie sich mit einer bestimmten Regelmäßigkeit in den Dörfern finden? Hierüber informieren Stetigkeitsuntersuchungen, bei denen nach folgenden Klassen untergliedert wird:

In 1- 20% aller Dörfer auftretend (d.h. in 1-2 Dörfern): Klasse I
In 21- 40% aller Dörfer auftretend (d.h. in 3-5 Dörfern): Klasse II
In 41- 60% aller Dörfer auftretend (d.h. in 6-8 Dörfern): Klasse III
In 61- 80% aller Dörfer auftretend (d.h. in 9-11 Dörfern): Klasse IV
In 81-100% aller Dörfer auftretend (d.h. in 12-14 Dörfern): Klasse V

Die Ergebnisse sind in Abb.1 dargestellt. Sie zeigen zunächst, dass mit 189 Arten eine überraschend hohe Anzahl (= 28,5 %) der Stetigkeitsklasse V angehört und somit in mehr als 80 % der Dörfer auftritt. Insgesamt 117 Vertreter (d.h. 17,6 %) wurden sogar in jeder Ortschaft nachgewiesen. Diese Beobachtung verweist auf eine hohe Einheitlichkeit des Pflanzenbestandes und lässt vermuten, dass vergleichbare Bodenverhältnisse, ähnliche Wirtschaftsformen und ein einheitliches Klima zu diesem Ergebnis führten.

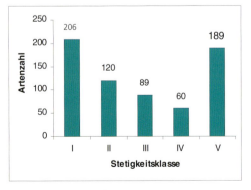

Abb.1: Anzahl der nachgewiesenen Sippen, verteilt auf die Stetigkeitsklassen

Ausdauernde Ruderalgesellschaft mit Stechapfel

Vertreter mit hoher Stetigkeit (100 %) gehören vor allem den ausdauernden Ruderalgesellschaften an wie

Giersch	*Aegopodium podagraria*
Knoblauchsrauke	*Alliaria petiolata*
Gewöhnlicher Beifuß	*Artemisia vulgaris*
Schwarznessel	*Ballota nigra*
Gewöhnliche Kratzdistel	*Cirsium vulgare*
Stinkender Storchschnabel	*Geranium robertianum*
Echte Nelkenwurz	*Geum urbanum*
Weiße Taubnessel	*Lamium album*
Silberblättrige Goldnessel	*Lamium argentatum*
Große Brennnessel	*Urtica dioica*

Arten mit hoher Stetigkeit (100 %) finden wir ebenso in einjährigen Unkrautfluren mit Vertretern wie

Spreizende Melde	*Atriplex patula*
Weiche Trespe	*Bromus hordeaceus*
Taube Trespe	*Bromus sterilis*
Gewöhnliches Hirtentäschel	*Capsella bursa-pastoris*
Kompass-Lattich	*Lactuca serriola*
Weg-Malve	*Malva neglecta*
Weg-Rauke	*Sisymbrium officinale*
Geruchlose Kamille	*Tripleurospermum perforatum*
Kleine Brennnessel	*Urtica urens*

Doch auch Arten des Wirtschaftsgrünlandes sind in die Bördedörfer mit hoher Stetigkeit (100 %) eingedrungen:

Wiesen-Kerbel	*Anthriscus sylvestris*
Glatthafer	*Arrhenatherum elatius*
Kleinköpfiger Pippau	*Crepis capillaris*
Wiesen-Labkraut	*Galium album*
Magerwiesen-Margerite	*Leucanthemum vulgare*
Gewöhnlicher Löwenzahn	*Taraxacum officinale*

Zahlreich sind die hochfrequenten Vertreter (100 % Stetigkeit) der ausdauernden und kurzlebigen Trittrasen:

Schutt-Kresse	*Lepidium ruderale*
Strahlenlose Kamille	*Matricaria discoidea*
Einjähriges Rispengras	*Poa annua*
Acker-Vogelknöterich	*Polygonum aviculare*
Niederliegendes Mastkraut	*Sagina procumbens*
Weiß-Klee	*Trifolium repens*

Nicht zuletzt fanden Pflanzen flussnaher Standorte mit hoher Stetigkeit (Klasse V) Eingang in die Dorfflora:

Flussröhrichte mit:
Rohr-Glanzgras	*Phalaris arundinacea*
Gewöhnlichem Schilf	*Phragmites australis*

Flutrasen mit:
Weißem Straußgras	*Agrostis stolonifera*
Krausem Ampfer	*Rumex crispus*
Stumpfblättrigem Ampfer	*Rumex obtusifolius*

Schleiergesellschaften mit:
Gewöhnlicher Zaunwinde	*Calystegia sepium*

Einen besonderen Reiz besitzt die Mauerfugenvegetation der Dörfer. Auffallend ist hier die hohe Stetigkeit der Mauerraute (*Asplenium ruta-muraria*): in allen Dörfern außer in Dinklar. Ähnlich weist das Mauer-Zimbelkraut (*Cymbalaria muralis*) mit Stetigkeitsklasse IV einen insgesamt soliden Bestand auf. Dagegen wurde der Braune Streifenfarn (*Asplenium trichomanes*) nur in Banteln und Rössing nachgewiesen. Als geradezu selten für die Mauer-Vegetation der Börde muss der Zerbrechliche Blasenfarn (*Cystopteris fragilis*) gelten, dessen Auftreten auf Banteln beschränkt ist.

Das Reich der eingewanderten Sippen

Betrachten wir jene Arten, die erst in der Neuzeit ab ca. 1500 unter Einfluss des Menschen bei uns eingedrungen sind und als Neophyten (Neubürger) bezeichnet werden, so stoßen wir auf eine Vielzahl von Heilpflanzen und anderen Gartenflüchtlingen, unter denen die Vertreter historischer Parkanlagen, alter Friedhöfe oder Bauerngärten, die dekorativen Stinzenpflanzen („Zeigerpflanzen alter Gartenkultur": GARVE 2004: 5), in neuerer Zeit besondere Beachtung gefunden haben (vgl. u.a. GARVE 2003). Sie sind mit mehr als 30 Sippen in den Bördedörfern vertreten und weisen eine z.T. hohe Stetigkeit auf (s. Tabelle 2):

Tab. 2: Stinzenpflanzen der Bördedörfer mit hoher Stetigkeit

Art		Stetigkeit
Filziges Hornkraut	*Cerastium tomentosum*	V
Kleines Schneeglöckchen	*Galanthus nivalis*	IV
Orangerotes Habichtskraut	*Hieracium aurantiacum*	V
Einjähriges Silberblatt	*Lunaria annua*	V
Punktierter Gilbweiderich	*Lysimachia punctata*	IV
Weinbergs-Traubenhyazinthe	*Muscari neglectum*	IV
Hornfrüchtiger Sauerklee	*Oxalis corniculata*	V
Aufrechter Sauerklee	*Oxalis stricta*	V
Kaukasus-Fetthenne	*Sedum spurium*	V
Mutterkraut	*Tanacetum parthenium*	V
Kleines Immergrün	*Vinca minor*	V
März-Veilchen	*Viola odorata*	V

Sibirischer Blaustern

Wiesen-Gelbstern

Dekorative Stinzenpflanzen auf Friedhöfen der Bördedörfer

Acker-Gelbstern

Insgesamt erscheint der Anteil der Neophyten in den Bördedörfern mit 182 Arten überraschend hoch, umfasst er doch mehr als ein Viertel aller nachgewiesenen Sippen (27,4 %) und übersteigt den Landesanteil (23,9 %, s. GARVE 2004: 21) und den des Stadtgebietes Hildesheim (20,1 %, s. MÜLLER 2001: 32). Ihr Anteil in der offenen Börde liegt bei knapp 12 % und erreicht in den verbliebenen Wäldern bei Harsum einen Wert von lediglich 7,4 % (Untersuchungen durch H. HOFMEISTER, vgl. S. 55 u. 147). Eine nicht unerhebliche Anzahl dieser Neubürger (43,4 %) erscheint nur in 1-2 Bördedörfern und übertrifft den Neophytenbestand, der sich durch hohe Stetigkeit (Klasse V) auszeichnet, um weit mehr als das Doppelte (s. Abb. 2).

Diese Beobachtung findet ihre Erklärung, wenn wir bedenken, dass neben den im Lande Niedersachsen etablierten Neophyten, die – wie die Stinzenpflanzen – bereits vor längerer Zeit verwilderten und als fest eingebürgert gelten, andere Arten nur sporadisch auftauchen und zu ihrem Bestand immer wieder den Nachschub von Diasporen aus der Umgebung benötigen. Dieser Besatz unbeständiger Neophyten (insgesamt 85, entspricht 46,7 %) ist bei Arten geringer Stetigkeit besonders hoch, dagegen nimmt sein Wert mit dem Anstieg der Klasse kontinuierlich ab (s. Abb. 2).

Der Purpur-Storchschnabel breitet sich an Bahnlinien aus und blüht auch auf dem Bahnhof in Banteln

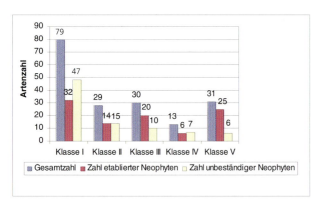

Abb. 2: Verteilung der Neophyten auf die fünf Stetigkeitsklassen

Gefährdete Arten – Artenschutz

Wie bereits in der Einleitung dargestellt, führten tiefgreifende Änderungen der Dorfstruktur zu einer Nivellierung ehemals vielfältiger Lebensräume, vor allem der Kleinbiotope, und daher zu einem anhaltenden Schwund charakteristischer Dorfpflanzen und ihrer Gesellschaften (BRANDES & GRIESE 1991: 147 ff., Wittig 2002: 217 f.). Zwar erhielt die Dorfflora auch Zuwachs neuer Arten: vor allem an Asphaltstraßen, Bahngleisen, Schuttflächen oder Klärteichen wie Gewöhnlicher Salzschwaden (*Puccinellia distans*), Besen-Radmelde (*Bassia scoparia*), Purpur-Storchschnabel (*Geranium purpureum*) und Zweijähriger Beifuß (*Artemisia biennis*), aber die in Jahrhunderten gewachsene und nur hier anzutreffende Kombination dorftypischer Sippen, zu denen vor allem nitrophile Siedlungspflanzen und Trittrasenvertreter feuchter Böden zählen, traten immer mehr zurück.

Es verwundert daher nicht, dass sich unter den 664 nachgewiesenen Sippen nur 19 Vertreter (= 2,9 %) aus der „Rote Liste" der in Niedersachsen bedrohten Arten finden (GARVE 2004). Sie gehören ausschließlich der Kategorie 3 (gefährdet) an und weisen eine nur sehr geringe Stetigkeit auf: Mehr als zwei Drittel von ihnen gehören zur Stetigkeitsklasse I (in 1-2 Dörfern), weitere fünf Arten zur Stetigkeitsklasse II (in 3-5 Dörfern) und mit dem Niederliegenden Krähenfuß (*Coronopus squamatus*) nur eine Art zur Stetigkeitsklasse III (in 6-8 Dörfern, vgl. Tabelle 3). So beschreibt PETER 1901 in seiner „Flora von Südhannover" den Guten Heinrich (*Chenopodium bonus-henricus*) als „in Dörfern allgemein" (90). Jetzt konnte er nur noch in Sorsum nachgewiesen werden, und es besteht für ganz Niedersachsen ein „anhaltend

Tab. 3: Arten der „Rote Liste" in den 14 untersuchten Bördedörfern

Art	Vorkommen
Aufsteigender Amarant (*Amaranthus blitum*)	Klein Förste
Schwarzfrüchtige Zaunrübe (*Bryonia alba*)	Ahstedt/ Garmissen
Wiesen-Glockenblume (*Campanula patula*)	Barfelde
Fuchs-Segge (*Carex vulpina*)	Lühnde
Wiesen-Kümmel (*Carum carvi*)	Rössing
Guter Heinrich (*Chenopodium bonus-henricus*)	Sorsum
Unechter Gänsefuß (*Chenopodium hybridum*)	Ahstedt/ Garmissen, Lühnde, Rössing
Acker-Rittersporn (*Consolida regalis*)	Adensen, Lühnde
Niederliegender Krähenfuß (*Coronopus squamatus*)	Ahstedt/Garmissen, Barfelde, Dinklar, Groß Himstedt, Machtsum, Sorsum
Raue Nelke (*Dianthus armeria*)	Klein Förste, Lühnde
Acker-Gelbstern (*Gagea villosa*)	Banteln, Groß Himstedt, Nettlingen, Sorsum
Schwarzes Bilsenkraut (*Hyoscyamus niger*)	Lühnde
Sand-Vergissmeinnicht (*Myosotis stricta*)	Klein Förste
Großes Flohkraut (*Pulicaria dysenterica*)	Banteln, Barfelde, Bettmar, Dinklar, Sorsum
Haarblättriger Wasserhahnenfuß (*Ranunculus trichophyllus*)	Bettmar
Kleinblütige Rose (*Rosa micrantha*)	Bettmar
Ackerröte (*Sherardia arvensis*)	Klein Förste, Nettlingen, Rössing
Acker-Lichtnelke (*Silene noctiflora*)	Ahstedt/ Garmissen, Klein Förste, Lühnde
Teichfaden (*Zannichellia palustris*)	Nettlingen, Rössing

Der Gute Heinrich ist durch die Beseitigung geeigneter Wuchsorte in starkem Rückgang begriffen und konnte nur noch auf einem Hühnerhof in Sorsum nachgewiesen werden

starker Bestandsrückgang" (GARVE 1994: 244). Ähnliches gilt infolge der schwindenden Lebensräume für die Schwarzfrüchtige Zaunrübe (*Bryonia alba*) als Siedlungszeiger (aufgefunden in Ahstedt/ Garmissen) und das Schwarze Bilsenkraut (*Hyoscyamus niger*), das in Lühnde kartiert wurde (zum Artenrückgang s. auch LIENENBECKER/RAABE 1993: 76).

WITTIG (2002: 217) verweist auf das Schwinden charakteristischer Pflanzengesellschaften der Dörfer, zu denen vor allem die Raukenfluren gehören und hier die früher häufige Wegmalven-Flur (*Malvetum neglectae*) zählt (vgl. auch PREISING 1995: 51 f.). Die Stinkgänsefuß-Flur mit ihrer Charakterart, dem Stinkenden Gänsefuß (*Chenopodium vulvaria*) ist seit langem bei uns verschwunden (PREISING 1995: 58, zum Vorkommen von *Chenopodium vulvaria* in Hildesheim s. BRANDES 1897: 340).

Lassen sich die bestehenden Reste angesichts der tiefgreifenden Dorferneuerung noch retten? Zum Schutz der dorftypischen Flora und ihrer Gesellschaften, die heute vielfach nur noch Fragmentcharakter aufweisen, trägt KLEMP (1984: 153 ff.) zahlreiche praktische Vorschläge vor, die auf Kenntnis und Schutz von Kleinbiotopen, auf ein Umdenken bei den Dorfverschönerungsprojekten und eine mehr kritische Haltung gegenüber der wachsenden Verstädterung ländlicher Siedlungen zielen. WITTIG (2002: 218) empfiehlt, dass in Absprache mit den Eigentümern konkrete Schutzmaßnahmen auf dem Gelände der Bauernhöfe selbst vorzunehmen seien. So könnte auch die vorliegende Studie dazu dienen, das Bewusstsein für die Verantwortung zu wecken, die unsere Generation zur Erhaltung und kulturellen Pflege des Dorfes mit seiner ihm eigenen Pflanzenwelt trägt.

Mit einer Wuchshöhe von kaum 15 cm zählt die Mauerraute nicht zu den besonders auffälligen Pflanzen der heimischen Flora

Die Mauerraute in der Hildesheimer Börde

von Dirk Poethke

Die Mauerraute *(Asplenium ruta-muraria)* zählt zu den wenigen Pflanzensippen, die dem Menschen in der Frühzeit in die Dörfer und Städte gefolgt sind. Beschränkte sich das Vorkommen des Kleinfarns ursprünglich auf Felsstandorte der Gebirge, so fand er in Mauern als „künstliche Felsen" neue Wuchsorte und ist heute – nicht nur in Niedersachsen – häufiger in derartigen anthropogenen Sekundärbiotopen anzutreffen als in natürlichen Wuchsorten. Schon der deutsche Name „Mauerraute" wie auch die wissenschaftliche Bezeichnung *„Asplenium ruta-muraria"* – muraria abgeleitet vom lateinischen murus = Mauer, Wall, Schutz – sagen es deutlich: Diese kleine Farnpflanze ist von Alters her besser von ihrem sekundären, d. h. durch den Menschen geschaffenen Lebensraum – den Mauern – bekannt als vom primären Habitat in Felsnischen.

In die Lössbörderegion des Landkreises Hildesheim gelangte die Mauerraute gleichfalls nur durch das Zutun des Menschen; Felswände existieren in diesem Landschaftsraum nicht. In den Ortschaften boten sich der Pflanzensippe von Alters her vielfach günstige Ansiedlungsmöglichkeiten in Einfriedungs- oder Stützmauern von Haus- und Hofgrundstücken, Kirch- und Friedhöfen, so dass die Mauerraute heute zu den typischen wildwachsenden Pflanzenarten der Dörfer und Städte dieses Landstriches gehört.

Bei einer zwischen Mai 1999 und August 2003 durchgeführten Suche nach Vorkommen von *Asplenium ruta-muraria* wurde in 80 von insgesamt 88 Ortschaften (Städte und Dörfer) in der Börderegion des Landkreises Hildesheim mindestens eine Wuchsstelle der Mauerraute ermittelt, häufig sogar mehrere. Hinzu kommen noch vier Funde außerhalb geschlossener Ortschaften: in den Umgrenzungsmauern der Klosteranlage Haus Escherde bei Bethel sowie des Gutes Heinsen bei Ahrenfeld, weiterhin an der Eisenbahnbrücke über die Kreisstraße 523 bei der Siedlung Tiefenbek nördlich von Algermissen sowie in einem Brückenwiderlager der inzwischen stillgelegten Bahnstrecke zur Zuckerfabrik Clauen nördlich von Rautenberg.

Entgegen einer weit verbreiteten Ansicht wächst *Asplenium ruta-muraria* nicht nur in Fugen, Ritzen und Spalten von Mauern aus natürlichem Kalkstein. Bedingt durch die naturräumlichen Gegebenheiten überwiegen in den Ortschaften der östlichen Börderegion (östlich von Hildesheim) Mauern aus roten, gebrannten Ziegelsteinen als Wuchsstellen, während solche aus Natursteinen eher selten sind. Im Westteil der Börde sind öfter auch Kalksteinmauern zu finden, die entweder aus quaderförmigen Werksteinen, andernorts aus nur grob behauenen Bruchsteinen aufgesetzt sind. In Mauern aus Sandstein fehlt ein Mauerrautenbewuchs üblicherweise, da *Asplenium ruta-muraria* zu den Felsfarnen basisch verwitternder Gesteine (vor allem Kalk und Dolomit) zählt. Gleichwohl existiert in der Börderegion des Landkreises Hildesheim ein Vorkommen der Mauerraute in einer Sandsteinmauer in der Ortschaft Söhlde.

Gebäudemauern werden aufgrund des in aller Regel zu geringen Porenwassergehaltes so gut wie nie durch *Asplenium ruta-muraria* besiedelt. Eine der seltenen Ausnahmen in dieser Hinsicht stellt der Turm der St. Matthäus-Kirche von Algermissen dar, wo Mauerrauten von wenigen Zentimetern über dem Erdboden bis in gut 10 m Höhe anzutreffen sind. Ebenso weist die St. Cäcilia-Kirche in Harsum an einigen Stellen einen Bewuchs mit Mauerrauten auf.

Eine weitere nicht besonders häufige Wuchsstelle bilden in einigen Ortschaften die alten steinernen Kriegerdenkmäler, so z. B. in Hasede, Heyersum und der Stadt Elze. Allerdings ist ein Pflanzenbewuchs an diesen Monumenten meist nicht gern gesehen und wird – zumindest auf der Vorderfront – oftmals entfernt, so dass Pflanzen wie die Mauerraute nur auf der Rückseite zu finden sind.

Derartige Säuberungen sind sehr wahrscheinlich die (Haupt-) Ursache dafür, dass in einigen Ortschaften nur noch wenige Individuen der Mauerraute vorgefunden werden konnten, so in Gödringen, Mölme und Klein Escherde. Gestützt wird diese Annahme durch den Umstand, dass in den Mauern dieser Orte nur kleine Jungpflanzen vorhanden sind. In der Mehrzahl der Bördeorte ist *Asplenium ruta-muraria* indes sehr zahlreich an den einzelnen Wuchsstellen vertreten; nicht selten sind es weit über einhundert Exemplare in einem Mauerstück von 10 bis 20 m Länge. In Groß Förste und Groß Giesen kommen an jeweils einer einzigen Mauer sogar über eintausend dieser Farnpflanzen unterschiedlichen Alters vor. Ein Beispiel für ein derart individuenreiches Vorkommen ist auf der Abbildung zu sehen, die einen Ausschnitt der Stützmauer des Kirchengrundstückes von Söhlde zeigt. Nicht selten stehen in derart reichen Beständen die einzelnen Farnpflanzen so dicht beieinander, dass umfangreiche Polster entstehen, wie das Beispiel von der ehemaligen Eisenbahnbrücke bei Rautenberg zeigt.

Meistens – in Zahlen heißt das an über 90% aller Wuchsstellen im betrachteten Landschaftsraum – tritt *Asplenium ruta-muraria* als einzige Art in einer Mauer auf, von Flechten und Moosen und hier und da vielleicht ein paar Halmen Draht-Schmiele einmal abgesehen. Vergesellschaftungen mit anderen Farn- oder Blütenpflanzen, wie sie in der pflanzensoziologischen Literatur beschrieben sind, findet man in den Mauern der Bördedörfer und -städte fast gar nicht.

In Elze, Hallerburg und Wittenburg wächst die Mauerraute gemeinsam mit dem Braunstieligen Streifenfarn (*Asplenium trichomanes*), in Dunsen und Elze zusammen mit dem Zerbrechlichen Blasenfarn (*Cystopteris fragilis*). In Einum und in der Umgrenzungsmauer von Haus Escherde bei Betheln tritt der Tüpfelfarn (*Polypodium vulgare*) als Begleiter der Mauerraute auf.

Etwas häufiger als mit diesen Farnen kommt *Asplenium ruta-muraria* zusammen mit dem aus Südeuropa stammenden Gelben Lerchensporn (*Pseudofumaria lutea*) vor. Beson-

An alten Mauern bildet die Mauerraute oftmals üppige Bestände aus

Braunstieliger Streifenfarn an einer Kalksteinmauer

„Vergesellschaftung" der Mauerraute mit dem Mauer-Zimbelkraut

Gemeinsames Vorkommen der Mauerraute (unten) mit dem Gelben Lerchensporn (oben)

ders reiche Bestände gibt es in Eime an der Einfriedungsmauer des Kirchengrundstückes an der Dunsener Straße, in Bledeln, Hallerburg, Heinum und Kemme.

In Gronau findet man in der Burgstraße die Mauerraute und das in den Südalpen beheimatete Mauer-Zimbelkraut (*Cymbalaria muralis*) an einer Mauer, allerdings nicht so eng beieinander wie beim Kloster Marienrode, sondern deutlich getrennt voneinander. Das hinsichtlich Nährstoffversorgung anspruchsvollere Zimbelkraut besiedelt in Gronau ausschließlich den aus Kalkstein bestehenden unteren Mauerteil, während die an nährstoffarme Bedingungen angepasste Mauerraute den aus Ziegelsteinen aufgesetzten Kopf der Mauer einnimmt.

Im allgemeinen kann die Mauerraute dauerhaft neben den vorgenannten Arten bestehen, ohne dass es zu einer Verdrängung am Wuchsort kommt. Problematisch kann dagegen ein Behang mit Efeu (*Hedera helix*) werden, wie er gelegentlich an alten Friedhofs- oder Gutsparksmauern (z.B. in Einum, Ottbergen, Rössing) anzutreffen ist. Als Lichtpflanze verträgt *Asplenium ruta-muraria* eine andauernde Beschattung durch den Efeu nicht und stirbt ab. Dieser Prozess vollzieht sich allerdings recht langsam und kann durch einen Rückschnitt des Efeus verhindert werden, so dass für die Mauerraute und ggf. andere typische Mauerpflanzen eine Überlebensmöglichkeit bleibt.

Nachhaltiger wirken sich Säuberungen der Mauern aus. Ein Bewuchs in der Mauer wird heutzutage von vielen Menschen als „unordentlich" angesehen und gezielt beseitigt. Unter günstigen Umständen werden bei solchen Arbeiten einige Pflanzen nicht vollständig ausgerissen und können überleben oder aus Sporen, die in Ritzen und Spalten verblieben sind, neu auskeimen. Der Fortbestand der Art am Wuchsort wäre dann zumindest für einige Zeit gesichert.

Die gravierendsten Beeinträchtigungen für die Mauerraute und mit ihr alle anderen Mauerpflanzen ergeben sich durch Ausbesserungsarbeiten. Bewachsene Mauern weisen nicht selten Risse oder andere Fehlstellen auf, werden oftmals voreilig als „sanierungsbedürftig" eingestuft und von Grund auf ausgebessert. Werden vermeintlich „baufällige" Mauern in einem Stück und nicht z. B. in Abschnitten in Stand gesetzt, verschwindet der gesamte Pflanzenbestand, manchmal nicht nur an der betroffenen Wuchsstelle, sondern sogar für einen gesamten Ort. Eine Wiederbesiedlung ist in den meisten Fällen erst nach vielen Jahren möglich, zum einen, da frischer Zementmörtel üblicherweise einen für Pflanzen unverträglich hohen pH-Wert aufweist, zum anderen muss erst eine neuerliche Rissbildung auftreten, in die vom Wind herangewehte Farnsporen eindringen und zum Auskeimen gelangen können. Da hierbei das Zufallsprinzip eine wesentliche Rolle spielt, schwindet die Möglichkeit der Wiederansiedlung des Kleinfarns mit zunehmender Entfernung des nächstgelegenen Wuchsortes.

Ein Zitat aus dem Kreütterbuch von HIERONYMUS BOCK (1577) umreißt das Problem zum Erhalt der Bestände: „Die Maurraut wächst auß den rissen und auß den fugen der Mauren/sonderlich an den alten Kirchmaure... Diß Kraut ist nit wie andere zu pflantzen/man muß die natur hierinn allein lassen meister bleiben."

Werden bewachsene Mauern lediglich mit einer Putzschicht überzogen, überleben gelegentlich einzelne Individuen und können gegebenenfalls wieder austreiben, wie es sehr wahrscheinlich bei den Wuchsstellen in Mölme und Ottbergen eingetreten ist. Andernorts sind Reinigungs- und Sanierungsarbeiten offenbar so gründlich vorgenommen worden, dass sämtliche Bestände der Mauerraute und anderer Mauerpflanzen nachhaltig zerstört worden sind. Nur so lässt sich das bei den Bestandserfassungen festgestellte Fehlen der Art in acht Ortschaften der Börderegion des Landkreises Hildesheim – trotz des Vorhandenseins „übesiedlungsfähiger" Mauern – erklären.

Die weite Verbreitung der Mauerraute und anderer Mauerpflanzen als typisches Element der innerörtlichen Flora kann nur durch den Erhalt möglichst vieler ihrer Wuchsstellen sichergestellt werden. Hierzu bedarf es keiner großen Anstrengung, vielmehr ist weitgehendes „Nichtstun" seitens der Grundstücksbesitzer oder -nutzer der einfachste Weg. Es muss ihnen nur bewusst (gemacht) werden.

Natürlich bewachsene Mauern stellen bei uns ein Refugium hochgradig an den speziellen Lebensraum angepasster, meist wärmeliebender (Tier- und) Pflanzenarten dar. Das Zimbelkraut z. B. besiedelt bei uns als Einwanderer bis heute nur künstliche, vom Menschen geschaffene Biotope, nicht dagegen natürliche Felsfluren, auf denen es eigentlich heimisch ist. Bewachsene Mauern tragen zudem zur Artenvielfalt gerade im dörflichen Bereich bei, doch ist deren Sicherung in starkem Maße abhängig vom Säuberungsdrang der Bewohner und dem Grad der Modernisierung. Bewachsene Mauern sind nicht „unordentlich", sondern sie bereichern durch vielfältiges Leben, weit entfernt von der Sterilität einer Betonmauer, das Ortsbild.

Eine in dieser Hinsicht einmalige Ausnahmeerscheinung für den gesamten Börderaum des Landkreises Hildesheim ist eine Mauer in Wittenburg, die von vielen verwilderten Zierpflanzen und heimischen Arten, darunter auch Gelbem Lerchensporn und Mauerraute, bewachsen ist.

Artenvielfalt auf kleinem Raum: Eine mit verwilderten Zierpflanzen und heimischen Arten wie der Mauerraute bewachsene Kalksteinmauer in Wittenburg

Flechten in den Dörfern der Börde

von Fritz Vogel

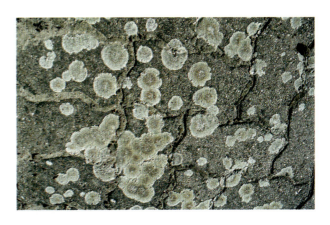

Flechten kommen in der Hildesheimer und Kalenberger Börde besonders häufig in den Ortschaften vor. Ergiebige Fundorte sind hier in erster Linie vom Menschen geschaffene Bereiche wie Mauern aus Naturstein, Betonriegel an Zäunen und Pfählen, Wegplatten und Dachziegel, Brücken, Denkmäler und alte Grabsteine, die oft eine andersartige Beschaffenheit aufweisen und mit ihrer Struktur und ihrem Chemismus den Flechten unterschiedliche Lebensbedingungen bieten.

Als natürliche Lebensräume der Flechten sind vor allem Straßenbäume wie Ahorn-, Linden-Arten und Eschen sowie Obstbäume wie Apfel und Birne zu nennen, auf denen sie die Rinde besiedeln. Das gilt auch für das Holz an alten Zäunen und Pfählen.

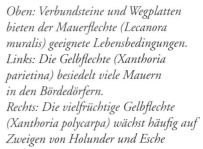

*Oben: Verbundsteine und Wegplatten bieten der Mauerflechte (Lecanora muralis) geeignete Lebensbedingungen.
Links: Die Gelbflechte (Xanthoria parietina) besiedelt viele Mauern in den Bördedörfern.
Rechts: Die vielfrüchtige Gelbflechte (Xanthoria polycarpa) wächst häufig auf Zweigen von Holunder und Esche*

Flechten gehören zu den genügsamsten pflanzlichen Lebewesen; sie sind in der Lage, die zum Leben notwendigen Stoffe wie Wasser und Mineralsalze direkt aus der Luft aufzunehmen und können große Temperaturschwankungen, wie sie z.B. auf Dächern und Gesteinsplatten zu beobachten sind, ertragen. Unter besonders ungünstigen Lebensbedingungen, wie z.B. extremer Hitze oder Kälte, wird die aktive Lebensphase unterbrochen und eine Ruhepause eingelegt. Damit ist auch zu erklären, dass viele Flechten ein hohes Alter erreichen und der jährliche Zuwachs sehr gering ist.

Für das Leben der Flechten spielt die Luftqualität eine wichtige Rolle; Flechten reagieren auf Luftverschmutzung sehr empfindlich und fehlen in Ballungsräumen von Städten völlig. In den Bördedörfern wirkt sich der bei der Bearbeitung der Lössäcker entstehende Staubanflug günstig auf das Flechtenwachstum aus, indem die feinen Lössteilchen zu einer Neutralisierung und Pufferung von Schadstoffen führen und die Flechten mit wertvollen Mineralsalzen versorgen. An der Stammbasis von Bäumen, die regelmäßig von Hunden „besucht" werden, und im Bereich von landwirtschaftlichen Betrieben mit Tierhaltung kann man bisweilen das gehäufte Auftreten von toxitoleranten Arten feststellen. Für das Gedeihen dieser Flechten ist das Angebot von Stickstoff in Form von Nitraten von großer Wichtigkeit.

In den Bördedörfern, in denen die Flechtenflora untersucht wurde, konnten 21 Arten registriert werden. Die intensiv genutzte Ackerlandschaft mit ihren weiten Feldfluren und Grünlandstreifen ist dagegen frei von Flechten. Lediglich an einzelnen Bäumen und Gebüschen sowie den bachbegleitenden Gehölzen

des Bruchgrabens und seiner Nebengewässer findet man hier und da einmal Flechtenbewuchs.

In den Ortschaften der Börde wurde eine ganze Reihe mehr oder weniger häufiger Flechtenarten gefunden, die sich den Krustenflechten und den Blattflechten zuordnen lassen. Während die Krustenflechten ein krustenartiges Lager besitzen, das dem Untergrund fest anliegt, sind die Blattflechten durch ein fächerförmig ausgebreitetes Lager gekennzeichnet, das mit dem Untergrund lose verbunden ist. Strauchflechten konnten im Bereich der Börde nicht nachgewiesen werden. Am auffälligsten ist wohl die Mauerflechte (*Lecanora muralis*), die zum Teil großflächige graue Lager entwickelt. Das Zentrum der Lager ist dicht mit Fruchtkörpern besetzt. Unscheinbarer ist die nahe Verwandte *Lecanora dispersa*, die

Die Schüsselflechte (Parmelia sulcata) am Stamm einer Esche gehört zu den Blattflechten

bia. *Physcia caesia* ist häufig auf Beton anzutreffen. Wie die dunkle *Phaeophyscia orbicularis* erscheinen diese Flechten als kleine runde Lager, die dann oft zu großen Flächen zusammenwachsen. In dieser Flechtengesellschaft erscheint an Bäumen auch die Schüsselflechte (*Parmelia sulcata*) mit ihren großen grau-grünen Lagern, die nur selten Fruchtkörper ausbildet und sich vor allem durch staubförmige Soredien (von Pilzfäden umsponnene Algenzellen) ausbreitet. Relativ selten ist im Untersuchungsgebiet die Blasenflechte (*Hypogymnia physodes*), die Obstbäume mit saurer Rinde bevorzugt. Die Pünktchenflechte (*Buellia punctata*) ist mit den kleineren Fruchtkörpern von nur etwa 0,5 mm Größe leicht zu übersehen. Sie besiedelt rissige Rinden und bildet ein kaum sichtbares Lager aus.

Zum Schutz der Flechten ist es erforderlich, dass in den Bördedörfern der Bestand an alten Bäumen an Straßen und Wegen sowie in Obstgärten schonend behandelt und erhalten wird. Ähnliches gilt auch für Restaurierungen an Mauern und Gebäuden. Hier ist besonders darauf zu achten, dass Fugen und Risse nicht mit Zement, sondern höchstens mit Kalkmörtel oder Ähnlichem ausgebessert werden. Die Beschädigungen an Bauten durch Flechten sind für gewöhnlich nur sehr gering und rechtfertigen in keiner Weise eine Bekämpfung oder Vernichtung bestehender Vorkommen. Auf diese Weise lässt sich die Schönheit und Vielgestaltigkeit dieser Organismengruppe in den Siedlungen der Börde erhalten.

mit ihren zerstreut vorkommenden, kleinen und weiß berandeten Fruchtkörpern in Erscheinung tritt. Beide Arten besiedeln Kalkgestein, aber auch Dachziegel und Wegplatten aus Beton und andere basische Materialien.

Als Begleiter kommen hier Gelbflechten (*Xanthoria*) vor, die an ihrer Färbung leicht zu erkennen sind. *Xanthoria calcicola* und die seltenere *Xanthoria elegans* sind an Gestein gebunden, während die häufigere *Xanthoria parietina* auch an Holz und Rinde von freistehenden Bäumen gedeiht. Die vielfrüchtige *Xanthoria polycarpa* wächst oft an kleinen Zweigen von Eschen und Holunder.

Völlig auf Gestein sind die gelben *Caloplaca* – Arten angewiesen. Vornehmlich alte Natursteinmauern an Kirchen und Friedhöfen oder Parkmauern und Denkmale werden von *Caloplaca saxicola*, *C. decipiens* und *C. citrina* besiedelt. Dazu gesellt sich noch die unscheinbare *Candelariella aurella*, die sich in Form ihrer Sporen und anderer Merkmale von den *Caloplaca* – Arten unterscheidet. Zu den gesteinsbewohnenden Arten zählen noch die schwarz gefärbten Lager der Krustenflechte *Verrucaria nigrescens* und die weißen Lager von *Aspicilia calcarea*. Auf unterschiedlichen Gesteinen wächst die grau gefärbte *Lecidella stigmatea*, die durch kleine schwarz gefärbte Fruchtkörper von anderen Arten leicht zu unterscheiden ist.

Verschiedenartige Standorte werden von den Schwielenflechten (*Physcia*, *Phaeophyscia*) eingenommen. Dazu gehören *Physcia tenella*, *Physcia adscendens* und *Physcia du-*

Die Schönflechte (Caloplaca saxicola) gehört zu den Krustenflechten und ist vor allem an alten Mauern zu finden

Luftbild von Adlum

Brutvögel des Dorfes Adlum

VON BERNHARD MÖLLER

Einleitung

Großräumige Brutvogelbestände, wie z.B. des Bundeslandes Niedersachsen, lassen sich bis heute quantitativ schwer einschätzen. Voraussetzung für solche Bestandsangaben sind im allgemeinen planmäßige Erfassungen auf ausgewählten repräsentativen Teilflächen, die dann eine Hochrechnung auf den Gesamtbestand erlauben. Eine solche Bestandsaufnahme, die von Mitgliedern des Naturschutzvereins Borsumer Kaspel im OVH durchgeführt wurde, liegt für das Dorf Adlum vor. Für ihre Mitarbeit bedanke ich mich bei MARIA BRUNS, SIEGFRIED FRIEDRICH, WERNER HORMANN, EDMUND MACHENS, WALTER WEDDIG und MANFRED WILLE.

Untersuchungsgebiet

Adlum als östlichstes Dorf der Gemeinde Harsum liegt in einer weiten, nach Norden offenen Mulde am südlichen Rand der Bruchgrabenniederung.

Im Jahre 1822 verfügte der Ort noch über den sog. „Knick", mit dem seit 1665 jedes Dorf umgeben werden musste. Insgesamt 49 Reiheleute besaßen an der gemeinsamen Feldflur (Allmende) entsprechende Anteile. Der Viehbestand betrug damals 75 Pferde, 130 Kühe, 40 Rinder und Kälber, 80 Schweine, 450 Schafe und 200 Gänse. In den 1830er Jahren wurden die Allmendeflächen aufgelöst und in Gärten umgewandelt (SÖDING 1971).

Mit der Neuordnung der Feldflur, der sog. Verkoppelung (vgl. S. 126), und der Einführung neuer Feldfrüchte, insbesondere der Zuckerrübe, verschwand die altüberlieferte Weidewirtschaft; Grünland wurde umgebrochen und der Viehbestand reduziert. Die Industrialisierung der Landwirtschaft mit dem Zwang zur Vergrößerung der Betriebe führte in Adlum dazu, dass heute nur noch vier Vollerwerbslandwirte und ebenso viele Nebenerwerbslandwirte tätig sind. Mit der Erschließung und Bebauung neuer Wohngebiete im südöstlichen Dorfbereich ist die Einwohnerzahl auf 650 angewachsen; die bebaute Fläche umfasst etwa 27 ha (J. BRUNS mdl.). Gleichwohl weist Adlum nach wie vor einen ausgesprochen dörflichen Charakter auf, weil die großen Hofflächen und die ausgedehnten Obstgärten, die das Ortsbild prägen, erhalten geblieben sind. Am nördlichen Ortsrand hat auch der flache Dorfteich mit einem kleinen Schilfgürtel überdauert. Die heute leider übliche Bodenversiegelung von Straßen, Wegen und Abstellflächen hat jedoch auch in Adlum Einzug gehalten.

Methode

In den Jahren 1986, 1991 und 2004 wurde in Adlum der Bestand aller Brutvogelarten erfasst. Dazu wurde die sog. Revierkartierungsmethode angewendet, bei welcher der

Beobachter alle revieranzeigenden Verhaltensweisen, z.B. Gesang oder Revierkämpfe notiert. Bei mindestens dreimaliger Feststellung an ein- und demselben Platz nimmt man an, dass die beobachtete Art hier ein Brutrevier besetzt hat. Bei einigen Arten (u.a. Rauch- und Mehlschwalbe) wurden zusätzlich die Nester gezählt. Die Begehungen, die durchschnittlich zwei Stunden dauerten und meistens von zwei Personen gemeinsam durchgeführt wurden, fanden in den Monaten März bis August in den frühen Morgenstunden statt. 1986 wurden zehn, 1991 acht und 2004 sechs Begehungen vorgenommen.

Ergebnisse und Diskussion

In den drei Erfassungsjahren wurden insgesamt 47 Vogelarten brütend festgestellt, davon 10 nur jeweils in einem einzigen Jahr. Die Anzahl der Brutvogelarten aus den einzelnen Jahren ist aus Tab. 1 zu ersetzen.

Tab. 1: Anzahl der Brutvogelarten von 1986 – 2004 in Adlum
(Eine vollständige Liste der Brutvögel befindet sich im Anhang auf S. 271)

	1986	1991	2004
Anzahl der Brutvogelarten	36	39	40
Anzahl der Brutpaare	709	718	677

Die vier häufigsten Arten – Haussperling, Amsel, Grünling und Kohlmeise – stellten in allen Jahren mehr als die Hälfte des gesamten Brutbestandes aller Vögel, der Haussperling allein rund 30 %. Ihm kommt zugute, dass die noch verbreitete Hühnerhaltung auch im Winter für eine ausreichende Nahrungsgrundlage sorgt, wenngleich die großen Zahlen der 1950er Jahre nicht mehr erreicht werden. Weitere acht bzw. neun Arten waren mit 15 und mehr Paaren relativ häufig. Damit wurden rund 75 % der Vogelbruten von lediglich bis ¼ aller im Dorf vorkommenden Arten gestellt.

Haussperling - Vogel des Jahres 2002

Im Zeitraum von 18 Jahren zwischen der ersten und dritten Brutvogelzählung gab es bei vielen Arten lediglich geringfügige, bei einigen jedoch auffällige Bestandsschwankungen (Tab. 2).

Tab. 2: Bestandsentwicklung ausgewählter Brutvögel in Adlum von 1986-2004

Vogelart	1986	1991	2004	Tendenz
Mehlschwalbe *Delichon urbica*	33	37	17	(-)
Rauchschwalbe *Hirundo rustica*	29	5	7	(-)
Grauammer *Emberiza calandra*	2	2	0	(-)
Bachstelze *Motacilla alba*	17	13	5	(-)
Hausrotschwanz *Phoenicurus ochruros*	28	26	23	(+/-)
Singdrossel *Turdus philomelos*	27	33	24	(+/-)
Grauschnäpper *Muscicapa striata*	11	11	9	(+/-)
Mauersegler *Apus apus*	6	8	11	(+)
Ringeltaube *Columba palumbus*	9	18	24	(+)
Zilpzalp *Phylloscopus collybita*	1	3	8	(+)
Girlitz *Serinus serinus*	6	12	13	(+)
Stieglitz *Carduelis carduelis*	5	6	10	(+)
Misteldrossel *Turdus viscivorus*	2	3	3	(+)
Wacholderdrossel *Turdus pilaris*	-	7	6	(+)
Birkenzeisig *Cavduelis flammea*	-	-	3	(+)
Rabenkrähe *Corvus corone corone*	-	-	3	(+)

Der drastische Bestandseinbruch der Rauchschwalbe hängt unmittelbar mit der Aufgabe der Großviehhaltung zusammen; die Mehlschwalbe ist davon nicht in gleichem Maße abhängig, so dass ihr Rückgang nicht so dramatisch ausfällt.

Die Grauammer besaß viele Jahre einen ihrer Verbreitungsschwerpunkte im Raum Adlum. Nur noch 2 Brutpaare konnten 2004 an der Landstraße nach Ahstedt festgestellt werden (vgl. S. 95).

Die Bachstelze zeigt in Mitteleuropa nur geringfügige Bestsandsschwankungen, so dass ihr Rückgang in Adlum eher mit lokalen Besonderheiten, etwa der Entwicklung der Neubaugebiete oder dem Fehlen von Großvieh, zu erklären wäre.

Bemerkenswert ist der relativ hohe Anteil des Grauschnäppers; diese Art ist europaweit im Rückgang begriffen,

Rauchschwalben sind in Adlum und anderen Bördedörfern selten geworden

Mehlschwalbe, die eine künstliche Nisthilfe nutzt

findet aber vor allem in den Obstwiesen noch den artgemäßen Lebensraum vor, so dass sich ihr Bestand halten konnte.

Eine Reihe von Arten, die man bisher eher nicht zu den „typischen Dorfbewohnern" wie Schwalben und Sperlinge zählte, zeigt eine deutliche Zunahme der Brutpaare. Als ursprüngliche Waldvögel verzeichnen Ringeltaube, Zilpzalp und Misteldrossel in ganz Mitteleuropa auffällige Bestandsvergrößerungen, ebenso wie die früher nur in den alpinen und nordeuropäischen Nadelwäldern beheimateten Birkenzeisige und Wacholderdrosseln, die inzwischen weite Teile Mitteleuropas besiedelt haben und mittlerweile auch in Dörfern und Städten als Brutvögel auftreten. Mauersegler können bei uns ausschließlich in höheren Steingebäuden der Ortschaften brüten. Girlitz, Stieglitz und Rabenkrähe nutzen in zunehmendem Maße menschliche Siedlungen als Brutgebiete, bedingt durch den Verlust an Lebensräumen in der immer intensiver genutzten offenen Landschaft.

Diese durch unsere Adlumer Planzählung festgestellten Veränderungen in der heimischen Vogelwelt sind nun allerdings keineswegs neu. Aufmerksame Beobachter stellten schon vor mehr als 100 Jahren einschneidende Verschiebungen, vor allem Verluste, in der Avifauna fest.

HEINRICH BANK (1841 - 1918), Pastor und Dechant in Ringelheim, beschreibt im Jahre 1904 in einem Vortrag die Veränderungen der Vogelwelt seines Heimatdorfes Achtum in der Zeit zwischen 1850 und 1900. Noch um 1850 umgaben Anger mit hohlen Weidenbäumen, Hecken und Gebüsch das Dorf; die Obstgärten im Ort mit altem Baumbestand waren mit Weidenflechtwerk und dornigem Reisig eingezäunt. Mit der Verkoppelung, deren wirtschaftliche Notwendigkeit BANK durchaus respektiert, gingen diese Lebensräume weitgehend verloren. Damit verschwanden als Brutvögel u.a. Elster, Rabenkrähe, Ringeltaube, Waldkauz, Wiedehopf, Rotkopfwürger, Neuntöter und Raubwürger. Starke Bestandsverluste wurden für Steinkauz, Wendehals, Kohl- und Blaumeise, Pirol, Zaunkönig, Baumläufer und Gartenrotschwanz verzeichnet. Andere Arten sind „noch getreulich da", darunter Buchfink, Stieglitz, Hänfling, Grünfink, Star, Hausrotschwanz, Schwalben und Sperlinge. Als neue Brutvögel des Dorfes werden Amsel und Gelbspötter genannt.

Wir dürfen annehmen, dass die wesentlichen Biotopstrukturen Achtums, die BANK beschreibt, ebenso in Adlum vorhanden waren; insofern werden auch im Brutvogelbestand Adlums ähnliche Entwicklungen wie in Achtum eingetreten sein.

Die Veränderungen und Umstellungen in der Landwirtschaft haben in der Börde stets erhebliche Auswirkungen auf die Lebensräume der Vögel gehabt. Das Ökosystem unserer Dörfer wird auch künftig von seinen Einwohnern verändert werden. Daher erscheint es wünschenswert, die Brutvogelzählungen in Adlum in regelmäßigen zeitlichen Abständen bei gleicher Erfassungsmethode zu wiederholen, um die Wirkung menschlicher Eingriffe auf die Vogelwelt zu dokumentieren.

Die Wacholderdrossel gehört heute zu den regelmäßigen Brutvögeln in Adlum

Der Grauschnäpper findet in den Obstgärten Adlums geeignete Lebensbedingungen

Das Grosse Mausohr in Rössing

von Alfred Benk

Beim sommerlichen Abendspaziergang kann der interessierte Naturbeobachter in der Dämmerung an den Feldwegen der Kalenberger Börde auf das Große Mausohr (*Myotis myotis*), die größte einheimische Fledermausart, treffen. Zwar lebt diese Art vorzugsweise im Wald, doch bejagt sie auch die zwischen den Waldgebieten liegenden landwirtschaftlich genutzten Flächen, insbesondere die Wegränder. Typisch für diese etwa drosselgroße Fledermaus ist der niedrige, mäßig schnelle geradlinige Flug, der bei einem Geräusch am Erdboden abrupt unterbrochen wird und in eine kreisende Bewegung um die Geräuschquelle übergeht. Im nächsten Moment landet die Fledermaus im Sturzflug zielsicher auf oder neben einem Lauf- oder Mistkäfer. Den unmittelbaren Zusammenhang zwischen Beutespektrum und Habitatnutzung hat schon KOLB (1978) durch die Untersuchung des unverdaulichen Rückstandes im Kot nachgewiesen. Dieser kann zu fast 100 % aus dunklen kleingeraspelten Chitinteilchen von Laufkäfern (*Carabidae*) bestehen. Diese Jagd auf Bodeninsekten dauert mit kurzen Ruhepausen um Mitternacht bis zur Morgendämmerung; bei Sonnenaufgang sind die Tiere wieder in ihrem Quartier vereint. Ab Mitte Juni allerdings, sobald die Jungen geboren sind, müssen die Alttiere zum Säugen mehrmals nachts in die Wochenstube zurückkehren.

Eine der größten Wochenstuben des Großen Mausohrs in Südniedersachsen gibt es auf Gut Rössing. Es sind Weibchen, die wohl seit über 100 Jahren alljährlich im Sommer die Dachräume zur Jungenaufzucht aufsuchen. Man nimmt an, dass sich hier nach dem Krieg 200 – 300 Tiere aufgehalten haben. Erst seit Anfang der 1960er Jahre gibt es genauere Aufzeichnungen (BENK & HECKENROTH 1990), und seit dem Jahr 2003 läuft ein vom Niedersächsischen Landesamt für Ökologie (NLÖ) unterstütztes Monitoring. Während sich in den 1980er Jahren die Anzahl dieser Fledermäuse auf weniger als 100 verringerte, erholte sich der Bestand in den 1990er Jahren auf über 200 Alttiere.

Nach LIEGL (1987) können Mausohren ihr Jagdhabitat, das bis zu 6 km vom Quartier entfernt sein kann, zielgerichtet im Direktflug ansteuern. Innerhalb dieser Distanz liegen in östlicher Richtung der Giesener Wald und wenige Kilometer weiter der Haseder Busch, in dessen Nähe sich am Stichkanalende unter der B6-Brücke eine weitere Wochenstube von Mausohren mit weniger als 100 Tieren befindet. Die starken Bestandsschwankungen hier wie dort lassen vermuten, dass die Mausohren diese beiden Quartiere wechselweise aufsuchen.

Das Wochenstubenquartier in Rössing liegt unweit des Leinetals (2 km Luftlinie) mit zahlreichen durch Kiesabbau entstandenen Wasserflächen, das andere im Innerstetal. Das nächste große Mausohrquartier im Leinetal befindet sich rund 11 km südlich in der Kirche St. Matthäi in Gronau, ein weiteres 5 km flussaufwärts im Schloss Brüggen.

Großes Mausohr mit Jungtier im Flug

Der abendliche Ausflug erfolgt knapp eine Stunde nach Sonnenuntergang. Um die interindividuelle Konkurrenz einer so großen Ansammlung von Fledermäusen gering zu halten bzw. zu vermeiden, verteilen sich die Quartierbewohner in der näheren Umgebung. Mit 24 km/h kann ein Mausohr sein Jagdrevier, z.B. im Giesener Wald, innerhalb von 15 Minuten (LIEGL 1987) erreichen. Die Mehrzahl der Tiere hat ihr Jagdgebiet aber entlang der Leine, am Schulenburger Berg mit der Marienburg sowie im Hildesheimer Wald.

Bei sich plötzlich verschlechternden Wetterverhältnissen mit Sturm und Regen sind die Mausohren gezwungen, andernorts zu „übertagen". Deshalb ist es wichtig für weitab von der Wochenstube jagende Tiere, kurzzeitig Unterschlupf in benachbarten Quartieren, z.B. am Stichkanal, zu finden. Außerdem sind Mausohren bei ungenügender Nahrungsgrundlage imstande, mit allen Bewohnern einschließlich der Jungtiere in ein anderes Quartier überzusiedeln.

Die Europäische Union hat das Große Mausohr gemäß der „Fauna-Flora-Habitat-Richtlinie" geschützt. Das Land Niedersachsen hat von den hier genannten Wochenstuben leider nur die in Gronau an die Fachbehörde in Brüssel gemeldet.

Fledermauskot mit Laufkäferresten

Wälder der Hildesheimer Börde

Eichen-Hainbuchenwälder in der Umgebung von Harsum

von Heinrich Hofmeister

Einleitung

Während das Landschaftsbild des südniedersächsischen Berg- und Hügellandes durch ausgedehnte Waldgebiete geprägt wird, zeichnen sich die nördlich angrenzenden Bördelandschaften durch eine ausgesprochene Waldarmut aus. Auf Grund der hervorragenden Bodenfruchtbarkeit wurden die ursprünglichen Laubwälder schon früh beseitigt und in ertragreiches Ackerland umgewandelt. Waldreste, wie wir sie heute noch im Raum Harsum antreffen, stellen eine Besonderheit dar und sind deshalb auch als Landschaftsschutzgebiete ausgewiesen. Aber nicht nur wegen ihrer Seltenheit, sondern auch wegen ihres großen Struktur- und Artenreichtums, ihrer Erholungsfunktion für die Bewohner der benachbarten Ortschaften und als Zeugen historischer Bewirtschaftungsformen besitzen diese Waldungen einen hohen Naturschutzwert.

Als Grundlage für den folgenden Beitrag dienen floristische und pflanzensoziologische Erhebungen, die in den Vegetationsperioden 2003 und 2004 durchgeführt wurden. Der Schwerpunkt lag dabei auf der Untersuchung der Pflanzengesellschaften, die in diesem Raum bislang nicht ausreichend erfasst worden sind. Zum Vergleich wurde auch auf die floristische Kartierung der Botanischen Arbeitsgruppe aus dem Jahr 1986 (BURGDORF 1987) sowie auf eine Projektarbeit der Universität Hannover zurückgegriffen (FREYTAG, GRAB & JAKOB 1996), in der Zielvorstellungen zum Schutz und zur Pflege für die Wälder im Gemeindegebiet Harsum vorgestellt werden. Wertvolle Hinweise auf die Nutzungsgeschichte des Borsumer Waldes und die komplizierten Besitzverhältnisse liefert das Jahrbuch 1998 des Landkreises Hildesheim (SCHRADER 1998).

Untersuchungsgebiet

Das Untersuchungsgebiet liegt nur wenige Kilometer nördlich Hildesheims und setzt sich aus dem Harsumer Holz, dem Aseler Busch und dem Borsumer Wald zusammen. Das Harsumer Holz, das sich im Westen der Ortschaft erstreckt, stellt mit 101,5 ha das größte der untersuchten Waldgebiete dar und wird durch dazwischen liegende Ackerflächen und Verkehrswege in einzelne Teilflächen gegliedert, die als „Hollenmeerholz", „Zaunwiesenholz" und „Saubecksholz" bezeichnet werden. Der Aseler Busch mit einer Fläche von nur 7,5 ha und der Borsumer Wald mit einer

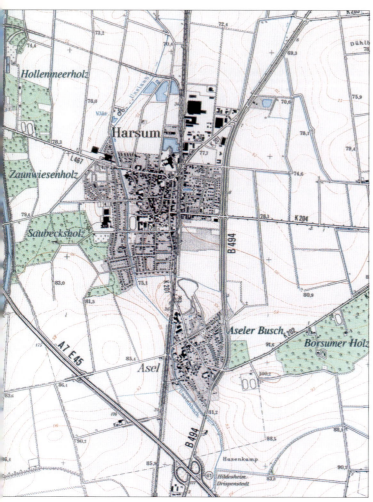

*Die Wälder in der Umgebung Harsums
Topographische Karte 1:25.000 – Blatt 3725 + 3825
Vervielfältigung mit Erlaubnis des Herausgebers: LGN –
Landesvermessung und Geobasisinformation Niedersachsen –
D9478*

zusammenhängenden Waldfläche von 61,3 ha liegen weiter östlich zwischen Asel und Borsum.

Die schwach wellige Geländeoberfläche, die im Bereich des Harsumer Holzes zwischen 73 m und 81 m ü. NN liegt, steigt zum Südosten leicht an und erreicht im Südwestzipfel des Borsumer Waldes eine Meereshöhe von 98 m ü. NN. Als Bodentypen herrschen mehr oder weniger degradierte Schwarzerden und Parabraunerden vor, die teilweise in Pseudogleye und Gleye übergehen. Hervorgegangen sind die Böden aus einer bis zu zwei Meter mächtigen Lößdecke, die gebietsweise fluviatile Kiese und Sande, an anderen Stellen eine Grundmoräne sowie wasserstauende Tonschichten der unteren Kreide überlagert.

Sternmieren – Eichen – Hainbuchenwald
(Stellario – Carpinetum)

Die Waldgebiete im Raum Harsum werden ausnahmslos vom Sternmieren – Eichen – Hainbuchenwald (*Stellario – Carpinetum*) eingenommen. Diese Waldgesellschaft zeichnet sich durch einen ausgeprägten Schichtenaufbau aus. Das Kronendach ist in der Regel in eine bis zu 30 m hohe erste und eine 10 – 20 m hohe zweite Baumschicht gegliedert. Während die Strauchschicht nur recht lückenhaft entwickelt ist, breitet sich auf dem Waldboden eine dichte Krautschicht aus. Moose spielen in der Regel nur eine untergeordnete Rolle. Auffallende Blühaspekte besitzt diese Gesellschaft im Frühjahr, wenn das Busch-Windröschen (*Anemone nemorosa*) seine Blütenpracht entfaltet und mit seinen weißen, oft violett angehauchten Blüten große Teile des Waldbodens bedeckt und etwas später die Blüten der Großen Sternmiere (*Stellaria holostea*) und Goldnessel (*Lamium galeobdolon*) einen stimmungsvollen Kontrast zum Grün der frisch belaubten Bäume und Sträucher bilden.

Baumschicht

Eine genauere Untersuchung der Waldbestände zeigt, dass diese hinsichtlich der Zusammensetzung und des Vorkommens der einzelnen Baumarten in den verschiedenen Schichten auffallende Unterschiede aufweisen. An zahlreichen Wuchsorten wird die obere Baumschicht des

Blick auf das Zaunwiesenholz im Herbstaspekt

Sternmieren – Eichen – Hainbuchenwaldes von der Stiel-Eiche (*Quercus robur*) und der Esche (*Fraxinus excelsior*) beherrscht, unter der Hainbuche (*Carpinus betulus*) sowie Berg-Ahorn (*Acer pseudoplatanus*), Winter-Linde (*Tilia cordata*) und gelegentlich Berg-Ulme (*Ulmus glabra*) eine zweite Baumschicht ausbilden. Während unter besonders feuchten Standortbedingungen das Waldbild durch mächtige Exemplare der Esche geprägt wird, tritt diese Baumart auf trockeneren Böden zurück und wird durch gutwüchsige Rot-Buchen (*Fagus sylvatica*) ersetzt.

Viele Waldbestände zeichnen sich dadurch aus, dass die Stiel-Eiche selten ist oder sogar vollkommen fehlt und dafür Hainbuche sowie die Edellaubhölzer Berg-Ahorn, Winter-Linde, Berg-Ulme und Vogel-Kirsche (*Prunus avium*) am Aufbau der oberen Baumschicht beteiligt sind. Für das Verständnis derartiger Waldstrukturen ist es sinnvoll, sich etwas genauer mit der historischen Nutzung dieser Wälder und den schwer durchschaubaren Besitzverhältnissen auseinander zu setzen.

„Der Borsumer Wald war und ist heute noch ein reiner Privatwald mit vielen kleinen und winzigen Waldparzellen. In früherer Zeit war er einmal für die Borsumer sehr wichtig, denn aus ihm wurde das Brenn- und Feuerholz, aber auch das Bauholz für die Häuser gewonnen. Als Feuerholz diente hauptsächlich das Strauch- und Astholz, das als Wassholz bezeichnet wurde. Oft war hier vor dem Verbrennen im Ofen oder Herd eine Nutzung als Erbsen- oder Bohnenstiefel vorgeschaltet. Das Stammholz nutzte man beim Bauen der Häuser und Scheunen, die hier ausschließlich in Fachwerkbauweise errichtet wurden. ..... In den Herbstmonaten war der Wald auch als Weide geöffnet, aber nur für den Schweinehirten mit seiner Herde. Die Früchte der Eichen und Buchen wurden so für die Schweinemast genutzt.

In diesem Privatwald hatte jeder Borsumer Hofbesitzer seinen Anteil, der „Echter" genannt wurde. Insgesamt gab es 73 Echter. Ein Echter war kein zusammenhängendes Waldstück, sondern bestand aus sechs etwa gleichgroßen Teilstücken von 45 – 50 Quadratruthen, so dass die Gesamtfläche eines Echters aus 2 Morgen und 44 Quadratruthen bestand" (SCHRADER 1998). (Die Ruthe ist ein Längenmaß von ca. 4,5 m, ein Echter ein Flächenmaß von ca. 6000 m².)

Diese Ausführungen belegen, dass die Wälder in der Umgebung Harsums in der Vergangenheit als Mittelwälder genutzt wurden, d.h., dass das aus Stockausschlägen der Bäume und Sträucher gebildete Unterholz von Bäumen überragt wurde, die aus Kernwüchsen (Kern = Samen) hervorgegangen sind. Während die untere Schicht in Abständen von 10 – 20 Jahren auf den Stock gesetzt wurde, erreichten die Kernwüchse, die das Bauholz lieferten, ein Alter von mehr als 100 Jahren. Durch diese Bewirtschaftung wurde die Differenzierung der Waldbestände in unterschiedlich hohe Baumschichten stark gefördert. Da die Wälder in der Gemeinde Harsum in den letzten Jahrzehnten aber nicht mehr zur Holzgewinnung genutzt wurden, unterblieb der Schlag der unteren Baumschicht zur Brennholzgewinnung, so dass die Stockausschläge und jungen Kernwüchse in die obere

Busch-Windröschen

Baumschicht vordringen konnten und dadurch dem Waldbild einen besonderen Charakter verleihen.

Strauch- und Krautschicht

Die Strauchschicht ist relativ schwach ausgebildet und setzt sich vor allem aus dem Jungwuchs der Bäume zusammen, von denen Berg-Ahorn und Winter-Linde regelmäßig, Hainbuche, Berg-Ulme und Vogel-Kirsche dagegen nur gelegentlich zu finden sind. Von „echten" Sträuchern trifft man am häufigsten Zweigriffeligen Weißdorn (*Crataegus laevigata*), Hasel (*Corylus avellana*) und Schwarzen Holunder (*Sambucus nigra*) an. Die Beschaffenheit der Strauchschicht weist ebenfalls auf die geringe Nutzungsintensität dieser Wälder hin.

In der üppigen Krautschicht kommt als Namen gebende Kennart fast immer die Große Sternmiere (*Stellaria holostea*) vor. Von den Kennarten der Hainbuchenwälder sind neben dem Jungwuchs der Hainbuche, Winter-Linde, Vogel-Kir-

Kleines Immergrün

sche und Berg-Ulme auch Wald-Knäuelgras (*Dactylis polygama*) und sehr vereinzelt Erdbeer-Fingerkraut (*Potentilla sterilis*) zu finden. Außerdem gehören Busch-Windröschen (*Anemone nemorosa*), Wald-Veilchen (*Viola reichenbachiana*), Waldmeister (*Galium odoratum*), Efeu (*Hedera helix*), Wald-Flattergras (*Milium effusum*), Wald-Segge (*Carex sylvatica*), Vielblütige Weißwurz (*Polygonatum multiflorum*) zum charakteristischen Artengefüge. Esche, Berg-Ahorn und Rot-Buche zeichnen sich im Gegensatz zur Stiel-Eiche durch eine gute Verjüngung aus und sind als Jungwüchse häufig in der dichten Krautschicht vertreten. Im Saubecksholz gibt es weite Bereiche, in denen das Kleine Immergrün (*Vinca minor*) mit seinen dunkelgrünen, ledrig glänzenden Blättern Massenbestände ausbildet und den gesamten Waldboden bedeckt.

Ausbildungsformen

Der Sternmieren – Eichen – Hainbuchenwald lässt sich im Raum Harsum auf Grund der unterschiedlichen Wasserführung und Basenversorgung der Böden in folgende Ausbildungsformen untergliedern:
• Typischer Eichen – Hainbuchenwald
• Lerchensporn – Eichen – Hainbuchenwald
• Waldziest – Eichen – Hainbuchenwald
• Geißblatt – Eichen – Hainbuchenwald

Typischer Eichen – Hainbuchenwald

Das Gesellschaftsbild des Typischen Eichen-Hainbuchenwaldes wird von den Arten geprägt, die bereits bei der Beschreibung der Baum-, Strauch- und Krautschicht genannt wurden. Pflanzen, die für die anderen Waldtypen bezeichnend sind und extremere Standortbedingungen anzeigen, fehlen dem typischen Eichen-Hainbuchenwald, der sowohl in floristischer als auch ökologischer Sicht eine Mittelstellung einnimmt.

Lerchensporn – Eichen – Hainbuchenwald
(*Stellario – Carpinetum corydaletosum*)

Der Lerchensporn – Eichen – Hainbuchenwald besiedelt die basenreichsten und gut mit Wasser versorgten Böden, die eine ausgeprägte Streuzersetzung aufweisen und im südlichen Teil des Saubecksholzes, im Aseler Busch und an verschiedenen Stellen des Borsumer Waldes anzutreffen sind. Der farbige Höhepunkt liegt vor der Belaubung, wenn der Hohle Lerchensporn (*Corydalis cava*) mit seinen violetten und weißen Blüten den Waldboden wie mit einem Teppich überzieht und dazwischen die gelben Blüten des Wald-Goldsterns (*Gagea lutea*) hervorleuchten. Nach der Belaubung bestimmen im Aseler Busch und im Saubecksholz stellenweise die saftig grünen Blätter und etwas später die weißen Blütendolden des Bär-Lauchs (*Allium ursinum*) das Waldbild. Dann findet man in dieser Gesellschaft auch die Breitblättrige Glockenblume (*Campanula latifolia*), die ihre blauen Blüten aber erst

Eichen-Hainbuchenwald mit Bär-Lauch im Aseler Busch

Breitblättrige Glockenblume – eine floristische Besonderheit in den Wäldern bei Harsum

Hohler Lerchensporn

im Juni entfaltet. Diese Glockenblume, die in Niedersachsen zu den seltenen und gefährdeten Pflanzenarten gehört und in der Hildesheimer Börde ihren Verbreitungsschwerpunkt besitzt, bildet in den Wäldern um Harsum Populationen von vielen tausend Individuen aus.

Waldziest – Eichen – Hainbuchenwald
(Stellario – Carpinetum stachyetosum)

Senken und Mulden, in denen das Wasser lange Zeit des Jahres bis an die Erdoberfläche reicht, sind Wuchsorte des Waldziest-Eichen-Hainbuchenwaldes. In der üppigen Krautschicht herrschen Pflanzen vor, die extreme Feuchtigkeit und eine gute Nährstoffversorgung anzeigen und in den anderen Ausbildungsformen des Sternmieren-Eichen-Hainbuchenwaldes nur selten zu finden sind: Hohe Schlüsselblume (*Primula elatior*), Wald-Ziest (*Stachys sylvatica*), Gewöhnliches Hexenkraut (*Circaea lutetiana*), Einbeere (*Paris quadrifolia*), Sumpf-Pippau (*Crepis paludosa*) und der Jungwuchs des Gewöhnlichen Schneeballs (*Viburnum opulus*). Auch das Große Zweiblatt (*Listera ovata*) hat in dieser Gesellschaft seinen Verbreitungsschwerpunkt.

Scheiden-Gelbstern

Bär-Lauch

Einbeere

Im Waldziest – und Lerchensporn – Eichen – Hainbuchenwald kommen mit großer Regelmäßigkeit und Häufigkeit weitere Zeigerarten für eine gute Nährstoff- und Basenversorgung vor, die den anderen Ausbildungsformen fehlen. Zu dieser Artengruppe gehören Gelbes Windröschen (*Anemone ranunculoides*), Aronstab (*Arum maculatum*), Giersch (*Aegopodium podagraria*), Wald-Bingelkraut (*Mercurialis perennis*), Dunkles Lungenkraut (*Pulmonaria obscura*), Scharbockskraut (*Ranunculus ficaria*) und Wolliger Hahnenfuß (*Ranunculus lanuginosus*).

Geißblatt – Eichen – Hainbuchenwald
(Stellario – Carpinetum loniceretosum)

Auf den basenärmsten und trockensten Böden des Untersuchungsgebietes, besonders an den südlich exponierten Waldrändern des Borsumer Waldes und des Saubeckholzes gedeiht der Geißblatt – Eichen – Hainbuchenwald. Die Baumschicht wird von Stiel-Eiche, Hainbuche und Rot-Buche gebildet. Eschen, die sonst überall das Waldbild des Sternmieren-Eichen-Hainbuchenwaldes prägen, kommen in diesem Waldtyp nicht vor. In der Strauchschicht ist fast immer die Eberesche (*Sorbus aucuparia*) zu entdecken, die in den anderen Ausbildungsformen kein einziges Mal gefunden wurde.

Als diagnostisch wichtige Arten treten in der Krautschicht von den Gehölzen Eberesche und Wald-Geißblatt (*Lonicera periclymenum*), von den Grasartigen Hain-Rispengras (*Poa nemoralis*) sowie Behaarte Hainsimse (*Luzula pilosa*) und von den Kräutern Zweiblättriges Schattenblümchen (*Maianthemum bifolium*), Wald-Habichtskraut (*Hieracium murorum*), Savoyer Habichtskraut (*Hieracium sabaudum*) sowie Wiesen-Wachtelweizen (*Melampyrum pratense*) auffallend in Erscheinung. Auch das Maiglöckchen (*Convallaria majalis*) hat in dieser Gesellschaft seinen Verbreitungsschwerpunkt. Blühaspekte besitzt der Geißblatt – Eichen – Hainbuchenwald nach der Belaubung zur Blütezeit des Maiglöckchens und der Habichtskraut-Arten. Besonders charakteristisch ist die Ausbildung einer üppigen Moosschicht, in der Gewöhnliches Sternmoos (*Mnium hornum*), Klein-Gabelzahnmoos (*Dicranella heteromalla*) und Frauenhaarmoos (*Polytrichum formosum*) nur selten fehlen.

Bedeutung für den Naturschutz

Die Wälder im Raum Harsum sind Jahrhunderte lang als Mittelwälder genutzt worden und stellen ein wertvolles kulturhistorisches Dokument dar. Nutzungsform und naturräumliche Bedingungen haben zur Ausbildung der heutigen Waldgesellschaften geführt, die aus Sicht des Naturschutzes und der Forstwirtschaft einen hohen Wert besitzen. Im Rahmen der floristischen Erfassung wurden 244 Farn- und Blütenpflanzen nachgewiesen (vgl. S. 256), von denen Flatter-Ulme (*Ulmus laevis*), Breitblättrige Glockenblume (*Campanula latifolia*), Kleiner Goldstern (*Gagea minima*), Scheidiger Goldstern (Gagea spathacea), Fuchs-Knabenkraut (*Dactylorhiza fuchsii*), Bach-Nelkenwurz (*Geum rivale*) und Sumpf-Dotterblume (*Caltha palustris*) zu den Samenpflanzen gehören, die in Niedersachsen auf der Roten Liste stehen. Die untersuchte Waldgesellschaft weist einen naturnahen Charakter auf und zeichnet sich durch eine große Vielfalt an unterschiedlichen Vegetationsformen und Waldstrukturen aus, die von einer arten- und individuenreichen Tierwelt als Brut- und Nahrungsraum genutzt werden. Die Bedeutung dieser Wälder ist wegen ihrer Seltenheit besonders hoch einzustufen. Hervorzuheben ist außerdem der Wert dieser Wälder für erholungssuchende Menschen, die hier Ruhe und Entspannung finden, sich an der Schönheit der unterschiedlichen Waldbilder erfreuen und vielleicht etwas spüren von der besonderen „Naturnähe", die den Wald von der angrenzenden Agrarlandschaft so deutlich unterscheidet.

Maiglöckchen

Vögel im Borsumer Wald

von Bernhard Möller

In der offenen, intensiv genutzten Bördelandschaft sind Wälder nur noch in kleinen Resten erhalten. Mit knapp 70 ha stellt der Borsumer Wald eines der größten Waldgebiete im Schwarzerdebereich der Hildesheimer Börde dar. Trotz der geringen Größe kommt ihm als Inselbiotop eine besondere Bedeutung für die Pflanzen- und Tierwelt zu (vgl. S. 147).

Als typische Waldvögel treffen wir im Borsumer Wald unsere bekanntesten Singvögel wie Amsel, Buchfink, Kohl- und Blaumeise, Fitis und Zilpzalp, Kleiber, Mönchsgrasmücke, Rotkehlchen, Singdrossel, Star und Zaunkönig an. Diese Arten kommen hier neben Ringeltaube und Buntspecht ebenso häufig vor wie in den großen Waldgebieten im Hügelland unseres Landkreises.

Relativ selten sind die Buschbrüter wie Gartengrasmücke und Gimpel, ebenso die Goldammer, die als Vogel der offenen Landschaft vereinzelt am Waldrand brütet.

Kernbeißer

Die von Mitgliedern des Naturschutzvereins Borsumer Kaspel im OVH aufgehängten 80 Nistkästen werden außer vom Kleiber von Kohl- und Blaumeise von je vier bis sechs Paaren des Trauerschnäppers und des Feldsperlings angenommen. Die Höhlenbrüter Sumpf- und Weidenmeise bevorzugen Naturhöhlen in morschen Bäumen. Zu den alljährlich in weniger als zehn Paaren brütenden Singvögeln gehören Waldlaubsänger, Grauschnäpper, Gartenbaumläufer, Waldbaumläufer und Kernbeißer. Letzterer hält sich besonders gern in alten Kirschbäumen auf. Nur gelegentlich brütet die Schwanzmeise in ein bis zwei Paaren sowie die Bachstelze in der Nähe der bebauten Flächen am Waldrand.

Einmal brütete, wenn auch erfolglos, sogar eine Stockente am südlichen Waldrand in einer Entfernung von mehr als zwei Kilometern vom nächsten offenen Wasser. Als weitere Brutvögel mit je ein bis zwei Paaren sind Turteltaube, Hohltaube, Kuckuck, Waldkauz, Waldohreule, Kleinspecht und Mittelspecht zu erwähnen.

Zur Zugzeit im Winterhalbjahr erscheinen im Borsumer Wald vereinzelt Waldschnepfe und Schwarzspecht und bisweilen größere Schwärme der aus Nordeuropa stammenden Bergfinken, die man hier beim Aufnehmen der Bucheckern beobachten kann.

Einige Brutvogelarten haben den Borsumer Wald verlassen. Der Baumpieper tritt nach der Aufforstung der Wiesen im südlichen Waldbereich nur noch unregelmäßig auf, und der Neuntöter, der früher im Raum der alten Sandkuhle am Südwestrand gebrütet hat, ist seit der Verfüllung und Aufforstung dieser Fläche verschwunden. Verstummt ist auch der melodiöse Ruf des Pirols - „dü-de-dilio" - , der bis in die 1960er Jahre hinein in den feuchteren Bereichen des Waldes zu vernehmen war.

Waldbaumläufer mit Futter im Schnabel

Waldohreule

als der Habicht im Jahr 1994 den Wald bezog, wich der Wespenbussard für mehrere Jahre ins Harsumer Holz aus und konnte bisher nicht wieder im Borsumer Wald bestätigt werden. Der Habicht war jahrzehntelang nicht als Brutvogel aufgetreten, seit 1994 brütet er erfolgreich mit jährlich zwei bis drei Jungvögeln. Nahrungsgrundlage sind die häufigen Ringeltauben, aber auch Haustauben der benachbarten Ortschaften. Die Junghabichte dieses Brutpaars schlugen in mehreren Jahren jeweils Anfang August die fast flüggen Baumfalken in zwei Revieren am ca. drei Kilometer entfernten Bruchgraben. Auch auf andere Arten übt der Habicht einen deutlichen Einfluss aus. Der Bestand des Eichelhähers ging auf vier bis sechs Paare zurück. Von den 10 – 14 Paaren der Rabenkrähe verblieb nach Auftreten des Habichts nur noch ein Paar am südlichen Waldrand. Der Kolkrabe brütete dagegen nach mehreren Versuchen im Jahr 2004 erstmals erfolgreich in nur 300 Metern Entfernung vom Horst des Habichts und zog vier Jungvögel auf.

Die große Zahl festgestellter Arten belegt den hohen Wert des Borsumer Waldes für die Vogelwelt. Als Lebensraum ist er nicht nur für die „reinen" Waldbewohner von Bedeutung, sondern insbesondere auch für alle größeren Arten, die hier lediglich brüten, aber das offene Umland als Nahrungsrevier nutzen.

Eine neue Art des Borsumer Waldes ist die Misteldrossel. Sie hat in den vergangenen 15 Jahren die Ortschaften der Börde als Brutvogel erobert und ist am südlichen Rand des Borsumer Waldes mit vier bis sechs Brutpaaren vertreten. Eine ornithologische Besonderheit stellt das Vorkommen des Zwergschnäppers dar, der als nordosteuropäisch- sibirische Art nur gelegentlich im östlichen Niedersachsen erscheint und im Borsumer Wald mehrfach, zuletzt 1995, beobachtet wurde. Ein Brutnachweis konnte allerdings bisher nicht erbracht werden. Eine große Bedeutung besitzt der Borsumer Wald ebenfalls für Greifvögel. Der Mäusebussard als häufigste Art der offenen Agrarlandschaft brütet hier alljährlich mit bis zu drei Paaren. Der Rotmilan mit vergleichbaren Lebensraumansprüchen wurde zuletzt vor mehr als zehn Jahren als Brutvogel festgestellt (vgl. S. 76). Vom Sperber liegen die letzten Brutnachweise aus den 1960er Jahren vor (ASCHEMANN mdl.). Dieser kleine Greifvogel, der seinen Horst häufig in Nadelbäumen baut, brütete hier auf einer Wildkirsche. Vom seltenen und gefährdeten Wespenbussard gibt es bereits aus dem 19. Jahrhundert Nachweise aus dem Borsumer Holz. MATTHIAS BRINKMANN, Lehrer am Gymnasium Josephinum, erhielt in den 1920er Jahren von Schülern ein Gelege des Wespenbussards aus dem Borsumer Wald (BRINKMANN 1933). Auch in den vergangenen Jahren brütete diese Art hier immer wieder erfolgreich. Erst

Eichelhäher

Käfer im Borsumer Holz und an seinen Waldrändern

von Ludger Schmidt

Einleitung

Die Waldreste hatten und haben in den offenen Lössbördelandschaften eine hohe Bedeutung. Sie dienten früher der Waldweide und der Gewinnung von Bau- und Feuerholz. Heute haben sie für den Menschen eine wichtige Erholungsfunktion und können zum Teil bodennahe Winde bremsen und somit den Bodenabtrag vermindern.

Auch für die Tierwelt sind die Wälder von hoher Bedeutung. Durch ihre besondere Baumartenzusammensetzung und Krautschicht stellen sie für Insekten einen wichtigen Lebensraum dar. Um dies zu dokumentieren, wurden im Jahre 2004 stellvertretend für die Bördewälder Untersuchungen im Landschaftsschutzgebiet Borsumer Holz durchgeführt. Dies liegt nördlich von Hildesheim zwischen den Ortschaften Asel und Borsum. Zur Untersuchung der Totholzkäferfauna wurden Flugkletoren eingesetzt. Dies sind zwei über Kreuz gesetzte Plexiglasscheiben, die unten mit einem Trichter abschließen. Am Ausfluss des Trichters ist eine PET-Flasche angebracht, in der eine Konservierungsflüssigkeit enthalten ist, die gleichzeitig eine anlockende Wirkung besitzt. Beim Wechseln, ca. alle drei Wochen, wird die Flasche abgeschraubt und durch eine neue ersetzt. Der Inhalt der Flaschen wurde im Labor ausgewertet. Die Fangperiode erstreckte sich von Anfang April bis Anfang Oktober. Neben den Flugklektoren konnte auf die Fänge der Bodenfallen zur Spinnenfauna zurückgegriffen werden, die freundlicherweise von Dr. ALEXANDER SÜHRIG bearbeitet wurden (vgl. S. 167). Zusätzlich wurden Handfänge getätigt, um phytophage, d. h. an Pflanzen lebende Käfer der Kraut- und Strauchschicht gezielt nachzuweisen.

Die Totholzkäferfauna

Im Borsumer Holz fällt auf, dass die Bäume oft recht jungen Alters sowie gerade und schlank gewachsen sind. Altholz ist, wahrscheinlich aufgrund der früheren Nutzung als Mittelwald, nur wenig vorhanden. Auch Totholz ist kaum anzutreffen. Oft sind es wie auch am Mastberg bei Hildesheim junge Hainbuchen-Stämme, die abgestorben sind und nun verschiedenen Arten als Lebensraum dienen. Das gilt besonders für den Pochkäfer *Ptilinus pectinicornis* und seinen Räuber, den Buntkäfer *Tillus elongatus* (SCHMIDT 2003).

Im Jahr 2004 wurde zum ersten Mal für das mittlere und südliche Niedersachsen die Adventivart *Epuraea ocularis* an verschiedenen Stellen, so auch im Borsumer Holz, nachgewiesen. Die Käfer dieser Art findet man oft an gärendem Obst. Die Larven der Glanzkäfergattung *Epuraea* stellen dagegen Borkenkäfern nach. Und von Letzteren gibt es im Borsumer Holz eine Vielzahl von Arten. Besonders häufig sind die Frischholzbewohner *Xyleborus germanus* und *Xyleborus sexeseni*.

Charakteristische Vertreter der Totholzkäfer sind die Bockkäfer. Die Larven ernähren sich wie die Borkenkäfer von frisch abgestorbenem Holz und ermöglichen somit die weitere Zersetzung durch Pilze und andere Tiere. Zu den Bockkäfern zählen die größten Vertreter unserer heimischen Käferfauna, die fünf bis sechs Zentimeter groß werden. Der größte Vertreter dieser Familie im Borsumer Holz ist die eineinhalb Zentimeter große *Mesosa nebulosa*, deren Larve gerne im anbrüchigen Eichenholz lebt. Wie bei vielen Arten verleihen die langen Fühler ein imposantes Aussehen. Nicht viel kleiner ist der ganz schwarze Bockkäfer *Corymbia scutellata*. Diese Art ist charakteristisch für stehende, weißfaule Buchen, die durch den Wind oft abgebrochen sind. Bevorzugt im Buchenholz lebt der kleine Bockkäfer *Obrium cantharinum*. Der Nachweis bedeutet einen Wiederfund der Art nach über 50 Jahren für das mittlere und südliche Niedersachsen. Da die Art aber wohl vor allem in der Wipfelregion lebt, ist sie ziemlich schwierig nachzuweisen.

Eine Art, die wahrscheinlich recht häufig ist, aber selten gefangen wird, ist der Kurzflügler *Velleius dilatatus*. Das Wissen über die Biologie und der Fang dieser über 2 cm großen Art werden dadurch erschwert, dass sie in Hornissennestern lebt. Die Larven und Imagines dieser Käferfamilie ernähren sich überwiegend räuberisch. Bei dieser Art halten sich die Imagines gerne an gärenden Saftflüssen auf. Deshalb konnten mehrere Individuen mit Flugklektoren geködert werden.

Käfer im Waldboden und seiner organischen Auflage

Der Lederlaufkäfer (*Carabus coriaceus*) ist ein typischer Vertreter unserer Wälder und zugleich einer der größten Käfer in der mitteleuropäischen Fauna. Er ist recht häufig; aber man trifft ihn nur selten an, da er nachtaktiv ist. Häufig am Waldboden und an liegenden Stämmen findet man *Pterostichus oblongopunctatus*. Eine weitere Laufkäferart, der Kleine Puppenräuber (*Calosoma inquisitor*), läuft auch am Boden, viel häufiger klettert die Art aber auf Bäume, wo sie verschiedenen Schmetterlingsraupen nachstellt.

Reich ist die Käferfauna an Arten, die sich von toten Tieren, zersetztem Pflanzenmaterial oder Pilzen ernähren. So konnten verschiedene Aaskäfer und mit dieser Gruppe verwandte *Choleviden* festgestellt werden. Besonders hervorzuheben ist *Choleva reitteri*. Diese Art lebt in Säugetierbauen und ernährt sich wahrscheinlich von zerfallenden organischen Stoffen und Aas. Von ihr gibt es nur sehr wenige Funde aus dem südlichen und mittleren Niedersachsen.

Bei den Pilzkäfern der Familie *Leiodiidae* gab es noch einen ganz besondern Fund. *Leiodes macropus* wurde erst das zweite Mal für Deutschland nachgewiesen (det. BURGARTH, Winsen/L.). Allerdings sind die Arten der Gattung

Der Bockkäfer Mesosa nebulosa lebt gerne in anbrüchigem Eichenholz

Der im Wipfelbereich verschiedener Laubbäume lebende Bockkäfer Obrium cantharinum ist bislang sehr selten nachgewiesen worden

Der Kurzflügler Velleius dilatatus hat am Kopf große Beißzangen und lebt in Hornissennestern

Leiodes sehr schwer unterscheidbar und werden deshalb wenig gesammelt.

Zu Tausenden wurde der Mistkäfer *Anoplotrupes stercorarius* nachgewiesen. Wie der deutsche Name schon sagt, ernährt sich die Larve hauptsächlich vom Kot verschiedener Tiere. Die ungeheure Anzahl der Tiere zeigt aber, dass auch faulende Pflanzenreste und Pilze in den Brutgang eingetragen werden müssen, so dass sich viele Käfer entwickeln können.

In Bodenfallen wurde recht häufig der Rüsselkäfer *Acalles echinatus* gefangen. Die Entwicklung ist noch nicht genau erforscht, vollzieht sich aber wohl in verpilzten Ästchen. Diese Art ist flügellos und auf Habitatkontinuität angewiesen.

Käfer am Waldrand

Der Waldrand ist am Borsumer Holz in vielen Bereichen wenig ausgeprägt. Dabei haben gerade Waldrandstrukturen vielfache Funktionen für den Haushalt des Waldes. Auch für Insektenarten haben die Strukturen eine hohe Bedeutung. Hier wachsen Sträucher, die man im schattigen Wald nur selten antrifft. Oft sind es Rosengewächse, Schlehe und Weißdorn, die mit ihrer Blütenpracht im Frühjahr viele Insekten, darunter auch Käfer, anlocken. Der Nektar und die Blütenpollen stellen eine reiche Nahrungsquelle für Insekten dar. Die Arten der Familie *Scraptiidae* findet man oft an diesen Stellen. Die Larven leben im toten Holz im Waldinneren, während die Imagines dann die Blüten an den Waldrändern aufsuchen. *Anaspis melanostoma* ist ein Vertreter dieser Familie und wurde im Borsumer Holz nach über 50 Jahren wieder für das mittlere und südliche Niedersachsen nachgewiesen. Auch die Bockkäfer *Clytus arietis* und *Anaglyptus mysticus* findet man häufig auf blühendem Weißdorn, wo sie bevorzugt Pollen und Nektar als Nahrung aufnehmen. Ihre Larven entwickeln sich oft am Waldrand im sonnenbeschienenen Holz. Einen weiteren Bockkäfer *Stenostola dubia* findet man ebenfalls am Waldrand, allerdings nicht auf Blüten, sondern auf den Blättern der Linde, seines Brutbaumes.

Phytophage Käfer kommen gehäuft an Waldrändern vor, da die Pflanzenvielfalt dort besonders groß ist und ein günstiges Mikroklima herrscht. Oft leben sie ganz spezifisch auf einer Pflanzenart. So entwickelt sich der bei uns überall häufige Buchenspringrüssler (*Rhynchaenus fagi*) auf Buchen. Manchmal ist er aber so häufig, dass er überall auf der Vegetation sitzt. Auf Eschen entwickelt sich der recht häufige Rüsselkäfer *Stereonychus fraxini*, während *Curculio venosus* und *Curculio glandium* Eichen für ihre Entwicklung brauchen. Die beiden *Curculio*-Arten fallen durch ihren sehr langen und schmalen Rüssel auf, an dessen Ende sich die für Käfer typischen, kauenden Mundwerkzeuge befinden. Das Weibchen bohrt mit seinem Rüssel junge Eicheln an und legt ein Ei hinein. Die Larven fressen das Innere der Eicheln, wobei diese verfrüht von den Bäumen fallen. Die Altlarve frisst sich dann aus der Eichel und verpuppt sich im Boden.

Ableitung für den Naturschutz

Das Borsumer Holz zeichnet sich dadurch aus, dass Altholz in nur geringem Umfang vorhanden ist und auch Totholz als Lebensraum nur wenig zur Verfügung steht. Dies ist sicherlich eine Folge der früheren forstwirtschaftlichen Nutzung als Mittelwald. Das größte Angebot an Totholz bieten recht junge, abgestorbene Hainbuchenstämme. Auf die Bedeutung wurde schon bei SCHMIDT (2003) eingegangen.

Heute wird diskutiert, wie natürlich der Eichen-Hainbuchenwald ist. Aus Sicht der Käferfauna ist der offene Charakter, der durch Eichen und Eschen hervorgerufen wird, wichtig und macht den besondern Reiz der Wälder in der Bördelandschaft aus. Unterschiedliche Baumhöhen und Baumstrukturen bedingen kleinklimatische Nischen, auf die wärmeliebende Arten angewiesen sind. Auch wenn die Eichen kulturgeschichtlich massiv gefördert worden sind, bilden sie ein erhaltenswertes Element in diesen Wäldern. Vereinzelt findet man auch noch recht alte Kirschbäume im Borsumer Wald, die auf eine andere, frühere Nutzung hinweisen. Sie sind heute stark beschattet und ein Erhalt ist kaum mehr möglich. Für die Holzkäferfauna sind sie nur noch von geringer Bedeutung.

Zukünftig sollte darauf geachtet werden, dass nur eine schonende Nutzung durchgeführt wird. Der Alt- und Totholzanteil sollte deutlich erhöht werden, was vielen Organismen zugute kommt. Die Käferfauna weist typische Waldarten auf, die zeigen, dass ein Entwicklungspotenzial vorhanden ist. Die Untersuchungen lassen aber auch erkennen, dass Waldarten fehlen, die man hätte erwarten können. Gerade Wälder brauchen eine lange Biotoptradition, und das besonders in den Bördelandschaften. Hier sind die Waldreste meistens isoliert und weisen keine vernetzenden Strukturen auf. Dies erschwert die Ausbreitung von Waldarten.

Wälder zeichnen sich durch ihr Waldinnenklima gegenüber offenen Biotopen aus. Im Sommer wird durch die Blätter tagsüber eine starke Erhitzung des Waldbodens vermieden, während nachts die Wärme weniger schnell abstrahlt als auf den benachbarten Ackerflächen. Ganz typisch für die Bördelandschaft ist der ständige Wind, der eine oberflächliche Austrocknung auf den Ackerböden bewirkt. Im Wald wird der Wind gebremst und eine Aushagerung verhindert. Voraussetzung dafür ist aber ein intakter Waldsaum. Die Käferfauna zeigt, dass dies im Borsumer Holz nicht der Fall ist. Viele Arten der Säume konnten nicht nachgewiesen werden. Hauptursache dafür ist die Wegeführung südlich des Waldes. Der Weg führt zumeist direkt am Waldrand entlang. Die Sträucher werden deshalb für den landwirtschaftlichen Verkehr zurückgeschnitten, oder der verbleibende Platz zwischen Wald und Weg wird als Holzlagerplatz genutzt. Zukünftig sollte auf eine Entwicklung des Waldsaumes mit Weißdorn, Schlehe, Hasel oder Linde geachtet werden. Besonders der Weißdorn bietet vielen Insekten während seiner Blüte reichhaltige Nahrung, die auch von typischen Waldarten gern aufgenommen wird.

Den Widderbock findet man oft auf blühendem Weißdorn, wo die Imagines Blütenpollen und Nektar aufnehmen

Mit seinem langen Rüssel nagt der Rüsselkäfer Curculio glandium Löcher in Eicheln und legt ein Ei in die unreife Frucht

Die Vertreter der Laufkäfer leben in überwiegender Zahl räuberisch am Boden, der Kleine Puppenräuber (Calosoma inquisitor) klettert bevorzugt auf Bäume und sucht dort nach Schmetterlingsraupen

Ein reichgestaltiger Baumbestand kennzeichnet die Außenränder der Wälder in der Hildesheimer Börde

Nachtfalter (Grossschmetterlinge) in den Wäldern zwischen Förste und Borsum

von Ulrich Lobenstein

Die zwischen den Ortschaften Klein Förste, Asel und Borsum gelegenen Wälder sind in schmetterlingskundlicher Hinsicht relativ wenig bekannt. Die gestiegene Mobilität und die verbesserte Fangtechnik bieten heute Möglichkeiten, auch solche kleinen, früher nicht beachteten Waldstücke zu untersuchen. Erste Stichproben erfolgten 1985.

Mittels der Fangmethode, der Anlockung der Nachtfalter an Fanglampen mit hohem UV-Anteil (Mischlichtlampe 160 W, 2 Schwarzlicht-/2 superaktinische Röhren je 20 W) läßt sich ein Umkreis von ca. 50 m um die Lichtquelle erfassen. Bei 10 Fangnächten im Jahr erhält man einen guten Überblick über die jahreszeitlichen Aspekte **eines** Standortes. In diesem Falle wurden zwölf Lichtfänge und zwei Köderfänge (Ködermittel: Hanfschnüre mit gesüßtem Weißwein) an acht verschiedenen Standorten durchgeführt. Eine umfassendere Bestandsaufnahme kann nur auf längere Sicht geleistet werden.

Was hatte den Anstoß gegeben, dass bereits 1985 zwei der Waldstücke einen Platz auf der Prioritätenliste für die Erfassung von Nachtfaltern im mittleren Niedersachsen gefunden haben? Wichtige Kriterien waren vor allem das Vorhandensein von ungenügend erforschten Biotoptypen und der Verdacht auf Vorkommen spezieller Arten. Dem hier repräsentierten Waldtyp kommt in der sonst nahezu waldfreien Landschaft aus landesweiter Sicht ein beachtlicher Seltenheitswert zu. Als Besonderheit ist der hohe Anteil an Winter-Linden hervorzuheben. Linden, aber auch andere Laubgehölze werden von den Raupen zahlreicher Nachtfalter als Wirtspflanze genutzt. Manche Arten leben sogar ausschließlich an Linden, wobei einige von ihnen eindeutig Waldstandorte bevorzugen. Dabei spielen der bessere Windschutz im Wald im Gegensatz zu den Straßenalleen, die Ungestörtheit bzw. Kontinuität der Habitate, das beständigere Nektarangebot und das typische Waldklima eine Rolle.

Als faunistische Besonderheit ist der Linden-Sichelflügler (*Sabra harpagula*) hervorzuheben, der früher in der engeren Umgebung Hannovers vorkam (GLITZ 1874, PEETS 1907) und von GROSS (1950) nur noch aus dem Südwald bei Diekholzen gemeldet wurde. Angesichts fehlender Untersuchungen in den lindenreichen Laubmischwäldern zwischen Klein Förste und Borsum bestanden Zweifel, ob der Linden-Sichelflügler im Raum zwischen Hannover und Hildesheim wirklich fehlen würde. Die Stichprobe im Jahr 1985 hat gezeigt, dass die Art hier tatsächlich vorkommt, was 2003 an drei Fundorten mit bis zu 14 Explare pro Fangnacht bestätigt wurde (LOBENSTEIN 2003). Aufgrund des unzureichenden Wissensstandes über die Verbreitung wurden auch einige Linden- bzw. Laubmischwälder im Osten der Kalenberger Börde – dies jedoch ohne Erfolg – untersucht. Wahrscheinlich würde sich das Areal unter dem kontinentaleren Klimaeinfluss in der Hildesheimer Börde nach Osten und Südosten fortsetzen, wenn hier nicht jegliche Waldflächen beseitigt worden wären.

Als weitere Besonderheit ist ein kleiner, zarter, seidig hellgrauer Falter zu nennen, der im Spätfrühling/Frühsommer fliegt: der Linden-Blütenspanner (*Eupithecia egenaria*). Dieser blieb in Niedersachsen lange Zeit vermutlich auch wegen des lokalen Vorkommens an windgeschützten Stellen und der kurzen Flugzeit unentdeckt. Das Auftreten von

Linden-Sichelflügler (Sabra harpagula)

tersuchen. Vielleicht gelingt es, dabei noch andere Linden-Bewohner zu finden wie die Linden-Gelbeule (*Xanthia citrago*), die im übrigen aber auch Linden in den Ortschaften, entlang der Straßen und des Kanals besiedeln könnte.

Insgesamt haben die Untersuchungen 158 Nachtfalterarten ergeben (vgl. S. 277), wobei der gesamte Bestand auf über 250 Arten geschätzt wird. Etwa die Hälfte der nachgewiesenen Sippen lebt als Raupe an Gehölzen, darunter sind auch Flechten-Bewohner wie die Flechtenbärchen, deren Raupen vom reichlich vorhandenen Totholz profitieren, sowie die Dunkelgrüne Flechteneule (*Cryphia algae*). Die Linden besitzen für einige spezielle Arten eine große Bedeutung, hinsichtlich der Artenvielfalt ist aber die Eiche höher einzustufen. Als bemerkenswerter Vertreter wurde der Große Eichenkarmin (*Catocala sponsa*) gefunden, der bevorzugt in Alteichen-Wäldern auftritt. Der Kleine Eichenspross-Blütenspanner (*Eupithecia dodoneata*) gilt als Rarität, wobei sich jedoch gerade ältere („abgeflogene") Exemplare leicht zwischen anderen, ähnlichen Blütenspannern verstecken können.

Neben Winter-Linde und Stiel-Eiche kommen in den Wäldern des Untersuchungsgebietes Hainbuche, Berg-Ulme, Berg-Ahorn und Esche als prägende Baumarten vor. Nennenswerte Bewohner unter den Nachtfaltern wurden allerdings kaum gefunden. Zwar werden Arten wie die Ulmen-Gelbeule (*Xanthia gilvago*) oder die Ockergelbe Eschen-

15 Exemplaren an vier Stellen zwischen Förste und Borsum hat gezeigt, dass auch relativ kleine, von Äckern unterbrochene Waldstücke mit hohem Linden-Anteil gut angenommen werden. Das Nektarangebot, das für den gehobenen Anspruch der meisten Tagfalter zu dürftig ist, reicht zumindest für Nachtfalter wie die Blütenspanner aus, denn anders als ihre sonnenhungrigen Verwandten fliegen sie auch in der Krautschicht des geschlossenen Waldes umher und saugen hier und dort an den Blüten von Giersch, Sanikel und Brombeere. Hinzu kommt, dass Nachtfalter viel stärker auch die Blüten der Gehölze anfliegen, wobei die Winter-Linde, aber auch Vogel-Kirsche, Feld-Ahorn, Zitter-Pappel, Weißdorn und Holunder bevorzugt werden.

Ein weiterer in Niedersachsen vom Aussterben bedrohter Linden-Bewohner wird trotz des nicht gelungenen Nachweises im Gebiet vermutet: der Graue Laubholz-Dickleibspanner (*Lycia pomonaria*). Man muss zum richtigen Zeitpunkt an der richtigen Stelle sein, denn der Falter fliegt nur kurz im Frühling, nach Beobachtungen von KÖHLER & SCHMIDT (2005) im Braunschweiger Hügelland „zur Blütezeit von Lerchensporn (*Corydalis cava*) und Schlüsselblume (*Primula elatior*)". Die Verbreitungssituation um Hildesheim erinnert an den Linden-Sichelflügler, da die letzten Nachweise von *Lycia pomonaria* ebenfalls aus dem Südwald stammen (der letzte Fund allerdings bereits 1961, s. LOBENSTEIN 2003). Es ist deshalb sinnvoll, in den Wäldern zwischen Förste und Borsum weitere Stellen zu un-

Dunkelgrüne Flechteneule (Cryphia algae)

160

Großer Eichenkarmin (Catocala sponsa)

eule (*Atethmia centrago*) auch aus Wäldern gemeldet (z.B. KOCH 1984), doch sind diese Arten mehr in der locker bewaldeten, halboffenen Parklandschaft zuhause. Unter der für die Börde typischen strikten Trennung von land- und forstwirtschaftlichen Flächen finden sie nur wenig geeignete Habitate. Andere Arten sind weniger wählerisch wie die Ligustereule (*Craniophora ligustri*), die man an Gehölzen in der offenen Landschaft wie auch in den alten Eschenwäldern findet, wo sie nicht an Liguster, sondern an Esche lebt.

Eine wichtige Lebensraumfunktion für die Nachtfalter besitzt die im Wald ausgebildete Krautvegetation. Rund die Hälfte der Arten ernährt sich als Raupe von Kräutern und Gräsern. Die geophytenreiche Frühjahrsvegetation ist insbesondere in den Wäldern zwischen Borsum und Asel üppig entwickelt. Im April findet man an den Blüten des Lungenkrautes die jungen Raupen der Lungenkrauteule (*Atypha pulmonaris*). Ihr Rückzugsgebiet konzentriert sich ansonsten auf das Kalenberger Land.

Viele weitere Arten, die den passionierten Nachtfalterbeobachtern anhand der Artenliste (vgl. Tabelle S. 277) einen Eindruck vom hier untersuchten Gebiet vermitteln, sind nicht in Kürze darzustellen. Ihre deutschen Bezeichnungen wie Nessel-Fleckleibbär (*Spilosoma urticae*), Eichen-Grauspinnerchen (*Nola confusalis*), Ockergelbes Flechtenbärchen (*Eilema sororcula*), Hopfen-Schnabeleule (*Hypena rostralis*), Goldruten-Blütenspanner (*Eupithecia expallidata*) geben aber einen Hinweis auf ihre Nahrungsansprüche. Die meisten bei den Nachtfaltern genannten Nahrungspflanzen passen aus vegetationskundlicher Sicht gut zusammen. Dies kann indirekt als Merkmal für naturgemäße Lebensräume gelten, während unter stark anthropogenem Einfluss oft undefinierbare Artenmischungen entstehen, aus denen man den untersuchten Biotoptyp nur schwer ablesen kann.

Mit der Übereinstimmung von Vorkommen und Standort ist es bei einer Nachtfalterart jedoch vorbei: Der Gebänderte Heidekraut-Blütenspanner (*Eupithecia nanata*) passt weder in die Landschaft noch in die Biotope. Durch zahlreiche Untersuchungen ist bekannt, dass Nachtfalter vielfach herumvagabundieren. Ein „Heidetier" im Wald ist deshalb nicht gerade ungewöhnlich. Wird zum Beispiel eine Eingriffsfläche für den Naturschutz begutachtet, so müssen solche Biotop-Fremdlinge in der Artenliste aussortiert bzw. kenntlich gemacht werden. Die an Heide lebenden Arten können teilweise aus Gärten und Friedhöfen stammen. Es ist dann bestenfalls überraschend, dass ein solcher Falter mitten in den geschlossenen Laubwald hineinfliegt. Zunächst erfolgte ein Nachweis am 26.05.03 im Waldstreifen zwischen Kanal und A7; drei Tage später wurden in einem ähnlichen Biotop drei Kilometer südöstlich, dem Waldstück am Ortsrand von Asel, nochmals vier Falter gefunden. Doch auch schon zuvor, bei der Stichprobe 1985, waren an einer Stelle bereits vier Falter beobachtet worden. Es ist nicht anzunehmen, dass sich die Art in den Gärten ständig so stark vermehrt, dass die Falter in Scharen durch die umliegenden Wälder fliegen. Vielmehr gibt es Unklarheiten bezüglich der Lebensweise, obwohl diese in der Literatur weitgehend übereinstimmend beschrieben wird (vgl. KOCH 1984, FORSTER & WOHLFAHRT 1981, WEIGT 1991, SKOU 1984). Bereits für eine verwandte Art, *Eupithecia fraxinata*, frei übersetzt „Eschen-Blütenspanner", erwähnt SKINNER (1984) auf den Britischen Inseln zwei ökologische Rassen. Von diesen besiedelt die eine Wald- und Heckenlandschaften mit Esche, die andere Küs-

Junge Raupe der Lungenkrauteule (Atypha pulmonaris)

Ein Bewohner der Brombeervegetation im Wald: der Rosenfleckenspinner (Thyatira batis)

tendünen mit Sanddorn. Ob *Eupithecia fraxinata* eine eigene Art ist, wie SKINNER meint, oder mit zu *Eupithecia innotata* gehört, ist in diesem Zusammenhang unwichtig. Interessant ist nun die Frage, ob im hier untersuchten Gebiet die verwandte *Eupithecia nanata* ebenfalls eine ökologische Rasse an typischen Eschen-Standorten bildet oder ob andere Ungereimtheiten dahinter stecken.

Diese Ausführungen machen deutlich, dass die kleinen, von den Faunisten wenig beachteten Wälder durchaus ihre Geheimnisse haben und zu weiteren Untersuchungen anregen. Die in bescheidenem Rahmen vorgenommene erste Bestandsaufnahme hat interessante neue Erkenntnisse erbracht und auf den besonderen Wert der untersuchten Lebensräume aufmerksam gemacht. Die Frage, inwieweit dieses positive Ergebnis auf die übrigen Bereiche der Bördelandschaften zu übertragen ist, würde zu deutlich nüchterner Bewertung führen. Unmittelbar an die untersuchten Wälder grenzen intensiv genutzte Agrarflächen. Auch ohne Untersuchung besteht kein Zweifel, dass die im Wald festgestellte Artenqualität hier nicht annähernd erreicht werden kann.

Dass das untersuchte Waldgebiet bereits in mehrere Waldstückchen aufgesplittert ist, muss nicht unbedingt nachteilig sein, weil dadurch mehr Waldrandbiotope entstanden sind. Schließlich stehen dafür innerhalb der Wälder keine größeren besonnten Flächen zur Verfügung. Angesichts des geringen Waldanteils würde man die Forstleute nicht auch noch bitten, Schneisen und Lichtungen in den Wald zu schlagen. Wenn also innerhalb der Wälder kein Platz für halboffene Übergangsbereiche ist, so kommt den Flächen entlang der Waldaußenränder diese Funktion zu. Diese sollten daher nicht abrupt an überdüngte und herbizidbelastete Äcker grenzen, sondern u.a. Gebüschmäntel oder -inseln sowie den einen oder anderen blüten- und nektarreichen Wiesenbiotop enthalten.

Würde die Nachtfalter-Fanglampe mitten auf einem Acker aufgestellt, so begegnete einem das erwähnte Problem der Biotop-Fremdlinge in besonderer Weise. Denn die wenigen Falter, die hier fliegen, überwiegend auf der Suche nach besserem Lebensraum, sind Strauchbewohner, Baumbewohner, Wiesenbewohner, Gartenbewohner oder Sumpfbewohner. In einem gewissen Rahmen ist die Durchzügleraktivität natürlich. Die Schmetterlinge besitzen ihre Flügel auch, um über ungeeignete Habitate hinwegzufliegen. Je großräumiger sich jedoch Acker an Acker reiht ohne Feldgehölzinseln, Hecken, Säume, Tümpel und Brachen dazwischen, desto seltener findet man Falter, die in der Agrarlandschaft herumfliegen. Es fehlen Nektarquellen, Schutz vor Wind, Sonne, Regen und die arttypischen Habitate, die der Fortpflanzung dienen.

Manchmal wird geäußert, die Entomologen sollten diesen Zusammenhang stärker herausstellen und mittels ihrer Untersuchungen demonstrieren, zu welchem Ergebnis eine ausgeräumte Landschaft führt. Der Naturliebhaber findet jedoch viel mehr Gründe, seine Beobachtungen unter blühenden Ulmen und Linden durchzuführen, als auf einem Acker zu stehen und das zu dokumentieren, was hinlänglich bekannt ist. Dies soll nicht bedeuten, dass nicht auch die Ackerlandschaft einen Blick auf das Detail verdient, soweit es noch Fortpflanzungshabitate für Nachtfalter gibt. Diese sind dann zwar nicht repräsentativ, aber sie liefern Erkenntnisse über das Entwicklungspotenzial vergleichbarer Standorte. Und dies leistet wiederum denjenigen Unterstützung, die sich für eine artenreichere Natur in ihrem Wohnumfeld engagieren wollen und es dabei oft nicht einfach haben.

Der aus solchen Bemühungen hervorgehende Erlebniswert für den Menschen soll nicht unerwähnt bleiben. Es gibt mancherorts sehr gelungene Beispiele für eine naturfreundliche Landschaftsumgestaltung, die den Anwohnern viel Freude an der Natur schenkt, die Eigentümer der Flächen zurecht darüber stolz und ihre kleinen wirtschaftlichen Einbußen vergessen macht. In diesem Sinne könnten auch in der Hildesheimer Börde neue Wege beschritten werden.

Dottergelbes Flechtenbärchen (Eilema sororcula)

Tagfalter der Wälder und Waldränder

VON JOCHEN TÄNZER

Vorbemerkungen

Die Untersuchung der Tagfalter in den Wäldern und den Waldrändern in der Umgebung von Harsum (vgl. Karte S. 148) hat sich aus einer Reihe von Gründen als reizvoll erwiesen:
- Die Waldgebiete liegen relativ isoliert und sind von landwirtschaftlich intensiv genutzten Flächen umgeben, deren Bearbeitung und Struktur in den letzten Jahrzehnten einen starken Wandel erfahren haben.
- Es existieren mit der um 1920 entstandenen Schmetterlingssammlung (HENKE) aus dem Bereich des Borsumer Passes sowie Beobachtungen aus den Jahren 1960 bis 1980 und zum Teil aus späteren Jahren (THARSEN 2000) wertvolle historische Daten, die einen Einblick in die frühere Schmetterlingswelt und auch einen Vergleich mit den neuesten Ergebnissen ermöglichen.
- Wälder stellen mit ihren Saum- und Mantelstrukturen in Zeiten intensiver Landwirtschaft auch Rückzugsgebiete für Falter der offenen Landschaft (ALBRECHT et al. 1986) dar.

Die Erfassung der Tagfalter als solche werden hier auch die Dickkopffalter und die tagaktiven Widderchen bezeichnet, erfolgte in der Vegetationsperiode 2004. Für die Untersuchung des qualitativen Artenspektrums war das im Hinblick auf die natürlichen Schwankungen im Auftreten einzelner Arten, die begrenzte Individuenzahl seltenerer Falter sowie das geringe blütenorientierte Verhalten typischer Waldbewohner ein sehr beschränkter Zeitraum. Trotzdem lassen die Ergebnisse interessante Grundtendenzen erkennen.

Darstellung der Ergebnisse

Im Beobachtungszeitraum (Mai – August 2004) wurden 13 Arten erfasst, von denen 12 als nicht gefährdet gelten, lediglich der Nierenfleck-Zipfelfalter (*Thecla betulae*) ist eine gefährdete Art (LOBENSTEIN 2004).

Auffällig ist, dass mit sieben Arten über die Hälfte der angetroffenen Tagfalter zu den **Ubiquisten** zählen, d. h. Schmetterlingen, die mit ihren wenig spezialisierten Ansprüchen nicht an bestimmte Lebensräume gebunden sind. Folgende Merkmale sind für diese Falter u. a. zutreffend (WEIDEMANN 1995):
- eine hohe Vermehrungsrate mit mehreren Generationen im Jahr
- eine schnelle Entwicklung vom Ei zum Falter
- die Bereitschaft zum Vagabundieren (Binnenwanderer) oder Migrieren (Wanderfalter)
- die Fähigkeit, bei der Bindung an häufige, oft nitrophil wachsende Raupenfutterpflanzen auch ausgeräumte und uniformierte Landschaftsbereiche zu besiedeln.

So legen zum Beispiel das Tagpfauenauge (*Inachis io*) und der Kleine Fuchs (*Aglais urticae*) als Nesselfalter ihre Eier haufenartig ausschließlich an Brennnesseln ab, wobei die erste Art gleichzeitig sonnige und feuchte, die zweite dagegen mehr trockene und sonnig exponierte Standorte bevorzugt. Eiablage- und Saugplätze der Falter können weit auseinander liegen, hierbei ist ein weites Spektrum von Wildpflanzen bis hin zu Kulturpflanzen festzustellen. Schon im März können die beiden als Falter (Imago) überwinternden Arten beim Saugen an Weidenkätzchen, Huflattich u.a. beobachtet werden, im Hochsommer werden Wasserdost, Disteln und Skabiosen bevorzugt.

Zu den ebenfalls regelmäßig zu beobachtenden Faltern gehören mit dem Distelfalter (*Vanessa cardui*) und dem Admiral (*Vanessa atalanta*) zwei **Wanderfalter**, die jedes Jahr aus Nordafrika bzw. von südlich der Alpen zu uns fliegen. Sie gelten als Saisonwanderer 1. Ordnung (EITSCHBERGER et al. 1991), die nur bedingt in unseren Breiten überwintern können. Davon kann man aber bei schon im März, April fliegenden Admiralfaltern ausgehen. Auch sie saugen an vielen Wild- und Kulturpflanzen; der Distelfalter legt seine Eier häufig an Distelarten ab, der Admiral dagegen an Brennnesseln.

Die folgenden sechs Tagfalter gehören zu den mesophilen Arten, die über eine große ökologische Anpassungsfähigkeit (BLAB & KUDRNA 1982) verfügen und dabei extensiv genutzte sowohl trockene als auch feuchte Standorte mit unterschiedlichen Strukturansprüchen besiedeln.

Das Waldbrettspiel (*Pararge aegeria*) ist der einzige erfasste typische **Waldbewohner**, es besiedelt, unter Bevorzugung halbschattiger Bereiche, Randstrukturen aller Art wie Waldränder, -lichtungen, -wege. Die als Raupe oder Puppe überwinternde Art legt ihre Eier bei 1-2 Generationen verstreut in Bereichen mit Gräsern wie Knäuel- und Perlgras ab. Der Falter sucht zur Nahrungsaufnahme nur relativ selten Blüten von Brombeere, Wasserdost und anderen Samenpflanzen auf; denn er saugt vorwiegend an Früchten, trockenen und feuchten Wegstellen sowie an Wundstellen von Bäumen (EBERT 1991). Beobachten kann man das Waldbrettspiel selbst auf kleinsten besonnten Flächen im Waldesinneren.

Zwei Falter **gehölzreicher Übergangsbereiche** mit auffällig unterschiedlichen Flug- bzw. Erscheinungszeiten sind der Zitronenfalter (*Gonepteryx rhamni*) und der Nierenfleck-Zipfelfalter (*Thecla betulae*). Das goldgelbe Männchen des aus seiner Winterstarre erwachenden Zitronenfalters ist einer der ersten Falter des zeitigen Frühjahrs. Das Weibchen ist etwas blasser und mehr grünlich gefärbt. Bemerkenswert sind die spitz zulaufenden Flügel. Die Eiablage erfolgt vorrangig am Faulbaum, wichtige Saugpflanzen sind im Frühjahr Leberblümchen, Lerchensporn und Kätzchen der Sal-Weide, im Sommer Kohldistel, Blutweiderich und Luzerne.

Das Tagpfauenauge – einer der häufigsten Tagfalter der Hildesheimer Börde

Das Waldbrettspiel bevorzugt halbschattige Bereiche von Laubmischwäldern

Im Verhalten ist der Zitronenfalter sehr flexibel, er vagabundiert gern und ist auch häufig in der offenen Landschaft und selbst in Gärten der Siedlungsbereiche zu sehen. Der standorttreuere Nierenfleck-Zipfelfalter fliegt erst ab Spätsommer und hat eine sehr viel kürzere Flugzeit. Der deutsche Name kennzeichnet die markante Färbung der Vorderflügeloberseite beim Weibchen sowie die Form des Hinterflügelbereichs beider Geschlechter. Die Eiablage erfolgt vorrangig an Schlehen. Die Art überwintert als Ei.

Ein typischer Falter **feuchter Saumbiotope** ist der von April bis in den Juni hinein fliegende Aurorafalter (*Antocharis cardamines*). Der lateinische Name weist auf die wichtige Raupenfraßpflanze des Wiesen-Schaumkrautes (*Cardamine pratensis*) hin, der deutsche bezieht sich auf die prägnante,

Raupen vom Kleinen Fuchs an der Großen Brennnessel

Der Zitonenfalter – einer der ersten Schmetterlinge im Frühjahr

Der Nierenfleck-Zipfelfalter – ein Schmetterling der späten Sommermonate

Der Schornsteinfeger – ein Falter der offenen Landschaft

der Morgenröte ähnliche orangefarbene Kennzeichnung der Vorderflügeloberseite des Männchens (HÜRTER 1998). Erwähnenswert ist die relativ kurze Lebenszeit des Falters und das bis zu 300 Tagen währende, auch den Winter überdauernde Puppenstadium. Beobachten kann man die recht standorttreue Art auch in naturnahen Gärten.

Das Ochsenauge (*Maniola jurtina*) und der Schornsteinfeger (*Aphantopus hyperanthus*) fliegen schwerpunktmäßig in extensiv genutzten, sonnigen, blütenreichen und windgeschützten Bereichen der **offenen Landschaft**, sie sind aber auch in ähnlich strukturierten Waldrandbereichen zu finden (LOBENSTEIN 1999). Beide Arten legen ihre Eier einzeln an verschiedene Gräser ab und verfügen über ein breit gestreutes Saugpflanzenspektrum; sie sind polyphag. Die in den Sommermonaten fliegenden Schmetterlinge weisen ebenfalls ein sehr langes Raupenstadium auf.

Beurteilung der Beobachtungsergebnisse

Betrachtet man das Spektrum der beobachteten Arten, so lassen sich unter Einbindung der historisch nachgewiesenen Sippen durchaus folgende Tendenzen erkennen:

1. Mit dem Waldbrettspiel konnte nur ein eigentlicher Wald- und Waldrandbewohner (BLAB & KUDRNA 1982, ALBRECHT et al. 1986) erfasst werden. Die um 1920 im Bereich des Borsumer Passes entstandene Sammlung von HENKE weist aus dieser Gruppierung als Besonderheiten den Großen Fuchs (*Nymphalis polychloros*) und den Trauermantel (*Nymphalis antiopa*) auf. Diese Arten benötigen trockenwarme und pflanzenfreie Hochwaldgrenzlinien zum Patrouillieren (ALBRECHT et al. 1986) sowie Weiden und Ulmen bzw. Birken in Randlagenbereichen als Raupenfraßpflanzen. Neben dem jahreszeitlich unterschiedlichen Blütenbesuch (im Frühjahr z.B. Sal-Weiden und Schlehen, EBERT & RENNWALD 1991) saugen beide Falter an blutenden Bäumen und an feuchten Bodenstellen.

Während der Große Fuchs in unserer Region nicht mehr vorkommt, kann der Trauermantel durchaus noch vereinzelt, aber sehr selten beobachtet werden (z.B. im Verlauf der letzten 10 Jahre einmal im Bereich des Galgenberges und einmal im Hildesheimer Wald bei Hackenstedt durch den Verfasser).

Männchen des Aurorafalters mit seinen orangefarbenen Flecken auf den Flügeloberseiten

Der verschollene Kleine Eisvogel wurde 1963 noch in der Umgebung von Borsum beobachtet

2. Vermisst werden die folgenden, früher im Untersuchungsgebiet fliegenden Arten, die man im Hildesheimer Bergland und seinen Randbereichen auch heute noch beobachten kann:
– als Waldbewohner der Kaisermantel (*Argynnis paphia*): regelmäßig und durchaus zahlreich
– als Waldmantelbewohner der Kleine Eisvogel (*Limenitis camilla*): lokal und selten
– als Waldmantelbewohner der C-Falter (*Polygonia c-album*) und das Landkärtchen (*Araschnia levana*): regelmäßig in geringer Zahl
– als Bewohner trockenwarmer Übergangsbereiche der Mattscheckige Dickkopffalter (*Thymelicus acteon*): selten

3. Selbst wenig anspruchsvolle Arten des Offenlandes, für die entsprechend strukturierte Waldrandbereiche als Ersatz- bzw. Rückzugsgebiete dienen können, kommen in außerordentlich geringer Individuenzahl vor wie das Ochsenauge (*Maniola jurtina*) und der Schornsteinfeger (*Aphantopus hyperanthus*) oder fehlen ganz bzw. konnten nicht erfasst werden wie das Schachbrett (*Melanargia galathea*), der Gemeine Bläuling (*Polyommatus icarus*), das Kleine Wiesenvögelchen (*Coenonympha pamphilus*) und der Kleine Feuerfalter (*Lycaena phlaea*s).

Zusammenfassend muss die Tendenz einer massiven Verarmung des Tagfalterspektrums betont werden, die mit einer Artenverschiebung zugunsten kaum spezialisierter, häufiger Schmetterlinge und der Abnahme selbst wenig anspruchsvoller, aber auf extensive Strukturen angewiesener Arten verbunden ist.

Mögliche Gründe für die Verarmung der Schmetterlingsfauna

Präzise Gründe für das Verschwinden oder den massiven Rückgang einzelner seltener und bedrohter Arten lassen sich bei den meist komplexen und schwer zu definierenden Habitatansprüchen wie Blütenangebot, Verfügbarkeit von Futterpflanzen und speziellen mikroklimatischen Bedingungen nur schwer angeben. Dazu fehlen in der Regel genauere Kenntnisse über die längere Populationsentwicklung einzelner Arten in bestimmten Gebieten. Dagegen werden in der Fachliteratur allgemeingültige Gründe angeführt (BLAB & KUDRNA 1982), die auf landwirtschaftlichen Intensivierungsmaßnahmen beruhen und das nähere und weitere Umfeld der untersuchten Waldgebiete massiv verändert haben:
– Intensivierung des Grünlandes
– Umbruch von Grünland in Ackerflächen
– Trockenlegung feuchter Gebiete
– Beseitigung von Kleinstrukturen wie Hecken u. Wegraine
– Flurbereinigungsmaßnahmen
– Eutrophierung und Schadstoffimmissionen (Einsatz von Pflanzenschutzmitteln)
– Nivellierung und Verarmung der Vegetationsstrukturen
– Isolierung und Verinselung einzelner Lebensräume

Betrachtet man die Strukturen der untersuchten Waldgebiete selbst, so lassen sich spezifische Auffälligkeiten bzw. Defizite feststellen (ALBRECHT et al. 1986):
– Die Waldgebiete grenzen meistens unmittelbar an intensiv bewirtschaftete Landwirtschaftsflächen, die oft nur durch geteerte, geschotterte oder befestigte Wege getrennt sind.
– Die Waldränder weisen wenig blütenreiche, vorrangig nitrophil bestimmte Pflanzengesellschaften auf.
– Es fehlen extensiv genutzte Saumzonen. Ausnahmen bilden hier teilweise die an den Kanal bzw. an den alten Bahndamm grenzenden Waldstücke.
– Es fehlen weitestgehend – schon wegen der geringen Größe der Waldgebiete – breitere Waldwege mit blütenreicher Randflora und unterschiedlichen Licht- und Feuchtigkeitsverhältnissen.

Möglichkeiten zur Verbesserung der Lebensbedingungen von Tagfaltern

– Verbesserung der Waldrandstrukturen durch Schaffung von Pufferzonen extensiv genutzter Grünlandflächen und Brachen zumindest in Teilbereichen
– Verbesserung des Blütenangebots in Teilbereichen der an Waldflächen angrenzenden Kanalböschungen, vor allem durch Verhinderung einer fortschreitenden Verbuschung
– Verbesserung der Feldrandstrukturen durch ein Randstreifenprogramm
– Schaffung bzw. Erweiterung von Randstreifen an kleinen Gewässerläufen im näheren Umfeld
– Schaffung und Erhalt von Weichholzbereichen am Rande von Altholzbeständen

Es ist erforderlich, durch fortlaufende Beobachtungen zu überprüfen, ob durch den Nachweis weiterer Arten die festgestellte Verarmung des Artenspektrums wenigstens begrenzt behoben werden kann und sich die vorgeschlagenen Verbesserungsmaßnahmen positiv auswirken.

Struktur- und blütenreiche Waldsäume bieten vielen Tagfalterarten günstige Lebensbedingungen

Bodenbewohnende Spinnen und Weberknechte im Borsumer Holz

von Alexander Sührig

Einleitung

Webspinnen (im Folgenden Spinnen genannt) und Weberknechte sind in Deutschland mit 1.004 bzw. 49 Arten vertreten (BLICK & KOMPOSCH 2004, BLICK et al. 2004). Für Niedersachsen liegen nur Angaben zu den Spinnen vor; es wurden bisher 675 Arten nachgewiesen (FINCH 2004). Neben Spinnen und Weberknechten (vgl. SÜHRIG 2004) gehören auch Skorpione, Pseudoskorpione und Milben zur Gruppe der Spinnentiere.

Auf Landschaftsebene hat eine Vielzahl von unterschiedlichen Lebensräumen in der Regel auch eine hohe Artenmannigfaltigkeit (Diversität) der Fauna zur Folge. In der Hildesheimer und Kalenberger Börde tragen damit u.a. Waldreste, wie z.B. das Borsumer Holz, und feuchte Senken, wie z.B. das Naturschutzgebiet „Entenfang", mit ihren typischen Artengemeinschaften erheblich zur Artenmannigfaltigkeit bei. Innerhalb eines Lebensraums wiederum kann eine hohe strukturelle Heterogenität für eine hohe Diversität bestimmter Tiergruppen (z.B. Spinnen) verantwortlich sein. Aus diesem Grund zählen vertikal und horizontal reich strukturierte Wälder zu den artenreichsten Lebensräumen überhaupt. Insbesondere für netzbauende Spinnen ist die physikalische Umwelt von großer Bedeutung, da sie auf Netzanheftungspunkte angewiesen sind.

Arachnologisch gut untersuchte Lebensräume sind in Süd-Niedersachsen vor allem in den Regionen Göttingen und Osnabrück Wälder, Äcker und mit Einschränkung auch Moore, die nur im Harz in nennenswertem Umfang untersucht wurden. Andere Lebensräume, wie z.B. Grünland, Gewässer, Trockenlebensräume, Abbaustellen und Urbanbiotope, wurden dagegen kaum studiert (FINCH 2001). Die Untersuchungen im Borsumer Holz und im „Entenfang" sollen vorhandene Lücken schließen helfen.

Die Bodenfauna wurde im südlichsten Teil des Borsumer Holzes zwischen dem 28.03. und 05.12.2004 mit sechs Bodenfallen erfasst, die mehrere Meter voneinander entfernt waren. Beim Aufstellen der Bodenfallen wurde darauf geachtet, dass in dem untersuchten Ausschnitt des Borsumer Holzes möglichst unterschiedliche Mikrohabitate beprobt wurden. Freundlicherweise überließ mir Herr Dipl.-Biol. LUDGER SCHMIDT außerdem die Spinnen und Weberknechte aus mehreren an Ästen aufgehängten Fensterfallen zur Auswertung, die im Rahmen seiner Untersuchungen über die Käfer im Borsumer Holz anfielen.

Spinnen

Mit **Bodenfallen** wurden im Borsumer Holz 839 adulte Spinnen gefangen, die sich auf 40 Arten aus elf Familien

Die Baldachinspinne Tapinopa longidens kommt an besonnten Waldrändern vor

verteilen (vgl. Tabelle im Anhang). Dabei stellen die Zwerg- und Baldachinspinnen (im Folgenden Baldachinspinnen genannt) mit Abstand den höchsten Anteil an der Gesamtarten- (70.0%) und Gesamtindividuenzahl (75.3%) (Tab. 1). Die übrigen Familien sind jeweils nur mit einer oder zwei Arten vertreten. Höhere Anteile an der Gesamtindividuenzahl haben mit 12.4 bzw. 5.7% nur noch die Familien Finster- (Gattung *Coelotes*) und Wolfspinnen (Gattung *Trochosa*).

Von den 40 nachgewiesenen Spinnenarten sind zwei Vertreter aus der Familie Baldachinspinnen in Niedersachsen stark gefährdet (*Centromerus serratus*) bzw. gefährdet (*Porrhomma lativelum*) (FINCH 2004). *Centromerus serratus* gilt als Art des Berg- und Hügellands, die im norddeutschen Flachland nicht vorkommt (FINCH & KREUELS 2001, FINCH 2004).

Mit **Fensterfallen** wurden im Borsumer Holz elf Spinnenarten aus neun Familien nachgewiesen, darunter auch die Familien Radnetz-, Zart- und Laufspinnen, deren Nachweis mit Bodenfallen nicht gelang. Den Erwartungen entsprechend bewohnen fast alle festgestellten Arten auch oder ausschließlich höhere Straten (Vegetationsschichten) und kommen zumindest bis in die Strauchschicht, viele sogar bis in höhere Baumregionen vor. Die folgenden acht Arten wur-

Tab. 1: Anteile der im Borsumer Holz mit Bodenfallen nachgewiesenen Spinnenfamilien an der Gesamtarten- und Gesamtindividuenzahl.

Familie	Arten	[%]	Ind.	[%]
Spinnenfresser	1	2.5	3	0.4
Kugelspinnen	2	5.0	10	1.2
Baldachinspinnen	28	70.0	632	75.3
Streckerspinnen	1	2.5	2	0.2
Wolfspinnen	1	2.5	48	5.7
Trichterspinnen	1	2.5	1	0.1
Kräuselspinnen	1	2.5	4	0.5
Finsterspinnen	1	2.5	104	12.4
Feldspinnen	1	2.5	14	1.7
Sackspinnen	2	5.0	6	0.7
Krabbenspinnen	1	2.5	15	1.8
Σ	40	100.0	839	100.0

Die Finsterspinne Coelotes terrestris betreibt Brutpflege, indem sie ihre Jungen bewacht und auch füttert

den im Borsumer Holz nur mit Fensterfallen nachgewiesen: *Theridion mystaceum, Theridion varians, Lepthyphantes minutus, Araneus diadematus, Tegenaria ferruginea, Anyphaena accentuata, Clubiona corticalis* und *Philodromus dispar*. Mit Boden- und Fensterfallen sowie per Sichtbeobachtung (*Pisaura mirabilis*) konnten im Borsumer Holz bisher insgesamt 49 Spinnenarten festgestellt werden.

Im Folgenden wie auch im Kapitel über die Spinnentiere im Naturschutzgebiet „Entenfang" werden die **Spinnengemeinschaften** (nur Fänge aus Bodenfallen) anhand der Verteilung der Arten (n = 40 bzw. n = 69) auf die Ausprägungen von vier ökologischen Kenngrößen charakterisiert. Grundlage dafür war eine biologische und ökologische Charakterisierung der festgestellten Arten überwiegend nach PLATEN & BROEN (2002).

Körpergröße

Die meisten der im Borsumer Holz nachgewiesenen Spinnenarten haben eine Körperlänge von 2 bis 4.9mm (kleine Arten; 62.5%). An zweiter bzw. dritter Stelle folgen sehr kleine (unter 2mm; 17.5%) und mittelgroße Arten (5 bis 9.9mm; 15.0%). Große Arten (10 bis 14.9mm) sind nur mit einem Anteil von 5.0% vertreten.

Lebensweise

Aufgrund ihrer unterschiedlichen Jagdstrategien können Spinnen in zwei Großgilden aufgeteilt werden: in netzbauende und freijagende Spinnen. Von den 40 mit Bodenfallen gefangenen Spinnenarten sind 34 netzbauend und sechs freijagend. Unter den Familien, deren Vertreter Netze bauen,

stellen die Baldachinspinnen die meisten Arten (28). Es folgen die Kugelspinnen mit zwei und die Strecker- (Gattung *Metellina*), Trichter-, Kräusel- und Finsterspinnen mit nur jeweils einer Art. Unter den Familien, deren Vertreter frei jagen, sind die Sackspinnen mit zwei und die Spinnenfresser, Wolf-, Feld- und Krabbenspinnen mit nur jeweils einer Art vertreten.

Ökologischer Typ

Den Erwartungen entsprechend bevorzugen die meisten Arten bewaldete Standorte (67.5%). Solche, die in Wäldern und in Offenlandhabitaten anzutreffen sind, stellen 20.0% der Arten, und auch Bewohner unbewaldeter Standorte kommen vor (12.5%).

Wird die Biotopbindung der einzelnen Arten differenzierter betrachtet, dann haben Arten trockenerer Laub- und Nadelwälder (35.0%) und solche, die in Edellaubwäldern vorkommen (27.5%), die höchsten Anteile. Es folgen Arten, die sowohl trockenere Laub- und Nadelwälder als auch trockenere Freiflächen (10.0%) besiedeln, Bewohner mittelfeuchter Wälder oder mittelfeuchter Freiflächen (7.5%), überwiegend xerophile Freiflächenarten (7.5%) sowie drei weitere Artengruppen, die aber jeweils nur sehr geringe Anteile stellen. Sämtliche Arten mit „Spezialanpassungen" (n = 3) sind arborikol, d.h. sie leben auf Bäumen.

Stratum

Arten, die auf der Erdoberfläche bzw. in der Streu oder unter Steinen und liegendem Totholz leben, machen erwartungsgemäß den Hauptanteil aus (50.0%). Größere Anteile entfallen noch auf solche, die auch bis in die Kraut- (20.0%) oder Strauchschicht (15.0%) vorkommen. Arten, die auch höhere Baumregionen, wie z.B. den Kronenbereich besiedeln, haben einen Anteil von 10.0%. Lediglich 5.0% der Arten bewohnen die Krautschicht und höhere Straten und wurden daher mit Bodenfallen eher zufällig erfasst.

Typische Bewohner der **Streuschicht geschlossener Wälder** wie des Borsumer Holzes sind zum einen die kleinen bis sehr kleinen, sehr arten- und individuenreichen (Siedlungsdichte) Baldachinspinnen und zum anderen die großen bis sehr großen, sehr individuenreichen (Aktivitätsdichte) Finsterspinnen, die aber nur geringe Siedlungsdichten haben. Unter „Siedlungsdichte" wird die Anzahl von Organismen in Bezug auf eine Flächen- oder Raumeinheit verstanden und unter „Aktivitätsdichte" die Zahl der Individuen, die in einer bestimmten Zeit über eine bestimmte Linie laufen (SCHAEFER 2003). Baldachinspinnen weben kleine, z.T. reduzierte Deckennetze und Finsterspinnen Röhren, die in ein Fadengeflecht mit Fangwolle übergehen. Gegenüber netzbauenden haben freijagende Arten in geschlossenen Wäldern nur geringe Anteile an den Gesamtarten- und Gesamtindividuenzahlen. Lediglich in lückigen und/oder stärker südlich exponierten Beständen können Wolfspinnen (überwiegend tagaktive Jäger), aber auch andere Familien, deren Vertreter frei jagen, höhere Individuendichten erreichen.

Die Trichterspinne Textrix denticulata baut zwischen Moos ein unscheinbares Trichternetz, läuft aber auch oft frei umher

Aufgrund der auffälligen Kokonform wird die Feldspinne Agroeca brunnea auch als „Feenlämpchenspinne" bezeichnet

Tab. 2: Anteile der im Borsumer Holz mit Bodenfallen nachgewiesenen Weberknechtfamilien an der Gesamtarten- und Gesamtindividuenzahl.

Familie	Arten	[%]	Ind.	[%]
Fadenkanker	1	12.5	42	16.8
Brettkanker	2	25.0	100	40.0
Echte Weberknechte	5	62.5	108	43.2
Σ	8	100.0	250	100.0

Weberknechte

Weberknechte kommen in fast allen terrestrischen Lebensräumen vor. Hinsichtlich ihrer Vertikalverteilung unterscheidet PFEIFER (1956) insgesamt vier Gruppen:
- Bewohner des Bodens (in der vorliegenden Untersuchung die Vertreter aus den Familien Faden- und Brettkanker)
- Bewohner der Krautschicht
- Bewohner der Sträucher und Gebüsche
- Bewohner der Bäume

Bewohner höherer Straten gehören in der europäischen Weberknechtfauna ausschließlich den Echten Weberknechten an. Bei vielen ihrer Vertreter besiedeln erst spätere Entwicklungsstadien höhere Straten.

Mit **Bodenfallen** wurden im Borsumer Holz 250 adulte Weberknechte gefangen, die sich auf zehn Arten aus drei Familien verteilen (vgl. Tabelle S. 280). Dabei stellen die Echten Weberknechte mit Abstand den höchsten Anteil an der Gesamtartenzahl (62.5%) und die Echten Weberknechte und Brettkanker mit 43.2 bzw. 40.0% die höchsten Anteile an der Gesamtindividuenzahl (Tab. 2).

Von den zehn nachgewiesenen Weberknechtarten ist *Nemastoma dentigerum* (conf. THEO BLICK) aus der Familie Fadenkanker bundesweit gefährdet, während *Trogulus closanicus* aus der Familie Brettkanker bundesweit in die Rubrik „Daten defizitär" eingeordnet wird (BLISS et al. 1998).

Nach MARTENS (1978) besitzt *Nemastoma dentigerum*, abgesehen von einem geschlossenen Areal im zentralen Mittelmeer-Gebiet, nördlich der Alpen nur „reliktäre Arealsplitter". Bei dem Fundort im Borsumer Holz handelt es sich nach STAUDT et al. (2005) um einen der nördlichsten Nachweise in Deutschland. Die Art kommt nördlich der Alpen in offenem parkartigen, aber auch in gänzlich unbeschattetem Gelände vor. Die Biotopbindung im Landkreis Hildesheim passt in dieses Bild: *Nemastoma dentigerum* wurde auch im „Entenfang" nachgewiesen. Damit wird die überregionale Bedeutung der untersuchten Lebensräume aus arachnologischer Sicht deutlich unterstrichen.

Mit **Fensterfallen** wurden im Borsumer Holz zwei Vertreter aus der Familie Echte Weberknechte (*Platybunus pinetorum, Rilaena triangularis*) gefangen, die auch mit Bodenfallen nachgewiesen wurden. Bemerkenswert ist, dass von *Platybunus pinetorum* nur Weibchen gefangen wurden. MARTENS (1978) zufolge kann sich diese Art in manchen Populationen ausschließlich parthenogenetisch fortpflanzen, d.h. die Nachkommen entstehen eingeschlechtlich aus unbefruchteten Eiern.

Schlussbetrachtung

Im Borsumer Holz wurde bei relativ geringer Untersuchungsintensität mit 49 Spinnenarten, darunter zwei Rote-Liste-Arten, nur eine relativ niedrige Artenzahl festgestellt; es ist mit einer weitaus höheren Zahl an Spinnenarten zu rechnen. So wurden z.B. im Nationalpark „Hainich" in Thüringen, dem größten zusammenhängenden Laubwaldgebiet Deutschlands, mit mehreren Erfassungsmethoden bisher 208 Spinnenarten nachgewiesen (FREISTAAT THÜRINGEN 2005).

Eines der Ziele moderner waldbaulicher Strategien ist die Erhöhung der Artenmannigfaltigkeit als ein Kennzeichen nachhaltiger Waldwirtschaft. In der Konsequenz sollten moderne waldbauliche Strategien zum Aufbau strukturreicher und naturnaher Wälder führen. Die Pflanzengesellschaften des Borsumer Holzes, die sich durch einen großen Strukturreichtum auszeichnen, besitzen einen naturnahen Charakter und sind deshalb auch aus arachnologischer Sicht für den Naturschutz besonders wertvoll.

Ein Weberknecht mit auffälligem Habitus: der Brettkanker Trogulus tricarinatus

Das unscheinbare, oft mit Kot und Substrat verkrustete Gehäuse der Stacheligen Streuschnecke ist mit regelmäßig angeordneten scharfen Hautrippchen besetzt, die zu stachelartigen Spitzen verlängert sind. Die Schnecke lebt in der Laubstreu des Waldbodens – besonders häufig an Buchenlaub, das man allerdings mit scharfem Blick durchsuchen muß, um sie zu entdecken

Landschnecken in Waldresten und Feldgehölzen

von Karsten Lill

Mit Bördelandschaften verbindet man vor allem fruchtbare, schwarze Böden. Die intensive Landwirtschaft hat in der flurbereinigten Börde zu großen Acker-Nutzflächen geführt, was mit der Existenz von Wäldern und Feldgehölzen zunächst unvereinbar erscheint. Hier lohnt sich wie immer der Blick auf die topographische Karte: Wald und Feldgehölze sind immer wieder als grüne Inseln mit Flächenausdehnungen zwischen weniger als 1.000 m² bis hin zu mehr als 100 ha in die ansonsten fast baumlose Landschaft eingestreut. Nach den neolithischen, bronzezeitlichen und mittelalterlichen Rodungsphasen sind von der ursprünglichen Bedeckung durch Eichen-Hainbuchen-Mischwälder lediglich inselartige Reste übrig geblieben. Unter Berücksichtigung der waldgeschichtlichen Entwicklung (vgl. S. 147) kommt den Waldresten und den von der Landwirtschaft verschonten Feldgehölzen eine große Bedeutung für die Fauna und Flora dieses Landschaftsraumes zu.

Die Auswertung der Landschneckenfauna erfolgte für diesen Beitrag anhand von Beobachtungen aus den Eichen- und Buchenbeständen Borsumer Holz (75 ha), Saubecksholz und Hollenmeerholz (> 100 ha) um Harsum, Wehmholz bei Heisede (18 ha), Hasselholz bei Bledeln (2 ha) und Berelries bei Berel. Für die untersuchten Feldgehölze sind Holunder, Weißdorn, Esche, Ahorn, Pappel und Weide charakteristisch.

Bis auf eine Ausnahme fällt bei allen untersuchten Standorten eine, einzeln betrachtet, gewisse Artenarmut (maximal 26, oft nur 12 - 17, in kleinen Gehölzen meist < 10) und vor allem aber Individuenarmut der Schneckenfauna auf. Lediglich im Wehmholz östlich von Heisede, das vom Untergrund her wesentlich frischer und feuchter ist, tritt dem Beobachter der Schneckenreichtum bei passendem Wetter unübersehbar entgegen. In den anderen genannten Gebieten muß man, subjektiv betrachtet, viel intensiver nachforschen.

In den Wäldern und Feldgehölzen der Hildesheimer Börde wurden unter feuchtem Totholz, alten Rinden, an grün veralgten Stämmen und modernden Stümpfen, unter Laub und Moos sowie an Pilzen, die bevorzugte Nahrungsquelle fast aller Nacktschnecken sind, insgesamt 47 Landschneckenarten nachgewiesen. Das Spektrum der ökologischen Ansprüche der vorkommenden Arten ist wegen der

Die Glatte Schließmundschnecke lebt vor allem an Baumstämmen der Bördewälder. Saures Regenwasser, das bei starkem Niederschlag an den Stämmen herunterrinnt, setzt die Gehäuse der Tiere mit der Zeit einer erheblichen Verätzung aus. Dies ist bei dem unteren Tier gut zu sehen

schnegel (*Malacolimax tenellus*), Wurmschnegel (*Boettgerilla pallens*) sowie alle in der Artenliste aufgeführten acht Wegschnecken (*Arionidae*).

Aus Platzgründen werden etliche weitere Schnecken, die auch im oder am Wald zu finden sind, nicht hier, sondern nur in der Tabelle im hinteren Teil des Buches (vgl. S. 282) genannt. Hierbei handelt es sich z. B. um solche mit mesophilen und Offenlandansprüchen, die in den Randbereichen der Wälder leben und über die Raine und Wegränder auch in Biotopen vorkommen, die in diesem Buch in einem gesonderten Beitrag erwähnt werden (vgl. S. 118).

An hygrophilen Arten oder solchen, die nasse Stellen und Grabenränder bevorzugen, finden sich in den Wäldern z. B. die beiden Zwerghornschnecken (*Carychium minimum, C. tridentatum*), Zahnlose Windelschnecke (*Columella edentula*), Glänzende Dolchschnecke (*Zonitoides nitidus*) und Wasserschnegel (*Deroceras laeve*).

Ein Blick auf die Artenliste zeigt, dass unter den (mesophilen) Waldarten ein hoher Anteil an Nacktschnecken ist: Insgesamt sind 15, also etwa 1/3 aller Landschnecken in den Wäldern und Feldgehölzen der Börde Weichtiere, die in den Biotopen ohne das schützende Kalkgehäuse auskommen und sehr erfolgreich zur Zersetzung von Totholz und Laubstreu sowie zur Auflockerung des Bodens beitragen. Nacktschnecken leisten nicht zuletzt auch wegen ihrer oft erheblichen Körpergröße und Aktivität einen großen Beitrag zur Bodenbildung.

Bemerkenswert sind vor allem einige Vertreter der Wegschnecken (*Arionidae*): Die Graue Wegschnecke (*Arion circumscriptus*), weil sie ein recht seltener Einzelgänger ist und gerade hier in unserem Gebiet in Bezug auf die äußeren (schwarze Fleckung auf grauem Grund) und genitalanatomischen Merkmale sehr gut mit den für die Art beschriebenen, gebietsweise variierenden Kennzeichen übereinstimmt.

Vielfalt der Biotope - bei den Wäldern wurden auch die lichten Ränder und Naßstellen mit einbezogen - recht breit: Schnecken, die ausschließlich oder fakultativ Waldstandorte bevorzugen, sind mit etwa 55 % am häufigsten vertreten. Die vergleichsweise toleranten mesophilen Arten erreichen, nicht ungewöhnlich für die stark anthropogen geformte Kulturlandschaft, ebenfalls einen hohen Anteil von etwa 30 % an der Fauna. Mit etwa 15 % sind zu jeweils gleichen Teilen noch Offenland liebende Schnecken, hygrophile Arten und solche, die nasse Wiesen und Gewässerränder bevorzugen, vertreten.

Typische Beispiele der Schneckenfauna in den Bördewäldern sind die Stachelige Streuschnecke (*Acanthinula aculeata*), Kleine Vielfraßschnecke (*Merdigera obscura*), Zweizähnige Schließmundschnecke (*Clausilia bidentata*), Glatte Schließmundschnecke (*Cochlodina laminata*), Helles Kegelchen (*Euconulus fulvus*), Rötliche Glanzschnecke (*Aegopinella nitidula*), Kleine Glanzschnecke (*A. pura*), Streifenglanzschnecke (*Perpolita hammonis*), Baumschnegel (*Lehmannia marginata*), Schwarzer Schnegel (*Limax cinereoniger*), Pilz-

Diese Gegenlichtaufnahme zeigt die leuchtend orangegelbe Farbe des Pilzschnegels, der besonders während der herbstlichen Pilzsaison zuverlässig an zerfressenen Fruchtkörpern der Waldpilze gefunden werden kann

Der Schwarze Schnegel wird bis etwa 20 cm lang und ist damit eine der größten einheimischen Nacktschnecken. Gut sichtbar ist der Mantelschild des Tieres, dessen feine Runzelung an das Muster eines Fingerabdrucks erinnert

Weiterhin verdient die Rote Wegschnecke (*Arion rufus*) besondere Erwähnung, weil sie – von Süden her betrachtet – in der Börde erstmals (und weiter nördlich in Niedersachsen dann regelmäßig) auch in der pechschwarzen Variante („*ater*") auftritt. Die niedersächsischen schwarzen Formen der Roten („*sic*") Wegschnecke stiften regelmäßig Verwirrung, weil sie äußerlich nur schwer oder gar nicht und genitalanatomisch auch nicht ohne weiteres von der echten Schwarzen Wegschnecke (*A. ater*) aus z. B. Schleswig-Holstein unterschieden werden können. Es gibt hier viele Falschmeldungen und kontroverse Auffassungen; in diesem Beitrag soll nur darauf hingewiesen werden, dass in den niederen Lagen Hildesheims und in der vorgelagerten Börde schwarze „Formen" dieser großen Wegschnecke gefunden werden, die es wert sind, genauer betrachtet zu werden.

Wichtig ist auch der Habitus der sogenannten Braunen Wegschnecke (*Arion subfuscus*), die in den Bördewäldern etwas Besonderes ist und dort stellen- und zeitweise zahlreich vorkommt. Diese Schnecke gehört nach aktueller Auffassung zu einem Artenkomplex, dessen Beziehungen noch diskutiert werden. Das, was früher allgemein und umfassend als „*subfuscus*" bezeichnet wurde, heißt heute „*fuscus*" und hat seit Kurzem mehrere Verwandte in der Artgruppe. Wichtig für unser Niveau der Naturbeobachtung erscheint vor allem, dass auch im Hildesheimer Raum zwei Varianten oftmals nebeneinander vorkommen. Sie unterscheiden sich äußerlich sehr stark, anatomisch weniger eindeutig. Die häufigste Form (früher „*subfuscus*", heute wohl „*fuscus*") ist vergleichsweise klein und schlank, meist nur etwa 3 - 5 cm lang, in verschieden abgestuften rost- bis dunkelbraunen und auch orangebraunen Tönen gefärbt und seitlich gebändert. In einigen Gebieten, auch im Landkreis Hildesheim und hier besonders in den Bördewäldern (Borsumer Holz, Berelries, Saubecksholz) kommen aber auch Tiere vor, die vergleichsweise groß sind, fast die Länge und Dicke eines Zeigefingers erreichen, bei denen farblich sehr deutlich orange Farben oder helleres Braun überwiegen und die Bänderung fehlt. Diese Tiere artlich von den zuvor beschriebenen zu trennen, liegt nahe, ist aber trotzdem nicht einfach. Allen Varianten gemeinsam ist ein für alle Laien und Liebhaber leicht zu prüfendes Merkmal der Braunen Wegschnecke: Berührt man die Tiere mit etwas angefeuchtetem Finger z. B. am Rücken, so färbt sich der Körperschleim des irritierten Tieres am Finger kräftig orange. Nach diesem Merkmal konnte man früher, als „die Zeiten noch unkomplizierter" waren, die Tiere einfach und zuverlässig als „*subfuscus*" bestimmen.

Die orange Farbe beschäftigt uns gleich noch einmal bei der Garten-Bänderschnecke (*Cepaea hortensis*), die zwar so heißt, aber im Gegensatz zu ihrer größeren Schwester, der Hain-Bänderschnecke (*C. nemoralis*), eher nicht im Garten und in der Nähe menschlicher Siedlungen vorkommt, sondern in naturnäheren Biotopen und eben in Wäldern. Die deutsche Namengebung ist hier also etwas unglücklich gelaufen und könnte besser genau umgekehrt sein. Die Gehäuse beider Schnecken sind meist neben den überwiegend gelblichen Grundfarben intensiv schwarz gebändert. In Wäldern ist bei *Cepaea hortensis* häufig zu beobachten, dass dort die Populationen ungebändert sind und leuchtend orange Farben besitzen. Genau dies ist auch in den hier thematisierten Bördewäldern (z. B. im Borsumer Holz und im Wehmholz) der Fall.

Es lohnt sich also auch bei Waldspaziergängen, die Augen offen zu halten für beeindruckende Form- und Farbeindrücke, die die heimische Schneckenfauna trotz des allgemein hohen „Ekelfaktors" für unvoreingenommene Naturbeobachter bereithält.

Der blaßgräuliche, schlanke Wurmschnegel bewegt sich im Gegensatz zu anderen Nacktschnecken nicht mehr oder weniger geradlinig fort, sondern vielmehr schlängelnd. Die Tiere leben vorwiegend unterirdisch

Der Bruchgraben

Typisches Fliessgewässer der Hildesheimer Börde

von Maren Burgdorf

Die beiden Quellbäche des Bruchgrabens, die Dinklarer und Dingelber Klunkau entspringen am Südrand der Hildesheimer Börde im Vorholz bzw. im Nettlinger Rücken. Nördlich von Schellerten vereinigen sie sich zum Bruchgraben, der auf seinem etwa 20 km langen Weg bis zur Mündung in die Innerste bei Sarstedt eine Reihe kleinerer Wasserläufe aufnimmt (s. Karte). Das gesamte Einzugsgebiet des Bruchgrabens mit seinen Quellbächen und Nebengewässern umfasst eine Fläche von etwa 236 km².

In den 1980er Jahren machte der Bruchgraben Schlagzeilen als eines der durch kommunale, industrielle und landwirtschaftliche Abwässer am stärksten belasteten Fließgewässer Niedersachsens. Nach der aktuellen Gewässergütekarte aus dem Jahr 2000 hat sich die Wasserqualität immerhin von der damaligen Güteklasse III-IV (sehr stark verschmutzt) auf II bis III (kritisch belastet) etwas verbessert. Nach wie vor stark belastet sind die Nebengewässer Unsinnbach (Güteklasse III, stark verschmutzt) und der Alpebach-Oberlauf (Güteklasse III – IV, sehr stark verschmutzt).

Im Zuge der gravierenden Veränderungen in der Bruchgrabenniederung durch die Überführung der Auenbereiche in Ackerland wurden auch die Fließgewässer nahezu vollständig begradigt und naturfern ausgebaut. Naturnahe Abschnitte haben heute nur noch einen Anteil von weniger als 10% des gesamten Gewässersystems. Da auch fast alle Auenwälder, Sümpfe und Grünländer bis auf wenige Reste verloren gingen, kommt allen Maßnahmen zur Renaturierung und Wiederherstellung alter Auenstrukturen, wie sie von der Paul-Feindt-Stiftung in Zusammenarbeit mit öffentlichen und privaten Institutionen bereits durchgeführt wurden, eine besonders große Bedeutung zu.

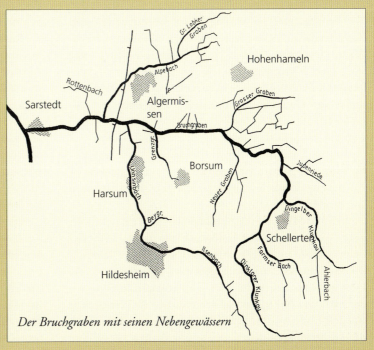

Der Bruchgraben mit seinen Nebengewässern

Hochwasser in der Bruchgrabenniederung bei Gödringen im März 1979

Gewässerunterhaltung – gestern und heute

von Jürgen Eberhardt

Die Bruchgrabenniederung ist seit Jahrhunderten altes Kulturland. Am Wasserlauf selbst, der noch stark mäandrierte und von Auenwäldern, Weidegebüschen und sumpfigen Wiesen umgeben war, gab es bereits im 16. Jahrhundert zahlreiche Mühlen. Überliefert sind u.a. die Gutsmühle von Dingelbe, die Ahstedter Mühle und die Prüßmühle bei Adlum. Regelmäßig uferten die Gewässer aus und überschwemmten weitflächig die Wiesen und Weiden, auf denen die Viehherden der überwiegend bäuerlichen Gemeinschaften grasten. Jahrhunderte lang orientierte sich die Nutzung des Überschwemmungsgebietes an den natürlichen Gegebenheiten.

Um die Mitte des 19. Jahrhunderts setzte eine grundlegende Veränderung der Landschaft ein, die sich in vier Etappen über rund 120 Jahre bis in die 1960er Jahre erstreckte. Mit den Verkoppelungen etwa ab 1850 wurde die Feldflur neu geordnet; für die Gewässerunterhaltung waren die jeweiligen Anlieger verantwortlich. Die Weidewirtschaft auf den hochwertigen Lößböden wurde allmählich durch die Zuckerrübe als neue Feldfrucht verdrängt. Dies führte schließlich zum vollständigen Grünlandumbruch zwischen Ahstedt und Sarstedt einschließlich der Bereiche an den Nebengewässern. Zuckerfabriken entstanden in Dingelbe, Dinklar, Schellerten, Clauen, Harsum und Algermissen. Mit dem gleichzeitigen Wachsen der Siedlungsdichte und der damit verbundenen Zunahme der kommunalen Abwässer änderte sich auch die Nutzung der Gewässer. Der Ackerbau wurde bis in die ufernahen Bereiche ausgedehnt, und die Überschwemmungen richteten immer wieder große Schäden an den Feldfluren an.

Rund 50 Jahre später löste die Gründung der „Entwässerungsgenossenschaft am Bruchgraben von Adlum bis Sarstedt" mit Sitz in Hildesheim, als Verordnung erlassen von Wilhelm I., König von Preußen am 22.8.1900 auf Schloss Wilhelmshöhe (Kassel), die Unterhaltung durch die Anlieger endgültig ab. Laut Statut setzte sich die Genossenschaft die Aufgabe, „den Ertrag der Grundstücke nach Maßgabe des Meliorationsplanes des Meliorationsbauinspektors RECKEN vom 1. Mai 1899 durch Entwässerung zu verbessern". In den Jahren 1900 -1903 wurden die ersten Vorflutverbesserungen durchgeführt.

Die Maßnahmen erfüllten jedoch nicht die Erwartungen. Zunehmende Hochwässerereignisse, zum Teil auch im Sommer, führten dazu, das nicht mehr vorhandene ursprüngliche Profil des Bruchgrabens in den Jahren 1932/33 nicht nur wiederherzustellen, sondern auch zu erweitern. Trotz aller Regulierungen führte die starke Zunahme der Bevölkerung sowie die zunehmende Dränung der Ackerflächen zu immer neuen Abflussverschärfungen.

Ackerbau im unmittelbaren Uferbereich

Die Entwässerungsgenossenschaft, die im November 1956 auf Grund der Wasserverbandsordnung vom 3.9.1937 in einen Wasserverband umgebildet wurde, hatte sich in den Jahren zuvor bemüht, die Anlagen ordnungsgemäß zu unterhalten.

Die ausufernden Hochwässer, die in erheblichem Maße abgeschwemmte Bodenmassen mit sich führten, machten es unvermeidbar, dass ab den Jahren 1958/59 die größten Ausbaumaßnahmen, die jemals am Bruchgraben durchgeführt wurden, nach einem Entwurf des Wasserwirtschaftsamtes Hildesheim anliefen.

Nachdem der Bruchgraben von Sarstedt bis zur Gemarkungsgrenze Neu Ödelum-Ahstedt mit großem Erfolg ausgebaut wurde, war es wasserwirtschaftlich folgerichtig und notwendig, den an die ausgebaute Strecke des Bruchgrabens anschließenden Oberlauf bis zur Ahstedter Mühle zu regulieren. Die Ortschaften Ahstedt/Garmissen und Adlum wurden bei Hochwasser immer wieder überflutet. Die Ländereien hatten während der Wachstumsperiode und infolge mangelnder Vorflut unter ständiger Nässe zu leiden. Diese Regulierung erfolgte in den Jahren 1964/65. Der Ausbau begann an der Ahstedter Mühle mit einigen Durchstichen der teilweise gegenläufigen Krümmungen oberhalb des Sportplatzes. Dabei wurde auch der Stau der Garmissener Mühle beseitigt und durch Sohlabstürze ersetzt. Das Profil erhielt eine Sohlbreite von 1,50 m und eine Böschungsneigung von 1:2.

Der Bruchgraben konnte nun ein Sommerhochwasser (SHW) von 100l/s/km² schadlos abführen. Größere Hochwasser uferten aber nach wie vor aus. Da das Gefälle der angrenzenden Flächen sehr gering ist und diese teilweise tiefer als die Ufer des Bruchgrabens liegen, blieb das Oberflächenwasser in regenreichen Zeiten sowie das ausgeuferte Hochwasser wochenlang stehen, was zu Totalschäden in der Ernte führte. Deshalb wurde parallel zu den laufenden Ausbaumaßnahmen in den Jahren 1960 - 1962 in drei Abschnitten eine Binnenentwässerung durchgeführt. Dabei wurden ca. 21 km Gräben ausgebaut und ca. 400 ha Ackerfläche dräniert.

Die wasserwirtschaftlichen Ausbau- und Unterhaltungsmaßnahmen, die abnehmende Belastung der Gewässer mit Abwasser sowie die intensive landwirtschaftliche Nutzung brachten den Menschen in den Bördedörfern erhebliche Vorteile. Die Lebensbedingungen für viele Pflanzen- und

Überflutungen in Adlum am 15. 1. 1965

Überflutungen in Ahstedt / Garmissen am 7. 2. 1966

Mähboot im Einsatz 1965

Tierarten wurden dagegen bis auf kleine Bereiche stark eingeschränkt. In den 1960er Jahren setzte deshalb eine Besinnung auf eine naturnahe Entwicklung der Umwelt, einschließlich der Gewässerbewirtschaftung ein, zu der auch eine Verschärfung der gesetzlichen Vorgaben beitrug und ein Umdenken förderte. Dieses Umdenken änderte auch die Gewässerunterhaltung in der technischen Ausführung. Die Gewässer wurden bis dahin ohne Rücksicht auf Jahreszeiten und Schonfristen gemäht. Das Ausräumen der Gewässerprofile in voller Breite erfolgte durch ein Mähboot. Dabei wurden mehrere an einer Kette befindliche Messer durch einen Exzenter am Mähboot hin und her bewegt, die im gesamten Profil den Pflanzenbewuchs abschnitten, egal ob Röhricht oder andere Wasserpflanzen. Auf diese Weise kam es auch zur Zerstörung von Unterwasserbiotopen, die den Wasserabfluss kaum behinderten. Hinsichtlich einer schonenden Gewässerunterhaltung wurden auch die technischen Geräte verbessert. An Stelle des Mähbootes traten Mähkörbe an geländegängigen Geräteträgern, ähnlich den landwirtschaftlichen Zugmaschinen. Ein Mähmesser an der Vorderkante einer korbförmigen Schaufel schneidet den Pflanzenbewuchs im Gewässerprofil ab. Das Mähgut wird mittels der Fangvorrichtung der Schaufel aus dem Gewässer gehoben und seitlich abgelegt. Somit ist eine punktgenaue Mäharbeit möglich, ohne gleich das ganze Profil auszuräumen.

Durch diese Beweglichkeit der selbstfahrenden Maschinen ist auch der zeitliche Ablauf besser zu planen. Die

Mäharbeiten am Bruchgraben bei Klein Förste 2001

verbesserte Mähtechnik ermöglicht außerdem eine kürzere Gesamtmähzeit innerhalb des Jahres und somit eine geringere Störung der Natur.

Das Wasserhaushaltsgesetz (WHG) des Bundes von 1957 sah die Möglichkeit vor, dass nicht nur die Anlieger, sondern alle Eigentümer im Einzugsgebiet zur Unterhaltung der Gewässer herangezogen werden konnten. Diese Möglichkeit nutzte das Land Niedersachsen in seinem Wassergesetz (NWG) von 1960 und legte in §97 fest: „ Die Pflicht zur Unterhaltung ist eine öffentlich-rechtliche Verbindlichkeit".

Das Wassergesetz teilt die oberirdischen Gewässer nach ihrer wasserwirtschaftlichen Bedeutung in drei Ordnungen ein.

Gewässer erster Ordnung sind wegen ihrer erheblichen Bedeutung für die Wasserwirtschaft die Binnenwasserstraßen im Sinne des Bundeswasserstraßengesetzes. Die Unterhaltung obliegt dem Eigentümer, in der Regel dem Bund und den Ländern.

Gewässer zweiter Ordnung sind alle Gewässer, die wegen ihrer überörtlichen Bedeutung für das Gebiet eines Unterhaltungsverbandes in einem Verzeichnis aufgeführt sind, das die obere Wasserbehörde als Verordnung aufstellt. Die Unterhaltung obliegt den in dem Verzeichnis genannten Wasser- und Bodenverbänden (Unterhaltungsverbänden) unabhängig vom Eigentum.

Gewässer dritter Ordnung sind diejenigen oberirdischen Gewässer, die nicht der ersten oder zweiten Ordnung angehören. Die Unterhaltung obliegt Eigentümern, Anliegern, Verbänden oder Gemeinden.

Nach der Verordnung der oberen Wasserbehörde wurde der Bruchgraben einschließlich seiner Nebengewässer als ein Gewässer zweiter Ordnung eingestuft. Die Unterhaltung wurde dem neu gegründeten Unterhaltungsverband „Untere Innerste" übertragen. Der Umfang der Unterhaltung eines Gewässers umfasst die Erhaltung des Ausbauzustandes für den ordnungsgemäßen Wasserabfluss unter Berücksichtigung der landschaftlichen Gegebenheiten sowie des Erhalts der Tier- und Pflanzenwelt. Regulierungen und Ausbau, d.h. wesentliche Umgestaltungen eines Gewässers sind von nun an genehmigungspflichtig und bedürfen einer Plangenehmigung bzw. Planfeststellung. Unterhaltungsmaßnahmen sind dagegen weder genehmigungs- noch anzeigepflichtig. Fischerei- und Naturschutzbelange sind allerdings zu beachten. Hier stellt das Wasserrecht eine Art Sonderrecht dar, das vielen Naturschützern noch immer einige Probleme bereitet.

Die neuen gesetzlichen Grundlagen führen aber auch dazu, dass sich die Unterhaltungspflichtigen gemeinsam mit den Naturschutzbehörden und sonstigen Interessenten zusammensetzen und nach Möglichkeiten suchen, die Fließgewässer und ihre Auen wieder in einen ursprünglichen und naturnahen Zustand zu versetzen. Verbesserte Klärtechnik und eine Umstrukturierung der Zuckerrübenverarbeitung (Aufgabe von Zuckerfabriken) führen zu einer Verbesserung der Wassergüte. Maßnahmen der Gemeinden im Einzugsgebiet der Gewässer, wie z. B. die Ausweisung von Uferrandstreifen, die Anlage von Biotopen und die Bepflanzung von Böschungen tragen zur Verbesserung der Gewässerstruktur bei. Dazu kommen die Ausweisungen von Naturschutzgebieten und eine veränderte landwirtschaftliche Nutzung der gewässernahen Bereiche. Weitergehende Aussichten auf eine zukünftige Renaturierung bringen die Vorgaben der EU-Wasserrahmenrichtlinien. Diese Richtlinien fordern eine flächendeckende Erstellung von Bewirtschaftungs- und Entwicklungsplänen der Gewässer bis 2009. Eine Umsetzung soll bis zum Jahre 2012 erfolgen. Bei den derzeitig leeren Kassen der Beteiligten ist dies allerdings sehr fraglich.

Abflussbehinderung durch Angetreibsel

Brücke über die Dinklarer Klunkau bei Kemme

Flora und Vegetation des Bruchgrabens und seiner Nebengewässer

VON MAREN BURGDORF

Einleitung

Von botanisch Interessierten wird der Bruchgraben nur selten aufgesucht. Zu wenig attraktiv erscheint die Landschaft mit den bis an die Ufer heranreichenden Intensiväckern, und auch ein Blick in alte Karten mit dem ehemals mäandrierenden, von Grünland, Auenwäldern und Sümpfen gesäumten Fluss nährt das Vorurteil, dass es am Bruchgraben von heute außer einigen robusten „Allerweltsarten" nichts mehr zu entdecken gibt. Entsprechend unberücksichtigt blieb das Gebiet bei den bisherigen Untersuchungen der Botanischen Arbeitsgruppe im Ornithologischen Verein, und auch dem Niedersächsischen Landesamt für Ökologie lagen im Rahmen des Artenerfassungsprogramms nur wenige Meldungen vor.

Um einen Gesamteindruck der Strukturen dieses weitläufigen Gewässersystems zu erhalten, wurden in den Jahren 2003 und 2004 nahezu alle Abschnitte des Bruchgrabens von der Quelle bis zur Mündung aufgesucht und floristisch und vegetationskundlich erfasst. Für die umfangreiche fachliche Unterstützung dieser Arbeit gilt Herrn Dr. HEINRICH HOFMEISTER mein besonderer Dank.

Die Untersuchungsergebnisse sind durchaus überraschend, da entgegen den Erwartungen an einigen Flussabschnitten noch ein gewisser Strukturreichtum und unterschiedliche Pflanzengesellschaften festgestellt werden konnten, in denen 313 Farn- und Blütenpflanzenarten, darunter 11 Arten der Roten Liste nachgewiesen wurden (vgl. S. 256). Gleichwohl darf dies nicht darüber hinwegtäuschen, dass sich der weitaus größte Teil der Bruchgrabenniederung als eintönige, maschinengerecht gestaltete Fluss- und Agrarlandschaft darstellt. Vor diesem Hintergrund erlangen alle Maßnahmen zum Schutz, zur Wiederherstellung und Entwicklung naturnaher Bereiche eine besonders große Bedeutung. Wichtige Leistungen auf diesem Gebiet werden seit vielen Jahren von der PAUL-FEINDT-Stiftung in Zusammenarbeit mit dem Ornithologischen Verein zu Hildesheim, dem Landkreis und den Gemeinden erbracht.

Tab.: Rote-Liste-Arten der Gefäßpflanzen

Schwarzbeerige Zaunrübe	*Bryonia alba*	3
Schwanenblume	*Butomus umbellatus*	3
Sumpfdotterblume	*Caltha palustris*	3
Winter-Schachtelhalm	*Equisetum hyemale*	3
Tannenwedel	*Hippuris vulgaris*	3
Rasen-Vergissmeinnicht	*Myosotis laxa*	3
Großes Flohkraut	*Pulicaria dysenterica*	3
Gewöhnl. Wasserhahnenfuß	*Ranunculus aquatilis*	3
Haarblättr. Wasserhahnenfuß	*Ranunculus trichophyllus*	3
Gelbe Wiesenraute	*Thalictrum flavum*	3
Teichfaden	*Zannichellia palustris*	3

Dinklarer Klunkau

Im Vorholz östlich von Wendhausen entspringen in landschaftlich reizvoller Umgebung mehrere kleine Quellen, die sich zur Dinklarer Klunkau vereinigen. Dazu gehört auch die **„Herrenquelle"** westlich des Langen Berges, die wegen ihrer Nutzung als Viehtränke ehemals „Herdenbrunnen" genannt wurde und nach SÖDING (1955) früher ein beliebtes Ausflugsziel war. Die Bäche des Quellgebietes werden auf schmalen Streifen vom *Winkelseggen-Erlen-Eschenwald* (GENUIT-LEIPOLD 2001) begleitet, dessen Baumschicht von Esche (*Fraxinus excelsior*) und Schwarz-Erle (*Alnus glutinosa*) beherrscht wird. In der Krautschicht wachsen neben der namengebenden Winkel-Segge (*Carex remota*) weitere Feuchtezeiger wie Wechselblättriges Milzkraut (*Chrysosplenium alternifolium*), Gewöhnliches Hexenkraut (*Circaea lutetiana*) und Hohe Schlüsselblume (*Primula elatior*). Bemerkenswert ist eine seltene Ausbildung dieser Waldgesellschaft mit dem seltenen Winter-Schachtelhalm (Equisetum hyemale), dessen ausgedehnte wintergrüne Bestände die junge Klunkau an vielen Stellen begleiten.

Südlich des Heidelbeerenberges verlässt die Klunkau das Vorholz und tritt nun als begradigter Bach in die weite Ackerlandschaft der Börde ein. Auf den ersten hundert Metern ist im klaren, schnell fließenden Wasser ein *Bachröhricht* ausgebildet, in dem die langen Blätter und kugeligen Blütenstände des Ästigen Igelkolbens (*Sparganium erectum*) besonders auffallen. Daneben wachsen Wasser-Ehrenpreis (*Veronica anagallis-aquatica*), Wasser-Minze (*Mentha aquatica*) und Geflügelte Braunwurz (*Scrophularia umbrosa*). An der Böschung schließt sich eine Uferstaudenflur an mit Blut-Weiderich (*Lythrum salicaria*), Geflügeltem Johanniskraut (*Hypericum tetrapterum*) und Sumpf-Helmkraut (*Scutellaria galericulata*).

Auf ihrem weiteren Weg passiert die teilweise verrohrte Klunkau Ottbergen und, begleitet von einem idyllischen Uferweg, den Ort Dinklar. Nördlich der Kemmer Klärteiche hat sich in der schmalen Aue ein Massenbestand von Riesen-Bärenklau (*Heracleum mantegazzianum*) ausgebreitet. Bis zu drei Meter hoch wachsen die riesigen, schirmförmigen Blütendolden dieser aus dem Kaukasus stammenden Pflanze, deren Saft zu unangenehmen Hautverätzungen führen kann.

Östlich von Kemme mündet der bis heute naturnah mäandrierende und von einem durchgehenden Gehölzsaum begleitete Farmser Bach in die Klunkau. Und auch der weitere Verlauf der Dinklarer Klunkau ist durch dichte Gehölzbestände als grünes Band in der sonst ausgeräumten Ackerlandschaft schon aus der Ferne zu erkennen. Einige Viehweiden rechts und links der Klunkau erinnern vage an das Bild, das SÖDING noch 1955 beschreibt: „Die Wiesentäler der beiden Klunkauen gehören zu den lieblichsten Landschaften unserer Heimat. Heute wie vor Jahrhunderten gehen vom Frühjahr bis zum Herbst prachtvolle Viehherden grasend über die Wiesen".

Quellgebiet der Dinklarer Klunkau im Vorholz

Dingelber Klunkau

Die Quelle der Dingelber Klunkau liegt auf einem Privatgrundstück am südlichen Ortsausgang von Nettlingen. Klares Wasser quillt aus einem Hang und sammelt sich zunächst in einem flachen Quellteich, der im Sommer fast vollständig von den hellgrünen Blattrosetten des Flachfrüchtigen Wassersterns (*Callitriche platycarpa*) ausgefüllt wird. Der Quellteich erweitert sich zu einem schmalen, ca. 200 Meter langen, aufgestauten Fischteich, der ehemals als Schwallteich zum Betrieb der Nettlinger Mühle diente. Unterhalb der Staumauer durchfließt die Klunkau noch weitere Teiche in Nettlingen und tritt am Ortsausgang in einen der wenigen naturnahen, von Grünland begleiteten Bachabschnitte ein. Im flachen Wasser breitet sich die *Brunnenkressen-Gesellschaft* aus, eine schutzwürdige Charaktergesellschaft klarer, kalkreicher Bäche. Neben den dichten Polstern der Echten Brunnenkresse (*Nasturtium officinale*) sind größere Bestände von Berle (*Berula erecta*), Bachbungen-Ehrenpreis (*Veronica beccabunga*) und Wasser-Schwaden (*Glyceria maxima*) zu finden. An den Ufern wachsen bunte Hochstaudenfluren mit duftendem Echtem Mädesüß (*Filipendula ulmaria*), rosafarbenem Zottigem Weidenröschen (*Epilobium hirsutum*) und blauem Sumpf-Vergissmeinnicht (*Myosotis scorpioides*).

Nahe der ehemaligen **Zuckerfabrik Dingelbe** mündet, von Süden kommmend, der **Ahlerbach** als schnurgerader Graben in die Klunkau. Noch in den 1960er Jahren gab es ausgedehnte *Feuchtwiesen* in der Bachniederung, die als so genannte „Kranichwiesen" zur Zeit des Vogelzuges regelmäßig von Kranich-Trupps aufgesucht wurden (RITTER et al. 1992). Heute breiten sich Intensiväcker auf den dunklen Niedermoorböden aus, die in Bachnähe deutliche Nässeschäden zeigen. Als letztes Überbleibsel der ehemaligen Wiesenlandschaft ist nur noch der minimale Rest einer *Kohldistel-Wiese* an einem Altarm des Ahlerbaches erhalten geblieben, in dem Kohl-Kratzdistel (*Cirsium oleraceum*), Echtes Mädesüß (*Filipendula ulmaria*) und Wald-Engelwurz (*Angelica sylvestris*) zu finden sind. Leider wurden auch hier, wie in fast allen nicht genutzten Relikten der ehemaligen Auenvegetation Gartenabfälle abgeladen. An dieser Stelle sind daraus üppig entwickelte Zierpflanzen herangewachsen wie Echter Alant (*Inula helenium*), Großblütige Königskerze (*Verbascum densiflorum*), Breitblättrige Platterbse (*Lathyrus latifolius*) und große Bestände von Knoblauch (*Allium sativum*), die nun sukzessive, die letzten Arten der Feuchtwiesen verdrängen.

Zwischen Dingelbe und Garbolzum verläuft die Klunkau wiederum geradlinig durch die Ackerlandschaft und passiert kurz vor der Unterquerung der Bahnlinie eine weithin sichtbare, als Landschaftsschutzgebiet ausgewiesene Gehölzinsel. Ein kleiner *Bach-Auenwald* mit den vorherrschenden Baumarten Erle, Esche und Silber-Weide blieb hier erhalten. In der Krautschicht dominieren stickstoffliebende Arten, und am Waldrand klettert die Schwarzbeerige Zaunrübe (*Bryonia alba*) an den Sträuchern empor.

Bruchgraben

Am Sportplatz Schellerten vereinen sich die beiden Klunkauen zum Bruchgraben, der zunächst durch intensiv genutztes, artenarmes Grünland in Richtung **Garmissen** fließt. Südlich der beiden Orte liegt ein Niedermoorgebiet, in dem bis Anfang des 20. Jahrhunderts Torf abgebaut wurde. Noch 1955 beschreibt SÖDING diese Landschaft wie folgt: „Besonders die Garmisser Bruchwiesen, das „Torfloch", zeigen eine derartig reiche Flora wie kaum ein zweites Stück unserer engeren Heimat. Da taucht das Wollgras die Stätte in sein schneeiges Weiß, zahlreiche Orchideen, Schilf und Rohr, Bitterklee und vor allem in der Pfarrwiese der königliche Schlangenwurz vervollkommnen das Bild dieser urwüchsigen Landschaft". Nach dem Abbau wurde das Gebiet mit Klärschlamm aufgefüllt und teilweise mit Pappeln aufgeforstet, wodurch eine gravierende Veränderung der Landschaft eintrat. Trotzdem wurden bis vor wenigen Jahren noch einige Exemplare des Breitblättrigen Knabenkrautes (*Dactylorhiza majalis*) beobachtet, die jedoch im Jahre 2004 nicht mehr aufgefunden werden konnten.

Die damals angepflanzten *Pappelforsten* haben im Laufe der Jahrzehnte eine deutliche Veränderung erfahren, da weitere Baum- und Straucharten eingewandert sind. In der Krautschicht herrschen *nitrophile Ruderalfluren* mit großer Brennnessel (*Urtica dioica*), Giersch (*Aegopodium podagraria*) und Knoblauchsrauke (*Alliaria petiolata*) vor. Durch das enorme Nährstoffangebot erreichen die Brennnesseln bis über zwei Meter Höhe, so dass ein Durchkommen, noch erschwert durch zahlreiche am Boden liegende Bäume, im Sommer fast unmöglich ist. In den grundwassernahen Mulden wachsen undurchdringliche Dickichte strauchiger Weiden, die von einem Gewirr aus Hopfen (*Humulus lupulus*) und Zaunwinde (*Calystegia sepium*) überzogen sind und einen nahezu urwaldartigen Anblick bieten.

Am Ortsrand von **Garmissen** ist als besonderes Kleinod und eines der letzten Relikte der ursprünglichen Vegetation der Bruchgrabenniederung ein sumpfiger *Erlen-Eschen-Auenwald* erhalten geblieben. Die Baumschicht besteht aus Schwarz-Erle (*Alnus glutinosa*) und Esche (*Fraxinus excelsior*), in der gut ausgebildeten Strauchschicht sind Gewöhnlicher Schneeball (*Viburnum opulus*), Rote Johannisbeere (*Ribes rubrum*), Schwarze Johannisbeere (*Ribes nigrum*) und Stachelbeere (*Ribes uva-crispa*) zu finden, und in der Krautschicht wachsen neben Sumpf-Segge (*Carex acutiformis*), Rasen-Schmiele (*Deschampsia cespitosa*) und Gewöhnlichem Hexenkraut (*Circaea lutetiana*) sogar Arten, die am Bruchgraben sonst nicht mehr gefunden werden konnten wie Sumpf-Pippau (*Crepis paludosa*), Sumpfdotterblume (*Caltha palustris*) und Kleiner Baldrian (*Valeriana dioica*).

Südlich des Rittergutes **Neu-Oedelum** liegt der einzige Abschnitt des Bruchgrabens, der bis heute unbegradigt blieb und wegen seines naturnahen, mäandrierenden Verlaufs als „besonders geschützter Biotop" ausgewiesen wurde. In krassem Gegensatz dazu steht jedoch die bachbegleitende Landschaft. Auch hier reichen die Äcker bis unmittelbar an das Gewässer heran, sie „mäandrieren" sozusagen mit dem Fluss, von dem sie nur durch eine äußerst schmal bemessene Pufferzone aus gepflanzten Pappelreihen und einigen spontan aufgewachsenen Gehölzen getrennt sind. Unerfreulicher-

Mäandrierender und mit Gehölzen bestandener Abschnitt des Bruchgrabens bei Neu-Oedelum

Tief eingeschnittener Verlauf des Bruchgrabens zwischen Adlum und der Zuckerfabrik Clauen

Laichkraut-Gesellschaft mit Kamm-Laichkraut, Krausem Laichkraut und Schmalblättriger Wasserpest

weise werden auch hier große Mengen von Gartenabfällen abgeladen. Angesichts der herausragenden Schutzwürdigkeit dieses letzten naturnahen Bruchgrabenabschnittes erscheint hier die Ausweisung eines angemessenen Gewässerrandstreifens als ganz besonders dringlich.

Von **Adlum** bis zur **Zuckerfabrik Clauen** verläuft der Bruchgraben absolut geradlinig in einem tiefen Einschnitt. Nach den alten Karten der GAUßSCHEN LANDESAUFNAHME (1827-1848) war diese Landschaft Jahrhunderte lang von Sumpfwiesen und Viehweiden geprägt, die als Allmende für die anliegenden Dörfer dienten. Nach der Verkoppelung Mitte des 19. Jahrhunderts wurde der gesamte Grünlandbereich in Ackerflächen umgewandelt, die heute bis direkt an die Ufer heranreichen. Eine Beschattung durch Gehölze fehlt fast vollständig, so dass sich im Wasser des Bruchgrabens üppig flutende *Laichkraut-Gesellschaften* entwickelt haben mit Kamm-Laichkraut (*Potamogeton pectinatus*), Krausem Laichkraut (*P. crispus*), Rauem Hornblatt (*Ceratophyllum demersum*) und Schmalblättriger Wasserpest (*Elodea nuttallii*), einem konkurrenzkräftigen Neubürger aus Nordamerika, der in zahlreichen Abschnitten des Bruchgrabens zu finden ist. Als Zeiger extrem überdüngter Gewässer kommt in dieser Gesellschaft auch der seltene Teichfaden (*Zannichellia palustris*) vor, dessen dichte Unterwasserrasen im trüben Wasser nahe der Zuckerfabrik Clauen besonders gut zu beobachten sind. An den Ufern des Bruchgrabens wächst ein kilometerlang ununterbrochenes *Rohrglanzgras-Röhricht*, in dem die schilfähnlichen Halme und rötlichen Blütenstände des Rohr-Glanzgrases (*Phalaris arundinacea*) dicht geschlossene Bestände bilden. An den Böschungen schließen sich Grünlandstreifen mit *ruderalisierten Glatthaferwiesen* an, in denen neben den gesellschaftstypischen Arten wie Glatthafer (*Arrhenatherum elatius*), Wiesen-Kerbel (*Anthriscus sylvestris*), Wiesen-Labkraut (*Galium album*) und Wiesen-Bärenklau (*Heracleum sphondylium*) auch Nährstoffzeiger wie Kletten-Labkraut (*Galium aparine*) und Brennnessel (*Urtica dioica*) vorkommen. Auf der Böschungsoberkante sind in dem äußerst schmal bemessenen Streifen zwischen Graben und Acker häufig reine *Brennnesselfluren* zu finden.

Nahe der Zuckerfabrik Clauen mündet der aus Machtsum kommende **Neue Graben**. Auch dieser verläuft schnurgerade, besitzt aber mit einem als LSG ausgewiesenen auenwaldartigen Gehölz und einer über einen Kilometer langen alten Kopfweidenreihe einige landschaftsprägende Elemente. Bei Soßmar nimmt der Bruchgraben den **Großen Graben** auf. Sein Mündungsbereich mit tiefen, gehölzbewachsenen Flutmulden und einer teichartigen Erweiterung mit einem bemerkenswerten Bestand der Schwanenblume (*Butomus umbellatus*) wurde als „geschützter Landschaftsbestandteil" ausgewiesen.

Ufervegetation mit Schwanenblume

Etwa 500 m oberhalb des Borsumer Passes liegt in in direkter Nachbarschaft zum Bruchgraben ein im Rahmen der Flurbereinigung Ende der 1980er Jahre angelegter „Biotop" mit einem Teich, der nach über 20 Jahren von hohen Gehölzen umgeben ist. Im flachen Wasser des stark beschatteten Teiches wurde ein dichter Bestand des gefährdeten Gewöhnlichen Wasserhahnenfußes (*Ranunculus aquatilis* agg.) festgestellt.

Die Umgebung des Bruchgrabens am Borsumer Pass, die auf alten Karten als Wiesen- und Weidelandschaft mit dem „Kleinen und Großen Bruch" dargestellt ist, wurde im Laufe der Jahrzehnte ebenfalls grundlegend verändert. Noch zu Beginn des 20. Jahrhunderts waren vielfältige Strukturen mit einer reichen Tier- und Pflanzenwelt vorhanden, wie den Aufzeichnungen des Schülers HEINRICH HENKE zu entnehmen ist, der am Borsumer Pass wohnte. Dieser hielt viele interessante Naturbeobachtungen in einem Tagebuch fest, und sein 1913-1918 geführtes Herbarium enthält eine große Anzahl von Pflanzen, die heute in der Umgebung des Borsumer Passes nicht mehr zu finden sind. So fand HENKE in den Teichen noch Wasserfeder (*Hottonia palustris*) und Röhrigen Wasserfenchel (*Oenanthe fistulosa*), in Gebüschen Natternzunge (*Ophioglossum vulgatum*) „dutzendweise" und Großes Zweiblatt (*Listera ovata*). Auf den Wiesen blühten Teufelsabbiss (*Succisa pratensis*), Sumpf-Herzblatt (Parnassia palustris), Schlangen-Wiesenknöterich (*Bistorta officinalis*), Großer Wiesenknopf (*Sanguisorba officinalis*), Geflecktes Knabenkraut (*Dactylorhiza maculata*) und Herbstzeitlose (*Colchicum autumnale*). Diese Pflanzen sind heute sämtlich verschollen. Nur ein kleines Vorkommen der Herbstzeitlose konnte sich in einem Pappelforst am ehemaligen „Kleinen Bruch" noch bis in die 1990er Jahre halten (ASCHEMANN 1992). Leider wurden die Pflanzen bei einer Nachsuche 2004 nicht mehr aufgefunden. Den aus Naturschutzsicht negativen Landschaftsveränderungen am Borsumer Pass stehen erfreulicherweise neue, von der PAUL-FEINDT-Stiftung eingeleitete Entwicklungen gegenüber wie Profilaufweitungen und Gehölzanpflanzungen am Bruchgraben und die Wiederherstellung und Beweidung alter Grünlandstandorte.

Westlich des Borsumer Passes liegt im ehemaligen **„Großen Bruch"** der als Naturdenkmal ausgewiesene Teich „Günters Tränke", ein Stillgewässer mit ausgeprägten Verlandungszonen und einer im heutigen Bruchgrabengebiet äußerst seltenen Vegetation. Die Wasseroberfläche wird zu großen Teilen von *Schwimmblattgesellschaften* bedeckt, in denen die länglichen Schwimmblätter und rosafarbenen Blütenstände des Wasser-Knöterichs (*Persicaria amphibia*) vorherrschen. Dazwischen erheben sich zahlreiche röhrige Stängel und weißliche Dolden des Großen Wasserfenchels (*Oenanthe aquatica*) einige Dezimeter hoch über die Wasseroberfläche. Im flachen Wasser wächst ein größerer Bestand des Tannenwedels (*Hippuris vulgaris*), und in Ufernähe breitet sich ein üppiges *Teichröhricht* aus mit einem hochwüchsigen Bestand des Breitblättrigen Rohrkolbens (*Typha latifolia*) sowie Gruppen von Salz-Teichsimse (*Schoenoplectus tabernaemontani*), Wasser-Schwaden und Ästigem Igelkolben. Einige schön blühende Arten runden das Bild ab: Gelbe Schwertlilie, Gewöhnlicher Froschlöffel (*Alisma plantago-aquatica*), Blutweiderich (*Lythrum salicaria*) und auch die attraktive Schwanenblume. Ihr Vorkommen an dieser Stelle ist eines der wenigen Beispiele für das Überdauern einer heute seltenen Art in der veränderten Bruchgrabenniederung, da sie 1916 auch von HENKE „an der Tränke auf dem Großen Bruche" gefunden wurde. Zur Landseite hin schließt sich ein schmales *Großseggen-Ried* an, in dem neben der dominierenden Ufer-Segge (*Carex riparia*) auch Sumpf-Labkraut (*Galium palustre*), Wasser-Minze (*Mentha aquatica*) und Bittersüßer Nachtschatten (*Solanum dulcamara*) vorkommen. Unmittelbar am Ufer wachsen Blaugrüne Binse (*Juncus inflexus*), Gewöhnlicher Wolfstrapp (*Lycopus europaeus*), Wasserdost (*Eupatorium cannabinum*), Pfennigkraut (*Lysimachia nummularia*) und gewöhnliche Zaunwinde (*Calystegia sepium*), deren große, weiße Trichterblumen an vielen Stellen die Uferpflanzengesellschaft überziehen. Leider hat der Teich keine Verbindung mehr zum Bruchgraben, der unmittelbar südlich der „Tränke" weiterhin geradlinig und meist unbeschattet verläuft.

Bald nach der Unterquerung der Bahnlinie Algermissen-Harsum nimmt der Bruchgraben mit dem **Unsinnbach** das längste Nebengewässer auf. Der als **Ilsenbach** bezeichnete Oberlauf entspringt bei Wendhausen in einem aufgestauten

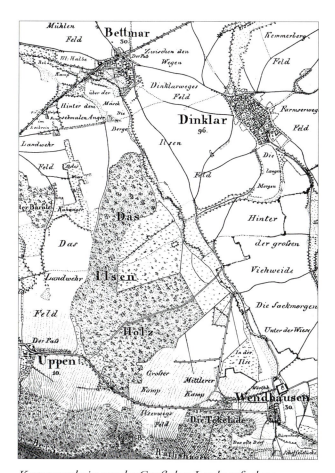

*Kartenausschnitt aus der Gaußschen Landesaufnahme
von 1827 mit dem Ilsenholz
1:25.000 – Blatt GL5
Vervielfältigt mit Erlaubnis des Herausgebers:
LGN – Landesvermessung und Geobasisinformation
Niedersachsen – D9478*

Karpfenteich. Von dort aus fließt er als begradigter, in der Landschaft kaum sichtbarer Graben durch die weiten Ackerfluren über Bettmar, Hildesheim, Asel und Harsum bis zum Bruchgraben. Anfang des 19. Jahrhunderts schlängelte sich die „Ilsenbeke" noch zwischen Wendhausen und Bettmar am Rande des damals noch vorhandenen großen Wald- und Grünlandgebietes **Ilsenholz** entlang, das Ende des 19. Jahrhundert abgeholzt und in Ackerland überführt wurde. Auch der weitere Weg des dann „Die Unsinn" genannten Baches führte durch Wiesen- und Weidelandschaften bis zum Bruchgraben. Der Unsinnbach von heute besitzt kaum noch landschaftlich reizvolle Abschnitte, abgesehen vielleicht von einem im Rahmen von Ausgleichsmaßnahmen in den 1990er Jahren renaturierten Abschnitt bei Hildesheim-Drispenstedt. Hier führte die Anlage von Flutmulden und Kolken zur Entwicklung einer vielseitigen Röhrichtvegetation mit nahezu dem gesamten Artenspektrum der Bruchgrabenniederung.

In der Nähe der Unsinnbach-Mündung wie auch an vielen anderen Stellen des Bruchgrabens entwickelt sich im Sommer bei niedrigem Wasserstand auf den trocken fallenden Schlammbänken die *Gifthahnenfuß-Gesellschaft*, eine von den rundlichen Blättern und kleinen gelben Blüten des Gift-Hahnenfußes (*Ranunculus sceleratus*) beherrschte Vegetation, in der weitere, eher unauffällige einjährige Pflanzen wie Dreiteiliger Zweizahn (*Bidens tripartita*), Spieß-Melde (*Atriplex prostrata*), Ufer-Ampfer-Knöterich (*Persicaria lapathifolia*) und Wasser-Ehrenpreis (*Veronica anagallis-aquatica*) zu finden sind.

Etwa 100 m unterhalb der Unsinnbach-Mündung liegt im sogenannten **„Moor in Klein Algermissen"** ein ca. 2 ha großes Waldgebiet direkt am Bruchgraben, das aus der Ferne den Eindruck eines der in der Börde häufigen Pappelforsten vermittelt. Die nähere Untersuchung zeigte jedoch, dass es sich um einen *Erlen-Eschen-Auenwald* handelt, einen besonders schutzwürdigen Biotop in der Bruchgrabenniederung. Die Baumschicht wird zwar noch von mächtigen, vor Jahrzehnten gepflanzten Hybrid-Pappeln beherrscht, als weitere Baumarten sind aber auch Schwarz-Erle und Esche vertreten. Unter einer gut ausgebildeten Strauchschicht breitet sich eine artenreiche Krautschicht aus nährstoff- und feuchtigkeitsliebenden Pflanzen aus, in der mit größeren Vorkommen von Einbeere (*Paris quadrifolia*) und Gelber Wiesenraute (*Thalictrum flavum*) zwei Arten überdauert haben, die auch HENKE Anfang des 20. Jahrhunderts „im Moor Klein Algermissen" fand. In den besonders nassen, niedermoorartigen Senken wurden kleinflächig Erlen-Bruchwälder festgestellt, in denen neben der Schwarzen Johannisbeere (*Ribes nigrum*) lianenartige Pflanzen wie Hopfen (*Humulus lupulus*) und Bittersüßer Nachtschatten (*Solanum dulcamara*) an den Bäumen und Sträuchern emporklettern. Dieser kleine

Gifthahnenfuß-Gesellschaft mit Gift-Hahnenfuß, Wasserdarm und Spieß-Melde

Unterlauf des Bruchgrabens mit Gehölzen, Rohrglanzgras-Röhricht und Teichrosen-Gesellschaft

Auenwald besitzt angesichts seiner Artenzusammensetzung und der hier ausgebildeten Strukturen eine herausragende Bedeutung für den Naturhaushalt in der Bruchgrabenniederung und sollte unbedingt durch geeignete Maßnahmen erhalten und entwickelt werden.

Kurz vor der Autobahn mündet der nahezu vollständig begradigte und von Ackerflächen begrenzte **Alpebach** in den Bruchgraben. Von besonderer Bedeutung ist deshalb eine Kompensationsmaßnahme, die Anfang der 1990er Jahre im Rahmen der Erweiterung der Bundesautobahn durchgeführt wurde. Auf einer 7 ha großen, weitgehend der natürlichen Entwicklung überlassenen Ackerfläche zwischen dem Alpebach und der Wätzumer Tonkuhle breiten sich heute Ruderalfluren trockener und feuchter Standorte aus, in denen erste Pioniergehölze bereits Fuß gefasst haben.

Kurz vor dem Durchlass unter dem Zweigkanal liegt ein kleines Feuchtgebiet am Alpebach, das Mitte der 1980er Jahre von der Gemeinde Algermissen und freiwilligen Helfern als „Biotop" mit Tümpeln und randlichen Gehölzpflanzungen angelegt wurde. Zwanzig Jahre danach haben sich die Tümpel zu bedingt naturnahen Kleingewässern mit einer amphibien- und libellenreichen Kleintierwelt entwickelt. Im Röhricht fallen die großen gelben Blüten des vermutlich angepflanzten Zungen-Hahnenfußes (*Ranunculus lingua*) auf, der einen großen Bestand mit über hundert blühenden Trieben ausgebildet hat. Zwischen den Tümpeln breitet sich ein nährstoffreiches *Binsen-* und *Simsenried* aus, in dem neben Blaugrüner Binse (*Juncus inflexus*), Glieder-Binse (*Juncus articulatus*) und Zarter Binse (*Juncus tenuis*) auch dichte Rasen der Gewöhnlichen Sumpfbinse (*Eleocharis palustris*) sowie kleinere Bestände von Hain-Segge (*Carex otrubae*) und das seltene Rasen-Vergissmeinnicht (*Myosotis laxa*) zu finden sind.

Westlich der Autobahn mündet der **Wiesengraben**. Seine Quelle wurde zu einem Teich aufgestaut, in dem sich dichte Röhrichtbestände mit Strand-Simse (*Bolboschoenus maritimus*) und Gewöhnlicher Teichsimse (*Schoenoplectus lacustris*) entwickelt haben. An den Ufern wachsen Echter Baldrian (*Valeriana officinalis*), Sumpf-Hornklee (*Lotus pedunculatus*) und Sumpf-Helmkraut (Scutellaria galericulata).

Südöstlich von **Hotteln** fließt als letztes größeres Nebengewässer der **Rottenbach** in den Bruchgraben. An seinem Mittellauf blieben Wiesenflächen und ein auenwaldartiges Gehölz erhalten, in dem ein großer Bestand der Nesselblättrigen Glockenblume (*Campanula trachelium*) mit hunderten von großen, tiefblauen Blüten besonders auffällt.

Der Unterlauf des Bruchgrabens bei **Gödringen** gleicht, bedingt durch die Stauhaltung des Innerstewehres in Sarstedt, bereits einem Stillgewässer, dessen Erscheinungsbild durch die am Ufer gepflanzten Baumreihen und zahlreiche spontan aufgekommene Auengehölze belebt wird. Auf der Wasseroberfläche breitet sich großflächig die für nährstoffreiche Stillgewässer typische *Teichrosen-Gesellschaft* aus, die im südlichen Niedersachsen bereits selten geworden ist. Die dicht gedrängt auf dem Wasser schwimmenden großen Blätter und kugeligen Blüten der Gelben Teichrose (*Nuphar lutea*) bieten im Frühsommer ein besonders schönes Bild. Darunter wachsen im tieferen Wasser Laichkrautarten (*Potamogeton pectinatus, P. crispus*), Schmalblättrige Wasserpest sowie Zartes Hornblatt (*Ceratophyllum submersum*) und Teichfaden. Im Hochsommer wird der schöne Blühaspekt durch eine jährlich wiederkehrende Massenentwicklung der *Wasserlinsen-Gesellschaft* abgelöst, die im heißen Sommer 2003 die gesamte Oberfläche des Bruchgraben-Unterlaufs mit einer mehrere Zentimeter dicken Schicht der Buckel-Linse (*Lemna gibba*) und geringeren Anteilen der Kleinen Wasserlinse (*Lemna minor*) bedeckte. In den dichten Wasserlinsendecken wurden mehrere große, durch die Sauerstoffzehrung im Gewässer verendete Fische festgestellt. Der letzte Abschnitt des Bruchgrabens bis **Sarstedt** wird von einem idyllischen, mit zahlreichen Gehölzen gesäumten Uferweg begleitet, und im Sommer können botanisch interessierte Spaziergänger am Rande eines Schilfröhrichtes direkt an der Mündung in die Innerste einen schönen Bestand des Sumpf-Storchschnabels (*Geranium palustre*) mit zahlreichen leuchtend roten Blüten bewundern.

Kleinlebewesen im Bruchgraben

von Manfred Tauscher

Der Bruchgraben, der die Hildesheimer Börde in Ost-West-Richtung durchfließt, entsteht nahe Ahstedt durch den Zusammenfluß der Dingelber- und der Dinklarer Klunkau. Er ist ein typisches Fließgewässer mit zum Teil breiter Uferregion und mittlerer bis langsamer Fließgeschwindigkeit. Kurz vor Sarstedt vermittelt er den Eindruck eines stehenden Gewässers.

Zur Erkundung seiner Mikrolebewelt, des Planktons, wurden sieben Entnahmestellen für Proben ausgewählt, die für den Flussverlauf repräsentativ erschienen: Der Quellteich der Dingelber Klunkau in Nettlingen, ihr Verlauf vor Dingelbe, die Dinklarer Klunkau gegenüber dem Sportheim Ahstedt, der Bruchgraben am Ortsausgang von Ahstedt Richtung Adlum, weitere Bereiche südlich der Zuckerfabrik Clauen, am Borsumer Paß und südlich des Rusterberges nahe der Bundesstraße 6.

Der Beobachtungszeitraum erstreckte sich von September 2003 bis Dezember 2004. Um das Kommen und Gehen der Planktonorganismen im Jahresverlauf zu verfolgen, wurden im Abstand von vier bis fünf Wochen Proben entnommen. Dies geschah im fließenden Wasser mit dem Planktonnetz (Maschenweite ca. 65 Mikrometer) sowie im Uferbereich mit einem 400 ml Schöpfglas.

Untersucht wurden die Proben vornehmlich mit einem ZEISS-Invert-Mikroskop nach Utermöhl und nach Bedarf mit dem ZEISSS/JENA-Forschungsmikroskop Nf (Hell- und Dunkelfeld), dem ZEISS-Photomikroskop (Phasenkontrast) und dem PZO-Biolar-Polarisationsmikroskop (differentieller Interferenzkontrast). Der MIKROSKOPISCHEN ARBEITSGEMEINSCHAFT HANNOVER bin ich für das Interesse an meinen Untersuchungen dankbar, und Herrn ERNST-AUGUST SCHLICHTING aus Eime danke ich für die regelmäßige Unterstützung bei der Entnahme der Planktonproben.

Es gelang, eine Vielzahl von Planktonorganismen aufzufinden und zu bestimmen. Die Ergebnisse sind in den Tabellen im Anhang zusammengefaßt (vgl. S. 266). Sie erheben keinen Anspruch auf Vollständigkeit, weisen den Bruchgraben aber als nährstoffreichen Fluß aus. Soweit bekannt, wurde die Mikrolebewelt des Bruchgrabens noch nicht systematisch untersucht und beschrieben. So erweckt

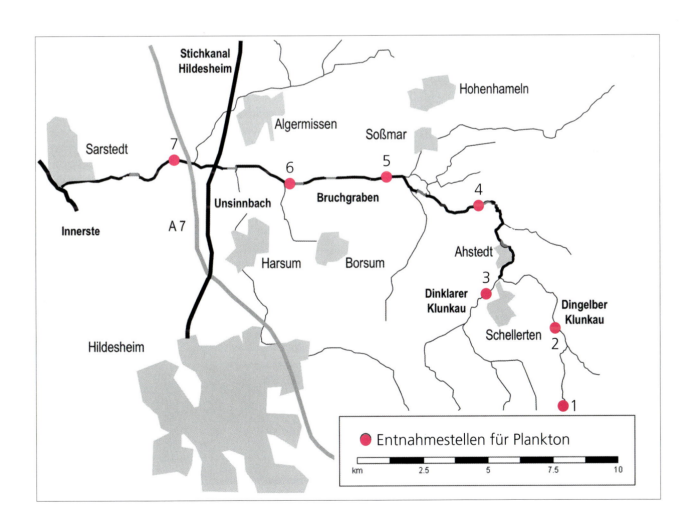

die unerwartete Vielfalt an Organismen ein berechtigtes wissenschaftliches Interesse. Das Vorkommen einer ganzen Reihe von Organismen, die erfahrungsgemäß auf Belastung von Gewässern mit Fremdstoffen empfindlich reagieren, zeigt, dass das Wasser weitgehend naturbelassen ist.

Ein Fließgewässer unterscheidet sich von einem See durch eine wesentlich größere Uferentwicklung, eine kurze Verweilzeit des Wassers sowie dessen ständige Durchmischung. Diese Faktoren haben einen entscheidenden Einfluß auf den Stoffhaushalt, aber auch auf die Besiedlung. Im Bruchgraben transportiert der frei fließende Wasserkörper ein recht artenreiches Plankton. Dabei handelt es sich generell um die gleichen Arten, die auch im stehenden Gewässer leben und hier aus Stillwasserbezirken am Ufer in den Fluß eingeschwemmt werden. Das Flußwasser reagiert fast neutral. Sein pH-Wert bewegt sich nur leicht zwischen 6,9 und 7,3.

Der Rahmen des Buches gestattet es nicht, alle Familien des Planktons vorzustellen. Für eine nähere Beschreibung wurden deshalb die Algen ausgewählt. Nicht alle Planktonorganismen tragen einen deutschen Namen. Häufig werden mehrere eng verwandte Arten mit einem deutschen Sammelnamen beschrieben (z.B. „Sigma-Kieselalgen").

Blaualgen (*Cyanoprokaryota*)

Blaualgen erscheinen ein- und vielzellig und sind stets unbegeißelt. Sie besitzen keinen Zellkern und stehen deshalb den Bakterien nahe. Manche Arten sind zu gleitender Bewegung fähig. Durch das vorhandene Chlorophyll, das sie zur Photosynthese befähigt, erscheinen sie blaugrün bis schwärzlich. Die Blaualgen waren die ersten Sauerstoffproduzenten auf unserer ehemals noch jungen Erde! Fadenförmige Blaualgen weisen zwei verschiedene Zelltypen auf: Zwischen den normalen, meist sehr kleinen Zellen findet man größere farblose und dickwandige Zellen, die Heterocysten. Diese speichern u.a. Stickstoff. Oft führt die Massenvermehrung mancher Arten zu „Wasserblüten". Im Bruchgraben sind die Blaualgen mit 11 Arten gut repräsentiert.

Goldalgen (*Chrysophyceae*)

Goldalgen tragen ihren Namen wegen ihrer goldbraunen Chloroplasten und sind meist sehr klein. Sie leben einzeln oder in kleinen Kolonien. Die Zellen tragen häufig zwei unterschiedlich lange Geißeln. Ihre Assimilationsprodukte sind Öle. Trotz ihrer Befähigung zur Photosynthese können sie – ähnlich den Amöben – Pseudopodien („Scheinfüßchen") entwickeln, mit deren Hilfe sie feste Nahrung aufnehmen. Vier Arten wurden gefunden.

Kieselalgen (*Diatomeae*)

Schon in den ersten Proben zeigte sich ein sehr reichhaltiges Spektrum von Kieselalgen, die durch die Formenvielfalt und Schönheit ihrer Quarzglaspanzer ausgezeichnet sind. Über das Jahr konnten 86 Arten gezählt werden, deren Verbreitung an den einzelnen Probestellen unterschiedlich war. Aufgrund der Kieselwände ihrer Zellen bilden sie eine charakteristische Klasse der Gelbalgen (*Chrysophyceae*). Viele leben als Einzeller, einige bilden längere oder kürzere Ketten, die gerade (*Melosira*), eingerollt (*Meridion*) oder zickzackförmig (*Diatoma*) erscheinen. Die Quarzglaspanzer zeigen für jede Art eine spezifische Gestalt, über die ihre Bestimmung geschieht. Der Aufbau des Panzers ist im Pflanzenreich einmalig: Der Protoplast liegt zwischen zwei Wänden, die – einer Pralinenschachtel ähnlich – aus Boden und Deckel bestehen, den sogenannten Theken. Der größere Deckel wird als Epitheka, der Boden als Hypotheka bezeichnet. Jede Theka besteht aus einer Schale, der Valva (= Fläche) und dem Gürtelband, der Pleura. Je nach Lage unter dem Mikroskop zeigt eine Kieselalge zwei „Gesichter": Die Schalen- oder die Gürtelbandansicht. Kreisrunde Formen werden als *Centrales*, gestreckte als *Pennales* bezeichnet. Als Assimilationsprodukte enthalten die Kieselalgen Öltröpfchen, die ihnen das Schweben ermöglichen. Ihre Vermehrung geschieht durch Zellteilung. Am häufigsten wurden die Familien *Synedra, Nitzschia, Cymbella* und *Surirella* beobachtet.

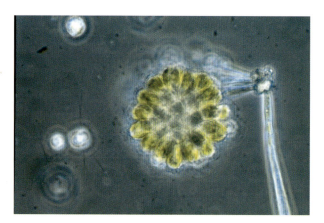

Goldalge Synura uvella –
Phasenkontrast, 225 mal vergrößert

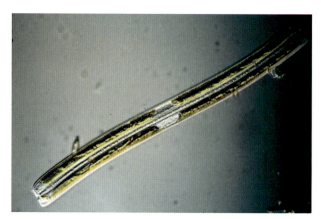

Kieselalge Nitzschia sigmoidea – Differentieller Interferenzkontrast, 200 mal vergrößert

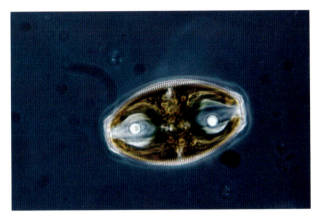

*Kieselalge Amphora ovalis –
Phasenkontrast, 403 mal vergrößert*

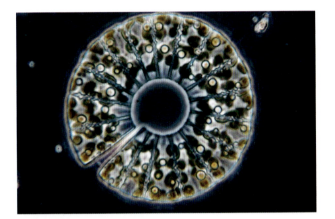

*Kieselalge Meridion circulare –
Phasenkontrast, 640 mal vergrößert*

*Kieselalge Gyrosigma attenuatum –
Hellfeld, 400 mal vergrößert*

Augenflagellaten (*Euglenophyta*)

Augenflagellaten sind Einzeller, die, mit einer oder zwei Geißeln ausgestattet, zur aktiven Eigenbewegung befähigt sind. Ihre Form reicht von sehr starr bis veränderlich. Chlorophyll verleiht ihnen die grüne Farbe. Ihr Name leitet sich von einem roten Augenfleck her, dem Stigma. Dieser steuert in Abhängigkeit von der Lichtintensität ihren Stoffwechsel.

*Augenflagellat Euglena spirogyra –
Hellfeld, 350 mal vergrößert*

Der vordere Zellpol zeigt eine flaschenförmige Einstülpung, die „Ampulle", an deren Boden die beiden Geißeln entspringen. Die Vermehrung geschieht durch Längsteilung, die nur über Nacht abläuft. 15 verschiedene Arten wurden beobachtet.

Feueralgen (*Pyrrophyta*)

Die Feueralgen sind im Bruchgraben und seinen Zuflüssen nur in Form einiger Panzerflagellaten vertreten. Es sind Einzeller, die durch artspezifisch gefurchte Chitinpanzer geschützt sind und zwei Geißeln besitzen, die Bewegungs- und die Steuergeißel. Diese sind an den Kreuzungspunkten einer Längs- und einer Querfurche angeheftet, die allen Feueralgen gemeinsam ist. Sie sind zu taumelnder Eigenbewegung befähigt.

Kryptomonaden-Grünalgen (*Cryptophyta*)

Von den Kryptomonaden-Grünalgen wurden zwar nur wenige Arten gefunden, diese aber – vor allem im Quellteich in Nettlingen – in hoher Inidviduenzahl. Es sind Einzeller mit zwei Geißeln, die oft eine zitternde Eigenbewegung zeigen. Ihre Farbe variiert von grün über blau und braun bis rötlich.

Gelbgrünalgen (*Xanthophyceae*)

Die Gelbgrünalgen sind nur mit wenigen Arten vertreten. Sie erscheinen meist grün und können so leicht mit den Grünalgen verwechselt werden. Deshalb wurde die Gattung *Vaucheria*, die im Bruchgraben an Steinen und Wasserpflanzen im Uferbereich gefunden wurde, früher zu den Grünalgen gezählt. Die Vaucherien bilden lange Schläuche ohne Querwände, besitzen aber viele Zellkerne und kleine Chloroplasten. Die Vermehung geschieht vegetativ über sogenannte Synzoosporen (kugelige Gebilde an Fadenenden mit begeißelten Zellen) oder sexuell durch Eibefruchtung: Männliche und weibliche Geschlechtsorgane entstehen am gleichen Faden benachbart.

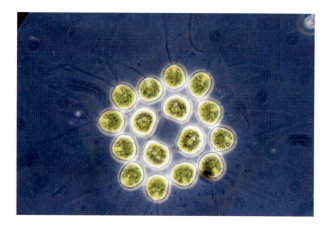

*Grünalge Gonium pectorale –
Phasenkontrast, 312 mal vergrößert*

*Grünalge Trentepohlia aurea, auf Gallerte von Palmella
miniata liegend – Hellfeld, 384 mal vergrößert*

Grünalgen (*Chlorophyta*)

Nächst den Kieselalgen sind die Grünalgen mit 47 Vertretern am häufigsten im Bruchgraben anzutreffen. Sie begegnen uns ein- und vielzellig und zeigen alle eine grüne Färbung. Nur wenige Arten erscheinen durch eingelagertes Carotin rot gefärbt. Sofern die einzelligen Arten zwei gleichlange Geißeln tragen, sind sie zur Eigenbewegung fähig. Sie bilden z.T. Kolonien mit bestimmter, aus der Zellteilung resultierender Zellzahl. Die Vermehrung geschieht ungeschlechtlich durch Zellteilung, aber auch geschlechtlich durch Verschmelzung zweier Zellen. Massenvermehrung führt oft zu „Wasserblüten". Dann zeigt das Wasser eine charakteristische Färbung, und die Gewässeroberfläche ist ganz oder teilweise mit Algen bedeckt. Ihr Chlorophyll befähigt sie zur Photosynthese und macht sie zu leistungsfähigen Sauerstofflieferanten für das Zooplankton. Die fadenförmigen Grünalgen sind oft am Gewässergrund an Steinen festgewachsen und schweben im Wasserstrom in Form ausgedehnter grüner Watten. Sie sind - ähnlich wie die großen Diatomeen - häufig von Kieselalgen der Gattung *Cocconeis* („Algenlaus") bewachsen, aber auch Kelchtierchen (*Cothurnia, Vaginicola*), Glockentierchen (*Vorticella*) und Bakterien setzen sich gern auf ihnen fest.

Jochalgen (*Conjugatophyceae*)

Es gibt einzellige und fadenförmige mehrzellige Jochalgen. Ihr Name leitet sich von der charakteristischen sexu-

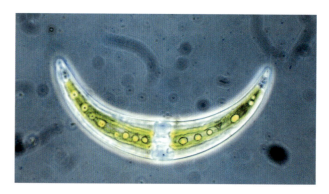

*Jochalge Closterium moniliferum –
Phasenkontrast, 200 mal vergrößert*

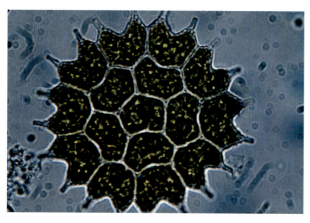

*Grünalge Pediastrum boryanum –
Hellfeld, 640 mal vergrößert*

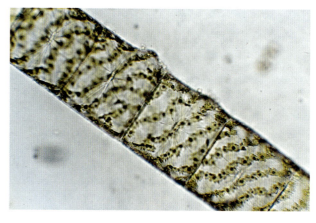

*Jochalge Spirogyra spec. –
Hellfeld, 312 mal vergrößert*

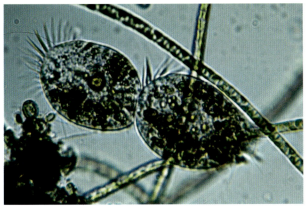

Wimpertierchen Euplotes vannus –
in Teilung – Phasenkontrast, 350 mal vergrößert

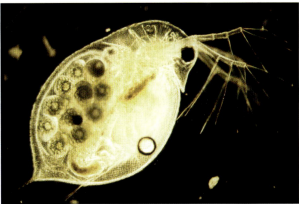

Blattfußkrebschen Daphnia longispina –
Dunkelfeld, 25 mal vergrößert

ellen Fortpflanzung her, bei der sich zwei Zellen aneinanderlagern und sich durch das „Joch" miteinander verbinden. Eine Gruppe, die *Desmidiaceen*, zeigt eine besonders große Formenvielfalt und Schönheit. Ihre Vertreter bestehen aus zwei symmetrischen Zellhälften, die meist durch eine Kerbe (Sinus) getrennt sind. Im Bruchgraben konnten 19 verschiedene Arten von Jochalgen gefunden werden.

Fadenalgen

Im Nettlinger Quellteich, aber auch im Bruchgraben selbst lebt noch eine Reihe weiterer Fadenalgen, die – ähnlich der Kieselalge *Melosira varians* – zu bestimmten Jahreszeiten regelrechte Wattepolster im Uferbereich bilden. Dazu zählen die Gattungen *Cladophora*, *Chaetophora*, *Ulothrix* und *Microspora*.

Sonstige

Südlich der Zuckerfabrik Clauen konnten im Jahre 2003 graue, über dem Flußbett wabernde Watten im Bruchgraben beobachtet werden - ein Massenvorkommen der Schwefelbakterien *Peloploca taeniata* (Glitzerbakterien), durchsetzt mit weiteren Schwefelbakterien – Dünnes Faden-Schwefelbakterium (*Beggiatoa leptomitiformis*) und Rasendes Schwefelei (*Thiovulum majus*).

Zooplankton

Das Zooplankton beschreibt diejenigen Planktonorganismen, die dem Tierreich zugeordnet werden. Der Bruchgraben ist Lebensraum vieler Arten, die in den Tabellen im Anhang aufgeführt sind. Dominiert wird das Zooplankton von den Wimpertierchen (*Ciliata* – 56), den Rädertierchen (Rotatoria – 44), den Amöben (Amoebae – 20) und den Sonnentierchen (Heliozoa – 8). Die Blattfusskrebse (Wasserflöhe – *Phyllopoda*) sind mit 13 Spezies, die Hüpferlinge (*Copepoda*) mit sieben Spezies vertreten. Insgesamt zeigt der Bruchgraben eine interessante Mikrolebewelt. Für sie gilt die Inschrift auf dem Grabmal des großen deutschen Infusorienforschers CHRISTIAN GOTTFRIED EHRENBERG:

> Der Welten Kleines auch ist wunderbar und groß,
> Und aus dem Kleinen bauen sich die Welten.

Ruderfußkrebs Eucyclops serrulatus, Weibchen mit
Eierpaketen-Hellfeld, 31 mal vergrößert

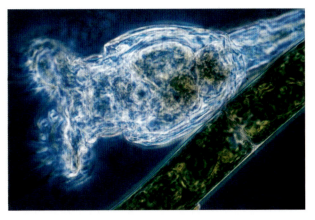

Rädertier Philodina megalotrocha an einem Algenfaden –
Phasenkontrast, 312 mal vergrößert

Fünfzig Jahre Vogelbeobachtungen am Bruchgraben

von Josef Folger

Borsumer Pass mit Wiesen und vielen Gehölzen

„Ein Stück Heimat von ganz besonderer Art ist es, was sich in den Bruchwiesen zwischen Ahstedt und Garmissen dem Auge des Heimatfreundes darbietet. Von der Klunkau, die hier schon den nüchternen Namen „Bruchgraben" führt, in lieblichen Windungen durchflossen, bieten die Wiesen zu jeder Jahreszeit ein anderes Bild."

Ähnlich, wie es der Heimatdichter WILHELM KAUNE (1974) aus Ahstedt in vorstehende Worte fasste, erlebten mein Freund GÜNTER ASCHEMANN und ich als Kinder und Jugendliche die weite Landschaft am Bruchgraben zwischen Harsum, Algermissen und Borsum. Hier haben wir in den 1950er Jahren als Schüler von Studienrat PAUL FEINDT, dem Gründer und langjährigen Vorsitzenden des Ornithologischen Vereins zu Hildesheim, mit wachsender Begeisterung Vögel beobachtet.

„Das Bruch", wie man das Gebiet nannte, hatte zwar 100 Jahre vorher durch die sogenannte Verkoppelung eine völlige Umgestaltung erfahren. Die großflächigen Wiesen, namentlich auf der Harsumer und Borsumer Seite des Baches, waren bis auf vereinzelte kleine Grünflächen, wie die Herrenwiese, in Ackerland umgewandelt worden (SÖDING 1955). Nördlich des Bruchgrabens jedoch, in dem zur Feldmark Algermissen gehörenden „Großen und Kleinen Bruch" westlich und östlich des Borsumer Passes durchdringen auch heute noch größere Wiesen, die von Baumgruppen und artenreichem Buschwerk umrahmt sind, die Ackerlandschaft.

Einen zusätzlichen Reiz verleihen diesem Lebensraum verschiedene Gewässer, wie die ehemalige Tränke von Großalgermissen, die Tonkuhle der ehemaligen Ziegelei am Borsumer Pass, der Alpebach und einige wasserführende Gräben.

Diese Gewässer waren und sind die Heimat verschiedener Wasservögel wie Teichhuhn (*Gallinula chloropus*) und Blässhuhn (*Fulica atrata*). Vom Teichhuhn fanden wir fast jedes Jahr mehrere Gelege, die bis zu sieben Eier enthielten. In den Schilfbeständen bauten Teichrohrsänger (*Acrocephalus scirpaceus*) und Rohrammer (*Emberiza schoeniclus*) ihre Nester, an den Rändern der Gräben war der Sumpfrohrsänger (*Acrocephalus palustris*) zu Hause.

Gut versteckt in üppiger Ufervegetation gingen Stockentenweibchen (*Anas platyrhynchos*) heimlich ihrem Brutgeschäft nach. Waren diese Bruten erfolgreich, konnten wir die führenden Enten mit ihren Jungen im Pulk, der oft aus 8 – 12 Dunenjungen bestand, im Bruchgraben beobachten. Einmal fanden wir ein Stockentennest in einer hohlen Kopfweide. Eine solche Entdeckung war Lehrer HENKE, damals im Borsumer Pass wohnhaft, bereits im April 1916 gelungen, als er ebenfalls in einem hohlen Weidenstamm ein Gelege der Stockente mit elf Eiern vor sich sah. Einen ungewöhnlichen Brutplatz hatte sich eine andere Stockente ausgewählt: Sie brütete in einem Krähennest, das sich in etwa acht Meter Höhe in einer Birke befand. Von dort mussten die kleinen Enten als Nestflüchter herunterspringen.

Inzwischen hat sich am Bruchgraben eine weitere Entenart als Brutvogel eingestellt: Seit Anfang der 1990er Jahre brüten westlich des Stichkanals Reiherenten (*Aythya fuligu-*

Teichrohrsänger, der einen jungen Kuckuck füttert

Männchen (links) und Weibchen (rechts, mit roter Schnabelunterseite) des Eisvogels

la), die man im Juli und August mit ihren Jungen in dem dort aufgestauten breiten Bachbett beobachten kann. Hier halten sich im Winter auch gerne Zwergtaucher (*Tachybaptus ruficollis*) als Nahrungsgäste auf, während der Eisvogel (*Alcedo atthis*) lieber bachaufwärts Jagd auf Stichlinge macht. Vom inzwischen wieder vorhandenen Fischreichtum profitiert auch ein weiterer Nahrungsgast, der Graureiher (*Ardea cinerea*). Er steht oft lange Zeit geduldig am Wassersaum, und stößt dann blitzschnell nach der Beute.

Ein Charaktervogel am Bruchgraben war seinerzeit der Steinkauz (*Athene noctua*). Im Kleinen Bruch und im Gebiet der ehemaligen Bründelner Viehweiden dienten ihm die alten Kopfweiden als Heimstatt. So manchen Frühlingsabend hörten wir seinen melancholischen Revierruf oder erlebten die aufgeregten Altvögel, wenn sie sich um ihre gerade flügge gewordenen Jungen sorgten. Auch Dr. GODEHARD UTHOFF aus Algermissen hörte damals im Großen Bruch regelmäßig den Ruf des Steinkauzes und stufte ihn im Bereich der Hottelner Rotten sogar als häufigen Vogel ein. Der Kältewinter 1962/63 vernichtete den Bestand fast vollständig. Eine Wiederansiedlung Mitte der 1990er Jahre scheiterte, so dass diese kleine Eule aus dem Bruchgrabengebiet seither verschwunden ist.

Vermutlich ergiebige Jagdgründe fand ein Paar Schleiereulen (*Tyto alba*) westlich des Borsumer Passes vor. Es wählte eine Jagdkanzel als Wohnung und bebrütete acht Eier. Das Gelege wurde leider zerstört. Auch die Schleiereule hatte in den kalten Wintern 1962/63 und 1978/79 hohe Verluste erlitten, ist jedoch in fast allen Dörfern am Bruchgraben wieder regelmäßiger Brutvogel. Dies gilt auch für die Waldohreule (*Asio otus*), die in kleineren Gehölzen in der Nähe des Baches brütet. Ein neuerlicher Nachweis gelang mir im Frühjahr 2003 nördlich von Ahstedt, wo ein Paar in einem Krähennest hoch in einer alten Weide erfolgreich brütete.

Zu den interessantesten Beobachtungen in den frühen 1950er Jahren zählten für uns die Begegnungen mit dem Neuntöter (*Lanius collurio*). Unser Eifer, sein Nest zu finden, kannte keine Grenzen. Die Nester waren meist gut versteckt in Wildrosensträuchern oder dornigem Gestrüpp angelegt. Auch sein Verwandter, der Raubwürger (*Lanius excubitor*), war damals Brutvogel am Bruchgraben. Im späten Frühjahr 1952 sah ich auf der Bründelner Seite zwei Altvögel, die mehrere Junge führten. Beide Würgerarten sind bereits seit Jahrzehnten im Gebiet nicht mehr als Brutvögel existent. Eine Ausnahme gab es lediglich im Frühjahr 1991: Am Rande des Borsumer Feuchtgebietes zog ein Paar Neuntöter erfolgreich seine Brut auf.

Auch bei den Wiesenvögeln gab es große Veränderungen. Konnte G. UTHOFF vor mehr als 50 Jahren noch das Flöten des Großen Brachvogels (*Numenius arquata*) und das „Meckern" der „Himmelsziege", wie die Bekassine (*Gallinago gallinago*) volkstümlich genannt wird, vernehmen und sich an den gaukelnden Balzflügen der Kiebitze (*Vanellus vanellus*), plattdeutsch „Pföifittschen" genannt, erfreuen, so blieben uns diese Erlebnisse bereits verwehrt. Der Umbruch bzw. die Drainierung der verbliebenen Wiesen hatte ihnen den Lebensraum genommen. Als typischen Vertreter dieses Habitats trafen wir jedoch noch das Braunkehlchen (*Saxicola rubetra*) an. Über Jahre fanden wir seine im Gras versteckten Nester am Borsumer Ortsbeek, auf der Herrenwiese und an verschiedenen Grabenrändern. Auch das Braunkehlchen verabschiedete sich in den 1960er Jahren. Aus den noch nicht gemähten Wiesen vernahmen wir in manchen Jahren den knarrenden Ruf des Wachtelkönigs (*Crex crex*). Mit Glück kann man ihm auch heute noch in geeigneten Biotopen am Bruchgraben begegnen. Mehr am Rande der Wiesen, versteckt unter Bäumen und Sträuchern, gingen Fasan (*Phasianus colchicus*) und Rebhuhn (*Perdix perdix*) ihrem Brutgeschäft nach. Auch sie sind inzwischen in dem Gebiet sehr selten geworden. Die Wachtel (*Coturnix coturnix*), von der H. HENKE (1916) mitten in einer Wiese im Kleinen Bruch ein Nest fand, ist heute nur noch sporadisch zu hören. Wir vernahmen den „Wachtelschlag", das dreisilbige „Pickper-wick" oft in der Abenddämmerung, wenn bis zu zehn Männchen nach einer Partnerin riefen.

Waren Wiesen und Felder von Bäumen und Sträuchern umrahmt, trafen wir die Goldammer (*Emberiza citrinella*) und, damals noch häufig, die Grauammer (*Miliaria calandra*) an. Wir waren nicht wenig stolz, als wir im Frühjahr 1953 unserem großen Lehrmeister PAUL FEINDT an einem Grabenrand ein Grauammernest mit fünf Eiern zeigen konnten. Heute besteht das einzige Vorkommen dieser Art im gesamten Landkreis Hildesheim nur noch aus wenigen

Der Raubwürger – ein ehemaliger Brutvogel am Bruchgraben

Paaren im Bruchgrabengebiet zwischen Ahstedt und Adlum (vgl. S. 95). Auch der Charaktervogel der Äcker und Wiesen, die Feldlerche (*Alauda arvensis*), hat starke Bestandseinbrüche erlitten (vgl. S. 93). Der bereits genannte Kiebitz hat sich nach dem Verlust der Wiesenflächen seit einer Reihe von Jahren auf einen anderen Bruthabitat eingestellt. Die kleinen Wiesenflächen meidend, brütet er seit vielen Jahren vornehmlich auf frisch bestellten Rübenäckern. Von den Dämmen der Klärteiche der Zuckerfabrik Clauen zählt man nicht selten bis zu zehn brütende Kiebitze auf den benachbarten Feldern. Leider werden die meisten Gelege bei den notwendigen Arbeiten durch die Landmaschinen vernichtet.

Eine „neue" Art ist der Austernfischer (*Haematopus ostralegus*) für die Börde, ein Charaktervogel der Nord- und Ostseeküste. Seit 1996 brütet er in den meist trocken gefallenen Klärteichen. Drei bis fünf Brutpaare des Flussregenpfeifers (*Charadrius dubius*) halten sich lieber an die verbliebenen Feuchtflächen. Die am Rande des Bruchgrabens liegenden Klärteiche der Zuckerfabrik sind ein magischer Anziehungspunkt für durchziehende Limikolen. Die bisher festgestellten Arten alle aufzuzählen, würde den Rahmen dieses Beitrages sprengen!

Aber auch über Aufwärtstrends bei den Bodenbrütern gilt es zu berichten. Zu diesen Arten zählen Wiesenpieper (*Anthus pratensis*), Schafstelze (*Motacilla flava*), Rohr- (*Circus aeruginosus*) und Wiesenweihe (*Circus pygargus*). Der Wiesenpieper, seinerzeit selten, siedelt an Graswegen, Feldrainen und Grabenrändern und ist heute in der Bördelandschaft am Bruchgraben einer der häufigsten Singvögel. Dies gilt auch für die Schafstelze, deren Bestand sich nach einem Tief in den 1970er Jahren gut erholt hat; sie ist in ähnlichen, aber meist baumbestandenen Habitaten, wie z.B. an Straßenrändern heimisch.

Regelmäßig ist die Rohrweihe in der Börde anzutreffen. Dies galt bis in die 1930er Jahre auch von der Wiesenweihe (vgl. S. 87).

Flussregenpfeifer – der in der Nähe des Bruchgrabens brütet

Der Pirol – früher Charaktervogel der Gehölze am Borsumer Pass

Ein Vogel, der es uns besonders angetan hatte, war der Pirol (*Oriolus oriolus*). Wenn der fast exotisch wirkende „Pfingstvogel" im Mai aus seinem afrikanischen Winterquartier in die Brutheimat am Bruchgraben zurückkehrte und wir auf den flötenden Ruf aufmerksam wurden, erfüllte uns das mit besonderer Freude. Sobald zwischen zwei bis drei Paaren auf dem Kleinen Bruch die Revierstreitigkeiten begannen, ließen sich die sonst versteckt in hohen Baumwipfeln umherturnenden Vögel oft gut beobachten. Einmal ein Pirolnest zu finden, ist uns trotz intensiver Suche aber nie gelungen. Da hatte H. HENKE mehr Glück, als er im Juni 1916 ein Nest am Borsumer Pass, quasi vor seiner Haustür, entdeckte und das erfolgreiche Brutgeschehen über viele Wochen miterleben konnte. Heute ist der Pirol als Brutvogel am Bruchgraben fast verschwunden. Nicht mehr alljährlich wird das Flöten des Männchens hier und da vernommen. Es ist ungewiss, ob es auch zur Brut kommt.

Umgekehrt verlief die Entwicklung bei unserer „Sangeskönigin", der Nachtigall (*Luscinia megarhynchos*). Ihr herrliches Lied war in den 1950er und 1960er Jahren im Bruch noch nicht zu hören. Seit dem Beginn der 1970er Jahre treten allein östlich des Borsumer Passes bis Bründeln sechs bis acht Männchen zum „Sängerwettstreit" an. Zählt man die in den weiteren Gebieten des Bruchgrabens singenden Nachtigallen dazu, bilden sie in ihrer Gesamtzahl einen der Schwerpunkte ihres Vorkommens im Landkreis Hildesheim.

In ähnlichen Habitaten wie die Nachtigall leben auch unsere heimischen Grasmückenarten: Mönchs- (*Sylvia atricapilla*), Garten- (*Sylvia borin*), Klapper- (*Sylvia curruca*) und Dorngrasmücke (*Sylvia communis*). Zu den weiteren Brutvögeln am Bruchgraben, die auf Bäume und Sträucher angewiesen sind, zählen Rotkehlchen (*Erithacus rubecula*), Zaunkönig (*Troglodytes troglodytes*), Heckenbraunelle (*Prunella modularis*), Gelbspötter (*Hippolais icterina*), Zilpzalp (*Phylloscopus collybita*), Fitis (*Phylloscopus trochilus*), Grauschnäpper (*Muscicapa striata*), Baumpieper (*Anthus trivialis*), Amsel (*Turdus merula*), Sing- (*Turdus philomelos*), Wachol-

Nachtigall – heute regelmäßiger Brutvogel am Borsumer Pass

der- (*Turdus pilaris*) und Misteldrossel (*Turdus viscivorus*), Buntspecht (*Dendrocopos major*), Kleiber (*Sitta europaea*), Kohl- (*Parus major*), Blau- (*Parus caeruleus*), Sumpf- (*Parus palustris*), Weiden- (*Parus montanus*) und Schwanzmeise (*Aegithalos caudatus*), Buchfink (*Fringilla coelebs*), Girlitz (*Serinus serinus*), Grünling (*Carduelis chloris*), Bluthänfling (*Carduelis cannabina*), Stieglitz (*Carduelis carduelis*), nur noch ganz selten der Gartenrotschwanz (*Phoenicurus phoenicurus*) sowie der Gartenbaumläufer (*Certhia brachydactyla*). Die meisten Höhlen in alten, knorrigen Bäumen werden vom Star (*Sturnus vulgaris*) besetzt. Aber auch der Feldsperling (*Passer montanus*) nistet sich gern in ihnen ein. Sind diese Höhlen größer, können sie auch der Hohltaube (*Columba oenas*) als Wohnung dienen, wie wir in den letzten 20 Jahren mehrmals festgestellt haben. Während die Ringeltaube (*Columba palumbus*) allgegenwärtig ist, trifft auf die Turteltaube (*Streptopelia turtur*) das Gegenteil zu. Als Bewohnerin trockener Gebiete ist sie nur sporadisch in geeigneten Habitaten am Bruchgraben anzutreffen. Auch der Kuckuck (*Cuculus canorus*) lässt seinen Ruf lange nicht mehr so oft hören wie früher.

Baum- und Strauchbewohner sind auch die Rabenkrähe (*Corvus corone*), der Eichelhäher (*Garrulus glandarius*) und der Wappenvogel der Gemeinde Algermissen, die Elster (*Pica pica*). Am häufigsten von ihnen ist die Rabenkrähe, deren verlassene Nester vom Baumfalken (*Falco subbuteo*) angenommen werden. Dieser kleine Falke, den wir seinerzeit nur selten zu Gesicht bekamen, hat eine sehr erfreuliche Entwicklung genommen. Ab Mitte der 1990er Jahre hat sich der Bestand auf etwa sieben bis neun Brutpaare im Raum Hildesheim stabilisiert und wuchs schließlich im Jahr 2000 auf 17 Brutpaare an. In diesem Jahr konnten entlang des Bruchgrabens auf einer Länge von 16 km insgesamt sechs Brutpaare festgestellt werden (mdl. MÖLLER). Auch der Turmfalke (*Falco tinnunculus*) profitiert von alten Krähennestern; er brütet darin seine Eier aus und zieht die Jungen groß. Dagegen baut der Mäusebussard (*Buteo buteo*), der jährlich mit bis zu zehn Brutpaaren vertreten ist, sein Nest selbst. Unregelmäßig gehen auch ein bis zwei Rotmilanpaare (*Milvus milvus*) in hoch in Bäumen angelegten Nestern ihrem Brutgeschäft nach. Von Oktober 2000 bis zum Februar 2001 überwinterten 20 bis 30 Rotmilane in der Nähe von Bründeln, wo sie einen gemeinsamen Schlafplatz hatten. Sogar Kolkraben (*Corvus corax*) haben inzwischen gebrütet: Im Frühjahr 2001 entdeckte ich ihr Nest, aus dem drei Junge ausflogen, in einer Pappel nördlich von Ahstedt.

Auch den Besuch seltener Gäste möchte ich abschließend noch erwähnen: G. UTHOFF sah an einem Wintertag in den 1940er Jahren in den Hottelner Wiesen zwei prächtige Trapphähne. Die Großtrappe (*Otis tarda*) als Bewohnerin der Trockengebiete Mitteldeutschlands (Brandenburg) und der osteuropäischen Steppen erscheint bei uns als sehr seltener Wintergast in der offenen Landschaft, so auch in der „steppenähnlichen" Börde. Im Mai 1993 wurde bei Hotteln ein Schwarzstorch (*Ciconia nigra*) gefunden, der im Bruchgraben Fische erbeutet hatte und auf dem Rückflug zum Nest am Escherberg an einer Hochspannungsleitung verunglückte. Nach dem Verschwinden um 1885 ist der Schwarzstorch seit 1987 wieder Brutvogel in der Region. Der Fund eines verletzten Vogels in rund 15 km Entfernung vom Brutplatz zeigt, dass der Bruchgraben auch für relativ weit entfernt siedelnde Arten als Nahrungsrevier von Bedeutung ist. Den Silberreiher (*Egretta garzetta*) wird man in Zukunft häufiger antreffen können. Von Ungarn her weitet er sein Brutareal nach Nordwesten aus; seit etwa zehn Jahren erscheint die Art in zunehmender Zahl auch bei uns. So konnte ich z.B. am 2. April 2004 zusammen mit Frau R. GREULICH 13 Silberreiher bei der Nahrungssuche am Alpebach kurz vor seiner Einmündung in den Bruchgraben beobachten.

Ziehen wir nun ein Resümee unserer langjährigen Beobachtungstätigkeit, so bleibt festzuhalten, dass bei einigen Vogelarten herbe Verluste bis hin zum völligen Verschwinden eintraten, andere Arten sich aber den Lebensraum am Bruchgraben neu erobert oder in ihrem Bestand erheblich zugenommen haben. In diesem Auf und Ab spiegelt sich der Wandel der Vogelwelt in der Bördelandschaft wider.

Junge Baumfalken im Nest

Auswertung der Fänge am naturfernen Bruchgraben südlich von Soßmar (Fangort Nr. 5)

Fische des Bruchgrabens – gestern, heute, morgen

von Heiko Brunken,
Oliver Birnbacher & Matthias Hein

Der Bruchgraben als Fischgewässer

Liest man alte Chroniken, so waren alle Gewässer „früher" sehr fischreich oder zählten sogar zu „den fischreichsten Deutschlands". Doch wie sieht es heute aus? Nachdem der Mensch die meisten der ehemals arten- und individuenreichen Lebensräume durch Wasserverschmutzung und Gewässerausbau in naturferne Vorfluter umgewandelt hatte, stellte sich seit den 1970er Jahren ein vermehrtes Umweltbewusstsein ein. Die Gesellschaft investierte Millionenbeträge in die Verbesserung von Kläranlagen, und zunehmend beginnt man auch verloren gegangene Lebensraumstrukturen wie Flachwasserzonen und Auengewässer über Renaturierungsmaßnahmen wieder neu zu schaffen (z.B. zum Niedersächsischen Fließgewässerschutzsystem DAHL et al. 1989). All dies ist nicht ohne Wirkung geblieben. Im Rhein gibt es heute wieder zahlreiche, lange Zeit verschollene Fischarten, auch in Niedersachsen kehren ehemals seltene Arten wie Neunaugen und Lachse wieder in die Gewässer zurück. Manche über Jahrzehnte verschollene Kleinfischart breitet sich in den Gewässersystemen wieder aus (BRUNKEN 1988). Doch gilt dies auch für den Bruchgraben? Der Bruchgraben war lange Jahre das klassische Beispiel für ein Gewässer mit extremer Abwasserbelastung, vor allem aus der Zuckerindustrie, und einem über weite Strecken sehr naturfernen Ausbauzustand. Die intensive landwirtschaftliche Nutzung der fruchtbaren Lössböden ließ für naturnahe Gewässer und ihre Auen in der Landschaft keinen Platz mehr übrig. Noch Anfang der 1990er Jahre wurde die Gewässergüte des Bruchgrabens durchgehend mit „stark verschmutzt" (Güteklasse III) bis „sehr stark verschmutzt" (Güteklasse III-IV) eingestuft (SCHULTZ-WILDELAU et al. 1991). Die Fischfauna war dementsprechend weitgehend verödet und bestand fast nur noch aus Dreistachligen Stichlingen (NLÖ pers. Mitt. 2004). Inzwischen hat sich die Gewässergüte im Bruchgraben jedoch deutlich verbessert. Eine im Jahr 2004 durchgeführte Bestandserhebung der Fischfauna sollte zeigen, ob und wieweit sich diese Erfolge im Gewässerschutz auch im Fischbestand niedergeschlagen haben.

Fische als Bioindikatoren

Fische sind gut geeignete Bioindikatoren für den ökologischen Gesamtzustand eines Gewässers, da sie je nach Art nicht nur mehr oder weniger sauberes Wasser, sondern auch ganz spezifische Lebensraumstrukturen benötigen. Bestimmte Gewässerzustände werden durch bestimmte Arten oder Artengemeinschaften gekennzeichnet, von denen hier einige wenige exemplarisch genannt seien. Sowohl der Dreistachlige als auch der Neunstachlige Stichling können in Gewässern mit relativ schlechter Sauerstoffversorgung vorkommen, da sie aufgrund ihrer geringen Körpergröße noch den geringen Diffusionssauerstoff direkt unter der Wasseroberfläche zu atmen vermögen. In belasteten Gewässern können sie dann wegen fehlender Konkurrenz hohe Individuendichten erreichen, so wie es auch im Bruchgraben früher der Fall war. Am anderen Ende der Skala stehen typische Bachfischarten, meist aus der Familie der Lachsartigen (*Salmonidae*) wie z.B. Bachforelle oder Äsche. Diese sind nicht nur auf dauerhaft sauerstoffreiches und kühles Wasser angewiesen, sondern stellen auch an die Laichsubstrate hohe Ansprüche – meist wird sauberer Kies am Gewässergrund benötigt. Ebenfalls in diese Gruppe der typischen Fließgewässerarten gehören einige weniger anspruchsvolle Vertreter aus der Familie der Karpfenfische (*Cyprinidae*) wie Hasel, Döbel oder Gründling. Sehr saubere, strömungs- und sauerstoffreiche Gewässer werden daher Salmonidengewässer genannt, etwas höher belastete oder von Natur aus strömungs- und sauerstoffärmere Gewässer Cyprinidengewässer. In beiden Gewässertypen kommt speziell in Bächen des nordwestdeutschen Hügellandes auch die Bachschmerle regelmäßig vor. Häufig ist sie die erste Art, die ehemals verschmutzte Gewässer wieder neu besiedelt, denn sie benötigt statt Kies zum Ablaichen lediglich Sand und größere Steine zum Verstecken. Andere Fischarten charakterisieren wiederum naturnahe Auensysteme: Rotfeder und Schleie zeigen z.B. einen hohen Reichtum an Wasserpflanzen an, Karausche und Schlammpeitzger stehen für vielfältige Altarme und Altwässer.

Überprüfung des Fischbestandes 2004

An insgesamt 7 Fangorten wurden am 9. und 10. September 2004 mittels Elektrofischerei charakteristische Bachabschnitte von in der Regel jeweils 100 Meter Länge befischt. Zum Einsatz kam ein motorbetriebenes Aggregat (DEKA 7000, Fa. Mühlenbein). Gefischt wurde vom geschobenen Boot aus stromaufwärts gegen ein zuvor gesetztes Absperrnetz, um ein Entkommen der Fische zu vermeiden. Nur an Probestelle 7 wurde aufgrund des sehr starken Pflanzenwuchses watend mit einem Batteriegerät (IG 200-2, Fa. Grassl) gefischt. Alle gefangenen Fische wurden sofort nach dem Fang nach Arten bestimmt, vermessen und dann unmittelbar vor Ort wieder ins Gewässer zurückgesetzt.

Die insgesamt 7 Fangorte (vgl. Anhang S. 271) wurden möglichst gleichmäßig über den Verlauf des Bruchgrabens zwischen Zusammenfluss von Dingelber Klunkau und Dinglarer Klunkau bei Schellerten und Eintritt in die Innersteaue bei Sarstedt verteilt. Vier der Probestellen waren identisch mit Befischungsstellen aus dem Jahre 1988, so dass hier eine direkte Vergleichbarkeit der Ergebnisse gegeben ist. Während der aktuellen Befischungen lagen die Werte für die elektrolytische Leitfähigkeit zwischen 919 und 961 µS/cm, die Temperaturen zwischen 13,4 und 17,3 °C und die pH-

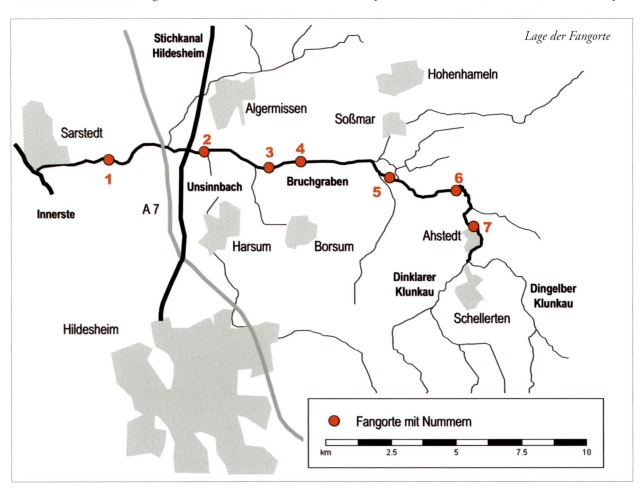

Lage der Fangorte

Strukturarmer Rückstaubereich südlich von Gödringen (Fangort 1). Trotz reichlicher Wasserpflanzenvorkommen und sauber erscheinenden Wassers blieben die Fänge mengenmäßig hinter den Erwartungen zurück

Die Einmündung des Unsinnsbachs in den Bruchgraben (Fangort 2) führt an dieser Stelle innerhalb eines sonst sehr naturfernen Gewässerabschnitts zu spürbaren Strukturverbesserungen. Hier wurden die meisten Fische gefangen

Bedingt naturnaher Abschnitt südöstlich vom Rittergut Neu Oedelum (Fangort 6) mit Strukturen am Gewässergrund und altem Baumbestand. Die bachtypischen Arten Döbel, Hasel und Gründling kamen hier naturraumtypisch in sehr hohen Biomassen vor. Auch der Flussbarsch hatte hier seine höchste Individuendichte

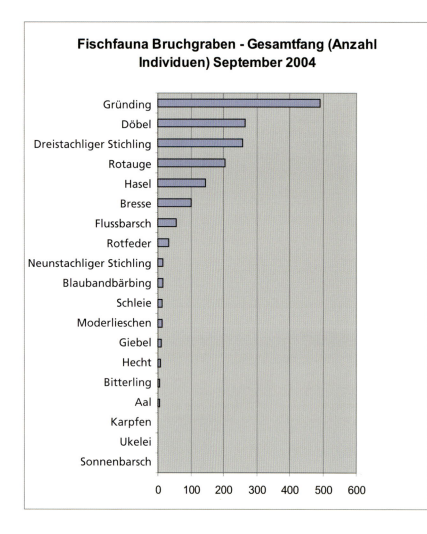

*Fischfauna des Bruchgrabens
September 2004*

Werte zwischen 7,7 und 8,7. Die hohe Spannbreite der Sauerstoffsättigungswerte von 48 bis 128 % weist auf eutrophe Verhältnisse mit relativ starken Sauerstoffzehrungen hin.

Ergebnisse

Insgesamt wurden 1.639 Fische aus 19 Arten gefangen (vgl. auch Anhang S. 271). Zahlenmäßig dominant war der Gründling, der an allen Probestellen individuenreich vertreten war. Die meisten befanden sich jedoch an einem durch etwas höhere Strömung geprägten Gewässerabschnitt (Fangort 2) unterhalb der Einmündung des Unsinnbaches (225 Indiv./100 m). Die zweithäufigste Art, und ebenfalls im gesamten Gewässer verbreitet, war der Döbel. Noch deutlicher als beim Gründling konzentrierte sich das Vorkommen des Döbels auf diesen relativ strukturreichen Abschnitt. Individuenreich und im gesamten Gewässersystem verbreitet waren weiterhin Dreistachliger Stichling, Rotauge und Hasel. In deutlich geringeren Stückzahlen, aber auch an allen Probestrecken, wurde der Flussbarsch nachgewiesen. Die übrigen Arten kamen in geringerer Anzahl oder nur an wenigen Gewässerabschnitten vor. Bitterling (s. Abb.), Brasse, Giebel, Karpfen, Moderlieschen, Schleie, Sonnenbarsch und Ukelei blieben in ihrer Verbreitung auf den unteren Abschnitt des Bruchgrabens beschränkt. Auffällig war das Verbreitungs-

muster des Hechtes, der im Gegensatz zu den vorgenannten Arten nur im oberen Abschnitt an den Fangorten 4, 5 und 6 nachgewiesen werden konnte. Der aus Ostasien eingeschleppte und erst seit wenigen Jahren in Deutschland anzutreffende Blaubandbärbling trat dagegen, wenn auch nur in geringen Anzahlen, an fast allen Probestellen des Bruchgrabens auf.

Es gibt wieder Fische im Bruchgraben

Die Ergebnisse zeigen ganz eindeutig, dass im Bruchgraben im Gegensatz zu 1988 heute wieder eine arten- und zum Teil auch individuenreiche Fischfauna strömungsgeprägter Cyprinidengewässer vorkommt. 1988 wurden mit vergleichbarer Methode und unter vergleichbaren Bedingungen lediglich 10 Arten festgestellt, bei der aktuellen Befischung waren es 19. Noch deutlicher wird der Unterschied bei einem unmittelbaren Vergleich der Fangorte, die sowohl 1988 als auch 2004 befischt wurden: 1988 dominierte – als eindeutiger Indikator stark belasteter Gewässerverhältnisse – an allen Probestellen der Dreistachlige Stichling. Alle anderen Arten kamen, wenn überhaupt, nur sehr vereinzelt vor. Lediglich im unteren Abschnitt bei Algermissen waren damals einige weitere Arten vertreten, jedoch auch diese nur mit geringen Individuenzahlen. 1988 wurden pro 100 m Gewässerabschnitt im Durchschnitt nur 117 Fische gefangen, 2004 waren es dagegen 290. Ohne Berücksichtigung des Dreistachligen Stichlings fällt der Vergleich noch drastischer aus: 1988 waren es 7 Individuen dieser Artengruppe pro 100 m Gewässerstrecke, im Jahr 2004 dagegen 249 Individuen – also ein Anstieg um mehr als das Dreißigfache.

Immer noch Defizite in Qualität und Quantität

Ist die Fischfauna des Bruchgrabens damit gerettet? Ist wieder alles beim alten? Eine Beantwortung dieser Fragen setzt voraus, dass wir über genügend Informationen zum Naturzustand des Gewässers und seiner gewässertypischen Fischbesiedlung verfügen. Dies ist aber nicht der Fall, allzu

Sowohl die Arten- als auch die Individuenzahlen haben von 1988 auf 2004 deutlich zugenommen

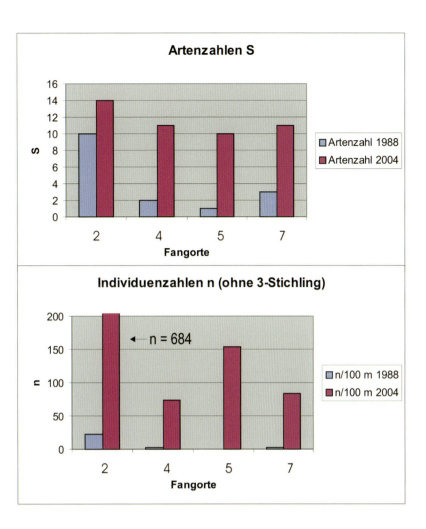

lange ist es her, dass das Erscheinungsbild des Bruchgrabens nachhaltig verändert wurde. Wir müssen uns heute mit der Rekonstruktion von so genannten Referenzzuständen begnügen, die sich aus dem Vergleich mit naturnäheren Gewässern, aus ähnlichen Naturräumen und aus der Biologie der einzelnen Arten ableiten lassen (BUSMA & DOBAT 2004). Trotz der damit verbundenen Unsicherheiten lässt sich eine klare Aussage treffen: Es sind noch deutliche Defizite vorhanden. Im Einzelnen bedeutet dies:

– Arten, die auf sauberen kiesigen Untergrund zum Ablaichen angewiesen sind, fehlen zum Teil vollständig (Elritze, Bachneunauge) oder sind zahlenmäßig an den meisten Probestellen unterrepräsentiert (Hasel).
– Es fehlen zwei Charakterarten, die zum Verstecken grobsteinigen Untergrund benötigen: Neben der Groppe ist dies im Bruchgraben vor allem die Bachschmerle, die in benachbarten Gewässersystemen geradezu eine Leitart derartiger Gewässer darstellt (BRUNKEN 1989).
– Ebenfalls nicht vorhanden sind charakteristische Auenarten wie z.B. Schlammpeitzger oder Karausche. Auch weitere Arten, die auf pflanzenreiche Seitengewässer angewiesen sind, zeigen mit einer nur lückigen aktuellen Verbreitung oder nur geringen Fangzahlen erhebliche Defizite: Schleie, Bitterling, Rotfeder und Hecht wären vor allem im unteren Abschnitt weitaus häufiger zu erwarten gewesen.
– Ob der Bruchgraben oder seine Nebengewässer potenziell auch für Wanderfische geeignet gewesen sein mag, ist heute kaum noch zu beantworten. Zumindest für die Arten Flussneunauge und Meerforelle kann von kleineren historischen Populationen ausgegangen werden. Auch ein ehemaliges Vorkommen des Lachses ist nicht ausgeschlossen.

Neben den qualitativen Defiziten im Arteninventar sind es vor allem immer noch die im Vergleich zu naturnäheren Gewässern sehr geringen Fangzahlen. Es wird deutlich, dass im Bruchgraben heute für die meisten Arten nicht mehr die Wasserqualität, sondern der naturferne, über weite Strecken kanalartige Ausbauzustand begrenzend wirkt. Von Natur aus sind fast alle Fließgewässer im Querschnitt breit und flach und weisen dadurch eine hohe Produktivität (= hohe Fischbiomasse) auf. Der kanalisierte Bruchgraben ist dagegen eingeengt und tief in das Gelände eingeschnitten. Die besiedelbare Gewässerfläche des Bruchgrabens ist allein dadurch auf schätzungsweise ein Drittel reduziert worden. Hinzu kommt der nahezu vollständige Verlust an Seitenbereichen, wie z.B. Flachwasserbuchten, Altarme oder Altwässer, die natürlicherweise als so genannte Kinderstuben der Fische oder als Überwinterungsplätze eine entscheidende Rolle spielen. Hinzu kommt eine weitgehende Strukturarmut am Gewässergrund. Kolke, flache Furten, Kiesbänke, Unterstände oder Totholz sucht man auf den meisten Strecken vergebens. Hierdurch werden die wesentlichen Biotopeigenschaften des Bruchgrabens für Fische wie Nahrungsgründe, Laichplätze, Verstecke oder Aufwuchsplätze von Larven und Jungfischen auch hinsichtlich ihrer Qualität nochmals drastisch reduziert. Dass bereits kleine Verbesserungen in der Strukturausstattung vor allem die Individuenzahlen deutlich ansteigen lassen, zeigt der Fangort 2, an dem im Vergleich zu den anderen Probestrecken etwa die vierfache Menge an Fischen gefangen werden konnte oder der relativ naturnahe Abschnitt beim Rittergut Neu Oedelum (Fangort 6) mit der zweihäufigsten Individuenzahl und überdurchschnittlich hohen Fischbiomassen.

Zwei bemerkenswerte Kleinfischarten aus dem Bruchgraben. Der gemäß der europäischen Flora-Fauna-Habitat-Richtlinie besonders zu schützende Bitterling (oben) kam an den Fangorten 1 und 2 vor. Der noch kleinere, aus Ostasien eingeschleppte Blaubandbärbling (unten; zu erkennen am durchgehenden Längsstreifen und der spitzen schlanken Schnauze) war nahezu im gesamten Gewässer vorhanden und befindet sich in Deutschland derzeit stark in Ausbreitung

Resümee

Schauen wir auf die heutige Fischfauna des Bruchgrabens, so lässt sich eine deutliche und bemerkenswerte Verbesserung feststellen. Wo die Fischbesiedlung vor etwa 15 Jahren noch als weitgehend verödet bezeichnet werden musste, werden heute wieder zahlreiche Arten angetroffen. Dies liegt vor allem in einer spürbaren Verbesserung der Wasserqualität. Im Vergleich zu einem „guten fischökologischen Zustand", wie ihn z.B. das heutige Wasserrecht mit der EU-Wasserrahmenrichtlinie als Mindestzustand einfordert, oder gar im Vergleich zu einem denkbaren Naturzustand bestehen aber noch erhebliche Defizite. Diese lassen sich nur über eine deutliche Verbesserung auch der Gewässerstrukturen beheben. Hierfür braucht der Bruchgraben vor allem Platz und Entwicklungsmöglichkeiten. Er benötigt angeschlossene Auengewässer und eine freie Durchgängigkeit von der Mündung bis in die oberen Bachregionen. Aus fischökologischer Sicht hat der Bruchgraben ein sehr großes Entwicklungspotenzial hin zu einem fischreichen Bördebach – auch er könnte wieder zu einem der fischreichsten Gewässer unserer Region werden!

Danksagung

Dem Sportfischerverein e.V. Sarstedt sei an dieser Stelle für die Erteilung der Fischereierlaubnis gedankt. Das Niedersächsische Landesamt für Ökologie, Dezernat Binnenfischerei (heute Landesamt für Verbraucherschutz) stellte dankenswerterweise Daten aus dem Niedersächsischen Fischartenkataster zur Verfügung.

Fangort	Art	1988	2004
Algermissen	Dreistachliger Stichling	90	80
	Gründling	12	225,3
	Hasel	4	54,7
	Döbel	2	168
	Regenbogenforelle	1,5	
	Schleie	1	
	Rotauge	0,5	170,7
	Rotfeder	0,5	21,3
	Spiegelkarpfen	0,5	
	Aal	0,5	1,3
	Bitterling		1,3
	Blaubandbärbling		1,3
	Brasse		24
	Flussbarsch		5,3
	Giebel		8
	Moderlieschen		1,3
	Sonnenbarsch		1,3
	Summe	**112,5**	**763,8**
	Summe ohne 3-Stichling	**22,5**	**683,8**
Bründeln	Dreistachliger Stichling	48	29
	Gründling	2	32
	Aal		1
	Brasse		1
	Döbel		11
	Flussbarsch		4
	Hasel		1
	Hecht		1
	Neunstachliger Stichling		8
	Rotauge		1
	Rotfeder		14
	Summe	**50**	**103**
	Summe ohne 3-Stichling	**2**	**74**
Soßmar	Dreistachliger Stichling	125	44
	Aal		2
	Blaubandbärbling		1
	Brasse		2
	Döbel		60
	Flussbarsch		1
	Gründling		71
	Hasel		10
	Neunstachliger Stichling		1
	Rotauge		6
	Summe	**125**	**198**
	Summe ohne 3-Stichling	**0**	**154**
Ahstedt	Dreistachliger Stichling	185	10
	Gründling	1	18
	Schleie	1	
	Aal		1
	Blaubandbärbling		2
	Döbel		1
	Flussbarsch		15
	Hasel		26
	Moderlieschen		1
	Neunstachliger Stichling		2
	Rotauge		16
	Rotfeder		2
	Summe	**187**	**94**
	Summe ohne 3-Stichling	**2**	**84**

Vergleich der Fänge von 1988 und 2004. Angegeben ist die Anzahl gefangener Individuen pro 100 m Gewässerstrecke

Libellen am Bruchgraben

von Thorsten Belder

Libellen besiedeln die unterschiedlichsten Gewässertypen. Dabei gibt es Spezialisten, die in verschiedenen ökologischen Nischen vorkommen, und Generalisten, die sich in vielen Gewässern entwickeln können. Besonders gefährdet sind neben den Arten der Moore die Spezialisten der Fließgewässer, die heute allerdings fast immer stark vom Menschen verändert wurden.

Neben den Vegetationsverhältnissen sind dabei abiotische Faktoren wie Sauerstoffgehalt, Substrat und Fließgeschwindigkeit von Bedeutung. Besonders wichtig für die Artenzusammensetzung ist die Wassertemperatur, die außer von klimatischen Gegebenheiten stark von dem Ausmaß der Beschattung abhängt. Geschlechtsreife Tiere (Imagines) bevorzugen besonnte Flussabschnitte, wobei die Imagines der Flussjungfern (*Gomphidae*) häufig an Gehölzsäumen mit sonnigen Bereichen zu finden sind. Ihre Larven leben in flachen Sandbereichen ohne submerse Vegetation. Diese Bedingung ist oft in beschatteten Bachabschnitten gegeben.

Die Begradigung vieler heimischer Bäche hat zu einem Verlust der Strömungs- und Strukturvielfalt geführt. Sandbänke, wichtige Larvallebensräume vieler Libellen, sind dadurch verschwunden. Verrohrung und Überbauung der Bäche unterbrechen die wichtige Funktion als Wanderkorridore für viele Libellenarten. Auch Vertreter der Stillgewässer nutzen Fließgewässer häufig zu diesem Zweck. Weiterhin wirken sich Unterhaltungsmaßnahmen wie Räumung und Entkrautung oft verheerend auf die Libellenpopulationen aus. Besonders Prachtlibellenlarven werden durch diese Maßnahmen bedroht, denn sie leben versteckt zwischen den untergetauchten Wasserpflanzen.

Durch die Mahd von Uferböschungen und angrenzenden Flächen werden die Sitzwarten der Libellen vernichtet. Schlafplätze und Rückzugsräume, die bei schlechter Witterung aufgesucht werden, fehlen dann. Im Sommer 2004 konnte ich beobachten, dass die gesamte Population der Gebänderten Prachtlibelle (*Calopterix splendens*) am Bruchgraben bei Adlum nach der Mahd des Uferbereiches verschwunden und wahrscheinlich abgewandert war. Alternative Lebensräume in der näheren Umgebung waren nicht vorhanden. Am Bruchgraben reichen die Ackerflächen oft bis unmittelbar an die Uferböschung heran. Wenn dann die wenigen Randbereiche mit höherer Vegetation, in deren Nähe sich geeignete Eiablageplätze befinden, gänzlich gemäht werden, wird den Imagines der Lebensraum genommen. Diese Bedingungen haben auch für die Larven negative Auswirkungen. Starke Regenfälle können erhebliche Mengen von Schweb- und Nährstoffen ins Wasser spülen. Durch das damit verbundene starke Algenwachstum und die durch den Abbau der Algen bedingte Sauerstoffzehrung kann es zum Absterben der an sauerstoffreiches Wasser angepassten Libellenlarven kommen. Außerdem ist mit einem Eintrag von Pestiziden zu rechnen, der sich negativ auf die Libellenfauna auswirkt.

Untersucht wurde der Bereich des Bruchgrabens von Schellerten bis zur Mündung in die Innerste bei Sarstedt. Insgesamt wurden zwölf Arten nachgewiesen (vgl. Artenliste S. 280). Ein Teil von ihnen ist sicherlich zugeflogen und nutzt bestimmte Bereiche als Jagdgebiet oder Wanderkorridor. Hierzu zählen die Arten der Stillgewässer und sicherlich auch ein Einzelfund der seltenen Helm-Azurjungfer (*Coenagrion mercuriale*). Bis auf die Gebänderte Prachtlibelle findet man keine Art, die an Fließgewässer gebunden ist. Sie stellt im Vergleich zu anderen reinen Fließgewässerspezialisten geringere Ansprüche an ihren Lebensraum. Daneben kommen aber Arten vor, die sowohl an Stillgewässer als auch an langsam fließende Gewässer angepasst sind, wie z.B. die Glänzende Smaragdlibelle (*Somatochlora metallica*) und die besonders auffällige Blutrote Heidelibelle (*Sympetrum sanguineum*) als Vertreter der Großlibellen.

Bereiche, die sowohl den Larven als auch den Imagines der Flussjungfern als typische Spezialisten der Fließgewässer geeignete Lebensräume bieten würden, findet man am Bruchgraben kaum. Das liegt unter anderem daran, dass in seiner Umgebung oft insektenreiche Lebensräume fehlen, die von den Imagines bis zur Geschlechtsreife zur Jagd aufgesucht werden könnten.

Für den interessierten Libellenbeobachter sind, passendes Wetter vorausgesetzt, drei Bereiche einen Besuch wert: Die Brücke über den Bruchgraben bei Adlum, in der Nähe des Ortsausgangs von Ahstedt in Richtung Adlum und die Mündung in die Innerste bei Sarstedt. Mit Abstrichen kann man noch den Flussabschnitt oberhalb der Zuckerfabrik Clauen nennen. Dabei handelt es sich ausnahmslos um Gebiete, die vergleichsweise reich strukturiert sind.

Es folgt eine Darstellung einiger Libellenarten, die für den Bruchgraben besonders bemerkenswert sind (vgl. Anhang S. 280). Die angegebenen Flugzeiten sind Richtwerte und können von Jahr zu Jahr je nach Witterung um mehrere Wochen abweichen.

Männchen der Gebänderten Prachtlibelle

Männchen der Federlibelle

Gebänderte Prachtlibelle (*Calopterix splendens*)
Flugzeit: Mai bis August

Die Männchen besitzen eine dunkle, blau-schillernde breite Binde auf den Flügeln. Die Flügel der Weibchen sind grünlich transparent. Vereinzelt kann man diese Art an vielen Stellen des Bruchgrabens antreffen, vor allem in Bereichen mit reicher Ufervegetation. Größere Populationen existierten im Sommer 2004 bei Adlum und Ahstedt. Diese Libellen suchen die Nähe von Artgenossen. Nachts und in Perioden schlechter Witterung bilden sie Schafgemeinschaften in der Nähe ihrer Reviere. Dafür benötigen sie windgeschützte Bereiche mit höherer Vegetation. Regelmäßig kann man sie an diesen Ruheplätzen antreffen. Werden diese Bereiche aber gemäht, oder wechselt die Windrichtung, suchen sie sich neue Schlafplätze. Sollten diese in der Nähe nicht vorhanden sein, wandern sie ab.

Die Männchen dieser Art zeigen ein ausgeprägtes Territorialverhalten. Sie besetzen Gewässerabschnitte mit guten Eiablageplätzen und verteidigen diese gegen andere Männchen. Zur Balz oder im Schaukampf mit anderen Männchen vollführen sie interessante Signalflüge mit unterschiedlichen Flugmustern. Bei der Eiablage bewacht das Männchen sein Weibchen. Dieses sticht die Eier in Schwimmpflanzen ein, wobei es auch vollständig untertauchen kann. Der Revierinhaber vertreibt unterdessen Konkurrenten oder balzt währenddessen um andere Weibchen, die in sein Territorium eingeflogen sind. Die Larven leben zwischen untergetauchter Vegetation. Ihre Entwicklungszeit beträgt in der Regel 2 Jahre.

Federlibelle (*Platycnemis pennipes*)
Flugzeit: Mai bis September

Federlibellen sind Kleinlibellen und gehören zu den häufigsten heimischen Libellenarten. Am Bruchgraben sind sie bei Adlum und Sarstedt zu finden. Die Männchen sind hellblau gefärbt, die Weibchen ockergelb bis braun. Kurz nach dem Schlupf sind diese Libellen fast weiß und nehmen erst im Laufe ihres Lebens eine intensivere Färbung an. Bei der Habitatauswahl spielt die Uferstruktur des Gewässers eine wichtigere Rolle als das Gewässer selbst. Federlibellen bevorzugen eine strukturreiche sonnige Umgebung, meist in Waldnähe. Die Männchen bilden keine Reviere, sondern sind ständig auf der Suche nach Weibchen. Die Larven besiedeln in Fließgewässern Wasserpflanzen, in Stillgewässern leben sie auf dem Grund zwischen abgestorbenen Pflanzenteilen und reagieren unempfindlich auf Gewässerverschmutzungen. Die Entwicklungszeit der Larven beträgt ein Jahr.

Große Pechlibelle (*Ischnura elegans*)
Flugzeit: Mai bis September

Diese Kleinlibellen stellt nur geringe Ansprüche an Art und Ausstattung ihrer Fortpflanzungsgewässer und kommt an fast allen Gewässertypen vor. Da sie nur geringe Anforderung an die Wasserqualität stellt, ist sie an Gewässern aller Güteklassen gleich häufig zu finden. Am Bruchgraben besiedelt sie Stellen, die Uferbewuchs aufweisen und nicht beschattet sind.

Die Weibchen dieser Art treten in zahlreichen Farbformen auf, die nur zum Teil ihren Grund in Ausfärbungsstadien haben. Die Farbskala reicht vom hellen Blau über Rosa bis Olivgrün, durchzogen von schwarzer Zeichnung. Ihre Schlupfaktivität ist recht gleichmäßig über die Flugzeit verteilt und erfolgt nicht wie bei vielen anderen Arten, die schon im Frühjahr fliegen, gehäuft an wenigen Tagen. Die Große Pechlibelle verhält sich weniger witterungsabhängig als andere Libellenarten und ist sogar noch bei leichtem Regen aktiv. Nur, wenn die Temperaturen unter 15 Grad fallen, und bei stärkerem Wind, kann man sie nicht mehr beobachten. Um sich vor Annäherungsversuchen artgleicher Männchen zu schützen, tauchen die Weibchen bei der Eiablage oft vollständig unter. Die Eier werden in Wasserpflanzen oder in Pflanzenteile eingestochen, die auf dem Wasser treiben.

Paarungsrad der Großen Pechlibelle

Blutrote Heidelibelle (*Sympetrum sanguineum*)
Flugzeit: Juli bis September

Diese Großlibelle ist eine unserer häufigsten Sommerarten. Die Männchen weisen einen leuchtend roten Hinterleib auf. Als Unterscheidungsmerkmal zu anderen ähnlichen Heidelibellenarten können die komplett schwarzen Beine dienen. Blutrote Heidelibellen jagen von einem bevorzugten Ansitz aus, zu dem sie häufig zurückkehren. Sie verhalten sich weniger scheu als andere Großlibellenarten.

Die Larven entwickeln sich in stehenden oder langsam fließenden Gewässern. Sie bevorzugen besonnte nährstoffreiche Bereiche mit vegetationsreichen Flachwasserzonen. Am Bruchgraben ist diese Art am Unterlauf bei Sarstedt zu finden, möglicherweise wandern die Tiere aus den nahe gelegenen Kiesgruben zu. Interessant ist das Eiablageverhalten dieser Libellen: Die Eier werden in Tandemstellung (Festhalten des Weibchens an der Vorderbrust durch das Männchen) über flachem Wasser oder häufiger in flachen Uferbereichen unter wippenden Bewegungen im Flug abgeworfen. Die Eier können an Land überwintern, um dann mit den höheren Wasserständen im Frühjahr ins Wasser gespült zu werden. Sie überstehen dabei eine Austrocknung und auch Frost schadlos. Durch die Tandembildung verhindert das Männchen weitere Paarungen „seines" Weibchens durch Konkurrenten vor der Eiablage. Das Verhalten des Männchens ist allerdings von der Konkurrenzsituation am Eiablageplatz abhängig und erfolgt nur bei hoher Konkurrenz. Stellt sich die Konkurrenzsituation entspannt dar, lässt es das Weibchen oft allein bei der Eiablage zurück und sieht

Männchen der Blutroten Heidelibelle

sich nach weiteren paarungswilligen Weibchen um. In den meisten Fällen ist an den Fortpflanzungsgewässern aber ein deutliches Überangebot an Männchen festzustellen, da die Weibchen diese Gewässer meist nur für die recht kurze Zeit der Paarung und Eiablage aufsuchen. Dies gilt für die weitaus meisten Libellenarten.

Die Gemeine Smaragdlibelle, die von der Glänzenden Smaragdlibelle nur sehr schwer zu unterscheiden ist

Herbst-Mosaikjungfer

Glänzende Smaragdlibelle (*Somatochlora metallica*)
Flugzeit: Juni bis September

Diese Großlibelle fällt durch ihr leuchtend metallisches Grün auf. Ältere Männchen bekommen einen Kupferschimmer. Die Glänzende Smaragdlibelle lebt an Stillgewässern und langsam fließenden Gewässern mit schlammigem Untergrund und Röhrichtbeständen in der Uferzone. Eine wesentliche Rolle für das Vorkommen dieser Art spielen größere, offene Wasserflächen. Ufergehölze begünstigen diese Art. Und so findet man sie im Unterlauf des Bruchgrabens bei Sarstedt. Diese Libelle ist ein auffällig geschickter und ausdauernder Flieger. Man sieht sie oft noch in der Abenddämmerung fliegen. Die Eiablage der Weibchen erfolgt bisweilen sogar bei völliger Dunkelheit. Die Männchen kann man oft bei ihrem schnellen, nur durch kurze Schwirrflugphasen unterbrochenen Suchflug nach Eier ablegenden Weibchen entlang den Uferlinien beobachten. Dabei setzen sie sich nur sehr selten, was die Unterscheidung von der sehr ähnlichen Gemeinen Smaragdlibelle zusätzlich erschwert.

Herbst-Mosaikjungfer (*Aeschna mixta*)
Flugzeit: Juli bis Oktober

Diese markant gezeichnete Großlibelle kann mit der auf den ersten Blick ähnlichen, auch am Bruchgraben vorkommenden Blaugrünen Mosaikjungfer (Aeschna cyanea) verwechselt werden. Generell ist die Herbst-Mosaikjungfer eine der häufigen Libellenarten und besiedelt ein breites Spektrum unterschiedlicher Gewässertypen. Bevorzugt werden stehende und langsam fließende Gewässer mit reicher Ufervegetation. Im Gegensatz zu vielen anderen Libellenarten weist sie eine hohe Toleranz gegenüber Gewässerverschmutzung auf. Lokal tritt diese Art nur in geringer Individuendichte auf und gehört wie auch die Glänzende Smaragdlibelle zu den „Flyer-Arten", d.h. sie befindet sich den größten Teil des Tages in der Luft. Durch die fast ständige Aktivität der Flugmuskeln erzeugt sie Körperwärme, so dass man sie auch an kühleren Tagen und bis spät in die Abenddämmerung hinein fliegen sehen kann. Die Männchen weisen nur eine geringe Ortstreue und Gewässerbindung auf. So findet man sie oft auch weit abseits von Gewässern auf der Jagd oder sieht sie bei Patrouillenflügen entlang den Uferlinien geeigneter Fortpflanzungsgewässer auf der Suche nach Eier legenden Weibchen, um diese dann schnell zu ergreifen und sich anschließend mit ihnen zu paaren. Die Weibchen legen ihre Eier bevorzugt im Schutz dichter Vegetation in lebende oder abgestorbene Pflanzenteile in Ufernähe ab. Am Bruchgraben konnte ich Männchen direkt an der Mündung in die Innerste bei Sarstedt regelmäßig beobachten.

Gemeine Smaragdlibelle nach dem Schlüpfen

Die Posthornschnecke lebt in krautigen Kleingewässern und ist für viele Menschen der Inbegriff der Wasserschnecke

Wassermollusken im Einzugsgebiet des Bruchgrabens

von Karsten Lill

Da das Bruchgrabensystem den Großteil der Hildesheimer Börde entwässert, wurden bei der Erfassung der Süßwassermollusken des Gebietes auch die Stillgewässer berücksichtigt, zu denen neben den allgegenwärtigen Zuckerfabriks- und Ziegeleiteichen auch etliche kleine, flache Teiche und Tümpel zählen, die sich, oft recht unzugänglich, in Feldgehölzen verstecken. Diese Kleingewässer sind wie die unzähligen Entwässerungsgräben nicht selten von saisonaler Austrocknung betroffen.

Die Wasserqualität und die ökologischen Bedingungen im Bruchgrabensystem waren viele Jahre lang besorgniserregend und verursachten ein verarmtes Makrozoobenthos. Auf anthropogene Verschmutzung der Bäche durch Kläranlagen und durch periodisches Trockenfallen der Gräben und Kleingewässer reagiert auch die Molluskenfauna mit einer angepassten Zusammensetzung. Das Artenspektrum setzt sich zu etwa 70 % aus limnischen und/oder fluviatilen Arten der flachen stehenden und fließenden Gewässer zusammen. Palustrische Arten der sumpfigen, stark verkrauteten Uferränder und der periodischen Wasserstellen (Entwässerungsgräben, Tümpel) sind zu etwa 30 % vertreten.

In fließendem Wasser lebt die Flußnapfschnecke (*Ancylus fluviatilis*) an überströmten Steinen und sonstigen hartgründigen Gegenständen. Sie wird zwar oft als Anzeiger für sauberes, klares Wasser erwähnt, wird aber immer wieder auch in Lebensräumen beobachtet, wo sie Verschmutzung und Trübung erträgt.

Am schlammigen Grund und in den krautigen Uferzonen kleiner Fließgewässer finden sich weiterhin die Gemeine Federkiemenschnecke (*Valvata piscinalis*), Neuseeland-Zwergdeckelschnecke (*Potamopyrgus antipodarum*) sowie hin und wieder die Spitze Blasenschnecke (*Physella acuta*), Weißes Posthörnchen (*Gyraulus albus*), Gemeine Schlammschnecke (*Radix ovata*) und die Gemeine Kugelmuschel (*Sphaerium corneum*). Alle diese Arten sind gleichfalls auch in limnischen Biotopen, also stehenden Gewässern zu finden.

Ausgesprochen limnische Arten der kleinen, krautigen Tümpel und Teiche in der Börde sind die Gemeine Schnauzenschnecke (*Bithynia tentaculata*), Scharfe Tellerschnecke (*Anisus vortex*), Riemen-Tellerschnecke (*Bathyomphalus contortus*), Zwergposthörnchen (*Gyraulus crista*), Posthornschnecke (*Planorbarius corneus*), Spitzhornschnecke (*Lymnaea stagnalis*), Ohrschlammschnecke (*Radix auricularia*) und die Häubchenmuschel (*Musculinum lacustre*). Durch Keschern der krautigen Ufer und Sieben des Sediments sind die Tiere leicht zu finden. Große Arten wie die Posthornschnecke, Spitzhornschnecke und Ohrschlammschnecke kann man an warmen Sommertagen beobachten, wie sie, mit ihrem Bauchfuß nach oben, das große Gehäuse unter sich hängend, geradezu elegant an der gespannten Wasseroberfläche gleiten. Die Atemöffnung dieser pulmonaten Wasserschnecken (Lungenschnecken) befindet sich dabei außerhalb des Wassers, um Luft für den nächsten Tauchgang zu tanken. Gleichzeitig weiden die Tiere bei diesem Vorgang dünnste Algenfilme von der Wasseroberfläche ab.

An den Stängeln von Wasserpflanzen (z. B. Teichrosen) und unter den schwimmenden Blättern finden sich nicht nur die gallertigen Eiballen und -schnüre verschiedenster

Die Ohrschlammschnecke unterscheidet sich von ihren drei Verwandten der Gattung Radix durch den stark aufgeblasenen letzten Umgang, der – ohrförmig erweitert – deutlich von einem kleinen, sehr spitzen Gewinde überragt wird

Wasserschnecken, sondern auch die unscheinbaren schwarzen Gehäuse der Teichnapfschnecke (Acroloxus lacustris), die man erst nach genauerem Hinsehen als kleine, spitze Hütchen entdeckt. An schwimmenden Teilen von Wasserpflanzen, besonders aber an losgerissenen treibenden, welkenden Blattresten kann man zahlreiche kleine Arten der flach-scheibenförmig aufgewundenen Tellerschnecken entdecken.

Ein besonderes und in Niedersachsen noch seltenes, nur punktuell verbreitetes Tier ist die Flache Mützenschnecke (Ferrissia wautieri), die sich für ungeübte Betrachter nur schwer von der viel häufigeren Teichnapfschnecke unterscheiden lässt. Erscheinungsform und Lebensweise der beiden, keinesfalls nahe verwandten Arten sind sehr ähnlich. Seit etwa 25 Jahren häufen sich auch in Niedersachsen Nachweise aus oft stark eutrophierten Kleingewässern, Teichen und Tümpeln - bisher jedoch fast immer einzelne, isolierte Beobachtungen (vgl. z. B. LILL 1990; LILL 2003). Abgesehen davon, dass die systematische Stellung dieser Artengruppe und letztlich ihre Benennung derzeit noch diskutiert werden, gibt es auch grundsätzlich verschiedene zoogeographische Auffassungen darüber, ob die Flache Mützenschnecke ein aus südosteuropäischen (oder gar nordamerikanischen) Gebieten eingewandertes oder eingeschlepptes Neozoon sei oder vielleicht doch ein glazial verdrängtes altes Faunenelement, das sich über lange Zeiträume mehr oder weniger unbemerkt seinen alten Lebensraum in nördlicheren europäischen Breiten zurückerobert hat. Die Art wird mittlerweile mit zerstreuter Verbreitung aus vielen Ländern Europas gemeldet und scheint in der norddeutschen Tiefebene stellenweise flächendeckend vorzukommen (GLÖER 2002). Für Mecklenburg-Vorpommern ist die inzwischen fast landesweite Verbreitung dokumentiert.

Palustrische Schnecken wie Moos-Blasenschnecke (Aplexa hypnorum), Weißmündige Tellerschnecke (Anisus leucostoma), Gemeine Tellerschnecke (Planorbis planorbis) und Kleine Sumpfschnecke (Galba truncatula) leben in sehr seichten, versumpften und verkrauteten Uferzonen von Tümpeln, beruhigten, schlammigen Abschnitten der Bäche und in zugewachsenen, nur wenig Wasser führenden oder saisonal austrocknenden Entwässerungsgräben. In Tümpeln und Gräben, die im Sommer gelegentlich vollständig trockenfallen, überleben diese Arten auch, wenn über längere Zeit gar kein Wasser mehr vorhanden ist. Die Tiere ziehen sich dann in den nassen Schlamm zurück; in Gräben, die völlig trocken scheinen, kann man die Schnecken finden, indem man die Sohle aufgräbt: selbst in nur feuchter Erde, die von Trockenrissen durchzogen ist, überleben sie mühelos im amphibischen Ruhezustand. Auch die oben erwähnte Flache Mützenschnecke hat eine Überlebensstrategie für Trockenphasen in Kleinstgewässern entwickelt. Mit sinkendem Wasserstand zieht sie sich zunächst immer weiter an den Gewässergrund zurück und bildet bei akutem Wassermangel unter ihrem mützenförmigen Gehäuse ein kalkiges Septum, unter dem der Weichkörper die Trockenzeit lange überdauert.

Es zeigt sich, dass nicht der Bruchgraben als bekanntestes und besonders charakteristisches Fließgewässer der Hildesheimer Börde die interessantesten Beobachtungsmöglichkeiten für die heimische Süßwasserschneckenfauna bietet, sondern vielmehr die limnisch-palustrischen Biotope der Tümpel und Kleinstgewässer, die man in der Bördelandschaft allerdings erst entdecken muss.

Drei charakteristisch gerippte Zwergposthörnchen fressen an der Unterseite eines modernden Blattes. Bei dem Tier in der Mitte sind die Augen als schwarze Punkte an der Basis der Fühler erkennbar

Fliessgewässerrenaturierung aus landesweiter Sicht – Ziele und Massnahmen

von Peter Sellheim

Ausgangssituation

Niedersachsen wird von ca. 180.000 km kleinerer und größerer Fließgewässer durchzogen. Diese Gewässer prägen unsere Landschaft in vielfältiger und eindrucksvoller Weise und haben eine Vielzahl unterschiedlichster Funktionen zu erfüllen.

Viele von ihnen wie der Bruchgraben im Landkreis Hildesheim sind durch die Nutzungsansprüche des Menschen so stark verändert, dass sich landesweit nur noch wenige Gewässerstrecken in einem naturnahen oder natürlichen Zustand befinden. Dies hat dazu geführt, dass heute die einst vielfältigen Gewässerlandschaften an Strukturen verarmt und viele Tier- und Pflanzenarten der Fließgewässer und ihrer Auen stark gefährdet oder gar ausgestorben sind.

Der Schwerpunkt der Sanierungsmaßnahmen an unseren Bächen und Flüssen lag in der Vergangenheit in der Verbesserung der Gewässergütesituation durch verstärkte Abwasserreinigungsmaßnahmen. Hier ist in der Tat sehr viel erreicht worden; die Wasserqualität unserer Bäche und Flüsse hat sich durch den Neu- und Ausbau von Kläranlagen in den letzten Jahren deutlich verbessert.

So wichtig und grundlegend diese Maßnahmen für die Entwicklung naturnaher Gewässer sind: Die optimale Reinigung nach dem Stand der Technik reicht allein nicht aus, wenn unsere Gewässerläufe durch Strukturarmut, Verbauungen und Eingriffe in die hydrologischen Verhältnisse beeinträchtigt sind. Der Fließgewässerschutz muss deshalb heute über die optimierte Abwasserreinigung hinaus auch auf die Entwicklung naturraumtypischer und damit insgesamt funktionsfähiger Gewässerläufe ausgerichtet sein.

Die Europäische Wasserrahmenrichtlinie – ein neues Kapitel europäischer Wasserpolitik

Diese Problematik und der sich abzeichnende umfassende Handlungsbedarf auf dem Gebiet des Gewässerschutzes über Landesgrenzen hinaus sind inzwischen zu einem Schwerpunkt europäischer Wasserpolitik geworden: Mit der im Jahre 2000 in Kraft getretenen Europäischen Wasserrahmenrichtlinie (EG – WRRL) ist auf europäischer Ebene ein verbindlicher Ordnungsrahmen geschaffen worden, der die Grundlage bilden soll für ein koordiniertes und einheitliches Handeln im Bereich des Gewässerschutzes in Europa.

Die Wasserrahmenrichtlinie enthält weitreichende Vorgaben und ökologische Anforderungen für die nachhaltige Bewirtschaftung europäischer Gewässerlandschaften. Sie

Der Bruchgraben mit seinem geradlinigen Verlauf, seinen unbeschatteten Ufern und den unmittelbar angrenzenden Äckern vermittelt auf weiten Strecken, wie hier zwischen Algermissen und Harsum, einen naturfernen Eindruck

umfasst den Schutz von Grundwasser, Oberflächengewässern und aquatischen Lebensgemeinschaften. Sie definiert für die Oberflächengewässer und das Grundwasser anspruchsvolle Schutzziele und verpflichtet die Mitgliedsstaaten, in allen Gewässern innerhalb von 15 Jahren einen guten ökologischen und chemischen Zustand zu erreichen.

Fließgewässerrenaturierung in Niedersachsen – Niedersächsisches Fließgewässerprogramm

Wie sieht nun die Situation bei uns im Lande aus? Auch Niedersachsen als großes Flächenland hat aus seiner Verantwortung für das allgemeine Wohl ein erhebliches Interesse an der naturnahen Entwicklung unserer Fließgewässer. Durch Unterstützung von geeigneten Maßnahmenträgern sollen auf diesem Gebiet Fortschritte erreicht und den Anforderungen der Europäischen Wasserrahmenrichtlinie Rechnung getragen werden.

Mit dem Fließgewässerprogramm des Niedersächsischen Umweltministeriums werden daher Maßnahmen zur naturnahen Gestaltung von Fließgewässern und ihren Auen finanziell gefördert.

Langfristiges Ziel dieses stark interdisziplinär ausgerichteten Landesprogramms ist der Erhalt und die Entwicklung naturnaher niedersächsischer Gewässerlandschaften mit ihren Lebensgemeinschaften. Damit leistet das Programm einen sehr konkreten Beitrag bei der Umsetzung der Wasserrahmenrichtlinie zur Erreichung des geforderten guten ökologischen Zustandes unserer Bäche und Flüsse. An der Umsetzung beteiligen sich v. a. Kommunen, Landkreise und Unterhaltungsverbände als häufigste Maßnahmenträger.

Neben dem Gewässerrandstreifenerwerb sowie verschiedensten Umgestaltungsmaßnahmen im Gewässer- und Auenbereich zählt vor allem die Wiederherstellung der ökologischen Durchgängigkeit an bestehenden Wehr- und Stauanlagen zu den Zielen des Fließgewässerprogramms. Beispiele hierfür sind die größeren Umgestaltungen an der Leine in den Landkreisen Hildesheim und Hannover: Durch die Anlage von Fischaufstiegsanlagen, Sohlengleiten und Umgehungsgerinnen wurden Wanderhindernisse im Flusslauf beseitigt und die aquatische Passierbarkeit für die Tierwelt der Leine wiederhergestellt.

Zur Situation am Bruchgraben

Der Bruchgraben im Landkreis Hildesheim ist ein nährstoffreiches, in weiten Strecken naturfernes und ausgebautes Gewässer mit überwiegend monotonen Ufer- und Sohlstrukturen. Der Gewässerlauf ist stark eingetieft und weitgehend unbeschattet. Ein weiteres Problem ist die örtlich unmittelbar an das Gewässer angrenzende, in weiten Teilen intensive landwirtschaftliche Nutzung mit den bekannten Folgen für Gewässer und Aue (Eutrophierung, Entwässerung, Erosion usw.).

Am Bruchgraben besteht also aus ökologischer Sicht, etwas bürokratisch ausgedrückt, erheblicher Handlungsbedarf: Maßnahmen zur Verbesserung der ökologischen Situation am Gewässer und in der Aue sind dringend erforderlich!

Renaturierung – ein häufig benutzter Begriff

Gewässerrenaturierung – was ist das eigentlich? Bevor wir überlegen, welche Renaturierungsmaßnahmen am Bruchgraben sinnvoll sind, damit sich das Gewässer wieder naturnäher entwickeln kann, sollten wir uns zunächst darüber klar werden, was wir damit meinen: Was wollen wir erreichen, und welche Ziele verfolgen wir dabei?

Grundsätzlich verstehen wir unter Renaturierung eine Art Sammelbegriff bzw. Oberbegriff, unter dem die Vielzahl von möglichen Maßnahmen zur Verbesserung der ökologischen Situation zusammengefasst wird. Dabei ist ein Aspekt besonders wichtig: Renaturierung ist ein dynamischer Prozess! Das eigentliche Ziel jeder Gewässerrenaturierung muss es sein, die natürliche Struktur, Dynamik und Funktionsfähigkeit eines Gewässers wiederherzustellen. Durch Renaturierungsmaßnahmen sollen die Rahmenbedingungen geschaffen werden, die die Entwicklung eines naturnäheren Zustandes ermöglichen. Renaturierung in diesem Sinne ist demnach auch begrifflich gleichzusetzen mit naturnaher Gewässerentwicklung: Statt aufwändiger baulicher Umgestaltung sollte durch die Bereitstellung nicht oder nur wenig genutzter Flächen und der Beseitigung vorhandener Verbauungen dem Fließgewässer der notwendige Raum für seine Entwicklung zurückgegeben werden.

Generelle Zielsetzungen bei Renaturierungsprojekten

Doch wo sollten nun die wesentlichen Schwerpunkte bei Vorhaben der Gewässerrenaturierung liegen? Welche grundlegenden Zielsetzungen sollten Projekte besonders berücksichtigen?

Die nachfolgenden Grundsätze sollen dies verdeutlichen – sie machen verständlich, was uns bei Renaturierungen besonders wichtig sein sollte, und geben Hinweise darauf, wie es auch beim Bruchgraben planerisch weitergehen könnte. In einem weiteren Schritt ergeben sich daraus die konkreteren Entwicklungsziele und Maßnahmenvorschläge, die für den Bruchgraben formuliert und umgesetzt werden müssen.

- *Förderung der Eigendynamik und Verbesserung gewässertypischer Strukturen*
Die gestaltende Kraft des fließenden Wassers ist der wesentliche Impulsgeber für Entwicklungsprozesse in Fließgewässern. Strömung und Dynamik prägen in entscheidendem Maße den Charakter und das Gesicht unserer Gewässer und Auenlandschaften.
Ein zentrales Element aller Bemühungen zur Verbesserung unserer Fließgewässer ist es daher, diesen die Möglichkeit zur individuellen, dynamischen Entwicklung zu geben. Eigendynamische Prozesse schaffen vielerorts die Voraussetzungen dafür, dass gewässertypische Strukturen z. B. Kiesbänke, Kolke, vielgestaltige Flach- und Prallufer usw. entstehen und sich entwickeln können. Das Zulassen und Fördern solcherart Prozesse, die immer nur einen Ausschnitt des jeweiligen Entwicklungsstandes widerspiegeln, sind die Kernziele jeder Gewässerentwicklung - nicht der fertige, statische Zustand.

- *Umsetzung einer naturschonenden, bedarfsangepassten Gewässerunterhaltung*
Eine entscheidende Voraussetzung, Ziele der Gewässerentwicklung zu erreichen, liegt in einer naturschonend durchgeführten Gewässerunterhaltung.
Mit der Novellierung der Wassergesetze auf Bundes- und Landesebene, nach denen die Unterhaltung eines Gewässers neben der Pflege auch seine Entwicklung in Richtung eines guten ökologischen Zustandes gem. EG-WRRL umfasst, sind nunmehr auch die rechtlichen Rahmenbedingungen für eine stärkere Berücksichtigung der Gewässerentwicklung gegeben.
Es ist daher ein elementares Anliegen bei Renaturierungsprojekten, die Chancen zu nutzen, die sich aus einer angepassten Gewässerunterhaltung für die naturnähere Entwicklung des Gewässers ergeben können, und die notwendigen Gewässerunterhaltungsmaßnahmen möglichst extensiv, ökologisch verträglich und v.a. bedarfsorientiert durchzuführen.

Mit der Anlage breiter und möglichst beidseitiger Gewässerrandstreifen, wie hier an der Wümme, wird eine naturnahe Gewässerentwicklung gefördert

- *Wiederherstellung einer naturnahen Abflussdynamik und Regeneration von Auenstandorten*

Zwischen Talaue und Gewässer bestehen zahlreiche Wechselbeziehungen. Durch die Überflutungsdynamik in ehemals intakten Auenlandschaften entstanden die vielfältigsten Standorte, wie z.B. Altgewässer verschiedener Verlandungsstadien, temporäre Gewässer, Flutrinnen, Terrassen, Sand- und Kiesflächen mit den daran angepassten auentypischen Lebensgemeinschaften.

Maßnahmen zur Verbesserung der ökologischen Situation unserer Gewässer müssen deshalb den Auenbereich einbeziehen. Bedeutsam gleichermaßen für die Auenentwicklung wie auch für den Hochwasserschutz ist die Erhöhung der Retentionsleistung (Wasserrückhalt) in der Fläche durch Reaktivierung des natürlichen Überflutungsbereiches, d.h. die Bereitstellung von Flächen, die von kleineren, mittleren und größeren Hochwassern überflutet werden können.

- *Wiederherstellung der ökologischen Durchgängigkeit*

Viele Arten der Fließgewässerfauna führen mehr oder weniger gezielte Wanderungen z.T. über weite Distanzen durch.

Der barrierefreien Durchgängigkeit und Durchwanderbarkeit von Fließgewässern kommt damit eine außerordentlich wichtige Bedeutung für die Vernetzung, Ausbreitung und Wiederansiedlung von Tierpopulationen in Fließgewässern zu. Ein wesentliches Ziel von Renaturierungsmaßnahmen ist daher die Beseitigung ökologischer Sperren im Gewässerlauf sowie die dauerhafte Wiederherstellung der aquatischen Passierbarkeit für die Gewässerfauna an bestehenden Wehr- und Stauanlagen.

Entwicklungsziele und Maßnahmenvorschläge für den Bruchgraben

Nachdem wir die wesentlichen Grundzüge und Zielvorstellungen einer effizienten Gewässerentwicklung kurz skizziert haben, müssen wir überlegen, wie die Entwicklungsziele für den Bruchgraben aussehen und welche Maßnahmenvorschläge sich daraus ergeben. Dieses Entwicklungsziel soll als realistisches Planungsziel den anzustrebenden, möglichst naturnahen Zustand von Gewässer und Niederung beschreiben – unter Berücksichtigung bestehender, unveränderlicher Randbedingungen wie z.B. Bebauung, Hochwasserschutz und Nutzungsinteressen: Was wollen wir also wo mit welchen Schritten und Maßnahmen für den Bruchgraben erreichen?

Grundlegendes Ziel für eine naturnahe Entwicklung des Bruchgrabens und seiner Niederung ist der Erhalt und die Wiederherstellung einer möglichst ungestörten Abflussdynamik und der naturraumtypischen Strukturvielfalt in Gewässer und Aue, um eine Verbesserung der Lebensraumqualitäten für Arten und Lebensgemeinschaften zu erreichen.

Durch die Anlage von Umgehungsgerinnen im Bereich von Wassermühlen, wie hier an der Oertze, können Wander- und Ausbreitungshindernisse für die Gewässerfauna überwunden bzw. entschärft werden

Die Entwicklungsziele und Maßnahmenvorschläge für den Bruchgraben – getrennt nach Gewässerlauf und Aue – lassen sich wie in der Tabelle zusammenfassen

Entwicklungsziele für den Bruchgraben	Mögliche Maßnahmen sind z. B.
...in der Gewässeraue	
• Förderung einer gewässerverträglichen Bewirtschaftungsform und Extensivierung der landwirtschaftlichen Nutzung in der Bruchgraben-Niederung • Förderung der Umwandlung von Acker in extensiv genutztes, artenreiches Grünland • Erhalt und Entwicklung von Feuchtgrünland und Nasswiesen	• Flächenerwerb in der Niederung und / oder Anlage breiter Gewässerrandstreifen • Ankauf ökologisch bedeutsamer Flächen • Aufgabe der landwirtschaftlichen Nutzung v.a. im gewässernahen Bereich • Extensive Weide- oder Wiesennutzung v.a. auf den von Natur aus feuchten bis nassen Auenstandorten • Einleiten und Zulassen natürlicher Sukzession, insbesondere im Ufer- und Randbereich des Bruchgrabens
• Wiederherstellung und Entwicklung auentypischer Strukturen und Biotopkomplexe in der Niederung • Regeneration oder Wiederherstellung von Stillgewässern • Entwicklung von Auwaldflächen /-parzellen	• Anlage von Gewässern und Nasstandorten (Altgewässer, Flutmulden, temporäre Kleingewässer, feuchte Senken u.ä.) • Schließung von Entwässerungsgräben und nicht mehr benötigten Dränagen • Örtl. Zulassen der Gehölzentwicklung • Ggf. örtl. Initialpflanzungen, bes. in den Randbereichen der Niederung
• Erhöhung der Retentionsleistung in der Fläche	• Ausweisung von Retentionsflächen • Entsiegelung von Flächen
• Rückhaltung von gewässerbelastenden Stoffen und Einträgen aus den angrenzenden Ackerflächen	• Einsatz erosionsmindernder Bewirtschaftsformen, Mulchsaat u.ä. • Örtl. Anlage von Schlamm- und Sedimentfängen • Lokale Maßnahmen im Bereich erosionsgefährdeter Flächen, Anlage von Versickerungsmulden o.ä.
...im und am Gewässerlauf	
• Entwicklung eines strukturreichen und vielgestaltigen Gewässerlaufes mit naturnahen Längs- und Querprofilen • Wiederherstellung eines vielgestaltigen Abflussregimes mit pendelndem Stromstrich und charakteristischer Strömungsdiversität • Schaffung stabiler und vielgestaltiger Sohl- und Uferstrukturen mit ortstypischer Substratverteilung und durchgehendem Lückensystem sowie Totholz und Erlenwurzeln • Förderung der Entwicklung von standorttypischen Ufersaumgehölzen	• Anlage von möglichst breiten, ungenutzten und beidseitigen Gewässerrandstreifen mit eigendynamischer Vegetationsentwicklung • Lokale Ufer- und Böschungsumgestaltungen: Örtl. Verengungen im NW-Profil, Abgrabungen im höheren MW-Profil o.ä. • Einbau von punktuellen Strömungslenkern, Flügelbuhnen oder Holzelementen zur Strukturerhöhung (Baumstubben o.ä.) • Anlage von Kiesstrecken, Einbringen von Substrat • Örtl. Initialpflanzungen am Gewässer
• Wiederherstellung der ökologischen Durchgängigkeit und der aquatischen Passierbarkeit der Gewässer für sämtliche Gewässerorganismen	• Abbau bzw. Umgestaltung von Sohlenabstürzen, Stauanlagen oder sonstigen unpassierbaren Querbauwerken (Durchlässe, Verrohrungen u.ä.) • Anlage von Sohlengleiten, Umflutgerinnen o.ä.
• Anpassung / Reduzierung der Gewässerunterhaltung: Beschränkung der Unterhaltungsmaßnahmen auf die Beseitigung von Abflusshindernissen zur Sicherung des ordnungsgemäßen Wasserabflusses	• Konsequentes Ausschöpfen aller Möglichkeiten für die Durchführung einer nach Art, Umfang und Geräteeinsatz weitgehend extensiven Gewässerunterhaltung • Kenntnis der Abflussverhältnisse und der hydraulischen Gegebenheiten des Gewässers, Ermittlung der vorhandenen hydraulischen Spielräume (Gehölz-, Aufwuchs-, Sohlentwicklungen usw.) • Darstellung der hydraulischen "Toleranzen", Möglichkeiten und Handlungsspielräume für die naturnahe Gewässerentwicklung • Sammeln von Erfahrungen an geeigneten Modellstrecken z.B. an hydraulisch unproblematischen Gewässerabschnitten

Welche dieser Maßnahmen sollten nun wo am Bruchgraben und in welcher Ausgestaltung zum Einsatz kommen? Die Eignung der hier nur kurz umrissenen Handlungsempfehlungen, deren Umsetzbarkeit sowie entsprechende Variantenvorschläge müssen natürlich in einem weiteren Schritt im Rahmen einer Detailplanung überprüft und konkretisiert werden. Aufgrund der schwierigen und sensiblen hydraulischen Bedingungen sollte dies zweckmäßigerweise durch ein geeignetes, fachlich erfahrenes Planungsbüro geleistet werden.

Es ist zu hoffen, dass es eines Tages gelingen möge, für den Bruchgraben und seine Niederung wieder naturnähere Verhältnisse zu erreichen. Mögen diese Maßnahmenvorschläge ein wenig dazu beitragen.

Nettlinger Rücken

NATURRÄUMLICHE BESONDERHEITEN

VON WERNER TOSTMANN

Der Nettlinger Rücken, der sich als niedrige Geländeschwelle über die Bördelandschaft erhebt, unterscheidet sich deutlich von seiner Umgebung. Infolge geologischer Aufwölbungsprozesse treten die Kreidekalke, die in anderen Bereichen der Lössbörde in größerer Tiefe ruhen, unmittelbar an die Erdoberfläche und prägen mit ihren Kalkverwitterungsböden und ihrer kalkholden Flora das Bild der Landschaft.

Während die höher gelegenen Bereiche des Nettlinger Rückens von 30 – 60 m mächtigen Schichten der oberen Kreide aufgebaut sind, erstrecken sich die von einer Lössauflage bedeckten Schichten der Unterkreide in einer Tiefe bis zu 1100 m weiter zum Norden hin.

Der Nettlinger Rücken umfasst das Gebiet, das ungefähr durch die Ortschaften Wöhle, Nettlingen, Bettrum, Klein- und Groß Himstedt, Söhlde, Barbecke, Lesse und Berel begrenzt wird. Zum Untersuchungsgebiet gehört aber nur der nördliche Teil, da die südlichen Bereiche mit dem Berelries bereits im Landkreis Wolfenbüttel liegen. Im Mittelpunkt der folgenden Darstellungen stehen Nettlingen als Beispiel eines typischen Dorfes dieser Region, die Kreidebrüche bei Söhlde, die sowohl aus wirtschaftlicher als auch naturkundlicher Sicht eine große Bedeutung besitzen, sowie die Waldgebiete und Ackerflächen, die auf Grund ihrer kalkhaltigen Böden eine Sonderstellung innerhalb der Bördelandschaften einnehmen.

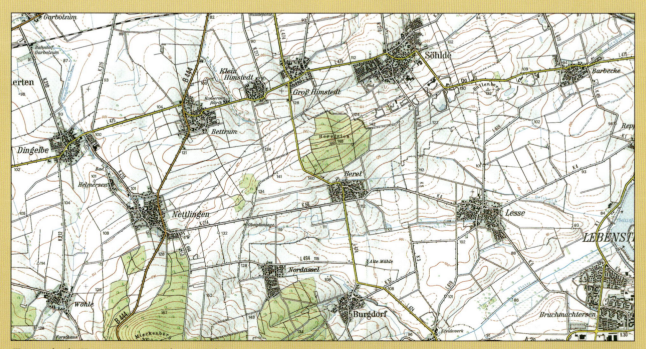

Topographische Karte 1:50.000 – Blatt L3926
Vervielfältigung mit Erlaubnis des Herausgebers: LGN – Landesvermessung und Geobasisinformation Niedersachsen – D9478

Nettlingen – ein Dorf mit reicher Vergangenheit

VON FRIEDERIKE VORNKAHL

Kaum einer der vielen Autofahrer, die von der Bundesstraße 444 hinunter auf das Dorf Nettlingen blicken, wird sich der historischen Bedeutung dieses Ortes bewusst sein. Dabei sind die beeindruckende alte Wehrkirche St. Marien mit ihrem mächtigen Turm und das Schloss mit seinem großen Schieferdach nicht zu übersehen. Hoch ragen diese trutzigen Bauten aus der Niederung heraus, der Nettlingen seinen Namen verdankt. 1022 wurde der Ort das erste Mal als „Nitilon" (in einer Niederung liegend) in einer Urkunde erwähnt, in der Kaiser HEINRICH II. die Besitztümer des Hildesheimer Michaelisklosters unter seinen Schutz nahm.

Aber schon viel früher haben im Nettlinger Gebiet Menschen gesiedelt. Dafür sprechen steinzeitliche Funde (4000 -1700 v. Chr.) in der Feldmark. Achtzig bronzezeitliche Hügelgräber in der Waldung des Stobenholzes weisen auf eine größere Siedlung hin. Die dort im Jahre 1961 entdeckten Urnen befinden sich im Landesmuseum in Hannover. Schon 1859 hatte man auf dem Kuhanger einen Bronzeeimer und eine Bronzeschüssel gefunden, Handelsware vom Niederrhein, die Zeugnis ablegen von der vom Rhein über Nettlinger Gebiet zur Elbe führenden Handelsstraße. Ein weiterer interessanter historischer Beleg für die frühe Besiedlung dieses Ortes war der Fund eines frühchristlichen Begräbnisplatzes, auf den man 1951 bei Bauarbeiten auf der „Röse" in der unmittelbaren Nähe der B 444 stieß. Diese Begräbnisstätte kann man in Verbindung bringen zu der ehemals am Waldrand gelegenen Querenburg, einem im 19. Jahrhundert eingeebneten Ringwall. Dagegen existiert noch die aus früher Besiedlungszeit stammende Teichanlage, der „Forellenteich", der schon um 1300 im Grubenhagenschen Lehnsbrief erwähnt wird, in dem die Herren von NETTLINGEN mit der Querenburg und der Teichstätte belehnt werden.

Überhaupt wird das Gebiet Nettlingens gerade wegen seines Quell- und Wasserreichtums für die frühen Siedler so interessant gewesen sein. Noch heute speisen die verschiedenen Quellen den „Forellenteich", das „Klare Wasser", den „Schlossteich", den „Krummen Teich" und den „Klunkaubach".

Die Teiche und der Bach mit seinen Saumstrukturen bieten Fledermäusen eine gute Nahrungsgrundlage. So fliegen an warmen Frühlingsabenden Wasserfledermäuse (*Myotis daubentonii*), Kleine Bartfledermäuse (*Myotis mystacinus*) und Zwergfledermäuse (*Pipistrellus pipistrellus*) über den Wasserflächen. Die Großen Abendsegler (*Nyctalus noctula*) jagen besonders gerne über den Bäumen an der Klunkau, wo sie den Tag in den Höhlen der alten Eschen und Weiden verschlafen.

In früheren Zeiten wurden mit dem Wasser der Klunkau in Nettlingen drei Wassermühlen betrieben. (Schon 1022 wurde eine Mühle urkundlich erwähnt.) Die drei Mühlengebäude existieren noch heute, aber nur die einstige Obermühle ist als denkmalgeschützte Wassermühle noch funktionsfähig und kann besichtigt werden.

Es war auch dieser Klunkaubach, der als „witter Graben" den Wallhof der Herren von NETTLINGEN gegen Eindringlinge schützte. 1166 werden die Herren von NITHELOCHE (Nettlingen) das erste Mal urkundlich erwähnt. Ihr Wallhof befand sich auf dem Gelände des heutigen Schlosses, das aber erst um 1560 entstand, nachdem der Letzte der Herren von NETTLINGEN an der Pest gestorben war. CURT von SALDER trat in die Lehnsfolge ein und errichtete diesen wehrhaften Bau, der sich bis in die heutige Zeit in seiner äußeren Form kaum verändert hat. Der Treppenturm des Schlosses mit seinem beeindruckenden Wendelstein weist auf die Renaissance als Entstehungszeit des „Grauen Hauses" hin. Dass das Schloss zu Verteidigungszwecken gebaut wurde, zeigen auch heute noch seine Schießscharten und Kanonenschächte. Von Graben und Zugbrücke ist heute nichts mehr zu finden. Aber die beiden

Blick von der B 444 auf Nettlingen

Das Schloss in Nettlingen

Eiskeller des Schlosses in den Resten der alten Wallanlagen sind noch vorhanden. Bei entsprechender Öffnung würden sie sich wunderbar als Fledermauswinterquartier eignen.

Der Sturm der Zeit hat am Schloss, das unter Denkmalschutz steht, deutliche Spuren hinterlassen. Geschichte sind Rittersaal und Kapelle, in der die von SALDERsche Familie mit ihren lutherischen Predigten dem Bischof in Hildesheim die Stirn bot. Bemerkenswert ist ferner der glanzvolle Besuch des russischen Zaren PETER des Großen, der 1717 auf seiner Rückreise von Paris nach Moskau im Nettlinger Schloss Station machte.

Seit das Schloss 1605 an die Brauereigilde in Hildesheim verpfändet wurde, hatte es verschiedene Besitzer, unter anderem die Familien von WOBERSNOW, von WREDE sowie VON CRAMM und COHN und diente einem Getreidehändler als Getreidelager. Heute gehört es RAHMI ÜSTÜNDAK und wird wieder bewohnt.

Der sich an das Schloss anschließende ehemalige Wirtschaftshof wird von einer Baustofffirma genutzt, und die einst reizvolle Parkanlage ist zum großen Teil aufgesiedelt.

Da Nettlingen am äußersten Rand des Bistums und Reichsfürstentum Hildesheim lag, diente nicht nur das Schloss, sondern auch die Wehrkirche St. Marien dem Schutz der Bewohner. Der 48 Meter hohe Turm mit seinen 1,70m dicken Wänden und Schießscharten war schwer einzunehmen. Selbst Sakristei und Leichhaus sind mit Schießscharten versehen. Das ursprünglich romanische Kirchenschiff mit gotischem Hauptgesims steht auf den Grundmauern einer noch älteren Kirche. Welche bedeutende Rolle Nettlingen in den frühen Zeiten des Bistums Hildesheim gespielt hat, wird deutlich durch die urkundliche Erwähnung eines Archidiakons mit Sitz in Nettlingen, das somit zu den ältesten Archidiakonatskirchen im Hildesheimer Land gehört. Die romanische Holzdecke mit der wunderschönen Bemalung war berühmt wie die Barockkanzel aus dem Jahre 1681 und die Orgel aus dem Jahre 1750. All diese Kostbarkeiten wurden Opfer eines schrecklichen Feuers, das am Morgen des 11. März 1970 von den in der Kirche tätigen Bauarbeitern entdeckt wurde, nachdem es wahrscheinlich schon die ganze Nacht geschwelt hatte. Selbst die Glocken, von denen eine aus dem Jahre 1250 war, zerbrachen und schmolzen in der Hitze.

Aber die Marienkirche wurde wiederaufgebaut. Der Barockaltar aus dem Jahre 1712 ist frisch renoviert, strahlt in voller Schönheit und wartet auf Bewunderer.

Die Wehrkirche St. Marien

Vereinigte Kreidewerke DAMMANN KG

Kreideindustrie am Söhlder Berg

von Werner Tostmann

Von großer wirtschaftlicher Bedeutung sind die aus Schichten der Oberkreide (Cenoman und Turon) bestehenden Kalke und Mergel des Nettlinger Rückens, die südlich der Ortschaft Söhlde großflächig abgebaut werden. Dieses Gebiet stellt neben den beiden Vorkommen auf Rügen und nordwestlich von Hamburg eine der wichtigsten Abbaustätten der deutschen Kreideindustrie dar. Die Mächtigkeit der wirtschaftlich verwertbaren Kreide am Söhlder Berg liegt zwischen 30 und 60 m.

Die Anfänge des Kreideabbaues gehen auf das Jahr 1817 zurück, als der aus Groß-Lafferde stammende Landwirtssohn und Glaser CHRISTOF BEHRENS die auf seinem Acker gefundenen Kreidesteine mit dem Messer abschabte, das dabei anfallende feine Pulver mit Öl vermischte und die so erzeugte knetbare Masse als Fensterkitt verwendete. Nachdem das Interesse an diesem Kitt gestiegen war, baute BEHRENS zum Pulverisieren des Kalkgesteins ein Stampfwerk. Dieses bestand aus schweren, eisenbeschlagenen Buchenklötzen, die von einer senkrecht angebrachten Welle im Wechsel hochgehoben wurden und dann auf die Kalksteine herabfielen. Angetrieben wurde das „Göpelwerk" zuerst durch Pferde, die sich ständig an einem Hebelarm im Kreis bewegten, und später durch eine Bockwindmühle. Von den vielen Kreidemühlen, die danach auf dem Söhlder Berg entstanden, ist eine heute noch als Kulturdenkmal am westlichen Ortseingang von Söhlde erhalten. Sie dient als Museum mit einem funktionsfähigen Stampfwerk und bei Hochzeiten als Standesamtsbüro der Gemeinde Söhlde.

In der Folgezeit erwies sich der gewonnene Kitt allerdings als zu wenig elastisch, so dass bei extremer Kälte die Fensterscheiben häufig zerbarsten. Dagegen stieg die Nachfrage nach deckfähiger Farbe, die ebenfalls aus Kreide

Patentmühle am westlichen Ortseingang von Söhlde

Schuppen, wie er früher zum Trocknen der aufgeschlämmten Kreide verwendet wurde

hergestellt wurde. Im Jahre 1863 setzte mit dem Schlämmen der Kreide eine neue Entwicklung der Kreideverarbeitung ein. Die Zerkleinerung des Kalkgesteins erfolgte jetzt in wassergefüllten Bottichen, aus denen die Kreidemilch in Klärbecken geleitet wurde. Die sich absetzende zähe Masse brachte man auf „Trockensteine", um sie in Schuppen auf Gestellen von der Luft trocknen zu lassen. Außerdem baute man einfache Trocknungsanlagen mit Kohlefeuerung, die sogenannten „Darren", um die lange winterliche Ruhezeit zu überbrücken. Da bei diesem Schlämmverfahren sehr viel Wasser verbraucht wurde, musste eine Verlegung der kreideverarbeitenden Werke vom Söhlder Berg in das Tal mit dem heutigen Westerbach vorgenommen werden, wo zeitweilig 13 Holländermühlen die Kreide zerkleinerten. Später wurden die Windmühlen von elektrischen Mühlen abgelöst. Eines dieser elektrisch betriebenen Schlämmkreidewerke, die sogenannte BAXMANN-Mühle an der Straße „Am alten Schießstand" in Söhlde, ist nach wie vor in seinem Urzustand erhalten. Eine Gruppe interessierter Söhlder Bürger um WILHELM LOGES würde diese denkmalgeschützte Anlage gerne wieder betriebsbereit für die Öffentlichkeit herrichten. Leider scheiterte dies bisher an den finanziellen Möglichkeiten. Es wäre schade, wenn diese Erinnerung an die Söhlder Kreideindustrie dem Verfall preisgegeben würde.

Vor und nach dem letzten Kriege bestanden zeitweilig bis zu 21 Kreidekalk- und Mergelwerke in Söhlde und im benachbarten Nettlingen. Ihre Inhaber betrieben die Kreide- und Kalkgewinnung und -verarbeitung größtenteils im Nebenerwerb neben der Landwirtschaft oder dem Baugeschäft. Im Jahre 1964 waren in Söhlde noch neun Kreidewerke im Betrieb. Ein weiteres kleines Kalk- und Mergelwerk arbeitete damals im benachbarten Nettlingen.

Heute wird das Kalkgestein durch moderne, elektrisch betriebene hochtourige Schlag- und Staubmühlen staubfein gemahlen, anschließend durch Druckluft gesichtet, getrocknet, entstaubt und in Säcke abgefüllt. Die notwendige Modernisierung und Technisierung veranlasste mehrere kleinere Kalk- und Kreidewerke, sich zu einem großen, leistungsfähigen Betrieb, der Firma Vereinigte Kreidewerke DAMMANN KG zusammenzuschließen. Andere Werke wurden stillgelegt oder arbeiten, wie die Firmen LOGES und BRUNS, nur noch im kleineren Rahmen oder nur zeitweilig, wenn Aufträge vorliegen.

Kreidewerk von Wilhelm Loges am Westerbach aus dem Jahr 1914

Abbau der hochwertigen Kreide durch Sprengung an der Wand, Aufbereitung durch einen Brecher und Transport per Förderband zum Kreidewerk

Während der Kreideabbau zur Zeit von CHRISTOF BEHRENS ein Volumen von ca. 30 t pro Jahr erreichte, sind es rund 600 000 t Kreide- und Kalkprodukte, die derzeit jedes Jahr die Betriebshöfe der Unternehmer in Söhlde verlassen. Die Söhlder Kreide wird nur noch in geringem Maße zur Herstellung von Kitt, Schulkreide oder Malerkreide (Leimfarbenanstriche) verwendet. Wesentlich wichtiger ist die Kreide als „Füllstoff" geworden, z. B. in der Gummi-, Kunststoff- und Kabelindustrie.

Der Abbau der Kreidekalke des Söhlder Berges erfolgt nach dem Abtragen des Mutterbodens und des nicht nutzbaren Abraumes von den vormals landwirtschaftlich genutzten Flächen mittels Sprengstoff oder Bagger. Bis 2004 wurde der Kalk in sechs nach dem Bundesimmisionsschutzgesetz genehmigten Gruben ausschließlich im Trockentagebau, d.h. oberhalb des in 30 m Tiefe anstehenden Grundwassers, gewonnen. Diese Abbaustätten von 1 bis 28 ha Größe umfassten insgesamt 70 ha. Als Folgenutzung wurde „Naturschutz" festgeschrieben. Die Flächen sollen dabei nach der anschließenden Rekultivierung entweder bepflanzt oder sich selbst überlassen werden und dann als Sekundärbiotope in der Landschaft verbleiben.

In den Jahren von 1997 bis 2005 wurde von der Firma Vereinigte Kreidewerke DAMMANN KG ein Abbauerweiterungsverfahren im Rahmen des Niedersächsischen Wassergesetzes durchgeführt, um die Kreide in Teilbereichen auch im Grundwasserbereich abbauen zu können. Dieses Verfahren beinhaltet die bisherige Fläche der bestehenden Trockenabbaugenehmigung von rund 50 ha und eine flächenmäßige Erweiterung angrenzender Bereiche in der Größe von 29 ha. Somit werden rund 79 ha mit einer reinen Abbaufläche von 63 ha in die Planung einbezogen. Als Abbauzeitraum sind 50 Jahre vorgesehen, und die Abbautiefe soll an der tiefsten Stelle ca. 60 m betragen.

Der Rekultivierungsplan sieht als Ziel Naturschutz mit natürlicher Sukzession vor. Dazu gehören Kontaktbiotope zwischen bestehenden, nicht weiter abzubauenden Altbrüchen und schon vorhandenen Trockenrasengesellschaften. Außerdem sollen auf den Grubensohlen wechselfeuchte Zonen, die nur zeitweilig überflutet sind, sowie auch ständig wasserführende Biotope geschaffen werden.

Aber auch die Naherholung kommt bei diesem Vorhaben nicht zu kurz, führen doch überall Wege an den Grubenrändern entlang und bieten interessante Einblicke in diesen für unsere Region einmaligen Bodenaufschluss mit einer großen Vielfalt an verschiedenen Pflanzen- und Tierarten.

Kreidegruben als Sekundärbiotope mit einer artenreichen Flora und Fauna

Lerchensporn – Aspekt des Haargersten-Buchenwaldes im „Norden"

Beobachtungen zur Pflanzen- und Tierwelt

von Friederike Vornkahl

Wälder

Zu den Wäldern, die auf dem Nettlinger Rücken liegen und zum Landkreis Hildesheim gehören, zählen Nettlinger Vorholz (= Kleines Vorholz), Norden, Bettrumer Lah, Himstedter Lah und Foscher, der 1485 noch Voßlah hieß.

Die Bezeichnung Lah, die sich vom mittelniederdeutschen < lo> =Gehölz, Busch, Waldwiese ableitet, weist darauf hin, dass diese Wälder früher als Hutewälder genutzt wurden und sich durch eine mittelwaldartige Bestandsstruktur auszeichneten.

Im südwestlichen Teil des Himstedter Lahs sind noch kleinflächige Relikte dieser Nutzungsform in Gestalt von Eichen-Hainbuchenwäldern erhalten. Unter einer oberen Baumschicht, in der neben der Rotbuche (*Fagus sylvatica*), Stieleiche (*Quercus robur*) und Winterlinde (*Tilia cordata*) stehen, bilden Hainbuche (*Carpinus betulus*) und Feldahorn (*Acer campestre*) eine niedrige Baumschicht, unter der Zweigriffeliger Weißdorn (*Crataegus laevigata*), Gewöhnliche Hasel (*Corylus avellana*) und Rote Heckenkirsche (*Lonicera xylosteum*) in einer lockeren Strauchschicht wachsen. Darunter breitet sich eine üppige und artenreiche Krautschicht aus. SEELAND (1940) beschreibt das Himstedter Lah als ein kleines Wäldchen mit einer interessanten Kalkflora und zahlreichen in unserer Umgebung sonst nicht vorkommenden Seltenheiten. Er erwähnt das Purpur-Knabenkraut (*Orchis purpurea*), den Blut-Storchschnabel (*Geranium sanguineum*), die Hirschwurz (*Peucedanum cervaria*), das Breitblättrige Laserkraut (*Laserpitium latifolium*), die Großblütige Braunelle (*Prunella grandiflora*), den Kamm-Wachtelweizen (*Melampyrum cristatum*), die Straußblütige Wucherblume (*Tanacetum corymbosum*) und eine beträchtliche Anzahl weiterer Arten der Roten Liste die inzwischen bis auf eine einzige Ausnahme verschollen sind. Lediglich die Türkenbund-Lilie (*Lilium martagon*), die auf der Florenliste der Farn- und Blütenpflanzen in Niedersachsen und Bremen als gefährdet und streng geschützt eingestuft ist, kommt hier noch in größeren Beständen vor.

Im Himstedter Lah sind auch einige alte Höhlenbäume erhalten, in denen Vögel wie Buntspecht (*Dendrocopus ma-*

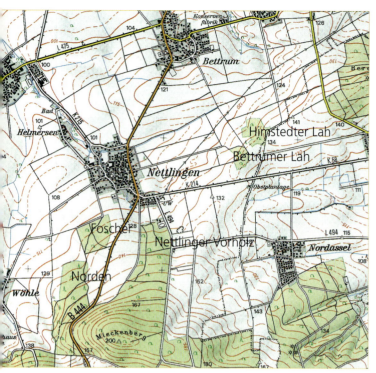

Waldgebiete bei Nettlingen
Topographische Karte 1:50.000 – Blatt L3926
Vervielfältigung mit Erlaubnis des Herausgebers: LGN –
Landesvermessung und Geobasisinformation Niedersachsen – D9478

jor), Kleiber (*Sitta europaea*) und Hohltaube (*Columba oenas*) brüten und die auch Fledermäusen als Brut- und Schlafplatz dienen. Und so kann man im südwestlichen Bereich des Lahs dem Großen Abendsegler (*Nyctalus noctula*) beim abendlichen Jagen zuschauen. Vorsichtig sollte der Spaziergänger über den Waldboden gehen, um nicht eine der geschützten Weinbergschnecken (*Helix pomatia*) zu zertreten, die typisch für den Kreiderücken sind.

Das Aussehen der Wälder des Nettlinger Rückens wird heute aber weitgehend von der Rotbuche beherrscht, die mit ihrem geschlossenen Kronendach den Eindruck eines Hallenwaldes vermittelt. Man kann davon ausgehen, dass sich die Rotbuche erst so gut entwickeln konnte, nachdem die Hutungen in den Wäldern im 19. Jahrhundert verboten wurden. Zuvor hatte es zwischen den Dörfern, die zur Forstgenossenschaft des Nettlinger Vorholzes gehörten, wiederholt Streitigkeiten über die Nutzung der Wälder gegeben. In der Holzordnung des Kleinen Vorholzes vom 29. März 1611 wird von „einer holzschädlichen Verwüstung durch Hutung und Triftung und Abhauung der Mastbäume" berichtet.

Von der Entwicklung zum Hallenwald profitieren auch Vogelarten wie der Rotmilan (*Milvus milvus*), der im Nettlinger Vorholz brütet. Der Rotmilan ist eine Vogelart, für die Deutschland eine besondere Verantwortung trägt; denn

Die Türkenbund-Lilie kommt im Himstedter Lah noch in großen Beständen vor

Das Leberblümchen ist ein Zeiger für kalkhaltige Böden

über die Hälfte der Weltpopulation dieses Greifvogels ist bei uns beheimatet. Überhaupt lassen sich auf Grund des Vorkommens bestimmter Vogelarten wichtige Aussagen über den Zustand eines Waldes treffen. So sind Buntspecht- und Mittelspechtbrutdichten Bioindikatoren für eine naturnahe Waldbewirtschaftung. Der Mittelspecht (*Picoides medius*) kommt in den Wäldern des untersuchten Kreiderückens, in denen die Rot-Buche die vorherrschende Baumart ist, als Brutvogel nicht vor; Schwarz- (*Dryocopus martius*) und Grauspecht (*Picus canus*) sind selten, während der Buntspecht (*Dendrocopos major*) häufiger zu finden ist.

Die Wälder des Nettlinger Rückens lassen sich auf Grund ihres Bestandsaufbaues fast ausnahmslos dem Typ des Haargersten-Buchenwaldes zuordnen, der sich von anderen Buchenwaldgesellschaften durch das Auftreten von Pflanzenarten unterscheidet, die eine gute Nährstoff- und Basenversorgung anzeigen. Zu den charakteristischen Arten dieser Waldgesellschaft gehören neben der Wald-Haargerste (*Hordelymus europaeus*), Wald-Bingelkraut (*Mercurialis perennis*), Nesselblättrige Glockenblume (*Campanula trachelium*), Gelbes Windröschen (*Anemone ranuncoloides*) und Aronstab (*Arum maculatum*). Ausgesprochene Kalkzeiger sind Türkenbund-Lilie (*Lilium martagon*), Leberblümchen (*Hepatica nobilis*) und Finger-Segge (*Carex digitata*), die in den Wäldern der Börde normalerweise fehlen, aber charakteristisch für den Nettlinger Rücken sind.

Standorte, die eine günstige Wasserversorgung aufweisen, werden vom Lerchensporn-Haargersten-Buchenwald besiedelt. Im Frühjahr wird hier der Waldboden von einem Blütenteppich aus Hohlem Lerchensporn (*Corydalis cava*) bedeckt, in dem man vereinzelt die gelben Blüten des Wald-Gelbsterns (*Gagea lutea*) und des Wiesen-Gelbsterns (*Gagea pratensis*) entdecken kann.

Äcker

Die ausgedehnten Ackerflächen auf dem Nettlinger Rücken besitzen ein ähnliches Aussehen wie die Flächen in den übrigen Bördelandschaften. Auch hier werden vorzugsweise Weizen, Gerste und Zuckerrüben angebaut und intensive Bewirtschaftungsweisen praktiziert. Deshalb sind die Ackerunkrautgesellschaften hier ebenfalls nur fragmentarisch ausgebildet und weisen lediglich im Randbereich der Ackerfluren und auf unbewirtschafteten Flächen bisweilen eine Begleitflora auf, die für Kalkäcker charakteristisch ist.

Typisch für die Sommerfruchtkulturen, besonders für die Rübenäcker und Brachen auf Kalkscherbenäckern, ist die Glanzehrenpreis-Gesellschaft mit der namengebenden Charakterart Glänzender Ehrenpreis (*Veronica polita*), dem sich bisweilen Kleine Wolfsmilch (*Euphorbia exigua*) und Kleiner Orant (*Chaenorhinum minus*) hinzugesellen. Zu den weiteren diagnostisch wichtigen Arten gehören Sonnenwend-Wolfsmilch (*Euphorbia helioscopia*), Acker-Hellerkraut (*Thlaspi arvense*), Persischer Ehrenpreis (*Veronica persica*), Klatsch-Mohn (*Papaver rhoeas*) und Acker-Hundspetersilie (*Aethusa cynapium*), die aber alle auch in der Bingelkraut-

Das Spießblättrige Tannelkraut gehört zu den stark gefährdeten Ackerwildkräutern

Gesellschaft der Hildesheimer und Kalenberger Börde regelmäßig zu finden sind. Auf einer am südwestlichen Rand des Wäldchens Himstedter Lah gelegenen einjährigen Brache wurde die Glanzehrenpreis-Gesellschaft mit ihrem typischen Gesellschaftsgefüge nachgewiesen. Als besondere floristische Kostbarkeit konnten hier sogar über 100 Exemplare des stark

Acker-Rittersporn

gefährdeten Spießblättrigen Tännelkrautes (*Kickxia elatine*) gezählt werden. Diese Art, die vornehmlich auf basenreichen Böden im subatlantisch getönten Klimabereich gedeiht, findet hier unter den lokalklimatischen Bedingungen des Waldrandes auf dem tonigen Kreideboden geeignete Lebensbedingungen. Dass der Ackerboden verdichtet und vernässt ist, zeigen Begleitpflanzen wie Sumpf-Ziest (*Stachys palustris*) und Huflattich (*Tussilago farfara*). Als weitere Rote Liste-Art kommt hier auch Acker-Ziest (*Stachys arvensis*) vor.

Im Randbereich eines Wintergetreidefeldes auf einem flachgründigen Kalkverwitterungsboden an der Nettlinger Kreidegrube wurde die Haftdolden-Gesellschaft entdeckt, in der neben charakteristischen Arten wie Kleiner Wolfsmilch (*Euphorbia exigua*) und Knollen-Platterbse (*Lathyrus tuberosus*) auch die besonders seltenen und gefährdeten Arten: Acker-Rittersporn (*Consolida regalis*) und Vaillants Erdrauch (*Fumaria vaillantii*) wuchsen. Die Haftdolden-Gesellschaft ist eine für Kalkgebiete charakteristische Halmfruchtunkrautgesellschaft, die stark im Rückgang begriffen und in der Hildesheimer Börde besonders bemerkenswert ist.

Kreidebrüche

Die Kreidebrüche bieten einer großen Anzahl von Pflanzen aus den benachbarten Lebensräumen die Möglichkeit, sich hier anzusiedeln und in kurzer Zeit verschiedenartige Sukzessionsstadien auszubilden. Auf engem Raum findet man hier nahezu vegetationsfreie Abbruchkanten, mehr oder weniger begrünte Schotterflächen, Trockengebüsche mit Saumgesellschaften, unterschiedliche Formen von Ruderalfluren, dichte Gebüschzonen an den Nord- und Osthängen mit einzelnen Bäumen sowie feuchte Bereiche mit Teichen, Tümpeln und Verlandungszonen.

An geneigten Böschungen und auf flachgründigen Schotterflächen ist der Bewuchs noch äußerst spärlich. Hier haben sich vor allem ein- und zweijährige Pionierpflanzengesellschaften angesiedelt. Besonders bemerkenswert ist der Schmalblättrige Hohlzahn (*Galeopsis angustifolia*), der auf der Florenliste Niedersachsens als gefährdet eingestuft ist. Mit seinen hellroten Blüten bildet er einen reizvollen Kontrast zum weißen Kalkgestein. Die Gewöhnliche Hundszunge (*Cynoglossum officinale*) gehört ebenfalls zu den Rote Liste-Arten. Zu den Seltenheiten in der Hildesheimer Region zählen Schwarzer Senf (*Brassica nigra*), Mauer-Doppelsame (*Diplotaxis muralis*) und Französische Hundsrauke (*Erucastrum gallicum*). Alle diese Arten haben ihren Verbreitungsschwerpunkt nicht in unserem Florenbereich, finden aber auf den sommerwarmen und trockenen Schotterflächen der Kreidebrüche geeignete Wachstumsbedingungen.

Einen hohen Naturschutzwert besitzen die Kalkhalbtrockenrasen, die viele Leser aus dem Alfelder Bergland, vom Gallberg bei Hildesheim oder vom Steinberg bei Wesseln kennen. Derartige gut ausgebildete Rasen gibt es auch in den Kreidegruben bei Söhlde und Nettlingen. In den locke-

Kreidebruch bei Nettlingen – Lebensraum für eine artenreiche Tier- und Pflanzenwelt

ren und niedrigen Rasenflächen wachsen zahlreiche seltene kalkliebende Pflanzenarten. Zu den attraktivsten gehören Fransen-Enzian (*Gentianella ciliata*) und Golddistel (*Carlina vulgaris*). Aber auch Zittergras (*Briza media*), Pyramiden-Schillergras (*Koeleria pyramidata*), Gewöhnlicher Wundklee (*Anthyllis vulneraria*) und Knolliger Hahnenfuß (*Ranunculus bulbosus*) sind Vertreter, die man hier entdecken kann und die für Kalkhalbtrockenrasen bezeichnend sind.

In der Vegetationsperiode des Jahres 2004 wurden die Kreidebrüche von Söhlde und Nettlingen mehrmals von der Botanischen Arbeitsgruppe des Ornithologischen Vereins zu Hildesheim und am 21.08 2004 im Rahmen einer Arbeitstagung der „Röderhof-Runde" aufgesucht und floristisch erfasst. Dabei wurden insgesamt 308 verschiedene Pflanzenarten gefunden (vgl. S. 256). Die bemerkenswerte Vielfalt an Landschaftsstrukturen und Pflanzenarten, unter denen mehrere gefährdet sind, zeigen uns, wie wertvoll und schützenswert diese besonderen Lebensräume in den Kreidegruben sind.

Auf der Grubensohle gibt es wechselfeuchte bis nasse Bereiche mit einer Vielfalt unterschiedlicher Biotopstrukturen. Von großem ästhetischen Reiz sind die oligotrophen Teiche mit ihrem blaugrün gefärbten Wasser, das so klar ist, dass man darin die in Hochzeitsstimmung bunten Männchen des Bergmolches (*Triturus alpestris*) und Teichmolches (*Triturus vulgaris*) bei der Werbung um die Weibchen beobachten kann.

Die Kreidebrüche bieten auch Reptilien geeigneten Lebensraum. In den Bereichen, in denen trockenwarme und kühlfeuchte Strukturen nahe beieinander liegen, hält sich gern die Zauneidechse (*Lacerta agilis*) auf.

Die Kreidegruben sind auch Brut- und Nahrungshabitat für eine Reihe von Vogelarten, die offene vegetationsarme und kurzrasige Flächen benötigen.

An erster Stelle ist der stark gefährdete Steinschmätzer (*Oenanthe oenanthe*) zu nennen, der karge und trockene Böden mit Spalten und Höhlungen für seine Nestanlage braucht. Er besiedelt primäre Stadien der Vegetationsentwicklung. Er brütet in Niedersachsen in natürlichen Lebensräumen nur noch mit wenigen Brutpaaren auf den Ostfriesischen Inseln und in einigen Mooren. In den übrigen Gebieten ist er auf anthropogene Lebensräume angewiesen wie Halden und Steinbrüche, die aber durch Rekultivierungsmaßnahmen für ihn immer mehr verloren gehen. Anders als der Hausrotschwanz (*Phoenicurus ochruros*), der ebenfalls Brutvogel in den Kreidegruben ist, toleriert der Steinschmätzer keinerlei Störungen, so dass der Bruterfolg stark eingeschränkt ist (GRIMM 2004).

Der Uhu (*Bubo bubo*), der vor Jahren erfolgreich an den Söhlder Gruben gebrütet hatte, ist wieder verschwunden. Auch der Bluthänfling (*Carduelis cannabina*), ein ehemals weit verbreiteter Vogel, wird immer mehr auf Sonderstandorte zurückgedrängt. Er ist auf Wildkräutersamen angewiesen und als thermophile Art im verbuschenden Halbtrockenrasen der Gruben zu finden. Vom Wildkräuterreichtum profitiert auch das stark gefährdete Rebhuhn (*Perdix perdix*),

Schmalblättriger Hohlzahn – Pionierpflanze auf Kalkschotter

Fransen-Enzian – Charakterart von Kalkhalbtrockenrasen

Der gefährdete Steinschmätzer findet in den Söhlder Kreidegruben geeignete Lebensbedingungen

das sich gerne an der Peripherie der Kreidebrüche aufhält. Charaktervogel der Kreidebrüche ist die Dorngrasmücke (*Sylvia communis*), deren auffälliger Singflug im Frühjahr überall zu sehen ist, wo sich die ersten dornigen Sträucher entwickeln.

Ein anderer nicht zu übersehender Brutvogel ist die Hohltaube (*Columba oenas*), die wir in unserer Region eigentlich nur im Wald vermuten, die bei Fehlen geeigneter Höhlenbäumen aber auch in Felsgebiete oder wie hier in Kreidebrüche ausweichen kann, wo sie in den Felsspalten brütet. Die Felshöhlen der großen Kreidebrüche in Söhlde nutzt auch der Turmfalke (*Falco tinnunculus*) erfolgreich zur Aufzucht seiner Brut. Beeindruckend ist, wie dieser relativ kleine Greifvogel sein Territorium gegen Eindringlinge wie Rabenkrähen und andere Greifvögel verteidigt. Die Kreidegruben sind wegen ihres reichen Mäusevorkommens, wegen der vielen Kleinvögel und auch wegen der Fische und Amphibien in den Teichen ein beliebtes Nahrungsrevier vieler Vögel. Besonders im Spätsommer und Herbst zur Zeit des Greifvogelzuges laden die Kreidegruben zur Kurzrast ein. Am 15.August 2004 konnte ich gleichzeitig die Flugkünste von acht Mäusebussarden (*Buteo buteo*), fünf Turmfalken (*Falco tinnunculus*), drei Schwarzmilanen (*Milvus migrans*), zwei Rotmilanen (*Milvus milvus*), einer Wiesenweihe (*Circus pygargus*) und einem Zwergadler (*Hieraaetus pennatus*) bewundern, wie sie an den Gruben jagten und jede Art dabei ihre artspezifischen Flugeigenschaften demonstrierte.

Die Dorngrasmücke ist in den Kreidebrüchen weit verbreitet

Naturschutzgebiet „Entenfang"

Der Entenfang einst und heute

von Werner Müller

Der seit Februar 1990 als Naturschutzgebiet ausgewiesene ca. 18,5 ha große Entenfang liegt in den Gemeinden Nordstemmen (Gemarkung Barnten) und Giesen (Gemarkung Groß Giesen) sowie in der Stadt Sarstedt (Gemarkung Giften). Er bildet den Kern einer ausgedehnten Mulde zwischen Innerste und Leine, in der schon während der Saale-Eiszeit (vor 240 000 bis 180 000 Jahren) ein Mosaik flacher Seen und Niederungsmoore entstand, da ein natürlicher Abfluss des Niederschlagswassers fehlte. Als hier der Hildesheimer FÜRSTBISCHOF JOBST EDMUND VON BRABECK (1619-1702) gegen Ende des 17. Jahrhunderts einen Entenfang mit Jagdhaus anlegen ließ, soll das Seengebiet eine Größe von 125 ha eingenommen haben (BLUME 1955). Nach holländischen Vorbildern grub man vom Teichufer aus radiär Gräben, die an ihren Seiten durch Erdaushub und Schilf undurchdringliche Schleusenwände bildeten. An ihrem Ende waren Netze gespannt, und ein hölzerner Fangkasten schloss die Anlage ab, in die nach der Brutzeit von August bis Frostbeginn die Wildenten durch zahme ausgesetzte Artgenossen gelockt und durch Jäger lautstark mit Stöcken getrieben wurden (BLUME 1955). Noch heute zeigt das Giftener Wappen in seinem oberen Teil eine fliegende Ente. Damals wurden Weiden, Pappeln und Linden gepflanzt, die in ihrer Verteilung den Gehölzbestand der Fläche wesentlich beeinflussten.

Nach dem Tode des Fürstbischofs gelangte der Entenfang in den Erbbesitz seiner Verwandten, zuletzt des GRAFEN MORITZ VON BRABECK, der auf dem Schloss Söder residierte und hier eine berühmte Gemäldegalerie eingerichtet hatte. Er vermachte das Giftener Anwesen 1828 seinem Schwiegersohn GRAF ANDREAS OTTO HENNING VON STOLBERG (1786-1863) (MULTHAUPT 1937). Mit ihm begannen die ersten größeren Eingriffe, da er anstelle der Jagd eine andere wirtschaftliche Nutzung bevorzugte: die Landwirtschaft. Einzelne Seen wurden trocken gelegt und aufgefüllt sowie Teile des weiten Niederungsmoores in Ackerland und Weiden umgewandelt, wie es die Gaußsche Landesaufnahme 4 von 1827 mit Ergänzungen von 1840 ausweist. Deutlich erkennbar sind zwei naturbelassene Komplexe: das „Große Bruch", heute Entenfang I, im Südwesten und das „Kleine Bruch", heute Entenfang II, im Nordosten. Sie sind umgeben von teilweise wirtschaftlich

Jobst Edmund von Brabeck war von 1688 bis 1702 Fürstbischof des Bistums Hildesheim. Er wurde in der Barbara-Kapelle des Hildesheimer Domes beigesetzt

Ortswappen von Giften. Der obere Teil verweist mit der fliegenden Ente auf den Entenfang, der untere zeigt drei Wolfsangeln aus dem Wappen des Fürstbischofs von Brabeck

genutzten Grünflächen und Äckern wie „Lange Feld", „20 Morgen Feld", „Belter Feldmark" usw.

Die beschwerliche Anreise von Söder und die geringen Erträge mögen dazu beigetragen haben, dass GRAF VON STOLBERG 1853 den Besitz von Wohnhaus, Stall, Nebengebäuden, 1 ½ Morgen Garten- und Ackerland, 4 Morgen und 95 Ruten Wiesen, dazu immerhin noch 60 ½ Morgen „Geröhricht" und Teiche in der Hildesheimer Allgemeinen Zeitung zum Verkauf anbot und das Anwesen schließlich auf seinen Jagdaufseher und Fischmeister am Ort, CONRAD HANEKOPP, überging.

Bald darauf gründeten die umliegenden Landwirte eine „Genossenschaft zur Entwässerung der Giesener Brüche und des Entenfangs" und begannen ihr Projekt 1860 mit dem Bau eines großen „Entwässerungskanals", der noch heute als „Flussgraben" von der Börde-Niederung ca. 500 m südlich des Entenfangs I in nordöstliche Richtung führt und in die Innerste bei Ahrbergen mündet. Weitere Gräben folgten, die das Naturidyll kontinuierlich schrumpfen ließen. Den Vorgang selbst dokumentiert die Preußische Landesaufnahme von 1898 (Messtischblatt 2022). Noch 1960 wurde im Entenfang II in großem Umfang Erdmaterial zur Einebnung der Senken ausgehoben, was zur Bildung von vier rechtwinkligen, in Nordostrichtung längsgedehnten Teichen ohne Verlandungszonen führte (BIßBORT & al. 1987: 12).

Um die Wende zum 20. Jahrhundert gerieten die Salzlagerstätten um Giesen in den Blickpunkt des öffentlichen Interesses: Kalisalze wurden nur 800 m entfernt in der Hauptschachtanlage „Siegfried" abgebaut. Nebenschächte entstanden in „Rössing-Barnten", Ahrbergen („Fürstenhall") und Sarstedt („Glückauf"). 1923 wurde zwischen den Anlagen Siegfried und Rössing-Barnten eine Trasse aufgeschüttet und zum Transport der Kali-Salze eine Bahnlinie quer durch das Kleine Bruch (Entenfang II) und tangential am Nordrande des Großen Bruchs (Entenfang I) entlang geführt. Nach Stilllegung dieser Anlagen und Beseitigung der Schienen in den 1980er Jahren siedelten sich hier auf sandigem Schotterboden Florenelemente der Magerrasen an.

Vergleichen wir nun die Entwicklung des Niedermoores vom Ausgang des 17. Jahrhunderts mit der Zeit um 1840,

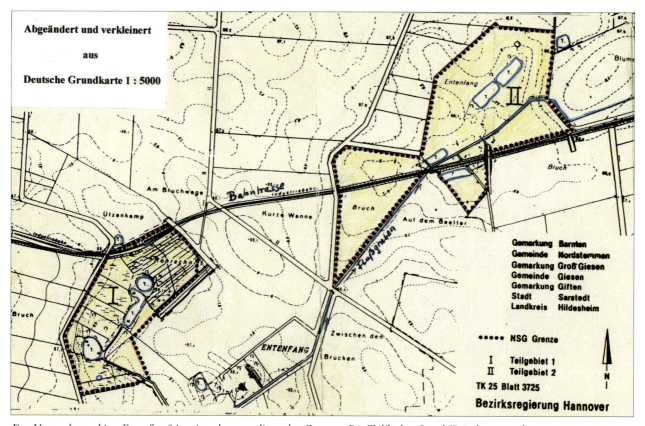

Das Naturschutzgebiet „Entenfang" in seinen heute vorliegenden Grenzen. Die Teilflächen I und II sind rot umrahmt

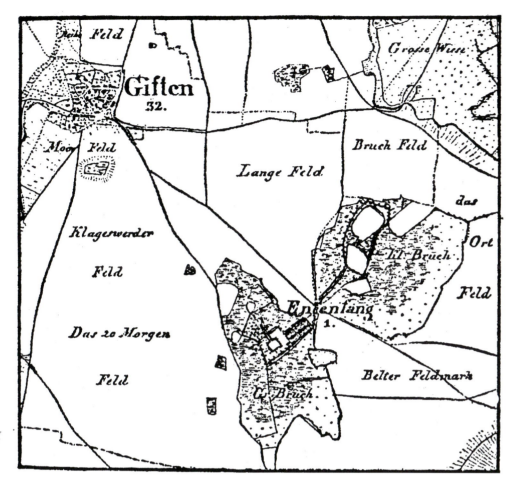

Ausschnitt aus der Gaußschen Landesaufnahme von 1827-40 1:25.000 – Blatt GL5 Vervielfältigt mit Erlaubnis des Herausgebers: LGN – Landesvermessung und Geobasisinformation Niedersachsen – D9478

die die revidierte Gaußsche Landesaufnahme festhält, und dem Stadium von 1990, als der Entenfang unter Schutz gestellt wurde, so ergibt sich in Anlehnung an BIßBORT & al. (1987: 12) der in Tabelle 1 dargestellte Rückgang der Naturfläche.

Abnahme der naturbelassenen Flächen im Entenfang zwischen 1690 und 1990

Zeit	Entenfang I	Entenfang II
um 1690	ca. 125 ha	
1840	ca. 50 ha incl. Gehöft	ca. 45 ha ohne Acker
1990	ca. 7 ha, davon ca. 1 ha Acker	ca. 11 ha, davon ca. 7 ha Acker

Einen bedeutsamen Einschnitt in der Entwicklung des Entenfangs bildete die Verordnung der Bezirksregierung Hannover vom 20. Februar 1990, mit der die beiden voneinander getrennten Teilflächen zum Naturschutzgebiet erklärt wurden (Abl. RB Han. 1990/ Nr. 5 v. 7.3.1990). Die vorhandenen Ackerflächen (vor allem im Entenfang II) verloren ihre landwirtschaftliche Nutzung und befinden sich in einer Regenerationsphase, deren Sukzessionen zur Zeit stark von ruderalen Florenelementen bestimmt werden.

Der von BIßBORT, BÖCKMANN & HEINEMANN am Institut für Landschaftspflege und Naturschutz der Universität Hannover in den Jahren 1986 und 1987 entwickelte „Pflege- und Entwicklungsplan für das NSG Entenfang" schließt ein „Ankaufskonzept" ein, das eine Ausweitung des Entenfangs I nach Süden sowie des Entenfangs II nach Osten empfiehlt und als notwendige Voraussetzung zu sehen ist, um den reichen Tier- und Pflanzenbestand dieses Naturraumes auch längerfristig zu erhalten.

Sonnenuntergang im Naturschutzgebiet „Entenfang"

Extensiv genutztes Grünland im Entenfang mit unbeschattetem Teich und Bruchwald im Hintergrund

Der Entenfang – ehemals ein floristisches Paradies

von Werner Müller

Der Lebensraum

Das Naturschutzgebiet, auf das sich die vorliegende Darstellung beschränkt, besteht aus zwei voneinander getrennten Teilen, die als Entenfang I und II bezeichnet werden (vgl. S. 224) und sich in ihren Vegetationsformen deutlich unterscheiden. Während der letztere durch gezielte Entwässerung und Ackerbau, Errichten einer Industriebahntrasse und Bodenaushub seinen ursprünglichen Charakter weitgehend verloren hat, behielt der Entenfang I in großen Teilen seine Vegetation als Niedermoor.

Entenfang I

Vom Kaliwerk Siegfried führt ein befestigter Feldweg auf den Ortsteil Giften zu. Er überquert die genannte Bahntrasse, auf der man wenige Meter in Westrichtung das NSG Entenfang I an seinem Nordende erreicht. Hier stoßen wir zunächst auf ausgedehnte ruderalisierte Glatthaferwiesen, deren frische, nährstoffreiche Böden neben dem Glatthafer (*Arrhenatherum elatius*) und dem Wiesen-Labkraut (*Galium album*) auch Florenelementen der Feuchtwiesen wie Rasen-Schmiele (*Deschampsia cespitosa*), Gewöhnlichem Beinwell (*Symphytum officinale*), Wald-Engelwurz (*Angelica sylvestris*) sowie einer Vielzahl weiterer Arten geeigneten Lebensraum bieten.

Nach Süden zu weist der Boden eine steigende Vernässung auf. Hier ist eine Zone nitrophytischer Uferstauden und Saumgesellschaften mit Gewöhnlicher Zaunwinde (*Calystegia sepium*) ausgebildet, die in ein großflächiges Röhricht von Gewöhnlichem Schilf (*Phragmites australis*) übergeht. In den Randbereichen wachsen Sumpf-Schwertlilie (*Iris pseudacorus*), Gewöhnlicher Wolfstrapp (*Lycopus europaeus*), Flatter-Binse (*Juncus effusus*) und vereinzelt der Große Wasserfenchel (*Oenanthe aquatica*). Im Schilf selbst behaupten sich Bittersüßer Nachtschatten (*Solanum dulcamara*) und Ufer-Segge (*Carex riparia*).

Die „Schilfwälder" reichen nicht ganz an zwei nahe beieinander liegende Teiche, von denen einer eine rundliche Form aufweist, der andere – nur durch einen schmalen Steg getrennt – langgestreckt in südwestliche Richtung weist (siehe Karte S. 224). Dort befindet sich in ca. 75 m Entfernung, von dichtem Schilf und Grau-Weiden (*Salix cinerea*) eingeschlossen, ein dritter rundgeformter Teich. Die ersten beiden sind durch hochwüchsige, zum Teil niedergebrochene und mit ihrem gewaltigen Wurzelballen aus dem Boden gehobene Stämme der Silber-Weide (*Salix alba*), Bruch-Weide (*Salix fragilis*) und deren Bastard, der Fahl-Weide (*Salix x rubens*), eingerahmt, die dem Bruchwald ein urtümlich-naturnahes Gepräge verleihen und dem Besucher das Begehen erschweren. Am Boden breiten sich ausgedehnte Teppiche des Großen Wasserfenchels aus, und zu den Teichen hin bildet die Wasser-Sumpfkresse (*Rorippa amphibia*) im Sommer farbenprächtige Streifen.

Nach außen grenzt der Weidenbruch an unterschiedliche Gesellschaften. Nahe einer Pappelreihe (*Populus x ca-*

nadensis) südlich des gestreckten Teiches steht auf weniger nassem Boden das Sumpf-Reitgras (*Calamagrostis canescens*) vergesellschaftet mit der Sumpf-Segge (*Carex acutiformis*). Im nahen Graben unweit der Pappeln konnten sich zwei gefährdete Arten, der Spreizende Wasserhahnenfuß (*Ranunculus circinatus*) und der Haarblättrige Wasserhahnenfuß (*Ranunculus trichophyllus*) zusammen mit dem Ästigen Igelkolben (*Sparganium erectum*), dem Flutenden Schwaden (*Glyceria fluitans*) und der Sumpf-Schwertlilie halten. Wir stoßen auf Dominanzbestände des Wasser-Schwadens (*Glyceria maxima*), der Ufer-Segge und der Gewöhnlichen Teichsimse (*Schoenoplectus lacustris*) sowie nach Süden und Osten zu auf Hochstaudengesellschaften, in denen die Gelbe Wiesenraute (*Thalictrum flavum*) eine hohe Artmächtigkeit erreicht. Daneben findet man in üppiger Ausprägung Rohrglanzgras-Röhrichte mit Rasen-Schmiele, Sumpf-Rispengras (*Poa palustris*) und Sumpf-Ziest (*Stachys palustris*).

Weiter nach Süden öffnet sich eine weite, extensiv genutzte Grünland-Brache, in deren Mitte sich ein vierter, flacher Teich befindet. Auf seinem Grund breiten sich Rasen einer Armleuchteralge: *Chara vulgaris* var. *contraria* (A. BRAUN ex KÜTZ.) J.A. MOORE und das Herzblättrige Schönmoos (*Calliergon cordifolium* <HEDW.> KINDB.) aus, während die freie Wasserzone von zwei Laichkrautarten: dem Krausen Laichkraut (*Potamogeton crispus*) und dem Zwerg-Laichkraut (*Potamogeton pusillus*) sowie dem Spreizenden Wasserhahnenfuß besiedelt wird.

In der flachen Uferzone steht in zum Teil dichten Beständen von mehr als 1000 Exemplaren die Salz-Bunge (*Samolus valerandi*), eine für ganz Niedersachsen stark gefährdete Art, die aber im Entenfang bereits in der 1. Hälfte des 19. Jahrhunderts von August SCHLAUTER nachgewiesen wurde (SEELAND 1936: 41). Einige Vertreter des Teichröhrichts wie Breitblättriger Rohrkolben (*Typha latifolia*), Gewöhnlicher Froschlöffel (*Alisma plantago-aquatica*), die im Niedersächsischen Hügel- und Bergland gefährdete Scheinzypergras-Segge (*Carex pseudocyperus*) sowie Wasser-Minze (*Mentha aquatica*) und Gewöhnlicher Wolfstrapp (*Lycopus europaeus*) bilden lockere Bestände und sind vernetzt mit Arten der Kleinseggenrieder wie der Glieder-Binse (*Juncus articulatus*).

Ein Exkurs: Die Weiden im Entenfang I

Die Weiden nehmen das Zentrum des Entenfangs ein und verleihen dem Naturschutzgebiet mit ihren beherrschenden Wuchsformen ein besonderes Gepräge. Die Arten variieren in den kennzeichnenden Merkmalen oft beträchtlich und weisen andererseits wieder verblüffende Ähnlichkeiten mit anderen Sippen auf. Hinzu tritt ihre Neigung, sich als Vertreter zweihäusiger Pflanzen innerhalb der Gattung zu kreuzen, so dass im Laufe der Zeit Hybridschwärme entstehen können, die sich feldbiologisch nicht mehr eindeutig bestimmen lassen. Daher erschien es notwendig,

Weiden im Winter

Die Gelbe Wiesenraute – ein häufiger Vertreter der Hochstaudenfluren

Die Salz-Bunge – eine stark gefährdete Pflanzenart, die bereits von SCHLAUTER (1803-1849) für den Entenfang nachgewiesen wurde

zunächst eine Herbarsammlung aller im Gebiet gefundenen Sippen anzulegen, weil nur so jederzeit exakte Vergleiche vorgenommen und eigene Bestimmungen von Expertenseite kritisch überprüft werden konnten. Diese Aufgabe übernahm in Ratzeburg Herr HOLGER THERMANN. Die nachfolgende Übersicht stellt somit eine erste Beschreibung der Weidenflora dieses Naturschutzgebietes vor. Sie bedarf weiterer Untersuchungen und Ergänzungen, zu denen die beigefügten vegetativen Artkennzeichen anregen mögen. Hierbei erleichtert eine Anzahl neuerer Publikationen die Bestimmung (MEIKLE 1984, CHMELAR & al. 1979, LAUTENSCHLAGER 1983, WILLERDING 1969, ZANDER & al. o.J.).

Insgesamt wurden neun Sippen nachgewiesen. Ins Auge fallen zunächst die gigantischen Wuchsformen unter ihnen: Exemplare mit über 20 m hohen Stämmen und ausladenden Baumkronen. Hierbei handelt es sich um drei Sippen: Die Silber-Weide, die Bruch-Weide und als Kreuzungsprodukt beider Arten die Fahl-Weide.

Die **Silber-Weide** (*Salix alba*) besitzt kurz gestielte, schmal-lanzettliche, bis maximal 1,5 cm breite und 10 cm lange fein gezähnte Blätter. Auffallend ist eine silbrig-weiße Behaarung der Blattober-, mehr noch der Blattunterseite. Alle Haare sind eng anliegend, verlaufen parallel zur Mittelrippe und weisen zur Blattspitze hin.

Im Entenfang tritt vor allem eine Kulturform, die **Bunte Weide** (*Salix alba* var. *vitellina*) auf, die darauf hinweist, dass nicht alle der hier vorkommenden Weiden ursprünglich sind, sondern immer wieder auch vom Menschen gepflanzt wurden. Junge Zweige dieser Variation dienten zum Herstellen von Körben. Einjährige Triebe zeigen eine glänzend-gelbe Färbung, und die Blätter verlieren auf ihrer Oberseite bald ihre Haare und erhalten ein glänzend-grünes Aussehen.

Die **Bruch-Weide** (*Salix fragilis*) weist auffallend große, 9 -15 cm lange, zur Spitze weit ausgezogene und auf Ober- und Unterseite völlig kahle Blattspreiten auf, die grob gesägt sind. Ihren Namen erhielt sie durch ihre leicht brüchigen Zweige.

Die ebenfalls leicht zu brechende **Fahl-Weide** (*Salix x rubens*) gleicht in der Form ihrer Blätter weitgehend der Bruch-Weide, zeigt aber auf ihrer Blattunterseite eine meist lockere, anliegende, parallel zum Mittelnerv nach vorne gerichtete Behaarung.

Als weniger groß (meist unter 10 m hoch) und oft strauchig stellt sich die **Korb-Weide** (*Salix viminalis*) dar, deren bis 15 cm lange Blätter extrem schmal, fast linealisch sind, einen glatten, ungezähnten, nach unten gebogenen Rand aufweisen und auf der Unterseite eine dicht-silbrige, in Richtung der Seitennerven anliegende Behaarung zeigen, während die Oberseite kahl oder nur sehr locker behaart ist.

Die **Grau-Weide** (*Salix cinerea*) bildet breite, halbkugelige, bis 4 m hohe Sträucher mit grauen bis schwärzlichen Ästen und elliptischen bis eiförmigen, am Rande gezähnten Blättern, die deutlich oberhalb der Mitte ihre größte Breite haben und auf ihrer Unterseite dicht grau-weichflaumig, auf ihrer Oberseite nur zerstreut und kurz behaart sind.

Im Entenfang konnte auch der Bastard zwischen Korb- und Grau-Weide nachgewiesen werden: die **Seidenblatt-Weide** (*Salix x holosericea*). Hierbei handelt es sich um einen hohen Strauch mit aufrechten, dicken Ästen, deren Blätter fast die Breite von denen der Grau-Weide erreichen, dieses allerdings in der Mitte der Spreite. Oberseits sind die Blätter nur sehr kurz behaart oder kahl, unterseits weisen sie einen samtigen Filz auf.

Ein in Niedersachsen gefährdeter Vertreter des Entenfangs ist die **Lorbeer-Weide** (*Salix pentandra*), ein Strauch oder kleiner, bis 12 m hoher Baum mit 2-5 cm breiten und meist nur bis 7 cm langen, lorbeerartigen, völlig kahlen, oberseits lackartig glänzenden, unterseits mattgrünen Blättern.

Häufiger als die Lorbeer-Weide zeigt sich im Gebiet eine Kreuzung dieser Art mit der Bruch-Weide: die **Zerbrechliche Lorbeer-Weide** (*Salix x meyeriana*). In ihrer Wuchsform gleicht sie der Lorbeer-Weide, ebenso erinnern die Blätter in ihrer Färbung und Breite an diese genetische Wurzel, weisen aber meist eine größere Länge auf und sind ähnlich der Bruch-Weide zur Spitze hin lang ausgezogen. Schließlich sind auch ihre Äste leicht brüchig.

Als letzte Art des Entenfanges konnte die **Mandel-Weide** (*Salix triandra*) nachgewiesen werden, ein meist nur bis 4 m hoher, breit ausladender Strauch mit lanzettlichen, völlig kahlen Blättern, die sich aber nicht wie bei der Bruch-Weide zur Spitze hin allmählich verjüngen und auch nicht grobknorpelig, sondern scharf und dicht gesägt sind. Auffallend sind die ziemlich großen, nierenförmigen Nebenblätter.

Silber-Weide

Bruch-Weide

Korb-Weide

Grau-Weide

Lorbeer-Weide

Mandel-Weide

Entenfang II

Der stark gewinkelte und in seiner Mitte bis auf 35 m eingeschnürte Entenfang II (vgl. S. 224) bestand vor 15 Jahren, als er unter Schutz gestellt wurde, zu 64 % aus Ackerfläche, die heute als extensiv genutztes Grünland genutzt wird (BIßBORT & al.: 12). Noch 1960 wurde zum Planieren von Mulden und Senken in größerem Umfange Boden ausgehoben, so dass vier rechtwinklig-langgestreckte, beckenförmige Teiche entstanden sind. Der als Entwässerungskanal angelegte Flussgraben bildet in dem spitzwinklig nach Süden zulaufenden Naturschutzgebiet die Ostgrenze und führt dann quer in Nordostrichtung durch das alte Niederungsmoor.

Wer, von Süden kommend, das Gelände betritt, steht zunächst auf einer Fettwiese, die aus einem Acker hervorgegangen und mit ruderalen Florenelementen durchsetzt ist. Weiter nach Norden nimmt die Bodenfeuchtigkeit zu, und es stellt sich ein Rohrglanzgras-Röhricht ein, das wiederum in eine Flatterbinsen-Gesellschaft übergeht. Die Teiche sind teilweise dicht von jungen Korb-Weiden umsäumt und die Uferstauden-Fluren weisen mit der Späten Goldrute (*Solidago gigantea*) auch ruderale Elemente auf.

Der Bahndamm ist an seinen Seiten von undurchdringlichem Schlehengebüsch (*Prunus spinosa*) gesäumt. Die Trasse selbst zeigt ein xerophiles Artenspektrum mit Rotem Zahntrost (*Odontites vulgaris*), Hügel-Vergissmeinnicht (*Myosotis ramosissima*), Vielblütiger Hainsimse (*Luzula multiflora*) und Rauhaarigem Veilchen (*Viola hirta*). Im Norden der Fläche konnten sich Großseggen-Rieder mit Dominanzbeständen der Ufer-Segge und des Wasser-Schwadens halten. An und zwischen den Teichen bildet das Fluss-Greiskraut (*Senecio sarracenicus*) mit mehr als 50 Exemplaren eine staudenreiche Saumgesellschaft, in der auch Schilf, Gelbe Wiesenraute, Sumpf-Schwertlilie, Zweizeilige Segge (*Carex disticha*) und Knolliger Kälberkropf (*Chaerophyllum bulbosum*) stehen. Eingestreut finden sich neben dem Jungwuchs der Bruch-Weide auch einzelne Sträucher der Lorbeer-Weide.

Rückgang und Verlust gefährdeter Arten

Kartierungsarbeiten aus dem Jahre 2004 führten bei sieben Besuchen des Naturschutzgebietes in den Monaten Juni bis September zum Nachweis von insgesamt 224 Sippen (vgl. Anhang, S. 256). Unter ihnen befinden sich acht Vertreter der in der „Roten Liste" für Niedersachsen/Bremen als gefährdet eingestuften Arten (Tab. 1). Dieser Wert entspricht einem Anteil von nur 3,6 % bei einem Landesdurchschnitt von 39,9 % (GARVE 2004: 21) und dokumentiert, wie sehr menschliche Eingriffe im 19. und 20. Jahrhundert zur Zerstörung eines der bedeutendsten Rückzugsgebiete seltener Pflanzen in Niedersachsen beigetragen haben.

Tab. 1: Aktuelle Liste der für Niedersachsen/Bremen gefährdeten Arten des Entenfangs
RL 3 = gefährdet, RL 2 = stark gefährdet

Art		Gefährdung
Scheinzypergras-Segge	*Carex pseudocyperus*	RL 3
Großes Flohkraut	*Pulicaria dysenterica*	RL 3
Gewöhnlicher Wasserhahnenfuß	*Ranunculus aquatilis*	RL 3
Spreizender Wasserhahnenfuß	*Ranunculus circinatus*	RL 3
Haarblättriger Wasserhahnenfuß	*Ranunculus trichophyllus*	RL 3
Lorbber-Weide	*Salix pentandra*	RL 2
Gelbe Wiesenraute	*Thalictrum flavum*	RL 3

Die ersten heute noch überprüfbaren Daten zur Flora des Entenfangs lieferte der Hildesheimer Botaniker AUGUST SCHLAUTER (1803-1849) durch ein umfangreiches Herbarium, das sechs wertvolle Nachweise enthält (SEELAND 1936: 38-43):

Wasserschierling	*Cicuta virosa*
Quirl-Tännel	*Elatine alsinastrum*
Ysopblättriger Weiderich	*Lythrum hyssopifolia*
Weiße Seerose	*Nymphaea alba*
Sumpf-Läusekraut	*Pedicularis palustris*
Salz-Bunge	*Samolus valerandi*

Das Fluß-Greiskraut – eine Charakterart staudenreicher Uferfluren

Von diesen Arten konnte sich im Gebiet nur die Bach-Bunge halten; der Quirl-Tännel gilt für ganz Niedersachsen als ausgestorben, und der Ysopblättrige Weiderich ist vom Aussterben bedroht.

In seiner „Flora der Provinz Hannover" (1897) veröffentlichte der Hildesheimer Apotheker WILHELM BRANDES (1834-1916) weitere 20 zum Verständnis des Florenwandels im Entenfang überaus wichtige Nachweise von Arten, die damals bereits selten waren und deren Vorkommen heute im Entenfang als erloschen gelten muss:

Braunes Zypergras	*Cyperus fuscus*
Fleischfarbenes Knabenkraut	*Dactylorhiza incarnata*
Kammfarn	*Dryopteris cristata*
Tannenwedel	*Hippuris vulgaris*
Wasserfeder	*Hottonia palustris*
Borstige Schuppensimse	*Isolepis setacea*
Sand-Binse	*Juncus tenageia*
Schlammling	*Limosella aquatica*
Fieberklee	*Menyanthes trifoliata*
Quellkraut	*Montia fontana*
Alpen-Laichkraut	*Potamogeton alpinus*
Glänzendes Laichkraut	*Potamogeton lucens*
Sumpf-Blutauge	*Potentilla palustris*
Zungen-Hahnenfuß	*Ranunculus lingua*
Gewöhnliches Pfeilkraut	*Sagittaria sagittifolia*
Einfacher Igelkolben	*Sparganium emersum*
Sumpf-Sternmiere	*Stellaria palustris*
Lauch-Gamander	*Teucrium scordium*
Sumpffarn	*Thelypteris palustris*
Gewöhnlicher Wasserschlauch	*Utricularia vulgaris*

Unsere Kenntnisse zur Flora des Naturschutzgebietes in der ersten Hälfte des 20. Jahrhunderts verdanken wir dem großen Hildesheimer Florenkenner und unermüdlichen Forscher HERMANN SEELAND (1868-1954). Zu einem nicht geringen Teil verweist er auf ältere Daten, fügt eigene Beobachtungen hinzu und veröffentlicht sie in unterschiedlichen Aufsätzen und Schriften (Seeland 1927, 1936, 1940, 1942), dieses zu einem Zeitpunkt, an dem bereits die floristische Bedeutung des Entenfangs „in den letzten Jahrzehnten sehr nachgelassen hat" (so SCHIEFERDECKER 1964: 46). Da erscheinen die Angaben SEELANDs (1940, 1942) zum Verständnis der historischen Bedeutung des Entenfangs von unschätzbarem Wert. Er nennt 14 weitere, jetzt verschollene Arten, und zwar

Zusammengedrücktes Quellried	*Blysmus compressus*
Entferntährige Segge	*Carex distans*
Igel-Segge	*Carex echinata*
Steife Segge	*Carex elata*
Wiesen-Segge	*Carex nigra*
Hirsen-Segge	*Carex panicea*
Rispen-Segge	*Carex paniculata*
Blasen-Segge	*Carex vesicaria*
Schmalblättriges Wollgras	*Eriophorum angustifolium*
Rasen-Binse	*Juncus bulbosus*
Stumpfblütige Binse	*Juncus subnodulosus*
Gelbweißes Ruhrkraut	*Pseudognaphalium luteoalbum*
Salz-Teichsimse	*Schoenoplectus tabernaemontani*
Wiesen-Silge	*Silaum silaus*

Der Quirl-Tännel ist seit vielen Jahrzehnten im Entenfang verschollen

Die Botanische Arbeitsgruppe des Ornithologischen Vereins zu Hildesheim unternahm am 28. 05. 1986 und 26.08.1987 zwei Exkursionen zum Entenfang und konnte noch zu diesem Zeitpunkt den inzwischen verschollenen Zungen-Hahnenfuß mit ca. 50 Exemplaren bestätigen. Die Artenliste dieser beiden Unternehmungen nennt zwei weitere heute vermisste Sippen: das Rasen-Vergissmeinnicht (*Myosotis laxa*) mit mehr als 50 Exemplaren und den Breitblättrigen Merk (*Sium latifolium*) mit ca. 50 Exemplaren.

Der Rückblick auf die Zeugnisse der vergangenen zwei Jahrhunderte gleicht einem Nekrolog, zeigt er doch, welch einzigartiger Naturraum vor den Toren Hildesheims bestanden hat. Ein weiterer Rückgang der gegenwärtigen Flora ist zu befürchten, da eine intensive Landwirtschaft ohne Pufferzone an die beiden kleinflächigen Schutzgebiete (Entenfang I und II) heranreicht und eine wachsende Bodeneutrophierung befürchtet werden muss. Dieser Gefahr könnte durch das von der Arbeitsgruppe der Universität Hannover entwickelte Erweiterungskonzept (H. BIßBORT & al. 1987) wirksam vorgebeugt werden. So bleibt zu wünschen, dass in Zukunft engagierte Naturfreunde Wege finden, um diesen nach wie vor bedrohten Raum vor dem endgültigen Ruin zu retten.

Danksagung

Für die Überprüfung der Weiden-Belege sowie für vielfältige Hinweise und Hilfen danke ich Herrn HOLGER THERMANN aus Ratzeburg, für die Bestimmung der submersen Kryptogamen meinem Bruder Prof. Dr. KLAUS MÜLLER aus Ascheberg/ Holstein.

Vögel im Entenfang

von Alistair Hill

Von oben:
Auf Wasserflächen kann man den Zwergtaucher beobachten

Kiebitz im Sommer

Zaunkönig mit Futter im Schnabel

Der Neuntöter – eine ornithologische Besonderheit im Entenfang

Die Bördelandschaft ist recht arm an Feuchtgebieten. Insofern stellt die ursprünglich abflusslose Senke zwischen Sarstedt, Giesen, Emmerke, Barnten und Giften mit dem Naturschutzgebiet „Entenfang" als Inselbiotop im Zentrum eine naturräumliche Besonderheit dar. Der Entenfang mit Teichen, Pappeln, Weidengebüschen sowie Grünland- und Ruderalflächen besitzt auf Grund seiner großen Strukturvielfalt als Lebensraum für viele Vogelarten eine herausragende Bedeutung.

Mehr als 120 Arten wurden hier in den vergangenen 25 Jahren festgestellt. Damit muss der Entenfang zu den wichtigsten Refugien für Vögel in der Kalenberger Börde gezählt werden. Während des Sommers nutzen viele Vogelarten das Gebiet, um hier zu brüten und Nahrung aufzunehmen. Regelmäßig treffen wir hier Zwergtaucher, Graureiher, Stockente, Wasserralle, Teich- und Blässhuhn sowie Feldschwirl, Sumpf- und Teichrohrsänger an, die mehr oder weniger an Feuchtbiotope gebunden sind. Die Rohrweihe hatte hier bereits in den 1960er Jahren einen ihrer wenigen Brutplätze im Landkreis Hildesheim, bevor ihr Bestand mit der Besiedlung der Getreidefelder ab etwa 1970 stark zunahm. Als Brut- oder Nahrungsgäste sind Mäusebussard, Turm- und Baumfalke zu nennen. In den Gebüschen brüten Zaunkönig, Nachtigall, Heckenbraunelle, Rotkehlchen, Amsel, Wacholder- und Singdrossel, Klapper- und Mönchsgrasmücke, Zilpzalp, Fitis, Kleiber, Gartenbaumläufer und Buchfink. Das Grünland wird vor allem von Kiebitz, Wiesenpieper und Schafstelze genutzt. Als ornithologische Besonderheiten sollen Turteltaube, Pirol und Neuntöter erwähnt werden.

Von einer ganzen Reihe seltenerer Vogelarten, denen der Entenfang geeignete Brutmöglichkeiten bietet, liegen Beobachtungen vor. Dazu gehört der Weißstorch, der nachweislich bereits vor Jahrzehnten hier gebrütet hat. Krickente, Bekassine und Waldwasserläufer, die nicht nur zur Zugzeit im Frühjahr oder Herbst, sondern auch immer wieder während des Sommers beobachtet werden, finden geeignete Lebensbedingungen vor, ebenso wie die seit den 1970er Jahren aus unserer Fauna verschwundene Zwergdommel. Auch die Wiesenweihe (vgl. S. 87), die seit den 1930er Jahren aus der Umgebung Hildesheims verschwunden war und 2003 erstmals wieder brütend am Alpebach angetroffen wurde, könnte sich im Entenfang erneut ansiedeln. Braunkehlchen und Steinschmätzer gehören ebenfalls zu den potentiellen Brutvögeln.

Das Ackerland rund um den Entenfang ist das Brutrevier der Feldlerche (vgl. S. 93), der beherrschenden Art der Felder. Neben ihr brüten nur wenige andere Vögel, wie z.B. Wiesenpieper, Schafstelze und Goldammer in der intensiv genutzten Landschaft, im wesentlichen an den Randstreifen der Feldwege. Die ausgedehnten offenen Ackerflächen rund um das Naturschutzgebiet besitzen aber eine große Bedeutung für Zugvögel. Der häufigste Rastvogel ist der Kiebitz mit 10.000 bis 20.000, in manchen Jahren sogar bis zu 40.000 Vögeln, die sich gleichzeitig im Rastgebiet aufhalten. Der Goldregenpfeifer ist meistens mit dem Kiebitz vergesellschaftet. Die Höchstzahl wurde im Jahr 2003 mit 2.500 Tieren beobachtet (vgl. S. 83). Vom Mornellregenpfeifer, der nördlich und südlich des Polarkreises brütet, sind traditionelle Rastplätze in den west- und norddeutschen Bördelandschaften vor dem Mittelgebirgsrand bekannt. Auch in der Umgebung des Entenfangs wurde er mehrfach nachgewiesen. Feldlerchen, Stare, Saatkrähen und Lachmöwen erscheinen oft in großer Zahl. Gelegentlich rasten Kraniche sowie nordische Bläß- und Saatgänse in der Niederung. Zur Zugzeit kann man hier auch einer Reihe von Greifvogelarten begegnen. Bis zu 100 Mäusebussarde suchen nach Beute; daneben sind Turm- und Wanderfalke und als nordische Wintergäste Raufußbussard, Kornweihe und Merlin zu beobachten. Stellvertretend für viele weitere Rastvogelarten seien als seltenere Gäste nur noch Rotfußfalke, Großer Brachvogel, Kampfläufer, Sumpfohreule, Wiedehopf, Ohrenlerche und Schneeammer genannt.

Betrachten wir die historische Entwicklung des Entenfangs (vgl. S. 223 so lässt sich feststellen, dass das Gebiet ein ausgesprochenes Vogelparadies in der Börde gewesen ist. Nicht umsonst hatten die Hildesheimer Fürstbischöfe gerade hier eine Vogelfanganlage zur Bereicherung der landesherrlichen Tafel bauen lassen. Und selbst heute, bei nur noch einem Zehntel der ursprünglichen Größe, zögern wir nicht, dem Gebiet einen hohen naturschützerischen Wert zuzumessen, der jeden Einsatz zur Erhaltung des Naturraumes rechtfertigt.

Die Voraussetzungen dafür waren allerdings längere Zeit sehr ungünstig. Mit dem Bau des Flussgrabens begann die Trockenlegung des Entenfangs; die Dränung der Flächen rund um die verbliebenen kleinen Teiche führte zu einer Verkleinerung des Feuchtgebietes, dessen vergleichsweise winzige Reste dennoch immer wieder ihre Anziehungskraft für Brut- und Rastvögel erwiesen.

Den Bau der Schnellbahn durch unseren Landkreis nahm der Ornithologische Verein zu Hildesheim zum Anlass, den Entenfang als Objekt für Ersatz- und Ausgleichsmaßnahmen zu fordern. Die Realisierung erwies sich als recht schwierig, hatte die Obere Naturschutzbehörde den Plänen der Deutschen Bundesbahn, die lediglich einzelne kleine Ersatzmaßnahmen vorsahen, doch bereits zugestimmt. Erst als die Naturschutzbehörde des Landkreises Hildesheim unsere Forderung unterstützte und nachdrücklich vertrat, sah sich die DB veranlasst, die notwendigen Naturschutzausgleichsmaßnahmen in wesentlich größerem Umfang als ursprünglich geplant umzusetzen.

Mäusebussard im Winter

Das Entwicklungskonzept dazu erstellte der OVH. Damit hatte sich die abgestimmte Verknüpfung von öffentlicher und privater Naturschutzarbeit wieder einmal bewährt. In ehrenamtlicher Arbeit wurden Vorleistungen erbracht, die letztlich zur Erhaltung des Entenfangs führten. Die im Zusammenhang mit dem Bau der Schnellbahn vorgetragenen Anregungen des OVH wurden in einer Projektarbeit des Instituts für Landschaftspflege und Naturschutz der Universität Hannover (BIßBORT et al. 1987) berücksichtigt und dienen heute als Basis für die Pflege und Entwicklung des Naturschutzgebietes „Entenfang".

Im NSG-Verfahren wurden leider zwei relativ kleine und nicht zusammenhängende Flächen als Naturschutzgebiet ausgewiesen, wodurch eine langfristige planvolle Entwicklung beträchtlich erschwert wird. Naturschutzausgleichsmaßnahmen sollten in Zukunft so gelenkt werden, dass die Gebiete sinnvoll verbunden werden.

Stare erscheinen im Herbst und Winter in riesigen Schwärmen

Lurche im Entenfang

von Günter Grein

Einleitung

Lurche, die auch als Amphibien bezeichnet werden, sind in ihrem Lebenszyklus sowohl auf das Land als auch auf das Wasser angewiesen. Den Winter verbringen sie an geschützten Stellen, wie z.B. unter der Laubschicht oder im Erdreich, und verfallen dann in eine Winterstarre.

Die von unterschiedlicher Vegetation bewachsenen Teiche und Weiher im Entenfang dienen sieben Lurcharten als Laichgewässer. Sie legen ihre Eier mit den typischen Gallerthüllen, dem Laich, im Frühjahr in den Gewässern ab. Die Temperatur beeinflusst dabei die Laichzeit und die Entwicklung. Aus dem Laich schlüpfen die Larven, die weithin als Kaulquappen bekannt sind. Als Anpassung an das Leben im Wasser atmen diese wie Fische durch Kiemen, und zur Fortbewegung besitzen sie einen Ruderschwanz. Die Lurche verbringen mindestens zwei Monate im Larvenstadium. Danach findet die Umwandlung (Metamorphose) statt, nach deren Abschluss die Jungtiere Beine aufweisen und durch Lungen atmen. Sie verlassen das Wasser und suchen ihren Landlebensraum auf. Mit Erreichen ihrer Geschlechtsreife nach ca. drei Jahren wandern sie im Frühjahr zum Laichgewässer, um sich zu paaren und Laich abzulegen.

Grundsätzlich ist zwischen Froschlurchen und Schwanzlurchen zu unterscheiden.

Zu den schwanzlosen Froschlurchen zählen Frösche und Kröten. Letztere besitzen meist eine stark warzige Haut und bewegen sich relativ langsam fort. Frösche haben dagegen eine glatte Haut und sind zu kräftigen Sprüngen befähigt. Die männlichen Froschlurche äußern artcharakteristische Balzrufe, nach denen sie unterschieden werden können. Als Resonanzkörper haben die meisten von ihnen äußere (z.B. Wasserfrösche) oder innere (z.B. Grasfrosch) Schallblasen. Die Paarung erfolgt bei den im Untersuchungsgebiet vorkommenden Arten Knoblauch- und Erdkröte, Wasser-, See-, und Grasfrosch im Wasser. Nachdem Männchen und Weibchen zusammengefunden haben, umklammert das Männchen das Weibchen von oben. Dabei findet die Begattung statt. Der Laich wird von den Fröschen in Ballen, von den Kröten in Schnüren abgelegt. Die zu den Schwanzlurchen gehörenden Molche sind durch den gut entwickelten Schwanz gekennzeichnet. Sie legen ihre Eier einzeln an Blättern von Wasserpflanzen ab. Dabei wird das Blatt oft als Schutz um das Ei geknickt. Im Untersuchungsgebiet wurden Teich- und Kammmolch beobachtet.

Die Amphibienfauna wurde im Jahr 2004 erfasst und im folgenden Jahr ergänzt. Dazu dienten Sichtbeobachtungen der Tiere sowie des Laiches von Grasfrosch und Erdkröte sowie arttypische Balzrufe der männlichen Frösche und Kröten. Zum Nachweis von Molchen wurden Trichterfallen ausgelegt. Dabei handelt es sich um Plastikflaschen, deren abgeschnittene Spitzen umgedreht auf die Restflaschen gesteckt werden und so als Trichter dienen.

Zur Bestimmung der Lurche wurde auf IHSSEN & ALTENBURG (1978) sowie auf BLAB & VOGEL (1989) zurückgegriffen. Hinweise zur Verbreitung der Amphibien in Niedersachsen lieferten die Karten von PODLOUCKY & FISCHER (1991). Der Vergleich mit LEMMEL (1975) ergab keine Fundangaben aus dem Entenfang-Gebiet.

Die Laichgewässer

Die Lurche wurden im Bereich des Entenfangs an neun verschiedenen Laichgewässern nachgewiesen, von denen vier innerhalb des Naturschutzgebietes liegen (vgl. Karte).

1 Nordwestlich des Entenfang-Gehöfts liegen zwei Weiher, die bei hohem Wasserstand miteinander verbunden sind und früher zum Fangen von Enten genutzt wurden. Größtenteils sind sie von Bastard-Schwarz-Pappeln umgeben, die nur relativ wenig Licht auf die Wasserfläche fallen lassen. Das nördliche Gewässer ist allerdings im Sommerhalbjahr bis zur Mittagszeit der direkten Sonneneinstrahlung ausgesetzt, da Bäume am östlichen Ufer fehlen. Im Osten schließt sich nach einer etwa 20-50 m breiten Brache eine Ackerfläche an, zu den anderen Seiten folgen Schilfbestände und Hochstaudenfluren, die früher als Grünland dienten. Dieser Bereich ist als Naturschutzgebiet ausgewiesen.

2 Südlich davon erstreckt sich eine etwas höher gelegene Brachfläche mit zwei relativ naturnahen Weihern, von denen der nördliche eine nierenförmige Gestalt aufweist und lückig mit Rohrkolben bewachsen ist.

3 Der südlicher gelegene zweite Weiher zeichnet sich durch eine besonders üppige Vegetation mit unterschiedlichen Röhrichtarten (Breitblättriger Rohrkolben, Ästiger Igelkolben, Gewöhnliche Teichsimse und Gewöhnlicher Froschlöffel) aus.

Teichfrösche sind im Entenfang häufig anzutreffen

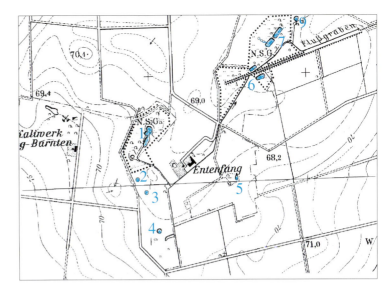

Laichgewässer für Lurche im Entenfang

4 Noch weiter im Süden liegt in einem Feuchtgebiet ein weiterer Weiher, der von Gewöhnlichem Schilf und Breitblättrigem Rohrkolben umgeben ist.

5 Das fünfte Laichgewässer östlich des Entenfang-Gehöfts am Ostrand einer Feuchtfläche ist durch den Nährstoffeintrag von einem angrenzenden Acker eutrophiert und durch starken Algenbewuchs ausgezeichnet.

6 Das sechste Beobachtungsgebiet umfasst zwei Fischteiche mit steilen Ufern und Schilfbewuchs. Davon liegt einer nördlich, der andere südlich des Dammes der ehemaligen Kalibahn und des Flussgrabens. Dieser Bereich sowie die beiden folgenden sind in das Naturschutzgebiet „Entenfang" integriert.

7 Weiter nach Nordosten erstrecken sich hinter einer Grünlandfläche zwei ältere, von Pappeln, Baum- und Strauchweiden eingerahmte Fischteiche.

8 Auf einer Mähweide nordwestlich davon liegen drei durch einen Graben verbundene Weidetümpel, die episodisch austrocknen.

9 Ganz im Nordosten des Entenfanggebietes befindet sich ein rundliches, nährstoffreiches Fischgewässer mit steilen Uferböschungen, die von Schwarz-Erlen und Weiden bewachsen sind.

Die nachgewiesenen Lurche und ihre Verbreitung im Entenfang

Knoblauchkröte (*Pelobates fuscus*)

Die Knoblauchkröte kommt vor allem im Tiefland vor und bevorzugt offene, waldfreie Landschaften. Als ursprüngliches Steppentier ist sie bis zum Ural verbreitet, die Westgrenze erreicht sie in Nordwest-Frankreich.

Im Entenfang wurde sie an den besonnten Wasserflächen des nördlichen der beiden Weiher nordwestlich des Gehöftes (LG 1), des mit Igelkolben, Teichsimse und Froschlöffel bewachsenen Weihers (LG 3) und des hypertrophen Gewässers (LG 5) mit jeweils drei bis vier Männchen akustisch wahrgenommen. Die relativ leisen Rufe der Männchen vernimmt man zur Paarungszeit als klopfende Laute. Die Balz beginnt meist erst in der Abenddämmerung, man hört sie gewöhnlich vom Grund des Gewässers in Rufreihen, etwa „wock wock wock". Die Weibchen legen die Eier in mehreren Reihen in dicken, nur 40 bis 70 cm langen Laichschnüren um Pflanzenstängel ab. Ältere Larven besitzen eine goldbronzene Färbung und erreichen die Größe der erwachsenen Tiere oder überschreiten sie sogar. Die nachtaktiven Knoblauchkröten graben sich tags mit Hilfe ihrer zu Grabschaufeln geformten Hinterfüße in den Boden ein, um sich vor Austrocknung zu schützen. Den Winter verbringen sie im Erdreich nahe dem Laichplatz.

Zum Erhalt der seltenen und als gefährdet geltenden Knoblauchkröte wäre langfristig darauf zu achten, dass die Randbereiche der Gewässer sowie die außerhalb der Laichzeit besiedelten Brachen gehölzfrei bleiben. Die beschattenden Gehölze sollten, wenn es notwendig ist, entfernt werden. Bei dem ersten der genannten Fundorte ist diese Pflegemaßnahme besonders vordringlich.

Erdkröte (*Bufo bufo*)

Im Entenfang befinden sich Laichplätze mit zumeist nur wenigen Tieren an fast allen Laichgewässern (LG 2, 3, 4, 5, 6, 7, 9), die zeitlebens aufgesucht werden.

Die Wanderungen zu den Laichplätzen finden im März/

Die Knoblauchkröte trägt auf hellem Grund dunkelbraune Flecken, die auf dem Rücken recht groß und in Längsrichtung verlaufen

Naturnaher Weiher mit üppiger Ufervegetation (Laichgewässer 3) – Lebensraum von Erdkröte, Knoblauchkröte, Grasfrosch, Teichfrosch und Seefrosch

Grasfrosch bei der Paarung, bei der das Männchen das Weibchen mit den Vorderbeinen umklammert

Kammmolch mit seinem deutlich gezackten Rückenkamm

April statt; dann können wir auch das leise „oöck – oöck – oöck" hören. Die Weibchen legen die langen Laichschnüre um Pflanzenstängel herum.

Im Sommer leben die Erdkröten auf angrenzenden Brachflächen, in Gehölzen und im Grünland.

Teichfrosch oder Wasserfrosch (*Rana esculenta*)

Im Entenfanggebiet wurde der Teichfrosch anhand der typischen Rufe in den beiden Weihern westlich (LG 2) und südwestlich des Gehöftes (LG 3), dem eutrophierten Weiher (LG 5) sowie in den Weidetümpeln (LG 8), den älteren Fischteichen (LG 7) und dem rundlichen Weiher nordöstlich des Entenfang-Gehöftes (LG 9) festgestellt. Die Tiere sonnen sich gern am Gewässerrand und springen, wenn man sich nähert, mit einem lauten Platschen ins Wasser. Besonders an warmen Tagen ist das Froschkonzert der Wasserfrösche zu hören; einer beginnt zu rufen „ärrr – ärrr – ärrr......." und die andern fallen ein. Dabei werden die weißlichen, als Resonanzkörper dienenden Schallblasen an den Kopfseiten aufgeblasen, was eine enorme Lautstärke verursacht. Der Teichfrosch überwintert zumeist am Gewässergrund im Schlamm.

Seefrosch (*Rana ridibunda*)

Mit bis etwa 12 cm Größe ist der Seefrosch neben der Erdkröte der größte heimische Froschlurch. Die artcharakteristischen, an- und abschwellenden Rufe des Seefrosches „brekekeke........." werden als Meckern oder Keckern bezeichnet.

Dieser Balzruf der Männchen wurde an den drei Weidetümpeln (LG 8), dem westlichen der beiden älteren, von Bäumen umgebenen Fischteiche (LG 7) und an dem Fischweiher nördlich des Bahndamms (LG 6) wahrgenommen. Südwestlich des Gehöftes wurde der Seefrosch am vegetationsreichen Weiher (LG 3) gehört. Diese Lurchart ist in der Roten Liste als gefährdet eingestuft.

Grasfrosch (*Rana temporaria*)

Der von den Pyrenäen bis zum Nordkap verbreitete Grasfrosch stellt sich bereits Ende Februar und im März an den Laichgewässern ein. Dann kann man seinen Balzruf hören, ein relativ leises, dumpfes Knurren.

Er laicht in dem mit Igel- und Rohrkolben und weiteren Wasserpflanzen bewachsenen Weiher (LG 3) südwestlich des Gehöftes. Hier wurden 14 Laichballen gezählt.

Teichmolch (*Triturus vulgaris*)

Beim Teichmolch handelt es sich um unsere häufigste Molchart.

Im Untersuchungsgebiet kommt er in den Weihern nordwestlich und westlich (LG 1 u. 2) sowie östlich der Entenfang-Gebäude (LG 5) vor. Nordöstlich hiervon wurde die Art nur in den alten Fischweihern (LG 7) festgestellt.

Die Wanderung zu den Laichgewässern beginnt oft schon im Februar.

Kammmolch (*Triturus cristatus*)

Der größte einheimische Molch ist der Kammmolch. Er ist in Europa weit verbreitet, fehlt aber in Bereichen mit Mittelmeerklima.

Von der Art wurden in den Weihern nordwestlich des Entenfang-Gehöftes (LG 1) zwölf, im nierenförmigen Gewässer (LG 2) zwei Exemplare und in dem hypertrophen Weiher (LG 5) ein Tier gefangen. Im Nordostteil des Untersuchungsgebietes konnte lediglich in den Weidetümpeln (LG 8) ein Weibchen beobachtet werden. In der Roten Liste wird der Kammmolch als gefährdet geführt.

Bedeutung für den Naturschutz

In den Gewässern der Entenfangniederung wurden sieben Lurcharten gefunden. Dies entspricht rund 37 % der 19 in Niedersachsen lebenden Amphibien. Davon sind drei Arten, also fast jede zweite, in der Roten Liste der in Niedersachsen und Bremen gefährdeten Amphibien (PODLOUCKY & FISCHER 1994) als gefährdet eingestuft. Dies zeigt die große Bedeutung des Entenfangs als Laichplatz und Lebensraum für Lurche. Bedenkt man, dass in weiten Bereichen der heimischen Bördelandschaft geeignete Sommerlebensräume und Überwinterungsorte (Wälder, Hecken, Brachen, Grünland) sowie Laichgewässer weitgehend fehlen, so wird der Wert des Entenfangs für Lurche und andere Tierarten besonders deutlich. Daher ist es wichtig, dass in diesem Raum keine intensive landwirtschaftliche Nutzung erfolgt. Es wären im Gegenteil eine stärkere Extensivierung der Grünlandnutzung (geringere Düngung, geringere Ausnutzung der Mahd- und Beweidungsressourcen) und eine Überführung von Äckern in Mäh- und Weidegrünland wünschenswert.

Käfer im Naturschutzgebiet „Entenfang"

von Ludger Schmidt

Einleitung

Der Entenfang ist eine Senke inmitten der Bördelandschaft, die 1990 unter Naturschutz gestellt wurde. Im Wesentlichen besteht das Schutzgebiet aus zwei nicht zusammenhängenden Teilflächen. Im südlichen Bereich liegen mehrere Teiche unterschiedlicher Größe, von denen die kleineren im Sommer oft austrocknen. Alle Teiche sind größtenteils mit Weiden und Pappeln umstanden, in flacheren Sumpfbereichen wächst Rohr-Glanzgras. Auf den feuchten Wiesen findet man vor allem Große Brennnessel, Beinwell und Mädesüß. Als Relikt des ehemaligen Kaliabbaues durchzieht ein rückgebauter Bahndamm das Gebiet. Er verbindet den südlichen mit dem nördlichen Teil des Schutzgebietes. Die Teiche des nördlichen Bereiches weisen vielfach Flachwasserzonen auf, die von dichten Beständen mit Rohr-Glanzgras eingerahmt werden. Das ehemals abflusslose Becken wird heute durch den Flutgraben in die Innerste entwässert.

Untersuchungsmethoden

Es ist oft nicht einfach, Käfer in der freien Natur anzusprechen. Dies liegt zum einen an ihrer geringen Größe, zum anderen an den zahlreichen, teilweise merkmalsarmen Arten. Durch ihre versteckte oder nachtaktive Lebensweise bleiben uns die Tiere oft verborgen, und nur einige wenige bekommen wir beim Gang durch die Natur zu Gesicht. Oft sind sie nur durch feinste Merkmale unter dem Binokular zu unterscheiden. Deshalb muss für Untersuchungen ein sehr kleiner Teil der Population entnommen werden.

Um zu ermitteln, welche Käfer im Entenfang vorkommen, wurden verschiedene Untersuchungsmethoden angewendet. Die wichtigste war dabei der Einsatz von speziell konstruierten Bodenfallen, die besonders in den dicht zugewachsenen, feuchten Bereichen sehr effektiv sind.

Für die Untersuchungen wurden 10 Fallen installiert, die jeweils einen Zylinderdurchmesser von 10 cm besaßen. Die Fallen wurden in besonders typischen Biotopen des Entenfanges aufgestellt. Da nach starken Regenfällen die Fallen voll laufen und dann nur noch schlecht fängig sind, wurden die Leerungen der Witterung angepasst. In der Regel wurden die Gläser alle zwei bis drei Wochen ausgetauscht. Im Labor wurde der Inhalt ausgelesen und die Tiere anderer Gruppen den Bearbeitern zugeleitet.

Nicht alle Käfer leben am Boden, sondern auch auf Sträuchern und Bäumen. Da die vertikalen Strukturen im Entenfang eine vergleichsweise geringe Rolle spielen, wurde nur mit einem Flugeklektor gearbeitet (vgl. S. 155).

Die Weiden entlang der Gewässer und die Sträucher an den Wegen, als wesentliche Vertikalstrukturen, wurden durch Absuchen und unter Zuhilfenahme eines Klopfschirmes untersucht. Die Pappeln sind dagegen so hoch, dass ein Bearbeiter kaum an die unteren Zweige herankommt. Eine Flugfalleninstallation in sinnvoller Höhe war deshalb nicht durchführbar. Durch diese Schwierigkeiten ist die Pappelfauna wahrscheinlich unterrepräsentiert.

Oft sind Insekten nachtaktiv, um tagsüber starker Hitze und damit verbundener Austrocknung sowie optisch jagenden Feinden aus dem Weg zu gehen. Obwohl nachtaktiv, sind die Tiere aber zum Teil in der Dunkelheit phototaktil, d.h. dass sie bestimmte Lichtquellen anfliegen. Bearbeiter von Nachtfaltern machen sich dies zunutze und setzen zum Fang bestimmte Lampen ein (LOBENSTEIN 2003).

Die Käfer beginnen meistens schon in der ersten Dämmerung milder Sommerabende zu schwärmen. Meistens endet ihre Schwärmphase aber bei völliger Dunkelheit, während die Nachtfalter dann erst richtig aktiv werden. Für die Untersuchungen wurde zweimal Lichtfang durchgeführt. Man findet am Leuchttuch sowohl Tiere, die aus nächster Nähe „zu Fuß" kommen und solche, die sich im ausgeleuchteten Bereich aufhalten und zufliegen, als auch Tiere, die längere Strecken zurücklegen und neue Lebensräume aufsuchen. Dazu gehörte wohl auch der ca. 4 cm große Nashornkäfer (*Oryctes nasicornis*), dessen mehrjährige Larve sich im Mulm alter Bäume, seinem natürlichen Habitat, entwickelt. Diese Strukturen sind selten geworden, da alte Bäume oft abgesägt werden. Die Art hat aber Kompost- oder Rindenmulchhaufen als Ersatzhabitate angenommen. Eine Entwicklung im direkten Umfeld der Teiche ist nicht zu erwarten, aber im Bereiche der einige hundert Meter entfernten Häuser wäre eine Entwicklung möglich.

Oft fängt man am Licht auch Adventivarten, d. h. Arten, die eigentlich in anderen Erdteilen verbreitet sind, z.B. in Nordamerika oder in Japan. Durch den internationalen Warenverkehr werden sie verschleppt und können sich andernorts ansiedeln. So wurde ein kleiner Schimmelfresser der Familie *Cryptophagidae Cryptophilus integer* bei den Untersuchungen im Entenfang das erste Mal für das mittlere und südliche Niedersachsen nachgewiesen. Eine weitere Adventivart ist *Epuraea ocularis*, die in der Flugfalle gefangen wurde.

Käferarten der Teiche und Ufer

Gewässer und ihre Ufer bieten vielen Tieren einen geeigneten Lebensraum. Besonders die Laufkäferfauna ist hier sehr artenreich. *Agonum livens* und *Bembidion fumigatum* sind seltene Vertreter dieser Käferfamilie. Letztere Art bevorzugt salzhaltige Standorte an den Küsten und im Binnenland. In ihrer niedersächsischen Faunistik führen GERSDORF und KUNTZE (1957) die Art bereits für den Entenfang auf. Sie

Der Nashornkäfer Oryctes nasicornis hat in Kompost- und Rindenmulchhaufen Ersatzhabitate gefunden

Die Larve des Weichkäfers Silis ruficollis lebt räuberisch, die Imagines findet man im Entenfang oft auf Rohr-Glanzgras, auf dem sie sich gerne paaren

Der Malachitkäfer Anthocomus coccineus ist durch seine charakteristische Färbung gekennzeichnet

vermuten, dass Salzeinwehungen vom nahe gelegenen Groß Giesener Kaliberg zu einer gewissen Versalzung des Entenfanges geführt haben. Überhaupt sind viele Funde vom Entenfang in der Arbeit dieser beiden Autoren enthalten. Das Gebiet war damals ein beliebtes Ausflugsziel der Insektenkundler, wobei KARL KUNTZE in Giesen wohnte. Die sehr seltene Laufkäferart *Chlaenius tristis*, die er dort noch gefangen hat, konnte bei den Untersuchungen von 2004 nicht mehr nachgewiesen werden.

In den Gewässern des Entenfanges lebt der eineinhalb Zentimeter große Stachelwasserkäfer *Hydrochara caraboides*, dessen Larve sich räuberisch ernährt. Larven und Imagines halten sich im Pflanzenbewuchs im Wasser auf, da sie keine guten Schwimmer sind im Gegensatz zu den echten Schwimmkäfern wie dem kugeligen *Hyphydrus ovatus*.

An flacheren Stellen der Gewässer und in Bereichen, die das ganze Jahr über feucht bleiben, aber nicht ständig unter Wasser stehen, findet man in Rohr-Glanzgrasbeständen oft den Weichkäfer *Silis ruficollis* und die Malachitkäfer *Anthocomus coccineus* und *Cerapheles terminatus*. Ihre Larven leben räuberisch, ebenso wie die Larve des Marienkäfers *Coccidula scutellata*. Dieser fein behaarte, rote Käfer fällt durch seine charakteristische blaue Zeichnung auf. Man findet ihn wie auch die beiden vorherigen Arten nur an feuchten Stellen.

Eine wichtige Pflanze für phytophage Käfer an den Rändern der Teiche ist der Bittersüße Nachtschatten. An den Blättern fressen die beiden monophagen Erdflohkäfer *Psylliodes dulcamarae* sowie *Epithrix pubescens*, und in den Blüten entwickelt sich der braune Glanzkäfer *Pria dulcamarae*.

Verschiedene Weidenarten (vgl. S. 228) umsäumen vor allem im südlichen Bereich des Naturschutzgebietes die Teiche. Im abgefallenen Laub des Vorjahres am Fuße der Bäume überwintert der kleine Marienkäfer *Scymnus limbatus*. Die Art ist selten, und der Nachweis im Entenfang stellt einen Wiederfund nach über 50 Jahren für das mittlere und südliche Niedersachsen dar. Auf den Blättern der Weiden frisst in großer Zahl der Erdflohkäfer *Crepidodera aurata*. Ebenfalls phytophag ernährt sich der kleine Rüsselkäfer *Curculio crux*, der durch seine weiße Kreuzzeichnung auf den Flügeldecken charakterisiert ist. Der wesentlich größere Erlenwürger *Cryptorrhynchus lapathi* lebt nicht nur auf Weiden, sondern wie sein deutscher Name aussagt, auch auf Erlen. Die Larve frisst in dünnen Stämmchen der Pflanzen, in denen sie sich auch verpuppt. Ein starker Befall kann den Jungwuchs zum Absterben bringen. Sind die Weiden älter, bieten sie dem bis dreieinhalb Zentimeter großen Moschusbock (*Aromia moschata*) geeignete Lebensbedingungen. Das Männchen zeichnet sich durch einen intensiven Geruch nach Moschus aus. Die Larve lebt mehrjährig in dickeren, lebenden Ästen und dringt auch bis ins Zentrum des Holzes vor. Ist das Holz abgestorben, so bietet dieses neuen Lebensraum für verschiedene andere Organismen. Der Pochkäfer *Ptilinus fuscus* bevorzugt abgestorbene offene, aber noch feste Stammpartien. Im Gegensatz zu der verwandten Art *Ptilinus pectinicornis* kommt *Ptilinus fuscus* nur in Weichhölzern vor. Die Larve des Scarabaeiden *Valgus hemipterus* lebt hingegen

Der Moschusbock (Aromia moschata) riecht intensiv nach Moschus, seine Larve lebt in stärkeren Weidenästen

in abgestorbenem, morschem, mulmigem und manchmal verpilztem Holz von Weiden, aber auch anderer Laubbäume. Die Imagines findet man im Frühsommer gerne auf Blüten (SCHMIDT 2003).

Die Untersuchungen zur Käferfauna des Entenfanges ergaben mit dem Fang des Kurzflüglers *Scopaeus laevigatus* einen weiteren Wiederfund nach über 50 Jahren. Außerdem konnten zwei Arten neu für das mittlere und südliche Niedersachsen nachgewiesen werden. Der kaum einen Millimeter große Fächerflügler *Microptilium palustre* ist bislang nur sehr selten in Deutschland gefunden worden. Aufgrund seiner geringen Größe ist der Käfer schwer nachweisbar. Ebenfalls neu ist der kaum größere Palpenkäfer *Biblioplectus ambiguus*, der mehrfach mit Bodenfallen nachgewiesen wurde. Zur Biologie beider Arten ist nur sehr wenig bekannt. Beide sind aber typische Vertreter für sumpfiges Gelände. Ob sie sich von Algenbelägen oder Milben ernähren, wie verwandte Arten, lässt sich nicht mit Sicherheit sagen.

Käfer der feuchten Wiesen

Besonders im Frühjahr, wenn die Vegetation noch niedrig und lückig entwickelt ist, sieht man den Gekörnten Laufkäfer (*Carabus granulatus*) mit seinen langen Beinen über die Wiesen laufen. Wie die überwiegende Zahl der Laufkäfer ist auch diese Art ein Räuber. Er besitzt ein Wehrsekret, das ihn vor Feinden schützen soll.

Die feuchten Wiesen werden durch Brennnesseln geprägt, die im Laufe des Jahres über ein Meter hoch werden und ein Dickicht bilden. Hier lebt der sehr häufige Rüsselkä-

Der Gekörnte Laufkäfer (Carabus granulatus) streift oft im Frühjahr über die Feuchtwiesen und sucht nach tierischer Nahrung

fer *Nedyus quadrimaculatus*, der Löcher in die Blätter frisst. Oft sieht man die Tiere bei der Paarung auf den Pflanzen sitzen. Danach legt das Weibchen die Eier in die Wurzel. Die geschlüpften Larven nagen einen kurzen Gang, und die Verpuppung zum fertigen Käfer findet im Boden in Wurzelnähe statt. In der Regel gibt es eine Generation im Jahr. Wesentlich seltener ist der Rüsselkäfer *Parethelcus pollinarius*. Hier legt das Weibchen die Eier an die Stängelbasis der Brennnesseln, und die Larven fressen sich in den Wurzelhals, wo sie überwintern, bevor sie sich ebenfalls im Erdboden verpuppen (SCHERF 1964). Weitere Bewohner der Brennnesseln sind die beiden Glanzkäferverwandten *Brachypterus urticae* und *Brachypterus glaber*. Beide Arten findet man häufig auf blühenden Nesseln. Die Larven entwickeln sich in den Blüten der Pflanzen.

Auf Beinwell lebt der monophage Rüsselkäfer *Mogulones raphani*. Das Weibchen legt die Eier in den Stängel, in dem sich die Larven entwickeln. Zur Verpuppung verlässt die Larve den Stängel und lässt sich zu Boden fallen, wo sie sich ein Erdgehäuse einrichtet. In den Blüten der Pflanze findet man oft den Glanzkäfer *Meligethes symphyti*. Die Larven entwickeln sich im Blütenboden, während die Käfer den nährstoffreichen Pollen fressen.

Auf der gelbblühenden Sumpf-Schwertlilie lebt oft in großer Zahl der Rüsselkäfer *Mononychus punctumalbum*. Das Weibchen legt die Eier in die Frucht, wo die Larven, oft 10-15, sich vom Sameninhalt ernähren. Bei starkem Befall zeigt die Frucht Verkrümmungen (SCHERF 1964). Dagegen verursacht der Erdfloh *Aphthona coerulea* einen Fensterfraß in den Blättern.

Käferarten der Wegränder und des Bahndammes

Nicht nur in den feuchten Bereichen konnten interessante Arten festgestellt werden. Auch die Wegränder und vor allem der ehemalige Bahndamm brachten interessante Arten zum Vorschein. Oft werden die Wege von Reitern benutzt. Die Pferdeäpfel werden umgehend von kotbewohnenden Käfern aufgesucht. Verschiedene Dungkäfer, vor allem der Gattung *Aphodius*, finden dort einen geeigneten Lebensraum. Neben mehreren häufigeren Arten kann man im zeitigen Frühjahr *Aphodius punctatosulcatus* finden. Diese sehr seltene Art ist aus Niedersachsen bislang nur vom nahe gelegenen Standortübungsplatz Hildesheim am Osterberg bekannt, wo sie in den Hinterlassenschaften der dort weidenden Schafe lebt. Auf dem Bahndamm konnte der wärmeliebende und sehr seltene Laufkäfer *Harpalus calceatus* nachgewiesen werden

Ableitung für den Naturschutz

Bei den Käferuntersuchungen wurden im Naturschutzgebiet „Entenfang" insgesamt 474 Arten (vgl. S. 272) festgestellt, von denen die meisten typische Bewohner feuchter Biotope sind. Besonders die Laufkäferfauna ist hier sehr artenreich. Aus vielen Käferfamilien gab es faunistisch sehr bemerkenswerte Funde. Auch die ehemalige Trasse der Werksbahn weist interessante Arten auf, die warme Bereiche bevorzugen. Insgesamt lebt im Entenfang eine sehr artenreiche Käferfauna, die es auf jeden Fall zu erhalten gilt. Feuchte Lebensräume sind in unserer Landschaft infolge von Drainage, wie es auch hier im Entenfang der Fall ist, stark gefährdet. Um das Gebiet auch in Zukunft zu sichern, wäre es wichtig, den Grundwasserspiegel zu beobachten. Es könnte sein, dass auf Dauer der unweit südwestlich liegende Sandabbau einen negativen Einfluss auf die schützenswerte Flora und Fauna des Gebietes ausübt.

Der Rüsselkäfer Mogulones raphani lebt monophag auf Beinwell

Mähwiese mit schwarzem Niedermoorboden und der Kalibraumhalde von Giesen im Hintergrund

Heuschrecken im Entenfang

von Günter Grein

Eine kurze Einführung zur Insektengruppe der Heuschrecken kann im Kapitel „Heuschrecken der Wegränder" nachgelesen werden (vgl. S. 107). Dort werden auch die meisten der zehn im Entenfang vorkommenden Arten kurz beschrieben. An dieser Stelle sollen deshalb nur die für den Entenfang spezifischen Angaben über Lebensraum und Häufigkeit erfolgen. Lediglich zwei Heuschrecken, die Kurzflügige Schwertschrecke und die Säbel-Dornschrecke, die hier vorkommen, konnten nicht an Wegrändern beobachtet werden. Dabei handelt es sich um zwei für Niederungsbereiche und Feuchtbiotope typische Springschrecken.

Den größten Flächenanteil im Naturschutzgebiet „Entenfang" nehmen vier Mähweiden ein, die im Sommer 2004 gemäht und im Herbst mit Rindern beweidet wurden. Sie liegen nordöstlich des Entenfang-Gehöftes. Weiterhin wurde eine südlich dieses Gehöftes an eine Deponie grenzende extensiv genutzte Pferdeweide untersucht, auf der im Herbst noch langgrasige, nicht abgeweidete Bereiche vorhanden waren. Nordwestlich bis südwestlich, aber auch nordöstlich des Entenfang-Gehöftes gibt es feuchte Brachen, die mit Schilf- und Glanzgras-Röhrichten sowie mit Hochstauden und hochwüchsigen Gräsern (diese besonders im Nordwesten) bestanden sind. Ein etwas höher gelegener und damit trockenerer Brachebereich westlich des Gehöftes wurde im Sommer von Schafen beweidet („Schafweide"). In dieser Fläche befinden sich zwei künstlich geschaffene, aber naturnahe Weiher. Die besonders tief gelegenen Bereiche der Mähwiesen und der feuchten Brachflächen stehen nach ergiebigen Regenfällen unter Wasser, so auch im Sommer 2004. Die Lage der acht untersuchten Flächen mit den jeweils vorgefundenen Arten sind aus der Tabelle im Anhang ersichtlich (vgl. S. 278).

Die in der „Roten Liste der in Niedersachsen und Bremen gefährdeten Heuschrecken" (GREIN 2005) für das Hügel- und Bergland als gefährdet verzeichnete **Kurzflüglige Schwertschrecke** (*Conocephalus dorsalis*) besiedelt alle

Männchen und Weibchen (mit Legeröhre) der Kurzflügligen Schwertschrecke direkt vor der Paarung

feuchten, weitgehend gehölzfreien Lebensräume des Entenfangs. Hierzu zählen die Mähweiden, die Pferdeweide, aber auch die feuchten Brachen. In den Mähweiden konzentrieren sich die Vorkommen auf die am tiefsten liegenden Gebiete, die einen Bewuchs von Binsen, Großseggen oder Röhricht aufweisen. In besonders hoher Bestandesdichte wurde diese Langfühlerschrecke in einer mit Binsen bewachsenen Senke vorgefunden. Die Weibchen legen die Eier mit der leicht gebogenen Legeröhre in Pflanzenstängel, besonders häufig in Binsen. Die Nahrung besteht wie bei der Langflügligen Schwertschrecke aus Pflanzen und auch aus tierischer Kost. Die Männchen lassen tags ein hohes, für manche Menschen nicht mehr hörbares Sirren ertönen, das in Höhe und Geschwindigkeit wechselt.

Die ebenfalls als gefährdet eingestufte **Säbel-Dornschrecke** (*Tetrix subulata*) ist durch ihre meist braune Färbung dem Untergrund gut angepasst und bietet hierdurch eine hervorragende Tarnung. Im Naturschutzgebiet „Entenfang" wurden aber auch etwas bunt gefleckte Tiere beobachtet. Die Dornschrecken besitzen weder Ruf- noch Hörorgane, ihr Halsschild ist bis über den Hinterleib hinaus dornartig verlängert. Sie ernähren sich hier hauptsächlich von Moosen und Algen. Die Säbel-Dornschrecke ist hauptsächlich im Frühjahr, seltener im Sommer zu entdecken. Sie wurde auf allen zumindest zeitweise feuchten Flächen gefunden, am häufigsten in Geländesenken mit hoch anstehendem Grundwasser. Ihre Fundorte liegen in den Mähweiden, der Pferdeweide, den feuchten Brachen, dort auch an einem Grabenrand, und in der Schafweide, hier vor allem am Ufer des nördlichen Weihers. Die Art benötigt zumindest kleine bodenoffene Bereiche, wie z.B. Fahrspuren, in denen die Eier abgelegt werden. Dort kann man sie direkt am Boden sitzend sehen.

Auf zwei Mähweiden konnten Einzeltiere und auf der Pferdeweide mehrere Vertreter der **Langflügligen Schwertschrecke** (*Conocephalus fuscus*) anhand der Rufe registriert werden. Diese Art wanderte erst in den letzten warmen Sommern in unser Gebiet ein. Die Ausbreitung wird durch ihre gute Flugtüchtigkeit insbesondere bei Ostwind begünstigt.

Das **Zwitscher-Heupferd** (*Tettigonia cantans*) wurde im Entenfanggebiet auf allen untersuchten Grünland- und Brachflächen gefunden, da auch im Grünland vor der Mahd und in den Randbereichen immer hohe Stauden vorhanden sind. Es wurde auf den Brachen in mittlerer und im Grünland in geringer bis mittlerer Anzahl festgestellt.

Auf allen Grünlandflächen und in den untersuchten Brachen mit grasigen Anteilen kommt **Roesels Beißschrecke** (*Metrioptera roeselii*) vor. Sie lebt hier zumeist in mittlerer Häufigkeit.

Der **Nachtigall-Grashüpfer** (*Chorthippus biguttulus*) konnte auf zwei der vier Mähweiden und der Pferdeweide in jeweils geringer Anzahl nachgewiesen werden. Die kühle Niederung bietet dieser etwas wärmeliebenden Heuschrecke keine besonders günstige Entwicklungsmöglichkeit.

Auf den Mähweiden und den Brachflächen lebt der **Weißrandige Grashüpfer** (*Chorthippus albmarginatus*) in geringer bis mittlerer Zahl. Auf der Pferdeweide kommt er dagegen häufig vor.

Der stark gefährdete **Wiesen-Grashüpfer** (*Chorthippus dorsatus*) konnte am Entenfang nur auf der Pferdeweide nachgewiesen werden, wo er eine kleine Population bildet. Er wurde bereits 1991 etwas weiter nördlich auf einer Grünlandbrache gefunden.

In den Mähweiden lebt der **Gemeine Grashüpfer** (*Chorthippus parallelus*) in geringer bis mittlerer Anzahl, in der Pferdeweide und den Brachen in mittelgroßen Populationen. In der Brache südwestlich der Entenfang-Gebäude mit einem hohen Anteil an Hochstaudenfluren und Röhrichten wurde jedoch nur ein einzelnes Exemplar angetroffen.

Die Säbel-Dornschrecke besitzt einen Halschild-Fortsatz, der den Hinterleib überragt

Die Wanzenfauna des Naturschutzgebietes „Entenfang"

von Albert Melber

Obwohl Vertreter der Insektenordnung *Heteroptera* (Wanzen) sowohl in verschiedenartigen Gewässern als auch in praktisch allen terrestrischen Lebensräumen individuen- und artenreich vorkommen, werden sie von den meisten nicht auf sie spezialisierten Naturbeobachtern weitgehend übersehen. Dies mag zum Teil an ihrer zuweilen geringen Körpergröße (die kleinsten Formen sind kaum 1 mm lang), zum Teil an ihrer oft hervorragenden Tarnung oder auch an ihrer täuschenden Ähnlichkeit mit anderen Insekten wie Käfern, Ameisen oder Mücken liegen.

So überrascht es vielleicht, dass in dem relativ kleinen Untersuchungsgebiet, dem NSG „Entenfang", während eines Jahres 132 Arten dieser Insektengruppe nachgewiesen werden konnten, das sind ungefähr 20% der niedersächsischen Fauna, die ca. 670 Arten umfasst, und 15% der in Deutschland vorkommenden rund 870 Arten. Bei einer mehrjährigen Erfassung und bei noch intensiverer Nachsuche wären mit Sicherheit noch weitere Arten zu finden.

Die Erfassung der Wanzen im Untersuchungsgebiet erfolgte während des Jahres 2004 hauptsächlich durch Käscher- und Handfänge bei 6 Begehungen vom 22. April bis 15. September. Daneben wurden Bodenfallen- und Flugfallenfänge von Ende März bis Dezember dieses Jahres sowie eine Lichtfangausbeute vom 6. August ausgewertet. Die Fallenfänge sowie Beifänge aus der Erfassung der Käferfauna wurden mir dankenswerterweise von Herrn Dipl.-Biol. LUDGER SCHMIDT überlassen.

Die Mehrheit der einheimischen Wanzen ernährt sich mit ihren für die Verwandtschaftsgruppe der *Rhynchota* (*Hemiptera*) typischen stechend-saugenden Mundwerkzeugen von Pflanzensäften (phytophag). Ein kleinerer Teil lebt räuberisch (zoophag) von anderen Arthropoden und deren Entwicklungsstadien, wobei nicht selten auch Übergänge zwischen Phyto- und Zoophagie vorkommen. Nur wenige Ausnahmen, wie die sog. Platt- oder Bettwanzen, sind als Ektoparasiten an Warmblütern (u.a. Vögel, Fledermäuse, Mensch) einzustufen.

Viele phytophage Arten zeigen eine mehr oder weniger enge Bindung an bestimmte Nahrungspflanzen, was von einer Monophagie (Ernährung von nur einer Pflanzenart) über Oligophagie (Ernährung von mehreren Arten einer Gattung oder mehreren nahe verwandten Gattungen) bis zur polyphagen Ernährungsweise reicht, bei der keine Bindung an bestimmte Nahrungspflanzen mehr zu erkennen ist. Interessanterweise besitzen nicht selten auch zoophage Arten eine Bindung an eine mehr oder weniger eng umgrenzte Verwandtschaftsgruppe von Habitatpflanzen.

Wie fast bei allen Insekten zeigt sich auch bei den Wanzen neben dieser unmittelbaren Abhängigkeit von der Vegetation eine Beeinflussung der räumlichen Verteilung durch abiotische Faktoren wie Mikroklima, Bodenverhältnisse und vielfältige Ansprüche an bestimmte Habitatstrukturen.

Auf diese Weise lässt sich die Wanzenfauna des Untersuchungsgebietes, soweit sie typisch für diesen Lebensraum ist, vier Bereichen zuordnen. Eine detaillierte Auflistung der einzelnen Arten mit Angaben zu den Nahrungspflanzen, zur Ernährungsweise und zur Fundhäufigkeit findet sich im Anhang.

1. Arten der Gewässer und ihrer Uferbereiche

Die Stillgewässer und Gräben mit langsam fließendem Wasser beherbergen auf der Oberfläche neben einer Zwergbachläuferart vier Wasserläuferarten aus der Familie *Gerridae*, wobei *Gerris lateralis* hervorzuheben ist (Rote Liste

Die im Untersuchungsgebiet häufige Netzwanze Dictyla humuli auf einer Beinwellpflanze mit einer ektoparasitischen Milben-Nymphe

Ein Weibchen von Orthonotus rufifrons, einer Weichwanze, die auf Brennnesseln lebt

Die seltenere langflügelige Form der vor allem auf dem Wasser-Schwaden lebenden Langwanze Ischnodemus sabuleti. Die meisten Individuen besitzen stark verkürzte Flügel. Larven und Imagines sind mit einem stark abgeplatteten Körperquerschnitt ausgestattet und halten sich bevorzugt in den Blattscheiden ihrer Nahrungspflanzen auf

Teratocoris antennatus, eine im Untersuchungsgebiet weit verbreitete Weichwanze, die meist in der Bodennähe von feuchten Süß- und Sauergrasbeständen lebt

Niedersachsen: 2). Ein Exemplar dieser seltenen Art wurde auf einem von Weiden und Pappeln stark beschatteten kleinen Tümpel gefunden, ein für diese Art typisches Habitat. Die auf den Gräben zu erwartenden Bachläufer (*Veliidae*), die sich ebenso wie die *Gerridae* zoophag vor allem von ins Wasser gefallenen Insekten ernähren, konnten nicht nachgewiesen werden.

Von den in den Gewässern lebenden vorwiegend räuberischen Wasserwanzen wurden insgesamt 12 Arten gefunden, die in Niedersachsen häufig sind und keine höheren Ansprüche an Wasserqualität und Habitatstrukturen stellen. Bemerkenswert ist, dass neben der häufigen Ruderwanze *Sigara falleni* in einem Exemplar auch die mit ihr sehr nahe verwandte wesentlich seltenere Art *Sigara iactans* gefangen wurde.

An den schlammigen Ufern der Stillgewässer leben zwei Spring- oder Uferwanzenarten (*Saldidae*), die sich zoophag von im Schlamm lebenden Kleinlebewesen ernähren. In den Fruchtständen des Rohrkolbens saugen die Larven und Imagines von *Chilacis typhae* an den Samen ihrer Wirtspflanze, kopulierende Tiere kann man auf der Oberfläche der Kolben beobachten.

2. Arten der Bodenoberfläche und der bodennahen Vegetationsschicht

Von den die Bodenoberfläche bewohnenden (epigäischen) Wanzen, es sind dies vor allem Vertreter der artenreichen Familie *Lygaeidae* (Boden- oder Langwanzen), sind im Untersuchungsgebiet nur wenige zu finden. Sie besiedeln als Wanzen, die offene, trocken-warme Lebensräume bevorzugen, meist den ehemaligen Bahndamm am Rand des NSG, der keinen typischen Teillebensraum dieses Gebietes darstellt und wesentlich trockener ist.

Im Gegensatz dazu waren aber am Boden in den Feuchtwiesenbereichen drei für solche Lebensräume typische Bodenbewohner aus den Familien *Saldidae* und *Miridae* zu finden. Sie leben dort zoophag u.a. von den Eiern hier häufiger Zikadenarten.

3. Arten der Krautschicht

Ungefähr 60 überwiegend phytophage Wanzenarten sind den oberen Bereichen der Krautschicht zuzuordnen, nur wenige von ihnen halten sich auch am Boden auf. Zu 60 % handelt es sich um Angehörige der Familie *Miridae* (Weichwanzen).

Für das Gebiet charakteristisch ist hier vor allem die Netzwanze *Dictyla humuli* zu nennen, die in großer Individuenzahl monophag auf dem Gewöhnlichen Beinwell (*Symphytum officinale*) lebt, sieben weitere Arten, unter ihnen *Orthonotus rufifrons*, findet man bevorzugt auf der Großen Brennnessel (*Urtica dioica*), wo sie in erster Linie die reifenden Reproduktionsorgane ihrer Nahrungspflanzen besaugen.

Vor allem an den Samenständen von Sauergräsern saugen die beiden *Cymus*-Arten, die hinsichtlich der Körperform und -färbung den Samen dieser Pflanzen gleichen. In den Blattscheiden verschiedener Süßgräser, bevorzugt am Wasser-Schwaden (*Glyceria maxima*) leben die platten, länglichen Larven und Imagines von *Ischnodemus sabuleti*, und überall in den hochgewachsenen Feuchtwiesenbereichen findet sich die für derartige Lebensräume charakteristische Weichwanze *Teratocoris antennatus*. Die kurzflügelige räuberische Sichelwanze *Nabis limbatus* ist mit ihrer gelbgrauen Färbung und dem schmalen, langgestreckten Körperumriss in den gräserdominierten Bereichen hervorragend getarnt. Auch *Acompus rufipes*, eine auf dem Echten Arznei-Baldrian (*Valeriana officinalis*) lebende Wanze, gehört zu den typischen Arten der Feuchtwiesen. Die Kohlwanze *Eurydema oleracea* lebt im Untersuchungsgebiet an der Pfeilkresse (*Cardaria draba*).

4. Arten der Gehölzschicht

Bei den rund 60 gehölzbewohnenden Wanzen wurden die meisten der für das Gebiet typischen Arten auf Weiden, Erlen und Eschen festgestellt. An Pappeln wurde nur die in den Borkenspalten räuberisch lebende *Loricula elegantula* (*Microphysidae*) gefunden, die aber auch auf anderen Gehölzen lebt.

Sieben Weichwanzenarten und ein Vertreter der Familie *Anthocoridae* (Blumenwanzen) waren regelmäßig auf Weiden anzutreffen. Nicht nur bei den obligatorisch zoophag lebenden Arten *Anthocoris limbatus* und *Pilophorus clavatus*, sondern auch bei den anderen Weichwanzen war eine deutlich Bevorzugung von Weiden mit starkem Blattlausbesatz zu beobachten. Offenbar nehmen diese Arten neben Pflanzensäften auch gelegentlich tierische Kost zu sich und wahrscheinlich auch den von Blattläusen ausgeschiedenen Honigtau.

Unter den sechs Eschenbewohnern ist *Brachynotocoris puncticornis* hervorzuheben, eine nur selten nachgewiesene Art (2. Fund in Niedersachsen). Die räuberische Blumenwanze *Anthocoris simulans*, die für Eschen typisch ist, war im Untersuchungsgebiet außerdem auch auf vielen blattlausbesetzten Weiden zu finden. Auf Erlen konnte *Oxycarenus modestus* gefunden werden, ein Samensauger, der in den verholzten Zäpfchen der Wirtsbäume überwintern kann.

Die Untersuchung der Wanzenfauna des NSG „Entenfang" hat somit neben zahlreichen angesichts der vorhanden Pflanzenarten und Strukturen zu erwartenden Arten auch einige überraschende Nachweise bemerkenswerter Arten erbracht. Andererseits fehlt ein großer Teil der Baumstammfauna. Das gilt in erster Linie für räuberische Arten, vor allem aus den Familien *Anthocoridae*, *Microphysidae* und *Miridae*, die an den Stämmen von Pappeln, Eschen und Weiden leben. Auch auf einer Reihe krautiger Pflanzenarten und Gehölze sind unter Berücksichtigung der Standortbedingungen und der geographischen Lage weitere Arten zu erwarten. Eine genauere Untersuchung des Gebietes könnte durchaus noch ca. 20 bis 30 zusätzliche Wanzenarten zutage fördern.

Bodenbewohnende Spinnen und Weberknechte im Naturschutzgebiet „Entenfang"

von Alexander Sührig

Einleitung

Für die vorliegende Arbeit über die Spinnen und Weberknechte im Naturschutzgebiet „Entenfang" wurden ausschließlich Beifänge aus elf Bodenfallen ausgewertet, die mir freundlicherweise Herr Dipl.-Biol. LUDGER SCHMIDT zur Verfügung stellte. Angaben zur naturräumlichen Situation und zur Beschreibung des Untersuchungsgebietes sind dem Kapitel „Der Entenfang früher und heute" zu entnehmen.

In Süd-Niedersachsen wurden mehrere Biotoptypen, die auch im Entenfang vorkommen, arachnologisch bisher kaum untersucht, darunter Grünland, Gewässer und Trockenlebensräume. Daher wurden in die Artenliste im Anhang dieses Buches zusätzlich Arten aufgenommen, die im LSG „Sehlder Masch", einem weiteren Feuchtgebiet in der Kalenberger Börde, sowie von KLINKERT (1998) in Weizenfeldern unterschiedlichen Extensivierungsgrads in der Umgebung von Betheln und Burgstemmen nachgewiesen wurden.

Spinnen

Im Entenfang wurden 967 adulte Spinnen gefangen, die sich auf 69 Arten aus zwölf Familien verteilen (vgl. Tabelle S. 280). Wie im Borsumer Holz stellen dabei die Baldachinspinnen mit Abstand den höchsten Anteil an der Gesamtarten- (55.1%) und Gesamtindividuenzahl (50.4%); an zweiter Stelle folgen die Wolfspinnen mit 17.4 bzw. 36.2% (Tab. 1). Die Krabbenspinnen sind noch mit vier und die Strecker- und Plattbauchspinnen mit jeweils drei Arten vertreten; von den übrigen Familien wurden nur eine bis zwei Arten nachgewiesen. Einen höheren Anteil an der Gesamtindividuenzahl hat mit 8.7% nur noch die Familie Streckerspinnen. Zusätzlich zu den Fängen aus Bodenfallen registrierte LUDGER SCHMIDT die „Wespenspinne" (*Argiope bruennichi*), so dass sich die Gesamtartenzahl damit auf 70 erhöht.

Die Wespenspinne, „Spinne des Jahres 2001", wird seit etwa 30 Jahren, aus südwestlicher Richtung einstrahlend, in ganz Europa immer häufiger festgestellt. Die genauen Ursachen dafür sind bisher allerdings nur wenig geklärt. Über die auch aktuell weiter anhaltende Ausbreitung der Art in Niedersachsen informiert ALTMÜLLER (1998).

Von den 70 nachgewiesenen Spinnenarten sind zwei Vertreter aus der Familie Baldachinspinnen in Niedersachsen stark gefährdet (*Donacochara speciosa*) bzw. gefährdet (*Hypomma fulvum*) (FINCH 2004). Eine weitere Art aus der Familie Baldachinspinnen (*Syedra myrmicarum*), die an einem Xerothermstandort (ehemaliger Bahndamm) vorkam und von der 2001 nur ein Nachweis aus dem „Niedersächsischen Berg- und Hügelland" vorlag (FINCH 2001), wird in die Rubrik „Daten mangelhaft" eingeordnet.

Der Entenfang liegt, naturräumlich gesehen, noch im „Niedersächsischen Berg- und Hügelland". Eine biogeographische Besonderheit stellt FINCH & KREUELS (2001) zufolge das Vorkommen der beiden Rote-Liste-Arten *Donacochara speciosa* und *Hypomma fulvum* dar, die im Bereich der westdeutschen Tiefland-Mittelgebirgs-Schwelle bisher nur im Flachland nachgewiesen wurden (vgl. auch FINCH 2004). Die Untersuchung belegt, dass die genannten Arten auch in Teilen des „Niedersächsischen Berg- und Hügellands" verbreitet sind.

Die meisten Spinnenarten, die im Entenfang vorkommen, haben eine Körperlänge von 2 bis 4.9mm (kleine Arten; 60.9%). An zweiter und dritter Stelle folgen mittelgroße (5 bis 9.9mm; 21.7%) und sehr kleine Arten (unter 2mm; 13.0%). Das Schlusslicht bilden große Arten (10 bis 14.9mm) mit einem Anteil von 4.4%.

Von den 69 Spinnenarten sind 43 netzbauend und 26 freijagend. Unter den Familien, deren Vertreter Netze bauen, stellen die Baldachinspinnen mit Abstand die meisten Arten (38); es folgen die Bodenspinnen mit zwei und die Kugel-, Strecker- (Gattung *Metellina*) und Kräuselspinnen mit nur jeweils einer Art. Unter den Familien, deren Vertreter frei jagen, weisen die Wolfspinnen die meisten Arten auf (12); es folgen die Krabbenspinnen mit vier, die Plattbauchspinnen mit drei, die Spinnenfresser und Streckerspinnen (Gattung *Pachygnatha*) mit jeweils zwei und die Jagd-, Sack- und Rindensackspinnen mit nur jeweils einer Art.

Den vorhandenen Biotoptypen entsprechend präferieren die meisten Arten unbewaldete Standorte (65.2%). Es fol-

Tab. 1: Anteile der im Naturschutzgebiet „Entenfang" nachgewiesenen Spinnenfamilien an der Gesamtarten- und Gesamtindividuenzahl.

Familie	Arten	[%]	Ind.	[%]
Spinnenfresser	2	2.9	3	0.3
Kugelspinnen	1	1.4	2	0.2
Baldachinspinnen	38	55.1	487	50.4
Streckerspinnen	3	4.3	84	8.7
Wolfspinnen	12	17.4	350	36.2
Jagdspinnen	1	1.4	1	0.1
Bodenspinnen	2	2.9	11	1.1
Kräuselspinnen	1	1.4	3	0.3
Sackspinnen	1	1.4	1	0.1
Rindensackspinnen	1	1.4	9	0.9
Plattbauchspinnen	3	4.3	4	0.4
Krabbenspinnen	4	5.8	12	1.2
Σ	69	100.0	967	100.0

Die Jagdspinne Pisaura mirabilis zählt im Entenfang zu den größten und optisch auffälligsten Arten

Während die Jungtiere der Streckerspinne Pachygnatha clercki Netze bauen, jagen die adulten Tiere ihre Beute

gen zu gleichen Anteilen Arten, die in Wäldern und in Offenlandhabitaten anzutreffen sind, und solche, die bewaldete Standorte bevorzugen (jeweils 17.4%).

Eine differenziertere Aufschlüsselung der Biotopbindung der einzelnen Arten zeigt, dass feuchte und nasse Stellen bevorzugende (hygrobionte/hygrophile) (24.6%) und eurytope Freiflächenarten (21.7%) die höchsten Anteile haben. Es folgen überwiegend trockene Stellen präferierende (xerophile) Arten (10.1%) und solche, die in Edellaubwäldern und in trockeneren Laub- und Nadelwäldern vorkommen (jeweils 7.3%). Bewohner nasser bewaldeter oder nasser unbewaldeter Habitate, mittelfeuchter Wälder oder mittelfeuchter Freiflächen, trockenerer Laub- und Nadelwälder oder trockenerer Freiflächen sowie xerobionte/xerophile Arten stellen Anteile von jeweils 5.8%. Drei weitere Artengruppen haben jeweils nur noch sehr geringe Anteile. Von drei Arten mit „Spezialanpassungen" sind zwei thermophil und eine baumbewohnend.

Bewohner der Erdoberfläche bzw. der Streu stellen erwartungsgemäß den Hauptanteil der Arten (69.6 %). An zweiter Stelle folgen solche, die auch bis in die Krautschicht vorkommen (20.3 %). Arten, die auch noch höhere Straten besiedeln, haben einen Anteil von 4.4 % und Bewohner der Krautschicht und höherer Straten einen Anteil von 5.8 %.

Die Baldachinspinne Hypomma bituberculatum bevorzugt Uferbereiche von stehenden und fließenden Gewässern

Weibchen der Wolfspinne Pirata piraticus mit Eikokon

Die Sackspinne Clubiona reclusa mit ihren Jungen im Schlupfwinkel

Weberknechte

Im Entenfang wurden 167 adulte Weberknechte gefangen, die sich auf drei Vertreter aus zwei Familien verteilen (vgl. Tabelle im Anhang). Dabei handelt es sich um zwei Arten aus der Familie Echte Weberknechte und um eine Art aus der Familie Fadenkanker, die mit 98.2% auch den mit Abstand höchsten Anteil an der Gesamtindividuenzahl stellt.

Die Art *Nemastoma dentigerum* aus der Familie Fadenkanker, die auch im Borsumer Holz gefunden wurde (28 ♂♂ / 14 ♀♀), wird bundesweit als gefährdet eingestuft (BLISS et al. 1998). Besonders bemerkenswert ist, dass im Entenfang von insgesamt 164 Individuen (90 ♂♂ / 74 ♀♀) allein 138 in einer einzigen Bodenfalle gefangen wurden. Im Gegensatz zu allen übrigen Bodenfallen, die an feuchten Standorten aufgestellt waren, befand sich diese Bodenfalle auf dem ehemaligen Bahndamm.

Schlussbetrachtung

Ein Vergleich der Artengemeinschaften im Borsumer Holz (bewaldeter Standort) und im Entenfang (überwiegend unbewaldeter Standort) zeigt, dass in beiden Untersuchungsgebieten die Baldachinspinnen den höchsten Anteil an der Gesamtarten- und Gesamtindividuenzahl stellen. Im Gegensatz zum Borsumer Holz haben im Entenfang aber auch die Wolfspinnen einen relativ hohen Anteil an der Gesamtarten- und Gesamtindividuenzahl. Bei den Wolfspinnen handelt es sich um freijagende und sich überwiegend optisch orientierende Arten (Bewegungsseher), bei denen die Weibchen ihren an den Spinnwarzen befestigten Kokon bis zum Schlüpfen der Jungen mit sich herumtragen. Neben der Brutpflege hat dieses Verhalten auch den Vorteil, dass die Weibchen warme, sonnige Plätze aufsuchen und sich die Jungspinnen dadurch schneller entwickeln können.

Im Entenfang wurde die Bodenfauna mit einer höheren Untersuchungsintensität (11 gegenüber 6 Bodenfallen) und in einem größeren Landschaftsausschnitt erfasst. Der Entenfang zeichnet sich außerdem durch eine besonders große Vielfalt an unterschiedlichen Kleinstlebensräumen aus: Es gibt beschattete und unbeschattete, wassernahe und wasserferne Bereiche, Hochstaudenfluren, Schilfröhrichte, die ehemalige Bahntrasse und trockengefallenen Teichboden. Auch diese Gegebenheiten tragen zu der relativ hohen Anzahl festgestellter Arten bei.

Im Entenfang, aber auch in den im Landkreis Hildesheim untersuchten grundwassernahen Pflanzengesellschaften des LSG „Sehlder Masch" und des NSG „Innersteaue unter dem Mastberg" mit 30 bzw. 39 nachgewiesenen Spinnenarten (ROHTE & SÜHRIG 2003) kamen jeweils zu einem hohen Prozentsatz auch solche mit höheren oder hohen Ansprüchen an die Feuchtigkeit vor: in der Sehlder Masch 33.3%, im Entenfang 34.3% und im Bungenpfuhl sogar 41.0% der nachgewiesenen Arten. Wären die Biotopansprüche feuchtigkeitsliebender Arten nicht mehr erfüllt, z.B. durch Absenkung des Grundwasserspiegels, Eutrophierung oder Zerstörung des Lebensraums, so würden diese lokal zurückgehen oder sogar aussterben.

Bei den feuchtigkeitsbedürftigen Pflanzengesellschaften des Entenfangs handelt es sich nach dem Niedersächsischen Naturschutzgesetz (NNatG) um „besonders geschützte Biotope" (§ 28a) oder um „besonders geschütztes Feuchtgrünland" (§ 28b). Der Gesetzgeber hat damit besonders wertvolle, schutzwürdige und schutzbedürftige Bereiche unter unmittelbaren gesetzlichen Schutz gestellt, um naturnahe Lebensräume mit ihren typischen Lebensgemeinschaften nachhaltig zu sichern. Die in der vorliegenden Untersuchung betrachteten Spinnen und Weberknechte sind Teile dieser Lebensgemeinschaften.

Die Krabbenspinne Xysticus cristatus in typischer „Krabbenhaltung" mit erbeuteter Raupe

Maßnahmen der Paul-Feindt-Stiftung zum Schutz wertvoller Lebensräume

Kalenberger Börde mit Schulenburger Berg und Marienburg

25 Jahre Naturschutz in der Börde

Bernd Galland, Heinz Ritter und Manfred Bögershausen

„Die Aussicht von den drey Bergspitzen ist eine der herrlichsten in unserer Gegend; die meilenlange Ebene von Nordwest, die sich über Hannover bis an das deutsche Meer erstreckt, giebt mit ihren Dörfern, Flecken und Städten dem Auge einen perspektivischen Abriß." Mit diesen Worten beschreibt Joseph Anton Cramer (1792) in seinen „Physischen Briefen über Hildesheim und dessen Gegend" (Reprographischer Nachdruck der Ausgabe Hildesheim 1792, Gerstenberg Hildesheim 1976) den Blick vom Osterberg in die Kalenberger Börde. Dass diese Landschaft ihren Charakter keineswegs verloren hat, zeigt die Schilderung der heutigen Situation (vgl. S. 9). Vergleichen wir die Texte, so fällt uns sofort eine Gemeinsamkeit auf: beide Autoren zeichnen Landschaftsbilder von hohem ästhetischen Reiz und bemerkenswerter Strukturvielfalt. Trotz der aus den Schilderungen ablesbaren Veränderungen der vergangenen 200 Jahre erkennen wir in beiden Texten dieselbe Landschaft wieder: die scharfe Begrenzung durch den Saum des Mittelgebirges, die flachwellige Oberflächengestalt, die gleichmäßige Distanz der Dörfer und die gliedernden linearen Strukturen machen unsere Bördelandschaft unverwechselbar. Sie hat ihr eigenes Gesicht, ihre Identität (vgl. S. 22) über lange Zeiträume bewahrt.

Diese oft verkannte Vielfalt und Schönheit sichtbar zu machen, die trotz intensiver Nutzung immer noch vorhandenen verschiedenartigen Lebensräume darzustellen und das breite Spektrum der aktuell vorkommenden Pflanzen- und Tierarten zu dokumentieren, ist das Anliegen dieses Buches. Dank der Beteiligung vieler fachkundiger Text- und Bildautoren findet der Leser in diesem Gemeinschaftswerk eine sehr differenzierte „Momentaufnahme" (vgl. S. 26) des gegenwärtigen Zustandes von Natur und Landschaft. Die Beiträge über Fauna und Flora der weiten Agrarlandschaft, der Straßen- und Wegränder, der noch erhaltenen Waldreste und typischen Bördedörfer, der Feuchtgebiete des Bruchgrabens und des Entenfangs sowie die Darstellungen über die Landschaftsentwicklung und die Wirtschaft der Börde machen die individuellen Züge der Landschaftsstrukturen sichtbar. Zugleich lassen sie mit Zitaten älterer Quellen die Gefährdung der Region deutlich erkennen.

Nicht nur die Bördelandschaft als unverwechselbare, jederzeit wiedererkennbare Heimat erscheint uns gleichsam von Gesichtsverlust bedroht, sondern auch viele landschaftstypische Einzelstrukturen. Auf diese Bedrohung aufmerksam zu machen, ist uns ein Anliegen, dem wir mit diesem Buch Ausdruck verleihen wollen. Dazu möchten wir mit dem folgenden knappen Bericht aus der Tätigkeit der Paul-Feindt-Stiftung und des Ornithologischen Vereins zu Hildesheim e.V. (OVH) Möglichkeiten konkreter ehrenamtlicher Naturschutzarbeit aufzeigen. Auslöser für dieses Bemühen um praktischen Biotopschutz war in den 1970er Jahren die Beobachtung, dass vielerorts Biotope wie Bachläufe, feuchte Senken, Hecken und Gebüsche immer mehr verschwanden und mit ihnen auch so manche Vogelart. Diese von uns als negativ wahrgenommene Landschaftsveränderung aufzuhalten, wollten wir nicht nur als Forderung vortragen, sondern auch selbst - zumindest exemplarisch - durch die Erhaltung wertvoller Biotope verhindern.

Noch rund 30 Jahre weiter zurück liegen die ersten Versuche, die ehemaligen Tongruben der Gronauer Masch als Schutzgebiet auszuweisen und zu sichern. Erfolgreicher und effektiver Schutz gelang hier allerdings erst, als der OVH

1981 eine Teilfläche der Masch kaufen konnte und damit die inzwischen von der PAUL-FEINDT-STIFTUNG weitergeführte Entwicklung des Naturschutzgebietes „Gronauer Masch" mit der Fortsetzung im nördlich anschließenden Naturschutzgebiet „Unter dem Rammelsberg" einleitete. Wir fanden seinerzeit breite Unterstützung. Viele Spender halfen uns mit kleineren und größeren Zuwendungen. Die VOLKSBANK LEINETAL und besonders die KREISSPARKASSE HILDESHEIM beteiligten sich mit namhaften Beträgen, die STADT GRONAU, der LANDKREIS HILDESHEIM und das LAND NIEDERSACHSEN förderten das Projekt mit öffentlichen Mitteln. Sicherlich kam uns gerade in der Startphase die in den 1970er Jahren hohe gesellschaftliche Wertschätzung des Naturschutzes zugute; doch müssen wir festhalten, dass der Ausbau zum größten Naturschutzgebiet des Landkreises auf 5 km Länge im Leinetal ohne die kontinuierliche Förderung durch die ZOOLOGISCHE GESELLSCHAFT FRANKFURT „Hilfe für die bedrohte Tierwelt" nicht gelungen wäre. Eine schöne Bestätigung, sozusagen die Belohnung der intensiven Arbeit, stellt das regelmäßige Vorkommen vieler seltener Arten, darunter Schwarz- und Weißstorch, Zwergdommel, Grau- und Silberreiher, Kranich, Schwarzmilan, Wasserralle und Tüpfelsumpfhuhn, dar. Das große Projekt im Leinetal dürfen wir durchaus als Modell für eine „konzertierte" Aktion zum Schutz wertvoller Lebensräume sehen, angestoßen und weitergeführt aus dem ehrenamtlichen Engagement heraus, gefördert von Sponsoren und in der Sache unterstützt von den Gebietskörperschaften und den Fachbehörden des Naturschutzes und der Landwirtschaft. Unsere Erfahrungen aus dem Leinetal bestätigen sich auch in anderen Projekten. Naturschutz ist vor allem dort effektiv, wo ehrenamtlich aktive Bürger über privatrechtlich organisierte Vereine und Verbände Vorleistungen erbringen und damit staatliche Institutionen zur Unterstützung veranlassen.

Neben den genannten Naturschutzgebieten im Leinetal haben Stiftung und Verein sich um weitere Gebiete in der Kalenberger Börde bemüht. Dazu gehört die Sehlder Masch als das größte derzeit noch bestehende Feuchtwiesengebiet unseres Landkreises; Teilflächen konnten wir durch Kauf und standortgerechte Biotopgestaltung und -nutzung sichern.

Das Naturschutzgebiet „Entenfang" in der Niederung zwischen Leine und Innerste hat eine lange und wechselvolle Geschichte. Die Beiträge in diesem Buch (vgl. S. 223 bis 248) unterstreichen die hohe faunistische und floristische Bedeutung. Obwohl die ersten bedeutsamen Schritte zur Sicherung und Erhaltung des Gebietes erfolgt sind, ist die Entwicklung keineswegs abgeschlossen. Wünschenswert ist die Einbeziehung weiterer Flächen als Pufferzone rund um die Kernbereiche und eine Ausweitung der extensiven Grünlandnutzung. Gute Möglichkeiten, hier in kleinen Schritten voranzukommen, bieten z.B. die vom Naturschutzgesetz vorgeschriebenen Ausgleichs- und Ersatzmaßnahmen, die von der Fachbehörde gezielt in dieses Projekt gelenkt werden könnten. Sinngemäß gilt dies selbstverständlich auch für jedes andere Biotopschutzprojekt. Wir halten es für wesentlich sinnvoller, bereits vorhandene „Kerne" von Schutzgebieten gezielt zu vergrößern und schrittweise weiter zu entwickeln, als jeden Eingriff in Natur und Landschaft durch isolierte Einzelmaßnahmen wie Obstwiesen oder kleinflächige Anpflanzungen an Ort und Stelle „auszugleichen".

Auf eine große Herausforderung für den öffentlich-rechtlichen wie auch den ehrenamtlichen Naturschutz soll hier nur kurz hingewiesen werden. Die Kalenberger Börde wird ihr Gesicht in einem breiten Streifen parallel zur Leine grundlegend verändern. Das Leinetal zwischen Hannover und Burgstemmen ist als „Rohstoffsicherungsgebiet" für den Kies- und Sandabbau ausgewiesen. Was dies bedeutet, lässt sich schon heute an den zahlreichen Baggerseen zwischen Nordstemmen und Sarstedt ablesen. Wir halten es für dringend geboten, angesichts der anstehenden irreversiblen Eingriffe ein Konzept für den gesamten Raum zu entwickeln, das die Belange von Natur und Landschaft ebenso berücksichtigt wie die Interessen der Landwirtschaft und der Naherholung.

Anders als im Leinetal ließen die naturräumlichen Bedingungen in der Hildesheimer Börde bisher nur relativ

Naturschutzgebiet „Entenfang"

kleinflächige Maßnahmen des Naturschutzes zu. Neben Sekundärbiotopen wie Klärteichen und Tongruben war und ist es in erster Linie die Bruchgrabenaue, die viel Engagement erfordert. Zu unseren ersten Projekten gehörte zu Beginn der 1980er Jahre die Gestaltung eines kleinen Ufergrundstücks, das im Rahmen eines Flurbereinigungsverfahrens als Naturschutzmaßnahme realisiert wurde. Hieraus entwickelten sich Ideen zur Renaturierung der gesamten Aue. Diese in Form eines Planungsvorschlags zusammenzustellen und als Informationspapier zur EXPO 2000 vorzulegen, kostete viel Arbeit. Gern hätten wir es gesehen, wenn die EXPO sozusagen „vor ihrer Haustür" am Bruchgraben Möglichkeiten der Technik zur Landschaftswiederherstellung und –gestaltung demonstriert hätte, doch wurden die entsprechenden Projekte an anderen Orten in Deutschland verwirklicht. Dennoch gingen unsere Bemühungen um die Bruchgrabenaue weiter. Mit dem gemeinschaftlichen zweckgebundenen Erwerb eines Ufergrundstücks durch die politische GEMEINDE ALGERMISSEN und die PAUL-FEINDT-STIFTUNG dokumentierte die Kommune ihr unmittelbares Interesse an der Landschaftsentwicklung. Im Laufe der Jahre erwarb die Stiftung weitere Parzellen, wobei die finanzielle Förderung durch die VOLKSBANK HILDESHEIMER BÖRDE und einen örtlichen Unternehmer besonders hervorzuheben ist.

Fast schon als „Lehrstück in Sachen Naturschutz" könnte man die Geschichte der Wätzumer Tongrube betrachten. Über einen langen Zeitraum wurde hier Ton abgebaut und in der Ziegelei Algermissen verarbeitet. Als der weitere Abbau unwirtschaftlich und die Grube deshalb stillgelegt wurde, konnte sich die Natur ungestört entfalten. Seitens der abbauenden Firma wurde daran gedacht, die Grube als Deponie für Flugasche zu nutzen; auch Hafenschlick aus Hamburg war im Gespräch. Um dies zu verhindern, veranlasste eine örtliche Bürgerinitiative die Bezirksregierung, die Grube als Naturschutzgebiet auszuweisen. Leider erwies sich dies keineswegs als ausreichender Schutz; denn nach einem Besitzerwechsel beabsichtigte der neue Eigentümer, das unabhängig von der Schutzverordnung nach wie vor bestehende Recht auf Tonabbau wieder aufleben zu lassen. Damit wäre das NSG zerstört worden. Dies zu verhindern, gelang durch den Kauf, wobei die PAUL-FEINDT-STIFTUNG maßgeblich von der GEMEINDE ALGERMISSEN, der KREISSPARKASSE HILDESHEIM und dem LANDKREIS HILDESHEIM unterstützt wurde.

In engem räumlichen Zusammenhang ist die Entwicklung am Alpebach südlich der Tongrube zu sehen. Die Stiftung hatte es übernommen, die Naturschutz-Ersatzmaßnahme als Kompensation für die Autobahnverbreiterung auszuführen. Das Verfahren erforderte viel Geduld: insgesamt 13 Jahre vergingen vom Planfeststellungsbeschluss bis zur endgültigen Grundstückseinweisung. Dafür sind Tongrube und Alpebach heute über die Initialpflanzung eines standortgerechten Gehölzes miteinander vernetzt, weitere Teilflächen wurden der natürlichen Sukzession überlassen, so dass die beabsichtigte Rückentwicklung zur ursprünglichen Auenlandschaft allmählich sichtbar wird. Als schöne Belohnung der langjährigen Bemühungen dürfen wir das Vorkommen des Drosselrohrsängers und die erfolgreiche Brut der Wiesenweihe 2004 (vgl. S. 87) werten.

Dass wir in der Teilnehmergemeinschaft des z.Zt. laufenden Flurbereinigungsverfahrens Algermissen durch den Vorsitzenden des NATURSCHUTZVEREINS ALPEBRUCH im OVH vertreten sind, bedeutet eine Anerkennung unserer Leistungen und bietet die Möglichkeit, zur Renaturierung des Bruchgrabengebietes beizutragen.

Was am Beispiel von Biotopen in der Gemarkung Algermissen dargestellt wurde, lässt sich in ähnlicher Weise und vergleichbarem Umfang aus den Bördegemeinden Sarstedt, Giesen, Harsum und Söhlde berichten. Auch hier sind die Verwaltungen und politischen Gremien lebhaft an der Erhaltung und Entwicklung naturnaher Strukturen interessiert und fördern einzelne Projekte im Rahmen ihrer Möglichkeiten.

Um das allmählich wachsende Netz von geschützten Gebieten sichtbar werden zu lassen, sollen im folgenden die bisher noch nicht genannten Flächen kurz angesprochen werden:
– Die stillgelegte Sandgrube Berkeln bei Burgstemmen, Stif-

Naturschutzgebiet „Wätzumer Tonkuhle"

tung eines ortsansässigen Unternehmers, weist bei stark bewegtem Relief vielfältige Biotopstrukturen mit offenen Sandflächen, Quellhorizonten, flachen Tümpeln, Gebüschen und Waldparzellen auf; als offener Bürgerpark wird sie gern für Naherholung und Naturbeobachtung aufgesucht.

- Das kleine Feuchtgebiet „Im Meere" in der Gemarkung Giften ergänzt die Biotope des benachbarten Entenfangs- und bietet vielen Pflanzen- und Tierarten geeignete Lebensbedingungen.
- Den Bungenpfuhl an der Innerste teilen sich die Gemeinden Giesen und Hildesheim. Dieses ausgedehnte Feuchtwiesengebiet haben wir in unserem Buch „Naturraum Innerstetal" ausführlich vorgestellt.
- Entlang des Bruchgrabens konnte die Stiftung in den Gemeinden Algermissen und Harsum sowie im benachbarten Landkreis Peine verschiedene Parzellen erwerben; die Anpflanzung von Erlen und Gehölzen des Auenwaldes, aber auch die extensive Grünlandnutzung dienen dem Ziel der Renaturierung.
- Die stillgelegte Tongrube Moorberg oberhalb von Sarstedt zeigt vielfältige Biotopstrukturen. Von hier aus bietet sich ein herrlicher Blick über die Börde bis zum Hildesheimer Wald und dem Brocken im Hintergrund.
- In der Gemeinde Harsum sind die Klärteiche der ehemaligen Zuckerfabrik Harsum als kleines Feuchtgebiet zu erwähnen, ebenso die von der PAUL-FEINDT-STIFTUNG und der Gemeinde Harsum erworbene Teilfläche im Borsumer Holz, die zum Erhalt dieses wertvollen Waldes in der nahezu waldfreien Bördelandschaft beitragen soll.
- Zwei weitere Gebiete liegen in der Gemeinde Schellerten. Die Tongrube Farmsen war als Sondermülldeponie ausgewiesen; heute stellt sie sich als abwechslungsreiches naturnahes Gelände dar. Die Klärteiche der stillgelegten Zuckerfabrik Dinklar sind über die Farmser Klunkau mit der Tongrube vernetzt.
- In der Gemeinde Söhlde werden ufernahe Flächen in der Klunkau- und Fuhseaue bei Nettlingen renaturiert. Unmittelbar an der Kreisgrenze bei Steinbrück hat der Weiß-

Pflanzaktion am Bruchgraben

storch auf einem von Himstedter Naturschützern errichteten Kunsthorst in unseren Feuchtwiesen an der Fuhse im Jahr 2003 erstmals wieder im Kreisgebiet gebrütet, nachdem der letzte Brutplatz an der Nette 1978 verwaist war. Jenseits der Fuhse, bereits im Landkreis Peine, ergänzen die Klärteiche der stillgelegten Zuckerfabrik Groß-Lafferde die Biotopvielfalt der Aue.

Wir wünschen uns, dass von diesen „Kristallisationspunkten" aus die Wiederherstellung abwechslungsreicher Strukturen voranschreitet, um so zur Pflege des Landschaftsbildes beizutragen. Die oben vorgestellten Maßnahmen wurden

Tongrube Moorberg mit dem Hildesheimer Wald und der Stadt Hildesheim im Hintergrund

Kopfweiden im Winter

Blick in die Hildesheimer Börde

in vielfältiger Weise gefördert. Unser Dank gilt allen Gebietskörperschaften, zahlreichen Spendern, den Volksbanken sowie der KREISSPARKASSE HILDESHEIM, deren Name insbesondere mit dem Bungenpfuhl und der Grube Moorberg verbunden ist. Zu danken haben wir aber auch den Mitgliedern der Regionalgruppen des OVH in Gronau, Burgstemmen, Algermissen und Borsum für ihre finanzielle Beteiligung und die praktische Naturschutzarbeit im Gelände. Denn Erwerb und Ausweisung von Schutzgebieten müssen oft durch umfangreiche Einzelmaßnahmen ergänzt werden, die nur in ehrenamtlichem Einsatz zu leisten sind. Dazu gehört auch das Pflanzen auentypischer Gehölze, die Pflege der früher im Bruchgrabengebiet weit verbreiteten Kopfweiden sowie das Anbringen von Nisthilfen für die beiden Kulturfolger Steinkauz und Schleiereule. In diesem Arbeitsfeld engagieren sich außer Mitgliedern unserer Gruppen auch andere Vereine, zu denen gute Kontakte bestehen.

Mit dem Rückblick auf 25 Jahre Naturschutz in der Börde sollte gezeigt werden, dass Erfolge möglich werden, wenn es gelingt, die unterschiedlichen Interessen zusammenzuführen und die Ziele des Naturschutzes in einvernehmlicher Zusammenarbeit sowohl mit der Landwirtschaft als auch mit Politik und Verwaltung sowie allen anderen an der Sache Interessierten anzustreben. Als Stiftung können wir Vorschläge und Modelle entwickeln und in Einzelprojekten exemplarisch demonstrieren. Orientierungshilfen dafür bieten neben den im Rahmen unseres Buchprojektes erfassten und im Anhang in Form umfangreicher Tabellen dokumentierten Pflanzen- und Tierarten auch die 100 oder 200 Jahre alten Quellen, die mit ihren Informationen Rückschlüsse auf das naturräumliche Potential der Börde erlauben. Arten, die damals zu beobachten waren, können zurückkehren, sofern sich die entsprechenden Lebensräume wiederherstellen lassen. Einige Beispiele in unserem Buch bestätigen diese Einschätzung.

Wir können nicht vorhersagen, wie sich die Börde entwickeln wird. Wir wissen lediglich, dass sie sich stets verändert hat und sich auch in Zukunft verändern wird; denken wir nur an Stichworte wie EU-Zuckermarkt, nachwachsende Rohstoffe, Biogasanlagen und Windenergie. Und deswegen tragen wir mit diesem Buch den Wunsch vor, dass diese Landschaft auch in Zukunft ihr Gesicht bewahren möge, damit sie den hier lebenden Menschen eine unverwechselbare Heimat bieten kann. JOSEPH ANTON CRAMER (1792: 264) formulierte es so: „Auf dem Gipfel des Berges (gemeint ist der Spitzhut östlich von Hildesheim) hat man die herrlichsten Aussichten, die man sich nur denken kann. Ein viel Meilen langer Horizont von Osten nach Norden liegt unter den Füßen. Nach Osten hin sieht man in einer fünf Meilen langen Ferne, Braunschweig mit seinen emporragenden Kirchen und Thürmen, von Braunschweig erstreckt sich der Gesichtskreis nordwärts bis nach Hannover, das man ohne bewafnetem Auge deutlich sehen kann. Der Zwischenraum dieser beyden Städte ist mit unzähligen Dörfern, Flecken und Landstädten gleichsam übersäet, und von Bäumen und Gebüschen herrlich schattirt."

Übersicht über die erfassten Pflanzen- und Tierarten

Erläuterungen zu den Artenlisten

Die Darstellung charakteristischer Lebensräume und ausgewählter Landschaftsbereiche der Hildesheimer und Kalenberger Börde wird im Anhang dieses Buches durch tabellarische Übersichten aller nachgewiesenen Pflanzen- und Tierarten ergänzt. Dabei handelt es sich vor allem um Arten, die in den Jahren 2003 und 2004 erfasst wurden. Daneben fanden aber auch die umfangreichen und vielfältigen Beobachtungen von Mitgliedern des Ornithologischen Vereins Berücksichtigung, die aus den Vorjahren stammen.

Bei der Betrachtung der Artenlisten ist zu berücksichtigen, dass auf Grund der begrenzten Zeit und ehrenamtlichen Mitwirkung der Autoren nur Teilbereiche der Börde stichprobenartig untersucht werden konnten und nicht für alle Organismengruppen kompetente Bearbeiter zur Verfügung standen. Dennoch liefern die vorliegenden Tabellen einen repräsentativen Überblick über die Tier- und Pflanzenwelt der Bördelandschaften im Landkreis Hildesheim. Insgesamt konnten für die Hildesheimer und Kalenberger Börde 1022 Pflanzenarten und 1720 Tierarten nachgewiesen werden, von denen 247 in den Roten Listen als gefährdet eingestuft sind (Angaben hinter dem Schrägstrich).

Die kommentierten Artenlisten wenden sich in erster Linie an fachkundige und mit Fragen des Naturschutzes befasste Personen. Sie informieren über Vorkommen, Status, Häufigkeit und Gefährdungskategorien der nachgewiesenen Arten in bestimmten Lebensräumen und Landschaftsbereichen der Börde.

Die Übersichten sind nicht nach einem festen Schema aufgebaut, um den Besonderheiten der unterschiedlichen Organismengruppen sowie dem Beobachtungsstand und Anliegen der verschiedenen Mitarbeiter gerecht zu werden.

Untersuchte Organismengruppen:

Farn- u. Samenpflanzen (*Pteridophyta u. Spermatophyta*)	801/52
Flora ausgewählter Dörfer der Hildesheimer u. Kalenberger Börde	(664/20)
Flechten (*Lichenes*)	21/1
Phyto- u. Zooplankton des Bruchgrabens	200 u. 97
Säugetiere (*Mammalia*)	42/16
Vögel (*Aves*)	252/80
Brutvögel in Adlum	(40)
Lurche (*Amphibia*)	7/3
Fische (*Pisces*)	19/4
Käfer (*Coleoptera*)	705/33
Nachtfalter (*Bombyces, Noctuidae, Geometridae*)	152/13
Tagfalter (*Rhopalocera, Grypocera, Zygaenidae*)	17/1
Heuschrecken (*Saltatoria*)	13/3
Wanzen (*Hepteroptera*)	132/1
Libellen (*Odonata*)	19/2
Webspinnen u. Weberknechte (*Araneae u. Opiliones*)	159/9
Schnecken u. Muscheln (*Gastropoda u. Bivalvia*)	106/29

Gefährdungskategorien der Roten Listen (RL) für Tier- und Pflanzenarten:

0 ausgestorben oder verschollen
Arten, die in Niedersachsen verschwunden sind, d. h. von denen keine wild lebenden Populationen mehr bekannt sind

1 vom Aussterben bedroht
Arten, die so schwerwiegend bedroht sind, dass sie voraussichtlich aussterben, wenn die Gefährdungsursachen fortbestehen

2 stark gefährdet
Arten, die erheblich zurückgegangen oder durch aktuelle bzw. absehbare menschliche Einwirkungen stark bedroht sind

3 gefährdet
Arten, die merklich zurückgegangen oder durch aktuelle bzw. absehbare menschliche Einwirkungen bedroht sind

4 (=R) extrem selten
seit jeher sehr seltene bzw. nur lokal vorkommende Sippen

5 bei anhaltender Lebensraumzerstörung gefährdet

D Daten defizitär

G Gefährdung anzunehmen
Arten, die sehr wahrscheinlich gefährdet sind, für die aber mangels Informationen exakte Einstufungen nicht möglich sind

V Vorwarnliste
Arten, die in Niedersachsen deutlich zurückgegangen sind, aber aktuell nicht gefährdet sind

FARN- und SAMENPFLANZEN (*Pteridophyta und Spermatophyta*)
von Heinrich Hofmeister unter Mitwirkung von Maren Burgdorf, Hannelore Genuit-Leipolt, Werner Müller u. Friederike Vornkahl

Berücksichtigte Lebensräume und Landschaftsbereiche: 1 Äcker, 2 Wegränder, 3 Dörfer (vgl. Tab. Dörfer), 4 Wälder im Raum Harsum, 5 Bruchgraben, 6 Nettlinger Rücken mit Kreidebrüchen, Äckern und Wäldern, 7 Entenfang

Nomenklatur u. Angaben zur Gefährdung nach GARVE (2004)
Abkürzungen und Symbole: N/E eingebürgerter Neophyt, N/U unbeständiger Neophyt, k kultivierte (ausgesäte oder angepflanzte) Sippe;
• Aggregat (Artengruppe), x Hybridzeichen, ssp. Subspezies (Unterart), N/U unbeständiger Neophyt, N/E eingebürgerter Neophyt

Wissenschaftliche Namen	RL	1	2	3	4	5	6	7
Abutilon theophrasti N/U		x						
Acer campestre				x	x	x	x	
Acer platanoides				x	x	x	x	
Acer pseudoplatanus			x	x	x	x	x	
Achillea millefolium		x	x	x	x	x	x	
Achillea ptarmica	V		x					
Acinos arvensis	V		x				x	
Aconitum napellus N/U			x					
Adoxa moschatellina					x			
Aegopodium podagraria		x	x	x	x		x	
Aesculus hippocastanum N/U				x	x		x	
Aethusa cynapium ssp. *cynapium*		x	x				x	
Aethusa cynapium ssp. *elata*		x	x	x				
Agrimonia eupatoria			x	x	x		x	
Agrostis capillaris			x	x	x			
Agrostis gigantea		x	x			x	x	
Agrostis stolonifera		x	x			x	x	
Ajuga reptans			x	x	x		x	
Alcea rosea N/U				x			x	
Alchemilla mollis N/U				x			x	
Alchemilla vulgaris •				x				
Alisma plantago-aquatica				x		x		
Alliaria petiolata		x	x	x	x	x	x	
Allium oleraceum					x			
Allium sativum N/U					x			
Allium schoenoprasum N/E			x					
Allium ursinum			x	x				
Allium vineale		x	x					
Alnus glutinosa				x	x	x	x	
Alnus incana N/E				x	x			
Alopecurus aequalis							x	x
Alopecurus geniculatus			x					
Alopecurus myosuroides		x	x	x		x	x	
Alopecurus pratensis			x	x		x	x	
Alyssum saxatile N/U				x				
Amaranthus blitum	3	x						
Amaranthus caudatus N/U			x					
Amaranthus powellii N/E		x	x					
Amaranthus retroflexus N/E		x	x				x	
Ambrosia artemisiifolia N/U			x					
Anagallis arvensis		x	x				x	
Anchusa arvensis	V	x						
Anemone nemorosa				x	x		x	
Anemone ranunculoides				x	x			
Anemone sylvestris N/U				x				
Anethum graveolens N/U		x	x				x	
Angelica sylvestris			x	x	x			x
Anthemis cotula	V	x						
Anthemis tinctoria N/E			x	x			x	
Anthoxanthum odoratum					x			
Anthriscus caucalis			x					
Anthriscus sylvestris			x	x	x	x	x	
Anthyllis vulneraria							x	
Antirrhinum majus N/U				x			x	
Apera spica-venti		x	x	x			x	
Aphanes arvensis		x	x					
Aquilegia vulgaris N/U				x			x	
Arabidopsis thaliana		x	x					
Arctium lappa		x	x	x	x	x	x	
Arctium minus			x	x	x	x		
Arctium nemorosum					x	x		x
Arctium tomentosum		x	x			x	x	
Arenaria leptoclados				x				

Wissenschaftliche Namen	RL	1	2	3	4	5	6	7
Arenaria serpyllifolia		x	x	x			x	x
Armoracia rusticana			x	x		x	x	
Arrhenatherum elatius			x	x		x	x	
Artemisia absinthium			x				x	x
Artemisia biennis N/E			x		x			
Artemisia vulgaris		x	x	x	x	x	x	
Arum maculatum				x	x		x	
Asparagus officinalis N/U			x				x	
Asplenium ruta-muraria				x				
Asplenium trichomanes				x				
Aster novae-angliae N/E				x				
Aster novi-belgii • N/E				x				
Astragalus glycyphyllos			x	x		x		
Athyrium filix-femina				x	x			
Atriplex oblongifolia N/E				x				
Atriplex patula		x	x	x		x	x	
Atriplex prostrata		x	x	x		x		
Atriplex sagittata N/E			x	x			x	
Atropa bella-donna				x			x	
Avena fatua		x	x	x			x	
Ballota nigra ssp. *nigra*			x	x	x	x	x	x
Barbarea vulgaris			x					
Bassia scoparia N/E			x					
Bellis perennis			x	x	x			
Berberis vulgaris N/U				x				
Berteroa incana N/E			x					
Berula erecta			x		x	x		
Betula pendula			x	x	x	x	x	
Bidens frondosa N/E			x			x		
Bidens tripartita		x		x		x		
Bistorta officinalis	V				x			
Bolboschoenus maritimus				x		x		
Borago officinalis N/U			x					
Brachypodium pinnatum			x	x			x	
Brachypodium sylvaticum				x	x		x	
Brassica napus N/U			x	x			x	x
Brassica oleracea N/U				x				
Briza media	V		x				x	
Bromus erectus			x					
Bromus hordeaceus		x	x	x	x		x	x
Bromus inermis			x	x			x	x
Bromus ramosus					x			
Bromus sterilis		x	x	x	x	x	x	x
Bromus tectorum			x	x				
Bryonia alba	3			x		x		
Bryonia dioica	V		x	x				
Buddleja davidii N/E			x				x	
Butomus umbellatus	3		k	x				
Buxus baccata N/U				x				
Calamagrostis canescens	V			x				x
Calamagrostis epigejos			x	x	x	x	x	
Calendula officinalis N/U			x					
Callitriche palustris ·			x		x			x
Calluna vulgaris N/U				x				
Caltha palustris	3		k	x	x			
Calystegia sepium		x	x	x	x	x	x	x
Campanula latifolia				x				
Campanula patula			x					
Campanula persicifolia			x	x				
Campanula rapunculus			x	x	x			
Campanula rapunculoides			x				x	
Campanula rotundifolia			x	x				
Campanula trachelium			x	x	x		x	
Cannabis sativa								x
Capsella bursa-pastoris		x	x	x	x		x	x
Cardamine bulbifera					x			
Cardamine flexuosa				x				
Cardamine hirsuta		x	x	x				
Cardamine pratensis			x		x			
Cardaria draba N/E			x	x			x	
Carduus acanthoides			x	x				
Carduus crispus		x	x	x	x	x	x	
Carduus nutans		x	x					
Carex acuta								x
Carex acutiformis				x	x	x		
Carex caryophyllea				x				
Carex digitata							x	
Carex disticha				x				x

Wissenschaftliche Namen	RL	1	2	3	4	5	6	7
Carex flacca			x	x			x	
Carex guestphalica				x				
Carex hirta		x	x	x	x	x	x	x
Carex otrubae			x	x		x		x
Carex pairae				x				
Carex pallescens					x			
Carex paniculata				x				
Carex pendula N/U				x				
Carex pseudocyperus	3							x
Carex remota					x	x		
Carex riparia				x	x	x		x
Carex spicata				x				
Carex sylvatica				x	x		x	
Carex vulpina	3			x				
Carlina vulgaris							x	
Carpinus betulus				x	x	x		
Carum carvi				x				
Centaurea cyanus	3	x	x	k				
Centaurea jacea			x	x			x	
Centaurea montana N/U				x				
Centaurea nigra							x	
Centaurea scabiosa			x	x		x		
Centaurium erythraea				x				
Centaurium pulchellum	3		x					
Cerastium arvense			x	x			x	x
Cerastium glomeratum			x	x	x	x	x	
Cerastium glutinosum				x				
Cerastium holosteoides		x	x	x	x	x	x	x
Cerastium pumilum				x				
Cerastium semidecandrum				x				
Cerastium tomentosum N/E			x	x			x	
Ceratophyllum demersum				x		x		
Ceratophyllum submersum						x		
Chaenorhinum minus		x	x	x			x	
Chaerophyllum bulbosum			x	x	x	x		x
Chaerophyllum temulum			x	x	x	x	x	
Chelidonium majus				x	x		x	x
Chenopodium album		x	x	x			x	x	x
Chenopodium bonus-henricus	3			x				
Chenopodium ficifolium		x	x	x			x	
Chenopodium glaucum		x	x	x			x	
Chenopodium hybridum	3	x		x				
Chenopodium polyspermum		x		x			x	
Chenopodium rubrum		x		x		x		
Chrysanthmum segetum				x				
Cichorium intybus			x	x				
Circaea lutetiana				x	x	x		
Cirsium acaule			x					
Cirsium arvense		x	x	x	x	x	x	x
Cirsium oleraceum			x	x	x		x	x
Cirsium palustre				x	x			x
Cirsium vulgare		x	x	x	x	x	x	x
Claytonia perfoliata N/E				x				
Clematis vitalba			x	x	x	x	x	
Clinopodium vulgare			x	x				
Conium maculatum			x	x				
Consolida regalis	3	x	x	x			x	
Convallaria majalis				x	x			
Convolvulus arvensis		x	x	x			x	x
Conyza canadensis N/E		x	x	x			x	x
Cornus sanguinea			x	x	x	x	x	
Coronopus squamatus	3	x	x	x				
Corydalis cava			x	x				
Corydalis intermedia				x				
Corylus avellana			x	x	x	x	x	
Crataegus laevigata			x	x	x	x	x	x
Crataegus monogyna			x	x	x	x	x	x
Crepis biennis			x	x	x	x	x	
Crepis capillaris		x	x	x		x		
Crepis paludosa				x	x		x	
Cruciata laevipes				x	x			
Cuscuta europaea								x
Cymbalaria muralis N/E				x				
Cynoglossum officinale	3						x	
Cynosurus cristatus	V	x						
Cystopteris fragilis				x				
Cytisus scoparius						x		
Dactylis glomerata			x	x	x	x	x	x	x

Wissenschaftliche Namen	RL	1	2	3	4	5	6	7
Dactylis polygama				x	x			
Dactylorhiza fuchsii	3				x			
Datura stramonium N/E			x	x	x		x	
Daucus carota			x	x	x		x	x	x
Deschampsia cespitosa			x	x	x	x	x	x
Deschampsia flexuosa					x			
Descurainia sophia		x	x	x			x	
Dianthus armeria	3			x				
Dianthus deltoides N/U				x				
Dianthus carthusianorum N/U			x					
Digitalis purpurea				x				
Digitaria ischaemum				x				
Digitaria sanguinalis				x				
Diplotaxis muralis							x	
Dipsacus fullonum			x	x	x	x	x	x
Dipsacus pilosus			x	x	x			
Dryopteris carthusiana				x	x	x		
Dryopteris dilatata				x		x		
Dryopteris filix-mas				x	x	x		
Duchesnea indica N/U				x				
Echinochloa crus-galli		x	x	x				
Echinops bannaticus N/U							x	
Echinops exaltatus N/U				x				
Echinops spaerocephalus N/E			x	x			x	x
Echium vulgare				x		x	x	
Eleocharis palustris				x		x		x
Elodea canadensis N/E				x		x		
Elodea nuttallii N/E				x				
Elsholtzia ciliata N/U				x				
Elymus caninus				x	x			x
Elymus repens		x	x	x	x	x	x	x
Epilobium angustifolium			x	x			x	x
Epilobium ciliatum N/E			x	x		x	x	
Epilobium hirsutum			x	x		x		
Epilobium montanum			x	x	x	x		
Epilobium palustre				x				x
Epilobium parviflorum			x	x	x	x	x	
Epilobium roseum	V			x		x		
Epilobium tetragonum			x	x		x	x	x
Epipactis helleborine					x	x		
Equisetum arvense		x	x	x	x	x	x	
Equisetum fluviatile					x			
Equisetum palustre			x	x	x	x		x
Equisetum telmateia				x				
Eragrostis minor N/E				x				
Eranthis hyemalis N/U				x				
Erigeron acris			x	x				
Erigeron annuus N/E				x			x	
Erodium cicutarium			x	x				
Erophila verna			x			x	x	
Erucastrum gallicum N/E							x	
Erysimum cheiranthoides		x		x				
Escholtzia californica N/U				x				
Euonymus europaea				x	x	x	x	
Eupatorium cannabinum			x	x	x	x		x
Euphorbia cyparissias				x	x		x	
Euphorbia esula			x					
Euphorbia exigua	V	x	x	x			x	
Euphorbia helioscopia		x	x	x			x	
Euphorbia lathyris N/U		x		x				
Euphorbia peplus		x		x			x	
Fagus sylvatica				x	x	x	x	
Fagopyrum esculentum N/U		x						
Falcaria vulgaris		x	x	x		x		
Fallopia convolvulus		x	x	x				
Fallopia dumetorum				x				
Fallopia japonica			x	x			x	
Festuca arundinacea			x	x		x	x	x
Festuca gigantea			x	x	x	x		x
Festuca ovina •				x	x			
Festuca pratensis			x	x		x	x	
Festuca rubra			x	x	x	x	x	x
Filago arvensis				x				
Filpendula ulmaria			x	x		x		
Filpendula vulgaris	2		x					
Foeniculum vulgare N/U				x				
Fragaria x ananassa N/U				x				
Fragaria vesca			x	x	x	x	x	

257

Wissenschaftliche Namen	RL	1	2	3	4	5	6	7
Fragaria viridis	V		x					
Frangula alnus					x			
Fraxinus excelsior			x	x	x	x	x	x
Fumaria officinalis		x	x	x			x	
Fumaria vaillantii	3	x	x				x	
Gagea lutea				x	x		x	
Gagea minima	2				x			
Gagea pratensis	V		x	x			x	
Gagea spathacea	3				x			
Gagea villosa	3			x				
Galanthus nivalis N/E				x	x	x		
Galeopsis angustifolia	3						x	
Galeopsis tetrahit			x	x	x	x	x	x
Galinsoga ciliata N/E			x	x	x		x	
Galinsoga parviflora N/E			x	x	x		x	
Galium album				x	x	x	x	x
Galium aparine			x	x	x	x	x	x
Galium odoratum				x	x		x	
Galium palustre				x		x		x
Galium verum				x	x		x	x
Gentianella ciliata	3						x	
Geranium columbinum				x		x		
Geranium dissectum		x	x	x			x	
Geranium macrorrhizum N/U				x				
Geranium molle		x	x	x				
Geranium palustre				x	x	x	x	
Geranium pratense	V		x	x		x		
Geranium purpureum N/E				x				
Geranium pusillum		x	x	x				x
Geranium pyrenaicum N/E				x	x		x	
Geranium robertianum				x	x	x	x	
Geum rivale	3				x			
Geum urbanum				x	x	x	x	
Glechoma hederacea				x	x	x	x	x
Glyceria fluitans •			x	x	x		x	x
Glyceria maxima				x		x		x
Glyceria notata				x				
Gnaphalium uliginosum		x	x	x			x	
Hedera helix				x	x	x	x	
Helleborus foetidus N/E				x	x			
Helleborus viridis N/U				x	x			
Helianthus annuus N/U				x			x	
Helianthus tuberosus N/E				x	x		x	x
Helicotrichon pratense	3		x					
Hepatica nobilis							x	
Heracleum mantegazzianum N/E				x	x		x	x
Heracleum sphondylium				x	x	x	x	x
Herniaria glabra				x				
Hesperis matronalis N/E				x	x		x	x
Hieracium aurantiacum				x	x			
Hieracium caespitosum				x				
Hieracium lachenalii							x	
Hieracium laevigatum				x	x		x	
Hieracium murorum					x		x	
Hieracium pilosella			x	x			x	
Hieracium piloselloides			x	x			x	
Hieracium sabaudum				x	x		x	
Hippophae rhamnoides N/E				x			x	
Hippuris vulgaris N/E				x		x		
Holcus lanatus			x	x	x	x	x	x
Holcus mollis					x			
Holosteum umbellatum	V			x				
Hordeum jubatum N/E				x				
Hordeum murinum			x	x			x	
Humulus lupulus				x	x		x	
Hyoscyamus niger	3	x	x	x				
Hypericum hirsutum					x			
Hypericum perforatum			x	x	x	x	x	
Hypericum tetrapterum				x		x		
Hypochaeris radicata				x				
Ilex aquifoluim N/E				x				
Impatiens glandulifera N/E				x				
Impatiens noli-tangere					x			
Impatiens parviflora				x	x	x		
Inula conyzae				x			x	
Inula helenium					x			
Iris pseudacorus				x	x	x		x
Juglans regia N/E				x			x	

Wissenschaftliche Namen	RL	1	2	3	4	5	6	7
Juncus articulatus				x		x	x	x
Juncus bufonius		x	x	x		x	x	
Juncus compressus				x		x	x	
Juncus conglomeratus				x				x
Juncus effusus			x	x	x	x		
Juncus inflexus			x	x	x	x	x	x
Juncus tenuis						x	x	
Kickxia elatine	2	x	x				x	
Knautia arvensis			x	x			x	
Koeleria pyramidata	V						x	
Laburnum anagyroides N/E				x	x			
Lactuca serriola			x	x	x		x	x
Lamium album			x	x	x	x	x	x
Lamium amplexicaule			x	x	x		x	
Lamium argentatum N/E				x	x			
Lamium confertum			x					
Lamium galeobdolon				x	x			
Lamium maculatum				x	x	x		x
Lamium purpureum			x	x	x	x	x	
Lapsana communis			x	x	x	x	x	x
Larix decidua N/E					x		x	
Lathyrus latifolius N/E				x	x		x	
Lathyrus pratensis			x	x	x		x	
Lathyrus sylvestris				x	x		x	
Lathyrus tuberosus	V	x	x	x			x	x
Lemna gibba						x		
Lemna minor				x		x		x
Lemna trisulca	V							x
Leontodon autumnalis			x	x		x		
Leontodon saxatilis	V			x				
Leonurus cardiaca ssp. *villosus*			x					
Lepidium campestre				x				
Lepidium ruderale		x	x	x			x	x
Leucanthemum vulgare •			x	x			x	x
Leucojum vernum N/U					x			
Ligustrum vulgare				x	x	x	x	
Lilium martagon	3						x	
Linaria vulgaris			x	x	x	x	x	x
Linum catharticum				x			x	
Linum usitatissimum N/U				x				
Listera ovata					x			
Lithospermum arvense	3	x						
Lolium multiflorum N/U				x	x			
Lolium perenne		x	x	x		x	x	x
Lonicera periclymenum				x			x	
Lonicera xylosteum				x	x		x	
Lotus corniculatus			x	x	x		x	
Lotus pedunculatus				x		x		x
Lunaria annua N/E				x	x			
Lupinus polyphyllus N/E				x	x			
Luzula campestris				x				
Lunula multiflorum								x
Luzula pilosa					x			
Luzula sylvatica					x			
Lycium barbarum				x			x	
Lycopersicon esculentum N/U				x				
Lycopus europaeus			x	x	x	x	x	x
Lysimachia nummularia				x	x	x		
Lysimachia punctata N/E		x		x				
Lysimachia thyrsiflora N/U				x				
Lysimachia vulgaris			x	x		x		x
Lythrum salicaria			x	x		x		x
Mahonia aquifolium N/E				x	x			
Maianthemum bifolium					x			
Malva alcea	V		x	x				
Malva moschata				x	x		x	
Malva neglecta		x	x	x			x	
Malva sylvest. ssp. *mauritiana* N/E				x				
Malva sylvestris ssp. *sylvestris*				x	x		x	
Matricaria discoidea			x	x	x	x	x	x
Matricaria recutita			x	x	x	x	x	x
Matteuccia struthiopteris N/U				x				
Medicago falcata							x	
Medicago lupulina		x	x	x	x	x		
Medicago x varia N/E			x	x			x	
Melampyrum pratense					x			
Melica uniflora				x	x			
Melilotus albus			x	x	x		x	

Wissenschaftliche Namen	RL	1	2	3	4	5	6	7
Melilotus officinalis			x	x			x	x
Melissa officinalis N/U				x				
Mentha aquatica			x	x	x	x	x	x
Mentha arvensis		x						
Mentha x piperita N/U				x				
Mentha spicata N/U							x	x
Mentha suaveolens N/U				x	x			
Menyanthes trifoliata N/U				x				
Mercurialis annua N/E		x	x	x			x	x
Mercurialis perennis				x	x			
Milium effusum				x	x			
Moehringia trinervia				x	x	x		
Muscari botryoides N/U				x				
Muscari neglecta N/U				x	x			
Mycelis muralis				x	x		x	
Myosotis arvensis		x	x	x	x	x	x	x
Myosotis laxa	3				x			
Myosotis ramosissima	V		x	x				x
Myosotis scorpioides			x	x		x		
Myosotis stricta	3			x				
Myosotis sylvatica				x	x	x		
Myosurus minimus		x		x				
Narcissus poeticus N/U				x				
Narcissus pseudonarcissus N/U				x				
Nasturtium microphyllum						x		
Nasturtium officinale			x	x		x		
Nicotiana tabacum N/U				x				
Nuphar lutea	V					x		
Nymphaea alba	V					x		
Nymphoides peltata N/U				x				
Odontites vulgaris		x	x	x			x	x
Oenanthe aquatica	V					x		x
Oenothera biennis N/E				x				
Oenothera glazioviana N/E		x	x			x		
Omphalodes verna N/U				x				
Onobrychis viciifolia N/E				x				
Ononis spinosa			x	x				
Onopordum acanthium N/E			x	x		x	x	
Origanum vulgare			x	x			x	
Ornithogalum nutans N/E				x				
Ornithogalum umbellatum				x	x			
Orobanche reticulata	3			x				
Oxalis acetosella						x		
Oxalis corniculata N/E				x				
Oxalis stricta N/E		x		x				
Panicum capillare N/U				x				
Panicum miliaceum N/U				x				
Papaver argemone	V	x		x			x	
Papaver dubium ssp. dubium		x	x	x			x	
Papaver rhoeas		x	x	x			x	x
Papaver somniferum N/U		x	x	x			x	
Parthenocissus inserta N/E				x				
Paris quadrifolia	V				x	x		
Pastinaca sativa			x	x			x	x
Persicaria amphibia		x	x	x		x	x	x
Persicaria hydropiper		x		x		x		
Persicaria lapathifolia		x	x	x		x		
Persicaria maculosa		x	x	x		x	x	x
Petasites hybridus			x	x	x			
Petrorhagia saxifraga N/U				x				
Phacelia tanacetifolia N/U				x				
Phalaris arundinacea			x	x	x		x	x
Phalaris canariensis N/U				x				
Philadelphus coronaria N/U				x				
Phleum pratense			x	x			x	x
Phragmites australis			x	x	x		x	x
Physalis alkekengi N/U				x			x	
Phyteuma spicatum					x			
Phytolacca esculenta N/U				x			x	
Picea abies				x	x	x	x	x
Picris hieracioides			x	x			x	x
Pimpinella major ssp. major			x	x			x	x
Pimpinella saxifraga			x	x			x	x
Pinus nigra N/E				x				
Plantago lanceolata		x	x	x		x	x	
Plantago major ssp. intermedia		x	x	x			x	
Plantago major ssp. major		x	x	x	x	x	x	x
Plantago media		x	x				x	

Wissenschaftliche Namen	RL	1	2	3	4	5	6	7
Poa angustifolia				x			x	
Poa annua		x	x	x	x	x	x	x
Poa compressa			x	x			x	
Poa nemoralis				x	x	x	x	
Poa palustris				x		x	x	x
Poa pratensis		x	x	x			x	x
Poa trivialis		x	x	x	x	x	x	x
Polygonatum multiflorum				x	x			
Polygonum aviculare		x	x	x	x	x	x	
Polypodium vulgare				x				
Populus alba N/E			x	x				
Populus tremula			x	x	x	x	x	
Populus x canadensis				x	x	x		x
Portulaca oleracea N/E				x				
Potamogeton crispus				x		x		x
Potamogeton natans						x		
Potamogeton pectinatus				x		x		
Potamogeton pusillus								x
Potentilla anserina		x	x	x	x	x	x	x
Potentilla argentea				x				
Potentilla fruticosa N/U				x				
Potentilla neumanniana	V					x		
Potentilla recta N/E				x				
Potentilla reptans			x	x			x	
Potentilla sterilis				x	x		x	
Primula elatior				x				
Primula veris	V		x	x				
Prunella vulgaris			x	x	x		x	
Prunus avium				x	x	x	x	x
Prunus mahaleb N/E				x				
Prunus padus				x	x		x	
Prunus serotina N/E				x				
Prunus spinosa			x	x	x	x	x	x
Pseudofumaria lutea N/E				x				
Puccinellia distans		x	x	x			x	
Pulicaria dysenterica	3		x	x			x	
Pulmonaria obscura					x			
Pulmonaria officinalis N/U				x				
Pyrus communis							x	
Quercus petraea				x			x	
Quercus robur				x	x	x	x	x
Ranunculus acris			x	x		x		
Ranunculus aquatilis	3				x	x		
Ranunculus auricomus				x	x	x	x	
Ranunculus bulbosus			x	x			x	
Ranunculus circinatus	3							x
Ranunculus ficaria ssp. bulbifer			x	x	x	x	x	
Ranunculus flammula								x
Ranunculus lanuginosus				x	x			
Ranunculus lingua N/U	2		k		x			
Ranunculus peltatus					x			
Ranunculus repens		x	x	x	x	x	x	x
Ranunculus sceleratus		x		x		x	x	x
Ranunculus trichophyllus	3			x				x
Raphanus sativus N/U				x			x	
Reseda lutea			x	x			x	
Reseda luteola			x	x			x	
Rhamnus cathartica				x				
Rhinanthus alectorolophus	3			x				
Rhus hirta N/U				x			x	
Ribes alpinum				x	x			
Ribes nigrum				x		x		
Ribes rubrum •				x	x	x	x	
Ribes uva-crispa				x	x	x	x	
Robinia pseudoacacia				x			x	
Rorippa amphibia				x				x
Rorippa palustris			x			x		x
Rorippa sylvestris			x	x				
Rosa canina			x	x	x	x	x	
Rosa corymbifera				x	x			x
Rosa micrantha	3			x				
Rosa rubiginosa			x	x				
Rosa rugosa N/E				x			x	x
Rosa spinosissima N/U				x				
Rubus armeniacus N/E							x	
Rubus caesius			x	x	x	x	x	x
Rubus fructicosus •			x	x	x	x	x	x
Rubus idaeus			x	x	x		x	x

259

Wissenschaftliche Namen	RL	1	2	3	4	5	6	7
Rubus idaeus x caesius							x	
Rubus laciniatus N/E							x	
Rumex acetosa			x	x				x
Rumex acetosella				x				
Rumex conglomeratus				x		x		x
Rumex crispus		x	x	x		x		x
Rumex hydrolapathum				x				x
Rumex maritimus			x	x				
Rumex obtusifolius		x	x	x		x	x	x
Rumex palustris		x						
Rumex x pratensis							x	x
Rumex sanguineus				x	x	x		
Rumex thyrsiflorus N/U				x				
Sagina apetala •				x		x		
Sagina procumbens			x	x				
Sagittaria sagittifolia	3				x			
Salix alba				x		x	x	x
Salix caprea			x	x	x		x	
Salix cinerea				x		x	x	x
Salix fragilis			x	x		x		x
Salix holosericea							x	
Salix x meyeriana							x	
Salix pentandra							x	
Salix purpurea				x				
Salix x rubens				x		x		x
Salix triandra							x	
Salix viminalis			x	x		x	x	x
Salsola kali ssp. tragus N/E				x				
Salvia pratensis	3	x						
Sambucus nigra			x	x	x	x		x
Sambucus racemosa				x		x		
Samolus valerandi	2							x
Sanguisorba officinalis	3	x						
Sanguisorba minor ssp. minor			x	x		x		
Sanguis. min. ssp. polygama N/U				x		x		
Sanicula europaea					x			
Saponaria officinalis			x	x				
Saxifraga tridactylites				x				
Scabiosa columbaria							x	
Schoenoplectus lacustris						x		x
Schoenoplectus tabernaemontani	V			x		x		
Scilla bifolca N/U				x	x	x		
Scilla siberica N/E				x		x		
Scirpus sylvaticus				x	x			
Scrophularia nodosa			x	x	x	x		x
Scrophularia umbrosa			x	x	x			
Scutellaria galericulata				x	x	x		x
Securigera varia N/E			x	x				
Sedum acre			x	x				
Sedum album N/U			x	x				
Sedum rupestre • N/U				x				
Sedum sexangulare				x				
Sedum spurium N/E				x				
Sedum telephium				x	x		x	x
Senecio erucifolius				x	x		x	x
Senecio inaequidens N/E				x	x			
Senecio jacobaea				x	x		x	x
Senecio ovatus							x	
Senecio sarracenicus							x	
Senecio vernalis N/E		x	x	x		x		
Senecio viscosus		x		x				
Senecio vulgaris		x	x	x		x		
Setaria pumila	V	x		x		x		
Setaria viridis			x	x				
Sherardia arvensis	3	x		x				
Silaum silaus	2	x						
Silene coronaria N/U				x				
Silene dioica			x	x	x			x
Silene flos-cuculi	V			x				x
Silene latifolia ssp. alba				x	x		x	
Silene noctiflora	3	x		x				
Silene vulgaris			x	x				
Sinapis alba N/U				x				
Sinapis arvensis		x	x	x		x		
Sisymbrium altissimum N/E		x	x	x		x		
Sisymbrium loeselii N/E			x	x		x		
Sisymbrium officinale		x	x	x		x		x
Solanum dulcamara			x	x		x	x	x

Wissenschaftliche Namen	RL	1	2	3	4	5	6	7
Solanum nigrum		x	x	x			x	
Solidago canadensis N/E			x	x		x	x	x
Solidago gigantea N/E			x	x	x	x	x	x
Solidago virgaurea					x		x	
Sonchus arvensis		x	x	x			x	
Sonchus asper		x	x	x		x	x	
Sonchus oleraceus		x	x	x		x	x	
Sorbus aria N/E				x				
Sorbus aucuparia				x	x		x	x
Sorbus intermedia N/E				x				
Sparganium erectum				x		x		x
Spergula arvensis				x				
Spiraea billardii N/E				x				
Spirodela polyrhiza	V			x				
Stachys arvensis	3	x						
Stachys germanica	2			x				
Stachys palustris			x	x	x	x	x	x
Stachys sylvatica				x	x	x	x	x
Stellaria alsine				x				
Stellaria aquatica				x	x	x	x	x
Stellaria graminea			x	x				x
Stellaria holostea				x	x	x	x	
Stellaria media		x	x	x		x	x	
Stellaria nemorum				x				
Stellaria pallida				x				
Stratiotes aloides N/U					x			
Symphoricarpos albus N/E				x		x	x	
Symphytum asperum				x			x	
Symphytum officinale			x	x		x	x	x
Symphytum x uplandicum N/E			x	x				
Syringa vulgaris N/E				x				
Tanacetum parthenium N/E				x		x		
Tanacetum vulgare			x	x	x	x	x	x
Taraxacum laevigatum •				x				
Taraxacum officinale •		x	x	x		x	x	
Taxus baccata N/U				x				
Thalictrum flavum	3				x			x
Tetragonia tetragonioides N/U				x				
Thlaspi arvense		x	x	x		x	x	
Thymus pulegioides			x	x			x	
Tilia cordata			x	x	x		x	
Tilia platyphyllos			x	x				x
Torilis japonica			x	x	x	x		x
Tragopogon dubius				x				
Tragopogon pratensis			x	x			x	
Trifolium alexandrinum N/U				x				
Trifolium arvense			x	x				
Trifolium campestre			x	x			x	x
Trifolium dubium			x	x				x
Trifolium hybridum N/E			x	x				
Trifolium incarnatum N/U				x				
Trifolium medium			x		x			
Trifolium pratense		x	x	x	x	x	x	
Trifolium resupinatum			x					
Trifolium repens		x	x	x	x	x	x	
Tripleurospermum perforatum		x	x	x	x	x	x	x
Trisetum flavescens			x	x		x		
Tulipa gesneriana N/U				x				
Tussilago farfara			x	x		x	x	
Typha angustifolia				x	x			
Typha latifolia			x	x		x	x	
Ulmus minor				x				
Ulmus glabra				x	x			
Ulmus laevis	3			x				
Urtica dioica			x	x	x	x	x	x
Urtica urens		x	x	x			x	x
Valeriana dioica	V			x	x			
Valeriana officinalis •			x	x	x	x	x	x
Valerianella dentata	3	x						
Valerianella locusta			x	x		x		
Verbascum densiflorum				x	x		x	x
Verbascum lychnitis				x				
Verbascum nigrum				x			x	
Verbascum phlomoides				x				
Verbascum thapsus			x	x			x	
Verbena officinalis	V		x	x				x
Veronica agrestis		x		x				
Veronica anagallis-aquatica			x	x			x	x

Wissenschaftliche Namen	RL	1	2	3	4	5	6	7
Veronica arvensis		x	x	x			x	
Veronica beccabunga			x	x		x		
Veronica catenata	V			x				x
Veronica chamaedrys			x	x	x	x		
Veronica filiformis N/E				x				
Veronica hederif. ssp. hederifolia		x	x	x			x	
Veronica hederifolia ssp. lucorum				x	x	x	x	
Veronica montana					x			
Veronica officinalis					x			
Veronica peregrina N/E				x				
Veronica persica		x	x	x	x		x	
Veronica polita		x	x	x			x	
Veronica serpyllifolia				x				
Veronica teucrium	V				x			
Viburnum lantana N/E				x				
Viburnum opulus					x	x		x
Vicia angustifolia		x	x	x				
Vicia cracca		x	x	x		x	x	x
Vicia hirsuta		x	x	x			x	
Vicia lutea N/U		x						
Vicia sativa N/U				x			x	x
Vicia sepium			x	x	x	x	x	x
Vicia sylvatica	V				x			
Vicia tetrasperma		x	x	x	x		x	
Vicia villosa N/E				x				
Vinca minor N/E				x	x		x	
Vincetoxicum hirundinaria					x			
Viola arvensis		x	x	x			x	
Viola hirta								x
Viola odorata N/E				x	x	x		
Viola reichenbachiana				x	x		x	
Viola riviniana				x	x			
Viola tricolor				x				
Viola wittrockiana N/U				x				
Vicum album							x	
Vulpia myuros			x	x				
Zannichellia palustris	3			x		x		
Anzahl der nachgewiesenen Arten: 801	52	151	354	664	248	309	361	224

FLECHTEN (*Lichenes*)
von Fritz Vogel

Die folgenden Flechten wurden in verschiedenen Dörfern der Hildesheimer Börde nachgewiesen.
Nomenklatur nach WIRTH (1995), Angaben zur Gefährdung nach HAUCK (1992)

Wissenschaftliche Namen	RL
Krustenflechten (14)	
Aspicilia calcarea	
Buellia punctata	
Caloplaca citrina	
Caloplaca decipiens	
Caloplaca saxicola	
Candelariella aurella	
Lecanora dispersa	
Lecanora muralis	
Lecidella stigmatea	
Verrucaria nigrescens	
Xanthoria calcicola	
Xanthoria elegans	
Xanthoria parietina	
Xanthoria polycarpa	3
Blattflechten (7)	
Hypogynia physodes	
Parmelia sulcata	
Phaeophyscia orbicularis	
Physcia adscendens	
Physcia caesia	
Physcia dubia	
Physcia tenella	
Anzahl der nachgewiesenen Arten: 21	1

Flora ausgewählter Dörfer der Hildesheimer und Kalenberger Lössbörde
von Werner Müller unter Mitwirkung von Ingrid Aschemann, Hermann Doebel, Hannelore Genuit-Leipold, Heinrich Hofmeister, Ingrid u. Karl-Heinz Lieberum und Guido Madsack

Berücksichtige Dörfer: 1 Adensen, 2 Ahstedt-Garmissen, 3 Banteln, 4 Barfelde, 5 Bettmar, 6 Dinklar, 7 Esbeck, 8 Groß Himstedt, 9 Klein- Förste, 10 Lühnde, 11 Machtsum, 12 Nettlingen, 13 Rössing, 14 Sorsum
Nomenklatur u. Angaben zur Gefährdung nach GARVE (2004)
Abkürzungen und Symbole: N/E eingebürgerter Neophyt, N/U unbeständiger Neophyt, • Aggregat (Artengruppe), x Hybridzeichen, ssp. Subspezies (Unterart)

Wissenschaftliche Namen	1	2	3	4	5	6	7	8	9	10	11	12	13	14
Acer campestre		x	x	x		x				x	x	x		
Acer platanoides	x	x	x	x				x	x	x	x	x	x	x
Acer pseudoplatanus	x	x	x	x	x	x	x	x	x	x	x	x	x	x
Achillea millefolium	x	x	x	x	x	x	x	x	x	x	x	x	x	x
Achillea ptarmica					x									
Acinos arvensis		x			x									
Aconitum napellus N/U										x				
Aegopodium podagraria	x	x	x	x	x	x	x	x	x	x	x	x	x	x
Aesculus hippocastanum N/U	x	x	x	x	x	x	x	x	x	x	x	x	x	x
Aethusa cynapium ssp. cynapium	x	x	x	x	x	x	x	x	x	x	x			x
Aethusa cynapium ssp. elata	x	x	x		x		x		x				x	x
Agrimonia eupatoria	x		x	x			x							
Agrostis capillaris					x		x		x					x
Agrostis gigantea	x	x	x	x	x	x	x	x	x	x	x		x	x
Agrostis stolonifera	x	x	x	x	x	x	x	x	x	x	x	x	x	x
Ajuga reptans	x	x		x		x	x	x					x	x
Alcea rosea N/U			x				x	x			x			
Alchemilla mollis N/U					x	x	x		x					
Alchemilla vulgaris •		x												
Alisma plantago-aquatica			x	x			x		x					
Alliaria petiolata	x	x	x	x	x	x	x	x	x	x	x	x	x	x
Allium schoenoprasum N/E					x				x					
Allium ursinum			x											
Allium vineale		x	x											
Alnus glutinosa	x	x	x	x	x			x	x		x	x		
Alnus incana N/E	x	x	x											
Alopecurus geniculatus				x	x									
Alopecurus myosuroides	x	x	x	x	x	x	x	x	x	x	x	x	x	x
Alopecurus pratensis	x	x	x	x	x	x	x	x	x	x	x	x	x	x
Alyssum saxatile N/U			x											
Amaranthus blitum **RL 3**						x								
Amaranthus caudatus N/U	x		x	x										x
Amaranthus powellii N/E	x		x											
Amaranthus retroflexus N/E	x	x	x	x	x			x	x		x		x	
Ambrosia artemisiifolia N/U					x		x		x					
Anagallis arvensis	x	x		x	x	x		x	x		x	x	x	
Anchusa arvensis		x						x						
Anemone nemorosa		x	x		x		x					x		
Anemone ranunculoides		x			x	x			x					
Anemone sylvestris N/U		x												
Anethum graveolens N/U	x			x	x		x		x	x	x			
Angelica sylvestris		x		x		x					x	x	x	
Anthemis tinctoria N/E		x		x		x						x	x	x
Anthriscus caucalis							x							
Anthriscus sylvestris	x	x	x	x	x	x	x	x	x	x	x	x	x	x
Antirrhinum majus N/U		x	x	x			x	x			x			
Apera spica-venti	x	x	x	x	x	x	x	x	x	x	x	x	x	x
Aphanes arvensis	x	x	x				x	x	x				x	x
Aquilegia vulgaris N/U	x	x	x	x	x	x	x	x	x	x		x	x	x
Arabidopsis thaliana	x	x	x				x	x	x				x	x
Arctium lappa			x					x				x	x	x
Arctium minus	x				x	x			x				x	x
Arctium nemorosum			x									x		
Arctium tomentosum	x			x	x	x		x	x		x	x	x	x
Arenaria leptoclados			x											
Arenaria serpyllifolia	x	x	x	x	x	x	x	x	x		x	x	x	x
Armoracia rusticana	x	x		x	x	x			x	x			x	x
Arrhenatherum elatius	x	x	x	x	x	x	x	x	x	x	x	x	x	x
Artemisia biennis N/E			x	x					x					
Artemisia vulgaris	x	x	x	x	x	x	x	x	x	x	x	x	x	x
Arum maculatum	x		x	x								x		
Asparagus officinalis N/U	x	x	x	x	x			x	x	x				

Wissenschaftliche Namen	1	2	3	4	5	6	7	8	9	10	11	12	13	14
Asplenium ruta-muraria	x	x	x	x	x		x	x	x	x	x	x	x	x
Asplenium trichomanes			x										x	
Aster novae-angliae N/E							x							
Aster novi-belgii • N/E												x		
Astragalus glycyphyllos												x		
Athyrium filix-femina	x	x					x		x					
Atriplex oblongifolia N/E					x									
Atriplex patula	x	x	x	x	x	x	x	x	x	x	x	x	x	x
Atriplex prostrata		x	x	x	x	x		x		x	x			
Atriplex sagittata N/E		x	x		x	x		x	x		x	x		
Atropa bella-donna													x	
Avena fatua					x				x		x		x	
Ballota nigra ssp. *nigra*	x	x	x	x	x	x	x	x	x	x	x	x	x	x
Barbarea vulgaris	x		x	x		x				x		x	x	
Bassia scoparia N/E					x									
Bellis perennis	x	x	x	x	x	x	x	x	x	x	x	x	x	x
Berberis vulgaris N/U									x				x	
Berteroa incana N/E					x		x							
Berula erecta	x	x		x	x	x	x					x	x	
Betula pendula	x	x	x	x	x	x	x	x	x	x	x	x	x	x
Bidens frondosa N/E			x										x	
Bidens tripartita													x	
Bolboschoenus maritimus						x								
Borago officinalis N/U				x	x	x			x		x	x		x
Brachypodium pinnatum	x			x										x
Brachypodium sylvaticum			x	x		x								x
Brassica napus N/U	x		x	x	x	x	x	x	x	x	x	x	x	x
Brassica oleracea N/U			x											
Bromus hordeaceus	x	x	x	x	x	x	x	x	x	x	x	x	x	x
Bromus inermis					x	x						x	x	
Bromus sterilis	x	x	x	x	x	x	x	x	x	x	x	x	x	x
Bromus tectorum			x		x								x	x
Bryonia alba **RL 3**		x												
Bryonia dioica													x	
Buddleja davidii N/E	x	x	x	x	x	x	x	x		x	x	x	x	x
Butomus umbellatus N/U						x								
Buxus baccata N/U			x											
Calamagrostis epigejos	x	x	x	x	x	x	x	x	x	x		x		x
Calendula officinalis N/U			x											
Callitriche palustris • **RL 3**		x										x	x	
Calluna vulgaris N/U			x											
Caltha palustris N/U									x					
Calystegia sepium	x	x	x	x	x	x	x	x	x	x	x	x	x	x
Campanula patula **RL 3**				x										
Campanula persicifolia	x	x	x	x		x	x	x		x			x	x
Campanula rapunculoides	x		x	x	x		x		x					
Campanula rapunculus	x	x	x	x	x	x	x	x		x			x	x
Campanula rotundifolia			x									x		
Campanula trachelium						x			x			x		
Capsella bursa- pastoris	x	x	x	x	x	x	x	x	x	x	x	x	x	x
Cardamine hirsuta	x	x	x	x	x	x	x	x	x	x	x	x	x	x
Cardamine pratensis	x	x	x			x	x			x		x		
Cardaria draba N/E										x				
Carduus acanthoides					x					x				
Carduus crispus	x	x	x	x	x	x	x	x	x	x	x	x	x	x
Carduus nutans					x									
Carex acutiformis		x					x		x	x			x	
Carex caryophyllea									x					
Carex disticha									x					
Carex flacca					x									
Carex guestphalica					x									
Carex hirta	x			x	x		x		x	x	x		x	x
Carex otrubae	x					x			x		x			
Carex pairae				x			x							
Carex paniculata				x										
Carex pendula N/U				x										
Carex riparia					x									
Carex spicata				x						x			x	
Carex sylvatica		x	x			x					x			
Carex vulpina **RL 3**										x				
Carpinus betulus	x	x	x		x	x	x	x		x	x	x	x	x
Carum carvi **RL 3**													x	
Centaurea cyanus			x			x								
Centaurea jacea	x		x	x	x		x	x		x		x	x	x
Centaurea montana N/U	x	x	x	x			x					x		x
Centaurea scabiosa	x									x				
Centaurium erythraea														x

Wissenschaftliche Namen	1	2	3	4	5	6	7	8	9	10	11	12	13	14
Cerastium arvense		x	x											
Cerastium glomeratum	x	x	x	x	x	x	x	x	x	x	x	x	x	x
Cerastium glutinosum			x	x		x			x			x		
Cerastium holosteoides	x	x	x	x	x	x	x	x	x	x	x	x	x	x
Cerastium pumilum								x						
Cerastium semidecandrum	x		x				x		x					x
Cerastium tomentosum N/E	x	x	x	x	x	x	x	x	x	x	x	x	x	x
Ceratophyllum demersum		x				x			x					
Chaenorhinum minus	x	x	x	x	x	x	x	x	x	x	x	x	x	x
Chaerophyllum bulbosum	x	x	x	x	x			x	x	x			x	x
Chaerophyllum temulum	x	x	x	x	x	x	x	x	x	x	x	x	x	x
Chelidonium majus	x	x	x	x	x	x	x	x	x	x	x	x	x	x
Chenopodium album	x	x	x	x	x	x	x	x	x	x	x	x	x	x
Chenopod. bonus-henricus **RL 3**														x
Chenopodium ficifolium			x			x			x		x	x		x
Chenopodium glaucum	x	x	x	x	x	x	x	x	x	x	x	x	x	x
Chenopodium hybridum **RL 3**		x								x			x	
Chenopodium polyspermum	x	x	x	x				x	x	x	x	x	x	
Chenopodium rubrum	x									x	x	x		
Chrysanthemum segetum			x											
Cichorium intybus		x	x		x					x		x	x	x
Circaea lutetiana		x												x
Cirsium arvense	x	x	x	x	x	x	x	x	x	x	x	x	x	x
Cirsium oleraceum	x	x		x		x	x				x	x		x
Cirsium palustre				x									x	
Cirsium vulgare	x	x	x	x	x	x	x	x	x	x	x	x	x	x
Claytonia perfoliata N/E		x		x								x	x	
Clematis vitalba		x	x		x	x	x	x	x	x	x	x	x	x
Clinopodium vulgare							x							
Conium maculatum			x		x			x		x		x		
Consolida regalis **RL 3**	x									x				
Convallaria majalis	x	x	x	x			x	x	x	x		x	x	x
Convolvulus arvensis	x	x	x	x	x	x	x	x	x	x	x	x	x	x
Conyza canadensis N/E	x	x	x	x	x	x	x	x	x	x	x	x	x	x
Cornus sanguinea	x	x	x	x	x	x	x		x	x	x	x	x	x
Coronopus squamatus **RL 3**		x		x		x		x			x			x
Corydalis cava			x							x			x	x
Corylus avellana	x	x	x	x	x	x	x	x	x	x	x	x	x	x
Crataegus laevigata		x	x		x	x		x		x			x	x
Crataegus monogyna	x	x	x	x	x	x	x		x		x	x	x	x
Crepis biennis	x	x	x	x	x	x	x	x		x	x	x	x	x
Crepis capillaris	x	x	x	x	x	x	x	x	x	x	x	x	x	x
Crepis paludosa		x												
Cymbalaria muralis N/E	x	x	x	x					x		x	x	x	x
Cystopteris fragilis		x												
Dactylis glomerata	x	x	x	x	x	x	x	x	x	x	x	x	x	x
Dactylis polygama										x	x			
Datura stramonium N/E		x			x	x		x	x	x			x	x
Daucus carota	x		x	x	x	x	x	x	x	x	x	x	x	x
Deschampsia cespitosa	x	x	x	x		x	x	x			x	x	x	x
Descurainia sophia					x							x		
Dianthus armeria **RL 3**									x	x				
Dianthus deltoides N/U										x				
Digitalis purpurea													x	
Digitaria ischaemum			x								x			
Digitaria sanguinalis						x	x							
Dipsacus fullonum		x	x	x	x	x				x	x		x	
Dipsacus pilosus												x		
Dryopteris carthusiana		x											x	
Dryopteris dilatata		x												
Dryopteris filix-mas	x	x	x	x	x	x	x	x	x	x	x	x	x	x
Duchesnea indica N/U	x	x			x									
Echinochloa crus-galli	x	x	x		x	x	x	x	x	x	x	x	x	x
Echinops exaltatus N/U		x												
Echinops sphaerocephalus N/E								x					x	
Echium vulgare		x	x	x	x				x	x		x		
Eleocharis palustris			x											
Elodea canadensis N/E	x													
Elodea nuttallii N/E		x												
Elsholtzia ciliata N/U		x												
Elymus caninus										x				
Elymus repens	x	x	x	x	x	x	x	x	x	x	x	x	x	x
Epilobium angustifolium	x	x	x	x	x	x	x	x	x	x	x	x	x	x
Epilobium ciliatum N/E	x	x	x	x	x	x	x	x	x	x	x	x	x	x
Epilobium hirsutum	x	x	x	x	x	x	x		x	x	x	x	x	x
Epilobium montanum	x	x	x	x	x	x	x	x		x	x	x	x	x
Epilobium parviflorum	x	x	x	x	x	x	x		x	x		x	x	x

Wissenschaftliche Namen	1	2	3	4	5	6	7	8	9	10	11	12	13	14
Epilobium roseum		x												
Epilobium tetragonum	x	x	x	x	x	x	x	x	x	x	x	x	x	x
Equisetum arvense	x	x	x	x	x	x	x	x	x	x	x	x	x	x
Equisetum palustre		x										x		
Equisetum telmateia			x											
Eragrostis minor N/E		x	x	x		x	x			x				x
Eranthis hyemalis N/U	x	x	x	x			x					x	x	x
Erigeron acris			x											
Erigeron annuus N/E			x						x	x				
Erodium cicutarium		x			x	x	x	x		x			x	x
Erophila verna	x		x	x	x	x	x	x	x	x	x			
Erysimum cheiranthoides				x										
Eschscholtzia californica N/U							x							
Euonymus europea	x	x		x			x		x	x		x		
Eupatorium cannabinum	x				x		x							
Euphorbia cyparissias			x	x										x
Euphorbia exigua				x	x							x	x	x
Euphorbia helioscopia	x	x	x	x	x	x	x	x	x	x	x	x	x	x
Euphorbia lathyris N/U	x	x	x	x	x	x	x	x	x	x	x	x	x	x
Euphorbia peplus	x	x	x	x	x	x	x	x	x	x	x	x	x	x
Fagus sylvatica										x		x		x
Falcaria vulgaris									x					
Fallopia convolvulus	x	x	x	x	x	x	x	x	x	x	x	x	x	x
Fallopia dumetorum			x				x							
Fallopia japonica N/E			x	x		x	x	x				x		
Festuca arundinacea	x	x			x	x				x		x	x	x
Festuca gigantea		x		x		x					x	x	x	x
Festuca ovina •		x		x	x	x	x			x		x	x	x
Festuca pratensis	x				x		x	x	x	x				
Festuca rubra	x	x	x	x	x	x	x	x	x	x	x	x	x	x
Filago arvensis					x									
Filipendula ulmaria	x	x		x			x	x				x	x	x
Foeniculum vulgare N/U	x			x										
Fragaria x ananassa N/U												x		
Fragaria vesca	x	x	x	x	x	x		x			x	x	x	
Fraxinus excelsior	x	x	x	x	x	x	x	x	x	x	x	x	x	x
Fumaria officinalis	x	x	x	x	x	x	x	x	x	x	x	x	x	x
Gagea lutea		x							x				x	x
Gagea pratensis		x	x						x					
Gagea villosa **RL 3**			x		x				x					x
Galanthus nivalis N/E	x	x	x		x		x	x	x	x	x	x	x	
Galeopsis tetrahit	x	x	x	x	x	x		x	x	x	x	x	x	x
Galinsoga ciliata N/E	x	x	x	x	x	x	x	x	x	x	x	x	x	x
Galinsoga parviflora N/E	x	x	x	x	x	x	x	x	x	x	x	x	x	x
Galium album	x	x	x	x	x	x	x	x	x	x	x	x	x	x
Galium aparine	x	x	x	x	x	x	x	x	x	x	x	x	x	x
Galium odoratum						x						x	x	
Galium palustre												x		
Galium verum	x					x								
Geranium columbinum			x		x	x					x			x
Geranium dissectum	x	x	x	x	x	x			x	x			x	x
Geranium macrorrhizum N/U		x								x	x			
Geranium molle	x	x	x	x	x		x	x	x	x	x	x	x	x
Geranium palustre	x	x		x		x								
Geranium pratense							x							
Geranium purpureum N/E		x					x			x				
Geranium pusillum	x	x		x	x	x	x	x	x	x	x	x	x	x
Geranium pyrenaicum N/E	x	x	x		x			x	x	x	x	x		
Geranium robertianum	x	x	x	x	x	x	x	x	x	x	x	x	x	x
Geum urbanum	x	x	x	x	x	x	x	x	x	x	x	x	x	x
Glechoma hederacea	x	x	x	x	x	x	x	x	x	x	x	x	x	x
Glyceria fluitans •·	x				x							x	x	
Glyceria maxima					x		x					x	x	
Glyceria notata			x		x									
Gnaphalium uliginosum	x													
Hedera helix	x	x		x	x	x	x	x	x	x	x	x	x	x
Helianthus annuus N/U	x		x					x	x			x		x
Helianthus tuberosus N/E		x	x			x		x			x	x		
Heleborus foetidus N/E					x									
Heleborus viridis N/U							x							
Heracleum mantegazzianum N/E	x		x		x		x				x			
Heracleum spondylium	x	x	x	x	x	x	x	x	x	x	x	x	x	x
Herniaria glabra			x		x	x							x	
Hesperis matronalis N/E				x	x	x				x				
Hieracium aurantiacum N/E	x	x	x	x	x	x	x	x	x	x	x	x	x	
Hieracium caespitosum						x								
Hieracium laevigatum				x										
Hieracium pilosella		x		x		x			x	x	x			
Hieracium piloselloides		x			x									
Hieracium sabaudum	x													
Hippophae rhamnoides N/E	x		x		x	x								
Hippuris vulgaris N/E					x		x							
Holcus lanatus	x	x	x	x	x	x	x			x	x	x	x	x
Holosteum umbellatum			x											
Hordeum jubatum N/E			x											
Hordeum murinum	x		x		x	x		x	x	x	x	x		
Humulus lupulus		x		x			x	x		x	x			
Hyoscyamus niger **RL 3**						x								
Hypericum perforatum	x		x	x	x	x	x	x	x	x	x	x	x	x
Hypericum tetrapterum				x										
Hypochaeris radicata	x	x			x				x					x
Ilex aquifolium N/E			x											
Impatiens glandulifera N/E		x	x		x						x	x	x	
Impatiens parviflora N/E	x	x		x		x				x	x			
Inula conyzae			x		x						x			
Iris pseudacorus		x		x	x	x		x			x		x	
Juglans regia N/U	x	x	x					x			x			
Juncus articulatus			x	x	x	x					x			
Juncus bufonius									x	x	x			
Juncus compressus							x							
Juncus conglomeratus							x							
Juncus effusus		x	x	x		x	x		x	x	x		x	
Juncus inflexus	x		x	x	x	x			x	x		x		
Knautia arvensis	x			x								x		x
Laburnum anagyroides N/E				x	x			x						x
Lactuca serriola	x	x	x	x	x		x	x	x	x	x	x	x	x
Lamium album	x	x	x	x	x	x	x	x	x	x	x	x	x	x
Lamium amplexicaule	x	x	x	x	x	x	x	x	x	x	x	x	x	x
Lamium argentatum N/E	x	x	x	x	x	x	x	x	x	x	x	x	x	x
Lamium confertum			x	x							x			
Lamium galeobdolon				x		x					x			
Lamium maculatum	x	x	x	x	x			x	x		x	x	x	x
Lamium purpureum	x	x	x	x	x	x	x	x	x	x	x	x	x	x
Lapsana communis	x	x	x	x	x	x	x	x	x	x	x	x	x	x
Lathyrus latifolius N/E	x	x	x	x	x	x	x	x	x	x	x	x	x	x
Lathyrus pratensis	x		x	x	x	x		x	x			x	x	x
Lathyrus sylvestris			x	x										
Lathyrus tuberosus												x	x	x
Lemna minor	x	x			x		x		x				x	
Leontodon autumnalis	x	x	x	x	x		x	x	x	x	x	x	x	x
Leontodon saxatilis												x		
Lepidium campestre			x						x					
Lepidium ruderale	x	x	x	x		x	x	x	x	x	x	x	x	x
Leucanthemum vulgare •	x	x	x	x	x	x	x	x	x	x	x	x	x	x
Leucojum vernum N/U		x												
Ligustrum vulgare	x	x	x	x		x	x		x	x	x	x	x	x
Linaria vulgaris		x	x		x	x		x			x		x	
Linum usitatissimum N/U														x
Lolium multiflorum N/U		x	x		x	x	x				x			
Lolium perenne	x	x	x		x	x	x	x	x	x	x	x	x	x
Lonicera periclymenum			x			x								
Lonicera xylosteum			x				x	x						
Lotus corniculatus	x	x	x	x	x	x			x		x	x	x	x
Lotus pedunculatus			x											
Lunaria annua N/E	x	x	x		x		x	x		x	x	x	x	x
Lupinus polyphyllus N/E	x				x			x			x	x		
Luzula campestris			x		x			x						
Lycium barbarum N/E	x						x						x	x
Lycopersicon esculentum N/U		x	x		x		x				x		x	
Lycopus europaeus	x	x	x		x					x	x	x		
Lysimachia nummularia	x	x	x	x	x	x	x		x	x	x	x	x	x
Lysimachia punctata N/E	x	x	x		x				x	x		x	x	
Lysimachia thyrsiflora N/U							x							
Lysimachia vulgaris		x					x							
Lythrum salicaria		x	x		x	x			x	x			x	x
Mahonia aquifolium N/E	x	x	x		x	x	x	x	x		x	x	x	x
Malva alcea	x													
Malva moschata			x	x		x								
Malva neglecta	x	x	x	x	x		x	x	x	x	x	x	x	x
Malva sylvestris ssp. sylvestris	x			x	x					x	x	x	x	
Malva sylves. ssp. mauritiana N/U			x											
Matricaria discoidea N/E	x	x	x	x	x	x	x	x	x	x	x	x	x	x
Matricaria recutita	x	x		x	x	x	x	x	x	x	x	x	x	x
Mattheucia struthiopteris N/U						x								

Wissenschaftliche Namen	1	2	3	4	5	6	7	8	9	10	11	12	13	14
Medicago lupulina	x	x	x	x	x	x	x	x	x	x	x	x	x	x
Medicago x varia N/E	x		x		x				x				x	x
Melica uniflora				x						x				
Melilotus albus	x		x	x	x	x				x	x		x	x
Melilotus officinalis N/U	x		x	x			x	x		x	x		x	x
Melissa officinalis N/U	x	x	x			x	x	x	x		x	x		x
Mentha aquatica			x	x	x	x			x				x	x
Mentha x piperita N/U											x			
Mentha suaveolens N/U	x				x				x					
Menyanthes trifoliata N/U						x								
Mercurialis annua N/E	x	x	x	x	x	x	x	x	x	x	x	x	x	x
Mercurialis perennis							x			x				
Milium effusum										x				
Moehringia trinervia	x	x	x								x		x	
Muscari botryoides N/U							x							
Muscari neglectum N/U	x	x	x	x	x				x	x			x	x
Mycelis muralis			x		x	x	x		x	x				
Myosotis arvensis	x	x	x	x	x	x	x	x	x	x	x	x	x	x
Myosotis ramosissima			x		x				x					
Myosotis scorpioides				x	x	x	x		x			x	x	
Myosotis stricta **RL 3**							x							
Myosotis sylvatica						x			x		x			
Myosurus minimus	x	x												
Narcissus poeticus N/U	x													
Narcissus pseudonarcissus N/U			x											
Nasturtium officinale				x		x			x					
Nicotiana tabacum N/U							x							
Nymphoides peltata N/U						x								
Odontites vulgaris	x			x										
Oenothera biennis N/E	x	x	x			x	x	x			x			x
Oenothera glazioviana N/E			x	x		x	x	x	x				x	x
Omphalodes verna N/U				x										
Onobrychis viciifolia N/E											x			
Ononis spinosa			x											
Onopordum acanthium N/E	x	x			x	x				x			x	
Origanum vulgare		x	x	x	x	x			x	x	x			x
Ornithogalum nutans N/E			x											
Ornithogalum umbellatum	x	x							x				x	x
Oxalis corniculata N/E	x	x	x	x	x	x	x	x	x	x	x	x	x	x
Oxalis stricta N/E	x	x	x	x	x	x	x	x	x	x	x	x	x	x
Panicum capillare N/U	x			x		x								
Panicum miliaceum N/U			x	x										x
Papaver argemone	x		x	x										
Papaver dubium ssp. *dubium*	x	x	x	x	x	x	x			x	x		x	x
Papaver rhoeas	x	x	x	x	x	x	x	x	x	x	x	x	x	x
Papaver somniferum N/U	x	x	x	x	x	x				x			x	x
Parthenocissus inserta N/E								x			x			
Pastinaca sativa	x		x	x	x	x	x			x	x		x	x
Persicaria amphibia			x	x		x	x	x	x	x			x	x
Persicaria hydropiper										x	x			
Persicaria lapathifolia	x	x	x		x	x	x	x	x	x	x		x	x
Persicaria maculosa	x	x	x		x	x	x	x	x	x	x		x	x
Petasites hybridus				x										
Petrorhagia saxifraga N/U				x										
Phacelia tanacetifolia N/U	x	x				x	x			x	x		x	
Phalaris arundinacea	x	x	x	x	x	x			x	x	x		x	x
Phalaris canariensis N/U											x			x
Philadelphus coronaria N/U											x			x
Phleum pratense	x		x	x	x	x	x			x			x	x
Phragmites australis	x	x	x	x	x	x			x	x	x		x	x
Physalis alkekengi N/U			x	x						x	x		x	
Phytolacca esculenta N/U						x				x	x			x
Picea abies				x	x					x	x			
Picris hieracioides	x		x	x	x	x	x			x		x		x
Pimpinella major											x			
Pimpinella saxifraga			x		x	x	x							
Pinus nigra N/E				x										
Plantago lanceolata	x	x	x	x	x	x	x	x	x	x	x	x	x	x
Plantago major ssp. *intermedia*	x	x		x		x			x	x	x		x	x
Plantago major ssp. *major*	x	x	x	x	x	x	x	x	x	x	x	x	x	x
Plantago media				x	x		x							
Poa angustifolia	x						x	x						x
Poa annua	x	x	x	x	x	x	x	x	x	x	x	x	x	x
Poa compressa	x				x		x	x		x	x	x	x	x
Poa nemoralis			x	x			x	x	x	x	x			x
Poa palustris					x				x	x				
Poa pratensis			x	x	x	x	x	x	x	x	x	x	x	x

Wissenschaftliche Namen	1	2	3	4	5	6	7	8	9	10	11	12	13	14
Poa trivialis	x	x	x	x	x	x	x	x	x	x	x	x	x	x
Polygonum aviculare	x	x	x	x	x	x	x	x	x	x	x	x	x	x
Polypodium vulgare			x											
Populus alba N/E	x						x							
Populus x canadensis N/E	x	x	x	x	x		x			x	x	x	x	
Populus tremula			x			x			x					
Portulaca oleracea N/E	x					x					x			
Potamogeton crispus	x			x					x					x
Potamogeton pectinatus						x			x					
Potentilla anserina	x	x	x	x	x	x	x	x	x	x	x	x	x	x
Potentilla argentea			x						x					
Potentilla fruticosa N/U				x										
Potentilla recta N/E			x											
Potentilla reptans	x	x	x	x	x	x	x	x	x	x			x	x
Potentilla sterilis	x	x		x										
Primula veris					x									
Prunella vulgaris	x	x	x	x	x	x	x		x	x	x	x	x	x
Prunus avium	x	x	x	x	x	x	x	x		x	x	x	x	x
Prunus mahaleb N/E											x	x	x	
Prunus padus						x			x					
Prunus serotina N/E			x											
Prunus spinosa	x	x	x	x		x			x	x	x		x	x
Pseudofumaria lutea N/E		x	x	x			x		x			x	x	
Puccinellia distans	x	x	x	x	x	x	x	x	x	x	x	x	x	x
Pulicaria dysenterica **RL 3**			x	x	x									x
Pulmonaria officinalis N/U					x									
Quercus petraea														x
Quercus robur	x		x	x	x	x	x	x		x	x		x	x
Ranunculus acris	x	x		x	x	x	x	x	x	x			x	x
Ranunculus auricomus			x	x			x	x					x	x
Ranunculus bulbosus			x				x						x	x
Ranunculus ficaria ssp. *bulbifer*	x	x	x	x	x	x	x	x		x	x	x	x	x
Ranunculus lanuginosus					x									
Ranunculus lingua N/U					x		x							
Ranunculus repens	x	x	x	x	x	x	x	x	x	x	x	x	x	x
Ranunculus sceleratus	x	x	x	x	x								x	x
Ranunculus trichophyllus **RL 3**					x									
Raphanus sativus N/U					x								x	
Reseda lutea			x			x							x	
Reseda luteola	x	x		x	x	x	x	x		x			x	x
Rhamnus cathartica	x							x					x	
Rhinanthus alectorolophus												x		
Rhus hirta N/U	x	x	x	x			x	x			x	x	x	
Ribes alpinum			x											
Ribes nigrum N/U														x
Ribes rubrum ·	x	x			x	x								
Ribes uva-crispa		x				x						x	x	
Robinia pseudoacacia N/E	x	x	x	x						x	x		x	x
Rorippa amphibia									x					
Rorippa palustris		x	x		x		x		x				x	x
Rorippa sylvestris	x		x		x		x						x	x
Rosa canina	x	x	x		x	x	x	x		x	x		x	x
Rosa corymbifera						x								
Rosa micrantha **RL 3**			x											
Rosa rubiginosa	x												x	
Rosa rugosa N/E			x	x	x		x				x			x
Rosa spinosissima N/U													x	
Rubus caesius	x	x	x	x			x	x		x	x		x	x
Rubus fruticosus ·	x	x	x	x	x	x	x	x		x	x		x	x
Rubus idaeus	x	x	x		x		x			x	x		x	x
Rumex acetosa	x	x	x		x		x			x	x		x	x
Rumex acetosella		x								x	x			x
Rumex conglomeratus	x			x	x	x			x	x			x	
Rumex crispus	x		x	x	x	x	x	x	x	x	x	x	x	x
Rumex hydrolapathum											x			
Rumex maritimus					x			x						
Rumex obtusifolius	x	x	x	x	x	x	x	x	x	x	x	x	x	x
Rumex sanguineus		x	x			x			x				x	x
Rumex thyrsiflorus N/U		x												
Sagina apetala ·	x	x	x	x				x	x	x			x	x
Sagina procumbens	x	x	x	x	x	x	x	x	x	x	x		x	x
Salix alba	x			x	x	x					x			x
Salix caprea	x	x	x	x	x	x	x	x	x	x	x	x	x	x
Salix cinerea		x			x									
Salix fragilis	x	x	x	x		x			x			x	x	x
Salix purpurea			x											
Salix x rubens	x		x											

Wissenschaftliche Namen	1	2	3	4	5	6	7	8	9	10	11	12	13	14
Salix viminalis	x	x	x	x	x	x	x		x	x	x	x	x	x
Salsola kali ssp. *tragus* N/E					x									
Sambucus nigra	x	x	x	x	x	x	x	x	x	x	x	x	x	x
Sambucus racemosa						x								
Sanguisorba minor ssp. *minor*			x											
Sanguisorba min. ssp. *polyg.* N/U	x		x		x	x								
Saponaria officinalis			x		x								x	x
Saxifraga tridactylites	x		x	x	x	x							x	
Schoenoplectus tabernaemontani						x						x		
Scilla bifolia N/U	x	x								x	x		x	x
Scilla siberica N/E	x	x	x					x		x		x		
Scirpus sylvaticus			x		x		x							
Scrophularia nodosa			x		x	x	x				x			
Scrophularia umbrosa				x	x	x	x				x			
Scutellaria galericulata					x	x				x		x		
Securigera varia N/E		x			x			x						
Sedum acre	x	x	x	x	x	x	x	x	x	x	x	x	x	x
Sedum album N/U	x	x	x	x	x	x			x	x		x	x	x
Sedum rupestre • N/U			x			x	x	x						
Sedum sexangulare	x		x	x	x	x				x				x
Sedum spurium N/E	x	x	x	x	x	x	x	x	x	x	x	x		x
Sedum telephium		x	x	x							x	x	x	
Senecio erucifolius	x	x	x	x	x				x	x	x		x	x
Senecio inaequidens N/E	x		x	x	x		x			x				
Senecio jacobaea	x	x			x	x			x	x	x	x		
Senecio vernalis N/E					x				x	x	x		x	x
Senecio viscosus		x	x	x	x	x	x		x			x	x	
Senecio vulgaris	x	x	x	x	x	x	x	x	x	x	x	x	x	x
Setaria pumila		x			x				x					
Setaria viridis	x		x	x	x			x	x				x	
Sherardia arvensis **RL 3**									x			x	x	
Silene coronaria N/U					x		x	x	x			x		
Silene dioica			x	x			x	x	x	x	x	x	x	
Silene flos-cuculi		x												
Silene latifolia ssp. *alba*	x	x	x	x			x	x		x	x	x	x	
Silene noctiflora **RL 3**		x							x	x				
Silene vulgaris	x	x	x	x								x		
Sinapis alba N/U	x		x			x	x			x		x		
Sinapis arvensis	x		x		x	x	x	x			x	x		
Sisymbrium altissimum N/E	x		x	x	x		x					x		x
Sisymbrium loeselii N/E					x									
Sisymbrium officinale	x	x	x	x	x	x	x	x	x	x	x	x	x	x
Solanum dulcamara														
Solanum nigrum	x		x	x	x	x	x	x	x	x	x	x	x	
Solidago canadensis N/E	x		x	x		x		x	x	x	x			
Solidago gigantea N/E	x	x	x	x	x	x	x		x	x	x	x		x
Sonchus arvensis	x				x				x	x	x	x		
Sonchus asper	x	x	x	x	x	x	x	x	x	x	x	x	x	
Sonchus oleraceus	x	x	x	x	x	x	x	x	x	x	x	x	x	
Sorbus aria N/E													x	
Sorbus aucuparia	x	x	x	x	x			x	x	x	x	x	x	
Sorbus intermedia N/E									x					
Sparganium erectum		x				x	x	x					x	x
Spergula arvensis														x
Spiraea billardii N/E														x
Spirodela polyrhiza			x											
Stachys germanica N/U	x													
Stachys palustris		x				x			x					
Stachys sylvatica	x	x	x	x		x				x	x	x	x	
Stellaria aquatica			x	x	x	x	x					x		
Stellaria graminea				x	x		x	x						
Stellaria holostea	x		x				x	x	x		x	x		
Stellaria media	x	x	x	x	x	x	x	x	x	x	x	x	x	
Stellaria nemorum			x											
Stellaria pallida	x							x						
Symphoricarpos albus N/E	x		x	x	x		x	x		x	x	x	x	
Symphytum asperum												x	x	x
Symphytum officinale			x	x	x	x	x						x	x
Symphytum x uplandicum N/E					x									
Syringa vulgaris N/E	x	x	x	x	x	x		x	x		x	x	x	
Tanacetum parthenium N/E	x	x	x			x	x	x	x		x	x	x	
Tanacetum vulgare	x		x	x	x	x	x		x	x	x	x		
Taraxacum laevigatum •											x			
Taraxacum officinale •	x	x	x	x	x	x	x	x	x	x	x	x	x	x
Taxus baccata N/U	x		x	x	x		x							
Tetragonia tetragonioides N/U	x													
Thlaspi arvense	x	x	x	x	x	x	x	x	x	x	x	x	x	

Wissenschaftliche Namen	1	2	3	4	5	6	7	8	9	10	11	12	13	14
Thymus pulegioides		x				x								
Tilia cordata	x	x	x	x		x		x	x	x		x		
Tilia platyphyllos	x		x	x		x				x	x	x		x
Torilis japonica	x	x	x	x	x	x					x		x	x
Tragopogon dubius				x										
Tragopogon pratensis		x	x	x	x	x						x	x	
Trifolium alexandrinum N/U	x	x												
Trifolium arvense	x				x	x					x			
Trifolium campestre	x		x		x	x	x			x	x		x	
Trifolium dubium	x		x	x	x	x	x			x	x	x		
Trifolium hybridum N/E	x		x		x		x			x	x	x		
Trifolium incarnatum N/U	x													x
Trifolium pratense	x	x	x	x	x	x	x	x	x	x	x	x	x	x
Trifolium repens	x	x	x	x	x	x	x	x	x	x	x	x	x	x
Tripleurospermum perforatum	x	x	x	x	x	x	x	x	x	x	x	x	x	x
Trisetum flavescens										x	x	x		x
Tulipa gesneriana N/U		x												
Tussilago farfara	x	x	x	x	x	x	x	x	x	x	x	x	x	x
Typha angustifolia			x		x					x	x			
Typha latifolia			x	x	x	x				x	x			x
Ulmus glabra											x			
Urtica dioica	x	x	x	x	x	x	x	x	x	x	x	x	x	x
Urtica urens	x	x	x	x	x	x	x	x	x	x	x	x	x	x
Valeriana dioica		x												
Valeriana officinalis •		x		x	x	x	x				x		x	x
Valerianella locusta	x								x	x		x		x
Verbascum densiflorum		x	x				x	x	x		x			
Verbascum lychnitis					x									
Verbascum nigrum	x		x		x					x				
Verbascum phlomoides										x				
Verbascum thapsus	x	x		x	x				x	x				
Verbena officinalis	x	x						x	x		x	x	x	
Veronica agrestis				x					x					
Veronica anagallis-aquatica	x		x		x	x								
Veronica arvensis	x	x	x	x	x	x	x	x	x	x				x
Veronica beccabunga	x	x			x	x	x					x	x	x
Veronica catenata										x				
Veronica chamaedrys	x	x	x	x	x		x	x		x	x	x	x	
Veronica filiformis N/E	x	x			x					x	x			
Veronica hederifolia ssp. *hederif.*	x	x	x	x	x	x	x	x	x	x	x	x	x	x
Veronica hederifolia ssp. *lucorum*	x	x	x	x			x			x	x			x
Veronica peregrina N/E	x			x		x							x	
Veronica persica	x	x	x	x	x	x	x	x	x	x	x	x	x	x
Veronica polita	x	x	x	x	x	x	x	x	x	x	x	x	x	x
Veronica serpyllifolia	x	x	x		x	x	x	x			x	x	x	x
Viburnum lantana N/E	x													
Viburnum opulus	x	x	x	x	x	x				x	x	x	x	x
Vicia angustifolia		x							x					x
Vicia cracca	x		x	x			x	x		x	x		x	x
Vicia hirsuta	x		x		x	x		x				x	x	
Vicia sativa N/U	x			x	x			x	x			x		x
Vicia sepium	x			x	x		x				x	x		
Vicia tetrasperma	x	x	x	x	x	x	x	x			x	x		
Vicia villosa N/E														x
Vinca minor N/E		x	x	x	x		x		x	x	x		x	x
Viola arvensis	x	x	x	x	x	x	x	x	x	x	x	x	x	x
Viola odorata N/E	x	x	x	x	x	x	x	x	x	x	x	x	x	
Viola reichenbachiana	x		x		x		x	x					x	x
Viola riviniana	x				x									
Viola tricolor			x											
Viola wittrockiana N/U	x													
Vulpia myuros	x		x	x	x	x						x		
Zannichellia palustris **RL 3**													x	x
Anzahl der nachgewiesenen Arten: 664, Rote Liste-Arten: 20	334	327	374	347	420	329	247	205	375	352	350	340	348	315

PHYTO- und ZOOPLANKTON des BRUCHGRABENS
von Manfred Tauscher

Nomenklatur weitgehend nach STREBLE & KRAUTER (2002).
Für viele Arten existieren keine deutschen Namen.

PHYTOPLANKTON (200)

Cyanoprokaryota (Blaualgen) (11)
- *Chroococcus turgidus* (Kugelblaualge)
- *Microcystis aeruginosa* (Netzblaualge)
- *Oscillatoria agardhii* (Bündel-Schwingalge)
- *Oscillatoria brevis* (Schmale-Schwingalge)
- *Oscillatoria chlorina* (Bleiche Schwingalge)
- *Oscillatoria limosa* (Schlammschwingalge)
- *Oscillatoria tenuis* (Zarte Schwingalge)
- *Oscillatoria splendida* (Schimmernde Schwingalge)
- *Phormidium foveolarum* (Kleine Häutchen-Blaualge)
- *Phormidium* spec.
- *Planktothrix rubescens* (Burgunderblutalge)

Chrysophyceae (Goldalgen) (4)
- *Anthophysis vegetans* (Traubenbäumchen)
- *Dinobryon sociale* (Becherbäumchen)
- *Uroglena volvox* (Gelbe Wimperkugel)
- *Synura uvella* (Rosetten-Goldkugel)

Diatomeae (Kieselalgen) (89)
- *Achnanthes* spec. (Köpfige Aufsitzer-Kieselalge)
- *Amphipleura pellucida* (Glas- Kieselalge)
- *Amphora ovalis* (Krug- Kieselalge)
- *Amphora perpusilla*
- *Anomoeoneis vitrea* (Leier- Kieselalge)
- *Caloneis silicula* (Wellen- Kieselalge)
- *Caloneis schumannia*
- *Cocconeis diminuta*
- *Cocconeis pediculus* (Gewölbte Algenlaus)
- *Cocconeis placentula* (Flache Algenlaus)
- *Cyclotella comta* (Hübsche Scheiben-Kieselalge)
- *Cyclotella kützingiana* (Scheibchen-Kieselalge)
- *Cyclotella* spec.
- *Cymatopleura solea* (Eingeschnürte Sohlen-Kieselalge)
- *Cymbella aspera*
- *Cymbella helvetica* (Kahn- Kieselalge)
- *Cymbella lanceolata* (Große Kahn-Kieselalge)
- *Cymbella parva*
- *Cymbella prostrata* (Gerippte Kahn-Kieselalge)
- *Cymbella ventricosa* (Bauchige Kahn-Kieselalge)
- *Cymbella* spec.
- *Diatoma elongatum* (Gestreckte Zickzack-Kieselalge)
- *Diatoma vulgare* (Gemeine Zickzack-Kieselalge)
- *Diploneis ovalis* (Wall-Kieselalge)
- *Epithemia argus* (Wächter-Kieselalge)
- *Eunotia exigua* (Bogen-Kieselalge)
- *Eunotia robusta*
- *Frustulia rhomboides* (Torf-Kieselalge)
- *Gomphonema acuminatum* (Spitze Stielchen-Kieselalge)
- *Gomphonema constrictum* (Eingeschnürte Stielchen-Kieselalge)
- *Gomphonema* spec.
- *Gyrosigma angulatum*
- *Gyrosigma attenuatum* (Sigma-Kieselalge)
- *Fragilaria capucina* (Bruch-Kieselalge)
- *Fragilaria crotonensis* (Kamm-Kieselalge)
- *Fragilaria pinnata*
- *Fragilaria virescens*
- *Fragilaria* spec.
- *Melosira agardhii*
- *Melosira varians* (Faden-Kieselalge)
- *Meridion circulare* (Sektoren-Kieselalge)
- *Navicula amphibola*
- *Navicula cryptocephala* (Geschnäbelte Schiffchen-Kieselalge)
- *Navicula cuspidata*
- *Navicula dicephala*
- *Navicula gibbula*
- *Navicula gracilis* (Schlanke Schiffchen-Kieselalge)
- *Navicula pseudotuscula*
- *Navicula pupula* (Augenschiffchen)
- *Navicula radiosa* (Weberschiffchen-Kieselalge)
- *Navicula vitrea*
- *Navicula* 5 spec.
- *Neidium bisulcatum*
- *Neidium dubium*

Diatomea (Forts.)
- *Neidium iridis* (Furchen-Kieselalge)
- *Nitzschia dissipata*
- *Nitzschia kützingiana*
- *Nitzschia lacustris*
- *Nitzschia linearis* (Stabförmige Kieselalge)
- *Nitzschia palea* (Farblose Kieselalge)
- *Nitzschia pelagica*
- *Nitzschia sigma*
- *Nitzschia sigmoidea* (Sigma-Kieselalge)
- *Nitzschia subrostrata*
- *Nitzschia vermicularis*
- *Pinnularia interrupta*
- *Pinnularia maior* (Rippenkieselalge)
- *Pinnularia viridis* (Grüne Rippenkieselalge)
- *Rhabdonema kützingiana*
- *Stauroneis anceps* (Kreuz-Kieselalge)
- *Stauroneis phoenicenteron*
- *Stephanodiscus astraea* (Großes Zackenscheibchen)
- *Stephanodiscus dubius*
- *Stephanodiscus hantzschii* (Zackenscheiben- Kieselalge)
- *Surirella biseriata* (Flügel-Kieselalge)
- *Surirella ovata* (Eier-Flügelalge)
- *Surirella ovata* var. *primata*
- *Surirella robusta splendida* (Kräftige Flügel-Kieselalge)
- *Synedra acus* (Nadel-Kieselalge)
- *Synedra acus angustissima*
- *Synedra acus* var. *radians*
- *Synedra capitata* (Breiköpfige Stab-Kieselalge)
- *Synedra nana*
- *Synedra ulna* (Stab-Kieselalge)
- *Synedra vaucheriae* (Festsitzende Stab-Kieselalge)

Xanthophyceae (Gelbgrünalgen) (4)
- *Stipitococcus vas*
- *Tribonema monochloron* (Zarter Wasserfaden)
- *Vaucheria geminata* (Schlauchalge)
- *Vaucheria* spec.

Euglenophyta (Augenflagellaten) (15)
- *Anisonema acinus* (Schleppgeißel-Flagellat)
- *Euglena deses* (Lebhaftes Augentier)
- *Euglena elastica*
- *Euglena limnophila* var. *swirenkoi*
- *Euglena mutabilis*
- *Euglena pisciformis* (Fischförmiges Augentier)
- *Euglena spirogyra* (Schraubiges Augentier)
- *Euglena variabilis* (Veränderliches Augentier)
- *Euglena viridis* (Grünes Augentierchen)
- *Peranema trichophorum* (Starrgeißel-Flagellat)
- *Phacus acuminatus*
- *Phacus longicauda* (Herzflagellat)
- *Phacus pleuronectes* (Platter Herzflagellat)
- *Trachelomonas hispida* (Stachelbeer-Kragenflagellat)
- *Trachelomonas oblonga* (Ovaler Kragenflagellat)

Pyrrophyta (Feueralgen) (4)
- *Gymnodinium paradoxum* (Teich-Panzerflagellat)
- *Peridinium bipes* (Zweifüßiger Panzerflagellat)
- *Peridinium cinctum* (Kugeliger Panzerflagellat)
- *Peridinium umbonatum* (Buckeliger Panzerflagellat)

Cryptophyta (Kryptomonaden-Grünalgen) (2)
- *Cryptomonas rostrata* (Schlundflagellat)
- *Cryptomonas* 4 spec.

Chlorophyceae (Grünalgen) (47)
- *Actinastrum hantzschii* (Spindelsternchen)
- *Ankistrodesmus bernhardi* (Pfeilalge)
- *Ankistrodesmus spiralis* (Spiralbündel-Pfeilalge)
- *Anthosphaera zachariasii* (Borstenkugel-Grünalge)
- *Botrycoccus braunii* (Trauben-Gürtelalge)
- *Chaetospheridium globosum* (Borstenkugel)
- *Chlorella vulgaris* (Grüne Kugelalge)
- *Chlorococcum infusionum*
- *Chlorococcum multinucleatum* (Erd-Grünalge)
- *Chlorococcum* spec. (Wasser-Grünalge)
- *Coelastrum microporum* (Kugel-Hohlstern)
- *Coelastrum spaericum*
- *Coenococcus fottii*
- *Coenococcus* spec.
- *Coleochaete irregulans*
- *Desmococcus olivaceum* (Rinden-Grünalge)
- *Dictyosphaerium pulchellum* (Kugelige Gallertstrangalge)

Chlorophyceae (Forts.)
Eremosphaera viridis (Grüne Moorkugel)
Eudorina elegans (Geißelkugel)
Excentrosphaera viridis (Grüne Moorbirne)
Gemellicystis neglecta (Pärchenalge)
Geminella minor (Kleine Schleimhüllen-Grünalge)
Gloeocystis schroeteri (Gallerthüllen-Grünalge)
Gloeotila subconstricta (Zwerg-Grünalge)
Gloeotila protogenita (Zwerg-Grünalge)
Gongrosira debaryana
Gonium pectorale (Mosaik-Grünalge)
Koliella longiseta
Leptosira medicina
Micractinium pusillum (Winzige Strahlengrünalge)
Monorhaphidium tortile
Palmella miniata (Rote Gallertkugel)
Pandorina morum (Maulbeeralge)
Pediastrum boryanum (Warziges Zackenrädchen)
Pediastrum duplex (Durchbrochnes Zackenrädchen)
Pediastrum integrum
Pteromonas spec. (Flügelflagellat)
Scenedesmus abundus
Scenedesmus acutus (Schiffchen-Gürtelalge)
Scenedesmus armatus (Waffen-Gürtelalge)
Scenedesmus dimorphus
Scenedesmus falcatus
Scenedesmus longispina (Langstachelige Gürtelalge)
Scenedesmus opoliensis var. *mononensis*
Scenedesmus quadricauda (Geschwänzte Gürtelalge)
Sphaerocystis schroeteri (Gallertkugel-Grünalge)
Tetraedron minimum (Kleine Eckenalge)
Oedogoniophyceae (Kappenring-Grünalgen) (2)
Bulbochaete elatior (Stattliche Knollenborstenalge)
Oedogonium 3 spec.
Conjugatophyceae (Jochalgen) (20)
Closterium acerosum (Säbelalge)
Closterium acutum
Closterium attenuatum
Closterium ehrenbergii (Große Mondsichel)
Closterium hantzschii
Closterium leibleinii (Kleine Mondalge)
Closterium moliferum (Mondsichel)
Closterium pronum (Spindelalge)
Closterium ulna (Mondalge)
Cosmarium formosulum (Edel-Zieralge)
Cosmarium meneghinii
Cosmarium spec.
Desmidium swartzii (Ketten-Zieralge)
Gonatozygon brebissonii (Knie-Jochalge)
Mougeotia 2 spec. (Plattenalgen)
Spirogyra mirabilis (Schraubenalge)
Spirogyra 3 spec.
Sonstige **fadenförmige Grünalgen** (11)
Chlorhormidium flaccidum (Amphibische Schnur-Grünalge)
Chaetophora pisiformis (Erbsenförmige Borsten- Grünalge)
Chaetophora tuberculosa (Knotige Borsten- Grünalge)
Chaetophora spec.
Cladophora crispata (Gekräuselte Astalge)
Cladophora fracta (Schwächliche Astalge)
Cladophora glomerata (Knäuelige Astalge)
Draparnaldia glomerata (Pinsel-Grünalge)
Trentepohlia aurea (Farbige Schuppen-Grünalge)
Ulothrix tenerrima (Gürtel-Kraushaaralge)
Ulothrix zonata (Veränderliche Kraushaaralge)
ZOOPLANKTON (97)
Rhizopoda (Wurzelfüßer, Amöben) (20)
Amoeba limax
Amoeba proteus (Schlammamöbe)
Arcella gibbosa (Buckeliges Uhrglastier)
Arcella megastoma (Großmäuliges Uhrglastier)
Arcella vulgaris (Gemeines Uhrglastier)
Astramoeba radiosa (Sternchenamöbe)
Bullinularia indica (Schlitzmund-Schalenamöbe)
Centropyxis aculeata (Stachel-Schalenamöbe)
Centropyxis spec.
Cyphoderia ampulla (Retorten-Schalenamöbe)
Dactylosphaerium vitraeum (Glasartige Fingeramöbe)
Difflugia lobostoma (Mundlappen-Schmelztierchen)

Rhizopoda (Forts.)
Difflugia spec. (Schmelztierchen)
Dinamoeba spec. (Zackenamöbe)
Euglypha spec. (Kleine Zeichenamöbe)
Mayorella spec. (Fledermausamöbe)
Microchlamis patella (Muschelamöbe)
Trichamoebe spec. (Quastenamöbe)
Vahlkampfia spec. (Große Fließamöbe)
Vampyrella spec.
Actinopoda (Strahlenfüßer) (8)
Acanthocystis mimetica (Grünes Nadel-Sonnentier)
Acanthocystis turfacea (Schönes Nadel-Sonnentier)
Actinophrys sol (Das Sonnentier)
Actinosphaerium eichhorni (Strahlenbällchen)
Clathrulina elegans (Kugelkäfig-Sonnentier)
Hedriocystis reticulata (Kapsel-Sonnentier)
Heterophrys myriapoda (Grasgrünes Sonnentier)
Raphidiophrys pallida (Blasses Spindel-Sonnentier)
Ciliata (Wimpertiere) (35)
Amphileptus spec. (Glockentierfresser)
Blepharisma steini (Lidtierchen)
Carchesium pectinatum (Glockenbäumchen)
Chilidonella uncinata (Lippenzähnchen)
Coleps hirtus (Tonnentierchen)
Coleps nolandi (Tonnentierchen)
Colpodium campylum (Nierentierchen)
Colpodium colpoda (Nierentierchen)
Cyclidium 2 spec.
Euplotes muscicola (Lauftierchen)
Euplotes patella (Lauftierchen)
Euplotes vannus (Lauftierchen)
Frontonia acuminata (Schlitzmundtierchen)
Glaucoma scintillans (Schiefmundtierchen)
Halteria 2 spec. (Springtierchen)
Hemiophrys pleurosigma (Doppelsichelflagellat)
Hemiophrys procera (Sichelflagellat)
Holosticha navicularum (Griffelschiffchen)
Lacrymaria olor (Tränentierchen)
Lionotus cygnus (Zuckgänschen)
Lionotus lamella (Zuckrüsseltierchen)
Lembadion bullinum (Schaufeltierchen)
Lembadion lucens (Schaufeltierchen)
Loxophyllum meleagris (Wallendes Blatt)
Nassula ornata (Juwelentierchen)
Ophryoglena atra (Osterei-Ciliat)
Ophryoglena spec.
Oxytricha pellionella (Borstentierchen)
Oxytricha similis (Borstentierchen)
Paramecium aurelia (Ohren-Pantoffeltierchen)
Paramecium bursaria (Grünes Pantoffeltierchen)
Paramecium caudatum (Geschwänztes Pantoffeltierchen)
Paramecium putrinum (Schmutz-Pantoffeltierchen)
Sphaerophrya sol (Kugel-Sauginfusor)
Plagiocampa rouxi (Klappentierchen)
Pleuronema crassum (Schleiertierchen)
Prorodon teres (Längliche Zahnwalze)
Spirostomum ambiguum (Riesensumpfwurm)
Stentor coeruleus (Blaues Tropetentier)
Stentor polymorphus (Grünes Trompetentier)
Strombidinopsis gyrans (Taumeltierchen)
Strongylidium crassum (Grünes Röhrchentierchen)
Stylonychia mytilus (Waffentierchen)
Stylonychia pustulata (Waffentierchen)
Tetrahymena pyriformis (Birneninfusor)
Urocentrum turbo (Kreiseldose)
Uroleptus piscis
Urosoma cienkowskii (Langschwanz)
Vaginicola terricola (Landbewohnendes Vasentierchen)
Vorticella campanula (Glockentierchen)
Vorticella citrina (Glockentierchen)
Vorticella convallaria (Maiglöckchen)
Vorticella microstoma (Kleinmäuliges Glockentierchen)
Vorticella similis (Reinwasser-Glockentierchen)
Rotatoria (Rädertiere) (44)
Adineta gracilis (Spanner-Rädertier)
Adineta vaga (Spanner-Rädertier)
Cephalodella hoodi (Zangen-Rädertier)
Chromogaster ovalis (Winker-Rädertier)
Collotheca mutabilis (Reusen-Rädertier)

Rotatoria (Forts)
Dicranophorus caudatus (Wolf-Rädertier)
Dicranophorus forcipatus (Wolf-Rädertier)
Dicranophorus rostratus (Wolf-Rädertier)
Euchlanis incisa (Fußborsten-Rädertier)
Euchlanis lyra (Fußborsten-Rädertier)
Floscularia ringens (Blumen-Rädertier)
Keratella cochlearis (Facetten-Rädertier)
Keratella quadrata (Facetten-Rädertier)
Lepadella ovalis (Mützen-Rädertier)
Lepadella patella (Mützen-Rädertier)
Lecane lunaris (Zipfelpanzer-Rädertier)
Lindia truncata (Blaualgenfresser)
Microcodides chiaena (Runzel-Rädertier)
Monommata arndti (Einaugen-Rädertier)
Monommata longiseta (Einaugen-Rädertier)
Mytilina mucronata (Muschel-Rädertier)
Mytilina ventralis (Muschel-Rädertier)
Notholca acuminata (Furchenpanzer-Rädertier)
Notholca squamula (Furchenpanzer-Rädertier)
Notommata contorta (Wimperohren-Rädertier)
Philodina citrina (Rüssel-Rädertier)
Philodina megalotrocha (Rüssel-Rädertier)
Philodina roseola (Rüsselrädchen)
Rhinoglena frontalis (Nasen-Rädertier)
Rotaria macroceros (Teleskop-Rädertier)
Rotaria rotatoria (Teleskop-Rädertier)
Scaridium longicaudum (Springfuß-Rädertier)
Synchaeta pectinata (Drachen-Rädertier)
Sychaeta stylata (Drachen-Rädertier)
Taphrocampa selenura (Raupen-Rädertier
Testudinella parva (Schildkröten-Rädertier)
Testudinella patina (Schildkröten-Rädertier)
Trichocera brachyura (Rattenschwanz-Rädertier)
Trichocera capucina (Rattenschwanz-Rädertier)
Trichocera cylindrica (Rattenschwanz-Rädertier)
Trichocera longiseta (Rattenschwanz-Rädertier)
Trichocera porcellus (Rattenschwanz-Rädertier)
Trichotria pocillum (Knickfuß-Rädertier)
Trichotria tetractis (Knickfuß- Rädertier)
Gastrotricha (Bauchhärlinge) (4)
Chaetonotus chuni (Sohlentierchen)
Chaetonotus maximus (Stachelschweinchen)
Chaetonotus spec.
Polymerurus rhomboides (Kreiseltierchen)
Phyllopoda (Blattfusskrebse) (13)
Acroperus harpae (Sichelkrebschen)
Alona costata (Rippenkrebschen)
Alona rectangula (Braunes Rippenkrebschen)
Alonella exigua (Graues Zwergkrebschen)
Alonella nana (Gestreiftes Zwergkrebschen)
Ceriodaphnia quadrangula (Waben-Wasserfloh)
Ceriodaphnia reticulata (Netz-Wasserfloh)
Chydorus globosus (Kugelkrebschen)
Chydorus spaericus (Linsenkrebschen)
Daphnia magna (Großer Wasserfloh)
Scapholeberis mucronata (Kahnfahrer)
Simocephalus exspinosus (Plattkopf-Wasserfloh)
Simocephalus vetulus (Plattkopf-Wasserfloh)
Copepoda (Ruderfußkrebse) (7)
Attheyella spec. (Raupen-Hüpferling)
Cyclops strenuus (Gemeiner Hüpferling)
Ectocyclops phaleratus (Farbiger Schlammhüpferling)
Eucyclops macrurus (Langschwanz-Hüpferling)
Eucyclops serrulatus (Sägeschwanz-Hüpferling)
Macrocyclops fuscus (Dunkler Riesenhüpferling)
Paracyclops fimbriatus (Weißer Schlammhüpferling)
Ostracoda (Muschelkrebse) (2)
Cyclocypris affinis (Frühlings-Muschelkrebs)
Cyclocypris laevis (Runder Muschelkrebs)
Sonstige (12)
Tardigrada 2 spec. (Bärtierchen)
Hydra attenuata (Grauer Süßwasserpolyp)
Beggiatoa leptomitiformis (Dünnes Schefelbakterium)
Thiovulum majus (Rundes Schwefelei)
Peloploca taeniata (Glitzerbakterium)
Zoomastigia 6 spec. (Zooflellaten)
Anzahl der nachgewiesenen Arten: 297

SÄUGETIERE (*Mammalia*)
von Günter Kohrs unter Mitwirkung von Dagmar Stiefel und Carsten Weile

Nomenklatur und Angaben zur Gefährdung nach HECKENROTH (1991)
J = dem Jagdrecht unterliegende Arten
II = Gefährdete Durchzügler, Überwinterer, Übersommerer, Wandertiere

Deutsche Namen (Wissenschaftliche Namen)	RL	J
Insektenfresser (*Insectivora*) (8)		
Igel (*Erinaceus europaeus*)		
Maulwurf (*Talpa europaea*)		
Waldspitzmaus (*Sorex araneus*)		
Zwergspitzmaus (*Sorex minutus*)		
Wasserspitzmaus (*Neomys fodiens*)	3	
Sumpfspitzmaus (*Neomys anomalus*)	3	
Hausspitzmaus (*Crocidura russula*)	4	
Feldspitzmaus (*Crocidura leucodon*)	3	
Fledermäuse (*Chiroptera*) (10)		
Große Bartfledermaus (*Myotis brandti*)	2	
Kleine Bartfledermaus (*Myotis mystacinus*)	2	
Großes Mausohr (*Myotis myotis*)	2	
Wasserfledermaus (*Myotis daubentonii*)	3	
Teichfledermaus (*Myotis dasycneme*)	II	
Graues Langohr (*Plecotus austriacus*)	2	
Abendsegler (*Nyctalus noctula*)	2	
Kleinabendsegler (*Nyctalus leisleri*)	1	
Zwergfledermaus (*Pipistrellus pipistrellus*)	3	
Breitflügelfledermaus (*Eptesicus serotinus*)	2	
Hasentiere (*Lagomorpha*) (2)		
Feldhase (*Lepus europaeus*)		J
Wildkaninchen (*Oryctolagus cuniculus*)		J
Nagetiere (*Rodentia*) (13)		
Eichhörnchen (*Sciurus vulgaris*)		
Siebenschläfer (*Glis glis*)		
Feldhamster (*Cricetus cricetus*)	2	
Bisam (*Ondatra zibethica*)		
Rötelmaus (*Clethrionomys glareolus*)		
Schermaus (*Arvicola terrestris*)		
Feldmaus (*Microtus arvalis*)		
Erdmaus (*Microtus agrestis*)		
Zwergmaus (*Micromys minutus*)		
Gelbhalsmaus (*Apodemus flavicollis*)		
Waldmaus (*Apodemus sylvaticus*)		
Hausmaus (*Mus musculus*)		
Wanderratte (*Rattus norvegicus*)		
Raubtiere (*Carnivora*) (7)		
Rotfuchs (*Vulpes vulpes*)		J
Waschbär (*Procyon lotor*)		J
Steinmarder (*Martes foina*)		J
Hermelin (*Mustela erminea*)		J
Mauswiesel (*Mustela nivalis*)		J
Iltis (*Mustela putorius*)		J
Dachs (*Meles meles*)	4	J
Paarhufer (*Artiodactyla*) (2)		
Wildschwein (*Sus scrofa*)		J
Reh (*Capreolus capreolus*)		J
Anzahl der nachgewiesenen Arten: 42	16	11

VÖGEL (*Aves*)
von Alistair Hill
nach eigenen Beobachtungen und den avifaunistischen Jahresberichten des OVH
Nomenklatur, systematische Anordnung und Angaben zur Gefährdung nach SÜDBECK & WENDT (2002)
Als wesentliche Landschaftsbereiche wurden berücksichtigt:
1 Agrarlandschaft mit Äckern, Brachen, Grünland, Wegrändern sowie vereinzelten Bäumen und Sträuchern, 2 Städte und Dörfer, 3 Wälder und Feldgehölze, 4 Kies- und Steingruben, 5 Fließ- und Stillgewässer incl. Ziegeleigruben, 6 Klärteiche
Status der Vogelarten: A Ausnahmeerscheinung, B Brutvogel, D Durchzügler, J Jahresvogel, S Sommergast incl. Gefangenschaftsflüchtling, W Wintergast, Z Zugvogel, e ehemalig, s selten und unregelmäßig

Deutsche Namen (wissenschaftl. Namen)	RL	Status	1	2	3	4	5	6
Seetaucher (*Gaviidae*) (2)								
Sterntaucher (*Gavia stellata*)		Z					x	
Prachttaucher (*Gavia arctica*)		Z					x	
Lappentaucher (*Podicipedidae*) (5)								
Zwergtaucher (*Tachybaptus ruficollis*)	3	BZ					x	x
Haubentaucher (*Podiceps cristatus*)		BZ					x	
Rothalstaucher (*Podiceps grisegena*)	1	Z					x	x
Schwarzhalstaucher (*Podiceps nigricollis*)	2	BZ					x	x
Ohrentaucher (*Podiceps auritus*)		Z					x	x
Kormorane (*Phalacrocoracidae*) (2)								
Kormoran (*Phalacrocorax carbo*)	3	JZ					x	x
Zwergscharbe (*Phalacrocorax pygmeus*)		A					x	
Reiher (*Ardeidae*) (5)								
Rohrdommel (*Botaurus stellaris*)	1	W					x	
Zwergdommel (*Ixobrychus minutus*)	1	eA					x	
Kuhreiher (*Bubulcus ibis*)		S	x					
Silberreiher (*Egretta alba*)		W	x				x	x
Graureiher (*Ardea cinerea*)		BJZW	x			x	x	x
Störche (*Ciconiidae*) (2)								
Schwarzstorch (*Ciconia nigra*)	2	SZ	x		x		x	
Weißstorch (*Ciconia ciconia*)	1	BZ	x	x				
Ibisse (*Threskiornithidae*) (1)								
Brauner Sichler (*Plegadis falcinellus*)		A						x
Entenvögel (*Anatidae*) (30)								
Höckerschwan (*Cygnus olor*)		BJ					x	
Singschwan (*Cygnus cygnus*)		W	x				x	
Saatgans (*Anser fabalis*)		ZW	x					
Kurzschnabelg. (*Anser brachyrhynchus*)		A	x					
Blässgans (*Anser albifrons*)		ZW	x					
Weißwangengans (*Branta leucopsis*)	5	W	x					
Graugans (*Anser anser*)		BJ	x				x	
Streifengans (*Anser indicus*)		A	x				x	
Kanadagans (*Branta canadensis*)		A	x				x	
Brandgans (*Tadorna tadorna*)		J						x
Nilgans (*Alopochen aegyptiacus*)		BJ	x				x	x
Rostgans (*Casarca ferruginea*)		A	x				x	
Pfeifente (*Anas penelope*)	5	D					x	x
Schnatterente (*Anas strepera*)	3	DW					x	x
Krickente (*Anas crecca*)	3	J					x	x
Stockente (*Anas platyrhynchos*)		BJ	x			x	x	x
Spießente (*Anas acuta*)	1	D					x	x
Knäkente (*Anas querquedula*)	2	J						x
Löffelente (*Anas clypeata*)	2	J						x
Kolbenente (*Netta rufina*)	5	A					x	
Tafelente (*Aythya ferina*)		BD					x	x
Moorente (*Aythya nyroca*)	1	A					x	x
Reiherente (*Aythya fuligula*)		BD					x	x
Bergente (*Aythya marila*)	5	A					x	
Eiderente (*Somateria mollissima*)		A					x	
Samtente (*Melanitta fusca*)		A					x	
Schellente (*Bucephala clangula*)	2	D					x	
Zwergsäger (*Mergus albellus*)		DW					x	
Mittelsäger (*Mergus serrator*)	2	BJ					x	
Gänsesäger (*Mergus merganser*)		DW					x	
Habichtartige (*Accipitridae*) (19)								
Wespenbussard (*Pernis apivorus*)	3	BJD	x		x			
Schwarzmilan (*Milvus migrans*)	2	BD	x	x	x		x	
Rotmilan (*Milvus milvus*)	3	BJD	x	x	x		x	x
Seeadler (*Haliaeetus albicilla*)	1	A					x	
Schlangenadler (*Circaetus gallicus*)	0	A	x					
Fischadler (*Pandion haliaetus*)	1	D					x	
Rohrweihe (*Circus aeruginosus*)	3	BD	x				x	x
Kornweihe (*Circus cyaneus*)	1	DW	x					
Steppenweihe (*Circus macrourus*)	5	A	x					
Wiesenweihe (*Circus pygargus*)	1	BD	x					
Habicht (*Accipiter gentilis*)		BJ			x			
Sperber (*Accipiter nisus*)		BJ		x	x			
Mäusebussard (*Buteo buteo*)		BDJ	x	x	x	x		
Rauhfußbussard (*Buteo rufinus*)	5	DW	x					
Turmfalke (*Falco tinnunculus*)		BJ	x	x	x	x		
Rotfußfalke (*Falco vespertinus*)		A	x					
Merlin (*Falco columbarius*)		DW	x					
Baumfalke (*Falco subbuteo*)	3	BD	x		x			
Wanderfalke (*Falco peregrinus*)	1	BJD	x		x			
Glattfußhühner (*Phasianidae*) (3)								
Rebhuhn (*Perdix perdix*)	3	BJ	x		x			
Wachtel (*Coturnix coturnix*)	2	BD	x					
Fasan (*Phasianus colchicus*)		BJ	x					
Rallen (*Rallidae*) (6)								
Wasserralle (*Rallus aquaticus*)	3	BD					x	
Tüpfelsumpfhuhn (*Porzana porzana*)	2	BDs					x	
Zwergsumpfhuhn (*Porzana pusilla*)	5	eBA					x	
Wachtelkönig (*Crex crex*)	1	BD	x					
Teichhuhn (*Gallinula chloropus*)		BJ					x	x
Blässhuhn (*Fulica atra*)		BJ					x	x
Kraniche (*Gruidae*) (1)								
Kranich (*Grus grus*)	2	D	x				x	
Trappen (*Otididae*) (1)								
Großtrappe (*Otis tarda*)	0	A	x					
Austernfischer (*Haematopodidae*) (1)								
Austernfischer (*Haematopus ostralegus*)		BD				x		x
Triele (*Burhinidae*) (1)								
Triel (*Burhinus oedicnemus*)	0	A	x					
Brachschwalben (*Glareolidae*) (1)								
Rotflügel-Brachschw. (*Glareola pratincola*)		A	x					
Regenpfeifer (*Charadriidae*) (8)								
Flussregenpfeifer (*Charadrius dubius*)		BD				x		x
Sandregenpfeifer (*Charadrius hiaticula*)		D						x
Seeregenpfeif. (*Charadrius alexandrinus*)	1	A				x		x
Mornellregenpfeif. (*Charadrius morinellus*)		D	x					
Goldregenpfeifer (*Pluvialis apricaria*)	1	D	x					
Kiebitzregenpfeifer (*Pluvialis squatarola*)		D	x					x
Steppenkiebitz (*Chettusia gregaria*)		AD	x					
Kiebitz (*Vanellus vanellus*)	3	BD	x					x
Schnepfen (*Scolopacidae*) (26)								
Knutt (*Calidris canutus*)		A	x					x
Sanderling (*Calidris alba*)		sD						x
Zwergstrandläufer (*Calidris minuta*)		D						x
Temminckstrandläuf. (*Calidris temminckii*)		AD						x
Graubrust-Strandläuf. (*Calidris melanotos*)		AD						x
Sichelstrandläufer (*Calidris ferruginea*)		D						x
Alpenstrandläufer (*Calidris alpina*)	0	D						x
Sumpfläufer (*Limicola falcinellus*)		AD						x
Kampfläufer (*Philomachus pugnax*)	1	D	x					x
Zwergschnepfe (*Lymnocryptes minimus*)	5	DW	x					x
Bekassine (*Gallinago gallinago*)	2	D					x	x
Waldschnepfe (*Scolopax rusticola*)	3	D			x			x
Uferschnepfe (*Limosa limosa*)	2	sD						x
Pfuhlschnepfe (*Limosa lapponica*)		sD						x
Regenbrachvogel (*Numenius phaeopus*)		sD					x	x
Großer Brachvogel (*Numenius arquata*)	2	D	x				x	x
Dunkler Wasserläufer (*Tringa erythropus*)		D						x
Rotschenkel (*Tringa totanus*)	2	D	x				x	x
Teichwasserläufer (*Tringa stagnatilis*)		A					x	x
Grünschenkel (*Tringa nebularia*)		D						x
Waldwasserläufer (*Tringa ochropus*)	2	J					x	x
Bruchwasserläufer (*Tringa glareola*)	0	D					x	x
Flussuferläufer (*Actitis hypoleucos*)	1	BD				x	x	x
Steinwälzer (*Arenaria interpres*)		sD						x
Odinshühnchen (*Phalaropus lobatus*)		sD						x
Thorshühnchen (*Phalaropus fulicarius*)		A					x	
Raubmöwen (*Stercorariidae*) (2)								
Schmarotzerraubm. (*Stercor. parasiticus*)		A	x				x	x
Spatelraubmöwe (*Stercorarius pomarinus*)		A					x	x
Möwen (*Laridae*) (7)								
Schwarzkopfm. (*Larus melanocephalus*)	3	BsS	x				x	
Lachmöwe (*Larus ridibundus*)		BDJ	x			x	x	x
Sturmmöwe (*Larus canus*)		DW					x	x
Heringsmöwe (*Larus fuscus*)		A	x					x

Deutsche Namen (wissenschaftl.Namen)	RL	Status	1	2	3	4	5	6
Weißkopfmöwe (*Larus cachinnans*)		DW	x				x	x
Silbermöwe (*Larus argentatus*)		DW	x				x	x
Dreizehenmöwe (*Rissa tridactyla*)		A					x	
Seeschwalben (*Sternidae*) (5)								
Lachseeschwalbe (*Gelochelidon nilotica*)	1	A						x
Flussseeschwalbe (*Sterna hirundo*)	2	D					x	
Trauerseeschwalbe (*Chlidonias niger*)	1	D					x	x
Weißbartseeschwalbe (*Chlidon. hybrida*)							x	
Weißflügelseeschw. (*Chlid. leucopterus*)	5	A					x	
Tauben (*Columbidae*) (5)								
Haustaube (*Columba livia domestica*)		BJ	x		x			x
Hohltaube (*Columba oenas*)		BD		x	x			
Ringeltaube (*Columba palumbus*)		BDJ	x	x	x			
Türkentaube (*Streptopelia decaocto*)		BJ	x	x				
Turteltaube (*Streptopelia turtur*)		BD	x		x	x	x	
Kuckucke (*Cuculidae*) (1)								
Kuckuck (*Cuculus canorus*)		BD	x		x	x	x	
Schleiereulen (*Tytonidae*) (1)								
Schleiereule (*Tyto alba*)		BJ	x	x				
Eulen (*Strigidae*) (5)								
Uhu (*Bubo bubo*)	2	eBsJ	x		x	x		
Steinkauz (*Athene noctua*)	1	eB	x	x		x		
Waldkauz (*Strix aluco*)		BJ			x			
Waldohreule (*Asio otus*)		BJ	x					
Sumpfohreule (*Asio flammeus*)	2	DsW	x					
Nachtschwalben (*Caprimulgidae*) (1)								
Ziegenmelker (*Caprimulgus europaeus*)	2	sD	x		x			
Segler (*Apodidae*) (1)								
Mauersegler (*Apus apus*)		BD	x	x				
Eisvögel (*Alcedinidae*) (1)								
Eisvogel (*Alcedo atthis*)	3	BJ				x	x	
Spinte (*Meropidae*) (1)								
Bienenfresser (*Merops apiaster*)	5	A	x					
Racken (*Coraciidae*) (1)								
Blauracke (*Coracias garrulus*)	0	eB	x					
Wiedehopfe (*Upupidae*) (1)								
Wiedehopf (*Upupa epops*)	1	A	x		x			x
Spechte (*Picidae*) (7)								
Wendehals (*Jynx torquilla*)	2	BsD			x			
Grauspecht (*Picus canus*)	3	BJ			x			
Grünspecht (*Picus viridis*)	3	B			x			
Schwarzspecht (*Dryocopus martius*)		BJ			x			
Buntspecht (*Dendrocopos major*)		BJ			x			
Mittelspecht (*Dendrocopos medius*)	3	BJ			x			
Kleinspecht (*Dendrocopos minor*)	3	BJ	x	x	x			
Lerchen (*Alaudidae*) (4)								
Haubenlerche (*Galerida cristata*)	2	BsJ	x	x				
Heidelerche (*Lullula arborea*)	2	sD	x					
Feldlerche (*Alauda arvensis*)		BDJ	x		x			
Ohrenlerche (*Eremophila alpestris*)		DsW						x
Schwalben (*Hirundinidae*) (3)								
Uferschwalbe (*Riparia riparia*)		BD	x			x	x	x
Rauchschwalbe (*Hirundo rustica*)		BD	x	x	x	x	x	
Mehlschwalbe (*Delichon urbica*)		BD	x	x		x	x	x
Stelzen (*Motacillidae*) (8)								
Brachpieper (*Anthus campestris*)	1	sD	x					x
Baumpieper (*Anthus trivialis*)		BD			x			
Wiesenpieper (*Anthus pratensis*)		BDJ	x					
Rotkehlpieper (*Anthus cervinus*)		sD	x				x	x
Bergpieper (*Anthus spinoletta*)		DW					x	x
Schafstelze (*Motacilla flava*)	3	BD	x				x	x
Gebirgsstelze (*Motacilla cinerea*)		BDJ				x		
Bachstelze (*Motacilla alba*)		BDJ	x	x		x	x	x
Seidenschwänze (*Bombycillidae*) (1)								
Seidenschwanz (*Bombycilla garrulus*)		W			x	x		
Wasseramseln (*Cinclidae*) (1)								
Wasseramsel (*Cinclus cinclus*)		BD				x		
Zaunkönige (*Troglodytidae*) (1)								
Zaunkönig (*Troglodytes troglodytes*)		BJ	x	x	x			x
Braunellen (*Prunellidae*) (1)								
Heckenbraunelle (*Prunella modularis*)		BJ		x	x	x		
Drosseln (*Turdidae*) (16)								
Rotkehlchen (*Erithacus rubecula*)		BJ	x	x				
Nachtigall (*Luscinia megarhynchos*)	3	BD	x	x				
Sprosser (*Luscinia luscinia*)		D		x			x	
Blaukehlchen (*Luscinia svecica*)	2	sD					x	
Hausrotschwanz (*Phoenicurus ochruros*)		BD	x					x
Gartenrotschw.(*Phoenicurus phoenicurus*)	3	BD	x	x				

Deutsche Namen (wissenschaftl.Namen)	RL	Status	1	2	3	4	5	6
Braunkehlchen (*Saxicola rubetra*)	2	BD	x	x				x
Schwarzkehlchen (*Saxicola torquata*)	3	eBD	x				x	x
Steinschmätzer (*Oenanthe oenanthe*)	3	BD	x				x	x
Amsel (*Turdus merula*)		BJ		x	x	x		
Wacholderdrossel (*Turdus pilaris*)		BDJ	x	x	x	x		
Singdrossel (*Turdus philomelos*)		BD		x	x	x		
Rotdrossel (*Turdus iliacus*)	5	DW	x	x	x			
Misteldrossel (*Turdus viscivorus*)		BD		x	x			
Ringdrossel (*Turdus torquatus*)		D	x				x	x
Seidensänger (*Cettia cetti*)	5	A	x					
Zweigsänger (*Sylviidae*) (16)								
Feldschwirl (*Locustella naevia*)		BD	x					
Schlagschwirl (*Locustella fluviatilis*)	4	A						x
Sumpfrohrsänger (*Acrocephalus palustris*)		BD	x			x	x	x
Teichrohrsänger (*Acroceph. scirpaceus*)		BD					x	
Drosselrohrs. (*Acroceph.arundinaceus*)	1	BA					x	
Gelbspötter (*Hippolais icterina*)		BD		x	x			
Sperbergrasmücke (*Sylvia nisoria*)	2	sD	x		x			
Klappergrasmücke (*Sylvia curruca*)		BD		x	x			
Dorngrasmücke (*Sylvia communis*)		BD	x		x	x		
Gartengrasmücke (*Sylvia borin*)		BD		x	x			
Mönchsgrasmücke (*Sylvia atricapilla*)		BD		x	x			
Waldlaubsänger (*Phylloscopus sibilatrix*)		BD			x			
Zilpzalp (*Phylloscopus collybita*)		BD		x	x	x		
Fitis (*Phylloscopus trochilus*)		BD		x	x	x		
Wintergoldhähnchen (*Regulus regulus*)		BD		x	x			
Sommergoldhähn. (*Regulus ignicapillus*)		BD	x					
Schnäpper (*Muscicapidae*) (3)								
Grauschnäpper (*Muscicapa striata*)		BD		x	x			
Zwergschnäpper (*Ficedula parva*)	4	A			x			
Trauerschnäpper (*Ficedula hypoleuca*)		BD		x	x			
Schwanzmeisen (*Aegithalidae*)(1)								
Schwanzmeise (*Aegithalos caudatus*)		BJ		x	x			
Meisen (*Paridae*) (7)								
Bartmeise (*Panurus biarmicus*)	3	DW					x	x
Sumpfmeise (*Parus palustris*)		BJ		x	x			
Weidenmeise (*Parus montanus*)		BJ		x	x			
Haubenmeise (*Parus cristatus*)		BJ			x			
Tannenmeise (*Parus ater*)		BJ		x	x			
Blaumeise (*Parus caeruleus*)		BJ		x	x	x		
Kohlmeise (*Parus major*)		BJ		x	x	x		
Kleiber (*Sittidae*) (1)								
Kleiber (*Sitta europaea*)		BJ		x	x			
Baumläufer (*Certhiidae*) (2)								
Waldbaumläufer (*Certhia familiaris*)		BsJ		x	x			
Gartenbaumläufer (*Certhia brachydactyla*)		BJ		x	x			
Beutelmeisen (*Remizidae*) (1)								
Beutelmeise (*Remiz pendulinus*)		BsD					x	
Pirole (*Oriolidae*) (1)								
Pirol (*Oriolus oriolus*)		BD		x		x		
Würger (*Laniidae*) (3)								
Neuntöter (*Lanius collurio*)	3	BD		x	x	x		
Raubwürger (*Lanius excubitor*)	2	eBsW	x		x			
Rotkopfwürger (*Lanius senator*)	0	eB	x					
Krähen (*Corvidae*) (8)								
Eichelhäher (*Garrulus glandarius*)		BJ		x	x			
Elster (*Pica pica*)		J	x	x	x	x		
Tannenhäher (*Nucifraga caryocatactes*)		A						
Dohle (*Corvus monedula*)		eBDW	x	x				
Saatkrähe (*Corvus frugilegus*)	3	eBDW	x			x		
Aaskrähe (*Corvus corone corone*)		BJDW	x	x	x	x		
Nebelkrähe (*Corvus corone cornix*)		sW					x	
Kolkrabe (*Corvus corax*)	3	BJ	x		x			
Stare (*Sturnidae*) (1)								
Star (*Sturnus vulgaris*)		BD	x	x	x	x	x	
Sperlinge (*Passeridae*) (2)								
Haussperling (*Passer domesticus*)		BJ	x		x			
Feldsperling (*Passer montanus*)		BJ	x	x	x	x		
Finken (*Fringillidae*) (12)								
Buchfink (*Fringilla coelebs*)		BD	x	x	x	x		
Bergfink (*Fringilla montifringilla*)	5	D	x		x			
Girlitz (*Serinus serinus*)		BD	x		x			
Grünling (*Carduelis chloris*)		BJD	x	x	x	x		
Stieglitz (*Carduelis carduelis*)		BJD	x	x		x		
Erlenzeisig (*Carduelis spinus*)		BJD			x			
Bluthänfling (*Carduelis cannabina*)		BJD	x	x	x	x		
Berghänfling (*Carduelis flavirostris*)		DW	x	x				x
Birkenzeisig (*Carduelis flammea*)		BJD		x				

Deutsche Namen (wissenschaftl.Namen)	RL	Status	1	2	3	4	5	6
Fichtenkreuzschnabel (*Loxia curvirostra*)		DW			x			
Gimpel (*Pyrrhula pyrrhula*)		BJDW	x	x				
Kernbeißer (*Coccothraustes coccothraus.*)		BJDW	x	x				
Ammern (*Emberizidae*) (6)								
Spornammer (*Calcarius lapponicus*)		A	x					x
Schneeammer (*Plectrophenax nivalis*)		sW	x					x
Goldammer (*Emberiza citrinella*)		BJDW	x	x	x	x		
Ortolan (*Emberiza hortulana*)	2	sD	x					
Rohrammer (*Emberiza schoeniclus*)		BDW					x	x
Grauammer (*Miliaria calandra*)	2	BD	x	x				
Anzahl der nachgewiesenen Arten: 252	80		11	66	86	45	98	87

BRUTVÖGEL IN ADLUM
von Bernhard Möller

Nomenklatur nach SÜDBECK & WENDT (2002)

Deutsche Namen (wissenschaftliche Namen)	Brutbestand 2004	relative Häufigkeit in %
Dominante Arten (> 5%)		
Haussperling (*Passer domesticus*)	205	30,28
Amsel (*Turdus merula*)	58	8,56
Grünling (*Chloris chloris*)	54	7,97
Kohlmeise (*Parus major*)	47	6,94
Subdominante Arten (2-5%)		
Blaumeise (*Parus caeruleus*)	32	4,72
Ringeltaube (*Columba palumbus*)	24	3,54
Singdrossel (*Turdus philomelos*)	24	3,54
Hausrotschwanz (*Phoenicurus ochruros*)	23	3,39
Buchfink (*Fringilla coelebs*)	21	3,11
Mehlschwalbe (*Delichon urbica*)	17	2,51
Star (*Sturnus vulgaris*)	17	2,51
Heckenbraunelle (*Prunella modularis*)	15	2,21
Influente Arten (1-2%)		
Girlitz (*Serinus serinus*)	13	1,92
Türkentaube (*Stretopelia decaocto*)	12	1,77
Mauersegler (*Apus apus*)	11	1,62
Bluthänfling (*Carduelis cannabina*)	10	1,47
Stieglitz (*Carduelis carduelis*)	10	1,47
Grauschnäpper (*Muscicapa striata*)	9	1,32
Zilpzalp (*Phylloscopus collybita*)	8	1,18
Rauchschwalbe (*Hirundo rustica*)	7	1,03
Gelbspötter (*Hippolais icterina*)	7	1,03
Rezedente Arten (> 1%)		
Feldsperling (*Passer montanus*)	6	0,88
Klappergrasmücke (*Sylvia curruca*)	6	0,88
Wacholderdrossel (*Turdus pilaris*)	6	0,88
Mönchsgrasmücke (*Sylvia atricapilla*)	6	0,88
Bachstelze (*Motacilla alba*)	5	0,73
Misteldrossel (*Turdus viscivorus*)	3	0,44
Rabenkrähe (*Corvus corone corone*)	3	0,44
Birkenzeisig (*Carduelis pilaris*)	3	0,44
Stockente (*Anas platyrhynchos*)	2	0,44
Zaunkönig (*Troglodytes troglodytes*)	2	0,44
Fitis (*Phylloscopus trochilus*)	2	0,44
Rotkehlchen (*Erithacus rubecula*)	2	0,44
Teichhuhn (*Gallinula chloropus*)	1	0,14
Gartengrasmücke (*Sylvia borin*)	1	0,14
Goldammer (*Emberiza citrinella*)	1	0,14
Schleiereule (*Tyto alba*)	1	0,14
Turmfalke (*Falco tinnunculus*)	1	0,14
Gartenbaumläufer (*Certhia brachydactyla*)	1	0,14
Nachtigall (*Luscinia megarhynchos*)	1	0,14
Anzahl der nachgewiesenen Arten: 40	677	100%

FISCHE (*Pisces*)
von Heiko Brunken, Oliver Birnbacher & Matthias Hein

Wissenschaftliche Nomenklatur nach FREYHO (2004)
Angaben zur Gefährdung nach GAUMERT& KÄMMEREIT (1993)
F Fremdfisch
Fangorte (vgl. Abb. im Kapitel über Fische des Bruchgrabens):
1 südlich Gödringen, 2 Feldwegbrücke südlich Algermissen, unterhalb Unsinnbach, 3 Borsumer Pass, oberhalb Parkplatz, 4 südlich Bründeln, 5 Feldwegbrücke zwischen Rautenberg und Soßmar, 6 Feldwegbrücke südöstlich Rittergut Neu Oedelum, 7 Feldwegbrücke nördlicher Ortsrand Ahstedt

Deutsche Namen (wissenschaftliche Namen)	RL	1	2	3	4	5	6	7
Aal (*Anguilla anguilla*)			x	x	x			x
Bitterling (*Rhodeus amarus*)	1	x	x					
Blaubandbärbling (*Pseudorasbora parva*)	F	x	x	x		x		x
Brasse (*Abramis brama*)		x	x	x	x			
Döbel (*Squalius cephalus*)		x	x	x	x	x	x	
Dreistachliger Stichling (*Gasterosteus aculeatus*)		x	x	x	x	x	x	
Flussbarsch (*Perca fluviatilis*)		x	x	x	x	x		
Giebel (*Carassius gibelio*)		x	x			x		
Gründling (*Gobio gobio*)		x	x	x	x	x	x	
Hasel (*Leuciscus leuciscus*)		x	x	x	x	x	x	
Hecht (*Esox lucius*)	3				x	x	x	
Karpfen (*Cyprinus carpio*)		x						
Moderlieschen (*Leucaspius delineatus*)	4	x	x					x
Neunstachlig. Stichling (*Pungitius pungitius*)				x	x	x		x
Rotauge (*Rutilus rutilus*)		x	x	x	x	x	x	
Rotfeder (*Scardinius erythrophtalmus*)		x	x		x			x
Schleie (*Tinca tinca*)		x						
Sonnenbarsch (*Lepomis gibbosus*)	F		x					
Ukelei (*Alburnus alburnus*)	3	x						
Anzahl der nachgewiesenen Arten: 19	4	15	14	10	11	10	7	11

LURCHE (*Amphibia*)
von Günter Grein

Nomenklatur und Angaben zur Gefährdung nach PODLOUCKY & FISCHER (1994)
Beobachtungsgewässer: 1 zwei Weiher NW' „Entenfang"- Gehöft, 2 nieren-förmiger Weiher W' Gehöft, 3 vegetationsreicher Weiher SW' Gehöft, 4 Wei-her mit Schilf u. Rohrkolben SW' Gehöft, 5 eutrophierter Weiher E' Gehöft, 6 zwei Fischweiher mit Schilf am ehemaligen Bahndamm NE' Gehöft, 7 zwei ältere, von Gehölzen gesäumte Fischweiher NE' Gehöft, 8 drei miteinander verbundene Weidetümpel NE' Gehöft, 9 rundlicher Weiher mit steilen Ufern sowie Gehölzen und Schilf; davon die Fundorte 1, 6-8 im NSG „Entenfang"
Beobachtungen aus dem Jahr 2004, ergänzt 2005

Deutsche Namen (wissenschaftliche Namen)	RL	1	2	3	4	5	6	7	8	9
Erdkröte (*Bufo bufo*)			x	x	x	x	x	x		x
Knoblauchkröte (*Pelobates fuscus*)	3	x		x		x				
Teichfrosch (*Rana esculenta*)			x	x			x	x	x	
Seefrosch (*Rana ridibunda*)	3			x			x	x	x	
Grasfrosch (*Rana temporaria*)						x				
Teichmolch (*Triturus vulgaris*)		x	x		x		x			
Kammmolch (*Triturus cristatus*)	3	x	x			x		x		
Anzahl der nachgewiesen. Arten: 7	3	3	4	5	1	5	2	4	3	2

KÄFER (*Coleoptera*)
von Ludger Schmidt

Nomenklatur nach KÖHLER, F. & KLAUSNITZER, B. (1998) und Assing, V. & SCHÜLKE, J. (2001), Angaben zur Gefährdung in Niedersachsen und Bremen von Wasserkäfern nach HAASE, P. (1996), von Sandlaufkäfern und Laufkäfern nach ASSMANN, T. et al. (2003)
Ergebnisse der Untersuchungen aus dem Jahr 2004 im Entenfang (1) und Borsumer Holz (2) sowie aus der Umgebung von Betheln durch U. VOIGT (VOIGT 1998) (3)

Wissenschaftliche Namen	RL	1	2	3
Cicindelidae **(Sandlaufkäfer) (1)**				
Cicindela campestris L.				x
Carabidae **(Laufkäfer) (136)**				
Calosoma inquisitor (L.)		x		
Carabus auratus L.	V			x
Carabus coriaceus L.			x	x
Carabus granulatus L.		x		x
Carabus nemoralis MULL.		x	x	x
Carabus problematicus HBST.		x		
Cychrus caraboides (L.)				x
Leistus ferrugineus (L.)		x		
Leistus rufomarginatus (DUFT.)		x	x	
Leistus terminatus (HELLW.)		x		
Nebria brevicollis (F.)			x	x
Nebria salina FAIRM. & LAB.				x
Notiophilus biguttatus (F.)		x		x
Notiophilus palustris (DUFT.)		x		x
Elaphrus cupreus DUFT.		x		
Loricera pilicornis (F.)		x	x	x
Clivina collaris (HBST.)	V			x
Clivina fossor (L.)		x		x
Dyschirius aeneus (DEJEAN)		x		x
Dyschirius globosus (HBST.)		x		x
Dyschirius luedersi WAGN.		x		
Epaphius secalis (PAYK.)				x
Trechus quadristriatus (SCHRANK)		x	x	x
Trechoblemus micros (HBST.)				x
Bembidion articulatum (PANZ.)		x		
Bembidion assimile GYLL.		x		
Bembidion biguttatum (F.)		x		x
Bembidion dentellum (THUNB.)		x		x
Bembidion femoratum STURM				x
Bembidion fumigatum (DUFT.)	3	x		
Bembidion gilvipes STURM		x		
Bembidion lampros (HBST.)				x
Bembidion lunulatum (GEOFFR.)				x
Bembidion mannerheimii SAHLB.		x		
Bembidion obtusum SERV.		x		x
Bembidion octomaculatum (GOEZE)	3	x		
Bembidion properans (STEPH.)				x
Bembidion quadrimaculatum (L.)		x		x
Bembidion quadripustulatum SERV.	2			x
Bembidion tetracolum SAY		x		x
Bembidion tetragrammum ssp. *illigeri* NET.				x
Bembidion varium (OLIV.)		x		
Ocys harpaloides (SERV.)	3			x
Asaphidion curtum (HEYDEN)		x		
Asaphidion flavipes (L.)				x
Patrobus atrorufus (STROEM)		x		
Anisodactylus binotatus (F.)				x
Trichotichnus laevicollis (DUFT.)				x
Harpalus affinis (SCHRANK)				x
Harpalus calceatus (DUFT.)	2	x		
Harpalus dimidiatus (ROSSI)	2			x
Harpalus distinguendus (DUFT.)				x
Harpalus laevipes ZETTERST.		x		
Harpalus latus (L.)		x		x
Harpalus rubripes (DUFT.)				x
Harpalus rufipes (DEG.)				x
Harpalus tardus (PANZ.)		x		x
Ophonus nitidulus (STEPH.)	2	x		x
Ophonus rufibarbis (F.)		x		x
Ophonus schaubergerianus (PUEL)	V			x
Stenolophus mixtus (HBST.)		x		
Stenolophus skimshiranus STEPH.	2	x		
Stenolophus teutonus (SCHRANK)		x		x

Wissenschaftliche Namen	RL	1	2	3
Trichocellus placidus (GYLL.)		x		
Dicheirotrichus rufithorax (SAHLB.)	2			x
Bradycellus harpalinus (SERV.)				x
Bradycellus verbasci (DUFT.)		x		
Acupalpus exiguus (DEJEAN)	V	x		
Acupalpus meridianus (L.)				x
Acupalpus parvulus (STURM)		x		
Anthracus consputus (DUFT.)	3	x		
Stomis pumicatus (PANZ.)				x
Poecilus cupreus (L.)				x
Poecilus versicolor (STURM)				x
Pterostichus anthracinus (ILL.)		x		
Pterostichus diligens (STURM)		x		
Pterostichus gracilis (DEJEAN)	2	x		
Pterostichus melanarius (ILL.)		x		x
Pterostichus minor (GYLL.)		x		
Pterostichus niger (SCHALL.)		x	x	x
Pterostichus oblongopunctatus (F.)		x		
Pterostichus rhaeticus HEER		x		
Pterostichus strenuus (PANZ.)		x	x	x
Pterostichus vernalis (PANZ.)		x		x
Abax ovalis (DUFT.)				x
Abax parallelepipedus (PILL. & MITT.)			x	x
Abax parallelus (DUFT.)			x	
Synuchus vivalis (ILL.)				x
Calathus ambiguus (PAYK.)				x
Calathus fuscipes (GOEZE)			x	
Calathus melanocephalus (L.)				x
Agonum fuliginosum (PANZ.)		x		
Agonum afrum (DUFT.)		x		x
Agonum micans (NICOL.)				x
Agonum muelleri (HBST.)				x
Agonum piceum (L.)	3	x		
Agonum thoreyi DEJEAN		x		
Agonum versutum (STURM)		x		
Anchomenus dorsalis (PONT.)				x
Platynus livens (GYLL.)	2	x		
Limodromus assimilis (PAYK.)		x	x	x
Paranchus albipes (F.)				x
Oxyselaphus obscurus (HBST.)		x		
Zabrus tenebrioides (GOEZE)	3	x		x
Amara aenea (DEG.)		x		x
Amara apricaria (PAYK.)		x		x
Amara aulica (PANZ.)		x		x
Amara bifrons (GYLL.)		x		x
Amara communis (PANZ.)		x		
Amara convexior STEPH.		x		x
Amara equestris (DUFT.)		x		
Amara familiaris (DUFT.)		x		x
Amara lunicollis SCHIODTE		x		
Amara majuscula CHAUD.		x		
Amara ovata (F.)				x
Amara plebeja (GYLL.)		x		x
Amara similata (GYLL.)				x
Amara tibialis (PAYK.)	V	x		
Chlaenius nigricornis (F.)	V	x		
Oodes helopioides (F.)		x		x
Badister bullatus (SCHRANK)				x
Badister collaris MOTSCH.	3	x		
Badister dilatatus CHAUD.	V	x		
Badister lacertosus STURM		x	x	x
Badister sodalis (DUFT.)		x		
Panagaeus bipustulatus (F.)		x		x
Panagaeus cruxmajor (L.)				x
Demetrias atricapillus (L.)				x
Demetrias imperialis (GERM.)		x		
Dromius quadrimaculatus (L.)		x	x	
Paradromius linearis (OLIV.)		x		
Philorhizus melanocephalus DEJ.		x		
Philorhizus sigma (ROSSI)		x		x
Microlestes maurus (STURM)	3			x
Microlestes minutulus (GOEZE)		x		x
Syntomus truncatellus (L.)		x		
Haliplidae **(Wassertreter) (2)**				
Peltodytes caesus (DUFT.)		x		
Haliplus immaculatus GERH.		x		
Dytiscidae **(Echte Schwimmkäfer) (15)**				
Hyphydrus ovatus (L.)		x		

Wissenschaftliche Namen	RL	1	2	3
Hydroglyphus pusillus (F.)		x		
Coelambus impressopunctatus (SCHALL.)		x		
Hygrotus decoratus (GYLL.)	1	x		
Hygrotus versicolor (SCHALL.)		x		
Hydroporus angustatus STURM	3	x		
Hydroporus palustris (L.)		x		
Suphrodytes dorsalis (F.)	3	x		
Laccophilus minutus (L.)		x		
Agabus bipustulatus (L.)		x		
Agabus uliginosus (L.)	3	x		
Agabus undulatus (SCHRANK)		x		
Rhantus exsoletus (FORST.)	3	x		
Rhantus notatus (F.)		x		
Colymbetes fuscus (L.)		x		
Hydraenidae (Langtaster-Wasserk.) (3)				
Hydraena cf. *riparia*		x		
Hydraena testacea CURT.	2	x		
Ochthebius bicolon GERMAR	3	x		
Hydrochidae (2)				
Hydrochus brevis (HERBST)		x		
Hydrochus carinatus GERMAR	3	x		
Hydrophilidae (Wasserkäfer) (28)				
Helophorus grandis ILLIGER		x		
Helophorus minutus F.		x		
Helophorus obscurus MULSANT		x		
Coelostoma orbiculare (F.)		x		
Sphaeridium bipustulatum F.		x		
Sphaeridium scarabaeoides (L.)		x		
Cercyon analis (PAYK.)	3	x		
Cercyon convexiusculus STEPH.		x		
Cercyon laminatus SHARP		x		
Cercyon lateralis (MARSH.)		x		
Cercyon marinus THOMS.		x		
Cercyon obsoletus (GYLL.)	3	x		
Cercyon pygmaeus (ILL.)	3	x	x	
Cercyon quisquilius (L.)		x		
Cercyon sternalis SHARP		x		
Cercyon tristis (ILL.)		x		
Cercyon unipunctatus (L.)		x		
Cercyon ustulatus (PREYSSL.)		x		
Megasternum obscurum (MARSH.)		x		
Hydrobius fuscipes (L.)		x		
Anacaena globulus (PAYK.)		x		
Laccobius bipunctatus (F.)		x		
Enochrus bicolor (F.)	3	x		
Enochrus coarctatus (GREDL.)	3	x		
Enochrus quadripunctatus (HBST.)		x		
Cymbiodyta marginella (F.)		x		
Hydrochara caraboides (L.)	2	x		
Berosus signaticollis (CHARP.)	3	x		
Histeridae (Stutzkäfer) (9)				
Abraeus granulum ER.			x	
Abraeus perpusillus (MARSH.)			x	
Gnathoncus buyssoni AUZAT		x		
Dendrophilus punctatus (HBST.)			x	
Paromalus flavicornis (HBST.)			x	
Onthophilus punctatus (MULL.)			x	
Margarinotus marginatus (ER.)			x	
Margarinotus merdarius (HOFFM.)			x	
Hister unicolor L.			x	
Silphidae (Aaskäfer) (5)				
Necrophorus vespillo (L.)			x	
Necrophorus vespilloides HBST.			x	
Oiceoptoma thoracica (L.)			x	
Silpha carinata HBST.			x	
Phosphuga atrata (L.)		x	x	
Cholevidae (Nestkäfer) (14)				
Ptomaphagus subvillosus (GOEZE)		x	x	
Nemadus colonoides (KRAATZ)			x	
Nargus anisotomoides (SPENCE)		x	x	
Nargus wilkinii (SPENCE)			x	
Nargus velox (SPENCE)		x	x	
Choleva oblonga LATR.			x	
Choleva reitteri PETRI			x	
Sciodrepoides watsoni (SPENCE)		x	x	
Catops fuliginosus ER.		x	x	
Catops morio (F.)			x	
Catops nigricans (SPENCE)			x	

Wissenschaftliche Namen	RL	1	2	3
Catops picipes (F.)			x	
Apocatops nigritus (ER.)			x	
Fissocatops westi (KROG.)			x	
Colonidae (Kolonistenkäfer) (1)				
Colon brunneum (LATR.)		x		
Leiodidae (Schwammkugelkäfer) (9)				
Leiodes macropus (RYE)			x	
Colenis immunda (STURM)		x		
Liocyrtusa vittata (CURT.)		x		
Anisotoma humeralis (F.)			x	
Amphicyllis globus (F.)			x	
Agathidium atrum (PAYK.)			x	
Agathidium laevigatum ER.			x	
Agathidium nigripenne (F.)			x	
Agathidium varians (BECK)			x	
Scydmaenidae (Ameisenkäfer) (3)				
Neuraphes angulatus (MÜLL. & KUNZ.)		x		
Stenichnus scutellaris (MÜLL. & KUNZ.)		x		
Euconnus hirticollis (ILL.)		x		
Ptiliidae (Federflügler) (1)				
Mircoptilium palustre KUNTZ.		x		
Staphylinidae (Kurzflügelkäfer) (116)				
Metopsia similis ZERCHE		x		
Proteinus brachypterus (F.)		x		
Euspahlerum luteum (MARSH.)			x	
Eusphalerum minutum (F.)		x		
Phyllodrepa ioptera (STEPH.)		x		
Omalium rivulare (PAYK.)		x	x	
Phloeonomus punctipennis THOMS.		x	x	
Phloeostiba plana (PAYK.)		x		
Xylodromus depressus (GRAV.)			x	
Phyllodrepoidea crenata GANGLB.			x	
Anthobium unicolor (MARSH.)		x	x	
Olophrum fuscum (GRAV.)		x		
Lesteva longoelytrata (GOEZE)		x	x	
Coprophilus striatulus (F.)		x	x	
Planeustomus palpalis (ER.)		x		
Carpelimus corticinus (GRAV.)		x		
Carpelimus elongatulus (ER.)		x		
Carpelimus rivularis (MOTSCH.)		x		
Anotylus rugosus (F.)		x		
Anotylus cf. *sculpturatus*		x		
Anotylus tetracarinatus (BLOCK)		x	x	
Bledius dissimilis ER.		x		
Stenus bimaculatus GYLL.		x		
Stenus boops LJUNGH		x		
Stenus brunnipes STEPH.		x		
Stenus clavicornis (SCOP.)		x		
Stenus flavipes STEPH.		x		
Stenus formicetorum MANN.		x		
Stenus juno (PAYK.)		x		
Stenus nanus STEPH.		x		
Stenus pallipes GRAV.		x		
Stenus palustris ER.		x		
Stenus solutus ER.		x		
Euaesthetus bipunctatus (LJUNGH)		x		
Euaesthetus ruficapillus (LACORD.)		x		
Paederus riparius (L.)		x		
Rugilus erichsoni (FAUVEL)		x		
Scopaeus laevigatus (GYLL.)		x		
Lathrobium brunnipes (F.)		x		
Lathrobium elongatum (L.)		x		
Lathrobium fulvipenne (GRAV.)		x		
Lathrobium impressum HEER		x		
Lathrobium longulum GRAV.		x		
Leptacinus batychrus (GYLL.)		x		
Gyrohypnus punctulatus (PAYK.)		x		
Xantholinus linearis (OLIV.)		x	x	
Xantholinus tricolor (F.)			x	
Othius punctulatus (GOEZE)			x	
Othius subuliformis STEPH.			x	
Neobisnius procerulus (GRAV.)		x		
Philonthus cognatus STEPH.			x	
Philonthus decorus (GRAV.)			x	
Philonthus fumarius (GRAV.)		x		
Philonthus quisquilarius (GYLL.)		x		
Philonthus rotundicollis (MÉNÉ.)		x		
Philonthus rubripennis STEPH.		x		

Wissenschaftliche Namen	RL	1	2	3
Philonthus succicola THOMS.		x		
Bisnius fimetarius (GRAV.)		x		
Bisnius subuliformis (GRAV.)		x	x	
Gabrius breviventer (SPERK)		x		
Gabrius nigritulus (GRAV.)		x		
Gabrius osseticus (KOLENATI)		x		
Platydracus stercorarius (OLIV.)		x		
Ocypus brunnipes (F.)		x	x	
Ocypus nitens (SCHRANK)			x	
Tasgius melanarius (HEER)		x	x	
Tasgius morsitans (ROSSI)			x	
Velleius dilatatus (F.)		x	x	
Quedius cruentus (OLIV.)			x	
Quedius curtipennis BERNH.		x		
Quedius fuliginosus (GRAV.)			x	
Quedius maurorufus (GRAV.)		x		
Quedius mesomelinus (MARSH.)		x	x	
Habrocerus capillaricornis (GRAV.)			x	
Ischnosoma splendidum (GRAV.)		x	x	
Sepedophilus marshami (STEPH.)		x		
Sepedophilus pedicularius (GRAV.)		x		
Tachyporus atriceps STEPH.		x		
Tachyporus hypnorum (F.)		x	x	
Tachyporus nitidulus (F.)		x	x	
Tachyporus obtusus (L.)		x		
Tachinus corticinus GRAV.		x		
Tachinus fimetarius GRAV.		x	x	
Tachinus lignorum (L.)		x		
Tachinus marginellus (F.)		x		
Tachinus signatus (DE GEER)		x		
Deinopsis erosa (STEPH.)		x		
Oligota granaria ER.			x	
Oligota pumilio KIESENW.		x		
Cypha longicornis (PAYK.)		x	x	
Hygronoma dimidiata (GRAV.)		x		
Placusa tachyporoides (WALTL)			x	
Autalia longicornis SCHEERP.		x		
Aloconota gregaria (ER.)		x		
Liogluta alpestris (HEER)		x		
Liogluta pagana (ER.)		x		
Atheta crassicornis (F.)		x		
Atheta elongatula (GRAV.)		x	x	
Atheta cf. *fungi*		x		
Atheta gyllenhalii (THOMS.)		x		
Atheta inquinula (GRAV.)		x		
Atheta nigricornis (THOMS.)			x	
Atheta triangulum (KRAATZ)		x		
Thamiaraea hospita (MÄRKEL)		x	x	
Drusilla canaliculata (F.)		x		
Zyras limbatus (PAYK.)		x		
Calodera aethiops (GRAV.)		x		
Calodera nigrita MANN.		x		
Parocyusa longitarsis (ER.)		x		
Ocyusa maura (ER.)		x		
Oxypoda brachyptera (STEPH.)		x		
Oxypoda opaca (GRAV.)		x		
Oxypoda procerula MANN.		x		
Oxypoda vittata MÄRKEL		x		
Aleochara brevipennis GRAV.		x		
Aleochara sparsa HEER		x	x	
Pselaphidae (Palpenkäfer) (6)				
Bibloplectus ambiguus (REICHENB.)		x		
Bryaxis curtisii (LEACH)			x	
Bryaxis puncticollis (DENNY)			x	
Tychus niger (PAYK.)		x	x	
Rybaxis longicornis (LEACH)		x		
Brachygluta fossulata (REICHENB.)		x		
Cantharidae (Weichkäfer) (14)				
Cantharis cryptica ASHE		x		
Cantharis decipiens BAUDI			x	
Cantharis lateralis L.		x		
Cantharis livida L.		x		
Cantharis nigricans (MÜLL.)		x	x	
Cantharis rufa L.		x		
Cantharis thoracica (OLIV.)		x	x	
Rhagonycha fulva (SCOP.)		x		
Rhagonycha limbata (THOMS.)		x		
Rhagonycha testacea (L.)			x	
Silis ruficollis (F.)		x		
Malthinus biguttatus (L.)		x		
Malthinus fasciatus (OLIV.)			x	
Malthinus punctatus (FOURCR.)		x		
Malachiidae (Zipfelkäfer) (5)				
Charopus flavipes (PAYK.)		x	x	
Malachius bipustulatus (L.)		x	x	
Cordylepherus viridis (F.)		x		
Anthocomus coccineus (SCHALL.)		x		
Cerapheles terminatus (MÉNÉ.)		x		
Melyridae (Wollhaarkäfer) (2)				
Dasytes cyaneus (F.)		x	x	
Dasytes plumbeus (MÜLL.)		x	x	
Phloiophilidae (1)				
Phloiophilus edwardsii STEPH.			x	
Cleridae (Buntkäfer) (2)				
Tillus elongatus (L.)			x	
Thanasimus formicarius (L.)			x	
Trogositidae (1)				
Nemosoma elongatum (L.)			x	
Lymexylonidae (Werftkäfer) (1)				
Hylocoetus dermestoides (L.)			x	
Elateridae (Schnellkäfer) (20)				
Dalopius marginatus (L.)		x	x	
Agriotes acuminatus (STEPH.)			x	
Agriotes obscurus (L.)		x		
Agriotes pallidulus (ILL.)			x	
Agriotes pilosellus (SCHÖNH.)			x	
Ectinus aterrimus (L.)			x	
Adrastus pallens (F.)		x	x	
Adrastus rachifer (GEOFFR.)		x		
Melanotus castanipes (PAYK.)		x	x	
Agrypnus murinus (L.)		x		
Haplotarsus incanus (GYLL.)		x		
Denticollis linearis (L.)			x	
Kibunea minutus (L.)		x	x	
Stenagostus rhombeus (OLIV.)			x	
Hemicrepidius niger (L.)			x	
Athous bicolor (GOEZE)		x	x	
Athous haemorrhoidalis (F.)		x	x	
Athous subfuscus (MÜLL.)			x	
Athous vittatus (F.)		x	x	
Dicronychus cinereus (HBST.)			x	
Eucnemidae (2)				
Melasis buprestoides (L.)			x	
Eucnemis capucina AHR.			x	
Throscidae (Hüpfkäfer) (2)				
Trixagus dermestoides (L.)		x	x	
Aulonothroscus brevicollis BONV.			x	
Buprestidae (Prachtkäfer) (3)				
Agrilus convexicollis REDT.		x		
Agrilus olivicolor KIESENW.			x	
Trachys minutus (L.)		x		
Scirtidae (Sumpfkäfer) (6)				
Microcara testacea (L.)		x		
Cyphon coarctatus PAYK.		x		
Cyphon ochraceus STEPH.	3	x		
Cyphon padi (L.)		x		
Cyphon phragmiteticola NYHOLM	3	x		
Scirtes hemisphaericus (L.)		x		
Eucinetidae (1)				
Eucinetus haemorrhoidalis (GERM.)		x		
Elmidae (1)				
Elmis cf. *aenea*			x	
Heteroceridae (Sägekäfer) (2)				
Heterocerus fenestratus (THUNB.)		x		
Heterocerus fusculus KIESENW.		x		
Limnichidae (1)				
Limnichus pygmaeus (STURM)		x		
Dermestidae (Speck- und Pelzkäfer) (4)				
Megatoma undata (L.)		x	x	
Anthrenus fuscus OLIV.			x	
Anthrenus pimpinellae F.		x		
Trinodes hirtus (F.)			x	
Byrridae (Pillenkäfer) (3)				
Simplocaria semistriata (F.)		x	x	
Cytilus sericeus (FORST.)		x		
Byrrhus pilula (L.)		x		

Wissenschaftliche Namen	RL	1	2	3
Byturidae **(Blütenfresser)** (1)				
Byturus ochraceus (SCRIBA)			x	
Cerylonidae (2)				
Cerylon ferrugineum STEPH.			x	
Cerylon histeroides (F.)			x	
Nitidulidae **(Glanzkäfer)** (27)				
Carpophilus hemipterus (L.)			x	
Carpophilus sexpustulatus (F.)			x	
Pria dulcamarae (SCOP.)		x		
Meligethes aeneus (F.)		x	x	
Meligethes brunnicornis STURM			x	
Meligethes difficilis (HEER)		x		
Meligethes flavimanus STEPH.		x	x	
Meligethes lepidii MILL.		x		
Meligethes morosus ER.		x	x	
Meligethes symphyti (HEER)		x		
Meligethes viridescens (F.)			x	
Epuraea aestiva (L.)		x		
Epuraea fuscicollis (STEPH.)			x	
Epuraea longula ER.			x	
Epuraea melanocephalus (MARSH.)		x	x	
Epuraea ocularis FAIRM.		x	x	
Epuraea unicolor (OLIV.)		x	x	
Omosita discoidea (F.)		x		
Soronia grisea (L.)		x	x	
Pocadius ferrugineus (F.)			x	
Cychramus luteus (F.)			x	
Cryptarcha strigata (F.)			x	
Cryptarcha undata (OLIV.)		x	x	
Glischrochilus hortensis (FOURCR.)		x	x	
Glischrochilus quadripunctatus (L.)		x	x	
Glischrochilus quadrisignatus (SAY)		x	x	
Pityophagus ferrugineus (L.)			x	
Kateretidae (3)				
Kateretes rufilabris (LATR.)		x		
Brachypterus glaber (STEPH.)		x		
Brachypterus urticae (F.)		x		
Monotomidae (5)				
Monotoma picipes HBST.		x	x	
Rhizophagus bipustulatus (F.)		x	x	
Rhizophagus nitidulus (F.)			x	
Rhizophagus perforatus ER.			x	
Rhizophagus picipes (OLIV.)		x	x	
Cucujidae (1)				
Pediacus depressus (HBST.)			x	
Silvanidae (4)				
Ahasverus advena (WALTL)		x		
Silvanus bidentatus (F.)		x	x	
Psammoecus bipunctatus (F.)		x		
Uleiota planata (L.)			x	
Erotylidae **(Pilzkäfer)** (2)				
Tritoma bipustulata F.			x	
Dacne bipustulata (THUNB.)		x	x	
Cryptophagidae **(Schimmelkäfer)** (8)				
Telmatophilus typhae (FALL.)		x		
Cryptophagus schmidti STURM		x	x	
Cryptophagus cf. *dentatus*		x		
Caenoscelis ferruginea (SAHLB.)			x	
Atomaria lewisii REITTER		x	x	
Atomaria linearis STEPH.		x		
Atomaria turgida ER.			x	
Ootypus globosus (WALTL)		x		
Languriidae (1)				
Cryptophilus integer (HEER)		x		
Phalacridae **(Glattkäfer)** (3)				
Olibrus aeneus (F.)		x		
Olibrus bicolor (F.)		x		
Olibrus corticalis (PANZ.)		x		
Laemophloeidae (1)				
Cryptolestes duplicatus (WALTL)			x	
Latridiidae **(Moderkäfer)** (12)				
Enicmus histrio JOY.			x	
Enicmus cf. *minutus*			x	
Enicmus rugosus (HBST.)			x	
Dienerella clathrata (MANN.)			x	
Cartodere nodifer (WESTW.)		x	x	
Stephostethus alternans (MANNH.)			x	
Stephostethus angusticollis (GYLL.)			x	

Wissenschaftliche Namen	RL	1	2	3
Stephostethus lardarius (DE GEER.)		x	x	
Stephostethus rugicollis (OLIV.)			x	
Corticaria elongata (GYLL.)			x	
Corticaria impressa (OLIV.)		x		
Cortinicara gibbosa (HBST.)		x	x	
Mycetophagidae **(Baumschwammk.)** (6)				
Litargus connexus (FOURCR.)			x	
Mycetophagus atomarius (F.)			x	
Mycetophagus piceus (F.)		x	x	
Mycetophagus quadriguttatus MULL.			x	
Mycetophagus quadripustulatus (L.)		x	x	
Synchita humeralis (F.)			x	
Corylophidae (3)				
Sericoderus lateralis (GYLL.)			x	
Corylophus cassidoides (MARSH.)		x		
Orthoperus atomus (GYLL.)			x	
Endomychidae **(Pilzfresser)** (1)				
Symbiotes gibberosus (LUC.)			x	
Coccinellidae **(Marienkäfer)** (13)				
Coccidula rufa (HBST.)		x		
Coccidula scutellata (HBST.)		x		
Rhyzobius chrysomeloides (HBST.)		x		
Scymnus limbatus STEPH.		x		
Stethorus punctillum WEISE		x		
Exochomus quadripustulatus (L.)		x	x	
Tytthaspis sedecimpunctata (L.)		x		
Adalia bipunctata (L.)		x	x	
Adalia decempunctata (L.)		x		
Coccinella septempunctata L.		x	x	
Calvia decemguttata (L.)			x	
Calvia quatuordecimguttata (L.)		x		
Psyllobora vigintiduopunctata (L.)		x	x	
Cisidae **(Schwammkäfer)** (3)				
Cis boleti (SCOP.)		x	x	
Cis castaneus MELL.			x	
Cis hispidus (PAYK.)			x	
Anobiidae **(Pochkäfer)** (10)				
Hedobia imperialis (L.)			x	
Ochina ptinoides (MARSH.)			x	
Xestobium plumbeum (ILL.)			x	
Xestobium rufovillosum (DE GEER)			x	
Anobium costatum ARRAG.		x	x	
Anobium fulvicorne STURM		x	x	
Priobium carpini (HBST.)			x	
Ptilinus fuscus (FOURCR.)		x		
Ptilinus pectinicornis (L.)			x	
Dorcatoma chrysomelina STURM			x	
Ptinidae **(Diebkäfer)** (1)				
Ptinus rufipes OLIV.			x	
Oedemeridae **(Scheinbockkäfer)** (3)				
Oedemera nobilis (SCOP.)		x		
Oedemera lurida (MARSH.)		x		
Oedemera virescens (L.)		x		
Salpingidae **(Scheinrüssler)** (4)				
Lissodema denticolle (GYLL.)		x		
Vincenzellus ruficollis (PANZ.)		x	x	
Salpingus planirostris (F.)		x	x	
Salpingus ruficollis (L.)		x	x	
Pyrochoidae **(Feuerkäfer)** (1)				
Pyrochroa serraticornis (SCOP.)		x		
Scraptiidae **(Seidenkäfer)** (7)				
Scraptia fuscula MÜLL.			x	
Anaspis flava (L.)		x		
Anaspis frontalis (L.)		x		
Anaspis maculata (FOURCR.)		x	x	
Anaspis melanostoma COSTA			x	
Anaspis regimbarti SCHILSKY			x	
Anaspis thoracica (L.)		x	x	
Aderidae **(Mulmkäfer)** (1)				
Aderus populneus (CREUTZ.)			x	
Mordellidae **(Stachelkäfer)** (2)				
Tomoxia bucephala COSTA			x	
Mordellochroa abdominalis (F.)			x	
Melandryidae **(Düsterkäfer)** (2)				
Orchesia undulata KRAATZ			x	
Anisoxya fuscula (ILL.)		x	x	
Tetratomidae (1)				
Tetratoma ancora F.			x	

Wissenschaftliche Namen	RL	1	2	3
***Lagriidae* (Wollkäfer) (2)**				
Lagria atripes MULS. & GUILLB.				
Lagria hirta (L.)				
***Alleculidae* (Pflanzenkäfer) (3)**				
Allecula morio (F.)			x	
Isomira murina (L.)		x		
Mycetochara linearis (ILL.)			x	
***Tenebrionidae* (Schwarzkäfer) (4)**				
Diaperis boleti (L.)		x	x	
Scaphidema metallicum (F.)			x	
Pentaphyllus testaceus (HELLW.)			x	
Corticeus unicolor (PILL. & MITT.)			x	
***Geotrupidae* (Mistkäfer) (1)**				
Anoplotrupes stercorosus (SCRIBA)			x	
***Scarabaeidae* (Dung- u. Maikäfer) (11)**				
Aphodius ater (DE GEER)		x		
Aphodius distinctus (MULL.)		x		
Aphodius fimetarius (L.)		x		
Aphodius fossor (L.)		x		
Aphodius granarius (L.)		x		
Aphodius prodromus (BRAHM)		x	x	
Aphodius punctatosulcatus STURM		x		
Aphodius rufus (MOLL)		x		
Serica brunnea (L.)			x	
Oryctes nasicornis (L.)		x		
Valgus hemipterus (L.)		x		
***Lucanidae* (Hirschkäfer) (1)**				
Platycerus caraboides (L.)			x	
***Cerambycidae* (Bockkäfer) (17)**				
Rhagium mordax (DE GEER)			x	
Grammoptera ruficornis (F.)			x	
Alosterna tabacicolor (DE GEER)			x	
Leptura quadrifasciata (L.)			x	
Leptura maculata (PODA)			x	
Corymbia scutellata (F.)			x	
Stenurella melanura (L.)		x		
Obrium cantharinum (L.)			x	
Aromia moschata (L.)		x		
Pyrrhidium sanguineum (L.)			x	
Phymatodes testaceus (L.)			x	
Anaglyptus mysticus (L.)			x	
Mesosa nebulosa (F.)			x	
Pogonocherus hispidus (L.)		x		
Leiopus nebulosus (L.)			x	
Stenostola dubia (LAICH.)			x	
Tetrops praeustus (L.)		x	x	
***Chrysomelidae* (Blattkäfer) (28)**				
Oulema gallaeciana (HEYDEN)		x	x	
Oulema melanopus (L.)		x	x	
Cryptocephalus pusillus F.		x	x	
Chrysolina oricalcia (MULL.)		x		
Chrysolina polita (L.)		x		
Phratora vitellinae (L.)		x		
Phratora vulgatissima (L.)		x		
Galerucella aquatica (FOURCR.)		x		
Pyrrhalta viburni (PAYK.)		x		
Serymlassa halensis (L.)		x		
Phyllotreta atra (F.)		x		
Phyllotreta nemorum (L.)		x	x	
Phyllotreta striolata (F.)			x	
Phyllotreta undulata (KUTSCH.)		x		
Aphthona nonstriata (GOEZE)		x		
Longitarsus brunneus (DUFT.)		x		
Longitarsus rubiginosus (FOUDR.)		x		
Longitarsus suturellus (DUFT.)		x		
Lythraria salicariae (PAYK.)		x		
Asiorestia femorata (GYLL.)		x		
Crepidodera fulvicornis (F.)		x		
Crepidodera nitidula (L.)		x		
Epitrix pubescens (KOCH)		x		
Chaetocnema hortensis (FOURCR.)		x		
Psylliodes dulcamarae (KOCH)		x		
Psylliodes napi (F.)		x		
Psylliodes picinus (MARSH.)		x		
Cassida rubiginosa MULL.		x	x	
***Scolytidae* (Borken- u. Ambrosiak.) (15)**				
Scolytus intricatus (RATZ.)			x	
Polygraphus grandiclava THOMS.			x	
Polygraphus poligraphus (L.)			x	
Leperisinus fraxini (PANZ.)		x	x	
Dryocoetes alni (GEORG)			x	
Dryocoetes villosus (F.)			x	
Trypophloeus asperatus (GYLL.)		x		
Ernoporicus fagi (F.)			x	
Pityogenes chalcographus (L.)		x		
Xyleborus dispar (F.)		x	x	
Xyleborus germanus (BLANDF.)		x	x	
Xyleborus monographus (F.)			x	
Xyleborus saxeseni (RATZ.)		x	x	
Xyloterus domesticus (L.)		x	x	
Xyloterus lineatus (OLIV.)			x	
***Rhynchitidae* (2)**				
Caenorhinus aequatus (L.)		x		
Deporaus betulae (L.)		x	x	
***Apionidae* – (Spitzrüssler) (11)**				
Ceratapion gibbirostre (GYLL.)		x		
Ceratapion onopordi (KIRBY)		x		
Kalcapion pallipes (KIRBY)			x	
Protapion fulvipes (FOURCR.)		x		
Protapion trifolii (L.)		x		
Perapion marchium (HBST.)		x		
Perapion violaceum (KIRBY)			x	
Apion frumentarium L.			x	
Trichapion simile (KIRBY)		x		
Oxystoma ochropus (GERM.)			x	
Nanophyes marmoratus (GOEZE)		x		
***Curculionidae* (Rüsselkäfer) (60)**				
Phyllobius betulinus (BECH. & SCHARF.)		x		
Phyllobius maculicornis GERM.		x	x	
Phyllobius pomaceus GYLL.		x		
Phyllobius pyri (L.)		x		
Phyllobius virideaeris (LAICH.)		x		
Phyllobius viridicollis (F.)				
Polydrusus cervinus (L.)			x	
Polydrusus mollis (STROEM)			x	
Polydrusus pterygomalis BOH.			x	
Polydrusus sericeus (SCHALL.)			x	
Polydrusus undatus (F.)			x	
Liophloeus tessulatus (MULL.)			x	
Barypeithes pellucidus (BOH.)		x	x	
Strophosoma melanogrammum (FORST.)			x	
Sitona griseus (F.)		x		
Sitona hispidulus (F.)		x		
Sitona humeralis STEPH.		x		
Sitona lineatus (L.)			x	
Tanymecus palliatus (F.)		x		
Tropiphorus elevatus (HBST.)			x	
Cossonus linearis (F.)		x		
Rhyncolus punctatulus BOH.			x	
Tanysphyrus lemnae (PAYK.)		x		
Dorytomus melanophthalmus (PAYK.)		x		
Dorytomus taeniatus (F.)		x	x	
Dorytomus tremulae (F.)		x		
Notaris acridulus (L.)		x		
Notaris scirpi (F.)				
Tychius picirostris (F.)			x	
Tychius pusillus GERM.		x		
Anthonomus pedicularius (L.)		x		
Anthonomus rubi (HBST.)			x	
Furcipus rectirostris (L.)			x	
Curculio crux F.		x		
Curculio glandium MARSH.		x	x	
Curculio rubidus (GYLL.)		x	x	
Curculio venosus (GRAV.)			x	
Trachodes hispidus (L.)			x	
Hylobius transversovittatus (GOEZE)		x		
Hypera postica (GYLL.)		x		
Cryptorhynchus lapathi (L.)		x		
Acalles echinatus (GERM.)			x	
Mononychus punctumalbum (HBST.)		x		
Rhinoncus bruchoides (HBST.)		x		
Rhinoncus inconspectus (HBST.)		x		
Coeliodes dryados (GMELIN)			x	
Thamiocolus viduatus (GYLL.)		x		
Ceutorhynchus contractus (MARSH.)		x		
Ceutorhynchus floralis (PAYK.)		x	x	

Wissenschaftliche Namen	RL	1	2	3
Ceutorhynchus obstrictus (MARSH.)		x		
Ceutorhynchus pallidactylus (MARSH.)		x		
Ceutorhynchus turbatus SCHULTZE		x		
Parethelcus pollinarius (FORST.)		x		
Mogulones raphani (F.)		x		
Nedyus quadrimaculatus (L.)		x	x	
Cionus alauda (HBST.)			x	
Cionus hortulanus (FOURCR.)			x	
Stereonychus fraxini (DE GEER)		x	x	
Rhynchaenus fagi (L.)		x	x	
Isochnus populicola SILFV.		x		
Anzahl der nachgewiesenen Arten: 705		33	474	297	87

NACHTFALTER: SPINNER, EULEN, SPANNER (*Bombyces, Noctuidae, Geometridae*)
von Ulrich Lobenstein

Nomenklatur nach KARSHOLT & RAZOWSKI (1996), Angaben zur Gefährdung nach LOBENSTEIN (2004)
Fangstandorte mit Angaben der Topogr. Karten-Nr. und Fangdaten:
1. Kl. Förste, Wald/Bahngleis, östl. Kanal (3725/4 07); 10. u. 21.05.1985
2. Kl. Förste, Wald/Bahngleis, westl. Kanal (3725/4 07); 26.05. u. 01.06.2003
3. Kl. Förste, Waldstreifen zwischen A7 und Kanal (3725/4 12); 26.05.2003
4. Kl. Förste, Wald östl. A7/Kanal, südlich vom Sportplatz (3725/4 12);
   16.08. u. 05.09.2004 (Köderfänge)
5. Harsum, Saubecksholz/Südwestteil (3725/4 12); 03. u. 04.08.2004
6. Harsum, Saubecksholz/Südostteil (3725/4 13); 29.05.2003
7. Asel, Wald am Ortsrand (3825/2 04); 29.05.2003 u. 03.04.2005
8. Borsumer Holz (3825/2 05); 21. u. 23.07.2004
Die Ziffern in der Tabelle geben die Individuenzahl der gefangenen Nachtfalter zu den genannten Fangterminen an.

Wissenschaftliche Namen		1	2	3	4	5	6	7	8
Spinner									
Apoda limacodes									-/3
Mimas tiliae								1/-	
Thyatira batis		-/3	-/3	1					
Habrosyne pyritoides			-/3						
Cymatophorina diluta	V				-/1				
Watsonalla binaria		-/3			1/1			1/-	
Watsonalla cultraria					-/1				-/1
Drepana falcataria		-/3						1/-	
Sabra harpagula	RL1	-/3	3/-	5					
Notodonta dromedarius			1/1	1					
Drymonia dodonaea		-/1							
Drymonia ruficornis		1/-							
Drymonia obliterata									1/1
Pheosia tremula		-/3							
Pterostoma palpina		-/3	1/-						
Ptilodon capucina		-/5			1/3				
Peridea anceps		-/3							
Stauropus fagi			-/1						
Lymantria monacha					1/4				-/3
Calliteara pudibunda		-/6	-/3	3			1	3/-	
Nola confusalis		-/3	3						
Atolmis rubricollis	V		-/1						
Eilema lurideola					1/1				
Eilema sororcula	V	-/1	1/1	3				3/-	
Phragmatobia fuliginosa					1/-				
Spilosoma lubricipeda		-/3	-/3	1				3/-	
Spilosoma urticae	V			1					
Eulen									
Acronicta megacephala			1/1						
Acronicta rumicis	V		1	-/3					
Craniophora ligustri	V	-/3	-/3	1			1	4/-	
Cryphia algae	RL2				1/1				
Herminia grisealis			-/1	1/-					1/-
Catocala sponsa	RL2		1/1						
Catocala nupta			1/-						
Hypena proboscidalis			-/3		-/1			3/-	-/1
Hypena rostralis		-/1							

Wissenschaftliche Namen		1	2	3	4	5	6	7	8
Rivula sericealis			-/4					1/-	
Diachrysia chrysitis								1/-	
Autographa gamma					-/1				
Abrostola triplasia		-/3	-/1	1					
Protodeltote pygarga		-/3	-/3						
Deltote deceptoria								1	
Deltote bankiana			-/3					1/-	
Trisateles emortualis	V							1/-	
Amphipyra pyramidea					5/3				
Amphipyra berbera	V				4/4				-/1
Paradrina clavipalpis	RL3	1/-							
Hoplodrina octogenaria								1/-	-/1
Hoplodrina blanda								-/1	
Hoplodrina ambigua	RL2				-/3			1/-	
Charanyca trigrammica			-/1					1/-	
Atypha pulmonaris	RL2	8R-							-/3
Trachea atriplicis								1/-	1/1
Euplexia lucipara			-/1						
Phlogophora meticulosa					-/3				
Ipimorpha subtusa								1/-	
Cosmia trapezina					3/4				-/3
Agrochola circellaris			-/1						
Eupsilia transversa									-/3
Conistra vaccinii			-/1						-/3
Mniotype adusta	RL2	-/1							
Apamea monoglypha								1/-	
Apamea lithoxylaea	V							1/-	
Apamea sordens		-/1						1/-	
Apamea scolopacina									1/3
Oligia latruncula			-/4						-/1
Mesoligia furuncula					-/1				
Mesapamea secalis					3/-				
Mesapamea didyma									
Photedes minima	RL3				1/-				
Lacanobia thalassina		-/1						1/-	
Mamestra brassicae			1/3						
Mythimna impura									1/3
Mythimna l-album	RL3		-/1						
Orthosia incerta		-/3							-/4
Orthosia gothica									-/3
Orthosia cruda									-/6
Orthosia cerasi		-/3							-/5
Orthosia munda									-/3
Axylia putris			-/1			1/-			
Ochropleura plecta		-/3	-/1	1			1	3/	
Diarsia mendica								3/-	
Diarsia brunnea									1/-
Diarsia rubi		-/1						1/-	
Noctua pronuba					5/4	3/-			3/3
Noctua comes									3/1
Noctua janthina					3/1	1/-			
Xestia c-nigrum			-/3	3	-/3		1	3/-	
Xestia triangulum			-/1						-/3
Xestia xanthographa			-/3						
Agrotis exclamationis		-/1				1		3/-	-/1
Colocasia coryli		-/5	1/-	1				3/-	
Earias clorana	V		-/1						
Spanner									
Lomaspilis marginata		-/3							
Ligdia adustata		1/3			-/1			1/-	
Macaria alternata			1/4	3		3			
Macaria liturata			1/1			3		4/-	
Chiasmia clathrata			1/1						
Plagodis dolabraria		-/3						1/-	
Opisthograptis luteolata		-/3	3/1	3				3/-	
Selenia dentaria					-/1				-/3
Selenia tetralunaria		3/-							
Odontopera bidentata	V							1	
Crocallis elinguaria	RL3								-/1
Ourapteryx sambucaria									-/1
Hypomecis punctinalis		-/3	1/3	3				3/-	
Ectropis crepuscularia		-/3							-/1
Parectropis similaria		-/1		3				5/-	
Cabera pusaria		-/4		1		-/3		3/-	
Cabera exanthemata		-/3	3/-	3					
Lomographa bimaculata		-/1						1/-	
Lomographa temerata								3/-	
Campaea margaritata			-/3	1				3/-	

Wissenschaftliche Namen	1	2	3	4	5	6	7	8
Alsophila aescularia							-/1	
Cyclophora albipunctata	-/1	-/1						
Cyclophora punctaria	-/3	-/1					1/-	
Cyclophora linearia			1				1/-	-/1
Idaea biselata					3/3			3/5
Idaea dimidiata					-/1			
Idaea aversata					1/3			-/1
Xanthorhoe biriviata							1/-	-/3
Xanthorhoe designata	-/1							
Xanthorhoe spadicearia	-/3		1		1/1	1	3/-	
Xanthorhoe ferrugata	1/5							
Xanthorhoe quadrifasciata								-/1
Xanthorhoe montanata							3/-	
Xanthorhoe fluctuata	-/1				-/1			
Epirrhoe alternata	-/3	-/4	1		1/3		4/-	1/3
Camptogramma bilineata					-/1			-/1
Lampropteryx suffumata				1				
Cosmorhoe ocellata	-/3	-/1						
Ecliptoptera silaceata	-/3				1/1		1/-	
Ecliptoptera capitata							1/-	
Chloroclysta truncata						1	1/-	
Thera variata	-/1						5/-	
Electrophaes corylata	-/4							
Colostygia pectinataria		-/3			3/1		3/-	-/3
Hydriomena furcata								-/1
Philereme unangulata		-/1						
Eupithecia egenaria **RL1**	-/1					1	3/-	
Eupithecia centaureata		-/1			-/1		1/-	
Eupithecia expallidata **V**					-/1			
Eupithecia assimilata **V**							1/-	
Eupithecia vulgata	/3							
Eupithecia tripunctaria	-/4							
Eupithecia subfuscata					-/1			
Eupithecia nanata	-/3						3/-	
Eupithecia abbreviata	-/3							
Eupithec. dodoneata **RL2**							1/-	
Eupithecia tantillaria						1		
Chloroclystis v-ata	1/1				-/1		1/-	-/1
Asthena albulata **RL3**	-/3						3/-	
Hydrelia flammeolaria					1/3			-/1
Lobophora halterata	-/4							
Anzahl d.nachgewiesen. Arten :152, RL-Arten:13	57	43	25	19	35	14	58	37

TAGFALTER: ECHTE TAGFALTER, DICKKOPFFALTER, WIDDERCHEN
(*Rhopalocera, Hesperiidae, Zygaenidae*)
von Jochen Tänzer und Jürgen Tharsen

Nomenklatur und Angaben zur Gefährdung nach LOBENSTEIN (2004)
Untersuchungsgebiete: Wälder und Waldränder im Raum Harsum (1) und Wegränder im Raum Emmerke (2)

Deutsche Namen (Wissenschaftliche Namen)	RL	1	2
Großer Kohlweißling (*Pieris brassicae*)		x	x
Kleiner Kohlweißling (*Pieris rapae*)		x	x
Heckenweißling (*Pieris napi*)		x	x
Aurorafalter (*Anthocharis cardamines*)		x	x
Zitronenfalter (*Gonepteryx rhamni*)		x	x
Schornsteinfeger (*Aphantopus hyperanthus*)		x	x
Waldbrettspiel (*Pararge aegeria*)		x	
Ochsenauge (*Maniola jurtina*)		x	x
Admiral (*Vanessa atalanta*)		x	x
Distelfalter (*Vanessa cardui*)		x	x
Kleiner Fuchs (*Aglais urticae*)			x
Tagpfauenauge (*Inachis io*)		x	x
Nierenfleck-Zipfelfalter (*Thecla betulae*)	3	x	
Kleines Wiesenvögelchen (*Coenonympha pamphilus*)			x
Gemeiner Bläuling (*Polyommatus icarus*)			x
Schachbrett (*Melanargia galathea*)			x
Schwalbenschwanz (*Papilio machaon*)			x
Anzahl der nachgewiesenen Arten: 17	1	13	14

HEUSCHRECKEN (*Saltatoria*)
von Günter Grein

Nomenklatur und Angaben zur Gefährdung nach GREIN (2005)
Anzahl der nachgewiesenen Individuen: 1 = Einzeltier, 2 = mehrere Individuen / Anzahl nicht festgestellt, 3 = 2-5 Individuen, 4 = 6-10 Indivi-duen, 5 = 11-20 Individuen, 6 = 21-50 Individuen, 7 = über 50 Individuen

Hildesheimer Börde
Wegränder 1 – 12
1 Niederung NE' Heisede/ 2003, 2 NW' Algermissen/ 2004, 3 Mühlenberg NW' Lühnde/ 2003/2004, 4 Südrand von Groß Lobke/ 2001, 5 E' Rauten-berg/ 2003, 6 SE' Oedelum/ 2004, 7 S/SE' Ahstedt: Bruchgraben-Niederung/ 2001, 8 NE' Söhlde an der Bahn/ 2004, 9 NE' Ziegeleiteich NE' Söhlde / 2004, 10 N' Garbolzum/ 2000, 11 SW' Achtum/ 2004, 12 W' Wendhausen/ 2004

Deutsche Namen (wissenschaftliche Namen)	RL	1	2	3	4	5	6	7	8	9	10	11	12
Punktierte Zartschrecke (*Leptophyes punctatissima*)			4						6				
Langflüglige Schwertschr. (*Conocephalus fuscus*)		1	1			1		3	1				4
Zwitscher-Heupferd (*Tettigonia cantans*)		4	3		1	3		4	1	3	3	2	3
Gewöhnl.Strauchschrecke (*Pholidoptera griseoaptera*)		4					6				4	5	
Roesels Beißschrecke (*Metrioptera roeselii*)		5	4	5	3	6	3	4	4	3	3	3	3
Feldgrashüpfer (*Chorthippus apricarius*)		4											
Nachtigall-Grashüpfer (*Chorthippus biguttulus*)		3	4	6	3	3	1	3	3	1	6	3	4
Weißrandiger Grashüpfer (*Chorthip. albomarginatus*)		3	4	3	3	6		5	6	6	4	1	2
Wiesengrashüpfer (*Chorthippus dorsatus*)	2		3				1						
Gemeiner Grashüpfer (*Chorthippus parallelus*)		4	3	3	4	3	3	5	1	5	6	3	2
Anzahl der nachgewiese-nen Arten: 10	1	7	7	6	5	5	5	6	6	6	5	7	7

Kalenberger Börde
Wegränder 13 – 15/2004
13 SE Gestorf, 14 N Adensen, 15 NE Esbeck
Entenfang 16 – 23/ 2004, davon 16-20 im NSG „Entenfang"
16 Mähweide S' Bahndamm, 17 Mähweide direkt N' Bahndamm, 18 Mäh-weide N' Bahndamm am Fischteich, 19 Mähweide N' Bahndamm NW' zweier Fischteiche, 20 Brache S' Bahndamm, 21 Brache NW/W' Gehöft, 22 Bra-che SW' Gehöft, 23 Pferdeweide S' Gehöft

Deutsche Namen (wissenschaftliche Namen)	RL	13	14	15	16	17	18	19	20	21	22	23
Gemeine Eichenschrecke (*Meconema thalassinum*)		1										
Langflügelige Schwertschrecke (*Conocephalus fuscus*)			3			1	1					3
Kurzflüglige Schwertschrecke (*Conocephalus dorsalis*)	3			7	6	5	5	6	6	6	5	
Zwitscher-Heupferd (*Tettigonia cantans*)		3	4	3	3	3	3	5	3	5	5	5
Gewöhnliche Strauchschrecke (*Pholidoptera griseoaptera*)		5	7	5								
Roesels Beißschrecke (*Metrioptera roeselii*)		1	4	3	5	5	5	6	3	5	6	6
Säbel-Dornschrecke (*Tetrix subulata*)	3			7	6	6	4	6	6	4	4	
Nachtigall-Grashüpfer (*Chorthippus biguttulus*)		3	3	5	2		3					3
Weißrandiger Grashüpfer (*Chorthippus albomarginatus*)		3	5	5	3	3	6	6	4	6	4	7
Wiesengrashüpfer (*Chorthippus dorsatus*)	2		4									3
Gemeiner Grashüpfer (*Chorthippus parallelus*)				4	1	4	3	5	6	5	1	6
Anzahl der nachgewiesenen Arten: 11	3	6	8	6	7	6	8	7	6	6	6	9

Anzahl aller nachgewiesenen Arten: 13, Rote Liste-Arten : 3

WANZEN (*Hepteroptera*)
von Albert Melber

Nomenklatur nach GÜNTHER & SCHUSTER (2000)
Gefährdung nach GÜNTHER et al. (1998)
Ernährung (E): p= phytophag, z= zoophag, z/p = zoophytophag
Fundhäufigkeit (H): I= Einzeltier, II= wenige Individuen,
III= häufig, IV= sehr häufig
* häufig beobachtete, aber nicht ausschließliche Nahrungspflanze(n) bei Phytophagen bzw. bevorzugte Habitatpflanze(n) bei Zoophagen

Wissenschaftliche Namen	Nahrungspflanze	RL	E	H
IN GEWÄSSERN (Wasserwanzen)				
Nepidae (1)				
Nepa cinerea LINNAEUS			z	III
Corixidae (8)				
Callicorixa praeusta (FIEBER)			z/p	IV
Paracorixa concinna (FIEBER)			z/p	IV
Corixa punctata (ILLIGER)			z/p	II
Sigara lateralis (LEACH)			z/p	III
Sigara falleni (FIEBER)			z/p	II
Sigara striata (LINNAEUS)			z/p	II
Sigara iactans JANSSON			z/p	I
Hesperocorixa sahlbergi (FIEBER)			z/p	I
Naucoridae (1)				
Ilyocoris cimicoides (LINNAEUS)			z	II
Notonectidae (1)				
Notonecta glauca (LINNAEUS)			z	II
Pleidae (1)				
Plea minutissima LEACH			z	II
AUF DER WASSEROBERFLÄCHE (WASSERLÄUFER)				
Veliidae (1)				
Microvelia reticulata (BURMEIST.)			z	IV
Gerridae (4)				
Gerris lacustris (LINNAEUS)			z	III
Gerris argentatus SCHUMMEL			z	I
Gerris lateralis SCHUMMEL		2	z	I
Gerris thoracicus SCHUMMEL			z	I
AN GEWÄSSERUFERN				
Saldidae (2)				
Saldula saltatoria (LINNAEUS)			z	III
Saldula opacula (ZETTERSTEDT)			z	II
Lygaeidae (1)				
Chilacis typhae (PERRIS)	*Typha latifolia*		p	II
ZWISCHEN SAUERGRÄSERN UND SCHILF AM BODEN				
Saldidae (1)				
Chartoscirta cincta (HERR.-SCH.)			z	II
Miridae (2)				
Mecomma ambulans (FALLEN)			z/p	II
Tytthus pygmaeus (ZETTERST.)			z/p	II
IN DER KRAUTSCHICHT				
Tingidae (3)				
Dictyla humuli (FABRICIUS)	*Symphytum officin.*			
Tingis ampliata (HERR.-SCH.)	*Cirsium* spp.		p	II
Tingis cardui (LINNAEUS)	*Cirsium* spp.		p	II
Miridae (33)				
Plagiognathus arbustorum (FABR.)	*Urtica dioica**		p	IV
Liocoris tripustulatus (FABRICIUS)	*Urtica dioica*		p	III
Orthonotus rufifrons (FALLEN)	*Urtica dioica*		p	III
Apolygus spinolae (MEYER-DÜR)	*Urtica dioica**		p	II
Adelphocoris quadripunctatus (F.)	*Urtica dioica*		p	II
Teratocoris antennatus (BOHEM.)	Cyperac., Juncac.		p	III
Stenodema calcarata (FALLEN)	Poaceae		p	IV
Stenodema laevigata (LINNAEUS)	Poaceae		p	IV
Stenotus binotatus (FABRICIUS)	Poaceae		p	III
Capsus ater (LINNAEUS)	Poaceae		p	III
Leptopterna dolabrata (LINNAEUS)	Poaceae		p	III
Megaloceraea recticornis (GEOFF.)	Poaceae		p	III
Notostira elongata (GEOFFROY)	Poaceae		p	III
Pithanus maerkelii (HERR.-SCH.)	Poaceae		p	II
Amblytylus nasutus (KIRSCHB.)	Poaceae		p	II
Charagochilus gyllenhalii (FALLEN)	*Galium* spp.		p	III
Polymerus unifasciatus (FABR.)	*Galium* spp.		p	II
Polymerus nigrita (FALLEN)	*Galium* spp.		p	II
Deraeocoris ruber (LINNAEUS)	*Cirsium* spp.*		z	II
Megalocoleus tanaceti (FALLEN)	*Tanacetum vulg.*		p	II
Adelphocoris seticornis (FABR.)	Fabaceae*		p	II
Adelphocoris lineolatus (GOEZE)	Fabaceae*		p	III
Orthops basalis (A. COSTA)	Apiaceae		p	III
Orthops campestris (LINNAEUS)	Apiaceae		p	I
Orthops kalmii (LINNAEUS)	Apiaceae		p	I
Apolygus lucorum (MEYER-DÜR)	Asteraceae*		p	II
Europiella artemisiae (BECKER)	*Artemisia vulgaris*		z/p	I
Lygus pratensis (LINNAEUS)			p	IV
Lygus rugulipennis POPPIUS			p	IV
Plagiognathus chrysanthemi (WFF)			p	IV
Closterotomus norwegicus (GMEL.)			p	III
Lygocoris pabulinus (LINNAEUS)			p	III
Halticus apterus (LINNAEUS)			p	II
Nabidae (4)				
Nabis limbatus DAHLBOM	Cyperac., Juncac.*		z	III
Nabis flavomarginatus H.SCHOLZ	Poaceae*		z	II
Nabis ferus (LINNAEUS)			z	II
Nabis pseudoferus REMANE			z	II
Anthocoridae (2)				
Anthocoris nemorum (LINNAEUS)			z	III
Orius niger (WOLFF)			z	III
Lygaeidae (6)				
Scolopostethus affinis (SCHILL.)	*Urtica dioica*		p	II
Scolopostethus thomsoni REUTER	*Urtica dioica*		p	IV
Ischnodemus sabuleti (FALLEN)	*Glyceria maxima**		p	IV
Cymus melanocephalus FIEBER	Cyperac., Juncac.		p	III
Cymus aurescens DISTANT	Cyperac., Juncac.		p	II
Acompus rufipes (WOLF)	*Valeriana officinal.*		p	II
Coreidae (1)				
Coreus marginatus (LINNAEUS)	*Rumex* spp.		p	II
Rhopalidae (1)				
Brachycarenus tigrinus (SCHILL.)			p	I
Cydnidae (2)				
Legnotus picipes (FALLEN)	*Galium* spp.		p	II
Legnotus limbosus (GEOFFROY)	*Galium* spp.		p	I
Pentatomidae (6)				
Aelia acuminata (LINNAEUS)	Poaceae		p	II
Eurydema oleracea (LINNAEUS)	*Cardaria draba*		p	II
Eysarcoris fabricii KIRKALDY	*Lamium* spp.*		p	II
Palomena prasina (LINNAEUS)			p	IV
Dolycoris baccarum (LINNAEUS)			p	III
Peribalus vernalis (WOLFF)			p	I
AUF GEHÖLZEN				
Microphysidae (1)				
Loricula elegantula (BÄRENSPR.)	*Populus* x *canad.**		z	II
Miridae (29)				
Orthotylus marginalis REUTER	*Salix* spp.*		p	IV
Psallus haematodes (GMELIN)	*Salix* spp.		z/p	III
Salicarus roseri (HERR.-SCH.)	*Salix* spp.		z/p	III
Agnocoris rubicundus (FALLEN)	*Salix* spp.		p	II
Orthotylus virens (FALLEN)	*Salix* spp.		p	II
Pilophorus clavatus (LINNAEUS)	*Salix* spp.*		z	II
Campylomma annulicorne (SIGN.)	*Salix* spp.		z/p	I
Campyloneura virgula (H.-SCH.)	*Fraxinus excelsior**		z	II
Psallus flavellus STICHEL	*Fraxinus excelsior*		z/p	II
Mermitelocerus schmidtii (FIEBER)	*Fraxinus excelsior*		p	I
Brachynotocoris puncticornis RT.	*Fraxinus excelsior*		p	I
Psallus lepidus FIEBER	*Fraxinus excelsior*		z/p	I
Blepharidopterus angulatus (FALL.)	*Alnus glutinosa**		z	II
Orthotylus flavinervis (KIRSCHB.)	*Alnus glutinosa*		p	I
Psallus salicis (KIRSCHBAUM)	*Alnus glutinosa*		p	I
Orthotylus viridinervis (KIRSCHB.)	*Ulmus glabra*		p	II
Atractotomus mali (MEYER-DÜR)	*Crataegus* spp.		z/p	III
Heterotoma planicornis (PALLAS)	*Crataegus* spp.*		z/p	II
Deraeocoris olivaceus (FABR.)	*Crataegus* spp.*		z	I
Psallus perrisi (MULSANT & REY)	*Quercus robur*		z/p	III
Cyllecoris histrionius (LINNAEUS)	*Quercus robur*		z/p	I
Phylus melanocephalus (L.)	*Quercus robur**		z/p	I
Deraeocoris lutescens (SCHILL.)	*Acer + Quercus**		z	III
Deraeocoris flavilinea (A.COSTA)	*Acer pseudoplata.**		z	II
Psallus assimilis STICHEL	*Acer pseudoplata*		z/p	II
Campylomma verbasci (M.-D.)	Rosaceae*		z/p	II
Psallus varians (HERR.-SCH.)			z/p	IV
Phytocoris dimidiatus KIRSCHB.			z	II
Lygocoris contaminatus (FALLEN)			p	II
Nabidae (1)				
Himacerus apterus (FABRICIUS)			z	II
Anthocoridae (7)				
Anthocoris limbatus FIEBER	*Salix* spp.*		z	II
Anthocoris simulans REUTER	*Fraxinus + Salix**		z	III

Wissenschaftliche Namen	Nahrungspflanze	RL	E	H
Anthocoris gallarumulmi (DEGEER.)	*Ulmus glabra**		z	II
Anthocoris nemoralis (FABRICIUS)			z	IV
Orius minutus (LINNAEUS)			z	IV
Orius majusculus (REUTER)			z	III
Orius horvathi (REUTER)			z	I
Lygaeidae (2)				
Oxycarenus modestus (FALLEN)	*Alnus glutinosa*		p	II
Kleidocerys resedae (PANZER)	*Betula pendula*		p	IV
Acanthosomatidae (2)				
Elasmostethus interstinctus (L.)	*Betula pendula*		p	II
Elasmucha grisea (LINNAEUS)	*Betula + Alnus*		p	II
AN GEHÖLZFREIEN, TROCKNEREN STELLEN AM BODEN				
Tingidae (2)				
Acalypta parvula (FALLEN)			p	II
Derephysia foliacea (FALLEN)			p	I
Nabidae (1)				
Himacerus major (A.COSTA)			z	I
Lygaeidae (5)				
Trapezonotus arenarius (L.)			p	II
Eremocoris podagricus (FABRIC.)			p	I
Megalonotus praetextatus (H.-S.)			p	I
Plinthisus brevipennis (LATREILLE)			p	I
Stygnocoris sabulosus (SCHILL.)			p	I
Coreidae (1)				
Coriomeris denticulatus (SCOPOLI)			p	I
Anzahl der nachgewies. Arten: 132			1	

LIBELLEN (*Odonata*)
von Thorsten Belder

Nomenklatur und Angaben zu Gefährdung nach OTT & PIEPER (1998)
Fundorte: 1 Bruchgraben, 2 Tonkuhle Farmsen

Wissenschaftliche Namen (Deutsche Namen)	RL	1	2
Aeshna cyanea (Blaugrüne Mosaikjungfer)		x	x
Aeshna grandis (Braune Mosaikjungfer)			x
Aeshna mixta (Herbst-Mosaikjungfer)		x	x
Anax imperator (Große Königslibelle)			x
Calopteryx splendens (Gebänderte Prachtlibelle)	V	x	
Chalcolestes viridis (Weidenjungfer)		x	x
Coenagrion mercuriale (Helm-Azurjungfer)	1	x	
Coenagrion puella (Hufeisen-Azurjungfer)		x	x
Crocothemis erythraea (Feuerlibelle)			x
Enallagma cyathigerum (Becher-Azurjungfer)		x	x
Erythromma najas (Großes Granatauge)	V		x
Ischnura elegans (Große Pechlibelle)		x	x
Libellula quadrimaculata (Vierfleck)			x
Orthetrum cancellatum (Großer Blaupfeil)		x	x
Platycnemis pennipes (Gemeine Federlibelle)		x	x
Somatochlora metallica (Glänzende Smaragdlibelle)			x
Sympetrum flaveolum (Gefleckte Heidelibelle)	3		x
Sympetrum sanguineum (Blutrote Heidelibelle)		x	x
Sympetrum striolatum (Große Heidelibelle)			x
Anzahl der nachgewiesenen Arten: 19	2	12	16

WEBSPINNEN (*Araneae*) UND WEBERKNECHTE (*Opiliones*)
zusammengestellt von Alexander Sührig

Systematik und Nomenklatur der Webspinnen nach PLATNICK (2004), der Weberknechte nach BLICK & KOMPOSCH (2004)
Angaben zur Gefährdung der Webspinnen nach FINCH (2004), der Weberknechte nach BLISS et al. (1998)

Untersuchungsgebiete: 1 = Borsumer Holz/2004 (SÜHRIG), 2 = Entenfang / 2004 (SÜHRIG), 3 = Wegränder im Raum Gronau/ 2003 u. 2004 (ROHTE), 4 = Sehlder Masch/2001 (ROHTE & SÜHRIG), 5 = Weizenfelder im Raum Betheln und Burgstemmen/1997 u. 1998 (KLINKERT 1998)

Wissenschaftliche Namen	RL	1	2	3	4	5
WEBSPINNEN (*Araneae*)						
Sechsaugenspinnen (*Dysderidae*) (1)						
Dysdera erythrina (WALCKENAER)						x
Spinnenfresser (*Mimetidae*) (2)						
Ero cambridgei KULCZYNSKI			x			
Ero furcata (VILLERS)		x	x			
Kugelspinnen (*Theridiidae*) (9)						
Achaearanea lunata (CLERCK)			x			
Enoplognatha latimana HIPPA & OKSALA			x			
Enoplognatha ovata (CLERCK)			x			x
Paidiscura pallens (BLACKWALL)					x	
Robertus lividus (BLACKWALL)		x	x			x
Robertus neglectus (O.P.-CAMBRIDGE)		x				x
Theridion impressum L. KOCH			x			
Theridion mystaceum L. KOCH		x				
Theridion varians HAHN		x				
Zwerg- u. Baldachinspin. (*Linyphiidae*) (73)						
Agyneta subtilis (O.P.-CAMBRIDGE)						x
Allomengea vidua (L. KOCH)			x			
Araeoncus humilis (BLACKWALL)		x	x			x
Baryphyma pratense (BLACKWALL)						x
Bathyphantes approximatus (O.P.-CAMBR.)			x			
Bathyphantes gracilis (BLACKWALL)		x	x	x		x
Bathyphantes nigrinus (WESTRING)			x			x
Bathyphantes parvulus (WESTRING)					x	
Centromerus serratus (O.P.-CAMBRIDGE)	2	x				
Centromerus sylvaticus (BLACKWALL)		x	x			x
Ceratinella brevipes (WESTRING)						x
Ceratinella brevis (WIDER)		x	x			x
Dicymbium nigrum brevisetosum LOCKET			x			x
Dicymbium tibiale (BLACKWALL)			x			
Diplocephalus cristatus (BLACKWALL)						x
Diplocephalus latifrons (O.P.-CAMBRIDGE)						x
Diplocephalus picinus (BLACKWALL)		x	x			x
Diplostyla concolor (WIDER)		x	x		x	x
Dismodicus bifrons (BLACKWALL)					x	
Donacochara speciosa (THORELL)	2		x			
Entelecara erythropus (WESTRING)						x
Erigone atra BLACKWALL			x	x		x
Erigone dentipalpis (WIDER)			x			x
Gnathonarium dentatum (WIDER)			x			
Gongylidiellum vivum (O.P.-CAMBRIDGE)						x
Gongylidium rufipes (LINNAEUS)			x			
Hypomma bituberculatum (WIDER)			x			
Hypomma fulvum (BOSENBERG)	3		x			
Kaestneria dorsalis (WIDER)	3					x
Lepthyphantes minutus (BLACKWALL)		x				
Leptorhoptrum robustum (WESTRING)						x
Linyphia hortensis SUNDEVALL		x		x		
Linyphia triangularis (CLERCK)			x			
Maso sundevalli (WESTRING)		x				
Meioneta rurestris (C.L. KOCH)			x			x
Micrargus herbigradus (BLACKWALL)		x	x		x	x
Micrargus subaequalis (WESTRING)						x
Microneta viaria (BLACKWALL)		x	x			
Mioxena blanda (SIMON)		x	x			
Neriene clathrata (SUNDEVALL)		x	x			
Neriene emphana (WALCKENAER)		x				
Oedothorax apicatus (BLACKWALL)						x
Oedothorax fuscus (BLACKWALL)						x
Oedothorax gibbosus (BLACKWALL)			x		x	
Oedothorax retusus (WESTRING)			x		x	x
Palliduphantes insignis (O.P.-CAMBRIDGE)						x
Palliduphantes pallidus (O.P.-CAMBRIDGE)		x	x			x

Wissenschaftliche Namen	RL	1	2	3	4	5
Pelecopsis parallela (WIDER)			x			
Pocadicnemis juncea LOCKET & MILLIDGE				x		
Pocadicnemis pumila (BLACKWALL)					x	
Porrhomma lativelum TRETZEL	3	x				
Porrhomma microphthalmum (O.P.-CAMBR.)			x	x		x
Porrhomma oblitum (O.P.-CAMBRIDGE)			x			
Porrhomma pygmaeum (BLACKWALL)			x			
Syedra myrmicarum (KULCZYNSKI)	D		x			
Tallusia experta (O.P.-CAMBRIDGE)			x			x
Tapinocyba insecta (L. KOCH)		x				
Tapinopa longidens (WIDER)		x				
Tenuiphantes flavipes (BLACKWALL)		x				x
Tenuiphantes tenebricola (WIDER)					x	x
Tenuiphantes tenuis (BLACKWALL)		x	x	x	x	x
Tenuiphantes zimmermanni (BERTKAU)		x				
Walckenaeria acuminata BLACKWALL		x				x
Walckenaeria alticeps (DENIS)		x				
Walckenaeria antica (WIDER)			x			
Walckenaeria atrotibialis (O.P.-CAMBRIDGE)		x	x		x	
Walckenaeria corniculans (O.P.-CAMBR.)		x				
Walckenaeria cucullata (C.L. KOCH)		x				
Walckenaeria dysderoides (WIDER)		x				
Walckenaeria nudipalpis (WESTRING)			x	x		
Walckenaeria obtusa BLACKWALL		x				x
Walckenaeria unicornis O.P.-CAMBRIDGE			x			
Walckenaeria vigilax (BLACKWALL)						x
Streckerspinnen (*Tetragnathidae*) (7)						
Metellina mengei (BLACKWALL)		x	x			
Metellina segmentata (CLERCK)				x		
Pachygnatha clercki SUNDEVALL			x	x		x
Pachygnatha degeeri SUNDEVALL			x	x	x	x
Tetragnatha extensa (LINNAEUS)				x		
Tetragnatha montana SIMON				x		
Tetragnatha pinicola L. KOCH		x	x			
Radnetzspinnen (*Araneidae*) (8)						
Araneus diadematus CLERCK		x		x		
Araneus marmoreus CLERCK				x		
Araneus quadratus CLERCK				x		
Araniella cucurbitina (CLERCK)			x	x		
Araniella opisthographa (KULCZYNSKI)			x			
Argiope bruennichi (SCOPOLI)			x	x		
Larinioides cornutus (CLERCK)				x	x	
Mangora acalypha (WALCKENAER)			x			
Wolfspinnen (*Lycosidae*) (15)						
Alopecosa pulverulenta (CLERCK)			x	x		x
Arctosa leopardus (SUNDEVALL)			x			
Pardosa agricola (THORELL)					x	
Pardosa amentata (CLERCK)			x	x	x	
Pardosa hortensis (THORELL)	3					x
Pardosa lugubris s.l.					x	x
Pardosa palustris (LINNAEUS)			x	x		x
Pardosa prativaga (L. KOCH)			x			x
Pardosa pullata (CLERCK)			x	x	x	
Pirata hygrophilus THORELL			x	x		x
Pirata latitans (BLACKWALL)			x	x		
Pirata piraticus (CLERCK)			x	x	x	
Trochosa ruricola (DE GEER)			x			x
Trochosa terricola THORELL		x	x	x		x
Xerolycosa nemoralis (WESTRING)			x			
Jagdspinnen (*Pisauridae*) (1)						
Pisaura mirabilis (CLERCK)			x	x	x	x
Trichterspinnen (*Agelenidae*) (2)						
Tegenaria ferruginea (PANZER)		x				
Textrix denticulata (OLIVIER)		x				
Bodenspinnen (*Hahniidae*) (2)						
Antistea elegans (BLACKWALL)			x			
Hahnia nava (BLACKWALL)			x			
Kräuselspinnen (*Dictynidae*) (2)						
Cicurina cicur (FABRICIUS)		x	x			
Dictyna uncinata THORELL					x	
Finsterspinnen (*Amaurobiidae*) (1)						
Coelotes terrestris (WIDER)		x				
Zartspinnen (*Anyphaenidae*) (1)						
Anyphaena accentuata (WALCKENAER)		x				
Feldspinnen (*Liocranidae*) (1)						
Agroeca brunnea (BLACKWALL)		x				
Sackspinnen (*Clubionidae*) (5)						
Clubiona comta C.L. KOCH		x				

Wissenschaftliche Namen	RL	1	2	3	4	5
Clubiona corticalis (WALCKENAER)		x				
Clubiona phragmitis C.L. KOCH				x		
Clubiona reclusa O.P.-CAMBRIDGE			x	x	x	
Clubiona terrestris WESTRING		x				
Rindensackspinnen (*Corinnidae*) (1)						
Phrurolithus festivus (C.L. KOCH)			x	x		
Plattbauchspinnen (*Gnaphosidae*) (7)						
Drassyllus lutetianus (L. KOCH)						x
Drassyllus praeficus (L. KOCH)	3			x		
Drassyllus pusillus (C.L. KOCH)			x	x		x
Haplodrassus silvestris (BLACKWALL)			x			
Micaria pulicaria (SUNDEVALL)			x	x		
Trachyzelotes pedestris (C.L. KOCH)	D					x
Zelotes subterraneus (C.L. KOCH)			x			
Laufspinnen (*Philodromidae*) (5)						
Philodromus aureolus (CLERCK)			x			
Philodromus cespitum (WALCKENAER)			x			
Philodromus collinus C.L. KOCH						
Philodromus dispar WALCKENAER		x				
Tibellus oblongus (WALCKENAER)				x	x	
Krabbenspinnen (*Thomisidae*) (6)						
Ozyptila praticola (C.L. KOCH)		x	x			
Ozyptila simplex (O.P.-CAMBRIDGE)	3					x
Ozyptila trux (BLACKWALL)			x			
Xysticus cristatus (CLERCK)			x			x
Xysticus kochi THORELL						x
Xysticus ulmi (HAHN)			x	x	x	
Anzahl d. nachgewiesenen Webspinnen: 149	8	49	70	38	30	61
WEBERKNECHTE (*Opiliones*)						
Fadenkanker (*Nemastomatidae*) (1)						
Nemastoma dentigerum CANESTRINI	3	x	x			
Brettkanker (*Trogulidae*) (4)						
Anelasmocephalus cambridgei (WESTWO.)			x			
Trogulus closanicus AVRAM	D	x				
Trogulus nepaeformis (SCOPOLI)			x			
Trogulus spec. (nepaeformis-Gruppe)			x			
Trogulus tricarinatus (LINNAEUS)			x			
Echte Weberknechte (*Phalangiidae*) (5)						
Lacinius ephippiatus (C.L. KOCH)			x	x		
Lophopilio palpinalis (HERBST)			x			
Oligolophus tridens (C.L. KOCH)			x	x		
Platybunus pinetorum (C.L. KOCH)			x			
Rilaena triangularis (HERBST)			x			
Anzahl d. nachgewiesenen Weberknechte: 10	1	10	3			

SCHNECKEN UND MUSCHELN (*Gastropoda* und *Bivalvia*)
von Karsten Lill

Nomenklatur und Systematik nach FALKNER (1990), GLÖER (2002), GLÖER & MEIER-BROOK (1998); Gefährdung nach JUNGBLUTH & VOGT (1990)
Abkürzungen: x = Lebendfund; G = Totfund, Leergehäuse; a = det. ad gen.
Methoden: Handfänge und Substratsiebung aus den Jahren 1993 - 2003

Biotope und Untersuchungsgebiete, Fundorte:
HILDESHEIMER LÖSSBÖRDE (HLB):
1. Ränder und Raine in der Feldmark (Grasfluren mit Gehölzen): Feldmark N' Machtsum, SW' Hüddessum, SE' Borsum; Feldmark 2 km NNE' Klein Förste; Feldmark 400 m E' Heisede; Straßenrand K 201 N' Asel; Straßenrand L 467 zw. Groß Förste, Klein Förste, Harsum; Straßenrand L 410 W' Gödringen; Straßenrand Borsumer Paß
2. Gewässersäume (grasige Böschungen, Stauden-, Gehölzfluren): Dinklarer Klunkau zwischen Kemme und Schellerten; Dinklarer Klunkau SW' und W' von Ottbergen; Bruchgraben zw. NE' Adlum und N' Ahstedt; Feldgraben W' Borsumer Paß; sumpfiges Teichufer ENE' Ummeln
3. Gewässer: Bruchgraben zwischen NE' Adlum und N' Ahstedt; Bruchgraben am Borsumer Paß; temporärer Feldgraben W' Borsumer Paß; Teich SW' Adlum; Teich ENE' Ummeln; „Günters Tränke" SSE' Algermissen (Auswahl)
4. Laubwald und Feldgehölz: Borsumer Holz SW' Borsum; Saubecksholz/Hollenmeerholz W' Harsum; Berelries N' Berel; Hassel NW' Bledeln; Wehmholz ENE' Heisede; Feldgehölz SSE' Algermissen; Feldgehölz Borsumer Paß; Eichen-/Buchenwald NNE' Klein Förste

5. KALENBERGER LÖSSBÖRDE (KLB) – nur Artenliste:
Die Molluskenfauna der KLB wurde nicht explizit beschrieben und nach unterschiedlichen Lebensräumen analysiert. Sie zeichnet sich aber auf Grund der besonderen geographischen Lage und geologisch-bodenkund-lichen Besonderheiten durch eine große Artenvielfalt und das Vorkommen von Arten aus, die in der HLB nicht nachgewiesen werden konnten. Darun-ter sind einige von landesweiter Bedeutung für den Arten- und Naturschutz. Bei den Landschnecken ist vor allem artenreiche Vorkommen der Schließmundschnecken (*Clausiliidae*) und der Heideschnecken (*Hygromiidae*) bemerkenswert, die einerseits aus dem waldreichen Hügelland entlang der Lineamente (Bäche, Raine) vordringen und andererseits auf exponierten, wärmebegünstigten, grasigen, Flächen leben, die im hügeligen, südlichen Teil der KLB an Waldrändern sowie auf extensiv genutzten Grünlandflächen und Äckern verbreitet sind.

Wissenschaftliche Namen (deutsche Namen)	1	2	3	4	5
Viviparidae **(Sumpfdeckelschnecken)** (1)					
Viviparus viviparus (Stumpfe Sumpfdeckelsch.) **RL2**					x
Valvatidae **(Federkiemenschnecken)** (3)					
Valvata cristata (Flache Federkiemenschn.) **RL 3**					G
Valvata macrostoma (Niedergedrückte Federkiem.)					G
Valvata piscinalis (Gemeine Federkiemenschn.)				x	x
Hydrobiidae **(Binnen-Zwergdeckelschn.)** (1)					
Potamopyrgus antipodarum (Neuseeland-Zwergd.)				x	x
Bithyniidae **(Schnauzenschnecken)** (1)					
Bithynia tentaculata (Gemeine Schnauzenschn.)				x	x
Carychiidae **(Zwerghornschnecken)** (2)					
Carychium minimum (Bauchige Zwerghornsch.)	x	x		x	x
Carychium tridentatum (Schlanke Zwerghornsch.)	x			x	x
Acroloxidae **(Teichnapfschnecken)** (1)					
Acroloxus lacustris (Teichnapfschnecke)				x	x
Physidae **(Blasenschnecken)** (3)					
Aplexa hypnorum (Moos-Blasenschnecke) **RL 3**					x
Physa fontinalis (Quell-Blasenschnecke)					x
Physella acuta (Spitze Blasenschnecke)				x	x
Planorbidae **(Tellerschnecken)** (10)					
Ancylus fluviatilis (Flussnapfschnecke)				x	x
Anisus leucostoma (Weißmündige Tellerschnecke)				x	x
Anisus vortex (Scharfe Tellerschnecke)				x	x
Bathyomphalus contortus (Riemen-Tellerschn.)				x	x
Ferrissia wautieri (Flache Mützenschnecke)				x	
Gyraulus albus (Weißes Posthörnchen)				x	x
Gyraulus crista (Zwergposthörnchen) **RL 3**				x	x
Hippeutis complanatus (Linsenf. Tellerschn.) **RL 3**					x
Planorbarius corneus (Posthornschnecke)				x	x
Planorbis planorbis (Gemeine Tellerschnecke)				x	x
Lymnaeidae **(Schlammschnecken)** (5)					
Galba truncatula (Kleine Sumpfschnecke)				x	x
Lymnaea stagnalis (Spitzhornschnecke)				x	x
Radix auricularia (Ohrschlammschnecke) **RL 3**				x	x
Radix ovata (Gemeine Schlammschnecke)				x	x
Stagnicola palustris (Gemeine Sumpfschnecke)					x
Cochlicopidae **(Glattschnecken)** (2)					
Azeca goodalli (Bezahnte Glattschnecke) **RL 1**		x			
Cochlicopa lubrica (Gemeine Glattschnecke)	x	x		x	x
Vertiginidae **(Windelschnecken)** (5)					
Columella edentula (Zahnlose Windelschnecke)				x	
Truncatellina cylindrica (Zylinderwindelschn.) **RL 2**					x
Vertigo angustior (Schmale Windelschnecke) **RL 2**					G
Vertigo antivertigo (Sumpf-Windelschnecke) **RL 3**				x	x
Vertigo pygmaea (Gemeine Windelschnecke)	x	x			x
Pupillidae **(Puppenschnecken)** (2)					
Pupilla ? bigranata (Zweizähniges Moospüpp.) **RL3**					x
Pupilla muscorum (Moospüppchen)		x			x
Valloniidae **(Grasschnecken)** (4)					
Acanthinula aculeata (Stachelige Streuschnecke)				x	x
Vallonia costata (Gerippte Grasschnecke)	x	x		x	x
Vallonia excentrica (Schiefe Grasschnecke)	x	x		x	x
Vallonia pulchella (Glatte Grasschnecke)		x			x
Buliminidae **(Vielfrassschnecken)** (1)					
Merdigera obscura (Kleine Vielfrassschnecke)	x	x		x	x
Clausiliidae **(Schließmundschnecken)** (5)					
Balea biplicata (Gemeine Schließmundschnecke)					x
Balea perversa (Zahnlose Schließmundschn.) **RL 3**					x
Clausilia bidentata (Zweizähnige Schließmund.)				x	x
Cochlodina laminata (Glatte Schließmundschn.)				x	x
Macrogastra ventricosa (Bauchige Schließm.) **RL 3**					x
Succineidae **(Bernsteinschnecken)** (3)					
Oxyloma elegans (Schlanke Bernsteinschnecke)				x	

Wissenschaftliche Namen (deutsche Namen)	1	2	3	4	5
Succinea putris (Gemeine Bernsteinschnecke)	x	x		x	x
Succinella oblonga (Kleine Bernsteinschnecke)	x	x		x	x
Ferussaciidae **(Bodenschnecken)** (1)					
Cecilioides acicula (Gemeine Blindschnecke) **RL 3**					G
Punctidae **(Punktschnecken)** (1)					
Punctum pygmaeum (Punktschnecke)	x	x		x	x
Discidae **(Knopfschnecken)** (1)					
Discus rotundatus (Gefleckte Knopfschnecke)	x	x		x	x
Gastrodontidae **(Dolchschnecken)** (1)					
Zonitoides nitidus (Glänzende Dolchschnecke)				x	x
Euconulidae **(Kegelchen)** (2)					
Euconulus alderi (Dunkles Kegelchen) **RL 3**					x
Euconulus fulvus (Helles Kegelchen)				x	x
Vitrinidae **(Glasschnecken)** (1)					
Vitrina pellucida (Kugelige Glasschnecke)	x	x		x	x
Zonitidae **(Glanzschnecken)** (7)					
Aegopinella nitidula (Rötliche Glanzschnecke)		x		x	x
Aegopinella pura (Kleine Glanzschnecke)		x		x	x
Oxychilus cellarius (Keller-Glanzschnecke)	x	x		x	x
Oxychilus draparnaudi (Große Glanzschnecke)	x	x			
Perpolita hammonis (Streifenglanzschnecke)				x	x
Vitrea contracta (Weitgenabelte Kristallschnecke)		x		x	x
Vitrea crystallina (Gemeine Kristallschnecke)				x	x
Limacidae **(Großschnegel)** (4)					
Lehmannia marginata (Baumschnegel)				x	x
Limax cinereoniger (Schwarzer Schnegel)		x		x	x
Limax maximus (Tigerschnegel)		x		x	x
Malacolimax tenellus (Pilzschnegel)				x	
Boettgerillidae **(Wurmschnegel)** (1)					
Boettgerilla pallens (Wurmschnegel)		x		x	x
Agriolimacidae **(Kleinschnegel)** (4)					
Deroceras laeve (Wasserschnegel)	x	x		x	x
Deroceras panormitanum (Mittelmeer- Ackerschn.)	a				a
Deroceras reticulatum (Genetzte Ackerschnecke)	x	x		x	x
Deroceras sturanyi (Hammerschnegel)	a				a
Arionidae **(Wegschnecken)** (8)					
Arion circumscriptus (Graue Wegschnecke)				a	a
Arion distinctus (Gemeine Gartenwegschnecke)	x	x		x	x
Arion fasciatus (Gelbstreifige Wegschnecke)		x		x	x
Arion intermedius (Igel-Wegschnecke) **RL 3**					
Arion lusitanicus (Spanische Wegschnecke)	x	x		x	x
Arion rufus (Rote Wegschnecke)	x	x		x	x
Arion silvaticus (Wald-Wegschnecke)				x	x
Arion subfuscus (Braune Wegschnecke)		x		x	x
Bradybaenidae **(Strauchschnecken)** (1)					
Fruticicola fruticum (Strauchschnecke)		x		x	x
Hygromiidae **(Laubschnecken)** (9)					
Candidula unifasciata (Quendelschnecke) **RL 2**					x
Candidula gigaxii (Helle Heideschnecke) **RL 1**	x			x	x
Euomphalia strigella (Große Laubschnecke) **RL 3**				x	
Helicella itala (Westliche Heideschnecke) **RL 2**					a
Helicodonta obvoluta (Riemenschnecke) **RL 3**				x	
Monacha cartusiana (Kartäuserschnecke)	x				
Monachoides incarnatus (Inkarnatschnecke)		x		x	x
Trichia hispida (Gemeine Haarschnecke)	x	x		x	x
Trochoidea geyeri (Zwerg-Heideschnecke) **RL 2**					a
Helicidae **(Eigentliche Schnirkelschnecken)** (4)					
Arianta arbustorum (Baumschnecke)		x		x	x
Cepaea hortensis (Garten-Bänderschnecke)	x	x		x	x
Cepaea nemoralis (Hain-Bänderschnecke)	x	x		x	x
Helix pomatia (Weinbergschnecke)	x	x		x	x
Unionidae **(Flussmuscheln)** (4)					
Anodonta anatina (Entenmuschel) **RL 3**					G
Anodonta cygnea (Gemeine Teichmuschel) **RL 3**					X
Unio crassus (Bachmuschel) **RL 1**					G
Unio pictorum (Malermuschel) **RL 3**					X
Sphaeriidae **(Kugelmuscheln)** (7)					
Musculinum lacustre (Häubchenmuschel)			x		X
Pisidium amnicum (Große Erbsenmuschel) **RL 2**					G
Pisidium casertanum (Gemeine Erbsenmuschel)					X
Pisidium milium (Eckige Erbsenmuschel) **RL 3**					X
Pisidium nitidum (Glänzende Erbsenmuschel)					X
Pisidium pseudosphaerium (Flache Erbsenm.) **RL 1**					G
Sphaerium corneum (Gemeine Kugelmuschel)			x		X
Dreissenidae **(Dreikantmuscheln)** (1)					
Dreissena polymorpha (Wandermuschel)					X
Anzahl der nachgewiesenen Arten: 106	28	38	21	47	99
Anzahl der Rote Liste-Arten: 29					

Literatur

ALBRECHT, L./ AMMER, U./ GEISSNER, W./ UTSCHIK, H. (1986): Tagfalterschutz im Wald. – Ber. ANL 10.

ALTMÜLLER, R. (1998): Ausbreitung der Wespenspinne *Argiope bruennichi* in Niedersachsen (Arachnida: Araneae): – Inform. Natursch. Nieders. 6: 178-181.

ASCHEMANN, G. (1992): Herbstzeitlose (*Colchicum autumnale* L.) in der Bruchgrabenniederung. – Mitt. Orn. Ver. Hildesheim 14: 73-79.

ASKEW, R.R. (2004): The Dragonflies of Europe. – Harley Books. Colchester.

ASSING, V./ SCHÜLKE, M. (2001): Supplemente zur Heleuropäischen Staphylinidenfauna. – Entomol. Blätter 97/2-3: 121-176.

ASSMANN, T. et al. (2003) : Rote Liste der in Niedersachsen und Bremen gefährdeten Sandlaufkäfer und Laufkäfer (Coleoptera : Cicindelidae et Carabidae) mit Gesamtverzeichnis. – Inform. Natursch. Nieders. 23/2: 70-95.

BAIRLEIN, F. (1996): Ökologie der Vögel. Stuttgart.

BAKELS, C.C. (1982): Der Mohn, die Linearbandkeramik und das westliche Mittelmeergebiet. – Archäologisches Korrespondenzblatt 12: 11-13.

BAUER, H.-G./ BERTHOLD, P. (1996): Die Brutvögel Mitteleuropas: Bestand und Gefährdung. Wiesbaden.

BEHRENS,C. (2001): 850 Jahre Söhlde. Söhlde.

BELLMANN, H. (1985): Heuschrecken – beobachten, bestimmen. Melsungen.

BELLMANN, H. (1987): Libellen – beobachten – bestimmen. Melsungen.

BELLMANN, H. (1997): Spinnentiere Europas. – Kosmos – Atlas. Stuttgart.

BENK, A. (2003): Naturschutzgebiet „Haseder Busch" – ein Trittstein für wandernde Fledermäuse. – Natur und Landschaft im Landkreis Hildesheim 4: 185-187.

BENK, A./ HECKENROTH, H. (1990): Zur Verbreitung und Populationsentwicklung des Mausohrs *Myotis myotis* (BORKHAUSEN 1797) in Niedersachsen. – Natursch. u. Landschaftspfl. Nieders. 26: 5-7.

BERGEN, F. (2001): Untersuchungen zum Einfluss der Errichtung und des Betriebs von Windenergieanlagen auf Vögel im Binnenland. – Manuskript zur Dissertation am Lehrstuhl der Universität Bochum.

BERGMANN, H.-H./ HOLTKAMP, C./ DEGEN, A./ LUDWIG, J. (Hrsg.) (2002): Verhaltensanpassungen an menschlichen Einfluss und ihre Grenzen. – Vogelkdl. Ber. Nieders. 33/2: 75-232.

BERNDT, R./ FRANZEN, M. / RINGLEBEN, H. (1974): Die in Niedersachsen gefährdeten Vogelarten. – Vogelkdl. Ber. Nieders. 6: 1-8.

BERTHOLD, P. (2000): Vogelzug – Eine aktuelle Gesamtübersicht. Darmstadt.

BIBBY, C. J./ BUGESS, N. D./ HILL, D. A. (1995): Methoden der Feldornithologie – Bestanderfassung in der Praxis. Radebeul.

BIßBORT, H./ BÖCKMANN, H./ HEINEMANN, C. (1987): Pflege- und Entwicklungsplan für das NSG Entenfang. – Projekt am Institut für Landschaftspflege und Naturschutz der Universität Hannover.

BLAB, J./ KUDRNA, O. (1982) : Hilfsprogramm für Schmetterlinge. Greven.

BLAB, J./ VOGEL, H. (1989): Amphibien und Reptilien. Kennzeichen, Biologie, Gefährdung. München.

BLICK, T. / KOMPOSCH, C. (2004): Checkliste der Weberknechte Mittel- und Nordeuropas (Arachnida: Opiliones). – Internet: Version vom 27. Dezember 2004.

BLICK, T./ BOSMANS, R. / BUCHAR, J. / GAJDOS, P. / HÄNGGI, A. / VAN HELSDINGEN, P. / RUZICKA, V. / STAREGA, W. / THALER, K. (2004): Checkliste der Spinnen Mitteleuropas (Arachnida: Araneae). – Internet: Version vom 1. Dezember 2004.

BLISS, P. / MARTENS, J. / BLICK, T. (1998): Rote Liste der Weberknechte (Arachnida: Opiliones). – In: Bundesamt für Naturschutz (Hrsg.): Rote Liste gefährdeter Tiere Deutschlands. Münster.

BLUME, H. (1955): Der Entenfang bei Giften. Eine natur- und kulturgeschichtliche Merkwürdigkeit. – Aus der Heimat (HAZ) Nr. 1. vom 15. Januar 1955.

BÖGERSHAUSEN, M. (1982): Die Feldlerche in Südniedersachsen. – Mitt. Orn. Ver. Hildesheim 6: 193-197.

BÖGERSHAUSEN, M. (1988/89): Die Grauammer - *Emberiza calandra* (L.) - in Südniedersachsen. – Mitt. Orn. Ver. Hildesheim 12/13: 63-68.

BRANDES, D./ GRIESE, D. (1991): Siedlungs- und Ruderalvegetation von Niedersachsen und Bremen. – Braunschw. Geobot. Arbeiten 1.

BRANDES, W. (1897): Flora der Provinz Hannover. Hannover.

BRAUN, M./ OLDEKOP, W. (1999): Ein Grauammer-Vorkommen in der Braunschweig-Hildesheimer Börde. – Milvus 18: 47-51.

BRÄUNING, C. (1993): Zum Vorkommen der Grauammer *Emberiza calandra* im Raum Hannover. – Vogelkdl. Ber. Nieders. 25: 63-65.

BRINKMANN M. (1919): Die abweichende Zusammensetzung der Vogelwelt im östlichen und westlichen Süden der Provinz Hannover. – Jber. nieders. zool. Ver. 5/10: 48-82.

BRINKMANN M. (1919): Die Vogelwelt der Stadt Hildesheim. – Alt-Hildesheim 1: 56-64.

BRINKMANN M. (1927): Die Brutvögel des Stadtgebietes Hildesheim. Hildesheim.

BRINKMANN M. (1933): Die Vogelwelt Nordwestdeutschlands. – Nachdruck 1978. Hildesheim.

BROHMER, P. (1992): Fauna von Deutschland (Neubearbeitung von M. SCHAEFER). Heidelberg.

BRUNKEN, H. (1986): Zustand der Fließgewässer im Landkreis Helmstedt: ein einfaches Bewertungsverfahren. – Natur und Landschaft 61/4: 130-133.

BRUNKEN, H. (1988): Ausbreitungsdynamik von *Noemacheilus barbatulus* (LINNAEUS 1758). – Dissertation am Zoologischen Institut der TU Braunschweig.

BRUNKEN, H. (1989): Lebensraumansprüche und Verbreitungsmuster der Bachschmerle *Noemacheilus barbatulus* (LINNAEUS 1758). – Fischökologie 1/1: 29-45.

BURGDORF, M. (1987): Floristische und pflanzensoziologische Bestandsaufnahme im Borsumer Wald. – Mitt. Orn. Ver. Hildesheim 11: 4-9.

BUSMA, T./ DOBAT, K. (2004): Verbreitung und Häufigkeit von Fischarten im Einzugsgebiet des Großen Grabens, Südostniedersachsens, als Indikatoren für einen „guten ökologischen Zustand" gemäß der Europäischen Wasserrahmenrichtlinie. – Diplomarbeit am Internationalen Studiengang für Technische und Angewandte Biologie der Hochschule Bremen.

CHMELAR, J./ MEUSEL, W. (1979): Die Weiden Europas. Wittenberg.

CORBET, G./ OVENDEN, D. (1982): Pareys Buch der Säugetiere. Hamburg u. Berlin.

CZARNETZKI, A./ FRANGENBERG, O./ FRANGENBERG, K.-W./ GAUDZINSKI, S./ ROHDE, P. (2002): Die Neanderthaler-Fundstätte im Leinetal bei Sarstedt, Landkreis Hildesheim. – Die Kunde N.F. 53: 23-45.

DAHL, H.-J./ HULLEN, M./ HERR, W./ TODESKINO, D./ WIEGLEB, G. (1989): Beiträge zum Fließgewässerschutz in Niedersachsen. – Natursch. u. Landschaftspfl. Nieders. 18.

DEEVEY, E.S. jr. (1960): The Human Population. – Scientific American 203/3: 195-204.

DIERSCHKE , H. (1997): Molinio-Arrhenatheretea. Teil 1: Arrhenatheretalia Wiesen und Weiden frischer Standorte. – Synopsis der Pflanzengesellschaften Deutschlands 3.

DORGE, K.-H. (2004): Wiesenweihe (Circus pygargus) Brutvogel im Landkreis Helmstedt. – Milvus 23: 37-40.

DÖRRER, K./ HOPPE, B./ KERBER, N./ SCHLUTOW, T. (2000): Biotopverbund für den Feldhamster in der Gemeinde Harsum mit Hilfe eines Geoinformationssystems. – Projektarbeit am Institut für Landschaftspflege und Naturschutz der Universität Hannover.

DRACHENFELS, O. VON (1994): Kartierschlüssel für Biotoptypen in Niedersachsen. – Natursch. u. Landschaftspfl. Nieders. A/4.

DREYER, W. (1986): Die Libellen. Hildesheim.

EBERT, G./ RENNWALD, E. (1991): Die Schmetterlinge Baden-Württembergs. Tagfalter I und II. Stuttgart.

EITSCHBERGER, U./ REINHARDT, R./ STEINIGER, H. (1991): Wanderfalter in Europa. – ATALANTA 22/1.

ELSHOLZ, M./ BERGER, H. (1998): Hydrologische Landschaften im Raum Niedersachsen - „Oberirdische Gewässer". – Niedersächsisches Landesamt für Ökologie 6/98.

ELSHOLZ, M./ BERGER, H. (2003): Hochwasserbemessungswerte für die Fließgewässer in Niedersachsen - „Oberirdische Gewässer". – Niedersächsisches Landesamt für Ökologie 18.

ERNST, F. (1955): Im Bereich der Lüfte – König ist der Weih! – In: SÖDING, A.: Unser Bruch. Heimatkdl. Schriftenreihe 1.

EVERS, W. (1964): Der Landkreis Hildesheim-Marienburg. – Die Landkreise in Niedersachsen 4.

FACHBEREICH BODENKUNDE DES NIEDERSÄCHSISCHEN LANDESAMTES FÜR BODENKUNDE (1997): Böden in Niedersachsen. Teil 1: Bodeneigenschaften, Bodennutzung und Bodenschutz. Hannover.

FALKNER, G. (1990): Binnenmollusken. – In: FECHTNER, R./FALKNER, G. (Hrsg.): Weichtiere. Europäische Meeres- und Binnenmollusken (Hrsg.). – Steinbachs Naturführer 10: 112-280.

FANSA, M. (1988): Vor 7000 Jahren. Die ersten Ackerbauern im Leinetal. - Wegweiser zur Vor- und Frühgeschichte Niedersachsens 15.

FELDMANN, L. (1999): Hildesheim im Eiszeitalter. Eine Bilderreise. – In: BOETZKES, M./ SCHWEITZER, I./ VESPERMANN, J. (Hrsg.): Eiszeit. Das große Abenteuer der Naturbeherrschung 95-106.

FINCH, O.-D. (2001): Checkliste der Webspinnen (Araneae) Süd-Niedersachsens. – Braunschw. Naturkdl. Schriften 6: 375-406.

FINCH, O.-D. / KREUELS, M. (2001): Biogeographische Besonderheiten der Spinnen (Araneae) an der westdeutschen Tiefland-Mittelgebirgs-Schwelle. – Mitt. der Deutschen Gesellsch. für Allgemeine und Angewandte Entomologie 13: 111-116.

FINCH, O.-D. (2004): Rote Liste der in Niedersachsen und Bremen gefährdeten Webspinnen (Araneae) mit Gesamtartenverzeichnis. – Inform. Natursch. Nieders. 24/5: 1-20.

FLADE, M. (1994): Die Brutvogelgemeinschaften Mittel- und Norddeutschlands. Eching.

FLUSSGEBIETSGEMEINSCHAFT WESER (in Vorbereitung): Bewirtschaftungsplan Flussgebietseinheit Weser: Bestandsaufnahme Teilraum Leine.

FOLGER, J. (1982): Vogelwelt am Bruchgraben. – Unser Hildesheimer Land IV.

FORSTER, W./ WOHLFAHRT, T. A. (1960, 1971, 1981): Die Schmetterlinge Mitteleuropas 3, 4, 5. Stuttgart.

FREISTAAT THÜRINGEN (Hrsg.) (2005): Nationalpark „Hainich" – Artenbericht 2005. Tiere, Pflanzen und Pilze im Nationalpark „Hainich". Bad Langensalza.

FREYHOF, J. (2004): Liste der Neunaugen und Fische deutscher Binnengewässer. Internet: Version vom 11.07.05.

FREYTAG, E. / GRAB, C. / JAKOB, B. (1996): Die Wälder der Gemeinde Harsum / Hildesheimer Börde. – Projektarbeit am Institut für Landschaftspflege und Naturschutz der Universität Hannover.

GALLAND, B. (1982): Sommervogelbestandsaufnahme. – Mitt. Orn. Ver. Hildesheim. Sonderheft 1982: 12.

GARVE, E. (1994): Atlas der gefährdeten Farn- und Blütenpflanzen in Niedersachsen und Bremen. – Natursch. u. Landschaftspfl. Nieders. 30/1-2.

GARVE, E. (2003): Pflanzenschutz in historischen Gärten und Parkanlagen. – Gartendenkmalpflege und Naturschutz. – Veröffentlichung des Nieders. Landesamtes f. Denkmalpflege: 41-50.

GARVE, E. (2004) Rote Liste und Florenliste der Farn- und Blütenpflanzen in Niedersachsen und Bremen. – Inform. Natursch. Nieders. 24/1.

GAUMERT, D./ KÄMMEREIT, M. (1993): Süßwasserfische in Niedersachsen. - Niedersächsisches Landesamt für Ökologie, Dezernat Binnenfischerei.

GAUßSCHE LANDESAUFNAHME der 1815 durch Hannover erworbenen Gebiete (1963): Fürstentum Hildesheim 1827 –1840: 5. Hannover.

GEBAUER, J.H. (1943): Aus der Frühgeschichte der Hildesheimer Chausseen. – Archiv für Landes- und Volkskunde von Niedersachsen 18: 406-415.

GENUIT-LEIPOLD, H. (1995): Botanische Beobachtungen in den Kreidebrüchen bei Söhlde. – Naturkdl. Mitt. Orn. Ver. Hildesheim 16: 57-64.

GENUIT-LEIPOLD, H. (2001): Waldgesellschaften im Vorholz. – Naturkdl. Mitt. Orn. Ver. Hildesheim 19: 143-175.

GEORGE, K. (1996): Habitatnutzung und Bestandssituation der Wachtel Coturnix coturnix in Sachsen-Anhalt. – Vogelwelt 117: 205-211.

GERSDORF, E./ KUNTZE, K. (1957): Zur Faunistik der Carabiden Niedersachsens. – Ber. Naturhist. Ges. Hannover 103: 101-136.

GEYER, D. (1909): Unsere Land- und Süßwassermollusken. Einführung in die Molluskenfauna Deutschlands. Stuttgart.

GLITZ, C. T. (1874): Verzeichnis der bei Hannover und im Umkreise von einer Meile vorkommenden Schmetterlinge. – Ber. Naturhist. Ges. Hannover 24: 24-69.

GLÖER, P. (2002): Mollusca I. Süßwassergastropoden Nord- und Mitteleuropas. Bestimmungsschlüssel, Lebensweise, Verbreitung. – Die Tierwelt Deutschlands und der angrenzenden Meeresteile nach ihren Merkmalen und ihrer Lebensweise 73.

GLÖER, P./ MEIER-BROOK, C. (2003): Süßwassermollusken. Ein Bestimmungsschlüssel für die Bundesrepublik Deutschland. – Deutscher Jugendbund für Naturbeobachtung Hamburg.

GLUTZ VON BLOTZHEIM, U. N./ BAUER, K. M./ BEZZEL, E. (1966 - 1997): Handbuch der Vögel Mitteleuropas. Diverse Bände. Frankfurt a. M und Wiesbaden.

GLUTZ VON BLOTZHEIM, U. N./ BAUER, K. M. (2001): Handbuch der Vögel Mitteleuropas, CD-ROM-Version.

GREIN, G. (1993): Vergleich der Heuschreckenfauna zweier Kalkmagerrasen in den Vorbergen. – Mitt. Orn. Verein Hildesheim 15: 118-127.

GREIN, G. (2000): Zur Verbreitung der Heuschrecken (Saltatoria) in Niedersachsen und Bremen. Inform. Natursch. Nieders. 20/ 2: 74-112.

GREIN, G. 2003: Heuschrecken im Bungenpfuhl. – Natur und Landschaft im Landkreis Hildesheim 4: 172-173.

GREIN, G. (IN VORBEREITUNG): Rote Liste der in Niedersachsen und Bremen gefährdeten Heuschrecken.

GRIMM, F. (1967): Zur Typisierung des mittleren Abflussganges (Abflussregime) in Europa. – Dissertation an der Universität Leipzig.

GRIMM, H. (2004): Der Brutbestand des Steinschmätzers (Oenanthe oenanthe) im Jahre 2002 in Thüringen mit Anmerkungen zur historischen Entwicklung der thüringischen Kulturlandschaft und ihrer Eignung als Lebensraum für im Offenland brütende Arten. – Anz. Ver. Thür. Ornithol. 5: 85-104.

GROSS, J. (1950): Die Schmetterlinge der weiteren Umgebung der Stadt Hannover. Erster Nachtrag zu dem Verzeichnis von 1930. – Ber. Naturhist. Ges. Hannover 99 -101: 183 - 221.

GRÜTZMANN, J./ MORITZ, V. / SÜDBECK , P. / WENDT,

D. (2002): Ortolan (*Emberiza hortulana*) und Grauammer (*Miliaria calandra*) in Niedersachsen: Brutvorkommen, Lebensräume, Rückgang und Schutz. – Vogelkdl. Ber. Nieders. 34: 69-90.
GRZIMECK, B. (1988): Enzyklopädie Säugetiere. München.
GÜNTHER H. / HOFFMANN, H.-J. / MELBER, A. / REMANE, R. / SIMON, H. / WINKELMANN, H. (1998): Rote Liste der Wanzen (Heteroptera). – In: Rote Liste gefährdeter Tiere Deutschlands. – Schriftenr. Landschaftspfl. Natursch. 55: 235-242.
GÜNTHER, H. / SCHUSTER, G. (2000): Verzeichnis der Wanzen Mitteleuropas (Insecta: Heteroptera) – Mitt. Intern. Entom. Ver. 7: 1-69.
HAMPE, V. (1998): Bewertung von Extensivierungsmaßnahmen anhand der Carabidenfauna in Winterweizenfeldern. – Diplomarbeit des Institutes für Pflanzenschutz und Pflanzenkrankheiten der Universität Hannover.
HAUCK, M. (1992): Rote Liste der gefährdeten Flechten in Niedersachsen und Bremen. – Inform. Natursch. Nieders. 12: 1-44.
HECKENROTH, H. (1985): Atlas der Brutvögel Niedersachsens 1980 und des Landes Bremen mit Ergänzungen aus den Jahren 1976 – 1979. – Natursch. u. Landschaftspfl. Nieders. 14.
HECKENROTH, H. (1993): Rote Liste der in Niedersachsen und Bremen gefährdeten Säugetierarten – Übersicht. – Inform. Natursch. Nieders. 13/6: 221-226.
HECKENROTH, H. (1995): Rote Liste der in Niedersachsen und Bremen gefährdeten Brutvogelarten. – Vogelkdl. Ber. Nieders. 27: 27-38.
HECKENROTH, H./ LASKE, V. (1997): Atlas der Brutvögel Niedersachsens 1981-1995 und des Landes Bremen. - Natursch. u. Landschaftspfl. Niedersachs. 37.
HEGELBACH, J. (1997): *Miliaria calandra* (Linnaeus 1758) – Grauammer 1857-1916 – In: GLUTZ VON BLOTZHEIM, U.N./ BAUER, K.M. (Hrsg.) Handbuch der Vögel Mitteleuropas 14/III.
HEIMATVEREIN DINKLAR (o. J.): Aus grauer Vorzeit bis zum Ende des Fürstbistums. – Ein Streifzug durch die Vergangenheit unseres Dorfes 2.
HEIMER, S./ NENTWIG, W. (1991): Spinnen Mitteleuropas. Ein Bestimmungsbuch. Berlin u. Hamburg.
HENKE, H. (1960): Naturbeobachtungen. – Unveröff. Aufzeichnungen. Algermissen.
HILL, A./ BECKER, P./ HESSING, F./ SCHOPPE, R. (1988/81): Avifaunistischer Jahresbericht 1978. – Mitt. Orn. Ver. Hildesheim 4/5: 103-203.
HOFMEISTER, H. (1995): Ackerunkrautgesellschaften der Braunschweig-Hildesheimer Börde. – Naturkdl. Mitt. Orn. Ver. Hildesheim 16: 25-44.
HOFMEISTER, H. (2004): Lebensraum Wald. – Reprint der 4. Auflage. Remagen – Oberwinter.
HOFMEISTER, H. / GARVE, E. (2005): Lebensraum Acker. – Reprint der 2. Auflage. Remagen-Oberwinter.
HUGO, A./ HELLING, G. (1998): Der Feldhamster *Cricetus cricetus* (Linaeus 1758) im Stadtgebiet von Braunschweig. - Auftragsarbeit für die Stadt Braunschweig, Umweltamt.
HÜPPE, J./ HOFMEISTER, H. (1990): Syntaxonomische Fassung und Übersicht über die Ackerunkrautgesellschaften der Bundesrepublik Deutschland. – Ber. Reinh. Tüxen-Ges. 2: 57-77.
HÜRTER, H.A. (1998): Die wissenschaftlichen Schmetterlingsnamen. Bottrop.
JUNGBLUTH, J.H./ VOGT, D. (1990): Vorläufige „Rote Liste" der bestandsbedrohten und gefährdeten Binnenmollusken (Weichtiere: Schnecken und Muscheln) von Niedersachsen. – Unveröff. Manuskript.
JURITZA, G. (2000): Der Kosmos Libellenführer. Stuttgart.
KARSHOLT, O./ RAZOWSKI, J. (1996): The Lepidoptera of Europe. A distributional checklist. Stenstrup.
KAUNE, W. (1974): Herbst in den Bruchwiesen. – Unsere Heimat im Wechsel der Jahreszeiten. – Heimatbund im Landkreis Hildesheim.
KELLER, H. (1901): Weser und Ems, ihre Stromgebiete und ihre wichtigsten Nebenflüsse. Bd.IV: Die Aller und die Ems. Berlin.

KLEMP, H. (1984): Mehr Natur in Dorf und Stadt. – Hrsg. Bund für Umwelt und Naturschutz Deutschland, Landesverband Schleswig-Holstein e.V. Damendorf.
KLINKERT, H. (1998): Bewertung von Extensivierungsmaßnahmen anhand der Spinnenfauna in Winterweizenfeldern. – Diplomarbeit des Institutes für Pflanzenschutz und Pflanzenkrankheiten der Universität Hannover.
KNOLLE, F. (1992): Die Vögel von Achtum. – Vogelkdl. Ber. Nieders. 24/ 2: 61 ff.
KOCH, M. (1984): Wir bestimmen Schmetterlinge. Melsungen.
KÖHLER, J./ KLAUSNITZER, B. (1998): Verzeichnis der Käfer Deutschlands. – Entomol. Nachr., Beiheft 4.
KÖHLER, J./ SCHMIDT, G. (2005 in Vorbereitung): *Lycia pomonaria* – eine in Niedersachsen verschollen geglaubte Art aktuell wieder nachgewiesen. – Braunschw. Naturkundl. Schriften.
KOLB, A. (1958): Nahrung und Nahrungsaufnahme bei Fledermäusen. – Zeitschr. f. Säugetierkde. 23: 84-95.
KÜSTER, H. (1999): Geschichte der Landschaft in Mitteleuropa. Von der Eiszeit bis zur Gegenwart. München.
KÜSTER, H. (2003): Geschichte des Waldes. Von der Urzeit bis zur Gegenwart. München.
KÜSTER, H. (2004): Past landscape use as an ecological influence on the actual environment. – In: PALANG, H. et al. (Hrsg.): European Rural Landscapes: Persistence and Change in a Globalising Environment 445-454.
LAUTENSCHLAGER, E. (1983): Atlas der Schweizer Weiden (Gattung Salix L.). Basel.
LEMMEL, G. (1975): Die Amphibien der Umgebung Hildesheims. – Abiturjahresarbeit am Josephinum Hildesheim.
LENZIN, H. (2004): Petite Camargue Alsacienne. Basel.
LIEGL, A./ HELVERSEN, O. VON (1987): Jagdgebiet eines Mausohrs (*Myotis myotis*) weitab von der Wochenstube. – Myotis 25: 71-76.
LIENENBECKER, H./ RAABE, U. (1993): Die Dorfflora Westfalens. – „Ilex Bücher Natur" 3.
LILL, K. (1990): Neue Daten zur Ausbreitung der Flachen Mützenschnecke *Ferrissia wautieri* (MIROLLI 1960) (Gastropoda: Basommatophora: Ancylidae) in Niedersachsen und Bremen. – Mitt. dtsch. malakozool. Ges. 46: 9-14.
LILL, K. (2001): Zur Verbreitung von *Deroceras panormitanum, D. sturanyi, Candidula gigaxii* und *Monacha cartusiana* in Niedersachsen und Bremen (Gastropoda: Stylommatophora: Agriolimacidae, Hygromiidae). – Schr. Malakozool. 17: 79-86.
LILL, K. (2003): Binnenmollusken in der Stadt Hildesheim (Niedersachsen): Artenlisten, Biotope, Gefährdung – 25 Jahre nach NOTTBOHMs Arbeiten. – Mitt. dtsch. malakozool. Ges. 69/70: 35-60.
LOBENSTEIN, U. (1999): Die Schmetterlinge des mittleren Niedersachsen. – Vervielf. Manuskr. Hannover.
LOBENSTEIN, U. (2003): Die Schmetterlingsfauna des mittleren Niedersachsen. Bestand, Ökologie und Schutz der Großschmetterlinge in der Region Hannover, der Südheide und im unteren Weser-Leine-Bergland. – Nabu LV Niedersachsen, Hannover.
LOBENSTEIN, U. (2003): Leben unter rauen Bedingungen – Nachtfalter in der Flussaue. – Natur und Landschaft im Landkreis Hildesheim 4: 76-79.
LOBENSTEIN, U. (2004): Rote Liste der in Niedersachsen und Bremen gefährdeten Großschmetterlinge mit Gesamtartenverzeichnis. - Inform. Natursch. Nieders. 24/ 3 : 167-196.
LÜDER, R. (2001): Einfluss der Bewirtschaftungsintensität auf die Segetalflora in einer strukturierten Bördelandschaft. – Dissertation am Fachbereich Gartenbau der Universität Hannover.
MARTENS, J. (1978): Weberknechte, Opiliones. – In: DAHL, F. (Hrsg.): Tierwelt Deutschlands 64.
MEIER-HILBERT, G. (2001): Geographische Strukturen: Das natürliche Potenzial – Hildesheim – Stadt und Raum zwischen Börde und Bergland. Hildesheim.
MEIKLE, R.D. (1984): Willows and Poplars of Great Britain and Ireland. London.
MEISEL. S. (1960): Die naturräumlichen Einheiten auf Blatt 86 Hannover. Bad Godesberg.

MEJER, A. (1883): Die Brutvögel und Gäste der Umgebung Gronau's in Hannover. – J. Orn. 31: 368-399.
MICHALEK, K.G./ AUER, J.A./ GROßBERGER, H./ SCHMALZER, A./ WINKLER, H. (2001): Die Einflüsse von Lebensraum, Witterung und Waldbewirtschaftung auf die Brutdichte von Bunt- und Mittelspecht (*Picoides major* und *Picoides medius*) im Wienerwald. – Abhandl. u. Ber. Museum Heineanum 5:31-57.
MITTELHÄUSSER, K./ BARNER, W. (1957): Siedlung und Wohnen. – In: MITTELHÄUSSER, K. (Hrsg.): Der Landkreis Alfeld. – Die Landkreise in Niedersachsen 14: 121-156.
MÖLLER, B. (1993): Die Vögel des Ortes Adlum im Landkreis Hildesheim. – Mitt. Orn. Ver. Hildesheim 15: 35 – 39.
MÖLLER, B. (1995): Beobachtungen an Schlafplätzen überwinternder Kornweihen (*Circus cyaneus*) in der Hildesheimer-Peiner Lößbörde/Niedersachsen. – Beitr. Naturk. Nieders. 48: 66-71.
MÖLLER, B. (2001): Bestandsentwicklung und Bruterfolg des Baumfalken (*Falco subbuteo*) im Landkreis Hildesheim. – Vogelkdl. Ber. Nieders. Jahrgang 33/1: 35-42.
MÜLLER, W. (2001): Flora von Hildesheim. – Natur und Landschaft im Landkreis Hildesheim 3.
MULTHAUPT, W. (1937): Ein Naturschutzidyll unserer Heimat. Der Entenfang im Raume zwischen Emmerke und Sarstedt. – Heimatbeobachter, Sonntagsbeilage vom 27. Juni 1937.
NICOLAI, B./ MAMMEN, U. (2000): Jahresvogel 2000: Der Rotmilan – ein ganz besonderer Greifvogel. – Der Falke 47: 5-12.
NIEDERSÄCHSICHES LANDESAMT FÜR ÖKOLOGIE (1997): Bewertung von Vogellebensräumen in Niedersachsen. – Inform. Natursch. Nieders. 6.
NIEDERSÄCHSISCHER MINISTER FÜR ERNÄHRUNG, LANDWIRTSCHAFT UND FORSTEN (1974): Hydrographische Karte Niedersachsen. Hannover.
NIEDERSÄCHSISCHES LANDESAMT FÜR ÖKOLOGIE (2005): Ein Nest im Kornfeld - Wiesenweihenschutz durch Kooperation von Landwirtschaft und Naturschutz. – Faltblatt. Hildesheim.
NIETHAMMER, J./ KRAPP, F. (1978-1990): Handbuch der Säugetiere Europas, Bd. 1: Nagetiere I, Bd. 2/I Nagetiere II, Bd. 3/I Insektenfresser und Herrentiere. Wiesbaden.
NIETHAMMER, J. (1982) (Hrsg.): *Cricetus cricetus* (Linnaeus 1758) – Hamster (Feldhamster). - In: NIETHAMMER, J./ KRAPP, F. (Hrsg.), Handbuch der Säugetiere Europas 2/1: 6-28.
OELKE, H. (1963): Die Vogelwelt des Peiner Moränen- und Lößgebietes. – Dissertation an der Universität Göttingen.
OELKE, H. (1985): Vogelbestände einer niedersächsischen Agrarlandschaft 1961 und 1985. – Vogelwelt 106: 246-255.
OELKE, H./ KUKLIK, H.-W./ NIELITZ, U. (1992): Die Vögel der Börden im nordwestlichen und nordöstlichen Harzvorland. Beitr. Naturk. Nieders. 45: 153-176, 221-233.
PÄTZOLD, R. (1975): Die Feldlerche. – Neue Brehm Bücherei 323.
PEETS, W. (1907): Die Großschmetterlinge der Umgegend der Städte Hannover und Linden. – Ber. Naturhist. Ges. Hannover 55-57: 183-289.
PEITZMEIER, J. (1956): Zur Klimabedingtheit der Bestandesschwankungen bei der Grauammer in Westfalen. – Natur und Heimat 16: 65-67.
PETER, A. (1901): Flora von Südhannover nebst den angrenzenden Gebieten. I. Teil. Göttingen.
PFEIFER, H. (1956): Zur Ökologie und Larvalsystematik der Weberknechte. – Mitt. aus dem Zoologischen Museum in Berlin 32: 59-104.
PFISTER, C. (2003): Klimawandel in der Schweiz. – FAZ vom 19.8.2003.
PLANUNGSBÜRO SRL WEBER (2003): Dorferneuerungsplanung. – Vervielf. Gutachten im Auftrag der Gemeinde Harsum.
PLATEN, R. / BROEN B. VON (2002): Checkliste und Rote Liste der Webspinnen und Weberknechte (Arachnida: Araneae, Opiliones) des Landes Berlin mit Angaben zur Ökologie. – Märkische Entomologische Nachrichten, Sonderheft 2: 1-69.
PLATNIK, N.I. (2004): The world spider catalog, version 4.5. – American Museum of Natural History. – Internet.

PODLOUCKY, R./ FISCHER, C. (1991): Zur Verbreitung der Amphibien und Reptilien in Niedersachsen – Zwischenauswirkung mit Nachweiskarten von 1981 – 1989. Niedersächsisches Landesverwaltungsamt – Fachbehörde für Naturschutz, Hannover.
PODLOUCKY, R./ FISCHER, C. (1994): Rote Listen der gefährdeten Amphibien und Reptilien in Niedersachsen und Bremen. – Inform. Natursch. Nieders. 14/4: 109-120.
POETHKE, D. (2001): Zur Verbreitung der Mauerraute (*Asplenium ruta-muraria* L.) im Ostteil des Landlreises Hildesheim. – Naturkdl. Mitt. Orn. Ver. Hildesheim 19: 165-175.
POHLMEYER, K. (1988): Die Haustierwerdung in der Jungsteinzeit. - In: FANSA, M.: Vor 7000 Jahren. Die ersten Ackerbauern im Leinetal. – Wegweiser zur Vor- und Frühgeschichte Niedersachsens 15: 35-41.
POTT-DÖRFER, B./HECKENROTH, H. (1994): Zur Situation des Feldhamsters (*Cricetus cricetus*) in Niedersachsen. – In: POTT-DÖRFER, B./HECKENROTH, H./ RABE, K.: Zur Situation von Feldhamster, Baummarder und Iltis in Niedersachsen. – Natursch. u. Landschaftspfl. Nieders. 32:1-21.
PREISING, E. / VAHLE, H.-C./ BRANDES, D./ HOFMEISTER, H./ TÜXEN, J. / WEBER, H.E. (1995): Die Pflanzengesellschaften Niedersachsens – Bestandsentwicklung, Gefährdung und Schutzprobleme. Einjährige ruderale Pionier-, Tritt- und Ackerwildkraut-Gesellschaften. – Natursch. u. Landschaftspfl. Nieders. 20/6.
PREISING, E. / VAHLE, H.-C./ BRANDES, D./ HOFMEISTER, H./ TÜXEN, J. / WEBER, H.E. (2000): Die Pflanzengesellschaften Niedersachsens – Bestandsentwicklung, Gefährdung und Schutzprobleme. Ruderale Staudenfluren und Saumgesellschaften. – Natursch. u. Landschaftspfl. Nieders. 20/4.
RIEKEN, F. (2003): Informationen, Anlagen, Kartierunterlagen und Auswertungen der Rastvogelkartierung der Hildesheimer Börde. Internet.
RITTER, H./ BÖGERSHAUSEN, M./ SPRINGMANN, E-A./ MÖLLER, B. (1992): Renaturierung der Bruchgrabenniederung. – Vorschläge des Ornithologischen Vereins zu Hildesheim e.V. im Auftrag der Paul-Feindt-Stiftung. Hildesheim.
ROBERTS, M.J. (1955): Spiders of Britain and Northern Europe. London.
ROBERTS, M.J. (1998): Spinnengids. Baarn.
ROHTE, O./ SÜHRIG, A. (2003): Die Webspinnenfauna der Schwermetallrasen bei Hockeln und Astenbeck. – Natur und Landschaft im Landkreis Hildesheim 4: 84-90.
ROHTE, O./ SÜHRIG, A. (2003): Die Webspinnenfauna im Naturschutzgebiet „Innersteaue unter dem Mastberg". – Natur und Landschaft im Landkreis Hildesheim 4: 174-177.
ROTZOLL, G./ JUNG, G. (2002): Erfolgreiche Wiesenweihen-Brut 2001 bei Pattensen. – Hann. Vogelschutzver. Info 1/2002: 6-9.
SCHAEFER, M. (2003): Wörterbuch der Ökologie. Heidelberg u. Berlin.
SCHERF, H. (1964): Die Entwicklungsstadien der mitteleuropäischen Curculioniden (Morphologie, Bionomie, Ökologie). – Abhandl. Senkenb. Naturf. Ges. 506: 1-335.
SCHIEFERDECKER, K. (1964): Anmerkungen zur Flora von Hildesheim. 1. Nachtrag. – Alt-Hildesheim 35.
SCHMIDT, L. (2003): Käfer am Mastberg – Lebende Vielfalt in totem Holz. – Natur und Landschaft im Landkreis Hildesheim 4: 166-171.
SCHNEIDER, K.H./ SEEDORF, H.H. (1989): Bauernbefreiung und Agrarreformen in Niedersachsen. Hildesheim.
SCHOPPE, R. (1986): Zur Bestandssituation der Grauammer (*Emberiza calandra* L. 1785) in der Hildesheimer Börde. – Beitr. Naturk. Nieders. 39: 44-52.
SCHOPPE, R. (in Vorbereitung): Die Vogelwelt des Landkreises Hildesheim.
SCHRADER, R. (1998): Der Borsumer Wald. – Jahrbuch des Landkreises Hildesheim 1998: 109-118.
SCHRÖPFER, R. (1990) The structure of European small mammal communities. Zool. Jb. Syst. 117: 355-367.

SCHULTZ-WILDELAU, H.-J./ DAHLMANN, I./ HERBST, V./ SCHILLING, J. (1991): Gewässerschutz am Bruchgraben. Rahmenplan zur wasserwirtschaftlichen Bewirtschaftung und naturnahen Gestaltung des Bruchgrabens und seiner Zuflüsse. – Mitteilungen aus dem Niedersächsischen Landesamt für Wasser und Abfall 2: 3-52.

SEEDORF. H.H. (1977): Topographischer Atlas Niedersachsen und Bremen. Neumünster.

SEEDORF, H.H./ MEYER, H.H. (1992): Landeskunde Niedersachsen 1: Historische Grundlagen und naturräumliche Ausstattung. Neumünster.

SEEDORF, H.H./ MEYER, H.H. (1996): Landeskunde Niedersachsen 1: Niedersachsen als Wirtschafts- und Kulturraum. Neumünster.

SEELAND, H. (1927): Zur Literatur über die Flora von Hildesheim. – Mitt. Roemer-Museum Hildesheim 27.

SEELAND, H. (1936): August Schlauter. Ein Beitrag zur Floristik und Flora von Hildesheim. – Mitt. Roemer-Museum Hildesheim 40.

SEELAND, H. (1940): Die Cyperaceen und Juncaceen der Flora von Hildesheim. – Mitt. Roemer-Museum Hildesheim 45.

SEELAND, H. (1940): Nachtrag zu: Die Orchidaceen der Flora von Hildesheim. – Mitt. Roemer-Museum Hildesheim 46: 42-43.

SEELAND, H. (1942): Vermisste und aussterbende Blütenpflanzen in der Umgebung von Hildesheim. – Alt-Hildesheim 20.

SETTELE, J./ GEISSLER, S. (1989): Schutz des vom Aussterben bedrohten blauschwarzen Moorbläulings durch Brachenerhalt, Grabenpflege und Biotopverbund im Filder-Raum. – Natur und Landschaft 63/11: 467-470.

SETTELE, J./ FELDMANN, R./ REINHARDT, R. (1999): Die Tagfalter Deutschlands – Ein Handbuch für Freilandökologen, Umweltplaner und Naturschützer. Stuttgart.

SKINNER, B. (1984): Colour Identification Guide to Moths of the British Isles. London.

SKOU, P. (1984): Nordens Malere, Handbog over de danske og fennoskandiske arter af Drepaniidae og Geometridae (Lepidoptera). – Danmarks Dyreliv 2. Kopenhagen.

SÖDING, A. (1955): Unser Bruch. – Das Bruchgebiet von Nettlingen bis Sarstedt. – Heimatkdl. Schriftenr. des Landkreises Hildesheim – Marienburg

SÖDING, A. (1971): Adlum – Dorf auf fruchtbarem Boden der Schwarzerde. – Heimatkdl. Schriftenr. des Landkreises Hildesheim – Marienburg 10: 34-42.

SPANUTH, F. (1977): Entdeckerfreuden eines Heimatforschers. – Unser Hildesheimer Land II: 56-68.

SPANUTH, F./ HÜPSEL, E. (1970): Nettlinger Heimatmappe. Nettlingen.

STAUDT, A. u.a. (2005): Nachweiskarten der Spinnentiere Deutschlands (Arachnida: Araneae, Opiliones, Pseudoscorpiones). – Internet: Version vom 03.05.2005.

STEFFNY, H./ KRATOCHWIL, A./ WOLF, A. (1984): Zur Bedeutung verschiedener Rasengesellschaften für Schmetterlinge (Rhopalocera, Hesperidae, Zygaenidae) und Hummeln (Apidae, Bombydae) im Naturschutzgebiet Taubergießen (Oberrheinebene). – Natur und Landschaft 59: 435-443.

STIEFEL, D. (2002): Aktivitäten im Wiesenweihenschutz. – Vogelkdl. Ber. Nieders. 34: 196-197.

STREBLE, H./ KRAUTER, D. (2002): Das Leben im Wassertropfen. – Kosmos Naturführer. Stuttgart.

STUBBE, M./ SELUGA, K./ WEIDLING, A. (1997): Bestandssituation und Ökologie des Feldhamsters Crietus crietus (L. 1758). – Tiere im Konflikt 5. Martin-Luther-Universität Halle-Wittenberg.

SÜDBECK, P./ WENDT, D. (2002) : Rote Liste der in Niedersachsen und Bremen gefährdeten Brutvögel. – Inform. Natursch. Nieders. 22: 243-278.

SÜHRIG, A. (2004): Kurzflügelkäfer (Coleoptera: Staphylinidae) und Weberknechte (Arachnida: Opiliones) in Mischbeständen aus Fichten- und Buchenbeständen – eine Studie im Solling. – Dissertation an der Georg-August-Universität Göttingen.

SVENSSON, L./ GRANT, P. J./ MULLARNEY, K./ ZETTERSTRÖM, D. (1999): Der neue Kosmos Vogelführer. Stuttgart.

TÄNZER, J. (2003): Perlmutterfalter und Widderchen – Fliegende Edelsteine im Innerstetal. – Natur und Landschaft im Landkreis Hildesheim 4: 73-75.

THARSEN, J. (2000): Katalog der Hildesheimer Tagfalterfauna. – Mitt. Roemer Museum Hildesheim.

THIEMANN, D. (1989): Landschaftsökologisches Gutachten. Zum Zustand der Fließgewässer in der Bruchgrabenniederung. – Unveröffentl. Gutachten im Auftrag der Unteren Naturschutzbehörde des Landkreises Hildesheim.

URANIA TIERREICH (1992): Säugetiere. Leipzig, Jena u. Berlin.

UTHOFF, G. (1960): Abschied mit schwerem Herzen. – Hildesheimer Allgemeine Zeitung vom 7./8. Mai 1960.

UTHOFF, G. (1971): Am Bruchgraben. - In: AUGUST SÖDING: Heimaterde. – Heimatkundl. Schriftenr. des Landkreises Hildesheim – Marienburg 10.

VOGEL, F. (2003): Flechten – eine wenig beachtete und dennoch attraktive Pflanzengruppe. – Natur und Landschaft im Landkreis Hildesheim 4: 45-46.

VOIGT, U. (1998): Charakterisierung und Bewertung der Fauna strukturreicher Landschaftselemente in einem intensiv genutzten Agrarraum anhand ausgewählter Käfergruppen (Insecta: Coleoptera). – Diplomarbeit des Institutes für Pflanzenschutz und Pflanzenkrankheiten der Universität Hannover.

WARNECKE, G. (1950): In Niedersachsen einwandernde Schmetterlinge. – Beitr. Naturk. Nieders. 1: 15-23.

WASSERWIRTSCHAFTSAMT HILDESHEIM (1957): Planungsentwurf für den Ausbau des Bruchgrabens. Hildesheim.

WEIDEMANN, H.J. (1995): Tagfalter beobachten, bestimmen. Augsburg.

WEIDNER, A. (1991/92): Beziehungen zwischen Vegetation und tagaktiven Schmetterlingen im Seidenbachtal bei Blankenheim (Eifel). – Naturschutzforum 5/6: 131-156.

WEIGT, H.-J. (1991): Die Blütenspanner Mitteleuropas. – Dortmunder Beiträge zur Landeskunde 4: 25.

WEILE, C. (1998): Projekt „Artenreiche Flur". – Zwischenbericht des Instituts für Wildtierforschung an der Tierärztlichen Hochschule Hannover.

WILLERDING, U. (1969): Zur Bestimmung der in Südniedersachsen vorkommenden Weiden (Salices) anhand ihrer Blätter. – Göttinger Floristische Rundbriefe 3.

WILLERDING, U. (1988): Lebens- und Umweltverhältnisse der bandkeramischen Siedler von Rössing. – In: FANSA, M.: Vor 7000 Jahren. Die ersten Ackerbauern im Leinetal. – Wegweiser zur Vor- und Frühgeschichte Niedersachsens 15: 21-34.

WIRTH, V. (1995): Die Flechten Baden-Württembergs. Stuttgart.

WITTIG, R. (2002): Siedlungsvegetation. Stuttgart.

ZANDER, M./ SCHILLING, A./ SCHRÖTER, B./ SCHILL, H. (o.J.): Weiden in Nordrhein- Westfalen. Eberswalde.

Autorenverzeichnis

Belder, Thorsten; Hauptstsr. 21, 31174 Ottbergen
Benk, Alfred; Konradstraße 6, 30457 Hannover
Berger, Hartwig; Am Wildgatter 44, 31139 Hildesheim
Birnbacher, Oliver; Kornstr. 129, 28201 Bremen
Brunken, Prof. Dr., Heiko; Torgauerweg 4, 30627 Hannover
Bögershausen, Manfred; Am Neuen Teiche 89, 31139 Hildesheim
Burgdorf, Maren; Mühlenstr. 7, 31134 Hildesheim
Durant, Herbert; Kuzer Anger 17, 31139 Hildesheim
Eberhardt, Jürgen; Himmelsthürer Str. 7D, 31137 Hildesheim
Folger, Josef; Eichendorff-Str. 15, 31199 Diekholzen
Galland, Bernd; Sohnreystr. 6, 31061 Alfeld
Garve, Eckhard; Haydnstr. 30, 31157 Sarstedt
Genuit-Leipold, Hannelore; Wiesenkamp 5, 31174 Schellerten
Grein, Günter; Ulmenweg 31; 31139 Hildesheim
Hein, Matthias; Daniel-von-Büren-Str. 46, 28195 Bremen
Hill, Alistair; Louise-Wippern-Ring 31, 31137 Hildesheim
Hofmeister, Dr. Heinrich; Willi-Plappert-Str.5, 31137 Hildesheim
Kohrs, Günter; Hausbergring 2, 31141 Hildesheim
Kroll, Dr. Wilfried; Hansering 102, 31141 Hildesheim
Küster, Prof. Dr. Hansjörg; Alte Herrenhäuser Str. 32, 30419 Hannover
Lill, Karsten; Hammersteinstr. 31, 31137 Hildesheim
Lobenstein, Ulrich; Alte Rathausstr. 15, 30880 Laatzen
Lüder, Dr. Rita; An den Teichen 5, 31535 Neustadt
Melber, Dr. Albert; Uni Hannover, FB Biologie, Herrenhäuser Str. 2, 30419 Hannover
Möller, Bernhard; Küchenthalstr. 8, 31139 Hildesheim
Müller, Dr. Werner; Ahornweg 12, 31199 Barienrode
Nosko, Ralf; Malmedyer Str. 22, 30519 Hannover
Poethke, Dirk; Wilhelm-Raabe-Str. 32, 38259 Salzgitter
Pott-Dörfer, Bärbel; Sollinger Landstraße 36, 37627 Heinade
Rieken, Frank; Schönebergstr.1, 33619 Bielefeld
Ritter, Heinz; Sorsumer Hauptstraße 20, 31139 Hildesheim
Rohte, Prof. Dr. Oskar; Horniton-Str.30, 31028 Gronau
Schmidt, Ludger; Ahlemer Str.3, 30451 Hannover
Schoppe, Rolf; Am Galgenberg 52, 33034 Brakel
Schrader, Raimund; Martinstr. 14, 31177 Borsum
Schütte, Gerhard; Kirchweg 1, 31191 Algermissen
Selck, Jürgen; Kleines Feld 13, 31079 Westfeld
Sellheim, Peter; Bergtal 8, 38640 Goslar
Stiefel, Dagmar; Hinter den Gärten 24, 31180 Giesen-Hasede
Südbeck, Peter; Lindholz 29, 31139 Hildesheim-Ochtersum
Sührig, Dr. Alexander; An der Beeke 17, 31028 Gronau
Tänzer, Jochen; Sensburger Ring 42, 31141 Hildesheim
Tauscher, Dr. Manfred; An der Beeke 21, 31028 Gronau
Tharsen, Dr. Jürgen; Am Rothbusch 5, 31319 Sehnde
Thiemann, Hans-Jürgen; Schulstr.1, 30880 Ingeln-Laatzen
Tostmann, Werner; Baderstr.4, 31185 Söhlde – Kl.Himstedt
Vogel, Fritz; Steingrube 6, 31141 Hildesheim
Vornkahl, Friederike; Mühlengasse 6; 31185 Nettlingen-Söhlde
Weber, Ulrich; Am Neuen Teiche 84, 31139 Hildesheim
Weile, Carsten; Wittenburger Straße 52, 31008 Elze-Wülfingen

Abbildungsverzeichnis

1. Ganzseitige Farbfotos

Bloch, K.-H.: Mäusebussard S. 6, Grauammer – Charaktervogel der Börde S. 54
Deppe, W.: Bruchgrabenniederung S. 249
Hofmeister, H.: Winter im Naturschutzgebiet „Entenfang" S. 44, Bachforellen in der Klunkau bei Nettlingen S. 194
Löffler, H.: Feld mit Sonnenblumen bei Harsum S. 8
Vogel, F. Weizenfeld in der Hildesheimer Börde S. 53, Stockschwämmchen auf vermoderndem Holz S. 158

2. Übrige Farbfotos

Achtermann, S.: S. 72, S. 75 o.r., S. 75 u., S. 76 u., S. 82
Archiv Bruchgrabenverband: S. 174, S. 175 u.l., S. 175, u.r., 176 o.
Archiv G. Schütte: S. 39 o., S. 40
Arndt, S.E. (LJN): S. 92 o.r.
Belder, T.: S. 201, S. 202 (2), S. 203 (2), S. 204 (3), S. 234 o., S. 234 u., S. 235 u.l.
Benk, A.: S. 146 o., 146, u.
Bergmann, H.-H.: S. 73 u.
Bloch, K.-H.: S. 68, S. 74, S. 75 o.l., S 78, S. 80, S. 92 o.l. S. 93, S. 144, S. 154 u., S. 190 o., S. 191 o. S. 191 u., S. 192 o., S. 222 o., S. 232 o., S. 232 m./u., S. 232 u., S. 233 o., S. 233 u.
Bögershausen, M.: S. 81 o., S. 94
Brunken, H.: S. 195, S. 197 (3), S. 200
Bürig, E.: S. 81 o., S. 145 o.l., S. 145 u.l., S. 145 u.r., S. 153 o., S. 153, u., S. 154 o.
Burgdorf, M.: S. 7 u.m., S. 122 u., S. 173, S. 178, S. 179, S. 180, S.181 o.l., S. 184
Deppe, W.: S. 253 o., S. 254 o.l.
Dierk, W.: S. 95, S. 145 o.r.
Doebel, H.: S. 135 u.m., S. 135 u.r., S. 218 u.l, S. 218 u.r., S. 219 u., S. 221 u.
Drachenfels, O. von: S. 7 o.r., S. 147, S. 216 u.
Eberhardt, J.: S. 47 u., S. 175 o., S. 176 u., S.177
Galland, B.: S. 250, S. 252, S. 253 u.
Garve, E.: S. 27, S. 28 u., S. 29, S. 30, S. 31, S. 56 o., S. 56 u., S. 135 u.l., S. 137, S. 149 o., S. 149 u., S. 151 u.l., S. 219 o., S. 227 u.r., S. 228
Genuit-Leipold, H.: S. 99, S. 100, S. 102 o., S. 102 u., S. 103 , S. 104, S. 105, S.106
Glöer, P.: S. 170, S. 206 o.
Grabow, K.: S. 205, S.206 u.
Grein, G.: S. 107, S.108 m., S. 235 u.r., S. 241
Hennies, R.: S. 34, S. 35 o., S. 35 u.
Hofmeister, H.: S. 7 u.r, S. 17 o., S. 32, S.46 o., S. 57 o., S. 57 u., S. 58, S. 59 o., S. 59 u., S. 61 o., S. 62 u., S. 101, S. 133 o., S. 134 (4), S. 134 u., S. 136, S. 148, S. 150 o., S. 150 u., S. 151 o., S. 152 u., S. 181 o.r., S. 182, S. 183 u., S. 190 o., S. 207, S. 223, S. 227 u.l., S. 251
Hornbüssel, U.: S. 225 u., S. 230
Höxter, W.: S. 108 o., S. 109 u. , S. 110 o.l., S. 110 o.r., S. 242 o., S. 242 u.,
Kleeberg, H.: S. 143
Kleuker, F.: S. 36 o., S. 36 u.l., S. 83 o.
Köhler, F.: S.155, S.156o., S.157o., S.157u., S. 238 m., S.238 u., S. 240 o., S. 240u.
Kohrs, G.: S. 36 u., S. 37 o., S. 37 u., S. 38, S. 91
Krüger, T.: S. 73 o., S. 232 m./o.
Küster, H.: S. 26 o., S. 26 u.
Lobenstein, U.: S. 159, S. 160 o., S. 160 u., S. 161 o., S. 161 u., S. 162 o., S.162 u.
Löffler, H.: S. 1, S. 12, S. 33, S. 151 o.
Loges, W.: S. 215 u.
Lüder, R.: S. 61 o., S. 62 o.
Manzke, U.: S. 108 o., S. 109 o., S. 109 m.
Müller, W.: S. 132, S. 226
Nämsch, K.: S. 46 u., S. 150 u.
Nosko, R.: S. 127, S. 128, S. 130, S. 131 o., S. 131 u.
Podloucky, R.: S. 236 o.r.
Poethke, D.: S. 97, S. 138, S. 139 (4), S. 140
Pott-Dörfer, B.: S. 70, S. 71 o., S. 71 u.
Rieken, F.: S. 85, S. 86
Rohte, O.: S. 114, S. 115 o.l., S. 115 o.r., S. 116 u.l., S. 116 u.r., S.117
Schlepphorst, R.: S. 118 u., S. 120 u.
Schlichting, E.-A.: S. 63, S. 152 o.
Schoppe, R.: S. 96
Schader, P.: S. 28 o.
Schütte, G.: S. 39 u., S. 41 o., S. 41 u., S. 42 o.l., S. 42 o.r., S. 43 (3)
Seibert, G.: S. 83 o.
Selck, J.: S. 9, S. 10, S. 15
Sellheim, P.: S. 209 o., S. 209 u.
Senge, K.-H.: S. 192 u., S. 193 o., S. 193 u.
Tänzer, J.: S. 111 u.l., S. 111 u.r., S. 112, S. 113 o.l., S. 113 o.r., S. 163, S. 164 o.l., S. 164 o.r., S. 164 u.r., S. 165 (4), S. 166
Tauscher, M.: S. 186 (2), S. 187 (4), S. 188 (5), S. 189 (4)
Tharsen, J.: S. 111 o.
Tolasch, T.: S. 156 m., S. 156 u.
Tostmann, W.: S. 214 u., S. 215 o., S. 216 o.
Vogel, F.: S. 7 o.l., S. 7 o.m., S. 7 u.l., S. 13, S. 14, S. 16, S. 17 u., S. 45, S. 55, S. 121 , S. 141 (3), S. 142 o., S. 142 u., S. 164 u.l., S. 211, S. 214 o., S. 236 o.l., 254 o.r.
Volkmar, K.-H.: S. 69
Vornkahl, F.: S. 212, S. 213 o. 213 u., S. 217, S. 220
Wachmann, E.: S. 237, S. 238 o., S. 239, S. 243, S. 244 (3)
Weber, U.: S. 47 o., S. 48, S.49
Weile, C.: S. 64, S. 65 o., S. 65 u., S. 66 o., S. 66 u., S. 67
Wimmer, W.: S. 118 o., S. 119 (3), S. 120 u., S. 171 o., S. 171 u., S. 172 o., S. 172 u., S. 221 o.

3. Abbildungen aus Büchern, Herbarien, Archiven, Museen und dem Internet

Bellmann, H. (1997): Spinnentiere Europas – Kosmos-Atlas: S 167, S.168 o., S. 168 u., S. 169 o., S. 169 u., S. 246, S. 247 (4), S. 248 o., S. 248 u.
Elsholz & Berger (2003): Hydrologische Landschaften im Raum Niedersachsen: S.20
Fachbereich Bodenkunde des Niedersächsischen Landesamtes für Bodenkunde (1997): Böden in Niedersachsen: S. 18 o., S. 18 u.
Feldmann, L. (1999): Hildesheim im Eiszeitalter: S. 22
Geo Satelliten Bildatlas Deutschland (1992): S. 11
Heimatmuseum Borsum: S. 123 (3 Fotos), S. 126
Herbarium Dr. Werner Müller : S. 229
Internet: htpp://de.wikipedia.org/wiki/Brabeck : S. 223 u.
Internet: htpp://www.ngw.ne/int/dld/g/giften.htm : S. 224 u.
LGN Landesvermessung u. Geobasisformation Niedersachsen (2000): S. 7, S. 87 u.
Mittelhäuser, K./ Barner, W. (1957): Siedlung und Wohnen : S.24
Niedersächsischer Minister für Ernährung, Landwirtschaft und Forsten (1974): Hydrographische Karte Niedersachsen :S.19
Saint-Hilaire, J. (1828 –1833): La flore et la pomone francaises: histoire et figure en couleur et des fruits de France ou natura lisés sur le sol francais. Volume 5 : S. 231
Stadtarchiv Hildesheim: S. 124
Stadtarchiv Marburg: S. 122
Zuckerrübenanbauverband (ZAV, C. Becker): S. 34 o.

4. Die Aquarelle auf den Seiten 87- 89 wurden von M. Papenberg/Barsinghausen angefertigt